1 : 9 : 90 사회의 일과 행복

1 : 9 : 90 사회의 일과 행복

초판 1쇄 발행   2019년 11월 10일

저   자 ㅣ 김영곤
발행인 ㅣ 윤관백
발행처 ㅣ 도서출판 선인

등 록 ㅣ 제5-77호(1998.11.4)
주 소 ㅣ 서울시 마포구 마포대로 4다길 4 곳마루 B/D 1층
전 화 ㅣ 02)718-6252 / 6257   팩스 ㅣ 02)718-6253
E-mail ㅣ sunin72@chol.com

정가   49,000원
ISBN   979-11-6068-310-3   93300

1:9:90 사회의 일과 행복

해고강사의 0학점 강의

김영곤

도서출판 선인

▌ 들어가는 말

사회를 알고 나를 알면, 일과 직업 그리고 행복이 보인다

0학점 강의

나는 2005년 고려대에서 강의를 시작하면서 학생이 질문과 대답을 꺼리고 학점 따는데 매이는 강의실을 보면서 충격을 받았다. 침묵의 강의실에는 경쟁만 있고 협동이 없었다. 주입식 위주의 강의에서는 쟁점의 날이 서지 않았다. 대학생은 사회가 어떤지, 자신이 누구인지를 잘 몰랐다. 이런 현상은 강사나 교수가 자신이 생각하기에 필요한 연구와 교육을 하지 않고, 학생도 자신이 느낀 것이나 필요한 내용을 질문하지 않는데서 비롯하고, 근본 원인은 강사에게 교원지위가 없는데 있었다. 그래서 2006년 나는 1999년부터 강사 교원지위 회복활동을 한 김동애 박사를 따라 같은 활동을 시작했다.

결국 2013년 나는 해고되었다. 대학은 '해고'가 아니라 '계약 종료, 계약 해지'라고 했다. 해고의 이유는 내가 보기에는 대학에 비판적인 태도였다. 대학은 내 학력이 학사라서 실력이 없고, 국방부 금서를 썼다는 이유였다. 나의『노동의 역사 노동의 미래』(선인, 2006)가 국방부 금서였다. 이에 내가 서울행정법원에 연구 이력을 제출하자 대학은 위의 주장을 철회했다. 그러나 서울행정법원은 계약 갱신기대권은 있으나 '경영상의 이유'로 해고가 정당하다고 판결했다. 이것은 '근로기준법 제24조 경영 악화를 방지하기 위한 사업의 양도·인수·합병은 긴박한 경영상의 필요가 있는 것으로 본다. 사용자는 해고를 피하기 위한 노력을 다해야 한다'를 거꾸로 적용한 것이다. 고등법원도 이를 따랐고 대법원은 심리불속행 기각했다.

나의 해고에 대해 강의를 추천한 강수돌 인사관리 및 조직행동 전공 팀장도, 학생도, 강의를 하는 나도 수긍하지 못했다. 고대 앞 본관에서 2012.2.15 농성을 시작했고, 교내 시위는 정당하지만 의전을 고려해 장소를 옮겨달라는 서울지방법원 판결에 따라 민주광장으로 옮겨 2019.8.31까지 농성을 계속했다.

그리고 고려대에서 「대학생의 꿈 사회 일 행복」을 세종캠퍼스 3회, 문과대 2회, 정경대 1회 등 6회 학점이 없는 '0학점 강의'로 강의했다. 성균관대에서 3회, 경희대, 전남대에서 각 1회 강의했다. 그리고 조선대, 한국종합예술학교 학생의 의견을 들었다. 2016년 서울NPO센터에서 30대 청년에게 한 강의에서, 청년은 "자신들이 살게 될 미래 사회의 지점을 안다면 덜 불안하겠다"고 했다. 이들은 대학생에 비해 사회와 자신을 비교적 잘 안다. 그렇지만 20대에 비해 덜 비관적이지만 전망 없음은 같았다.

현대자동차, 한국협동조합노동조합, 재한 타이 이주노동자 등 조합원에게 강의하고 토론했다. 여기서 20대는 취업, 30대는 자녀 교육과 주택, 40대 구조조정에 따른 정리해고와 취업 상태 유지, 은퇴하면 저축이 없어 노후 복지를 걱정했다. 특히 20대에서 기계와 인공지능(AI)이 노동을 대체하는 현상이 충격이었다. 이들은 자신의 불안한 상태를 비정규직 노동자와 함께 노력할 때 해결할 수 있다고 했다. 2012년 겨울 「당진에서 일의 선택」을 강의하면서 이런 정리가 필요하다고 생각했다. 0학점 강의에 이런 필요를 더해 이 책으로 정리했다.

나는 고향인 당진에서 농사를 짓는다. 농민의 다수인 늙은 농민들은 "내가 먹을 것만 짓는다. 움직이면 빚이다"라고 했다. 농업정책은 자본과 공업 그리고 도시 위주로 전개되고, 농촌에서도 대농 위주로 전개된다. 노인과 어린이를 포용하고 젊은 농민에게 희망을 주는 지속가능한 가족농 정책은 없다. 그러면서도 농민은 희망을 찾는다. 나는 논을 빌려 벼를 재배했다. 이미 협업 방식으로 농사짓는 농민에 합류하면서 농사를 지을 수 있었다.

박근혜 대통령 탄핵은 표면적으로는 박근혜 대통령과 최순실의 국정농단에 있다. 그 배경은 친일 친미 분단 세력을 바탕으로 하는 자본과 외세의 지배와 극단적인 격차에 대한 저항이다. 한국사회를 안정시킨 축이었던 중산층의 영역까지 재벌과 초국적 자본이 침범하면서 민중 대부분이 출산과 육아, 교육, 건강, 평화, 지속가능성 등 인생의 전 과정에 걸쳐 불안했다.

지금은 조선 개국의 역성혁명이 무너진 뒤 실학의 사회개혁 구상, 동학농민혁명의 사회개혁, 1946년 해방정국의 농지개혁 이후 재벌해체를 포함해 본격적으로 사회개혁을 요구하는 시점이다.

단결의 역설

노동자는 단결을 강조지만 단결에는 역설이 있다. 1994년 ILO가 한국에게 독립 노조를 인정하라는 ILO공대위 활동 시기에 민주노조가 합법화를 전망했다. 노동운동은 교섭과 의회, 이른바 '양 날개'를 중심에 두고 사회의 변화를 거부했다. 그러면서 미조직 노동자, 비정규직 노동자, 여성노동자, 이주노동자를 배제했다. 노동계급성을 상실했다. 농촌 현실에서도 농민단체가 대농 위주로 움직이고 가족 소농 배제했다.

민주-진보정당은 정규직, 남성, 조직노동자를 대변한다. 노동자 농민에서 상층과 하층이 명백히 구분된다. 그러다보니 사회는 초국적 자본과 재벌의 지배계급, 새로운 중산층 그리고 비정규직 노동자와 가족농 등의 3분 구조를 이룬다.

이것은 대학사회에도 고스란히 반영된다. 강사의 교원지위 회복이 그다지 어려운 일 같아 보이지 않는다. 그러나 강사의 교원지위를 대학이 반대하고 교수노조와 직원노조가 반대했나. 비교적 안정된 국립대 강사를 중심으로 연구강의교수제를 주장했으나, 속으로는 교원지위 보다는 기존의 강의 자리를 유지하는 데 급급한 한국비정규교수노동조합(한교조)이 반대했다. 그리고 민주노총을 상급단체로 하는 노동조합들이 각기 그 업계의 비정규직이나 비주류를 억제하는데 담합했다. 전교조조차 강사법 시행을 반대했다. 정의당도 마찬가지였다. 그러나 2018년 한교조가 강사법 시행 찬성으로 선회했고, 나머지 단체들도 뒤따랐다. 강사법은 2018년 11월 29일 국회에서 의결되었고, 2019년 8월 1일 시행되었다.

이는 1:9:90의 한국 사회 구성을 반영한다. 1은 자본이고 90은 하층 계급이다. 전문직, 초국적 기업과 대기업 소속 노동자, 남성, 조직노동자, 여유 있는 자영업자, 대농 등으로 표현되는 9는 90과 함께 1에 대항해 민주주의를 이뤘지만, 그 성과물 배분에서는 1에 기대어 90을 배척한다.

그러면서 국회 앞에서 대학에서 비판의 자유 실현을 요구하며 12년을 농성했다. 나는 사회운동을 하면서 이런 결과를 바라지는 않았다. 이 역설의 틈에서 노동해 생산하고 그 수익으로 소비하고, 또 국민의 다수를 형성하는 노동자 농민을 비롯한 민중의 입장에서 대안을 모색하려 한다.

한국사회 흐름의 변화

한국 사회 흐름을 바꿀 수 있나? 비관과 낙관이 섞였다. 하나는 비관이다. 청년들은 한국 사회의 극단적인 격차와 지속가능성의 위기에 대해 절망한다. 어느 서울대 대학원생이 "한국은 '필리핀'으로 가고 있다. 그래서 해외로 나간다"고 지적해 사회에 충격을 주었다.

다른 하나는 가능성과 희망이다. 사람들은 인간, 노동, 약자, 약한 나라가 좀 더 존중되고 위상을 높이기 위한 방안을 고민하고, 그 배려 수준 즉 민도가 높아졌다. 정보화 사회가 되면서 한반도의 지정학적 한계를 넘을 수 있다. 한반도를 둘러싼 냉전이 해체되고 평화와 통일을 향한 흐름은 가능성을 높였다.

이 부분에서 청년의 변화가 중요하다. 그러나 청년은 사회에 불만이 많지만 어떻게 일자리를 마련해야 할지 잘 모른다. 사회를 모르고 자신을 잘 모르는 결과이다.

이들에게 두 가지 길이 있다. 하나는 나를 바꾸지 않는다, 사회를 바꾸지 않는다, 그대로 간다. 이 길은 과거만큼 안정적이지 않다. 학교에서 배운 지식은 내용기간이 10년이 안되고, 은퇴 시기는 점점 빨라지고, 당대의 부와 지위가 자녀에게 계승되기 어렵다. 다른 하나는 나를 바꾼다, 사회를 바꾼다. 이 둘이 만나는 접점에서 변화의 혜택을 내가 누린다. 이 두 가지 안정과 변화의 길은 어느 하나를 선택하는 문제가 아니고 동시에 진행해야 할 과제이다. 즉 나를 알고 사회를 알아야 한다. 청년은 정보가 많고 미래를 상상할 수 있다. 이것은 지식사회의 힘이다. 그래야 나의 꿈을 꾸고 일자리를 구상하고 직업을 찾고 그리고 행복해진다.

시대구분

현대 한국사회의 시대는 아래와 같이 구분한다. 첫째, 산업화 이전은 개발독재 이전의 시기를 말한다. 둘째, 1961년 경제개발계획 이후의 시기이다. 수출위주의 산업화이며, 1980년을 고비로 경공업에서 중화학공업(기계 전자 전기 조선)으로 중심이 이동했다. 셋째, 1987년 제도민주주의 정립 시기이다. 1987년 민주화운동과 노동자 대투쟁을 계기로 대통령 선거를 직선제로 전환하고, 독립적 노동조합의 전국조직을 설립, 합법화했다. 넷째, 1997년 비정규직의 제도화 시기이다. 신자유주의에 따라 파견법 등 비정규직이 노동자의 다수를 점했다. 다섯째, 2016, 17년 촛불혁명에 따라 박근혜 대통령이 탄핵되고 실질 민주주의 실현과 비정규직의 극복을 전망하는 시기이다.

글 구성

사회를 알고 나를 알면 일과 직업 그리고 행복이 보인다는 구상을 구체적으로 살펴본다. 1장에서 사회의 필요를 안다 에서는 세계와 한국 사회 그리고 지역사회에서 일의 관점에서 무엇이 필요한지를 알아본다. 2장에서 논쟁 중인 4차 기술혁신에 일에 미치는 변화를 알아본다. 1장은 1 : 9 : 90 사회에서 발생하는 필요를 중심으로 썼다. 4차 기술혁신의 내용과 영향 그리고 한국사회에서 대응을 알아본다. 3장 사유에서 공유로 가는 노동조직을 통해 생산 분배 소비 과정을 구성하는 자영업, 기업, 협동조합, 공공부문, 정부 지방정부 세계기구를 알아보고 세계정부를 구상해 본다. 4장 공유사회를 지향하는 사회운동과 민주 진보정치 에서 노동자 시민의 현실을 바탕으로 이들의 요구와 지향, 조직, 투쟁을 알아본다. 5장 통합적 사고와 실천에서 개인에서 사회에 이르기까지 생각과 이론의 변화와 실천, 그리고 그들의 상호 발전을 알아본다. 6장 사회와 나를 알려면 대학을 바꿔야 에서 청년의 70%가 다니고 있는 대학을 알아보고 어떻게 바꿀 것을 생각한다. 7장 꿈 일 직업 행복의 설계에서 개인이 위에서 살펴본 사회와 철학을 바탕으로 개인의 꿈 일 직업 행복을 설계한다.

사회를 알고 나를 알면 일이 보인다. 그 가운데 직업을 선택하고 행복한 삶을 기획하는 일은 내 몫이다. 1, 2, 3, 4장에서 사회를 알고, 5, 6장에서 나를 알고, 7장을 통해 일 직업 행복을 찾는다.

이 접근은 손자병법 제3편 「모공(謀攻)」에 "적을 알고 나를 알면 백 번 싸워도 위태롭지 않다. 적을 알지 못하고 나를 알면 한 번 이기고 한 번 진다. 적도 모르고 나도 모르면 싸울 때마다 반드시 위태롭다.(知彼知己, 百戰不殆, 不知彼而知己, 一勝一負. 不知彼, 不知己, 每戰必殆)"와 같은 방식이다. 사회를 알고 나를 알면 일이 보이고, 일이 보이면 직업과 행복이 뒤따른다.

이 정리는 강의와 학생, 노동자 시민의 의견 및 토론에서 제기된 문제를 바탕으로 구성했다. 여기에 생활현장의 이야기를 더했다. 그리고 기존 연구를 살펴 이론적으로 뒷받침했다. 신문, SNS에서 얻은 자료는 문장 안에 출처를 밝히되, 인터넷에서 검색할 수 있어 특별한 경우 외에는 각주를 달지 않았다.

고마움

이 글을 쓰면서 여러 분과 토론하며 도움을 받았다. 2013년 이후 0학점 강의를 듣고 토론한 학생들의 도움이 컸다.

1장 1:9:90 사회의 필요는 초록별교실협동조합과 당진역사문화연구소 김학로 소장 등과 함께 활동하고 연구하면서 지역사회와 대학을 연결해 생각하게 되었다. 지상훈 오산천살리기 집행위원장, 생태연못 복원을 요구한 당진시 고대면 슬항리 1, 2리, 용두리 주민과 한 토론과 행동이 도움 되었다.

2장 4차 기술혁신과 일의 변화는 故 황홍선 기자의 도움을 받았다. 3장 사유에서 공유로 가는 노동조직은 초록별교실협동조합, 인천 평화의료생협, 참좋은생협, 이동석 히로시마대 교수와 토론, 그리고 박세희, 조재형, 최기환, 신현길, 조창만 농민과 한 농사 공동 작업이 도움 되었다.

4장 공유사회를 지향하는 사회운동과 민주 진보정치는 장창원 APSWL대표 목사, 김성환 삼성일반노조 위원장, 방종운 금속노조 콜트 지회장, 박상욱 기아자동차 노동자, Udaya Rai 이주노조 위원장, 강수돌 고려대 교수, 조상연 당진시의원, 이덕우·이용우 변호사, 정석희 한국전쟁유족회 태안군 회장, 김명운 한국전쟁전후민간인피학살자 전국유족회 회장, 최창우 집걱정없는세상 대표 등의 도움을 받았다. 故 이재영 저서에서 도움을 받았다. 국제연대에는 장창원, 국제민주연대(KHIS) 나현필 사무국장, 일본의 다카헤이 마사히토와 고야마 오사히토, AMRC의 Doris Lee, ATNC의 Fahmi Panimbang, 그리고 Yohana Sudarsono Indonesia KPBI 국제부장에게 도움 받았다.

5장 통합적 사고와 실천은 문정현·문규현·이강서·나승구·박종인 신부, 이광수 민주화를 위한 교수협의회 공동의장, 광주NCC의 김병균 목사, 이종철 강사, 동학농민혁명 연구자 박맹수 교수와 토론이 도움 되었다.

6장 사회와 나를 알려면 대학을 바꿔야 는 김동애 대학강사 교원지위 회복과 대학교육 정상화 투쟁본부 본부장과 송환웅 위원, 대학강사 교원지위 회복을 위한 고려대학생대책회의 이원웅, 정태호, 강태경, 박원익, 조우리, 이승준, 박세훈, 이지웅, 김현우, 이진우 등과 김재년 대학노조 고려대분회장의 도움을 받았다. 학문 연구와 교육권에 관해 민영현, 이상돈, 채효정 해고 강사, 고대민주단체협의회 구성 단체와 박민서 부회장, 박노자 교수, 신선희 박사, 강철구 교수에게 배웠다. 특히 故 한경선 강사의 가족과 故 서정민 강사의 가족을 만나고 연구업무 방해 손해배상 청구 소송을 진행하면서 많은 것을 배웠다. 고려대 세종캠퍼스 정치경제학연구회, 대학은 모두의 것 행진의 대학생과 시민, 강사법 시행을 위한 교수모임, 전국대학강사노동조합 조합원, 강사모임 '나무를 키우는 모임' 회원에게 감사드린다. 7장 꿈 일 직업 행복의 설계는 이연석, 황법량, 신현준, 설동연 학생 등과 토론이 도움 되었다.

아내이며 동지인 김동애 박사는 이 책을 기획하고 틀을 짜고 토론해 도움 주었다. 오랜 농성을 걱정하고 뒷받침한 딸 세정과 사위 임현식, 아들 종립에게 고마움을 표한다. 그리고 오랫동안 고통을 나눈 양가 부모님과 형제들에게 죄송함을 표한다. 아울러 이를 펴낸 도서출판 선인에게 고마움을 표한다.

▌ 차례

들어가는 말   5

1장. 1 : 9 : 90 사회의 필요

1. 사회에서 무엇이 필요한가?   15
2. 세계와 한국 사회의 필요   16
3. 지역사회·부문의 필요   124
4. 지구적 사고를 지역에서 실천   135

2장. 4차 기술혁신과 일의 변화

1. 4차 기술혁신의 내용   139
2. 4차 기술혁신의 영향   142
3. 4차 기술혁신에 대한 대응   168
4. 한국 노동사에서 기술혁신   170
5. 한국에서 노동의 대안   173

3장. 사유에서 공유로 가는 노동조직

1. 일   183
2. 노동조직과 전개 방향   200
3. 노동조직   205

4장. 공유사회를 지향하는 사회운동과 민주 진보정치

1. 1 : 9 : 90 사회의 사회운동   245
2. 요구와 지향   247
3. 조직   272
4. 투쟁   296

5장. 통합적 사고와 실천

1. 통합적 사고   303
2. 대안과 실천   328
3. 공동체 사상   336
4. 한국의 공동체 사상   342
5. 지식인으로 사회를 책임진다   364

6장. 사회와 나를 알려면 대학을 바꿔야

1. 대학교육의 현실 - 청년이 자기와 사회를 모른다   367
2. 대학 밖 요구   408
3. 대학의 변화   420

7장. 꿈 일 직업 행복의 설계

1. 행복과 사회 변화   455
2. 청년 일자리   459
3. 내 생애 설계   481
4. 사는 모습들   506

참고문헌   521
한글요약   533
Abstract   535
찾아보기   537

세계와 한국 그리고 내가 사는 지역을 알아본다. 사회를 구성하는 여러 요소가 세계와 한국에서 어떻게 움직이는가를 살펴본다. 그래서 사회에서 무엇이 필요한지 알아본다. 거기에 나와 이웃이 해야 할 일이 있다. 다시 말해 거기에 나를 필요로 하는 일이 있다.

1. 사회에서 무엇이 필요한가?

인간으로 사는데 식의주 건강 교육 문화 평화 등이 필요하다. 지난 사회를 돌이켜보면 조선은 토지와 신분을 토대로 한 봉건경제였으나 자본제 맹아가 발생하며 근대 사회로 발전할 가능성이 있었다. 그러나 조선사회는 일제에 강점돼 식민자본주의 사회가 되고, 노동자 농민은 초과착취 수탈당했다. 8.15해방 이후 민주사회를 향한 희망이 좌절되었다. 개발독재 시기에는 차관에 의한 개발과 저임 장시간 노동, 수출에 의존하는 경제구조였다. 이에 대해 박현채 등은 내포적(內包的)인 독립적 경제를 주장했다. IMF 사태(=경제신탁통치, 1997) 때 초국적 기업이 한국의 제조업 주력기업(은행 자동차 전자 에너지 통신 등)을 흡수하고 비정규직 노동자를 늘리는 체제로 전환했다. 자영업의 영역에 초국적 자본, 재벌이 침투해 자영업의 위치가 불안정하고 중산층이 붕괴되었다. 현재는 초국적 자본, 재벌의 전면 지배하는 사회이다. 4차 기술혁신이 진행되면서 일자리를 갖지 않는 비율이 높아지면서 탈노동 사회가 오면서 상응하는 대안을 요구한다.

우리 역사에서 보면 조선 후기에 실학, 북학, 과학, 농민항쟁, 동학 등의 새로운 기운이 있었다. 그러나 이 꽃은 피지 못했다. 그로부터 100년을 지나면서 독립, 민주화, 민생, 평화 등에서 진전이 있었다. 남북 평화협정 체결과 통일 전망은 우리에게 새로운 사회이다. 이를 세계 역사와 조화시킬 방안은 무엇인가? 사회는 청년에게 무슨 역할을 원하는가?

2. 세계와 한국 사회의 필요

1) 인구

인류의 발생과 이주

인류의 역사는 이주의 역사이다. 아프리카에서 발생인 인류는 100만 년 전에 ■도표 1처럼 지구 곳곳으로 이동했다. 따듯하고 먹을 것이 있고 안전한 곳을 찾아 육로나 해로를 이용해 이동했다. 아프리카에서 아랍 인도 동남아 중국을 거쳐 한반도로 이동했다. 일부는 베링해를 건너 아메리카로 이동했다.

■ 도표 1. 호모 사피엔스의 이동경로
(자료: http://worldhistoryforusall.sdsu.edu)

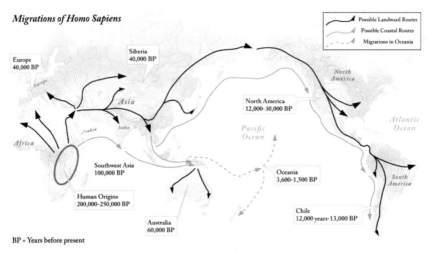

컬럼버스와 함께 유럽 인구의 절반이 아메리카, 아프리카 남부, 오세아니아로 이주했다. 그러나 한국의 경우 이럴 수는 없다. 일부가 다른 나라로 가겠지만, 다른 나라에서도 한국으로 들어온다. 인구문제의 큰 줄기는 국내에서 해결해야 한다.

산업화와 더불어 유럽의 산업이 미국, 일본과 독일, 동아시아에서는 일본에서 한국, 대만, 싱가포르, 말레이시아 이후 중국, 인도, 아프리카로 산업이 이동했다. 다시 말해 자본이 노동자를 찾아 이동했다.

중국의 농민공은 아시아의 노동력을 빨아들이는 블랙홀이다. 중국은 성 사이에 인구의 이동을 금지한다. 농민이 일자리를 찾다 다른 성으로 가면 공민권이 없다. 정규직, 노동조합, 주택, 병원, 자녀교육 모든 것에서 이주노동자를 배제한다. 한국에 온 외국의 이주노동자와 처지가 같다. 이들의 임금은 본성 노동자 임금보다 아주 싸다. 이 숫자가 2억 5천만 명이다. 한국의 기업은 한국에 남는 것과 이들을 찾아 중국으로 가는 것을 저울질 한다.

86, 88올림픽을 계기로 중국 필리핀 베트남 인도 파키스탄 등 세계 곳곳에서 한국으로 노동자가 이동했다. 결혼하는 이주여성이 한국으로 들어왔다. 이주노동자, 이주민, 그들의 자녀가 갖고 있는 불안정을 우리 눈으로 본다.

한반도의 노동자는 1861년 삼남민란 이후 만주, 시베리아, 미국, 베트남, 남미, 아랍, 중국, 동남아 등으로 이동했다. 한민족 8천만 명 가운데 704만 명(2007년 기준, 이주동포정책연구소 자료)이 해외에 거주한다. 중국과 미국에 각각 200만 명, 일본에 100만 명, 구소련 지역에 50만 명이 산다.

중동에서 IS가 발생하면서 일어난 전쟁 때문에 시리아 피난민 수백만 명이 EU로 이동했다. 그러면서 EU공동체 전체를 뒤흔들었다. 2018년 중앙아메리카 캐라반 이민행렬이 멕시코를 거쳐 미국 쪽으로 갔다.

한편 인구축소는 길게 보면 수요를 축소시킨다. 이것은 공급을 축소시켜 성장의 한계에 이른 지구사회의 지속가능성을 높인다.

지구사회의 인구

2015년 주요국의 출산율 하락에도 세계 인구는 증가세를 이어가 2030년에는 85억 명, 2050년 97억 명, 2100년에는 112억 명에 도달할 것으로 예상됐다.

국가 사이에 인구가 이동한다. 산업화 초기단계에는 농촌에서 도시로 대규모 인구 이동이 일어난다.

세계 인구 중 경제활동 연령층은 약 66%인데 점점 하락하는 추세다. 노년층 비중은 2050년이 되면 지금의 두 배로 늘어, 전체의 16%로 증가할 것으로 보인다. 세계 인구 증가율은 1%대이고, 세계 경제성장의 4분의 3 이상을 차지하는 부국에서는 노동인구가 계속 줄고 있다. 반면 세계 빈곤층의 90%가 사는 저소득 국가에서는 청년 인구가 늘고 있다. 잘 사는 지역으로의 인구이동은 빈국의 가난과 부국의 노령화를 동시에 해결하는 계기가 될 수 있다. 김용 세계은행 총재는 "인구변화가 경제성장의 엔진이 될 수 있다"며 "노령화되는 국가들이 난민·이민자들에게 경제활동의 길을 열어주면 모두가 혜택을 볼 것"이라고 말했다.

아랍 아프리카의 넘치는 농촌 인구가 인가증가율이 정체한 유럽으로 일자리를 찾아 이동한다. 2011년 일어난 시리아 내전은 이민을 촉진하는 요소이다. 스티브 잡스(Steve Jobs)는 시리아 이민 출신이다. 재중동포 박성수는 고향인 중국 헤이룽장에서 '톈안문 사태'의 진실을 알리다가 국가전복죄로 구금됐고 이후 취업이 되지 않았다. 그는 한국에 와 난민신청을 했으나 법무부는 받아들이지 않았고 인도적 체류를 허가했다.

EU의 1995년 체결된 솅겐조약은 가입국 내에서 비자 없이 자유롭게 이동할 수 있도록 해 '하나의 유럽'의 근간이 되었다. 시리아 난민이 유럽에 몰려들면서 오스트리아 덴마크 노르웨이 프랑스는 검문검색을 강화하며 솅겐조약에 반하는 조치를 취했다. 그러나 EU는 회원국의 경제력과 인구에 비례해 난민을 분담하고 유럽국경해안수비대를 설치하는 공동정책을 만들었다.

한국은 2012년 아시아에서 처음으로 난민법을 제정했다. 2017년 세계적으로 6천만 명이 넘는 난민이 생겼고, 한국에도 접수된 난민이 1만 건에 이르렀다. 그러나 한국에서 난민 인정율은 5%도 되지 않는다. 세계 평균은 29.9%이다. 2018년 예멘의 전쟁 피해자 500여 명이 말레이시아를 거쳐 제주도에 들어와 난민 신청을 해 이를 두고 논쟁 중이다. 유엔 인종차별철폐위원회(CERD)는 한국 정부에 포괄적인 인종차별 금지법 제정을 촉구하고 사회 전반으로 확산하는 인종차별 증오 표현에 대한 대책 수립을 권고했다. 이런 점을 고려해 한국으로 들어온 난민을 받아들여야 한다.

한국사회의 인구

저출산으로 인구가 줄어들면서 생산인구의 비생산 인구 부양의 부담이 커지고 있다. 노령화는 젊은 층의 부담을 크게 한다. 대책으로 이주노동자의 유입, 출산대책 등이 있다.

한편 다른 견해로, 인구감소는 자연스러운 현상이다. 지금의 인구가 과잉이다. 지구의 부하를 줄인다. 초고령사회의 인구 축소는 인류에게 재앙이 아닌 축복이 될 수 있다.

노동사회연구소에 따르면 20~30대 남성노동자 임금 하위 10%의 기혼자 비율은 6.9%, 상위 10%의 결혼 비율은 82.5%였다. 20~30대 대졸 학력자의 약 55%가 기혼자인 반면 고졸 학력자는 45%였다. 소수가 부와 지위를 독점하면서 지속가능성이 취약해진 결과이다.[1]

결혼에 대한 인식이 변화해, 2018년 통계청 「사회조사」에 따르면 결혼을 해야 한다고 생각하는 비율은 48.1%로, 2년 전 51.9%보다 3.8% 줄어 50% 아래도 떨어졌다.

한국의 합계출산율은 2017년 1.05이며, 2018년은 0.98명이다. UN경제사회국(UNDESA) 『세계인구전망 2015년 개정판』에 따르면 한국은 2035년까지 인구가 꾸준히 증가해 5천 271만 명으로 정점을 찍은 후 감소세로 돌아서 2053년에는 4천 985만 명, 2100년에는 3천850만 명으로 줄어들 것이다. 한국의 평균 수명은 2050년에 87.7세, 2100년에는 무려 93.6세에 도달해, 전 세계 평균수명보다 10세 이상 높을 것으로 예측됐다. 다만 2010~2015년 1.26명으로 세계 최저수준인 우리나라의 출산율은 점진적으로 늘어 2100년에는 1.76명 정도로 회복될 전망이다.

통계청 「2017 북한의 주요 통계 지표」를 보면, 2016년 기준 남북한 총인구는 7614만 명으로 전년(7579만 명)보다 35만 명 증가했다. 북한 인구는 2490만 명으로 남한 인구의 절반이다. 북한의 2015~2020년 합계출산율은 1.94명이다.

유엔 등 국제기구는 노인 비중이 7% 이상일 경우 고령화사회, 14% 이상이면 고령사회, 20% 이상이면 초고령사회라고 구분한다. 한국은 2000년 노인 비중이 7.3%에 이르며 고령화사회에 진입하고, 2017년 14.2%로 커져 고령화 사회가 되었다.

스웨덴 통계전문가인 한스 로슬링 교수는 "한국은 2017년부터 생산가능 인구(15~64세)가, 2030년부터 전체 인구 감소가 시작된다. 인구수가 아니라 인구구조가 중요하다. 유사한 숫자의 아이가 계속 태어나고, 유사한 규모의 인구가 노동시장에 진출하는 균형인구를 이루어야 한다. 한국은 15세 미만 인구가 줄고 노동인력은 부족해지고 고령인구만 많아졌다. 고령인구를 위해 새 일자리가 필요해진 반면 청년은 일자리를 구하

---

1) 마강래, 『지위경쟁사회』, 개마고원, 2017.

지 못한다. 한국은 고비용사회가 되었지만 균형인구를 확보하면 효율성을 끌어올리기 쉬워진다. 여성이 일과 가사부담이 많아서는 출산이 늘지 않는다. 스웨덴은 양성평등이 높아지면서 출산율이 반전됐다. 양성평등은 결혼과 이혼에 대해 좀 더 너그러워야 하고 동성애에 대해서도 생각을 바꿔야 한다"고 했다.

조앤 윌리암스 교수는 저출산 해소를 위해서라도 집안일을 여성 몫으로 여기는 '이상적 노동자상'을 깨고 눈치 보지 않는 직장을 만들고 아버지 육아휴직제를 강제해야 한다고 했다. 출산휴가수당에 임금을 100% 보전하는 방안이 있다.

일본은 1989년 출산율이 1.57까지 떨어졌다. 일본은 먹고살 만해야 낳는다며 저출산 대책을 시행한다. 즉, △임금을 올린다. 비정규직 임금을 정규직 임금의 80%로 올리고, 후생복지 차별을 폐지한다. △노동시간을 줄여 육아시간을 준다. 장시간 근무시키는 기업은 공개하고 재택근무·유연근무를 장려한다. 도요타는 사무직과 연구직을 대상으로 일주일에 2시간만 회사에 나오고 나머지는 집에서 일하는 재택근무제도를 도입했다. △아동수당을 준다. 0살에서 중학생까지 지원한다.

한국전쟁 직후 1950년대부터 지금까지 해외로 입양된 한국 아이들은 20만 명이다. 6.25전쟁 이후 외국인 주로 미군과 한국인 여성 사이에 출산한 혼혈 아기 대부분과 한국인 사이에 출산한 아이 다수가 해외 입양되었다. 지금은 미혼모의 아이가 해외 입양된다. 2008년 한 해 1천 2백 명에 달했던 해외 입양아 수는 2013년 2백여 명, 2014년 5백여 명이었다. 앞으로 이들은 국내에 입양해야 한다.

비혼 출산은 해외로 입양하거나 유기하는 경우가 많다. 한국의 혼외출산은 1.9%에 불과하다. 같은 시기 독일은 35.0%, 미국은 40.2%, 스웨덴 54.6%, 노르웨이 55.2%, 프랑스 56.75%는 절반을 넘었다. 전통적인 결혼 관계를 넘어 남녀 간에 함께 사는 다양한 형태를 인정하는 추세이다. 싱글맘 공동주택, 이중주거 커플(LAT, Living Apart Together) 등이 있다.

은행에서 비정규직 노동자들을 정규직으로 전환했을 때, 정규직으로 전환된 사람들에게 일어난 가장 큰 변화는 아이를 한 명 더 낳기 시작했다는 것이다. 비정규직일 때는 출산휴가를 제대로 쓸 수 없고, 아이를 낳아도 맡길 곳을 찾기 어렵고, 미래마저 불안정하니 아이를 낳지 않으려는 경향이 강하다.[2] 통계청 「2015년 혼인 통계」를 보면, 무직여성의 결혼 비율은 34%였다. 직장이 없으니 짝 찾기도 힘들다.

2016년 체류 외국인이 200만 명(외국 국적 동포 77만 명)을 넘었다. 국민의 4%이다. 2017년 국내 외국인은 122만 5천 명이다. 그 중 취업자는 83만 4천 명이다. 월 200만 원 이상 버는 임금노동자가 57.3%이다. 이주노동이 저임금·장시간 노동에 몰려있고 이들이 산업재해와 인권침해를 당한다. 정부가 유치에 나선 전문인력 취업자(비자 E-1~7)는 4.5%이다. 외국인 중 열 중 셋이 건강보험에 가입되지 않았다. 외국에 거주하는 가족 등에게 송금하는 비율은 40.3%이다. 2016년 비취업 비자 소지자 가운데 취업한 고용률은 재외동포 59%, 영주자 73%, 결혼이민자 50%, 유학생 12%이다.

현행 외국인력정책은 2~3년 체류한 뒤 본국으로 되돌려 보내는 단기 순환형 이주근로자 원칙이다. 그러나 저출산·고령화와 생산가능 인구 감소 추세에 따라 대대적인 이민 수용이 불가피하다. 연평균 잠재성장률 2.5%에 필요한 외국인노동자 규모를 2018년 123만 명, 2020년 126만 9천 명, 2030년 177.0만 명, 2040년 416.8만 명으로 추정한다.

2018년 일본이 단순노동자에도 영주권을 부여했다. 이는 여성의 사회진출 확대나 정년 연장 등 고령자의 근로환경 개선으로도 부족한 일손을 메우기에는 턱없이 부족하다고 판단한 데 따른 것이다. 한국도 이를 뒤따를 것으로 예상된다.

2000년대 중반 결혼이주여성 문제가 대두했다. 2015년 말 현재 한국에 온 결혼이민자는 15만 1608명. 이 중 여성이 84%를 차지한다. 다문화가족은 2015년 기준 89만 명으로 매년 지속적으로 증가해 2020년에는 100만 명을 예상한다. 이 중 18세 이하 자녀는 20여만 명으로 추산된다.

현행 가족관계등록법은 대한민국 국민의 출생에 대해서만 증명 사항을 규정했다. 국내에서 태어났지만 부모가 모두 외국 국적자인 자녀는 등록이 안 되는데, 이들도 유엔아동권리협약에 맞춰 한국 출생등록권을 보장해야 한다.

2007년 다문화가족지원법과 재한외국인처우기본법이 시행됐다. 이주여성이 결혼 후 체류기간 연장 허가를 받아야 하는데 이 과정에서 남편의 신원보증이 필수적이어서 남편의 억압과 통제를 받게 된다. 결혼이주여성의 경우, 국적을 취득했거나 혼인관계를 잘 유지하고 있을 때만 사회보장을 받는다. 이주여성이 생명 위협이나 폭력에도

---

2) 김혜진, 『비정규 사회』, 후마니타스, 2015.

참고 결혼생활을 유지해야 하는 부작용을 낳는 원인이다. 농촌 지방자치단체들은 '농촌총각 결혼지원 사업'이라는 이름으로 국제결혼이 성사된 남성농민들에게 결혼 비용 500여만 원을 지원하는데, 여성농민회는 폐지를 요구했다.

2) 지속가능성

지구사회의 지속가능성

지속가능성의 위기는 자본 노동 모두에게 해당된다. 그러나 소득이 높은 사람은 직접적인 피해를 피할 수 있다. 가난한 사람, 가난한 나라의 가난한 사람은 직접적으로 피해를 입게 된다. 그러나 이것도 인류절멸을 초래할 단계가 되면 소용이 없다. 지속가능성이란 현재는 물론 불확실한 미래에도 사람과 환경에 모두 최선을 주는 것이다. 1987년의 브룬틀랜드 보고서(Brundtland Report)에 따르면 '지속 가능성'(Sustainable)이란 "미래 세대의 가능성을 제약하는바 없이, 현 세대의 필요와 미래 세대의 필요가 조우하는 것"이다.

인류가 6번째 대멸종의 시기에 진입했다. 인간이 출현하기 이전에는 100년마다 1만 개 동물 종 가운데 2개 종이 멸종한 것과 비교한다면 지난 세기에는 멸종속도가 2배나 빨랐다. 세계자연보전연맹에 따르면 모든 양서류의 41%, 포유류의 26%가 멸종 위기에 처해있다. 한국에서는 토종벌 97%가 죽었다. 멸종에는 인간도 포함될 수 있다. 동물의 멸종 이유는 기후변화와 환경오염, 삼림 파괴 등이다. 사람에게 고기를 주는 닭, 소는 수백억, 수십억 마리이지만 호랑이, 코끼리, 오랑우탄은 개체수가 만 또는 천 단위이다. 동물 생태계 파괴에 인간 책임이 크다. 멸종위기에 처한 동물을 보호하기 위해 서식지 감소, 남획 등으로 인한 개체수 감소 압력을 줄여야 한다.

이스라엘 히브리대학 하가이 레빈 박사는 1973년부터 2011년 사이에 북미·유럽·오스트레일리아·뉴질랜드 남성들의 정자 농도가 52.4% 줄었고, 전체 정자수도 59.3% 줄었다고 밝혔다. 그는 "우리의 생활방식과 노출되는 환경 및 화학물질들을 바꾸지 않으면 궁극적으로 재생산과 관련해 전반적으로 인류의 멸종을 뜻할 수 있다"고 했다.

스티븐 호킹은 특히 기후변화와 인공지능(AI)의 위험성을 경고했다. 이밖에도 소행성 충돌, 핵전쟁, 변종 바이러스, 인구폭발 등도 잠재적 위협이 될 것으로 봤다. AI 발전은 인류에 크게 기여할 기술이라는 점에 이견은 없었지만, 인간의 능력을 넘어서는 순간에 이르면 인류의 종말을 불러일으킬 정도로 위험성이 크다. 지구가 섭씨 460도 고온성 황산비가 내리는 금성 같은 행성이 될 수 있다. 현재 환경파괴와 자원소모, 군사기술과 대량살상무기의 발전을 고려할 때 인류가 200년 안에 다른 행성으로 이주하지 않으면 인류는 지구에서 멸종되고, 우주 식민지 개척이 인류 생존의 최선의 희망일지 모른다. 인류는 지구에서 인류가 절멸할 경우를 대비해 화성(Mars) 이주를 추진 중이다.

인류를 멸망시킬 요인은 인간 성장과 산업화에 따른 CO_2, 핵실험과 원전 폭발 등 원인을 주목한다. 콜린 워터 등 과학자들은 암석층에서 발견되는 플라스틱과 알루미늄, 콘크리트 등과 대기중에서 발견되는 이산화탄소 및 메탄 농도 증가 규모와 속도, 지구 평균기온 및 해수면 상승 추이를 근거로 약 1만 2천 년 전 시작된 현재의 지질세대인 신생대 제4기의 '신생대 제4기의 현세'(홀로세, Holocene)와 구분되는 '인류세'(Anthropocene)에 진입했다고 한다.

1960년대 민권운동, 1980년대 인종차별 반대운동이 일어났듯이, 개인과 국가 차원에서 기후변화를 해결하기 위해 모든 인류가 공감하는 기후운동이 필요하다. 세계 10개국에서 에코사이드(ecocide)법을 통과시켰다. 이는 자살(suicide)에서 파생된 말로, 환경파괴는 인간이 자기 목을 조이는 행위가 된다는 의미이다.[3] 프란치스코 교황은 "우리 '공동의 집'을 보호하는 데 있어 우리는 역사적으로 중요한 순간이 살고 있다며 대기오염 방지의 중요성을 강조했다. '공동의 집'은 2015년 교황 자신이 발표한 「찬미 받으소서」란 환경회칙에서 언급했다.

골드만삭스는 다음 세기의 석유는 물이라며 21세기 인류는 식품·에너지보다 물 부족으로 고통 받을 것이라고 했다. OECD는 인구증가를 감당하기 위해 2035년까지 식량생산을 지금보다 69% 늘려야 하며, 농업용수 수요가 늘어난다. NASA는 지구상 37개 대수층 중 21곳이 임계점을 넘었다고 했다. 아랍, 나일강계와 메콩강계에서 물 분쟁이 일어나고 있다. 그런 가운데 터키와 아르메니아는 1927년 두 나라 사이에 있는 아쿠리안강 수자원을 각각 절반씩 사용하는 협정을 맺었고 지금도 이를 지키고 있다.

---

3) 박영숙·제롬 글렌, 『유엔미래보고서 2045』, 교보문고, 2015, 217쪽.

물 절약을 위해 가상수(假想水, virtual water) 개념을 더 적극적으로 확대해야 한다. 가상수는 상품과 서비스를 생산하는데 들어가는 물의 총량이다. 쌀 1kg 생산에 5100리터, 돼지고기 1kg 생산에 1만 1천 리터의 물이 필요하다. 돼지고기 1kg을 수입하면 물 1만1천 리터를 수입하는 것과 마찬가지이다. 1998년 가상수 개념을 처음 제시한 영국 킹스칼리지 토니 앨런 교수는 육류 소비량을 줄이고 채식을 늘리면 물을 크게 아낄 수 있다고 했다. 국가 간에 가상수 개념을 적용해 물 재분배를 이끌어야 한다는 주장이 있다. 중동 등 물이 귀한 지역에서 물소비가 적은 상품을 주로 생산하고, 물이 풍부한 나라에서는 가상수 소비가 많은 상품을 생산해 서로 교환하자는 것이다.

유엔이 1972년 스웨덴 스톡홀름에서 처음 환경회의를 열었다. 1992년 브라질 리우데자네이루에서 세계 각국 정부와 NGO들이 모여 리우선언과 그 행동 계획인 '의제21'을 채택했다. 환경문제를 풀려면 빈곤과 저개발 등 지구 곳곳의 사회·경제 문제들을 먼저 해결해야 하고, 지속가능한 개발을 위해서는 자원 보존과 관리가 필수적이라고 했다.

이후에도 온실가스 감축 프로그램을 만들며 글로벌 협력체제를 구축하려 애썼다. 1997년 교토의정서, 2007년 발리 로드맵, 2009년 코펜하겐회의, 2015년 파리협정으로 이어졌다. 교토의정서는 2020년 만료된다. 파리협정은 '화석연료 시대의 종말'이자 '저탄소 경제 시대의 출발'이다.

2015년 제21차 기후변화협약 당사국 총회는 지구 평균기온 상승 억제 목표를 산업화 이전에 견주어 "2도보다 상당히 낮게" 유지하는 동시에 "1.5도 이하를 위한 노력을 추구"하기로 했다. 지구온도 상승폭을 1.5도 이내로 제한하려면 2030년까지 탄소배출량을 2010년 대비 45%로 줄여야 하며, 2050년까지 석탄 사용을 전면 중단해야 한다.

한국은 2030년까지 온실가스 배출을 37% 줄인다는 계획을 내놓았다. EU는 「에너지 및 기후변화 패키지」를 채택해, 1990년 대비 2020년에 온실가스 배출량 최소 20% 감축, 에너지 효율성 20% 향상, 총에너지 소비 중 신재생에너지 사용 비중 20%를 확대할 계획이다. EU는 유엔이 발행한 탄소배출권 80%를 보유하고 있다. 또 사용 후 폐기물을 자연이나 산업자원으로 완전히 환원해 폐기물을 제로로 만드는 C2C(Cradle to Cradle, 요람에서 요람까지)시대의 도래를 예측했다.

미국 콜로라도-불더대학교의 스티브 네렘 교수 연구팀은 온난화로 인해 지난 25년간 전 세계 해수면이 평균 7cm 상승했으며 이 같은 추세가 계속 이어질 경우 21세기 말쯤에는 해수면이 약 60cm 더 상승할 수 있다고 전망했다. 네렘 교수는 "그린란드와 남극의 해빙이 가속화하면서 해수면 상승도 가속화하면, 2100년쯤에는 해수면이 30cm가 아니라 60cm 이상 오를 가능성이 있다"고 우려했다. 이같이 해수면 상승으로 인해 땅이 사라지면서 그 곳에서 살고 있는 공동체도 급격히 위축되거나 사라져 가고 있다. 나우루 등 태평양의 여러 섬, 인도양 말다이브 등의 침수와 주민 이주가 현실 문제이다. 북극에서 얼음이 녹으면서 북해에서 해상운송이 가능해진다. 방글라데시 등 거주지가 낮은 곳에 침수 위협이 커졌다. 제주 앞바다 해수면은 28년간 17.3cm 상승했다.

조천호 기상과학자는 "우리가 온실가스를 지속해 배출하면 한순간 지구가 스스로 찜통지구에 진입하는 티핑 포인트(tipping point)를 넘게 된다"고 했다. 그러면 열 자체가 증폭해 온난화는 인간이 막을 수 없게 된다.

미국 MIT 엘파티 엘타히르 교수 연구팀은 온실가스를 대대적으로 감축하는 조처를 취하지 않으면 2070~2100년께 습구온도가 35도를 넘는 치명적 더위가 황허, 아부다비와 두바이 등 페르시아만에서 발생할 것이라 예측했다. 습구온도가 35도를 넘으면 건강한 사람도 6시간 이상 버티기 어려워, 농민들이 야외에서 사실상 일을 하지 못하는 상황이 된다. 지구온난화로 곡물 수확이 줄고, 해충이 창궐해 인류의 식량을 갉아먹게 된다.

몽골은 가뭄 등의 영향으로 국토의 65%가 사막화했고 가축이 떼죽음을 당해 터전을 잃은 유목민이 도시빈민이 되었다. 인구 20%가 환경난민이다. 몽골 사막에서 발생한 미세먼지는 한국으로 온다.

지구인들이 지속가능성 향해 노력한다. 사막지역에서 인구, 방목하는 가축과 경작지 손실은 가뭄과 홍수를 일으키고, 토양 생산성, 식물피복(vegetation cover)을 악화시킨다. 사하라, 아랍, 중국에 걸친 사막 벨트에 나무를 심고 태양광판 설치하는 작업이 진행 중이다. 이산화탄소 발생을 줄이고 발생한 것을 포집해야 한다. 철근과 콘크리트를 만드는 과정에서 온실가스를 많이 배출한다. 철광석과 석회석을 녹이고 구워야 하기 때문이다. 이런 과정이 필요 없는 목재를 빌딩이 대안으로 제시된다. 캐나다에서는 18층짜리 목조빌딩을 지었는데, 100년내 300미터 80층이 목표이다. 한국은 2019년 5층짜리를 지었고 2022년 10층 아파트가 목표이다.

전 세계적으로 독일이 2022년까지 원전 17기를 모두 폐쇄하기로 했다. EU는 2050년까지 원전 90% 폐기 계획이다. 대만은 '2025년 원자력 발전 제로(0)'를 목표로 삼고, 재생 에너지 비율을 현재 4% 수준에서 20%까지 올릴 계획이다. 화석연료(30%)와 천연가스(50%) 비중은 현 수준을 유지한다. 반면 중국, 인도 등은 늘어나는 전력수요를 충족하려고 원전 발전량을 늘린다.

핵무기 폐기 국제운동(ICAN)은 2017년 7월 유엔에서 핵무기금지조약 체결에 122개국이 찬성했다. 이 단체 활동가이며 히로시마 원폭 생존자인 세쓰코 설로는 노벨평화상 시상식에서 "우리 피폭자들은 핵무기 금지를 72년 동안 기다려 왔다. 핵무기 종말을 시작하자"고 했다.

우루과이는 2015년 전력 94.5%를 신재생에너지에서 생산한다. 20% 감축을 약속했다. 남미의 스위스로 불리는 우루과이는 초중고 의무교육을 실시하고, 세계 최초로 모든 초등학생에게 보급형 노트북 컴퓨터를 지급하고, 2012년 낙태를 허용하고, 2013년 동성 결혼과 마리화나를 합법화했다. 이 개혁은 세상에서 가장 가난한 대통령으로 유명한 호세 무히카 전 대통령과 타바레 바스케스 현 대통령 집권 2005~2010년 사이에 집중적으로 추진되었다.

한국사회의 지속가능성

한국은 경제협력개발기구(OECD) 34개 회원국 중 전체 에너지 공급량에서 재생가능한 에너지가 차지하는 비중이 가장 낮다. 국제에너지기구(IEA)의 '재생에너지 정보 2015'를 보면 재생가능에너지 비중은 OECD 평균이 9.2%다. 재생가능에너지 비율은 아이슬란드(89.3%), 노르웨이(43.5%), 뉴질랜드(39.1%), 스웨덴(34.4%), 칠레(32.4%), 이탈리아(17.8%), 독일(11.1%), 프랑스(8.6%), 영국(6.4%), 미국과 일본은 각각 미국(6.5%), 일본(4.9%), 룩셈부르크(4.4%), 네덜란드(4.6%), 마지막으로 한국은 1990년 이후 25년간 재생에너지 비중이 1.1%로 제자리를 지켰다.

한국의 1차 에너지원 중 석유는 35.6%로 비중이 가장 높았다. 석탄은 30.5%, 천연가스는 16.3%, 원자력은 15.4%로 나타났다. 재생에너지로는 바이오연료 및 폐기물에너지가 72.8%로 가장 많이 사용됐다. 한국은 2030년 1인당 CO_2 배출량이 세계 3위가 될 것으로 예상한다.

국제에너지기구(IEA)에 따르면 한국은 1990~2103년 사이 1인당 연간 탄소배출량은 110.8% 증가했다. 2015년 한국인은 1인당 11.3t의 탄소를 배출했다. 한국의 석유·석탄 사용량은 모두 세계 5위이다.

한국의 산업은 온실가스를 많이 배출하는 구조이다. 중화학공업 위주의 산업구조 때문이다. 산업연구원 한기주 명예연구위원 「주요국 제조업의 에너지 소비 구조·가격 및 에너지 비용 비교 분석」에 따르면, 2013년 기준 한국 제조업 에너지원 중 전기가 차지하는 비중은 46.7%로 주요국 중 최고 수준이었다. 한국처럼 제조업 에너지원으로 전기를 가장 많이 사용하는 나라는 독일(34.9%)과 영국(36.6%)이다. 하지만 독일과 영국은 천연가스 사용 비중도 각각 34.8%, 30.3%로 높았다. 한국은 천연가스 비중이 21.0%였다. 한국 제조업의 높은 전기 의존도는 산업용 전기요금이 싸기 때문이다. 2013년 기준 한국 산업용 전기요금은 1석유환산톤(TOE)당 1070.4달러로, 793.0달러를 기록한 미국에 이어 2번째로 낮았다. 한국의 산업은 에너지 다소비 구조를 갖고 있어 선진국들에 비해 에너지 비용 부담이 크다. 전력 요금 조정이 이뤄지면 에너지 비용 부담이 높아질 여지가 있는 만큼 제조업의 전력 의존도를 낮추어야 한다.

세계적으로 부유한 도시의 공기질은 개선된 반면 빈곤한 도시의 대기오염은 악화됐다. 대기오염 관련 사망자의 90% 이상은 저소득·중소득 국가에 몰려 있다. 한국인이 가장 불안을 느끼는 위험요소는 북핵도 지진도 아닌 미세먼지이다. 미세먼지는 지금 $10\mu m$ 이하의 입자상물질을 말하며 PM(Particulate Matter)이라고도 부른다. $2.5\mu m$ 이하의 미세먼지를 초미세먼지(PM2.5)라고 부른다. 미세먼지는 여러 가지 대기오염물질이 혼합된 발암물질이다. 큰 먼지는 코털이나 기관지 점막에서 걸러져 몸 밖으로 배출되지만, 입자가 작을수록 쉽게 걸러지지 않고 몸속 깊숙이 들어온다. 작은 크기로 인해 세포로 침투하기 쉽고, 표면적이 넓어 세포와 반응이 더 많이 일어나고, 다른 장기로 이동하기 쉬운 것이 문제다. 미세먼지 배출량은 제조업 연소와 생산공정, 폐기물처리 등 사업장 비중이 44%로 가장 높고, 건설기계 등 17%이고, 발전소 14%, 경유차 11%, 비산먼지 6% 순이다.[4]

한국에서 미세먼지의 책임은 2017년 한·미협력 국내 대기질공동조사에 따르면 중

---

4) 남준희·김민재, 『굿바이! 미세먼지』, 한티재, 2017.

국 34%, 국내 52%이다.[5] 중국의 책임을 묻기 전에 한국 내 미세먼지 해결이 우선이다.

석탄발전소는 온실가스를 대량 배출하고 미세먼지를 발생시켜 시민의 건강을 위협한다. 석탄발전소는 한국 일본 중국을 중심으로 운영한다. 한국은 유연탄에 부과하는 세금이 경유의 10분의 1이다. 정부는 2018년 유연탄 세율을 올리고 친환경 연료인 LNG 세율을 낮췄다.

유럽에서는 석탄발전소를 폐쇄하는 추세이다. 영국은 2025년까지 석탄발전소를 모두 없앨 계획이다. 독일은 원자력 발전소를 2022년까지, 석탄발전소를 2038년 모두 폐기하고 2050년 100% 재생가능에너지로 전환할 계획이다. 유럽은 대기오염 대책으로 휘발유·경유를 쓰는 자동차의 판매 중단할 계획이다.

한국도 석탄 발전소 폐쇄 계획을 세워 사용기간이 끝나는 발전소는 폐쇄하고 신규 허가는 내주지 말고 기존의 발전소는 LNG, 석유 등 미세먼지 발생이 적은 연료로 대체해야 한다. 세금으로 운영되는 공적 금융기관 산업은행, 무역보험공사, 수출입은행 3곳은 지난 10년간 10조 원 이상을 베트남, 인도네시아, 인도, 칠레 등 총 9개국 해외 석탄화력발전소 건설에 투자했는데, 정부의 해외 석탄 발전소 투자를 중단해야 한다. 이러한 노력을 바탕으로 중국에게도 미세먼지를 발생하는 석탄발전소 폐쇄를 요구해야 한다. 수도권과 공장의 전기를 위해 지방과 농촌을 희생시키는 에너지 체제를 종식시켜야 한다.[6]

미세 플라스틱이 바닷물, 물고기, 조개류에 이어 강물, 수돗물, 병에 담은 생수에 이르기까지 우리 생활에 스며들고 있다. 플라스틱 제조물질인 비스페놀A(BPA)가 내분비 계통을 교란시켜 생식기능을 저하시킨다. 플라스틱이 멸종을 부른다면 돌고래가 먼저이고 다음은 인간이다. 인천-경기 해안·낙동강 하구는 세계에서 미세플라스틱 오염이 가장 심하다.

플라스틱 사용을 줄이고 종이, 섬유 사용을 늘려야 한다. 세계가 플라스틱 제로 운동을 시작했다. 영국의 슈퍼마켓 언패키지드(Unpackaged), 미국의 더 필러리(The Fillery), 한국의 더 피커(The Picker) 등 '포장지 없는 가게' 콘셉트가 세계로 퍼지고 있다.

---

5) 한광용 박사는 북한이 개방되고 산업화할 경우 해안선 곳곳에 갈탄을 태우는 화력발전소가 늘어설 것이고, 여기서 발생하는 미세먼지가 서북풍을 타고 남쪽으로 날아와 그 피해가 재앙수준이 된다고 했다.(2019.2.17)
6) 이유진, 『원전 하나 줄이기』, 서울연구원, 2016.

한국은 현재 재생에너지 비율이 1%대이다. 한국 정부는 2030년까지 재생에너지 발전량 비중을 20%로 올릴 계획이다. 새로 지을 발전소의 95%를 차지한다. 서울시는 2023년부터 에너지제로주택을 서울 모든 주택에 적용한다. 그 실례로 노원 에너지제로주택은 패시브하우스 기술로 지어 전기를 일반주택에 비해 86% 절약한다. 전남 나주시는 심부지열 에너지를 원예 난방에 사용한다. 경기도 화성시를 이를 개발한다. 심부지열 에너지는 땅속 4~5km까지 시추공을 설치해 100℃ 이상 지하수 또는 고온증기를 지상으로 끌어올려 온수와 난방, 전기발전에 사용한다. 미국, 독일, 덴마크, 뉴질랜드 등에서 이를 주택 공공건물 수영장 등 냉난방 전기발전에 사용한다. 지열 이용은 포항에서 지질을 유발해 안전성이 의심된다.

원전 축소, 폐쇄와 관련해, 38년간 탈핵운동을 벌이면서 핵발전소 건설을 저지한 사와무라 가즈요(80)는 "일본에는 현재 54개의 핵발전소가 있다. 하지만 핵발전소 건설을 막아낸 건수가 훨씬 많다. 핵발전소 예정지역 주민들만 뭉쳐서는 버틸 수 없다. 압도적인 전기 소비자인 서울시민들이 힘을 보태주어야 한다"고 했다.

한국은 온실가스, 원전사고의 문제가 심각하다. 숀 버니 그린피스 독일사무소 수석 원전 캠페이너는 "세계 원전산업은 가라앉는 배다. 다른 나라들이 하나둘씩 배를 떠나는 상황에서 한국은 거꾸로 장기 승선 티켓을 구매하려 하고 있다"고 말했다. 밀양 노인들은 마을을 거쳐 가는 765kv 고압선 철탑 건설을 반대했다. 이 고압선은 울산 원전에서 수도권으로 가는 것으로, 이것의 반대는 원전 반대를 의미한다. 영덕 주민들은 원전 건설 추진에 주민투표를 실시해 압도적 다수로 반대를 의결했다.

에너지민주주의를 위한 노동조합(TUED)의 코디네이터인 숀 스위니는 "자본주의가 성장과 자본축적, 이윤추구를 중심으로 가동돼 패러다임을 바꾸는 게 쉽지는 않다. 과거 체제나 시스템에 저항하는 운동은 중산층 이상 또는 가진 자에게는 매력적이지 못해 환영받을 수 없었지만, 기후변화는 가진 자도 영향을 받는 만큼 훨씬 강력한 운동일 수밖에 없다. 또 기후변화는 빈곤이나 불평등과도 연관돼 있는 만큼 이런 문제들을 연결해 사회 전체의 근본적인 재구조화를 시도해야 한다. 혁명적인 발상이 필요한 때"라면서 "민주적인 통제와 공공이 소유, 관리하는 에너지 생산으로 전환이 이뤄져야 한다"며 "에너지 민주화"를 대안으로 제시했다.

한국에는 24개 원전이 가동 중이며, 발전용량은 2만 2529MW이고 전체 전력의 30%

가량을 생산한다. 석탄발전소에서는 40%, 8만 MW를 생산한다. 이 둘은 태양광과 풍력으로 대체 가능하다. 태양광으로 원전이 생산하는 30%를 충족하려 할 때 필요 용량은 원전의 5배가 넘는 13만 5000MW이고, 필요면적은 1215㎢이다. 남한 전역의 건축물 지붕과 농토 일부만 이용해도 얻을 수 있다. 석탄을 풍력으로 대체하는 경우 면적은 6만㎢ 정도가 필요하며, 바다를 이용해 확보 가능하다. 독일의 경우 재생가능에너지 전력생산 비중이 30%를 넘어선 뒤 거대자본이 해상풍력 발전에 뛰어들었다. 영국과 독일은 해상풍력 발전을 거대 자본이 장악했다. 에너지 전환이 거대자본에 의존해 시민을 배제해서는 안된다.[7]

석탄·원전 등 기저발전이 주도하는 중앙집중형 전력공급구조를 소비자가 태양광·풍력 등 재생에너지를 생산하는 분산형으로 바꿔야 한다. 한국은 재생에너지 비율이 2.2%(2017)인데 미국 일본 영국 프랑스 독일은 14.9~29.3%에 이른다. 분산형 에너지 전환 주체는 시민이고 이들이 신재생에너지 생산자로 전환해야 한다. 독일은 분산형 에너지로 전체 발전량의 30%를 공급한다. 일본은 가정·지방자치단체·기업에 분산된 태양광 등 소규모 발전설비와 전력관리 시스템을 통합·제어해 하나의 발전소처럼 운영하는 '가상 발전소'를 구축했다. 이는 지진 등 재난 상황에서 복원 능력이 뛰어나다.

미래의 먹을거리 마련도 과제다. 식단이 글로벌화해 세계의 식단이 비슷해졌다. 밥상은 빈부격차가 가장 먼저 드러나는 곳이다. 자본에 휘둘리고 오염된 먹거리를 덜 받아들이고, 건강하고 차별 없는 밥상을 만들도록 새 식품체계를 모색해야 한다.

유엔은 2050년 지구촌 인구 100억 시대가 되면 지금보다 2배 많은 식량이 필요하다고 경고한다. 옥스퍼드대 마르코 스프링만 등 연구진은 100억 인구를 먹여 살리는 것은 가능하지만 식량을 생산하는 방법과 먹는 방법이 달라져야 한다, 육식, 설탕, 우유 등의 섭취를 줄이는 대신 콩과 씨앗, 채소, 과일 등은 섭취를 늘리고 중간에 버려지는 식품을 줄여야 한다고 했다. 즉 채식 위주의 삶에 고기를 곁들이는 플렉시테리언(flexiterian, Flexible Vegetarian)으로 바꾸어야 한다고 했다. 이는 동물성 식품의 섭취뿐 아니라 동물성 원료로 만든 제품도 사용하지 않는 사람들을 이르는 비건(vegan)과 우

---

7) 이필렬, 「에너지전환과 거대자본」, 『경향신문』, 2018.4.6.

유와 달걀 등 낙농 제품을 섭취하는 채식주의자인 베지테리언에 비해 탄력적이다.

중국, 아프리카 등은 GMO를 이용해 작물의 수확량을 늘려 식량부족을 해결하려 한다. GMO는 인간의 유전자에 피해를 주어 역습할 수 있다. 이를 피할 수 있도록 GMO 곡물의 사용을 줄이고 GMO 원료 사용을 식료품에 명기해 소비자가 선택하게 해야 한다.

가공식품에 대량 사용돼온 콩, 옥수수, 면화, 유채 외에도 이제는 한국인의 주요 곡물과 반찬에 GMO가 등장할 수 있다. 한국은 수입농산물 가운데 GMO 농산물이 콩은 80%, 옥수수는 61%, 사료는 99.9%이다.

세계 종자·농약산업은 미국 중국 독일이 과점했다. GMO, LMO를 막기 위해서라도 종자주권을 지켜야 한다. 오도 홍성씨앗도서관(www.hs-seed.com) 대표는 할머니가 "친정아버지께서 결혼할 때 챙겨주신 씨앗을 잃어버리면 친정과 인연이 끊어질 것 같아 보존했다"는 말을 듣고 토종씨앗을 빌려주고 되받으며, 토종씨앗을 180종으로 늘렸다.[8]

서남해안의 갯벌을 복원해야 한다. 수문 일부를 주기적으로 열어 담수호 바닥 퇴적물을 바다로 내보낸다. 농업용수는 상류의 덜 오염된 물을 관로를 통해 논에 공급하면 된다. 갯벌 복원은 지속가능성을 높이는 동시에 친환경 농업을 가능하게 한다. 갯벌을 복원할 경우 이곳에서 생산하는 해산물과 이곳을 찾는 관광객의 소득을 높여준다. 바다에도 유기물을 공급해 바닷물고기 먹이가 된다. 해수유통을 바라는 어민을 비롯한 주민과 논농업을 하는 농민 사이의 갈등을 해소해야 한다. 중국 동해안의 갯벌 파괴도 문제다. 네덜란드 등에 갯벌 복원 사례가 풍부하다. 복원된 갯벌은 주로 관광지역이 되었다. 갯벌 복원 대상지역 주민 사이 공감대 확대가 필요하다.

현재 한국에는 12개의 연안습지보호구역과 10개의 해양생태계보호구역 등 총 22개의 해양보호구역을 지정했다. 해양수산부는 추가로 경남 사천시 광포만, 충남 서천과 태안에 걸친 가로림만, 전남 신안군 비금도와 도초도, 인천 무의도 등을 연안습지보호구역으로 지정하려 한다.

백두대간 난개발을 막기 위해 제정한 백두대간보호법에 따라 2005년 산림청이 25만 3427ha 면적을 백두대간 보호지역으로 지정했다.

내가 사는 당진평야는 만경평야 김해평야 평양평야와 더불어 4대 평야로 손꼽힌다.

---

8) 오도, 『씨앗받는 농사 매뉴얼-내가 직접 키운 작물, 내가 직접 받는 씨앗』, 들녘, 2013.

삽교천에서 관개수가 공급된다. 삽교천은 6급수다. 천안에서 생활하수, 아산에서 공업폐수, 예산 당진에서 축산폐수가 쏟아져 나와 오염되기 때문이다. 농업용수가 논에 들어가 화학비료와 농약 특히 제초제로 오염이 가중된다. 이것을 자연 정화시키고 생태 자원의 창고로 일정한 농지면적마다 하나씩의 생태연못, 정화지, 유지 등을 둔다. 통틀어 유지라 부른다. 4급수와 유기논농업(벼농사) 달성이 목표다.

■ 도표 2. 당진시민의 기자회견, 「생태연못을 살려라!」, 2015.9.14.

고대면 슬항리-용두리 당고지구 간척지를 경지정리할 때 농어촌정비법에 따라 생태연못(溜池=유지, 웅덩이) 3곳 모두 3천 평을 만들었다. 경지정리위원회 간부 3명이 생태연못을 형질변경 허가 없이 부숴 경작하자 마을 농민들이 2015년 5월부터 ■도표 2처럼 한국농어촌공사에게 생태연못을 복원하라고 요구하고 있다. 생태연못 부지는 2010년 농어촌정비법에 따라 경지정리 과정에서 경작인들이 경작권을 유보해 마련했다. 농민들과 당진참여연대의 요구에 농어촌공사는 2017년 3월 이곳을 유지 형태로 복원하고 이를 당진시에 관리권을 위임하려 했다. 당진시가 이를 거부하자 농어촌공사는 이 간부들과 수의계약을 맺고 이들은 생태연못을 다시 부수고 모를 냈다. 이밖에 한국농어촌공사 당진지사는 821,718.4㎡의 수질관리지역을 농민에게 임대해 경작하게 하고 임대료를 받는다. 생태연못 자리를 임대한 불법 경작은 전국적인 현상이다.

또 당진은 세계에서 석탄발전소가 가장 밀집한 지역으로 미세먼지 발생과 송전선의 전자파 피해가 크다. 현대제철 등 제철소도 공해물질을 다량 배출한다. 2018년에는 대진침대가 방사능을 유출하는 침대 매트리스를 당진항에 야적해 주민들을 방사능 공포에 떨게 했다. 아기를 가진 엄마들이 다른 지역으로 이사 가고 싶어 했지만 그게 가능하지 않았다. 주민들은 2019년 대안으로 '내 기후'라는 기후운동 단체를 결성했다.

우리 동네 뒷산 너머에 있는 환영철강이라는 철근공장은 공해가 심했는데 호명도 이장 등 주민의 끊질긴 요구 끝에 30년만인 2023년에 석문국가공단으로 이전한다.

한국은 닭 오리 등의 조류인플엔자(AI) 발병 때문에 몇 년마다 수백만 마리씩 살처분한다. 이는 공장식 축산과 철새의 전염에 기인한다. 닭·오리·돼지 등의 대규모 밀집사육 대신 동물복지농장을 택한다. 동물복지농장은 공장식 축산과 달리 윤리적 책임감을 갖고 동물이 필요 하는 기본 생존 조건을 보장하는 농장이다.

한국과 중국 원전의 위협

한국에는 상업 운전하는 원자로가 모두 25기나 된다. 고리 원전 반경 30km 안에 380만 명이 산다. 한 기 이상의 원자로에서 노심용융과 폭발 사고가 일어났을 때 정부가 주민들을 안전하게 대피시킬지 의문이다. 2016년 경주에서 규모 5.8의 큰 지진이 일어나고, 2017년 포항에서 지진이 일어나 건물이 부서지는 등 주민 피해가 컸다. 원전 폭발의 위험을 그린 영화『판도라』(박정우 감독)도 나왔다.

한국 사회는 미국의 드리마일 원전사고, 러시아 원전 사고를 조금 거리감을 갖고 보았다. 그러나 일본 후쿠시마원전 사고를 겪으면서 남의 일이 아닌 당장의 우리 일이라고 느꼈다. IAEA에 따르면 2019년 전세계 원전은 총 450기, 건설 중인 신규 원전이 52기이다. 중국에는 2014년 운전 중이거나 건설 중, 추가 건설을 검토 중인 원전을 합하면 최대 220기 이상의 원전이 들어섰다. 중국의 핵무기 기술이 최고 수준일지 몰라도 원전 운영과 관리 면에서는 걸음마 단계다. 중국 남부에서 동해안을 따라 산둥성을 거쳐 북한 인근까지 거대한 띠를 이룬다. 이것이 한국을 위협한다.

유럽은 체르노빌 원전 사건이 일어난 뒤 원전을 지을 때 이웃나라의 동의를 얻어야한다.[9] 어느 한나라에서 원전 사고가 일어나면 그 피해가 이웃나라에 미치기 때문이다. 동아시아에서도 지금 당장 원전들을 세울 수는 없더라도 한·중·일은 탈원전 2050년 청사진을 세워야 한다.[10]

한국은 2017년에 1978년 상업운전을 시작한 국내 첫 원전인 고리1호기를 영구 정지시켰다. 2018년 월성1호기를 폐쇄하고, 신규 원전 건설을 백지화했다. 독일·대만이 10년 안에 원전 제로를 추진하는 반면 한국은 60년에 걸쳐 추진하고 있다.

한국이 아랍에미리트(UAE)에 원전을 수출했는데, 이명박 정부가 거기서 발생하는 원전폐기물을 한국으로 반입하겠다는 이면 계약을 썼다고 한다. 원전폐기물은 거기에 남든 한국에 들어오든 문제다. 문재인 대통령은 UAE, 사우디아라비아, 체코 등 수출하는데 잘못이다. 원전을 수출하지 말아야 한다.

한국은 미국이 공동으로 추진해온 사용 후 핵연료 재처리기술인 파이로프로세싱(pyrocemical processing)-소듐고속로는 효율성·안정성이 불확실해 중단을 검토하고 있다. 이 공정에서 핵무기 원료인 플로토늄이 다량 나온다. 일본은 고속증식원자로 '몬주' 폐로작업을 시작했다.

3) 노동 자본 임금 이윤 생산관계

1 : 99의 지구사회

축적된 자본이 커졌다. 미국 영국 독일 일본은 자본이 많다. 이들이 가진 자본이 증식하는 이자가 늘어나는 속도가 노동자가 임금을 받고 생활하고 남은 돈이 늘어나는 속도보다 빠르다. 빈부격차가 극심해지고, 소득·자산·건강·기회·정의에 대한 접근 등 다양한 측면에서 불평등이 확대되었다.

세계자본의 크기가 크다. 박지성이 속한 맨체스터 유나이티드의 모기업인 ADT의 자본 규모는 세계 100위인데, 뉴질랜드의 GDP보다 크다. 세계 차원에서 부의 편차가 심하다. 불평등의 대가로 자본주의의 패권을 흔들기는 어렵지만 민주주의는 파괴된

---

9) 「모두가 주인이자 손님이 되는 열린 세계를 위한 인문학적 모색」, 『알바트로스』, 2016 겨울 V.84, 서강대학교.
10) 김경호 외, 「탈원전333 릴레이 의견광고 33인」, 『경향신문』, 2018.8.28.

다. 오큐파이 운동은 세계를 1 : 99사회라고 했다.

스위스 금융기관 크레디트스위스가 발표한 「세계 부(富) 보고서 2015」를 보면 2015년 9월 말 기준으로 2015년 전 세계 자산은 약 250조 달러(약 28경 원)이다. 자산은 부채를 제외하고 부동산과 주식의 가치를 합산한 것이다. 특히 전 세계 자산의 50.4%를 상위 1%의 부자들이 차지하고 있다. 재산이 10만~100만 달러(약 1억 1,400만~11억 4,900만 원)인 사람은 전 세계 인구의 7.4%에 불과했지만, 이들의 재산은 전체의 39.4%인 98조 5,000억 달러(약 11경 원)인 것으로 나타났다.

『세계불평등보고서 2018』에 따르면, 소득 불평등의 경우, 1980년 이후 30년 가까이 세계 하위 50%의 소득이 제자리걸음을 치면서, 상위 1%와의 소득 격차도 당시 27배에서 지금은 81배까지 벌어졌다. 소득 불평등의 확대는 상속, 배당, 임금 격차 등으로 생긴 자산 불평등을 만회할 기회가 갈수록 사라진다는 것을 의미한다.

소득 불평등은 세계 전역의 현상이지만 그 양상에선 국가·지역별로 편차를 보였다. 2016년 기준 전체 국민소득에서 상위 10%의 몫을 보면, 유럽이 37%로 가장 낮은 반면 "세계에서 가장 불평등한 지역"인 중동에선 61%에 이르렀다. 한국은 이번 보고서에 포함돼 있지 않은데, 데이터베이스 누리집에 있는 자료를 보면 44.9%(2012년)로 중하위 수준이었다.

소득 불평등 추세는 특히 서유럽과 미국이 극단적으로 갈렸다. 1980년에는 두 지역 모두 상위 1%가 전체소득에서 차지하는 비중이 약 10%로 비슷했는데, 2016년에는 서유럽이 12%로 소폭 늘어난 반면 미국에선 20%로 치솟았다. 같은 기간 미국의 하위 50% 계층의 소득은 20%에서 13%로 크게 줄었다. 가난한 절반 사람의 몫이 고스란히 최상위 1%에게로 옮겨간 셈이다.

지역, 세대, 성별 간 소득 격차에도 주목했다. 도시-농촌 소득 격차야 오래된 이야기지만, "부자 동네와 못사는 동네의 공간적 분리"도 문제가 된다. 비싼 도시 거주 비용을 감당하지 못하는 사람들은 점점 더 변두리로 밀려나는데, "통근 시간이 길수록 사회적 사다리를 올라갈 기회는 감소하며, 소득 가구의 고립과 통근의 어려움이 사회적 이동성을 떨어뜨리는 요인"이 된다.

남녀간 노동소득 불평등은 1.75 대 1(2014년)로, 격차가 꾸준히 좁혀져왔다. 그러나 최상위 구간으로 갈수록 유리천장은 여전히 견고하다. 상위 1% 내에서는 남성이 85%

를 차지하며, 상위 0.1% 안에서는 남성이 89%다. 즉 1999년 이후 노동소득 상위 집단에서 여성이 차지하는 비중은 조금밖에 늘어나지 않았다.

소득 불평등도 문제지만, 자산 불평등은 더 심하고 위태롭다. 중국·미국·유럽으로 대표되는 세계의 자산은 상위 10% 계층이 전체의 70%를 차지(2017년)하고 있다. 가장 부유한 1%로 범위를 좁히면 33%로 집중도가 더 높아진다. 부자 상위 10% 안에서조차도 부(富)의 편중이 도드라진다. 미국의 경우 상위 1%의 자산 소유 비중은 1980년 22%에서 2014년 39%로 급증했다. 미국인 100명 중 1명이 미국 전체 자산의 5분의 2를 차지하고 있다는 뜻이다. 중국과 러시아도 자본주의 체제 이행에 따라 최상위 부유층의 몫이 최근 20년 새 각각 15% → 30%, 22% → 43%로 곱절이나 늘었다.

거센 민영화 바람, 즉 공공자본의 축소와 민간자본의 확대는 자산 격차를 부채질한다. 1980년 이후 대다수 나라에서 국민소득 대비 민간부문 순자산 비율이 늘어온 반면, 공공부문 자산은 감소 추세였다. 중국과 러시아에서는 공공자산이 국민자산의 60~70%에서 20~30%로 감소했다. 심지어 최근 미국과 영국에선 공공부문 순자산(자산에서 부채를 뺀 값)이 마이너스가 됐고, 일본·독일·프랑스에서도 겨우 플러스를 유지했다. 예외는 노르웨이처럼 대규모 국부펀드를 가진 산유국들뿐이다. 이는 정부가 경제를 규제하고 소득을 재분배하며 불평등을 완화하는 능력을 제한한다.

무엇보다 상위층의 부의 집중을 막는 데 누진세 강화가 효과적이라는 게 증명됐다며 글로벌 차원에서의 조세 정책 전환을 촉구한다. 조세천국에 머무르는 자산은 글로벌 국내총생산의 10%에 이른다. 탈세와 재산 은닉을 막기 위한 글로벌 금융등록제, 공공자산 확충과 부채 경감 등 미래에 대한 투자도 대안으로 제시했다.

또 하위 계층에서의 해법으론 교육과 괜찮은 일자리에 대한 더 평등한 기회 부여, 보건, 환경보호에 대한 공동투자가 전체 인구 중 가난한 절반의 소득이 정체되거나 증가세가 느려지는 문제를 해결할 수 있다. 선진국과 신흥국 모두 평등한 교육 기회를 주려면 (학자금과 입학 제도를 바꾸는 것과 더불어) 검증 가능하며 투명한 목표를 설정할 필요가 있다.[11]

---

11) 조일준, 「불평등 늪에 빠져드는 세계…해법은 있다」, 『한겨레』, 2018.08.31.
파쿤도 알바레도·뤼카 샹셀·토마 피케티·이매뉴얼 사에즈·게이브리얼 주크먼 지음, 장경덕 옮김, 『세계 불평등보고서 2018』, 글항아리, 2018.

옥스팜은 전 세계 인구의 1%가 전 세계 소득의 80% 이상을 가져가고 있으며, 최상위 부자 8명의 재산을 합치면 하위 50%인 36명의 재산과 같다며, 불평등 해소를 위한 해법으로 생활임금제 도입과 조세 회피에 대한 강력한 처벌, 사회복지 지출 확대, 남녀 임금 격차 해소 등을 제안했다. 샘 피지개티는 최고임금을 제안했다. 최저임금이 최하위층의 소득에 대한 하한선을 정책이라면, 최고임금은 최상위층의 소득에 상한선을 정하는 정책이다.12)

토마 피케티 등 유럽의 경제·역사학자와 정치인 50여 명은 2018년 「유럽 민주화를 위한 선언」을 발표했다. 선언은 EU회원국이 다국적 기업과 고소득자, 온실가스 배출기업 등을 상대로 더 많은 세금을 걷어 연간 최대 8천억 유로(1,030조 원)의 재원을 마련해 기후변화, 이민, 경제적 불평등에 사용하자고 했다. 이는 EU 국내총생산의 4%에 달하며 현재 예산의 4배에 해당한다. 재원 마련은 기업이윤에 대한 15% 추가 과세, 10만 유로 이상 고소득자에 대한 증세, 100만 유로 이상 재산 보유자에 대한 부유세 과세, 탄소배출에 대한 과세를 제안했다.

세계의 불평등 현상은 아시아와 한국에도 적용된다. 2018 아시아 미래포럼에서, 리처드 윌킨슨·케이트 피킷에 따르면, 한국에서도 1950~60년대에 노력하면 성공할 수 있다는 꿈이 있었는데, 경제가 발전해 국민소득이 늘어난 지금은 오히려 자신이 속한 계층을 벗어날 수 없다. 불평등은 대기오염과 비슷하게 하위·상위 계층 모두에 해롭다. 불평등한 국가일수록 특허 출원이 줄어들고 교육 수준이 저하하면서 사람들이 덜 창의적, 덜 혁신적이 된다. 평등한 사회일수록 상위계층의 수명이 길어지고, 자녀의 성취도도 더 올라가고 폭력의 피해가 줄어든다. 보다 평등한 사회가 되어야 기후변화와 같은 사회문제에 대해 더 나선다. 대책은 누진세와 같은 재분배 정책으로 복지 시스템을 마련하고, 세전소득에 대해 노동조합을 결속력 있게 만들고 임원 보너스 수준을 낮춰야 한다. 노동자가 이사진에 대표성을 갖춰 참여해 기업의 주인이 되어야 생산성이 향상된다. 사와다 야스유키 아시아개발은행(ADB) 수석이코노미스트와 캐시 조 마틴 보스턴대 교수는 불평등 심화로 한국을 비롯한 아시아 각국의 '사회적 엘리베이터'가 고장났다며, 포용성장과 북유럽 '사회투자모델'을 불평등 극복의 대안으로 제시

---

12) 샘 피지캐티, 허윤정 옮김, 『최고임금』, 루아크, 2018.

했다. 신광영 교수와 케이트 피킷 요크대 교수는 누진적 소득세 강화, 교육 기회 균등, 노·사·정 사이의 사회투자 협약을 해법으로 제시했다.[13]

동아시아 국가들은 불평등 심화와 빈곤층 확대, 복지의 저발전과 취약한 민주주의를 공통적인 특징으로 하고 있다. 동아시아가 서구 사회 모델을 대체해 21세기 새로운 사회 모델이 되기 위해서는 저임금과 불평등, 억압적인 기업문화, 낙후된 복지를 극복하고 새로운 대안을 제시해야 한다.[14]

1 : 9 : 90의 한국사회

한국의 입장에서 미국과 유럽 자본은 독일 일본 → 한국 대만 싱가포르 홍콩 → 동남아시아 → 인도 → 아프리카로 시장과 저임을 찾아 차례로 이동했다. 이 과정에서 농민은 저임노동자로 유출되고 농촌공동체는 파괴되었다. 박노자 교수에 따르면 한국은 타이, 터키, 헝가리 함께 지구사회에서 준주변부에 속한다. 즉, 제조업 위주의 산업경제를 가지고 자동차나 전자제품 등의 수출에 의존하면서도 특히 금융부문 등에서는 핵심부(구미권과 일본) 외자에 종속돼 있다.[15]

경제가 발전함에 따라 자본·노동력·소득의 비중은 제1차 산업, 제2차 산업, 제3차 산업으로 증대해간다. 한국의 산업구조가 고도화하면서 1차 산업의 비중은 급격히 저하된 반면, 2·3차 산업의 비중은 계속 증가해 1960년대에 37 : 20 : 43이었던 1·2·3차 산업의 산출구성은 1991년에는 8 : 28 : 64로 변화했다. 산업간 이중구조 또한 심화되어왔는데, 즉 농업과 공업, 공업 내 각 부문간, 도시와 농촌, 대기업과 중소기업, 수출산업과 내수산업 등 각 부문 간 이중성의 심화로 산업의 불균형이 확대되었다.

국세청 자료에 따르면, 2017년 상위 0.1%인 1만 7,000명의 연평균 소득은 6억 5,500만 원이었다. 소득이 중간인 50% 구간 중위소득 근로자는 연간 2,299만 원을 벌었다. 상위 0.1%가 중위소득자보다 28.5배 더 벌었다. 월평균으로 따지면 상위 0.1%는 매달 5,458만 원을 벌었는데, 중위소득자 연봉의 2배가 넘는 액수다. 상위 0.1%의 총 근로소득은 11조 3,539억 원이었다. 2만 명이 채 되지 않는 상위 0.1%가 하위 83.1%~100%(294만

13) 황예랑, 「대담/리처드 윌킨슨·케이트 피킷 교수 부부-김용익 건보공단 이사장」, 『한겨레』, 2018.11.5.
14) 신광영, 『한국 사회 불평등 연구』, 후마니타스, 2013, 235쪽.
15) 박노자, 「박근혜 정권, 그리고 '실력자'들의 시대」, 『한겨레』, 2016.3.23.

7,000명)의 총 근로소득 11조 5,713억 원만큼 벌어들였다. 실제 근로소득 양극화 현상은 자료에 나타난 것보다 더 심각할 가능성이 크다. 분석 자료는 국세청에 신고한 근로소득만을 기반으로 한 것으로, 국세청에 신고하지 않는 아르바이트, 일용직 근로자의 소득은 상대적으로 낮기 때문이다.

금융감독원에 따르면 2019년 7월 말 18개 시중은행의 개인 고객 예금 623조 341억 원 가운데 잔액 기준 상위 1%에 해당하는 계좌에 든 예금은 283조 2,544억 원이었다. 전체의 45.5% 규모다.

근로소득 양극화는 1997년 외환위기 이후 더 심화하고 있다. 한국조세재정연구원은 2015년 보고서에서 국내의 근로소득 불평등이 1980년대 지속적으로 낮아졌으나 1990년대 중반을 기점으로 높아졌다고 밝혔다. 김낙년 교수는 1996~2010년 근로소득 증가율을 분석한 자료에서 상위 0.1%는 소득이 155% 증가한 반면, 하위 20%는 되레 24% 넘게 줄었다고 분석했다.

외환위기 이후 근로소득 격차가 늘어난 배경에는 기업의 중국 진출 등으로 인한 제조업 일자리의 감소, 비정규직의 확산 등이 있다. 또 상위 0.1%에 해당하는 주요 기업 최고경영자(CEO)나 임원의 경우, 영미식 경영시스템의 도입 이후 파격적인 보상이 주어지고 스톡옵션(주식매수선택권) 지급도 이뤄지면서 근로소득이 빠르게 늘어났다.

세대 격차 문제도 비관적이다. 요즘 젊은이들은 경제적 상향 이동 가능성이 과거보다 훨씬 줄었을 뿐 아니라, 위 세대와는 전혀 다른 문제에 직면해 있다. 부동산 가격 급등이 새로운 형태의 불평등을 빚고 있는 게 대표적이다. 부동산을 적절한 시기에 구입했거나 부모의 재산을 물려받은 이들과 세입자로 출발한 이들 사이의 불평등은 따라잡을 수 없을 정도다.

2009년 조사 당시 절반가량이 "상승할 수 있다"고 믿었지만, 통계청의 「2017 사회조사」에서는 자식 세대가 열심히 노력하면 사회·경제적 지위가 상승할 수 있다고 답한 이는 10명 중 3명에 불과했다. 즉 계층이동 사다리가 빠르게 무너지고 있다는 것을 볼 수 있다. 본인 세대에서 사회·경제적 지위가 상승할 가능성에 대한 질문에도 65.0%가 '낮다'고 답했다.

통계청에 따르면 2016년 기준 60세 이상 노인가구의 주택 소유 비율은 66.7%로 40세 미만 가구(32.5%)의 2배가 넘었다.

이철승 「민주화 세대의 집권과 불평등의 확대」에 따르면, 1980년대 민주화운동을 주도한 민주화 세대가 30년 동안 한국사회의 중핵을 차지하고 정치권력을 점유했다. 1997년 외환위기는 윗세대에는 정리해고, 다음세대에게는 취업문이 닫혔지만, 이들에게는 직장에서 오래 버틸 기회가 됐다. 민주화 세대는 2016년 총선에서 국회의원의 161명(54%), 2017년 100대 기업 임원의 72%를 차지했다. 소득 상승 규모와 비율은 다른 세대의 2~3배에 이른다.[16] 민주화 세대 상층 리더와, 그에 속하지 못한 동세대나 다른 세대들과의 권력자의 갭이 커지면서 세대 내, 세대 간 불평등이 갈수록 심화되고 있다.

나는 이 글에서 한국사회를 1:9:90의 사회라고 이름 짓는다. 1은 초국적 자본과 재벌 대기업이다. 9는 중간층이다. 90은 나머지이다. 언론은 10:90의 사회라고 하고, 오큐파이(Occupy)는 1:99 사회라고 하는데, 이것은 한국사회를 구체적으로 설명하지 못한다.

재산의 측면에서 세계는 1:99의 사회이다. 2011년 월가의 오큐파이(Occupy) 시위대는 최고로 부유한 1%의 기득권이 전체 부의 50%를 차지하고 나머지 99%가 고통받는다고 했다. 2016년 미국 대선에서 버니 샌더스 민주당 상원의원은 '1 대 99'라는 슬로건으로 돌풍을 일으켰다. 『세계불평등보고서 2018』 저자들은 글로벌 소득 불평등 흐름에서 가장 두드러지는 현상으로 1980년 이후 상위 0.1% 집단이 전 세계 소득증가액 중 차지한 몫(13%)이 하위 50% 집단이 가져간 몫(12%)과 비슷하다는 점을 꼽는다. 현재 세계에서 최상위 0.1%가 대략 세계 전체 자본의 20%를 차지한 것으로 추정하는데, 30년 뒤에는 60%를 소유할 것으로 추정한다.[17] 이렇게 되면 세계는 1:999 사회가 된다. 이것은 세계에 속한 한국에도 해당된다.

과거 한국 사회의 전체 부 중에서 80%를 인구의 20%가 가지고 있으며 나머지 20%를 80%가 나누어 소유하고 있다고 했다. 그런데 IMF 사태와 경제 위기를 거치면서, '5:95 사회' 하더니 지금은 '1:99 사회'가 되었다고 한다. 1%가 전체의 99%를 갖는 사회가 되었다는 말이다.

한국은 토지자산으로 본다면 1:99 사회에 가깝고 건물과 금융자산 소유로 보면 10:90

---

16) 조혜정, 「정치·권력 30년…민주화 세대는 무엇을 남겼나」, 『한겨레』, 2018.12.7.
17) 선대인, 『일의 미래: 무엇이 바뀌고 무엇이 오는가』, 인플루엔셜, 2017.

사회다. 장하성 교수는 1990년대 중반까지 상위 10%의 고소득층은 전체 소득의 29%를 차지했는데, 2012년에는 44.9%까지 치솟았으며, 이것은 상위 5%, 상위 1%의 고소득층의 경우도 마찬가지라고 했다.[18] 2015년 소득 분위별로 보면 토지자산 지니 계수는 0.86, 금융자산과 건물자산 지니 계수는 각각 0.70이다. 지니 계수 1.0은 상상만 가능한 완전 불평등 사회다. 토지자산으로 본다면 1:99 사회에 가깝고 건물과 금융자산 소유로 보면 10:90 사회이다.

한국에서 상위 1%를 제외한 나머지 99% 내부는 다시 10:90으로 나뉘었다. 노동자 가운데 대기업 정부 공기업 고용 정규직 노동자가 10%이고, 노조 조직률이 10%로 조직노동자가 10%이다. 이들은 상위 10% 가운데 하위 9를 형성하고, 하위 99% 가운데 상위 9%를 형성한다. 나는 세계와 한국의 1:99, 그리고 한국의 99 내부의 9:90을 조합하여 한국 사회를 1:9:90 사회라고 한다.

한국은 이전에는 자본:중산층:하층의 1:9:90의 사회였다. 지금은 자본:정규직:비정규직의 1:9:90의 사회이다. 중산층이 무너지고 그 다수가 90으로 갔다. 그동안 9가 90과 연대해 1과 싸웠다. 그러나 성과는 9가 차지했고, 9가 90을 배려하지 않으면서 90과 9의 갈등이 심각해지고 있다.

농업

농림어업인구는 2015년 6.5%이다. 이 가운데 65세 이상 고령인구 비율이 37.8%이다. 경영주 평균 연령은 65.3세이다. 노부부만 있는 2인 가구가 51%이다. 국내 GDP에서 농림어업이 차지하는 비율은 2%이다. 도시소득 대비 농가소득은 63%대다.

쌀을 중심으로 하는 재배업은 쇠퇴했고 축산부문은 성장했다. 농업에서 차지하는 비중은 쌀이 13.4%이고, 축산은 40.4%이다. 농가 1호당 실질농업소득은 2015년 1,025만 원이다. 농외소득을 합한 실질농가소득 3389만 원의 4분의 1이다. 조선사회 이래 쌀농사 위주의 소농사회는 무너졌다. 축산업과 채소·과일이 주축인 농업은 환경에 큰 부담이다. 수입 사료에 전적으로 의존하는 공장식 축산은 막대한 분뇨쓰레기로 땅과 물을 오염시키고, 가축질병이 만연해 대량의 동물살해가 일상화하고, 대량의 농약을 사

---

18) 장하성, 『한국자본주의』, 헤이북스, 2014.

용하고 있다. 농촌은 도시에 비해 소득이 낮지만 내부격차가 도시보다 심하다. 도시와 농촌의 상위 20%와 하위 20% 가구의 수입을 비교하면 2016년 도시는 5.7배 수준이지만 농촌은 11.3배이다.

1990년 이후 농가인구, 농업소득, 쌀 소득은 크게 줄었지만 농촌 인구는 줄지 않았다. 농촌에 농업이나 쌀농사와 무관한 사람이 많이 산다는 뜻이다. 정부의 지원은 편중돼 소수의 생산자와 지원을 받지 못하는 다수 주민 사이에 장벽이 생겼다.

한국의 식량자급률은 50% 정도이지만, 쌀을 제외한 주요 곡물(보리, 밀, 옥수수, 콩 등)의 자급률은 13%이다. 밀은 2% 미만이다. 국제곡물가가 급등할 경우 대한민국이 받을 타격은 오일 쇼크 이상일 것이다. 지금 한반도의 평균기온은 섭씨 12.3도인데 2050년에는 15.5도가 돼 농업의 대응이 쉽지 않다. 현재 전체 논 98만 4천 ha 중 10년 빈도의 가뭄에 견딜 논은 53%에 불과하다. 국내 쌀 자급률이 2050년에는 47.3%까지 떨어질 수 있다. 국제적으로 농지 상당 부분이 사막화돼 러시아와 캐나다 등에 기댈 수밖에 없게 된다. 먹고 사는 문제를 지금부터 체계적으로 준비해야 한다.

기후가 변화하고 사막이 중국을 거쳐 평양까지 사막화를 경고한다. 기후변화가 쌀 자급률을 추락시키는 이유는 기온과 강수량, 일조량 등이 쌀 생장에 직접적인 영향을 미치기 때문이다. 북한 산림 복원에 한국이 협력해야 한다. 전쟁이 일어날 경우 한국으로 오는 석유 공급이 중단돼 식량문제가 심각해진다. 아프리카는 기후변화와 내전 때문에 식량이 일상적으로 부족하다. 선진국에서는 오래 전부터 식량 자급률을 높이기 위해 투자를 확대한다.

농업 직불금은 대농에게 혜택이 돌아간다. 일본은 쌀 직불금을 단계적으로 폐지했다. 그 대신 쌀 농가의 소득 감소를 일부 완화하기 위해 쌀과 밭작물의 수입 합계가 평균 수입보다 낮은 경우 그 차액의 일부를 보전해주는 '수입감소 영향 완화 지불'을 확대했다. 정부는 직불제에 농가 규모에 따라 역진적 단가를 적용해 소득재분배 기능을 강화하고, 쌀과 밭 직불제를 통합하기로 했다.

한국의 FTA 체결은 자동차 전자제품, 식품산업, 농산물 수입업자, 소비자에게 이익을 준다. 국제경쟁력이 약한 농업은 세계 최강의 농민과 경쟁해야 하는 처절한 현실이다. 농민단체들은 FTA 체결에 따른 피해 대책을 요구한다.[19]

생계형 가족농은 협업, 생활협동조합, 로컬푸드운동, 식량주권운동과 공정무역이 대안이다. 곡물 자급률을 높이고, 환경 부담을 줄이고, 농촌 내 불평등을 해소하는 쪽으로 농정을 전환해야 한다.

유럽연합은 농정의 기조를 돈 버는 농업보다 사람 사는 농촌에 무게를 둔다. 국민의 2% 남짓 되는 독일의 농부는 아무나 될 수 없다. 11살 아이들이 중학교부터 농업학교에 들어가 농업전문대학을 졸업하고 농업 마이스트 과정을 수료해야 한다. 국민 먹거리, 생명을 책임지는 공익노동을 아무에게나 맡겨서는 안된다는 것이다. 독일농민은 협동조합, 농업회의소 등을 함께 꾸리며 고립해 농사짓지 않는다.

8.15해방 뒤 농지개혁을 해 농지소유가 상당히 균등해졌지만 농가당 농지면적이 작다. 평균 농지면적이 1ha정도다. 농장 평균 규모는 동아시아가 1.0ha이고 2ha 미만이 79%이다. 남아시아 1.4ha, 동남아시아 1.8ha, 미국 118.4ha, 남아메리카 111.7ha, 유럽 32.3ha이다.[20]

2006년 전체 농지 중 임대차 면적은 43%, 임차농 비율은 62.5%이다. '헌법 제121조 ① 국가는 농지에 관해 경자유전의 원칙이 달성될 수 있도록 노력해야 하며, 농지의 소작제도는 금지된다'처럼 헌법상 경자유전 원칙을 살리고 농지를 투기 대상이 아닌 식량생산의 터전으로 삼은 농지법 개정이 필수적이다.[21]

농업에서도 규모의 경제가 필요하다. 정부는 농업의 대규모화를 이유로 지난 수십 년 동안 대농 키우기에 치중했다. 가족농의 협업, 협동조합을 통해 기계화 규모화를 이루는 지혜를 발휘해야 한다.

가족농 체계는 귀농인구 흡수한다. 이들의 식량과 지속가능성 기여를 바탕으로 농민수당, 농민기본소득을 실시해야 한다.[22] 2017년 전남 강진군은 농가 7,100가구에게 연 70만 원을 지급한 농민수당(경영안정자금)을 지급했다. 전라남도는 2020년 15만 농가에게 매달 20만 원, 모두 한해 3,600억 원을 지급할 계획이다. 김성훈 전 농림부장관은 전국 110만 농가에 월 50만 원씩을 지급한다면 연간 총 6조 6,000억 원의 예산이

---

19) 사단법인 한국농업경영인중앙회, 「한중FTA 대책수립 촉구! 우리농어촌지키기!를 위한 9.23 농업인총궐기대회」, 2015.9.23.

20) 르 바지크 지음, 김진한·한수정 옮김, 『누가 농민의 몫을 빼앗아 가는가』, 따비, 2017, 132쪽.

21) 이정희, 『진보를 복기한다』, 들녘, 2016, 84쪽.

22) 전국여성농민회총연맹, 「여성농민 전담 부서 설치! 쌀값 폭락 해결! 쌀값 보장! 전국 여성농민 투쟁 결의문」, 2017.8.23.

소요된다고 했다.

세계 농업은 거대 식품기업이 지배한다. 농업사슬에서 구매업체 권력 집중은 여러 지역과 나라에서 탈농과 농민의 사회적 배제, 농민 건강 악화의 주원인이 된다. 한국에서도 농산물은 밭떼기로 가락동 농산물시장 경매를 거쳐 다시 전국으로 퍼진다. 블록체인 등 기술을 사용해서라도 농산물의 수급을 체계화해야 한다. 한살림 등의 도농 공동체의 경험을 살려야 한다.

화학비료와 농약을 쓰지 않는 친환경 유기농업은 생산비는 11~86% 더 들지만, 가격은 7~35% 더 받는데 그친다. 그 결과 2009년을 정점으로 6년 사이에 75% 이상 급격하게 위축되었다. 친환경 농산물 소비를 늘리는 적극적인 정책이 필요하다.

이재영은 "유기농은 한국 농업의 장기 비전이다. 채소 소비량이 많은 한국에서 근접지 농업이 대안이다. 그러나 유기농 전환이 수십 년 걸리고, 평균 연령 59세 농업노동력은 유기농은 커녕 기계농에도 견디지 못한다. 우석훈을 비롯한 생태농업론자들은 공공 노동력을 농업에 투입하자고 한다. 2017년 농가소득 중 직불금이 차지하는 비중을 보면, 일본이 11.5%, 유럽연합이 10.2%인데 견줘 한국은 3.3%에 불과하다. 지금 한국 농업에서 가장 필요한 것은 3% 조금 넘는 직접 지불금을 엄청나게 늘리는 것이지 유기농으로 스스로 경쟁력을 갖추거나 남는 쌀을 북한에 보내는 것이 아니다. 또 자본주의적 영세농(분할지농) 존속은 단위 토지당 생산성이 높은 다른 산업에게 경쟁에서 밀려 토지를 잠식한다. 대안은 협동조합적 토지 소유와 자작농이다"라고 했다.(이재영, 2013, 162쪽)

제조업

제조업은 산업의 기초이다. 한국 제조업은 수출의 84%, 설비투자의 55%를 차지한다.

독일, 일본은 제조업에서 우위이다. IMF 위기 때 미국 등의 자본이 한국의 제조업 특히 중화학공업을 인수 합병했다.[23]

박정희 시대에 시작한 6대 중화학 공업 분야 중 반도체를 제외하고는 거의 모든 영역에 위기가 오고 있다. 조선이 많이 무너졌고 최근에는 철강, 자동차, 기계 이런 부분

---

23) 지주형, 『한국 신자유주의 형성과 기원』, 책세상, 2011.

까지 매출이 줄어들면서 고용이 줄고 있다. 따라서 과학 기술 분야 투자, 우수 인력 양성, 산학연 협력 체계 개발, 기존 산업 단지 재생·리모델링 등을 통해 그것을 클러스터로 만들어야 한다.

우리나라 제조업 하락의 주된 원인은 신생기업의 비중이 줄어든 데 있다. KDI「제조업 신생기업의 성장동력 역할 감소와 시사점」은 직원 10명 이상 사업체 가운데 신생기업이 차지하는 비율은 1995년 51%에서 2014년 28%로 떨어졌고, 직원수는 28%에서 18%로, 부가가치는 18%에서 10%로 떨어졌다.

한국 기업이 해외 생산을 늘리면서 국내 제조업이 공동화되었다. 해외 생산의존도가 20%이다. 조선업을 비롯한 산업 전반에 구조조정과 해외의 자국 기업 보호주의 강화에 따라 국내 산업 공동화가 가속화할 우려가 크다. 중간재기업들이 많이 해외로 진출하면서 중간재의 국산화율은 떨어지고, 수입 유발계수는 높아졌다. 이에 따라 제조업 전체의 산업연관효과와 취업유발계수가 약해졌다.

중공업 중심의 2차 산업의 성장은 둔화하는데, 그 이유는 높은 인건비를 비롯한 생산비의 상승, 낡은 기술, 동일 상품을 염가로 생산하는 경쟁국들의 등장, 공업화 이후의 국면에 접어든 기계설비의 재정비와 기술의 현대화 기피 때문이다. 친환경 흐름도 중요한 요소이다. 도시바는 원자력발전소 건설에 올인하다가 몰락했다.

반도체, 자동차, 조선, 석유화학 부분에서 중국이 성장해 전망이 밝지 않으며 고용 증대를 기대하기 어렵다. IT분야 자체는 고용이 늘지만, 이것과 관련된 산업은 자동화되면서 고용이 감소하고 있다.

제조업 노동자가 정년퇴직하며 기술이 퇴출될 위험성이 있다. 이 기술을 보존해야 한다. 이것을 스마트 팩토리와 결합시켜 내수 또는 가까운 지역의 소비자 수요를 주문 생산으로 소화한다. 산업화 단계의 기술을 살리거나 응용 발전시킬 필요가 있다. 부산의 신발산업이 중국으로 나갔다가 다시 돌아오고 있다. 중국 임금이 4배 올라 저임의 이점이 적어졌기 때문이다.

4차 산업혁명을 내부의 기술혁신의 의존하지 않고 외국의 기술을 사다가 변용시키는 수준을 넘어야 한다.

바이오, 헬스, 전기차와 자율주행차, 사물인터넷, 가상현실, 3D프린터, 드론, 로봇 분야의 새로운 사업을 중시해야 한다. 장하준은 "과거 영국, 스웨덴의 조선산업을 한국의 조선산업 정책이 밀어버린 것처럼, 한국 조선이 중국에 1위 자리를 내주고 반도체도 중국 추격이 얼마 남지 않았다. 세계 최고의 자동차 기업과 삼성, LG가 있는데 자율주행차 같은 것을 주도적인 산업정책으로 만들어야 한다"고 했다.

이정동 교수는 "한국은 100년 된 자동차 설계는 따라가지만 자율주행차는 못하고, 스마트폰도 만들어진 개념설계를 가져오지만 조금씩 개선만 한 것일 뿐이다. 독일·일본이 누적형 개념설계를 했다면 실리콘밸리는 조합형 개념설계이다. 한국은 실패와 성공의 경험을 축적해야 한다"고 했다.[24]

서비스업

OECD는 2014년 「한국경제 보고서」에서 한국 제조업은 생산성을 높여 생산을 늘려온 반면 서비스업은 고용을 늘리는 방식으로 성장했다. 서비스산업의 고용 비중은 1980년 37.0%에서 2012년 69.6%로 증가했고, 제조업에 견준 서비스산업의 1인당 노동생산성은 2012년 45% 수준으로, OECD 평균 86%를 훨씬 밑돈다. 서비스업 내부 업종 간 생산성 격차도 금융·보험 및 정보·통신업은 제조업에 견줘 생산성이 같거나 높은 반면 도소매, 음식·숙박업은 3분의 1 이하에 그친다. 2017년 우리 경제에서 서비스 부문은 고용의 70%, 부가가치의 53%를 차지하고 있다.

1·2차 산업의 재생산구조가 대외의존적이어서 한국 스스로의 계획을 갖지 못하고, 여기서 퇴출된 노동자가 자영업에 참가하면서 3차 산업이 비정상적으로 확대되었기 때문이다. 그런 점에서 자영 서비스 취업자 중 하위구성은 '준실업자'와 다름이 없다.

금융은 시민의 저축과 금융 수요를 연결하지 못한다. 초국적 자본이 국내 은행의 대부분을 차지해 이자 소득을 국외로 내간다. 금융산업은 전문가의 영역이라는 이름 아래 민주주의와 결별한 채, 이해당사자의 참여를 배제하고 규제와 정책 권한이 독점된다. 금융정책은 완전고용과 투명성 확립을 목표해야 한다. 구체적으로 소비자와 소액투자자 보호와 금융소외계층 해소, 생산과 산업을 중시하는 금융 기준 확립, 개별 금융기관의 건정성과 안정성에 우선하는 금융시스템의 안정성 확보, 금융시장의 독과점에 대한 민주적 관리, 중앙은행의 책임성과 투명성과 같은 과제가 있다.[25]

---

24) 조계완, 「신제품 시도 들끓도록 통합적 국가혁신 시스테 만들어야」, 『한겨레』, 2019.1.21.
25) 유철규, 「금융자유화에서 금융민주화로」, 『사회경제 민주주의의 경제학』, 돌베개, 2013, 312쪽.

서비스업은 교육·의료·금융·정보통신·도소매·물류·관광·문화·환경·행정 등 다양한 부문으로 구성돼 일자리 창출이 많다. 또 자영업자의 생활과 직접 관련이 있는 부문이다. 재벌이 자금과 플랫폼을 이용해 유통업을 장악했는데, 이를 억제해 자영업의 숨통을 터주어야 한다.

4차 산업혁명 시대에 제조업이나 건설업은 고용을 늘리지 않는다. 서비스 산업이나 레저 산업, 또 내수 산업 비중을 높여야 한다. 일본이 그런 식으로 서비스 업종 일자리를 늘렸다. 료칸(여관)에 가면은 종업원이 와서 밥도 방에 가져다주고 이불도 개준다.

경제정책의 흐름

한국은 성장이 둔화하는 동시에 소득불평등이 악화한다. 한국은 지난 6년(2010~2015)간 경제성장률은 연평균 3.0%로, 2000~2009년의 연평균 성장률 4.2%보다 1.2% 떨어졌다. 동시에 연평균 소득재분배 지표는 2010년대 들어 2.28점으로, 2000년대 2.32점보다 악화돼 분배불균형도 심화했다.

한국의 근로시간당 생산성 증가율은 금융위기 이후 큰 폭으로 꺾이고 있다. 2001~2007년 연평균 근로시간당 생산성 증가율은 4.90%였지만 2007~2013년은 3.77%로 성장세가 크게 둔화됐다. 한국의 시간당 노동생산성 증가가 더딘 것은 지금까지 정책이 노동의 질을 끌어올리기보다 임금을 깎는 데 치중했기 때문으로 보인다. 국내 업체들은 비정규직과 파견직을 확대해 임금 증가를 억제했다. 이것이 여의치 않을 경우 생산 기지를 해외로 옮기는 식으로 대응했다. 이런 방식은 단기간에 성장할 수 있는 원동력은 됐지만 산업을 고부가가치화 하는 데는 실패했다.

OECD의 「2015년 생산성 지표의 개요」를 보면 2013년 구매력평가(PPP) 기준 한국의 근로시간당 국내총생산(GDP)은 31.86달러로 OECD 33개국 중 28위에 그쳤다. OECD 평균인 47.99달러의 3분의 2 수준이다. 시간당 노동생산성은 룩셈부르크 93.62달러, 미국은 66.00달러였다. 포르투갈(34.69달러), 그리스(35.44달러), 이탈리아(49.96달러), 스페인(50.59달러) 등 경제위기를 맞던 PIGS 국가의 노동자도 한국보다 시간당 생산성이 높았다. 한국 뒤에는 멕시코, 칠레, 폴란드, 헝가리, 에스토니아 등 남미와 동유럽 국가밖에 없었다.

시간당 노동생산성이 낮다 보니 한국은 일을 많이 해서 생산량을 끌어올리고 있다. OECD 자료에 의하면 2016년 한국의 연평균 근로시간은 2069시간으로 OECD 회원국 중 멕시코(2,255시간), 코스타리카(2,212시간)에 이어 3위이다. 독일(1,363시간)보다 무려 50% 이상 많은 시간을 일하고 있다. 이에 반해 한국의 시간당 노동생산성은 33.1달러로 OECD평균(47.1달러)에 훨씬 못 미친다.

지난 50년 동안 압축 성장을 해온 한국 경제는 한계에 도달했다. 먼저 빈부격차, 복지정책의 취약, 대기업의 자영업 지배, 높은 비정규직 비율, 출산율의 저하와 고령화와 청년 노동자의 부족, 지속가능성의 위협 등 모순이 많다. 비정규직 미조직 노동자, 여성, 하위 자영업자, 이주민의 고통이 심각하다. 다음으로 성장이 한계에 이르렀다. 경제성장률이 1990년대 9%에서 25년이 지나는 동안 2%대로 떨어졌다. 곧 1%대를 기록하게 된다. 사실상 제로성장이다. 이는 서유럽이 오래 전에 겪은 경험이다. 재벌체제의 비효율성, 주력 제조업의 경쟁력 약화, 신성장 산업의 발굴·육성 지연, 저출산·고령화 등 구조적인 요인이 누적된 결과이다.

재벌위주 경제가 한계에 도달했다. 소수 재벌과 초국적 기업에 경제가 집중되고 사회 정치가 연결돼 있다. 자본과 그에 관련된 부문에 기득권 이점을 주고, 나머지는 배제된다. 재벌 위주의 수출일변도 정책을 시행해 수출과 내수, 대기업과 중소기업이 불균형이었다. 수출산업이 규모는 크지만 고용이 상대적으로 적다. 수출에서 비중이 큰 반도체는 내부 연관효과가 적다.

재벌의 부당한 지배구조는 시장의 공정질서를 깨고 기업과 경제의 생태계가 왜곡되었다. 경제 운용에서 내수, 출산, 노인복지 등에서 비효율적인 존재가 되었다. 문재인 정부는 재벌 위주 압축 성장에서 사람 위주 임금주도성장, 소득주도성장, 포용적 경제로 전환하고 있다. 연금, 최저임금 등이 중요한 요소가 되었다. 생산 위주에서 생산자는 물론 소비자, 노동자 등 국민 일반을 참여시키는 정책이다.

세계 선진국 경제는 전후 케인즈의 완전고용 복지국가에서 1980년대 신자유주의를 거쳐 포스트신자유주의로 이행하고 있다. 신자유주의 세계화는 금융자본을 위주로 탐욕스럽게 이익을 챙겼으나 세계 사회가 1 : 99의 사회가 되었다. 이제 세계 어느 나라든 불평등 해소가 정책 목표가 되었다. OECD와 IMF는 심각한 소득불평등이 경제성장의 발목을 잡고 불안정을 부추긴다고 진단했다. ILO는 임금주도성장 정책을 제시했다. 1929년 대공황 이후 미국 루즈벨트 대통령은 빈부, 노동계급 안의 불평등을 해소하는 대압착정책(Great Compression)을 폈다.[26]

일본은 고령화, 노동자 부족, 저성장 단계에 들어와, 아베 정권이 임금주도성장정책으로 전환했다. 우니 히로유키 교토대 교수는 "동아시아 수출주도경제가 자국 통화의 절하 경쟁, 임금 상승 억제, 비교역재 부분의 낮은 생산성을 전제로 성과를 거뒀는데, 이 세 가지 요소가 모두 한계에 다다랐다. 대안은 동아시아 나라들의 공동의 환율 관리, 임금 상승을 위한 비정규직 노동조합의 조직, 그리고 비정규직의 노동시간 단축과 임금 인상에 의한 생산성 향상이 관건"이라고 했다.[27]

재벌, 수출 위주의 정책에서 생산자, 소비자, 노동자, 비정규직, 여성, 이주민 인권 모두를 배려하는 경제로 전환해야 한다. 당대 뿐 아니라 후대도 생각해야 한다. 부와 복지 그리고 지혜와 행복의 총량을 늘려야 한다. 소득 일자리 와 복지가 상호 보완한다. 자본이 국민의 입장에서 세금도 내야 한다.

아울러 경력이 늘면 임금이 올라가는 연공임금에서 노동능률이 상승에 따라 임금을 올리는 직무급 또는 숙련급적 요소를 도입해야 한다.[28] 직무급제는 업무 성격, 난이도, 책임 정도 등으로 직무를 나눠 직무 평가·단계에 따라 임금을 지급하는 방식이다. 근속연수에 따라 매년 임금이 자동으로 오르는 호봉제와 달리 개인의 역량이나 성과에 따라 임금이 달라진다. 노동자가 나이가 들수록 가족의 교육 등에 필요한 비용이 늘어난다. 동시에 경험이 쌓이고 학습을 통해 노동생산성이 높아지는 것이 자연스럽다. 이 둘을 결합하는 노동-임금체제로 전환해야 한다. 독일, 일본이 그런 경우이다. 한국은 단순 저임의 비정규직에 매달리고 있다.

한국의 경우 재벌을 대체하는 대안 경제정책이 필요하다. 저성장 탈피를 위해 재벌 해체, 부자증세, 재정 확대 정책 등이 필요하다. 기술을 혁신하고, 재벌체제가 가진 경영의 틀을 살린다. 소유와 경영의 분리는 재벌 가계의 소유권은 인정하되 경영은 사회와 전문가가 담당하는 방안이다. 아울러 내수를 높이는 임금주도성장 정책을 편다. 임

---

26) 김호기, 「불평등을 해소할 '대압착 정책'」, 『경향신문』, 2018.8.29.
27) 정태인, 『소득주도 성장, 올바른 토론의 시작』, 『경향신문』, 2018.7.23.
28) 정이환, 『현대 노동시장의 정치사회학』, 후마니타스, 2006, 401쪽.

금주도성장은 경제·사회정책의 종합 패키지라서 사회적 합의가 필요하다. 문재인 정부는 이를 혁신성장과 소득주도 성장 정책으로 표현한다.

기술혁신은 지금까지는 외국 기술을 사와 진행되었다. 지금은 원천 기술을 국내에서 생산해야 한다. 성장이 한계에 이르렀지만, 제조업이 생산의 기본이다. 대법원은 일본정부의 군위안부 강제징용에 대해 유죄를 판결했다. 일본정부는 이에 반발하여 반도체 핵심 부품의 한국 수출을 제한했다. 이는 한국이 주요 부품을 일본에 의존한 데서 비롯되었다. 오히려 한국이 부품 산업을 발달시켜 부품의 대일 의존을 줄일 기회이다. 따라서 제조업을 스마트화하고, 기존의 기술 노동을 살려야 한다. 농업에서 유통을 개혁하고 지속가능한 소농의 협업을 살려야 한다. 자영업에서 한계 부분이 많은데, 자영업 비중을 낮춰야 한다.

출산율 감소와 고령화에 대비해 일하는 여성을 늘리고 이민 수용을 늘려야 한다. 아울러 교육 문화 이데올로기 부분에서 연구와 교육 역량을 높여야 한다.

최저임금 인상과 아울러 동일가치노동 동일임금의 원칙을 도입한다. 이렇게 하면 임금 수준이 학벌 위주의 임금에서 직무능력 위주의 임금으로 전환된다. 대기업과 중소기업을 연결해야 산업연관 효과가 높고 고용이 늘어난다. 하청업체와 가맹점을 등치는 대기업과 가맹본사의 갑질을 차단한다.

여기에 복지, 기본소득, 지속가능성을 담는다. 필요한 재원은 부유세, 부동산세를 도입해 마련한다. 현재 1%의 부유층이 전체 토지의 절반 이상을 소유해 불균형이 심각하다. 토지공개념을 도입해 토지와 주택에서 발생하는 지대를 세금으로 회수해 투기를 차단한다. 문재인 정부는 최고 종합부동산세율을 3.2%로 올렸다.

김대중 정부의 IMF 사태 때 초국적 자본이 제조업을 인수합병하면서 경제 구조 개편에 필요한 내부 자산이 증발했다. 대기업 주식의 절반 이상이 초국적 자본의 소유이기 때문에 과세에는 한계가 있다. 생산자와 소비자가 참여하는 노동조직을 발전시켜야 한다. 노동조직 가운데 기업의 비중이 크지만, 자영업, 협동조합, 공공부문과 서로 아우러져야 한다.

장하준은 "멕시코보다 낮은, GDP 대비 10% 수준의 사회복지 지출 비중으로 사회통합을 유지하려고 하니까 지불능력이 없는 영세자영업자까지 정리 못하고 보존할 수밖에 없었고 결국 저임금 문제로 이어진다. 정부가 적극적으로 산업정책을 펼치고 복지

제도를 강화해야 한다. 한국이 성장률이 고도성장기 1인당 GDP 기준 6%를 넘는데서 외환위기 이후 2~3%로 떨어진 이유는 외환위기 이전 14~16% 수준이던 국민소득 대비 설비투자의 비율이 7~8% 수준으로 반토막 났기 때문이다. 자본시장이 개방되면서 단기이익을 추구하는 외국인 주주들의 입김이 거세졌고, 이들이 고배당과 자사주 매입 등을 요구하면서 대기업의 장기투자가 힘들어졌다. 노동이사제와 아울러 가중의결권 도입을 제안한다. 1년 이하 보유주식에 1표, 2년 보유에는 2표, 3년 이하 보유에는 5표, 5년 이하 보유에는 10표 등을 주는 방식으로 장기주식 보유를 장려해야 한다"고 했다.

노동자와 소비자가 노동조직에 개입해야 한다. 재벌을 경영과 자본을 분리해 재벌이 사회에 기여해야 한다. 협동조합과 공공부문이 이 과제에서 역할을 할 수 있다. 민주노총의 역할을 기대하지만 이 부분은 가능성이 적다. 비정규직이 조직화돼 동력이 돼야 한다.

한반도는 평화 남북교류 통일이 생산과 소비에 미치는 효과와 아울러 군비를 줄이고 평화를 유지하는 흐름을 만들어야 한다. 미국과 중국이 균형을 이루어가고 정보통신이 발달하면서 남한과 북한을 포함한 한반도 주민의 주체적 사고와 행동 범위가 커지고, 그것이 다시 한반도와 이를 둘러싼 동북아의 정세에 긍정적인 영향을 미친다. 군수와 전쟁의 부담을 줄이고 평화적 교류가 전개돼야 한다. 군수의 부담 축소는 복지와 교육 정책에 여유를 준다.

동아시아는 중국의 패권과 일본의 군국주의 부활을 억제하고 광역공동체로 가게 된다. 한반도 종전선언, 평화협정 체결, 북미수교, 북일수교가 현실화되고 안보, 경제, 문화 등에서 상호 의존이 증가하면서 동아시아는 초국가적 교류와 협력의 공간이 되고, 다자안보체제, 경제통합, 지역주의, 공동체 논의가 가능해진다.[29] 그러면서 지방, 국가, 한반도, 동북아의 작고 큰 공동체가 등가(等價)를 이루는 동북아등가공동체가 현실이 될 수 있다.[30]

지구사회는 불평등 해소와 인류 존재 위협에서 벗어나는 기후운동이 최대 과제이다. 적극적으로 지속가능성 정책을 펴야 한다.

---

29) 고려대학교 아세아문제연구소 HK사업단, 『초국가적 공간과 공동체로서의 동북아시아』, 고려대학교 출판부, 2018.
30) 김승국, 『마을 민주 공화국』, 한국학술정보, 2018, 235쪽.

재벌과 초국적 자본의 지배

일제 강점기에 일제는 대공황 이후 민족주의적인 자본을 배제하고 친일 자산가와 지주를 양성했다. 이들은 해방 후에 청산되지 않고 온전히 유지되고 개발독재의 차관 등 특혜를 더해 재벌이 되었다. IMF 사태 이후 초국적 기업이 개발독재 시기에 형성된 대기업을 인수 합병하면서 재벌과 초국적 자본이 한국 사회를 지배하게 되었다. 시민의 입장에서 보면 재벌에 초국적 자본이 가세했다. 한국사회는 재벌과 초국적 자본이 자본, 정치, 언론, 문화, 이데올로기를 지배하고 검찰, 법원에 영향을 미치고 노동을 탄압하는 재벌공화국이다. 삼성그룹의 입김이 여러 정권 구석구석에 스며들었다.

재벌은 한국 경제를 지배한다. 경제개혁연구소(소장 김우찬 교수)「한국 매출 상위 500대 기업의 동태적 변화분석과 시사점(1998~2017)」에 따르면, 2017 국내 500대 기업의 매출에서 5대 재벌과 20대 재벌이 차지하는 비중이 각각 39.32%와 59.7%이어 경제력이 상위 재벌에 집중되었다. 2017년 500대 기업 가운데 2000년 이후 신설기업은 175개(35%)로 집계됐다. 이 가운데 자산 5조 원 이상 재벌 계열사 90개, 국민은행 등 금융그룹회사 15개, 한국전력 등 공기업 관계회사 7개를 제외하면, 비재벌회사는 62개사(35.6%)로 세 곳 중 하나 꼴에 그쳤다. 비재벌 신설회사 가운데 회사분할로 만들어진 것을 제외한 순수 신설회사 38개 중 외국계(합작 포함)를 제외한 국내 비재벌 신설회사는 24개에 불과하고 매출 순위도 중하위다. 국내 일반기업이 재벌로 성장하는 것이 쉽지 않다.[31]

재벌 특히 4개 가문 소속 재벌이 한국의 부를 지배한다. 김상조 공정거래위원장에 따르면 2017년 30대 재벌의 자산총액을 기준으로 삼성이 22.1%, 범삼성그룹이 26.1%, 4대 재벌이 59.4%, 범4대 재벌이 67.4%를 차지한다.

2017년 30대 재벌의 사내유보금이 882조 9,051억 원이다. 1년 전 807조 3,038억 원보다 75조 6,013억 원(9.3%) 증가한 수치로 2017년 한국 GDP성장률 3.1%의 3배이다. 삼성, 현대자동차, SK, LG, 롯데 등 5대 대기업은 비상장사를 포함해 사내유보금은 617조 206억 원이다. 포스코, GS, 한화, 현대중공업, 신세계 등을 포함한 10대 대기업의 사내유보금은 같은 기간 759조 2,954억 원이다. 전체 상장기업 유보금은 1,400조 원이다. 가계부채 1,500조 원과 비슷한 규모이다.

31) 곽정수, 「상위 재벌의 '경제력 집중' 개선되지 않았다」, 『한겨레』, 2018.08.29.

한국은행 『2016대차대조표』 분석에 따르면, 한국의 불평등지수(피케티지수=자본/소득비율)는 8.28배로 세계 최고수준이다. 일본 6.0배, 프랑스 5.75배, 영국 5.22배, 미국 4.10배, 독일 4.12배보다 불평등도가 훨씬 높다.

첫째, 재벌에 경제력이 집중돼 있고, 재벌의 경영이 투명하지 않다. 외환위기 이후 비정규직이 늘어나고 산업간, 대중소기업 간에 엄청난 격차가 발생했다. 보수 정권이 10년 집권하면서 세금도 깎고 복지는 축소하고 상황을 너무나 악화시켰다. 저출산, 낮은 행복도, 높은 자살률이 다 여기서 비롯된다. 재벌 총수가 순환출자를 고리로 계열사를 지배하지만 지분은 극히 낮다. 2015년 공정거래위원회에 따르면, 5대 재벌 총수와 동일인을 포함한 친족의 지분은 극히 낮다. 롯데는 신격호 0.1%(총수 일가 지분율 2.4%), 이건희 0.7%(1.3%), 현대차 정몽구 1.8%(3.2%), SK 최태원 0.03%(0.4%), LG 구본무 1.4%(3.8%)이다.

공정거래법과 금융 관련법은 산업자본이 은행의 의결권 있는 주식을 4% 이상 보유를 금지하지만, 보험·증권 등 제2금융권의 주식 소유에는 규제가 없다. 하지만 문재인 정부는 은산분리 원칙을 철회해 재벌에게 은행 설립 권한을 주었다. 10년 뒤에 은행이 재벌의 사금고가 되고 '삼성은행' 출현을 배제할 수 없다.

둘째, 재벌 구조는 재생산구조를 파괴한다. 그동안 한국경제는 재벌독식구조, 부동산 거품에 의존하는 경제였고, 일자리와 소득보다는 부채주도의 경제였다. 주력산업이 위기를 맞았을 때 이를 대체할 산업을 키우지 못했다. 삼성은 3세 이재용에게 승계하는 과정에서 건설과 상사 부문이 주력인 삼성물산에 투자를 강화하고, 삼성테크윈과 방산 부문 산업을 모두 한화에 넘겼다. 삼성테크윈은 드론과 로봇, 자율주행차 등에 활용할 기술을 가진 회사로 삼성의 미래와 연관이 높은 사업이었다.

현대차는 국내 자동차 시장을 독점한 데 안주해 전기자동차가 대세인 세계 흐름과 달리 수소자동차 개발에 집중했다. 정부는 전기차 도입에 따른 타격을 우려하는 현대차 등 기존 완성차 및 자동차 부품산업, 정유 업계의 요구에 따라 수소자동차를 선호했다.[32]

한국개발연구원(KDI) 「기업집단을 중심으로 한 우리 경제의 자원배분 효율성 하락」

---

32) 선대인, 『일의 미래: 무엇이 바뀌고 무엇이 오는가』, 인플루엔셜, 2017.

보고서에 따르면, 2005~2015년 상용노동자 50명 이상, 자본금 3억 원 이상인 기업을 대상으로 생산성 증가율 저하 요인을 실증 분석한 결과 우리나라 경제의 총 요소생산성 증가율이 2011년 이후 연평균 1%를 밑도는 수준으로 떨어졌는데, 원인은 생산성이 낮은 기업에 일감을 몰아주면서 자원배분 효율성이 떨어진 데 있다.

기업 간 자원배분 효율성이 크게 하락하면서 전체 기업의 총 생산성 증가율이 매년 0.4~0.7%p씩 낮아졌다. 분석 기간을 2011~2015년으로 한정하면 하락 폭이 1.5%~1.8%p에 달했다. 특히 2011년 이후 기업 간 자원배분 효율성의 하락은 '상호출자제한 기업집단'(대기업집단, 재벌)에서 두드러졌다. 대기업집단은 모회사가 자회사를 지배하는 피라미드 형태의 소유지배구조를 갖고 있으며, 지배주주 그룹의 구성원은 가족으로 이뤄지는 경우가 많다. 문제는 대기업집단의 자원배분 효율성이 2010년을 기점으로 급격하게 떨어져 2015년까지 6.3~11.9%p 가량 줄었다는 점이다. 그 결과 이들 기업의 총 생산성 증가율은 2007년 이후 지속해서 감소했고 2015년에는 그 증가율이 2.4~3.6%나 축소됐다. 반면 독립기업의 형태를 유지한 기업은 총 생산성 증가율이 증가와 감소를 반복하며 뚜렷한 추세를 보이지 않았다.

기업의 생산성이 아닌 소유·지배구조의 차이 때문에 성장률이 차이가 나면 그릇된 자원배분으로 이어져, 거시경제의 성장을 제한할 수 있다. 또 대기업집단 소속 기업은 독립기업에 견줘 퇴출도 드물어 경제의 역동성도 떨어뜨린다. 생산성이 낮은 기업집단 소속 기업이 시장에 더 오래 머물면서 자원배분 효율성을 하락시켰다. 보고서를 작성한 조덕상 연구위원은 "지배주주의 과도한 지배력 행사로 인해 대기업집단 소속 기업 간 비효율적인 자원배분이 이루어질 경우, 지배주주에게 실질적 책임을 물어야 한다"고 했다.[33]

셋째, 대표적인 재벌인 삼성의 뿌리는 하나는 세금 없는 족벌 세습 경영이고, 또 하나가 전근대적인 무노조 경영이다. 재벌 체제에서 대기업과 중소기업, 생산자와 소비자 관계가 수직적이어 창의, 혁신이 불가능하다.[34] 재벌과 부자가 세금 특히 상속세를 제대로 내지 않아, 사회 전체의 복지 재원 마련이 어렵다. 지속가능성을 지키지 않는다. 노조를 탄압해 기업 내에서 민주적 의사결정이 안된다. 따라서 부의 배분 악화되

---

33) 정은주, 「재벌 자원배분 잘못, 한국경제 생산성 떨어뜨린다」, 『한겨레』, 2018.4.20.
34) 김성환, 『골리앗 삼성재벌에 맞선 다윗의 투쟁』, 삶이보이는창, 2007, 16쪽.

고 경제성장률의 저하로 나타난다. 국민의 행복 총량을 늘리지 시너지효과를 발휘하
지 못한다.

국민경제가 경제 정세 변화에 대응하지 못한다. 퇴화된 재벌이 이대로 갈 경우 생산
소비가 위축돼 경제 지탱이 어렵다. 재벌의 해체하거나 재편성해야 한다.

넷째, 재벌은 중소기업을 지배한다. 중소기업 납품에 대해 정당한 가격을 지불하지
않고, 연구 특허를 가로챈다. 그 결과 대기업-중소기업이 협력하는 생태가 불가능하
다. 사회에서 창업하는 분위기가 일어나지 않는 원인이다.

장지상 산업연구원장은 "4차 산업혁명 및 초연결사회에서는 상품 기획에서부터 부
품 생산, 판매 과정이 동시에 연결되었다"면서, "중소기업은 재벌 대기업에 수직계열
화한 상태에서 독자적인 혁신이 불가능하다. 이 체제는 없던 제품을 못 만들어 재벌은
비교우위를 지속할 수 없다고 했다.[35]

다섯째, 재벌은 총수와 총수 일가만의 소유가 아니다. 재벌은 초국적 자본과 연계돼
있다. 초국적 기업은 대기업 주식의 절반 이상을 소유하고 있다. 삼성을 한국기업이라고
생각하지만, 사실은 삼성의 주식은 54%가 외국인 투자자 소유이다. 현대자동차도 약
50%가 외국자본이다. 바로 다국적기업이 우연히 본사가 한국에 있는 것과 같다. 더
심한 건 은행이다. 외국인 투자자의 주식 소유는 신한은행 57.05%, 외한은행 74.16%,
국민은행 85.68%, 하나은행 72.27%, 한미은행 99.9%, 제일은행 100%이다.(■ 도표 3 참조)
농협, 우체국, 우리은행을 제외하면 외국은행이다. 결국 한국경제의 8할은 외국자본에
좌지우지되고 있다.

■ 도표 3. 2017년 국내은행 이익 및 배당 현황(단위: 억 원, %) 자료: 금융감독원

구분	당기순이익	배당금	배당성향	외인지분율	외인배당금
국민	2조 2629	6401	28.3	69.39	4447
신한	1조 6078	5400	33.6	68.87	3719
하나	1조 9547	9726	49.8	74.03	7200
우리	1조 2761	4040	31.7	27.25	1101
SC제일	2770	1250	45.1	100	1250
씨티	2437	939	38.5	99.98	939
합계	7조 6222	2조 7756	36.4	73.3	1조 8556

---

35) 조계완, 「대-중기 수직계열화 체제론, 세상에 없던 제품 못 만든다」, 『한겨레』, 2018.9.28.

외국인투자기업(외투기업)은 1인의 외국인 투자자의 지분율(출자총액)이 10%인 기업이다. 경영권을 차지하는 경우가 많다. 국내 외투기업은 1만 7천 개로 비중은 2.1%나 규모가 크다. 외환은행, 신한은행, 한국GM, 삼성자동차, 만도헬라, 홈플러스, 쌍용자동차, 타타대우상용차, 에스오일, 한온시스템 등이다. 외투기업 비중은 2016년 한국에서 총수출 비중 21%, 한국 총매출 13%, 법인세 13.2%(2015년), 고용 5.8%이다.[36]

외투기업은 법인세를 최초 3년간 100%, 이후 2년간 50% + 지방세를 감면받고, 토지가액의 1% 이상의 임대료를 50년 사용하고 50년 연장한다. 국책은행의 자금지원을 받는다.

국내 매출 상위 10위권에 드는 초거대기업은 2015년 부담한 세금 가운데 32%를 외국에 냈다. 이것은 한국의 기업, 은행이 자국민을 위해 일하지 않고 외국자본의 주주를 위해 일하고 있다는 것을 의미한다.

초국적 자본을 통해 이윤이 누출된, 한국 독자의 경제정책 운영이 어렵다. 재벌기업은 외국인 투자자가 절반 이상을 소유했다. 신자유주의 아래 초국적 자본과 재벌의 지배력이 강해지고 노동자 시민과의 격차가 극심하다. 저임 비정규직을 확산시켰고, 실업자가 증가했다. 청년 실업률이 10~25%이다. 공공부문을 민영화한다. 지구의 지속가능성을 해치는 점에서 재벌의 사회적 책임이 크다.

여섯째, 이자 지대의 증가 속도가 임금소득의 증가를 넘는다. 재벌의 지배력이 갈수록 커지는 원인이다. 부유세를 통한 부의 재편이 불가피하다.

외국의 재벌개혁

재벌체제는 한국만의 일이 아니다. 재벌 개혁의 대표적 두 모델인 미국과 스웨덴에서 투명성과 책임성의 원칙을 중시한다.

미국은 상업적 시민사회 전통에 따라 경쟁을 정의라는 생각이 깔려 있고, 셔먼법과 클레이튼법을 제정했듯이 자본주의 역사에서 반독점법을 선도했다. 미국 재벌은 기업의 규모가 커지고 창업자의 지분이 줄어들고 반독점법 시행과 상속세를 70% 내면서 소유와 경영의 분리가 정착되었다. 미국 재벌 개혁은 강한 경영자에 대해 약한 소유자,

---

36) 전국금속노동조합·김종훈 의원 외, 「하이디스 사태로 본 외투자본 문제점과 입법방향」, 2017.7.25.

약한 노동, 약한 복지구도를 낳았다. 록펠러·카네기·포드 등은 자선단체를 만들어 재벌의 정당성을 확보하려 했다. 일본의 재벌은 1868년 메이지유신 이후 등장해 2차 대전 후 연합군사령부에 의해 해체당한 뒤 사장단회의라는 느슨한 조직으로 운영해, 소유와 경영을 분리했다.

반면 스웨덴은 시장 자본주의가 불의, 부자유와 불평등을 내포했다는 생각에서 사회적 합의, 사회적 통합을 중시한다.

한편 독일은 제1차 세계대전 패배 이후 바이마르 공화국 시기 짧은 사회적 합의 모델을 수립해 높은 복지 수준을 달성했고, 제2차 세계대전 패전 이후 안정적인 사회적 법치국가와 사회적 시장경제를 수립했다. 일본은 제2차 세계대전 패전 이후에야 미국 점령 아래 외부적 힘으로 재벌을 해체하고 기업 복지 체제의 길을 걷게 되었다.

이병천 교수는 삼성공화국 양상으로 나타나는 한국 재벌 개혁의 문제를 삼성의 소유 지배 구조 개선과 아울러 강한 자본의 이면인 약한 노동, 세계적 반열의 경제 강국의 이면인 약한 사회적 시민권과 복지 후진국, 그리고 보수 일변도의 정당 정치와 유기적으로 연관된 문제이며, 이들을 통합적으로 파악해야 한다고 했다.[37]

재벌체제 벗어나기

재벌 체제가 가진 모순을 해결하는 방법을 찾아본다. 재벌의 특징은 총수 일가의 가족경영과 세습, 문어발 확장, 순환출자를 이용한 복잡한 소유구조 등이다. 19대 대선에서 안희정·안철수·유승민 후보는 공정거래 확립에 초점을 두고 부당 내부거래의 대표적인 사례인 재벌 총수 일가에 일감 몰아주기를 금지하고, 국민연금 등 기관투자자가 기업의 의사결정에 적극 참여하는 스튜어드십 코드를 도입하겠다고 했다. 문재인·이재명·심상정 후보는 기업의 소유·지배구조 개선 문제는 출자총액제한제도, 금산분리 등 소수 지분을 갖고 그룹 전체를 지배하는 재벌 총수 소유권 자체를 문제삼았다. 문재인 후보는 지주회사가 재벌의 문어발 확장과 3세 승계 수단으로 악용되는 것을 막기 위해 자회사 지분 의무 소유 비율을 높이겠다고 했다. 이재명 성남시장은 삼성그룹을 정조준해 「재벌 부당이득 환수법」 도입을 밝혔다. 심상정 정의당 대표는

---

37) 이병천, 「삼성과 한국 민주주의」, 『한국사회, 삼성을 묻는다』, 후마니타스, 2008, 574쪽.

삼성그룹을 겨냥해 재벌 3세 경영세습을 금지하겠다고 했다.

한국사회의 불평등을 완화하는 정책은 최저임금 인상(노동소득 강화), 비정규직 해결(고용구조 개선), 토지·주택·금융 등 자산 불평등 완화, 재벌 독점체제 개혁, 증세 등 조세개혁, 복지와 소득재분배 기능 강화 등이 대표적이다.

김낙년 교수(경제학)는 "성장을 추구하는 것만으로는 분배 문제가 해결되지 않으며 한국은 복지 지출이 본격적으로 전개돼야 하는 단계"라며 "그러나 앞으로 저성장이 불가피하고 고령화가 급속히 진전되고 있어 불평등 해소를 위한 여건은 비관적"이라고 말했다. 김연명 교수(사회복지학)는 "노동시장의 극심한 불균형을 바로잡아야 복지제도도 제대로 작동하는데 재벌들은 정규직 보호를 약화하는 데만 관심이 있다"며 "정치가 이걸 조정해야 하는데 제 역할을 못하고 있다"고 지적했다.

학계에선 '사회적 대타협'이 궁극적인 해법이 될 수 있다는 시각이 커지고 있다. 다만 "정부는 격차 해소에 앞장서고, 노조는 미조직 노동자들과 연대하고, 기업은 최저임금을 끌어올리는 식으로 3자가 모두 노력해야 한다"는 전제를 달았다. 이병훈 교수는 "한국에서는 여전히 정부의 역할이 크고 자본을 움직일 수 있는 것도 정부"라며 "지금처럼 정부가 기업과 같은 입장에서 노조의 양보만 요구해서는 대화가 이뤄질 수 없다"고 말했다.

대체소득 이전지출 즉 세금을 현재의 GDP 비율 15%에서 30~40%로 늘려야 한다.

전성인 교수는 "기업에 돈이 많이 쌓이는 것은 투자처가 마땅치 않은 점도 있지만, 임금을 올리거나 초과이익공유제를 통해 협력업체를 지원해야 경기가 부양할 것"이라고 했다. 2012년부터 성과공유제를 도입했고, 2018년 협력이익공유제로 발전했다.

공정거래, 원하청 관계

기업 거래에서 갑을관계가 형성되는 데는 자본력, 기술력 종속, 법과 제도의 미미, 잘못된 기업 문화가 작용하지만, 산업화 초기부터 중소기업이 대기업에 납품하는 구조가 형성되면서 갑을 관계가 뿌리내렸다. 99%의 중소기업이 1%도 안되는 대기업에 매여있다. 자동차 조립업체 하나에 수천 개의 중소기업이 납품한다. 500여 개가 안되는 대형마트가 농수산물 유통을 좌지우지한다. 건설·조선업계는 3~4단계 하도급 구조이다 보니 아래로 갈수록 단가가 떨어진다.

갑을관계 논쟁을 일으켰던 남양유업 사례에서, 전국 1,500여 개 남양유업 대리점들은 생존을 위해 본사의 계약불공정, 밀어내기에 오랫동안 항의하지 못했다. 하청업체가 원청업체를 고발하면 일감을 빼앗긴다.

현행법에서 갑을의 불공정거래를 규정한 것은 공정거래법이 유일하다. 남양유업의 밀어내기는 제23조 '구입강제'에 해당하는데 실제로는 과징금 처분에 그친다. 하도급법에서 징벌적 손배조항이 있지만 실제로 집행되지 않는다. 문재인 정부 아래 공정거래위원회의 전속 고발권은 폐지해, 불공정거래를 검찰이 다룰 수 있게 되었다.

대기업은 중견기업에, 중견기업은 중소기업에 납품단가를 올려주어야 하지만 기업은 스스로 그렇게 하지 않는다. 문재인 정부는 대기업과 중소기업이 목표 판매액이나 이익을 달성하면 사전에 맺은 계약에 따라 기여분을 나누는 이익공유제·성과배분제·협력이익배분제를 추진 중이다.

대기업과 중소기업 간 힘의 관계를 바꾸는 방안으로 동일임금 동일노동의 적용, 최저임금을 올려 임금 격차를 줄이는 방안, 산별노조가 하청노동자 조합원을 보호하는 방안, 하청 노동자를 원청기업이 직접 고용하라는 법원의 판결 등이 있다.

소유·지배구조 개선

불공정 거래 규제가 공공의 목적이 아닌 정권 유지 수단으로 이용되는 일이 되풀이된다. 재벌은 우리 사회의 주도권적인 권력으로 자리하면서 각종 경기규칙을 위반하고 일탈적인 행동을 일삼는 반면 재벌의 경쟁력이 전만 못하다.

순환출자는 재벌총수가 5% 이하의 적은 주식 지분만 갖고도 (사실상 '허수'로) 그룹 전체를 지배하는 수단으로 활동하면서, 재벌 소유지배구조 개선의 주요과제로 꼽혀왔다.

순환출자는 일반적으로 A → B → C → A와 같이 연쇄적으로 출자가 이뤄지는 것으로 상호출자의 변형된 형태다. 예를 들어 같은 기업집단 내에서 자본금이 100억 원인 A사가 B사에 50억 원을 출자하고, B사는 C사에 30억 원을 출자하며 C사는 다시 A사에 10억 원을 출자하는 방식이다. 이런 순환출자를 통해 A사는 자본금 100억 원으로 B사와 C사를 지배하는 동시에 (장부상) 자본금이 110억 원으로 늘어나는 효과가 있다. 순환출자는 이처럼 대규모 기업집단이 계열사를 효율적으로 지배하기 위한 수단으로 활용되지만 일부 재벌기업과 총수는 이를 악용해 소규모 자본으로 기업집단 전체를 지배하는 수단으로 활용한다. 10대 재벌가문이 가족 지분 2.7%만으로 계열사 상호출자로 재벌을 지배한다. 순환출자의 신규 출자 해소가 과제이다.

공정거래법에서 신규 순환출자를 금지한다. 이에 따라 삼성그룹은 7개 순환출자 고리를 모두 해소하기로 했다. 이 가운데 삼성물산 → 삼성전자 → 삼성SDI → 합병 삼성물산 등 3개가 해소 대상이다. 삼성의 순환출자 고리를 전부 해소하려면 삼성전기, 삼성SDI, 삼성화재가 보유한 삼성물산 지분 8.79%를 팔면 된다. 이는 2조 4천억 원이다.

지주회사는 대주주를 견제하려던 취지인데 되레 지배력 강화도구로 이용된다. 당초 경제력 집중 우려에 따라 설립이 금지되었다가 1999년 이후 완화되었다. 출자부담 없는 손자회사가 급증해 총수 지배력을 확대했다. 한진중공업은 2007년 지주회사로 전환하면서 한진중공업홀딩스의 총수일가 지분이 이전 16.9%에서 50.1%로 3배나 껑충 뛰었다. 지주회사의 내부거래율은 55.4%이다. 매출 43.4%가 브랜드수수료 등이다. 지분투자보다 내부 이익 빼가기에 집중한다.

공정거래법은 재벌의 계열사에 일감 몰아주기에 대해 총수일가 지분 30%(상장), 20%(비상장) 이상 보유사를 규제하는데, 시민단체는 총수일가 간접지분을 모두 규제하자고 한다. 공정거래법은 지주회사가 자회사의 주식을 상장사는 20%, 비상장사는 40% 이상 보유하도록 의무화했는데, 2018년 공정거래위원회는 자·손회사 의무 지분율을 각기 30%, 50%로 올리는 공정거래법 개정안을 냈다.

재벌 문제 해법의 하나로 '침묵하는 다수를 행동하는 다수로' 변화시킬 수 있도록 감사위원 분리선출, 집중투표제, 전자투표제, 집행임원제 등 주주권을 강화하는 상법 개정안이 전국경제인연합회가 반대해 무산됐다.

부의 세습과 자본·경영의 분리

피터슨국제경제연구소에 따르면 1996년부터 2015년까지 자산 10억 달러 이상 보유자 1,826명을 분석한 결과 한국(30명)은 74.1%가 상속형 부자였다. 억만장자 4명 중 3명이 상속 부자인 것이다. 유럽은 35.8%, 미국은 28.9%, 일본은 18.5%이다. 상속 부자의 비율이 가장 높은 지역은 남미(49.1%), 중동·북아프리카(43.6%)이다. 한국은 세계에서 상속 부자의 비율이 가장 높다. 한국보다 상속 부자 비율이 높은 나라는 쿠웨이트, 핀란드, 덴마크, UAE 4개국이다.

재벌 지배구조가 2, 3세로 넘어가는 과정에서 1990년대부터 전환사채(BW) 저가 발행과 일감 몰아주기 등을 통해 3세 승계 작업을 추진했다. 조세회피처에 회사를 설립해 명의신탁 주식을 자녀에게 싼값으로 넘기거나 우회 상장하는 방식으로 변칙 상속·증여한다. 대기업 사주 자녀에게 일감을 몰아주는 방식으로 부당이익을 챙긴다. 대기업 계열 공익법인도 경영권 편법 승계 수단이다. 이 과정에서 탈세한다. 삼성이 이런 방식을 써오다가 이재용 부회장이 첫 실형 선고를 받으면서 이 모델은 한계에 이르렀다. 공정거래법은 5조 원 이상 기업에서 일감 몰아주기를 규제한다. 중견그룹의 편법 승계도 재벌 뺨친다.

재벌을 세습한 2, 3세가 능력도 인성도 갖추지 못해 일으키는 오너 리스크가 심각하다. 오너경영에는 빠른 의사결정과 대규모 투자 등 장점이 있지만, 경영능력은 유전되지 않는다는 말처럼 성공 케이스는 소수이다. 다른 나라에서는 창업주와 핏줄이 같다는 이유로 경영권을 물려주는 경영세습은 찾아보기 힘들다. 미국에서 창업기업가가 은퇴하면 전문경영자자 경영을 맡는데 일반적이다. 또 상속세와 증여세를 법대로 내면 2세, 3세의 지분율이 창업자보다 현저히 내려가기 때문이 이들은 대주주로 경영자를 감시하는 역할에 만족한다.

박상인은 『삼성전자가 몰락해도 한국이 사는 길』에서 노키아는 단 3년 만에 몰락했다. 노키아와 삼성전자는 '단일기업경제(one-firm economy)' 체제로 닮은 점이 많다. 그러면서 저자는 노키아의 몰락이 핀란드 경제에 미친 영향을 분석하면서 우리나라도 삼성 리스크에 대비해야 한다고 주장했다. 『삼성제국』 출간을 앞둔 제프리 케인 기자는 이재용 삼성 부회장이 뇌물공여죄 등 유죄인데 고법에서 석방된 것은 놀랍다면서 EU에서라면 이 부회장은 투자 등 경영활동에서 배제되고 투옥되었을 것이라고 했다. 그는 재벌 개혁 방안으로 순환출자 금지, 지주회사 전환, 재벌에 관대한 사면 관행 종식, 공정거래위원회 조사 방해에 대해 관대한 법률 개정 등을 꼽았다.

이래경('다른백년' 창립준비모임 대표)은 더 이상 자본가와 지주의 재산상속을 방치해서는 안 된다고 주장한다. 그는 "유럽에서는 생산된 부의 65~70%를 세금 등의 형태로 노동자·농민·사회에 돌려준다. 이 노동배분율에 사회이전소득 12~15%를 합한 80% 남짓이 사회로 환원되고 자본가·지주는 18~20%를 차지하는, 20 대 80 비율이 생산과 소비의 균형을 유지하면서 사회가 선순환할 수 있는 기본골격이다. 우리 사회 노동배분율은 56~57%밖에 되지 않는다. 여기에 사회이전소득을 합쳐도 60~70%다. 유럽이 많게는 20% 정도를 더 환원한다”고 했다. 그는 ‘세금 40%, 기타 장치 40%, 합쳐서 80%’의 부를 사회에 귀속시켜야 한다며 “그게 국가가 할 일”이라고 했다. 그는 ‘기타 장치 40%’를 사회투자기금 형태로 달성할 수 있다고 제안했다. 재벌의 ‘혈연적 상속’을 제한하고, 기부·기증·공여 등의 ‘사회적 상속’을 확대하고 연기금의 공공성을 강화함으로써 20 대 80의 선순환구조를 만들어내야 한다는 것이다.

　스웨덴의 기능적 민주주의는 1938년 찰츠요바덴 협약을 맺어 발렌베리가의 소유권 상속을 인정하는 대신 경영권을 공공화했다. 발렌베리 가문은 정치적 사안에서도 중립을 지킨다. 노동조합은 공공부문 기업의 상층 노동자의 기득권을 인정했다. 협동조합의 활동 공간이 넓어졌다. 한국에서 삼성은 발렌베리가 방식의 적용을 검토했지만, 봉건성이 강한 기업으로 이를 수용하지 못했다. 이에 대해 라르스 다니엘슨 주한 스웨덴 대사는 이임하며 “먼저 세금의 징수율을 높이기 위해 노력해야 한다. 스웨덴에서는 세금 내기가 아주 쉽다. 구조가 단순하다. 그런데 한국의 조세제도는 너무 복잡하다. 한편으론 부자가 세금 회피하기가 아주 쉽다. 둘째 대한민국이 어떤 복지국가를 꿈꾸든 남성과 여성 모두가 일하는 사회를 만들어야 한다. 여성이 일하는 환경을 갖춰 노동시장에 참여하는 것은 공정함만의 문제가 아니다. 성장의 문제이기도 하다. 스웨덴의 노동시장 참여율은 남성 여성 모두 80%다[38]”라고 했다.

　이재영은 “이찬근, 정승일, 장하준 교수가 재벌 총수 가족들과 같은 집단의 권력 약화는 재벌 소속 기업을 약화시킨다며 재벌기업에게 적극적인 투자와 고용, 노사관계에 전향적으로 접근하고 복지국가를 요구해서는 안된다”고 했다. 그에 따르면, 고용문제에서 핵심인 비정규직 문제는 재벌과 타협해서 풀리지 않는다. 재벌과 타협할 당사자는 대기업 정규직 노동자인데 그들은 재벌이 사회복지보다 훨씬 더 높은 기업복지를 보장받는다. 그 혜택을 받는 사람들은 경제활동 인구의 6%인 160만 명이다. 중소기업 노동자와 자영업자에게 재벌의 기업복지 수준과 비슷한 사회복지를 주려면 재벌이 20배쯤 더 내야 한다. 재벌 고용률이 높은 스웨덴에서는 사회복지가 재벌 문제이지만,

---

38) 라르스 다니엘슨, 박현정 지음, 『스웨덴은 어떻게 원하는 삶을 사는가?』, 한빛비즈, 2018, 151쪽.

재벌 고용률이 낮은 한국에서는 자본 일반 문제다. 스웨덴은 노조 조직률이 높은 반면 한국은 낮다. 재벌은 노조도 인정 않고 사회적 타협은커녕 합법 노조와 산별교섭을 거부한다.[39]

삼성은 2008년 비자금 사건을 겪으며 이건희 회장 일선 후퇴와 콘트롤 타워 해체를 약속했지만 다시 1인체제로 돌아갔다. 삼성은 회장 공백이 삼성위기를 불러오고 한국 경제에 타격을 입힌다고 주장한다. 그러나 2017년 이재용 회장 구속 6개월 동안 매출과 영업이익이 증가했다. 삼성이 시스템으로 움직이는 글로벌 기업임을 말한다. 삼성은 재벌체제를 해체하고 경영을 전문가와 사회에 맡겨야 한다.

심상정은 재벌 3세의 재벌 승계를 금지해 황제경영을 근절하자고 했다. 강철규 교수는 재벌의 순환출자를 해소해 하나의 재벌을 몇 개로 나누자고 했다. 전성인 교수는 국민연금의 재벌 계열사 투자한도를 늘려서 의결권을 높인 뒤 무능한 총수 일가는 경영에서 배제하는 주주권(스튜어드십)을 활용하자고 했다. 소유에서 벗어난 재벌 대기업 경영에 노동이사가 참가해야 한다.

롯데그룹 총수 일가의 경영권 분쟁과 대한항공 2, 3세의 갑질은 재벌의 지배구조를 어떤 방식으로든 시정해야 할 필요성을 환기시켰다. 대한항공 직원들은 조양호 한진그룹 총수 일가의 각종 불법·탈법 행위를 중단시키려고 총수 일가의 퇴진을 요구했다. 반면 국내 2위 게임업체 넥슨 창업자인 김정주 NXC(넥슨지주회사) 대표는 경영권을 2세에 승계하지 않겠다고 했다. 서정진 셀트리온 회장은 다른 임원과 동일하게 65세에 정년을 적용하고, 소유와 경영을 분리해 두 아들에게 이사회 의장을 맡기겠다면서 주식의 절반은 국가에 내고 절반은 가족이 물려받는 방법이 좋은 것 같다고 했다.

한국 기업의 사회적 책임과 착한 자본주의는 허상

기업의 사회적 책임(CSR)에 대한 요구가 높다. 한국 대기업들이 사회책임 보고서를 만들고, 유엔 글로벌 콤팩트에 가입했다. 언론에서는 기업의 사회적 책임활동에 대해 많이 보도한다. 그러나 한국의 자본은 여전히 노동조합을 인정하지 않고 공해 방지책임을 기피한다. 사회적 책임을 지지 않을 경우 타격이 커서, 많은 아기를 죽게 한 가습

---

39) 이재영 지음, 이재영추모사업회 엮음, 『비판으로 세상을 사랑하다』, 해피스토리, 2013, 162쪽.

기를 생산한 옥시클린은 불매운동의 타격으로 생산시설을 LG에 넘겼다.

CSR은 기업의 홍보 전략 목적이 강하다. 재벌은 공익목적이라는 설립 취지와 달리 공익재단을 상속세 회피수단으로 이용하고, 공익재단의 자금을 그룹 소유·지배구조에 이용한다.

■ 도표 4. 재벌의 공익법인

주요 기업 공익법인 현황(단위:원)

그룹	공익법인	주식 자산
삼성	삼성문화재단, 삼성복지재단, 삼성생명공익재단	2조 9874억
현대 자동차	현대차정몽구재단	3934억
SK	한국고등교육재단, 행복나눔재단	248억
LG	LG연암문화재단, LG연암학원	3518억
롯데	롯데문화재단, 롯데삼동복지재단, 롯데장학재단	4180억
포스코	청암재단, 포항산업과학연구원, 포스텍, 포스코교육재단	8843억
GS	남촌재단, 동행복지재단	1190억
한화	북일학원	764억
현대 중공업	아산나눔재단, 아산사회복지재단	5281억
KT	KT그룹희망나눔재단	5억

※2017년 8월 기준   자료:재벌닷컴

재벌들이 운영하는 공익법인은 계열사 주식을 기부 받아도 계열사 지분 10% 미만이면 증여세를 면제하고, 출연회사에는 법인세도 감면한다. 삼성꿈장학재단, 삼성문화재단, 삼성복지재단 등 삼성그룹의 4개 공익법인이 보유한 계열사 주식 가치는 5조 4,402억 원에 달한다. 이 부회장이 이사장인 삼성생명공익재단과 삼성문화재단이 보유한 계열사 지분 가치는 2조 7,388억 원이다. 이 부회장이 그룹 지배구조의 핵심인 삼성생명 지분을 이 회장으로부터 직접 상속받는다면 천문학적 규모의 상속·증여세를 내야겠지만, 공익재단을 거침으로써 상속·증여세를 한 푼도 내지 않고 2조 7,388억 원의 계열사 지분을 확보했다. 또 삼성은 이건희 삼성전자 회장 명의의 차명재산 10조 원이 문제되자 이를 사회 환원을 약속했으나 지키지 않았다.

공익법인제도는 재벌대기업들이 세금 부담을 피하며 경영권을 물려주는 수단으로 악용되는 경우가 많다. 공익법인들이 재벌의 위장계열사라고 비판받는 이유다. 공익재단을 활용한 경영권 승계, 일감 몰아주기·브랜드 수수료·기업분할과 인수합병을 통한 재벌 승계, 인수합병은 주주가치를 훼손하고 오너 리스크로 인해 한국경제 체질을 약화시킬 수 있다.

재벌닷컴에 따르면 2017년 8월 기준으로 20대 그룹, 40개 공익법인이 보유한 계열 상장사의 지분 가치가 6조 7,000억 원에 이른다.[40](■ 도표 4)

국유화, 사회화

재벌을 해체해 그 주식을 국민주로 국민이 공유하는 방안이 있다. 재벌을 국유화하거나, 공공부분에 속하는 재벌영역을 사회화 공공화할 수 있다. 전력 수도 교통 등 사회 인프라가 이에 해당한다.

김성환 삼성일반노조 위원장은 삼성이 자정능력을 상실했고 3대 세습을 한 삼성 해체와 국유화해야 한다고 주장했다.(위키트리, 2018.2.17) 하승우는 삼성이라는 피라미드의 가장 위에 이건희 일가가 있겠지만 그 중간에는 무수한 사람들이 "그 일가를 위해 일을 하고 있고 자발적으로 그 질서를 받아들이고 있어 삼성그룹 내부의 변화는 기대할 수 없다"고 했다.[41]

장하준은 재벌이 한국경제를 성장시킨 역할을 인정하면서, 재벌이 초국적 자본의 영향 아래 들어가는 것을 견제할 수준의 지분, 예를 들어 20%를 정부가 가져야 한다고 했다.[42] 장하준은 아무리 재벌총수 집안이 밉더라도 해외 금융자본에 넘긴다는 것은 잘못이라고 했다. 김상봉은 삼성이라는 기업 집단을 무조건 망하게 할 것이 아니라, 순환출자의 연결고리로 얽혀있는 삼성의 계열사들을 자립적인 기업으로 독립시켜 삼성을 시민기업으로 만들자, 그 압력 수단으로 시민이 삼성 불매운동을 하자고 했다.[43]

전성인 교수는 공익법인의 주식은 모두 국가가 설립하는 '공익법인 보유 주식 관리 재단'으로 옮기자고 한다.

세계 차원 누진적 자본세

토마 피케티는 이렇게 말한다. 사유재산에 바탕을 둔 시장경제는 지식과 기술의 확산을 통해 민주사회와 그 사회의 기반이 되는 사회정의의 가치를 위협하는 강력한 양극화의 힘도 가지고 있다. 불안정을 초래하는 주된 힘은 민간자본의 수익률 r이 장기간에 걸쳐 소득과 생산의 성장률 g를 크게 웃돈다. $r \rangle g$라는 부등식은 과거에 축적된 부가 생산과 임금보다 더 빨리 증가하는 것을 의미한다.[44] 민간의 자본수익률을 성장

---

40) 하남현·손해용, 「이번엔 기업 공익재단 타깃 ... 재계 "기업 나쁘다는 선입견"」, 『중앙일보』, 2017.11.03.
41) 하승우, 「정신 차려, 삼성!」, 『굿바이 삼성』, 꾸리에 북스, 2011, 323쪽.
42) 장하준, 「삼성 잘못되면 나라가 휘청...원칙적으론 국유화해야」, 『한국일보』, 2014.08.06.
43) 김상봉, 「제왕적 경영에서 시민 경영으로: 삼성불매운동의 철학적 기초」, 『굿바이 삼성』, 꾸리에 북스, 2011.
44) 현대사회에서 자본소득의 증가율은 연간 4~5퍼센트로 집계되었다. 그에 비해 노동소득의 증가율은 1~1.5퍼

률 이하로 낮추기 위해 자본소득에 대해 충분히 무거운 세금을 물릴 수도 있다. 그러나 무차별적이고 가혹하게 세금을 물리면 자본축적의 동력이 죽고 그에 따라 성장률도 더 낮아질 위험이 있다.

올바른 해법은 매년 부과하는 누진적인 자본세이다. 이는 초기 단계에 새로운 자본축적을 촉진하기 위해 경쟁과 유인을 유지하면서도 끊임없는 불평등의 악순환을 피하게 해줄 것이다. 예컨대 재산이 100만 유로 미만은 0.1% 또는 0.5%, 100만~500만 유로는 1%, 500만~1,000만 유로는 2%, 몇 억 유로는 5% 또는 10%까지 자본세를 물리는 방안을 제안했다. 문제는 자본에 대한 높은 수준의 누진세는 높은 수준의 국제 협력과 지역별 정치적 통합을 요구한다는 점이다. 우리가 자본에 대한 통제력을 찾으려면 민주주의에 모든 것을 걸어야 한다. 유럽에서는 범유럽 차원의 민주주의에 걸어야 한다. 21세기의 세습자본주의에 대한 효과적인 규제는 지역적인 정치적 통합을 통해서만 가능하다.[45)]

삼성의 이재용 상속

이재용은 제일모직 주식 23.24%를 소유했고 삼성물산 주식은 없다. 삼성물산은 삼성전자 주식을 4.06% 소유했다. 이재용은 제일모직과 삼성의 주력 기업인 삼성물산 합병을 통해 삼성전자 지배력을 높였다. 이를 통해 삼성그룹은 이건희에게서 이재용으로 상속을 완성했다.

이런 편법 상속으로 한해 10조 원의 수익을 창출하는 삼성 이재용 부회장은 상속세 16억 원을 냈다. 구광모 LG회장 등 상속인들은 故 구본무 회장에게 받은 ㈜LG 주식 1,500만 주에 대한 상속세 9,215억 원을 과세 당국에 신고했다.

이재용의 경영권 승계 과정은 △종잣돈 마련 △주요 계열사 지분 헐값 매입 △상장·합병 등을 통한 지분 확대이다. 이재용은 1996~1997년 이건희 회장으로부터 증여받은 61억 원으로 제일모직의 대주주가 되었다. 그리고 제일모직의 자회사인 삼성바이오로직스의 재산가치가 6조 3천억 원으로 증가하고, 이것으로 가치가 커진

센트에 불과했다.(백승종, FaceBook, www.facebook.com/fehlerhaft, 2018.8.11)
45) 토마 피케티, 장경덕 옮김, 『21세기자본』, 글항아리, 2014, 691쪽.

제일모직이 삼성물산을 인수했고, 이재용은 통합 삼성물산의 상속을 마쳤다. 이재용이 보유한 삼성그룹 지분은 현재 6조 3천억 원에 되었다. 금융감독원은 삼성바이오로직스가 2015년 손자회사인 삼성바이오에피스를 종속회사에서 관계회사로 변환할 당시, 고의적으로 분식회계를 진행했다고 보았다.

이어 삼성은 제일모직 주식과 삼성물산 주식의 합병비율을 1 대 0.35로 계산했다. 이 비율을 국민연금은 0.46으로, 제일모직 측 회계법인은 0.41주를 적정 합병비율로 봤다. 삼성물산 주식 11%를 가져 최대지주인 국민연금은 공익적 주주권 행사를 하지 않고 오히려 제일모직과 삼성물산 합병을 찬성했다. 그러면서 국민연금은 3,700억 원(2016.11.30 기준)의 평가손실을 입었다. 문형표 보건복지부 장관이 국민연금 개입해 찬성했는데, 이 과정에서 박근혜 대통령이 최순실 부탁을 받고 안종범 경제수석비서관에게 성사시키도록 지시했다. 이것이 문제가 되어 이재용은 1심에서 2017.8.25 뇌물관련 재판 1심에서 뇌물공여, 특정경제범죄가중처벌법상 횡령 등 5개 혐의가 인정되어 징역 5년을 선고받았으나, 2심에서는 최순실 측에 준 용역대금 일부만 죄를 인정하고 나머지 혐의는 대부분 무죄로 판명되어, 징역 2년 6개월 집행유예 4년을 선고 받아 석방됐다. 대법원 판결을 앞두고 있다.

이 재판에서 대법원이 바이오로직스가 분식 회계했다고 판결할 경우 재벌 개혁의 핵심인 삼성 상속 구도는 파탄난다.

저성장

지난 반세기 동안 한국은 고도성장을 누렸다. 그러면서 에너지, 식량, 노동, 공산품, 기반 시설, 천연자원을 초과 사용했다. 노동자를 희생하는 성장이었다.

국내에서는 생산자인 노동자, 농민 등과 소비자에게 초과 이익을 얻고, 국제 사회에서는 가난한 나라 사람들에게서 이익을 얻어왔다. 고도성장이 한계에 이르러, 문재인 정부는 이 한계를 소득주도 성장으로 극복하려 한다. 적정한 임금과 생산비를 주어 내수를 늘리는 정책을 시행한다. 저성장이 현실이다.

임금주도성장

세계금융위기 이후 2010년께부터 한국경제가 성장률 3% 이하의 저성장에 본격적으로 접어들었다. 거기에 한국은 경제가 성장하는 만큼 가계소득이 늘어나지 않는다. 한국은 2016년 OECD 회원국 중 GDP에서 투자가 차지하는 비중은 31.1%로 1위인 반면, 소득 상위 10%와 하위 10%의 임금배수는 2016년 OECD 회원국 중 이스라엘과 미국에 이어 세 번째로 높다. 한국은 1인당 GDP가 일본의 90%에 가깝지만 가구의 가처분 소득은 일본의 70%를 조금 넘는다.

임금주도성장(wage-led growth) 정책을 통해 가계소득을 높이고 소득분배를 개선하면, 소비가 늘어나고 이를 바탕으로 성장잠재력을 높일 수 있다.

이제 몇몇 재벌가문이 지배하는 세습족벌 자본주의, 극심한 불평등과 양극화, 최저 출산과 고령 빈곤의 틀을 벗어나야 한다. 이 틀을 벗어나려면 재벌 해체, 적극적인 재정 확충, 최저임금 인상, 노동시간 단축, 근로감독과 사회안전망 강화가 필요하다.

문재인 정부는 소득주도성장 정책을 도입했으나, 재벌 개혁 부문에서 후퇴한 반면 2022년까지 전국민, 전생애 기본생활권을 보장하겠다고 했다. 한국 사회 내부 축적이 부족한 상태에서 수출주도성장에서 임금주도성장에 바뀌는데 시간이 걸린다.

임금주도성장정책은 ILO의 임금주도성장이 한국에서는 자영업자의 비중이 높은 점을 고려해 소득주도성장으로 변형되었다.[46] 포용적 성장론이라고도 부른다. 임금을 주축으로 하는 내수주도성장이다. 소득주도성장은 산업구조조정과 생산성 향상이 이루어질 때 공정경제와 지속적 경제발전이 가능하다. 대런 아세모글루 MIT 교수는 경제 자원이 소수의 권력층에 집중되는 것을 방지하는 제도를 구축하고 보건과 교육 등에 대한 지출이 증가해야 국민의 인적자본과 창의력이 최대로 활용되어 높은 성장을 달성할 수 있다고 했다.[47] 소득주도성장은 경제·사회정책의 종합 패키지라서 사회적 합의가 필요한 정책이다. 그런데 경제의 대외의존도가 높고 노동조합이 조직률이 낮은데다 사회적 합의에 소극적이기 때문에 정착에 시간이 걸린다. 정부가 여러 계층 간 조절과 아울러 공무원과 교사의 단결권을 인정하는 적극적인 정책이 필요하다.

소득주도성장이 실체가 있으려면 고용하면 수당을 주는 정책만으로는 안 된다. 부

---

46) 장덕진, 「소득주도 성장과 한국 사회 거버넌스」, 『경향신문』, 2018.8.28.
47) 송의영, 「성장친화적 소득재분배가 답이다」, 『경향신문』, 2018.10.10.

동산 가격 안정과 사회보장제도의 전면 확충이 필요하다. 그리고 연구와 교육에서 창의력을 키워 스스로 일자리를 찾게 하는 교육, 주4일 노동제, 동일노동 동일임금, 최저임금 인상, 대학 무상교육과 같은 기본정책을 펴야 한다. 그리고 구조조정과 아울러 구조조정 대상 노동자에 대해 인접 기술이나 공학을 배우고 익히는 직업재교육을 실시해 상위 직무로 배치하거나 다른 기업으로 옮겨야만 한다.[48] 일자리 퇴출, 새로운 노동자의 진입, 퇴출 노동자의 재교육이 맞물려야 한다.

임금주도성장정책을 도입한 일본 정부는 '동일노동 동일임금 가이드라인'에서 기업에게 기본급-상여금-수당-교육훈련-복리후생 등에서 정규직과 비정규직 사이의 불합리한 차별을 없앨 것을 요구했다.

장흥배 노동당 정책실장은 세계적인 저성장 국면, 더욱 거세질 정보화·자동화 추세를 반영해 주당 35 + 5시간(연장근로) 상한제를 도입해, 200만 개 이상의 일자리를 만들자고 했다.

제로성장 · 마이너스(-) 성장

지속가능성의 측면에서 현재의 성장정책은 한계에 이르렀다. 한 발 더 나아가 우리는 제로 성장을 계획해야 할 단계에 왔다. 리처드 하인버그, 『제로성장 시대가 온다』는 성장 한계에서 지구를 살리고 지구인을 살리는 상상력을 일으켜준다.[49] 일찍이 이반 일리히는 이런 상상력이 작용하는 사회를 '공생적인(convivial) 사회'라고 했다.[50] 애니트라 넬슨·프란스티머만은 화폐 없는 비시장 사회주의를 대안으로 제시했다.[51]

하인버그는 경제학의 가짜 성적표인 GDP를 반박하며, 재래식 경제 성장이 왜 종말을 맞이하고 있는지, 인구와 물질적 소비의 성장이 왜 뒤따라 종말 할 것인지 설명한다. 즉 자원의 한계, 환경 파괴, 금융 시스템의 과부하가 개별적 문제가 아니라 하나로 엮인 구조적 문제임을 밝혀낸다. 첫째, 우리가 당면한 것은 경기 후퇴가 아니라 경제

---

48) 양승훈, 「생산직 직무 재교육, 왜 필요한가」, 『경향신문』, 2018.5.3.
49) 리처드 하인버그, 노승영 역, 『제로 성장 시대가 온다』, 부키, 2013.
　　H. 메도즈·데니스 L. 메도즈·요르겐 랜더스·메도즈 지음, 김병순 옮김, 『성장의 한계』, 갈라파고스, 2012.
50) 이반 일리히, 이한 옮김, 『성장을 멈춰라』, 미토, 2004, 13쪽.
51) 애니트라 넬슨·프란스티머만 엮음, 유나영 옮김, 「비시장 사회주의란 무엇인가」, 『화폐없는 세계는 가능하다』, 서해문집, 2013, 9쪽.

성장의 종말이다. 둘째, 이것은 자녀와 후손의 문제가 아니라 우리의 문제다. 지금 행동해야 한다.

앞으로 수십 년간 경제, 금융, 생활 방식에 미칠 영향은 산업혁명이 우리 선조에게 미친 영향을 뛰어 넘을 것이다. 양적 성장에서 질적 성장으로 돌아서는 것은 우리 시대의 중대 과업이다. 이 과업이 두려울 때도 있지만, 결국 우리는 이를 통해 자유를 얻을 것이다.

우리가 당면한 것은 경기 후퇴가 아니라 경제 성장 종말이다. 석유 정점, 물 정점, 식량 정점 등 재래식 성장의 종말로 이어진다. 인구와 물질적 소비의 성장이 뒤따라 끝난다. 성장이 영원하리라는 기대가 공공정책 부문에 팽배해 있으며, 영구적 성장이라는 목표가 허황된 꿈이다. 즉 우리가 알던 경제 성장은 끝났다. 우리가 말하는 '성장'은 경제의 전체 규모가 커지고 즉 경제 참여 인구가 늘고 통화 회전율이 증가하고 경제에 흘러드는 에너지와 재화의 양이 증가한다는 뜻이다. 2007~2008년에 시작된 경제 위기는 뻔히 알면서도 피할 수 없는 사태였다. 영구적 경제 성장이 필요하고 가능하다는 비현실적 주장을 대다수 경제학자가 받아들이던 시절과는 영구적이고도 근본적인 단절이 일어난다.

물론 지역이나 국가나 산업에 따라 당분간 성장을 지속하는 것이 불가능한 것만은 아니다. 일부는 성장할 것이다. 하지만 다른 지역이나 국가나 산업은 그만큼 손해를 볼 것이다. 이제 가능한 성장은 '상대적 성장' 뿐이다. 세계 경제는 제로섬 게임을 벌이고 있으며 승자들이 나누어 가질 몫은 줄어만 간다.

경제 성장을 가로막는 주요 요인은 다음의 세 가지다. 첫째, 화석연료와 광물을 비롯한 주요자원이 고갈된다. 둘째, 자원의 채굴과 이용으로 인한 부정적 환경 영향이 확산된다. 셋째, 기존의 통화, 금융, 투자 시스템이 자원 고갈과 치솟는 환경 비용을 감당하지 못하고 지난 20년 동안 쌓인 막대한 정부, 민간 부채가 도를 넘어 발생하는 금융 붕괴 현상이 일어난다.

석유는 현대 세계의 주축으로 운송, 농업, 화학 산업, 소재 산업 등에 두루 쓰인다. 산업혁명은 사실 화석연료 혁명이었다. 경제가 끊임없이 성장하려면 지금 준비제도처럼 성장을 촉진하는 금융 제도도 필요하지만 궁극적으로는 값싼 에너지가 꾸준히 공급되어야 한다.

경제가 성장하려면 제조, 무역, 운송이 증가해야 하는데 그러려면 에너지 소비가 늘 수밖에 없다. 따라서 에너지 공급이 팽창하지 못해 에너지 가격이 급등하면 경제 성장이 위축될 것이며 영구적 성장에 대한 기대를 토대로 구축된 금융 시스템이 무너질 것이다.

석유지질학자 콜린 캠벨은 2010년을 전후로 석유 공급이 침체하거나 감소해 유가가 치솟고 요동칠 것이며 이 때문에 세계경제가 추락할 것이라고 주장했다. 경제가 이처럼 급속히 위축하면 에너지 수요가 가파르게 감소해 유가가 떨어질 테지만 경제가 기운을 차리자마자 유가가 다시 폭등할 것이고 경제는 다시 곤두박질할 것이다. 이 순환이 되풀이될 때마다 회복 주기는 짧고 얕아지고 폭락 주기는 길고 깊어지다 급기야 경제가 풍비박산날 것이라고 했다.

우리가 실질 자산(에너지, 식량, 노동, 공산품, 기반 시설, 천연자원)에 대한 금융·통화 청구권을 너무 많이 남발했다. 지속적 성장이라는 가정에 기반한 금융 시스템이 무너지면 우리 사회는 유가 급등의 직접적 영향을 뛰어넘는 피해를 입는다. 한편 얼마 남지 않은 석유를 놓고 국가 간 경쟁이 격화되어 석유 수입국 사이에, 수입국과 수출국 사이에, 수출국 내의 경쟁 파벌 사이에 전쟁이 일어날지도 모른다.

캐내고 만들고 쓰고 버리는 채취-제조-폐기로 이어지는 선형경제를 순환구조로 바꾸어야 한다. 인류가 양적 팽창과 성장 중독에서 자유로워진다면 지금까지와는 다른 방식의 번영을 누릴 기회이다. 지구의 에너지와 자원의 한계를 인정하고 더 이상 성장하지 않는 '평형 경제' 속에서 삶의 질을 끌어올리는 새로운 경제를 건설해야 한다. 인간은 더 지혜로워질 것이며 세상에 대한 지식은 계속 넓어질 것이다. 인류가 살아가는 유일한 행성인 지구에서 건강하고 공정하고 의미 있게 사는 법을 논의해야 한다. 인류가 태양 에너지 시대에 들어서면서 태양이 베풀어 주는 광자를 활용한 녹색 기술이 성장할 것이다. 인류는 성장 없이 번영하는 새로운 시대의 개막으로 이어진다.

자급적 농민이 전 인구의 상당 부분을 차지하는 나라는 저개발국이라는 오명을 벗고 성장 이후의 세계에서 우위를 차지할 것이다. 이 나라들은 연료를 과소비하는 식량 체계와 운송 체계를 도입하려는 파멸적 시도를 중단하고, E. F. 슈마허 등이 수십 년 동안 주장한 '적정 기술'(또는 중간 기술)을 채택해야 한다. 부자 나라에 사는 사람들도 앞으로는 이와 비슷한 기술을 받아들이는 게 좋을 것이다.

무엇보다 중요한 것은 공동체 복원이다. 석유가 고갈되면 기존 운송 수단을 이용할 수 없기 때문에 생활공간이 국지화된다. 우리는 지역 단위에서 살고 소통해야 한다. 지금처럼 익명화되고 파편화된 도시적 삶과 작별해야 한다. 성장이 종말을 맞은 뒤에 공동체 복원은 너무 늦다. 그 전에 함께 사는 삶을 연습해야 한다.(리처드 하인버그, 2013)

레이시 등에 따르면 지난 250년간 지탱해 온 채취-제조-폐기의 선형 성장모델은 '미래로부터 차입 성장'을 바탕으로 하고 있어 언젠가는 한계에 이를 다다를 모델이다. 앞으로 250년간은 원자재-상품재제조-소비 사용-수거 재활용하는 순환경제가 일상을 혁명적으로 변화시키고, 기업은 당장 순환경제의 관점에서 자신의 비즈니스 모델을 다시 들여다보지 않으면 위기에 직면할 것이라고 했다. 2014년 EU는 회원국들에게 도시 쓰레기의 70%, 포장재 폐기물의 80%를 재활용하는 순환경제 전략을 승인했다.[52]

무라카미 아쓰시의 『프라이부르크의 마치즈쿠리』에 따르면 순환적이고 지속가능한 지자체를 만드는데 필요한 최소 조건은 인구가 줄지도 늘지도 않는 것이다. 즉 인구 연령분포가 거의 일정해야 한다. 그와 동시에 지자체가 필요로 하거나 그 지자체에서 소비되는 자원, 에너지, 식량을 그 지자체에서 생산해고 재생할 수 있는 것이라야 한다.[53]

인류학자 김현경에 따르면, 한국 20대 남성 평균키는 173cm인데 여성이 원하는 남성 배우자 평균키는 178cm이다. 이는 키가 커지는 방향으로 진화적 압력이 작용하는 것을 의미한다. 이렇게 해서는 환경위기가 가속된다. 인간이 현생인류의 직계 조상인 호모 하빌리스의 키 130cm만큼 키를 줄인다면 지금보다 훨씬 여유로운 삶이 가능하다.[54]

4) 일자리와 복지

지구사회의 일자리

국제노동기구(ILO)의 「2015년 청년 고용 트렌드」에 따르면 2014년 15~24세 청년실업자는 7억 3,300만 명으로 세계은행 추산치보다 더 많다. 세계 젊은이 10명 중 4명은

52) 피터 레이시·제이콥 뤼비스트 지음, 최경남 옮김, 『순환경제 시대가 온다』, 전략시티, 2017.
53) 무라카미 아쓰시, 최선주 옮김, 『프라이부르크의 마치즈쿠리』, 한울, 2009.
54) 김현경, 「이상적인 남자의 키」, 『한겨레』, 2018.1.25.

일이 없거나 가난에서 벗어나기 힘든 저임금 노동자다. 세계 전체 실업률은 8%에 못 미칠 것으로 예상되는 데 비해 청년층의 고통은 유독 크다. 세계 실업자의 40%는 24세 이하 젊은이들이다. 개발도상국의 경우 일자리가 있어도 청년노동자의 3분의 1은 하루 2달러가 못 되는 돈으로 살아가야 한다.

각국의 노동법은 취업자를 위주로 되어있고 기업도 채용을 꺼려 청년 실업이 해소되지 않는다. 또한 청년들의 주거난도 심각하다. 세계 대도시의 주거비 인상률은 소득 증가율을 뛰어 넘은지 오래다. 청년들이 취업이나 결혼, 출산을 통해 성인으로 진입하는 연령도 점점 늦어지는 추세다.

데이비드 와일은 현재 노동현장을 '균열된 일터'로 규정한다. 사용자가 노동자를 직접 고용하던 시대는 저물가, 경기불황을 틈타 생산·서비스 기능으로 갈라지면서 고용형태 역시 분열했다는 것이다. 비정규직·아웃소싱·하청·오프쇼어링(해외하청)·프랜차이징 등의 공통점은 낮은 임금, 제한된 혜택, 고용불안정이다. 문제는 경기가 나아진다 해도 이미 찢긴 고용형태가 직접고용으로 봉합되는 일이 거의 없다는 점이다. 더 큰 문제는 갈라진 고용지형의 틈이 더 벌어져 결국 터질 거라는 예견이다. 저자는 범죄 이론인 '깨진 유리창 이론'에 기대 이를 증거한다. "유리창이 깨졌는데 수리하지 않고 놔둔다면 나머지 창문도 얼마 안 가 깨질 것이다. 방치된 깨진 유리창은 아무도 신경 쓰지 않는다는, 더 깨도 대가를 치르지 않는다는 신호이기 때문"이다. 그는 "노동자에게 더 나은 일터를 고루 제공하는" 것을 대안으로 제시한다.[55]

실업으로 좌절한 청년은 튀니지의 재스민혁명처럼 사회 변화를 촉발한다. 반면 일자리를 찾지 못하는 유럽의 청년들 사이에는 반이민 극우파들이 부상하고 있다. ■도표 5처럼 2007년 15.7%였으나 몇 년 사이 20%를 넘겼다.(경향신문, 2015.10.15) 경제난을 겪은 그리스는 청년실업률이 50%가 넘고, 좌파들의 저항운동이 일어난 스페인도 50%에 육박한다. 2013년 유럽연합(EU)은 60억 유로(약 7조 8,000억 원) 규모의 청년고용기금을 만들었지만 경제침체로 성과를 거두지 못했다. 청년실업률이 7%로 유럽 최저인 독일이 이주민·난민에게 관대한 데에는 이유가 있는 셈이다.

55) 데이비드 와일 지음, 송연수 옮김, 『균열 일터: 당신을 위한 회사는 없다』, 황소자리, 2015.

■ 도표 5. 세계의 청년 실업률

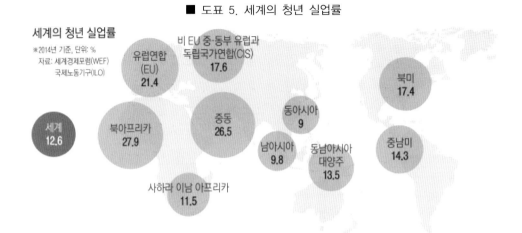

세계의 청년 실업률
※2014년 기준, 단위: %
자료: 세계경제포럼(WEF)
국제노동기구(ILO)

비 EU 중·동부 유럽과
독립국가연합(CIS)
17.6

유럽연합
(EU)
21.4

북미
17.4

세계
12.6

북아프리카
27.9

중동
26.5

동아시아
9

남아시아
9.8

동남아시아
대양주
13.5

중남미
14.3

사하라 이남 아프리카
11.5

젊은이들 중 31%가 전혀 교육을 받지 못한 사람들이어서 전망은 더욱 어둡다. 아지타 아와드 ILO 고용정책국장은 "질 좋은 일자리를 만드는 정책과 함께 기술교육 투자를 늘려야 한다"고 말했다.

UNHCR(유엔난민기구)에 따르면 2015년 전 세계 난민 숫자는 1,566만 4,491명이다. 2005년에는 864만 9,707명이었다. 세계 난민은 10년 만에 2배로 늘었다.

가난, 일자리, 전쟁을 피해 난민이 이동한다. 스페인령 세우타, 멜리야에 아프리카 난민들이 진입하려 한다. 유럽행 이라크 난민은 그리스의 레스보스 등의 섬에 수용했다. 방글라데시 콕스바자르에 미얀마의 인권침해를 피해온 로힝야 난민이 있다. 호주는 이민자의 나라이지만 난민선을 타고 오는 보트피플을 절대 받지 않는다. 대신 파푸아뉴기니의 마누스섬이나 나우루공화국 등으로 보낸다. 멕시코 시우다드후아레스는 미국으로 가려는 중남미 이주자들의 이동 경로이다.

한국사회의 일자리

일자리가 줄어든다. 2015년 통계청 발표에 따르면 청년실업률은 전체 실업률의 2배가 넘는 10%에 육박한다.

통계청 「2015년 경제활동인구조사 청년층 및 고령층 부가조사」에 따르면 한 직장에 머무는 기간은 짧아지고, 첫 직장을 구하는 기간은 점점 더 길어지고 있다. 고령층은 부족한 소득을 메우기 위해 "80살까지 일하고 싶다"며 은퇴 시점을 뒤로 미루고 이에 청년층은 불안정한 일자리에 몸서리치며 취업 준비에만 공을 들이고 있다.

청년층(15~29살)은 졸업과 취업을 미루며 노동시장 주변부에서 서성거린다. 3년제 이하를 포함한 대졸자의 평균 졸업 소요기간은 4년 1.5개월로 1년 전보다 0.1개월 늘어났다. 휴학 경험이 있는 청년 비중도 2007년 36.3%에서 올해 40.3%로 4%p 훌쩍 뛰어올랐다. 청년층에서 7%(63만 3,000명)가량이 취업준비를 하고 있으며, 중퇴를 포함해 졸업 뒤 첫 직장을 구하는 데 평균 11개월이 걸렸다. 첫 취업에 성공했더라도 다니는 기간은 1년 7개월에 그쳤다. 어렵게 첫 일자리를 구했다가 다시 노동시장 주변부로 물러서고 있다. 첫 직장을 그만둔 이유로 청년층은 '보수와 근로시간 등에서 근로여건 불만족'(47.4%)을 압도적으로 많이 꼽았다. 실제 첫 직장의 40%는 계약직이거나 임시직인 것으로 조사됐다.

일자리 늘리기와 노동시간

일자리 늘리는 방법은 첫째 노동시간 나누기다. 주5일제에서 주4일제 전환을 요구할 수 있다. 이러면 같은 일을 40명이 하던 것을 50명이 하므로, 일자리가 20% 늘어난다. 이런 안에 대해 강수돌 교수는 "한국은 연간 노동시간이 2,100여 시간이고 독일은 1,400여 시간이다. 주4일제 노동에 해당한다. 일자리도 나누겠다는 발상 전환이 필요하다"고 했다.(2015.11.24)

한국은 2004년 주 40시간 근무제를 도입해 지금까지 유지한다. 법정노동시간은 주 40시간이고, 2018년 근로기준법을 개정해 토요일 일요일 연장근로까지 포함해 주당 최장 근로시간을 68시간에서 52시간으로 줄였다. 2018년 7월부터 주 52시간 근무제는 근로자가 300인 이상인 사업장에게 적용한다. 이는 전체 노동자의 15.5%이다. 근로자 50~299인 사업장의 경우 2020년 1월부터, 5~49인 사업장은 2021년 7월부터 순차적으로 시행된다.

휴일 근로는 대법원 판결에 따라 150% 지급한다. 52시간 노동제와 최저임금 인상은 장시간 노동자에게는 장시간 노동제를 끝내고 일자리를 늘리고, 사용자에게는 노동의 유연성을 보장하는 의미가 있다.

2018년 일반 기업체의 주5일 근무 및 토요일 격주 근무로는 불가능한 생산여건을 대비해, 효율적인 생산라인 운영 및 생산 인원 조정을 위해 탄력근로제를 도입했다. 특정일의 근무시간을 연장하는 대신 다른 날의 근무시간을 단축하여 일정기간 평균 노동시간을 법정노동시간에 맞추는 방식으로 2주 이내, 3개월 이내 단위기간을 정하여 운용하는 유연근무제이다. 이번주에 45시간을 근무 하였다고 해도 다음주 35시간 근무로 평균 근로 시간이 40시간이므로 이번주 법정근로시간을 초과한 5시간에 대한 수당이 발생하지 않는다.

프랑스는 2016년 고용 유연화의 일환으로 주 35시간 노동을 법제화했다. 스웨덴에서는 규모가 작은 스타트업이나 벤처기업을 중심으로 정부 지원과 상관없이 하루 6시간 노동제를 채택하는 움직임이 활발하다. 스웨덴 예테보리에서 하루 6시간 노동을 2년간 실험했는데 노동자의 행복도·생산성은 증가했지만 대체 인력 고용에 들어가는 비용이 문제였다. 유럽에서는 주당 30시간 이하의 근로시간 요구와 실험이 진행되고 있다. 주 35시간 근무는 한국에서는 '꿈의 직장'이라 불리는 제니퍼소프트 등 일부 소규모 벤처기업에서만 이뤄진다. 2017년 신세계는 임금 삭감 없이 주35시간 노동을 추진한다. 독일과 스웨덴은 노동시간 저축제를 운영한다. 한 직원이 10시간을 일했다면 2시간이 적립된다. 연 최대 250시간을 저축할 수 있으며, 이를 넘기면 나중에 한 달간 휴가 갈 수 있다. 돈으로 찾아 쓸 수도 있다.

세계대공황 이후 미국에서 노동시간 단축을 통한 일자리 늘리기 운동이 있었다. 켈로그는 1930~1985년에 하루 6시간 노동을 실현했다. 그러나 이 운동은 소비를 미화해 노동시간을 늘리려는 움직임에 밀려 퇴조했다.[56]

정의당 '노동시장개혁 똑바로 특별위원회'는 "근로시간 특례 등 각종 예외조항을 없애고 법정 근로시간 한도인 주당 52시간만 지켜도 양질의 일자리를 만들 수 있다"며 "정부가 임금피크제 등 왜곡된 의제를 밀어붙이지 말고 정공법을 택하라"고 요구했다. 정의당은 현재 공공기관과 지방공기업에 정원의 3%로 의무화한 청년고용할당제를 민간기업으로 확대하고 할당 기준도 5%까지 늘리자고 제안했다.

문재인 후보는 2017년 대선에서 일자리 부족이 청년실업과 저출산으로 이어진다며,

---

56) 벤저민 클라인 허니컷, 김승진 옮김, 『8시간 vs 6시간-켈로그의 6시간 노동제 1930~1985』, 이후, 2011.

대선 공약으로 일자리 131만 개를 늘리겠다고 했다. 공공부문 일자리가 전체 고용에서 OECD 평균인 21.3%에 못 미치는 7.6%라며, 여기서 3%만 올려도 일자리 81만 개를 만들 수 있다고 했다. 또 법정노동시간(52시간)만 준수해도 20만 4,000개의 신규 일자리가 생기고 휴가만 다 써도 30만 개의 일자리가 만들어진다고 했다.

2018년 노동시간 상한제를 300인 이상 근무하는 사업장에 우선 적용한 결과 노동자 생활방식이 크게 변화해 저녁이 있는 삶을 누리게 되었다. 사내 동아리가 활발해지고 취미생활을 하고, 퇴근 뒤에 제빵기술을 배워 인생2모작을 준비하는 모습이 나타났다. 그리고 일찍 퇴근해 육아를 분담하게 되었다.

광주시는 '광주형 일자리 창출 모델'을 제안했다. 광주에 현대자동차 전기자동차 시범 공장을 새로 지어 수십만 명의 신규 고용을 창출하는 방법이다. 한국에서 자동차산업은 제조업 생산의 11%를 생산하고, 임금노동자의 13%인 180만 명을 고용했다. 이 모델은 정규직만 고용하고 임금은 기존 완성차업체 노동자 9,213만 원의 절반에 미치지 못하는 3,500만 원을 지급하는 대신 주택 1,100호를 건설하고 직장어린이집을 운영하는 등 사회적 임금을 보완한다. 직접 고용 1천 명, 간접고용 1만 명으로 모두 1만 1천 명을 고용한다. 35만 대 생산까지 단체협상을 유예한다. 연산 10만대인 점을 고려하면 4년 동안 노동기본권을 배제한다. 광주시와 현대자동차가 합의했다. 현대·기아차노조가 반대하는 가운데, 이를 광주지역 노사민정협의회가 추인했다. 황법량 전남대 학생은 청년에게 편의점 알바밖에 없는 광주에서 이런 일자리 마련이 필요하다고 했다.(2018.12) 대구형 일자리, 구미형 일자리, 군산형 일자리가 뒤따랐다. 대구형 일자리는 원청과 하청 동일노동 동일임금을 도입하기로 노사가 합의했다.

둘째, 공공부문 복지 의료 교육 사회서비스부문, NGO부문 등에서 일자리를 창출할 수 있다.

취업자 대비 공공부문 일자리가 OECD가 21.3%(2013년 기준)이다. 직장인 5명 중 1명이다. 한국은 2015년 기준 8.9% 233만 개이다. 일반정부 7.6% 199만 개, 공기업 1.3% 34만 개이다. 덴마크는 34.9%이고, 일본은 7.94%이다. 공공부문 일자리 비중이 낮은 이유는 공공부문에 대한 낮은 재정지출과 민간위탁이 과도한 탓이다. 민간위탁 사회서비스를 공공부문 안으로 흡수할 경우 공공부문 일자리 비중이 12~13%가 된다.

선진국의 경험을 보면 생애 전 기간에 걸쳐 발생하는 리스크에 대한 대응으로 공공부문에서 일자리를 만들었다. 보육, 장애인 보조, 돌봄, 요양과 간호 및 간병 등의 사회서비스가 그것이다. 스웨덴은 1960년대부터 90년대 초반까지 신규 창출 일자리의 90%를 공공부문에서 만들었다. 스위스는 2008년 세계 금융 위기 이후 공공부문 일자리 비중을 15%(2009년)에서 18%(2013년)로 3% 늘렸다.[57]

한국에서 공공부문 일자리 확대는 자영업 부문의 지나친 확대와 실패를 줄인다.

주민자치센터 등에는 의무경찰 등이 있다. 의무경찰은 법적으로 근거가 없고 UN에서도 노예노동으로 규정하고 폐지를 권고했다. 노무현 정권 때 폐지하려 했으나 이루지 못했다. 2023년 폐지하는 의무경찰이 맡던 일자리를 정규직 고용으로 대체해야 한다.

임금과 사회적 임금에 관련해 절대 실업자가 4분의 1이라는 현실을 인정해야 한다. 이들에게 구조실업 수당을 지급해야 한다. 성남시와 서울시는 취업이 안되는 청년에게 청년수당을 지급한다. 노인에게는 이미 노인수당을 지급한다. 농민기본소득을 시행해야 한다. 이것은 소농을 살려 곡물의 자급률을 높이고, 농업의 지속가능성을 높인다.(이덕우, 2017)

NGO, 사회적 기업, 협동조합은 혁신적인 일자리를 만들 수 있다. 사회적 경제의 고용규모가 미국은 전체 일자리 가운데 11%인데, 한국은 5%에 못 미친다. 앞으로 일자리 창출 여력이 큰 분야이다.(진미석, 경향신문, 2017.11.3)

셋째, 재벌기업의 자영업의 영역을 침투를 막아야 한다. 대기업이 침투해서는 안 되는 영역을 정해 자영업을 보호해야 한다. 실업자를 흡수할 영역이 협소하다. 실업자 퇴직자들은 자영업을 시도하지만 실패 비율이 아주 높다.

2012년 1월 자영업자들이 요구해 유통산업발전법을 개정해 대형마트 의무휴업 조항이 생겼다.

서울 뚝섬(뚝도) 서쪽 지역인 성동구 성수동은 1960년대 서울의 대표적인 공업지대였다. 인구가 몰렸고, 시장도 번창했다. 1962년 개장한 뚝도시장은 400여 개의 점포가 들어서 동대문·남대문과 더불어 서울의 3대 시장이라 불렸다. 2001년 뚝도시장 인근에 이마트 본점이 들어서면서 상권은 급속히 쇠퇴했다. 문 여는 점포가 132개로 줄었다. 사람들은 대형마트와 기업형슈퍼마켓(SSM)이 전통시장에 미치는 악영향을 뚝도시

장의 사례를 보고나서 알았다. 또 서해 5도 생존과 평화를 위한 인천시민대책위원회가 주관해 뚝도 나루터에서 백령도 등 서해 5도에서 경인아라뱃길과 한강을 거쳐 온 수산물을 판매한다. 성동구는 전국 최초로 젠트리피케이션 방지 조례를 제정하고, 공공임대점포를 조성했다.

미국의 사례로 버니 샌더스는 버몬트주 벌링턴시 시장일 때 프랜차이즈 대형마트의 시내 입점을 막고 시민으로 구성된 소비자 협동조합을 만들어 소상인들의 상권을 보호했다.

윤종오 전 울산 구청장은 2011년 구청장 재직 때 창고형 대형마트인 코스트코 울산점 건축 허가를 중소 상인과 지역 상권 보호를 이유로 3차례 반려했다. 건축주가 윤 구청장을 고발했고 법원은 울산시 행정심판위원회는 직권으로 건축허가를 내줘 준공해 코스트코는 영업을 시작했다. 코스트코가 구상권을 신청해 대법원은 윤 구청장과 북구에 3억 6,700만 원의 손해배상을 판결했다.

넷째, 중소기업과 협동조합의 고용을 늘린다. 대한상공회의소 「일자리 창출을 위한 중소기업 성장 촉진 방안」에 따르면, 중소기업은 기업 수의 99%, 고용의 88%를 차지한다. 반면 생산과 수출에서 차지하는 비율은 48%, 20%로 낮다. OECD 국가와 비교하면 종업원 50인 이상 제조업체 비중이 낮고, 대기업에 비해 생산성이 낮다. 결과적으로 중소기업 일자리가 열악하다.

협동조합, NGO도 고용을 늘리는 유력한 대안이다. 중소기업이 협동조합으로 뭉치면 규모의 경제를 이뤄 공동사업을 통해 고용을 늘린다. 몬드라곤협동조합은 협동조합 간의 협업사업으로 일자리를 창출했다.

다섯째, 비정규직 문제를 해결한다. 2016년 3월 통계청 경제활동인구조사 자료에 따르면 비정규 노동자는 839만 명, 여기에 정규직·자영업으로 분류되는 사내하청·특수고용직을 더하면 비정규직 1,110만 시대다. 정규직 대비 비정규직 임금은 48.7%이다.

비정규직의 정규직 전환, 비정규직 노동 수당(casual loading)이 대안이다. 호주는 시간당 비정규직 임금이 정규직의 125%이다. 우리나라에서 시간외 근무 임금이 시간 내 근무 임금의 150%인 것과 비슷한 개념이다.

프리랜서가 전 세계의 노동 트렌드가 된다. 미국은 2008년 경제위기 이후 독립노동자가 크게 늘어 전체 노동자의 35~40%에 이른다. 일본도 1,200만 명이나 된다. 뉴욕시는

프리랜서 임금 체불에 몇 만 달러 벌금을 매기고, 일본도 비슷한 제도는 만든다.[58]

　비정규직은 1천만 명을 넘었고 구조화 고착화한다. 그리고 2퍼센트 내외의 미약한 노조 조직률이란 주객관적 조건에서 비정규직 문제를 해결하기 위해 △비정규직 규모를 줄이고, △정규직과 비정규직 간 노동 조건 격차를 해소하고, △비정규직 노동자들이 스스로 문제를 해결할 수 있도록 조직화한다. 구체적으로 △간접고용 비정규직에 대해 직접고용 원칙을 확립하고 원청사용주 사용자성을 인정해야 한다. △최저 임금을 대폭 인상하고 생활 임금을 확대한다. △특수고용 비정규직 노동자의 노동자성을 인정한다. 건설노동자가 일요일에 쉬고 주휴수당을 주어야 한다. △고용보험을 확충한다. △공고용서비스 확대 강화한다.[59]

여성노동

　한국은 OECD 국가 가운데 남녀 임금 격차가 최대이다. 정규직 여성의 비율은 38.5%이다. 남성이 100만 원 벌 때 여성은 63만 원을 번다. 차액 37만 원은 여성 차별에서 온다.

　한국노동연구원, 『노동정책연구』에 실린 「장시간 근로와 조직: 초과근로시간이 여성 관리직 비율에 미치는 영향」 보고서에 따르면, 동일노동 동일임금, 고령화 해소 여성 사회 진출 확대, 양성평등 증진을 위해 일·가정 양립정책을 추진하지만 초과근로를 버티지 못하는 여성이 관리자가 되기 힘든 구조이다. 근로시간이 긴 회사일수록 가사나 육아 부담을 느낀 여성들이 직장을 떠난다. 2013년 기준 최대 근로시간 52시간을 지키는 기업(초과근로 0시간)의 여성 관리자 비율은 14.93%였다. 3시간 더 일하는 회사에서는 13.41%, 6시간 더 일하는 회사에서는 11.88%로 떨어졌다. 장시간 노동은 여성의 경제활동 참여를 막아 소득격차와 남녀 간의 지위 불평등을 초래한다. 이를 막으려면 남성 중심적인 조직문화에서는 장시간 근로를 엄격히 규제하는 정책이 필요하며 긴 근로시간으로 생산성을 평가하는 방식에서 벗어나야 한다.

　여성에 대한 성차별도 여전하다. 국제노동기구는 전 세계적으로 15살 이상 여성의 취업률이 48%로 남성보다 26.5%p 낮다고 밝혔다. 남성 관리자 숫자가 여성보다 4배나 많아 여성들에게 관리직 진입 장벽이 여전히 높다고도 분석했다.

---

58) 강성만, 「공동작업 공간 '윌로비' 정재석 대표」, 『한겨레』, 2018.4.26.
59) 이남신, 「비정규 문제 해결 방향과 우선 개선 과제-다시 찾아온 절박한 기회」, workingvoice.net, 2016.12.27.

한국여성정책연구원 「2016년 여성관리자 패널 조사보고서」에 따르면, 승진 대상자 중 여성 비율은 28.8%이다. 사원에서 대리급 승진은 36.60%이다. 부장에서 임원 승진은 9.6%이다. 매출 상위 100대 상장기업의 여성 임원 비율은 2016년 기준 2.3%이다.

'30% 클럽'은 여성 임원을 30% 할당하자는 캠페인을 벌인다. 샘표, 풀무원, 유니베라, 라이나생명, 유한킴벌리가 30% 클럽 캠페인을 지지한다. 여성 임원 할당제는 독일·프랑스·노르웨이에서 실시 중이다. 적극적 차별 시정조처(affirmative action)이다. 아울러 '동일직무·직책, 동일임금'을 주장한다. 여성 친화적 기업을 표방하는 기업은 많지만 여성도 남성과 같은 경력개발을 할 수 있는 시스템을 갖추지 못했다. 같은 보고서에 실린 「여성 관리자 패널 중 퇴직자 심층분석」에 따르면 여성 관리자 퇴직 사유 1순위는 2010년 '업무 과중'이었는데 2014년에는 그 자리를 '가정 내에서 자녀를 잘 돌볼 사람이 없어서'가 차지했다. 이 조건은 저출산으로 이어진다.

ILO에 따르면, 여성들은 동일 노동을 하는 남성에 비해 시간당 평균 23% 낮은 임금을 받으며, 이를 해소하려면 70년이 걸릴 전망이다. 프랑스에서 '동일노동 동일임금'이 법으로 명시된 지 45년이 지났어도 성별에 따른 불평등이 여전하자, 남녀 임금차별 기업에게 임금총액 1% 벌금을 매기기로 했다.

'남녀고용평등과 일·가정 양립 지원에 관한 법률 제8조(임금) ① 사업주는 동일한 사업 내의 동일 가치 노동에 대해는 동일한 임금을 지급해야 한다.'고 남녀 임금 평등을 규정했다.

정년과 임금피크제

한국은 2013년 고령자고용촉진법을 개정해 60세 이상 정년을 의무화하는 동시에 임금피크제를 도입했다. 모든 사업장에 적용한 2017년에 평균 정년은 61.1세였다. 정년을 더 늘리자는 주장이 있다. 정년이 길어지면서 임금피크제를 도입한 기업이 늘었다. 300인 이상 사업장 가운데 53.0%가 임금피크제를 도입했다. 2019년 대법원이 육체노동자가 노동으로 소득을 얻는 최후연령을 뜻하는 '가동연한'을 65세로 높인다고 판결했다. 1989년 만 55세에서 만 60세로 변경한 뒤 유지해온 판례가 바뀌었다.

프랑스에서는 2010년 우파인 사르코지 대통령이 60세인 정년을 62세로 늘리기로 해 대규모 시위가 일어났다. 결국 2013년 집권한 사회당의 프랑수아 올랑드 대통령이 반대여론을 받아들여 다시 60세로 줄였다.

국회예산정책처의 「공공기관 고용관리 정책평가」(2015)에 따르면 이론적으로 임금피크제는 '총 노동비용'을 낮출 뿐 '총 고용량'엔 영향이 없으며, 임금피크제를 통한 청년신규채용은 정부의 추가재정 지원이 병행돼야 가능하다.

고용안정과 노동유연성

기업은 경영이 나쁘거나 그것을 대비해 노동유연성을 원하며 그 수단으로 비정규직을 채용하고, 파견노동자를 고용하고, 하청을 늘린다. 비정규직 고용을 보호하는 비정규직 보호법이나 파견법이 제정됐으나 기업은 이를 악용했다. 대기업 하청은 수십만 명이나 파견직이나 사내 하도급 노동자는 1천만 명에 이른다.

비정규직 노동자는 해고가 반복되고 임금이 낮고 복지대책이 없다. 대안으로 직장 내부에서는 정규직 전환, 동일노동 동일임금, 비정규 노동 가산임금제(casual loading) 등이 있다. 직장 밖으로는 교육비, 의료비, 주거비를 줄이고 노후 대책을 원한다. 의료보험, 무상급식, 아동수당, 반값등록금이나 대학무상교육이 있다.

노동조합은 기업노조를 산별노조로 바꾸고 산별노조 차원에서 일자리 안정과 복지를 정규직 비정규직 모두에게 공급하자고 한다. 그러나 산별노조 전환이나 강화는 대기업 정규직 노동자가 반대하면서 진전이 없다. 대기업 정규직 노동자는 그 일자리마저 자녀들에게 세습한다. 87년 이후 권력이 재벌, 관료, 검찰, 언론, 대기업 노조에게 넘어갔다고 할 정도이다.

산별노조를 강화해야 하지만 비정규직이 이것만을 바라볼 수 없다. 스웨덴에서는 사회적 협약을 준비하며 임금이 높은 노동자에게 예외조항을 두어 끌어들인 경우가 있듯이 이게 쉬운 일이 아니다.

당장의 대안은 재벌, 부자, 대기업 정규직 노동자에게 세금을 더 거두어 복지 수준을 높여, 비정규직에게 자신이 낸 세금보다 더 많은 복지를 받게 하는 일이다. 대기업 정규직 노동자와 비정규직 노동자 사이에서 격차를 축소한다. 공기업은 시민에게 공공서비스를 제공하고 그 수익을 재정을 통해 시민에게 환원한다. 그러나 공기업 민영화로 이 부분 수익이 상당히 사라졌다.

이럴 경우 기업은 세금을 더 내기보다 자신이 고용한 비정규직을 고용 유연성을 넘는 비정규직 사용을 축소한다. 노동조합이 비정규직 노동자를 자신의 동료로 생각해 이들을 끌어들여 단결해, 산별노조를 존중하는 입법을 통해 기업에게 비정규직 노동자 문제를 해결하게 하는 것은 별개 일이다. 덴마크가 노동유연성과 노동자 소득 안정성을 동시에 이룬 경험이 있다.[60]

지구사회의 복지

대표적인 사회 복지 정책은 사회보험과 공공부조이다. 그밖에 노인, 어린이, 여성, 노동자, 빈민 등 특정한 대상에 대한 복지 정책이 있다.

영국의 베버리지 보고서는 부자들만의 특권이던 '빈곤으로부터 경제적 자유'를 영국 국민이라면 누구나 보장받는 '기본적인 삶(national minimum)'으로 확산시켰다. 가족수당법(1945), 국민보험법(1946), 국민부조법(1947), 아동법(1948)이 잇따라 제정된 것도 보고서의 연장이다.

독일의 복지는 연금보험, 의료보험, 실업보험, 산재보험, 수발보험으로 이뤄지며, 저소득층이 국가의 보조에 힘입어 중산층의 생활수준을 누릴 수 있도록 하는 것이 사회보장제도의 핵심이다.

스웨덴의 복지정책은 스웨덴 사회를 모든 사람들이 먹고 살 걱정이 없이 평등한 사회가 되도록 했다. 1970년대 의회의 결의로 신분에 따른 직함이 없고, 성씨와 이름(한국식으로 홍 + 길동)을 부르고 있다. 1980년대 남녀평등법으로 여성들이 직장에서 성차별을 받는 일이 없도록 했으며, 미혼여성의 채용을 하지 않으려는 기업주는 처벌받는다. 탁아소를 만들어 여성들이 육아와 가사 때문에 일을 하지 못하는 일이 없도록 배려한다.

유럽의 공적 의료보험제도에서 생산자들(의사와 병원들)에게는 일정한 독립성이 주어지지만 진료비는 공동의 책임으로 남는다. 그래서 환자는 의료보험제도를 통해 평등한 진료 기회를 보장 받는다. 이 같은 방식으로 대학과 대학생에게도 평등한 혜택이 주어질 수 있다.(토마 피케티, 2014, 580쪽)

---

60) 주진형 Facebook 2017.10.1. 노동귀족. 엥겔스가 만든 말이다. 김기원, 「현대차 노동귀족 문제의 해결을 위해」, 개혁적 진보의 메아리 블로그, 2011.04.23.

한국사회의 복지

2016년 사회복지 예산은 GDP의 10.4%로 OECD 최하위권이다. 이런 원인은 양재진 교수에 따르면, 산업화 초기단계에서 가격경쟁력을 유지하려고 임금과 복지제도를 낮추었다. 저임금은 가처분소득을 올려주는 낮은 조세부담 덕분이었다. 기업별 노조가 조직된 한국에서는 기업복지가 주요 의제가 되고 사회복지는 뒤로 밀렸다. 소선구제는 지역구 현안에 집중하고 보편적 복지는 후순위였다.

출산, 육아, 교육, 건강, 주거, 환경, 노동, 노후복지는 서로 연결돼 있다. 한국 사회에서 가난한 가족은 출산율이 낮고, 교육의 연한과 질이 낮으며, 직업의 소득과 안정성이 낮으며, 건강과 주거도 이와 연동되며, 노후 대책 정도가 낮다. 이 가운데 무상의료와 무상교육이 핵심이다. 빈곤·의료·가족을 아우르는 통합복지가 필요하다.

쿠바 복지정책은 "단 한명의 인간의 생명은 지구상에서 가장 부자인 사람의 전 재산보다도 100만 배나 더 가치가 있다"는 체 게바라의 말처럼 인간의 가치를 우선한다. 쿠바에서는 한 사람이 아프면 가족구성원, 주거환경, 심리상태, 수입원까지 따진다. 그 역할을 의사와 사회복지사가 하는데, 그것을 가족주치의라고 한다. 쿠바는 무상의료와 무상교육 제도를 유지하는데 국가재정의 절반을 쏟아 붓는다.

건강보험정책연구원의 「2017년도 건강보험제도 국민 인식 결과」를 보면, 암보험이나 상해보험 등 각종 민간의료보험에 가입한 인구가 조사 대상 2000명의 87%였고, 이들이 납부하는 보험료는 월평균 28만 7천 원이었다. 이는 국민건강보험의 서비스 보장이 부족한데 기인한다. 이는 민간의료보험의 확대와 영리병원 허가로 갈 위험성이 있다.

문재인 케어는 건강보험 보장성 강화 정책으로 비급여항목의 전면 급여화를 추진한다. 비싼 비보험 진료를 보험에 편입시키는 것이다. 건강보험 보장률은 63.4%에서 70%로 올릴 계획이다. 미용·성형을 제외한 모든 의료행위에 건강보험을 적용한다. 문재인 케어 설계자인 김용익 국민건강보험공단 이사장은 건강보험 본인부담 수준을 낮춰 필요할 때 조기진단·조기진료가 가능하게 하고, 본인부담 상한제를 두어 의료로 인한 가계파탄을 막고, 의사들이 건강보험 하나로 진료할 수 있게 한다고 했다. 소득하위 30% 환자는 연간 의료비 상한이 100만 원이다. 대한의사협회는 문재인 케어 전면 재검토, 비급여의 전면 급여화 저지, 진료비 정상화 등을 주장했다. 의사 주장은 의료 공공성 강화 방향에 반해 고소득을 유지하려는 의도이다. 의료의 질 문제는 선택과 집중의 문제이고, 의료의 보편성은 인간 평등, 병원비 걱정 없는 사회의 과제이다.

스웨덴에서는 노동시간 단축, 공보육, 성평등이 육아 천국으로 가는 세 바퀴이다. 육아가 남성성의 상실을 의미하지 않고 아이와 함께 지내는 남자가 좋은 아빠이다. 육아휴직 사용일수는 여성이 72일, 남성이 28일이다. 한국에서 노동시간 단축이 먼저이다. 아이가 집에 올 때 부모도 퇴직할 수 있어야 한다. 다음으로 공보육 확대이다. 국공립 보육시설을 확대해야 한다. 현재는 전제 초등학생의 12.5%만 수용한다. 셋째로 부모권과 노동권이 조화해야 한다. 남녀 모두에게 노동자와 부모로서의 역할이 동일하게 중요하다는 생각과 이를 위한 시스템을 구축해야 한다.

우리 사회에는 식민통치, 전쟁과 남북 분단, 독재, 구속, 자본과 공권력의 폭력과 인권 유린, 자연재해, 대형사고와 같은 대규모 참사, 타인에게 당한 폭력이나 강간 등 신체적, 정서적, 성적 학대를 겪은 사람이 많다. 이들 중 많은 사람이 트라우마(심적 · 정신적 외상, Psychological Trauma)를 겪고, 이는 외상 후 스트레스 장애(PTSD, Post-Traumatic Stress Disorder)와 같은 불안장애를 유발한다. 국가가 이를 치유하는 정책을 세우고 시행해야 한다. 4.3사건, 한국전쟁 시기 민간인 학살, 광주민주항쟁, 형제복지원, 용산참사, 쌍용자동차 무력 진압[61], 세월호 사건 등 피해자들은 트라우마를 겪는다. 일상적으로 사고와 동료의 죽음을 반복해 경험하는 소방대원도 그렇다.

임금과 사회임금

일반적으로 소득은 임금과 사회임금으로 구성된다. 전자는 개인이 노동력을 판매한 대가로 받는 것으로 시장임금(labor wage)이라 한다. 사회임금은 개인이 국가와 사회에서 받는 복지 혜택을 임금으로 환산한 것이다. 구체적으로는 국민연금과 실업급여, 보육료 지원금, 국민건강보험, 생계급여 등이 포함된다. 교육비 부담이 큰 한국 사회에 무상교육에 따른 교육비도 포함해야 한다.

자녀가 부모에게 주는 가정 내의 전통적인 이전 소득은 점차 줄어들고 이것의 가정 간의 격차도 크다. 선진국 혹은 초국적 기업을 가진 국가들은 해외에서 벌어들이는 이윤과 이들에게 부과한 세금의 수입이 있다. 한국도 수출에 따른 수입이 있다. 한국

---

61) 서울지방변호사회, 『인간의 존엄성 회복을 위한 특별보고서: 쌍용자동차 사태 특별조사단 보고서』, 2012.

은 OECD 국가들에 비해 사회적 임금의 비율이 7.9%로(■도표 6) 아주 낮다. OECD 평균은 31.9%이다.[62]

■ 도표 6. 임금과 사회임금

	시장임금	사회임금	현금급여	서비스급여	총임금 (가계운영비)
한국	92.1	7.9	3.4	4.5	100.0
미국	83.0	17.0	8.6	8.4	100.0
영국	74.5	25.5	12.6	12.9	100.0
일본	69.5	30.5	17.0	13.5	100.0
독일	61.2	38.8	24.0	14.8	100.0
프랑스	55.8	44.2	27.3	16.9	100.0
스웨덴	51.5	48.5	25.0	23.5	100.0
OECD평균	68.1	31.9	18.5	13.4	100.0

경제협력개발기구(OECD)에 따르면 2016년 한국의 국민부담률은 26.3%이다. 국민부담율이란 한해 국민들이 내는 세금(국세 + 지방세)에 사회보장기여금(국민연금보험료, 건강보험료, 고용보험료 등)을 더한 뒤 이를 그해 국내총생산(GDP)으로 나눈 값이다. 국민부담률은 2000년(21.5%)에 20%대로 진입했다. 이후 2005년 22.5%에서 2007년 24.8%까지 오르다가 이명박 정부 들어 추진한 감세정책 등으로 2010년 23.4%까지 낮아졌다.

덴마크 국민부담률이 지난해 45.9%로 OECD 회원국 중 가장 높았고, 프랑스(45.3%), 벨기에(44.2%), 핀란드(44.1%), 스웨덴(44.1%), 이탈리아(42.9%), 오스트리아(42.7%) 등도 40%가 넘었다. 우리나라는 OECD 평균(34.3%)에 비해서도 8%p 낮은 수준이다. 미국은 2015년 26.2%로 우리나라보다 높았지만 역전됐다. 우리나라보다 국민부담률이 낮은 나라는 멕시코(17.2%), 칠레(20.4%), 아일랜드(23%), 터키(25.5%), 미국(26%) 등 5개국뿐이다.

'완전고용' 시대'가 저물고 '고용없는 성장' 시대에 들어와 기본소득(basic income) 지급 정책을 여러 나라에서 시행, 검토 중이다. 인공지능의 발달, 자동화에 따라 세계적으로 일자리 감소는 돌이킬 수 없는 흐름이다. 때문에 임금노동(일자리)을 매개로 부를 분배하는 방식을 유지할 경우 모든 사회 구성원의 삶이 제대로 보장될 수 없다.

---

62) 오건호, 『국민연금, 공공의적인가 사회연대임금인가』, 책세상, 2006.

주거

2010년에 주택보급률이 100%를 넘어섰다. 그러나 「2017년도 주거실태조사 결과」에 따르면, 자가점유율은 57.7%에 불과하고 세입자들은 주거불안정이 심각하다. 임차가구의 월세화가 빠르게 진행되어 전세비중은 36.9%로 줄어들고 세입자의 평균 거주기간은 3, 4년에 불과하다. 독일은 13년이다.

서울시의 조사에 따르면 서울의 18세 이상 35세 이하 청년의 69%가 소득의 30% 이상을 주거비로 쓴다. 유럽에서는 일반적으로 소득의 25% 이상을 주거비로 지출하는 경우 주택정책의 대상이 된다. 청년들은 집값이 비싸 집을 살 수 없다. 서울 집값이 평균 5억 원을 넘었다. 결혼하는데 집 문제가 크다. 혼자서 직장 근처에 방을 얻어 사는데 월세가 50만 원이나 된다. 서울에서 1인 청년가구 37%가 반지하·옥탑방·고시원에 산다.

공동주택이 대안의 하나인데 한국의 공공주택은 전체 주택의 2%이다. OECD의 절반 수준이다. 공동주택은 구분소유형, 협동조합소유형, 사회임대형(비영리민간임대), 공공임대형 등으로 분류된다.

부모집에 얹혀사는 자녀는 성인에 이어 기혼자도 늘었다. 25살 이상 미혼 자녀가 부모와 함께 사는 가구의 비중은 1985년 9.1%에서 2010년 26.4%로 늘었다. 부모가 기혼자녀와 사는 비율은 1985년에 비해 2010년에 4.2배가 늘었다.

수도권과 지방 간의 주택가격 양극화는 수도권 집중 정책이 가져온 부산물이다. 정치, 경제, 문화, 교육이 집중된 지역에 사람들이 몰리는 것은 당연하고, 자연히 주택가격이 치솟는다. 현재 주택문제로 가장 크게 고통 받는 사람들은 대학교육이나 일자리 때문에 수도권에 거주해야하는 청년세대들이다. 치솟는 대학가 원룸 가격에 좌절하는 대학생들과, 보금자리를 찾지 못해 결혼을 미루거나 포기하는 청년 직장인들이다. 이 문제를 해결 방안의 하나로 수도권에 집중된 대학과 일자리를 지방으로 옮겨야 주택 수요가 분산된다.[63]

레일라니 파르하 유엔 주거권특별보좌관은 "한국 사회 대표적 주거권 사각지대는 노숙인, 재개발·재건축 지역의 강제퇴거 문제이다. 노숙인에는 거리의 노숙인만 아

---

63) 장호순, 「'행복주택'시대를 만들려면」, 『울산여성신문』, 2018.05.15.

니라 쪽방촌이나 열악한 고시원에 사는 분이 있다. 재개발·재건축 과정에서 집주인이 아닌 세입자 등 원주민 의견 수렴이 부족하다. 재개발은 100% 필요하지 않다면 하지 말아야 한다. 강제퇴거가 불가피할 때는 6개월~2년의 시간을 주어야 한다. 또 공공임대주택 공급이 충분치 못하다. 이때 민간 분양분이 늘어나면 결국 저소득층에게 돌아가는 공공임대주택이 줄어든다"고 했다.

빈집이 2017년 126만 4,707채로 전체 주택의 7.4%이다. 빈집을 임대주택, 도시농장, 창업센터, 커뮤니티센터 등으로 활용하는 대안이 있다. 김정후 교수는 도시재생은 쇠퇴한 지역이 당면한 문제를 해결하기 위한 가능성과 잠재력을 찾아, 지역 주민의 요구를 최대한 수용해야 한다고 했다. 서유럽에서는 이미 존재하는 마을을 생태공동체로 전환하는 트랜지션(전환)마을운동이 있다.

더 나은 주거권을 얻기 위한 노력이 있다. 미국의 월세 보조금을 지원하는 주택바우처, 영국 정부의 임대료사정위원회가 임대료 상한선을 중재하는 공정임대료, 일본의 공동주거 아파트에서 방을 하나씩 나누어 쓰는 쉐어하우스, 캐나다의 정부 보증으로 주택을 사고 입주자가 월세 형태로 상환하는 주택협동조합 등이 그것이다.(김민수, 246쪽) 지구촌에서 집값이 홍콩 다음으로 비싼 타이페이는 사회주택, 즉 공공임대주택제로 문제를 풀기로 했다.

문재인 정부의 주택정책은 무주택자 서민들의 주거안정, 2채 이상 주택 보유자 억제, 다주택·고가주택 소유자의 보유세 강화로 요약된다.

최창우 집걱정 없는 세상 대표는 "한국 사람은 3, 4년마다 이사가는데 독일은 13년만에 한번 이사간다"며, "임대차등록을 다주택자 자율에 맡기지 말고 의무화해야 한다. 전월세 상한제와 계약자동갱신권을 도입해서 세입자의 고통을 없애야 한다"고 했다.[64] 계승범은 주택을 공공재로 보아 소유의 상한을 제안했다.[65]

동네가 상권이 좋다고 입소문을 타면 프랜차이즈가 난립해 임대료가 상승한다. 젠트리피케이션 현상이다. 박원순 서울시장은 임대료를 4배나 올려 문제가 된 궁중족발집 사태에 대해 "임대차보호법을 개정해서 서울시장한테 임대료율을 함부로 올리지 못하게 제한할 수 있도록 해달라! 뉴욕시장은 어느 지역에 너무 땅값이 오른다, 월세

---

64) 최창우, 「주거 세입자 홀대 언제까지?」, 『한겨레』, 2018.09.05.
65) 계승범, 「한전과 한택」, 『서울신문』, 2018.09.27.

가 너무 높다 그러면 그걸 제한할 수 있는 권한을 준다. 유럽 어느 나라에서는 임대료를 매출액에 연동시키는 제도도 있다"고 했다. 이를 방지하는 주택임대차보호법에서 세입자 보호 계약기간은 2년이며, 임대료 인상률 상한은 연간 5%로 제한했다. 국회는 상가 임차인의 계약갱신 요구권을 10년으로 연장했다.

노인복지

산업화 시대에 현장에서 일한 노인은 외환위기 등을 겪으며 빈곤층이 되었다. OECD「2015년 한눈에 본 연금」보고서에 따르면 한국 노인 빈곤율은 49.6%로 OECD(평균 12.4%)에서 가장 높고, 자살률도 평균보다 3배 높다. OECD「한눈에 보는 사회상」보고서에 따르면 한국 노인의 삶에 대한 만족도는 25.6%로 비고령자에 비해 10% 낮았다. 의지할 친척이나 친구가 있다고 응답한 비율은 60.9%였다. OECD는 87.2%였다. 노인을 가족의 선의에 떠맡기고 국가는 복지 책임에 소홀하다. 치매 환자가 늘었지만 민간 시설은 질이 떨어지고 국공립 요양원은 하늘의 별따기이다. 전용호 교수는 "치매 환자 뿐 아니라 돌보는 가족도 돌봐야 한다"며, "영국과 스웨덴 등에서는 치매환자 가족에게 매달 40만 원 정도를 지원하기도 한다"고 했다. 옛날에는 노인이 존중받았고 힘이 있었으나 지금 노인은 수명이 길고 해서 상황이 달라졌다. 노인이 경제생활을 할 능력이 없을 때 국가가 돌보아야 한다.

'2018년 5월 경제활동인구조사-고령층 부가조사 결과'에 따르면 55~79세 고령층 인구 1,344만 1,000명 중 국민연금, 공무원연금, 기초연금 등 공적연금이나 개인연금을 수령한 사람은 전체의 45.6%에 불과했다. 연금 수령자의 월평균 연금 수령액은 57만 원이다. 전체 수령자의 71.1%는 50만 원 미만의 연금을 받았고, 150만 원 이상을 받는 사람은 9.7%에 불과했다. 남녀간의 '연금 격차'도 컸다. 남성의 월평균 연금 수령액은 76만 원이나 여성은 37만 원이었다.

연금

다른 나라 사람들은 흔히 노후에는 연금으로 생활한다고 한다. 한국에서는 정착 단계이다. 한국은 국민의 퇴직 또는 사망과 공무로 인한 부상·질병·폐질에 대해 국민연금 급여를 실시한다. 공적 연금제도는 적용대상의 신분에 따라 국민연금, 공무원연금, 사립학교교직원연금, 군인연금의 4가지가 있다. 그러나 국민연금이 안정된 고용상태를 전제로 하는 사회보험 제도의 특성상 국민연금에서 많은 국민이 사각지대에 있다.

공무원에게는 공무원연금이 있다. 사립학교교직원연금법에서 급여제도는 공무원연금법을 준용한다.

월평균 1인당 급여액은 국민연금(2,100만 명)은 33만 원, 공무원연금(109만 명)과 군인연금(18만 명)은 240만 원, 사학연금(28만 명) 260만 원이다. 국민연금과 공무원 등의 연금 차별이 심각하다. 중장기적으로 공적연금을 하나로 통합하자는 의견이 있다.

국민연금은 국민의 노령 · 폐질 · 사망 등 사회적 위험이 발생한 경우에 가입자의 갹출금을 주된 재원으로 해 연금급여를 실시한다. 국민연금의 소득대체율은 1988년 국민연금 도입 당시 70%였으나 1998년 1차 연금개편에서 60%로 하락했고, 2007년 2차 연금개편에서는 매년 0.5%씩 낮아져 2028년 40%로 낮아지게 돼있다. 국내에 거주하는 18세 이상 60세 미만의 국민이 가입대상이다.

가입자 및 사용자로부터 징수한 갹출료 및 이를 주된 구성부분으로 하는 국민연금기금이 국민연금의 지급재원이다. 가입자는 낸 액수의 2배를 받는다. 현 제도로는 국민연금은 언젠가는 고갈된다. 젊은 층은 보험료는 내고 연금은 받지 못한다는 불안감이 있다. 대안은 받는 액수를 줄이는 방법, 정년을 늘려 국민연금 수령 연령을 높이는 방안이 있다. 많은 선진국이 적립식에서 그해 가입자의 보험료나 세금으로 충당하는 부과식으로 연금제도를 바꿨다.

연금 기금을 많이 쌓아놓고 그 돈에서 떼서 연금을 주는 적립방식으로 연금을 운영하는 나라는 한국, 일본, 미국, 스웨덴, 캐나다 한 다섯 나라 정도다. 나머지는 기금이 아예 없이 연금제도를 운영한다.

오연호는 "국민연금에 기초연금, 퇴직연금을 포괄해, 중하위 계층은 기초연금과 국민연금, 중상위 계층은 국민연금과 퇴직연금을 중심으로 노후를 대비하는 한국형 다층연금체제를 제안했다. 사각지대에서는 기초연금이 가장 효과적이다. 기초연금을 강화하고, 임금의 8.3%로 조성한 퇴직연금을 연금형태로 발전시키자"고 했다.

2017년 국민연금이 5% 이상 주식을 소유한 상장사는 285곳이다. 국민연금은 전체 주식 시가총액의 한 7%를 갖고 있다. 웬만한 대기업은 10% 이상 가지고 있다. 대한항공은 조양호 회장 일가 주식 지분 30%에 이어 국민연금이 12.45% 지분을 갖고 있다. 국민연금은 소액주주(34%), 우리사주와 연대해 주주권을 행사할 수 있다.

국민연금기금, 공무원연금기금, 사립학교교직원연금기금의 3대 연기금의 사회적 책임투자는 운용자산의 1.33%에 불과하다. 국민연금은 기업에 투자하는데 재벌에게 휘둘려 국민재산을 지키지 못한다. 국민연금 등은 투자 기업의 자율성을 존중하되 불법·비리 경영진을 견제하고 일탈을 바로잡아 선량한 관리자의 의무(스튜어드십 코드)를 다해야 한다. 공무원연금도 이 제도를 도입하기로 했다. 자산 1,000조 원을 가진 세계최대 규모의 국부펀드인 노르웨이 국부펀드는 석탄을 쓰는 한국전력을 투자대상 기업에서 제외했다. 충남도가 국제탈석탄동맹에 가입하고, 사학연금·공무원연금은 석탄발전에 투자하지 않기로 했다.

기본소득

'완전고용' 시대가 저물고 '고용없는 성장' 시대에 들어와 기본소득(basic income) 지급 정책을 여러 나라에서 시행, 검토 중이다. 기본소득은 모든 사회 구성원에게 일정 수준의 생활을 보장하는 소득을 무조건 지급하는 개념이다. 기본소득의 이론적 시초는 16세기 스페인의 철학자 후안 루이스 비베스의 '구빈문제에 관한 견해'에서 가난한 사람에게 최소 소득을 지급하자는 데서 비롯했다. 이 구상은 몽테스키에, 토머스 페인, 존 스튜어트 밀, 버트런드 러셀 등을 거쳐 사회배당 개념으로 발전하고, 1962년 밀턴 프리드먼의 '음의 소득' 개념으로 발전했다.

좌파 일부는 실리콘밸리의 기본소득 열풍이 로봇과 인공지능을 소유한 테크노크라트들이 프레카리아트(저숙련·비정규직 노동자와 실업자)의 비판을 잠재우려는 '진통제'라고 비판했다. 더욱이 우파는 기본소득을 공공주택과 의료지원 등 기존 사회복지 제도를 모두 대체하는 '저비용 고효율' 복지로 인식하는 경향도 있다.

기본소득론자들은 노동의 개념을 우리에게 익숙한 임금노동에 국한시키지 않는다. 포털사이트 네이버 지식IN의 경우 네이버는 지식 공유 플랫폼만 깔아놓을 뿐 콘텐츠는 누리꾼들의 소통이 만들어간다. 질문이 올라오고 답변이 많이 달릴수록 이곳은 활성화되고 네이버의 이윤은 올라간다. 사회관계망서비스인 페이스북, 트위터가 수익을 내는 구조도 크게 다르지 않다. 사용자들의 소통 자체가 사회적 부를 만들어낸다. 이렇게 대부분의 사람들은 사회적으로 의미 있는 일을 하고 있지만 전통적 임금노동이 아니라는 이유로 대가를 받지 못한다. 이를 바로잡는 것이 기본소득 도입일 수 있다. 다음 창업자 이재웅씨는 일자리 감소로 소득 격차가 커지면 기업이 생산을 해도 구매할 이들이 없어지고, 공급은 넘치는데 수요가 없으면 자본주의 시스템이 붕괴할 수 있다는 우려에서 기본소득 지지 입장을 설명한다.

기본소득은 미국 알래스카주와 지자체, 브라질, 인도, 이탈리아, 네덜란드, 나미비아의 지자체에서 시행중이다. 핀란드가 2017년 시범 실시한다. 독일 스페인 아이슬란드가 도입을 논의 중이다. 독일에서 좋은 노동은 보호하는 노동이 아니라 자율적인 노동이다. 노동4.0에서 일은 하늘이 준 선물이라고 기본소득을 배제한다.[66] 독일 기본소득연합의 나미비아 실험, 유니세프와 인도 자영업 여성조합의 실험에서 기본소득이 빈곤과 건강, 교육, 노동의 질, 여성과 어린이 등 소수자 권익 향상은 물론 비효율적 복지 행정 개선에 도움준다는 연구 결과가 나왔다. 핀란드는 2017년 무작위로 선정한 실업자 2,000명에게 2년 동안 아무 조건 없이 매달 560유로(약 71만 원)를 지급한다. 핀란드 정부는 이 실험을 통해 보편적 복지제도인 기본소득이 빈곤 감소와 고용 창출 효과를 내는 성과가 확인되면 소상공업자와 시간제 노동자 등 다른 저소득층으로 확대한다는 복안이다.

현재 한국에서는 생산에 비해 소비가 낮다. 기업 입장에서 보면 일자리가 많이 필요하지 않다. 실업자는 물론 취업의사가 없는 노동자가 다수이다. 청년에게는 계급 갈등과 세대 갈등이 겹쳐있다. 청년실업률 10.9%로 청년실업문제가 더 심각하다. 이에 대한 대책으로 기본소득을 도입하자고 주장한다. 보수측 중 일부가 지지한다. 최한수 한국조세재정연구원 부연구위원은 한국처럼 사회안전망이 부실한 나라에 서유럽의 기본소득을 그대로 도입할 수 없다고 했다.

기본소득 재원은 칼 와이더퀴스트 기본소득지구네트워크 부대표는 "토지(토지세)와 대기(공해세), 빅데이터의 근간이 되는 개인정보(공유재산 배당) 등 모두에게 속한 공유자원은 기본소득을 위한 좋은 재원"이라고 말했다. 마이클 하워드 미국 메인대 사회

---

66) 이명호, 『노동4.0』, 스리체어스, 2018.

정치철학 교수는 "일을 안 하고 기본소득을 받는 데 반대하면서 부자들이 일하지 않고 독점의 결과로 발생하는 임대료를 없애고 공유자원 배당을 공평하게 나누 주는 게 도덕률"이라고 했다.

필립 반 파레이스는 기본소득제는 GDP 15% 수준이면 가능하다고 했다. 스위스는 1인당 GDP가 높은데도 39%를 책정해 국민투표에서 부결되었다.

한국 녹색당은 "2014년 기준 24.3%인 조세부담률을 경제협력개발기구(OECD) 회원국 평균인 34.1%까지 올리면 국민 1인당 매달 기본소득 30만 원을 받는다. 덴마크 수준(48.6%)까지 올리면 매월 60만 원의 기본소득 지급이 가능하다"고 했다. 이재명은 경기도에서 생애주기별로 지급하는 기본소득 100만 원에, 국토보유세로 마련되는 재원으로 1인당 30만 원을 더해 연간 1인당 130만 원의 기본소득을 지급하겠다고 공약했다. 그는 "우리나라 부동산 보유 현황을 보면 개인 10% 정도가 (개인 소유 토지의) 66%를, 갖고 있다. 국내 전체 토지 자산 가격은 6,500조 원 정도인데 여기에 보유세로 내는 게 종합부동산세 2조 원과 재산세 5조 원 정도다. 이것을 15조 원 정도 더 걷게 설계해서 국토보유세를 만든 다음, 이를 오로지 기본소득 목적세 형태로 만들자. 이것을 가지고 전국민에게 연 30만 원씩 기본소득을 지급하자"고 했다. 성남시의 청년배당은 액수가 크지 않고 특정 연령대만 받을 수 있어 '부분 기본소득'이다.

증세

복지 재원으로 증세가 필요하다. 정부의 「2018년 재정정책 보고서」에 따르면 경제 총량인 GDP에 대비한 우리나라 정부의 재정 규모는 2017년 기준 32.5%로 OECD 평균(40.8%)보다 8%p 낮았고, 35개 회원국 가운데 아일랜드(26.1%)에 이어 꼴찌에서 두 번째로 적었다.

2016년 기준 우리나라의 국내총생산(GDP) 대비 복지지출 비중은 10.4%다. 경제협력개발기구(OECD) 소속 국가 중 꼴찌다. 프랑스 31.5%, 핀란드 30.8%, 독일 25.8%, 미국 19.3%이다.

서유럽 국가들의 세금 국민부담률은 약 40~45%(프랑스 50%, 스웨덴 55%)에서 안정된 데 비해, 1970~1980년 세계에서 가장 빈곤한 국가들을 보면, 세수가 국민소득의

■ 도표 7. 복지에 필요한 세율

세   금

50%!

10~15%에 불과하다. 사하라 사막 이남 아프리카 국가들이 그렇다.(토마 피케티, 2014)

사람들은 탈세하고 절세해 모은 돈을 종교단체와 대학에 기부한다. 어려운 이웃을 돕고 어려운 학생에게 장학금을 준다는 명분이다. 기부가 개인에게 자부심을 주고 가정에게 자긍심을 주지만, 정작 이 돈은 정상적으로 쓰이지 않는다. 세금을 정상적으로 내고, 정부가 그 재원으로 필요한 곳에 정상적으로 지출하는 방식으로 전환해야 한다.

2016년 한국 국민부담률은 26.3%이다. OECD 평균의 복지국가로 가려면 1년에 100조 원의 복지증세가 필요하다. 교육, 의료, 주거 무상에 소득 대비 세금 50%의 과세를 받아들여야 한다.(■도표 7 참조)

금융, 임대, 종교인, 자영업자 소득에 대해 증세해야 한다. 김동연 경제부총리는 우리나라의 조세부담률이 OECD 다른 국가들에 비해 낮은 수준으로 증세 여력이 있다며 세입 확충 방안으로 자본이득, 대기업비과세 감면을 축소해야 한다고 했다.

한국의 법인세율은 과표 0~2억 원은 10%, 과표 2~200억 원은 20%, 과표 200억 원 초과에 대해서는 22%였다. 법인세 최고세율은 이명박 정부의 감세 정책에 따라 2008년 25%에서 22%로 인하했다.

2107년 과표소득 3억 원을 초과하는 고소득자와 3,000억 원 넘게 이윤을 남긴 대기업 세율을 다시 25%로 올렸다. 부동산 상위 1%(13만 9,000명)가 가진 주택은 총 90만 6,000채로 평균 6.5채였다. 9년 전 상위 1%가 평균 3.2채를 소유했다. 무주택 가구는 44%였다. 다주택 소유자에 대해 재산세·종합부동산세 등 보유세를 강화해 주택을 실수요자가 갖게 해야 한다. 1968년 종교계 반발로 무산된 종교인 과세는 2018.1.1부터 시작했다. 그러나 종교활동비는 무제한 비과세이다.

복지에는 재원이 필요하다. 그러나 현재의 세제는 소득이 낮은 사람에게 면세하고, 산업에게도 여러 가지로 세제 혜택을 준다.

유럽이 복지국가의 기틀을 만든 시기는 1인당 국내총생산(GDP)이 1만 달러였던 시절이다. 대한민국은 이제 1인당 GDP가 3만 달러를 넘었는데도 복지국가를 만들지 못한 이유는 돈이 없어서가 아니다. 세금을 걷지 못하고 특히 보편적 누진증세를 하지 못했기 때문이다. 현 정부의 부자증세가 부자증세에 그치지 않고 누진증세로 나가야 한다. 보편적 누진증세가 되면 다들 세금을 내기 때문에 탈세에 대한 사회적 지탄 및 재정투명성에 대한 요구도 높아진다.[67] 갑근세 부가가치세 중심의 세제를 벗어나 부유세 법인세 상향 조정한다. 노회찬은 "1990년대 말 28%대였던 법인세가 지금은 22%까지 떨어졌다"면서 "법인세를 다시 원상으로 회복해야 한다"고 했다.

국회 예산정책처 자료에 따르면 2014년 국내 총세수에서 부동산 보유세가 차지하는 비율은 3.2%다. 미국 10.1%, 캐나다 9.7%, 영국 9.6%, 일본 6.4% 등과 비교하면 상대적으로 비중이 낮다.

한국의 보유세 실효세율은 다른 나라에 비해 현저하게 낮다. 2015년 기준 한국의 보유세 실효세율은 0.28%로 미국(1.4%)의 5분의 1에 불과하고, 스웨덴(0.43%), 덴마크(0.69%) 등의 절반 수준이다. 낮은 보유세는 부동산 투기를 부채질해왔다. 부동산 소유세와 임대소득세 개편이 과제이다.

5) 공공부문의 공공성

지구사회의 공공부문

사회성 공공성이 제고되고 공공부문에서 공공성이 향상되고 의료 교육[68] 분야, 대체소득 분야, 이전지출이 증가해 세금이 증가한다. 담세율이 현재의 15%에서 30~40%로 증가한다.(피케티, 2014)

물·전기·가스·공기는 인권이다. 전기는 난방과 냉방을 하는데 사용하기 때문에 인권 사항에 속한다. 특히 어린이와 노인에게 그러하다. 프랑스는 2005년부터 전기·가스를 필수재로 규정하고 '일차 생필품 기본요금'을 도입해 저소득층에게 가족 수에 따라 일정량을 무상공급한다. 정부는 시민에게 오염되지 않은 물을 제공하고, 깨끗한 공기를 마실 권리를 지켜주어야 한다.

물은 인권이다. 기후변화와 오염으로 마실 물이 점점 부족해진다. 물 시장을 지배하

---

67) 김정진, 「보편적 누진증세가 답이다」, 『한겨레』, 2017.7.26.
68) 인천에서 열린 세계교육포럼(WEF)은 세계적인 고교 무상교육을 선언했다.

는 힘은 점점 기업에 집중된다. 물 부족으로 인한 고통은 선진국보다 후진국이, 후진국 안에서도 여성과 아이가 물로 인한 고통을 더 받는다. 물기업은 공개적으로는 물이 공공재라고 말하지만 비공개 회의에서는 가난한 사람들의 물값을 올릴 궁리를 한다. 2001년 프랑스의 수에즈와 베올리아를 비롯한 5대 물 기업의 전 세계의 민영화된 물의 73%를 지배했다. 2025년에 이르면 민간기업에게 물을 공급받는 사람의 비율이 21%에 달할 것으로 예상된다.

대처 정권하의 영국과 보수·혁신 세력 연립 구도의 프랑스·일본 등에서는 재정 부담을 줄이기 위해 국영기업을 민영화했다. 이러한 민영화의 움직임은 사회주의 국가들에도 영향을 주어 동유럽 국가들과 중국도 국영 공장과 기업의 운영을 민간 부문에 넘김으로써 생산성 향상을 꾀하고 있다.

유럽에서는 1970년대 독일을 시작으로 90년대 영국까지 민영화 바람이 불었고, 98년에는 유럽연합(EU) 차원에서 발전·배전·송전 부문별 개별 가격 책정과 도소매 시장 운영 등을 규정한 '자유화 지침'이 만들어지기도 했다. 그러나 5~10년 전부터 재공영화로 회귀하는 움직임이 나타났다. 독일에서 전력 재공영화 흐름이 거센 이유로는 정부가 강력한 신재생에너지 활성화 정책을 추진하고 있다는 점이 꼽힌다. 스웨덴과 라트비아에선 의회가 전력회사 민영화를 저지했고, 헝가리와 핀란드는 정부가 송전사와 발전사 지분을 매입하기도 했다. 라트비아는 아예 법으로 에너지 민영화를 금지했다.

한국사회의 공공부문

공기업은 공공성, 고용, 내수, 민주주의를 높인다. 지주의 독점과 자본의 독점 사이에 지금 있는 만큼 큰 공공영역을 만드는 데에는 많은 사람들의 노력과 희생이 있었다.

공무원은 서민의 어려운 부분을 잘 파악하고 있다. 이들이 공공성의 기준으로 움직이면 공공부문의 공공성이 높아질 것이다. 민의가 공공부문에 반영되는가 하는 문제이다.

공공부문을 보는 시각에는 두 가지가 있다. 그 중 하나로 관료, 기업, 정치인에게 공공부문은 눈먼 돈으로 보인다.

국민연금은 기업지배구조 가이드라인과 중점관리 사안을 제시, 기업지배구조 관련

제도 개선 등의 주주활동을 할 수 있으나 실제로는 그렇지 못했다. 삼성은 이건희 회장의 재산을 이재용에게 상속하는데 국민연금 지분을 찬성률을 높이는데 이용했다.

보건복지부「국민연금 책임투자와 스튜어드십 코드에 관한 연구」는 국민연금이 투자기업에 대해 사외이사·감사위원 후보 추천, 위임장 대결, 주주대표소송 제기 등 적극적인 주주활동을 당부하는 내용을 담았다. 국민의 돈을 대신 맡아 관리하는 국민연금이 가입자의 중장기 이익에 기여하도록 집사(steward) 역할을 강화하는데, 연금자본주의의 시작이다.

2019년 대한항공 주주총회에서 국민연금과 소액주주가 반대해 참석주주 3분의 2의 찬성을 얻지 못한 故 조양호 한진그룹 회장은 사내이사직 연임에 실패하였고 대한항공 최고경영자(CEO)에서 퇴출되었다.

공공의 필요를 충족하는데 그 과정에서 정권, 기업에게 이익을 준다. 공공부문 노동자도 자신들의 이익보호에 치중하는 경향이 있다. 공기업의 상태는 민주주의 수준을 반영한다. 민주주의의 진전에 따라 결국 공공부분의 강화의 방향으로 간다. 대중의 요구와 아울러 공공부문 노동자가 대중의 요구를 잘 알아 이를 반영한 결과이다. 대중에게 신뢰받는 공기업 공공부문으로 우체국, 소방서를 들 수 있다.

공공부문은 누구를 위해 복무하는가? 공공부문은 겉으로는 공공성을 표방하나 실제 자본과 관료에게 유리하게 운영했다. 공기업의 경영진은 전문성보다 정권의 의지대로 낙하산 인사로 이루어진다.

관치금융이 심하다. 금융기관에 정치권 압력이 작용해 부당하게 대출하고 융자금을 회수하지 못하는 경우가 많다. 최근 경영상태가 악화한 조선업계도 정치권의 의사에 따라 은행을 통해 금융을 공급한 경우이다.

금융산업노조는 KDB산업은행과 IBK기업은행의 공기업 지정을 반대했다. 공기업에 지정되면 관치금융과 낙하산 인사에 휘둘린다는 역설의 이유이다.

한국에서는 2000년대 초반 한전 분할매각을 통한 민영화 시도가 논란 끝에 중단됐고, 이후 정부는 발전시장을 사기업에 개방하는 방식으로 민영화를 진행했다. 그 결과 전체 발전설비 가운데 에스케이(SK), 포스코, 지에스(GS) 등 대기업 비중은 23% 수준까지 늘었고, 증설이 예정된 것까지 고려하면 비중이 30%에 가까워진다. 국제공공서비스연구소(PSIRU)의 데이비드 홀 연구위원은 "일단 전력이나 수도가 민영화된 나라는 요금이 비싸다. 기업들은 3% 금리로 자금을 조달하지만, 10~15% 수준의 이익률을 보장받는다. 또 전력 분야가 민영화하면 신재생에너지 확대 등 공공정책을 펴기 어려워진다"며 "한국도 지방정부에 전력과 관련한 권한을 넘기고, 지방정부가 운영 주체로 나서는 노력을 해보는 게 좋을 것 같다"고 말했다.

현재 의료는 사회복지법인이 담당한다. 삼성병원 등이 앞장서 의료민영화를 추진한다. 오히려 무상의료로 의료 공공성을 높여야 한다. 영리병원이 허용된 나라들의 공공의료기관 비중이 대부분 70% 이상인데 한국(5.4%)은 OECD 회원국 중 최하위이다.

삼성 유조선의 태안 기름 유출 사건은 전국에서 수백만 명의 자원봉사자가 기름 제거 작업했다. 삼성이 책임을 지지 않아 사건이 일어난 지 수년이 지났지만 아직도 재판 중이다. 태안 어민의 경제적 정신적 고통이 심하다. 이 경우 천재지변이 아니므로 삼성의 비용으로 작업하고, 그에 따른 고용을 일으켰어야 한다.

공공부문의 공공성을 어떻게 높일까? 공무원노조의 합법화가 공공부문 공공성 향상에 중요한 변수이다. 공무원은 서민의 사정을 잘 안다. 이들이 공공성 기준으로 움직이면 공공부문의 공공성이 높아진다. 공무원노조는 노동3권 중에서 단체행동권은 금지되고, 단결권도 6급 이하로 제한되어 있다. 단체교섭권도 인사, 예산에 해당되는 것은 제한된다. 그런데 정부는 이마저도 인정하지 않는다.

공공부문의 노동자, 공무원도 공공적인 업무가 제도화한 직업으로 본다.

6) 민주주의, 직접민주주의, 전쟁과 평화

지구사회의 민주주의

지구시스템 변화, 기후변화, 해수면 상승, 해양 산성화는 인구 증가, 도시화, 불충분한 환경 보호, 에너지 및 천연자원 사용으로 인해 사람들이 이미 느껴온 스트레스를 증폭시킨다. 토지와 대지가 악화돼 식량 생산 가능 면적이 줄어들고, 물 부족과 수질오염은 개도국을 포함해 전 세계 인구의 건강과 경제성장에 악영향을 미칠 것이다. 인간에 대한 지원 체제 회복은 개인이나 정부, 민간단체 또는 국제기구가 어떻게 협력하느냐에 달려 있다.[69]

민주주의는 개방되어 민주주의가 신장되는 반면 자본이 개입하는 양면성이 있다.

독재는 시민운동을 억제한다. 예를 들어 그린피스에게 나쁜 여론을 덧씌워 탄압한다. 민주주의가 퇴조되면 정치와 사회 혹은 시민 사이의 거리는 점차 멀어지고, 민주주의가 선거제도라는 절차적 제도와 동일하게 될 정도로 위축된다. 다시 민주주의가 확장되도록 하는 방법은 무엇일까?

지구 사회에서 대의체계에는 여러 가지가 있다. 자본주의, 사회주의, 기능적 민주주의 체제는 각기 방법을 달리하여 시민 의사를 반영한다.

미국은 대통령 중심제이다. 대통령이 결단하면 집행하는 대통령 권한이 강한 반면 소수파 의견이 작용하지 못하는 맹점이 있다. 거대 양당 체제 아래 소수당이 발전하지 못했다. 서유럽은 내각제이며 그 근거는 다당제이다. 지배하는 정당이 없는 상태에서 소수당들이 연합해 의석 과반수를 구성하면 내각을 담당하는 구조이다. 그런데 내각제를 운영하는 일본에서는 의원들이 자본을 대변하고 시민을 대변하지 못한다. 1955년 이후 자민당이 짧은 민주당 집권 기간을 제외한 거의 모든 기간을 차지했다. 한국에서 보수당들이 내각제를 주장하며 정의당이 주장한다. 시민들은 일본의 사례를 보면서 지금도 국회의원을 못 믿는데 내각제가 되어 권력을 차지하면 더 자본을 감쌀 것이라며 선뜻 지지하지 못한다.

중국은 1당체제인데 집권세력 안에서는 집단지도체제이다. 중국이라는 거대한 영역 통일과 민생을 안정되게 유지하려는 목적으로 보이지만, 언론과 집회를 엄격하게 통제해 민의를 민주주의로 반영하지 못하는 한계가 있다.

소련은 전체주의 체제를 유지해 단기에는 효율적이었으나 장기적으로는 그렇지 못했다. 시민의사를 반영하고 결집하지 못하면서 끝내 사회주의 체제가 무너졌다.

쿠바는 사회주의 국가로서, 유일한 합법정당인 쿠바 공산당(Partido Comunista de Cuba/PCC)이 집권하는 것은 다른 공산당과 비슷하다. 중앙권력을 분산시켜 지방정부의 권한을 확대해주고, 민간단체들의 활동이 아주 활발해졌으며 지역 내 커뮤니티 문화가 매우 활성화되었다. 사회주의 개혁의 일환으로 추진한 의료보험과 교육정책, 복지를 잘 이루었다.

북한은 미국에 저항하는 세력이 주류가 되어 지도자는 세습하는 체제이다. 미국과

---

69) 미국 국가정보위원회(NIC), 『글로벌 트렌드 2035』, 한울, 2017.

싸우는데 안정된 체제를 유지하려는 목적으로 보인다. 시민 의사가 반영되지 못한다. 민주주의 사회라고 보기 어렵다.

정보화 사회가 되면서 시민의사를 어떻게 직접 반영하는가 하는 직접민주주의 체제를 두고 고민한다. 촛불을 통해 시민 의사를 표출해 박근혜 대통령을 탄핵하고 문재인 정부를 만든 한국에서도 직접민주주의가 중요한 의제이다. 국회가 민의를 제대로 반영하지 못하는 상태라서 그런 고민이 더 많다.

세계를 흔든 주요 민주화 시위이다. 1989년 11월 체코슬로바키아에서 비폭력 민주화 투쟁이었던 '벨벳혁명'이 일어나 공산당 구스타브 후사크 대통령이 사퇴하고 의회는 바츨라브 하벨을 대통령으로 선출했다. 이어 루마니아 니콜라 차우세스쿠 정권이 물러났다. 1986년 2월 필리핀에서 20년간 철권을 휘두른 페르디난도 마르코스 대통령이 부정투표로 재선되지 100만 명이 모여 민주화시위를 벌였다. 결국 마르코스가 사임하고 하와이로 망명했다. 2010년 12월 튀니지 남동부 지방에서 과일 행상을 하던 청년이 단속에 항의해 분신자살했다. 10만 명이 민주화 시위를 벌였다. 23년간 독재하던 벤 알리 대통령이 사임하고 사우디아라비아로 망명했다. '재스민 혁명'으로 '아랍의 봄' 도화선이 되었다. 한편 시리아 민주화 시위는 시민과 아사드 정권의 충돌을 유발하고, 여기에 중동의 인접국가와 세계열강이 참전해 시리아 국제전쟁으로 확대되었다. 조선에서 동학농민혁명이 청일전쟁으로 확대된 것과 비슷하다.

2011년 9월 금융 권력의 최고 정점인 미국 뉴욕 월스트리트 앞에서 다국적 오큐파이 운동이 일어났다. 2014년 9월 홍콩에서 중국 정부에 대항해 '우산혁명'을 일으켰다. 2016~17년 한국에서 촛불시위를 해 병든 민주주의를 고칠 새로운 가능성을 열었다.[70]

2015년 1월 그리스에서 급진좌파 연합정당 시리자가 집권당이 됐다. 얼마 뒤 5월 스페인 지방선거에서도 좌파 정당연합 포데모스 후보들이 바르셀로나와 마드리드 시장 자리를 차지했다.

영국 노동당에서 만년 비주류였던 제러미 코빈이 당권을 장악했다. 코빈은 "토니 블레어가 '새로운 노동당'을 주창한 이후 20년 동안 보수와 손잡은 '제3의 길'을 걸었으며, 복지를 후퇴시켰다"고 노동당의 '신좌파' 노선에 반기를 들었다. 스페인 포데모스

---

70) 엘리사 레위스, 로맹 슬리틴 지음, 임상훈 옮김, 『시민 쿠데타』, 아르테, 2017.

의 약진도 무기력한 사회당에 대한 반발이다. 글로벌 금융위기 때 세계를 휩쓴 월가 점령과 '분노하라' 같은 대중시위가 기성 정치권을 변화시키고 있다.

미국에서는 좌파정치인 버니 샌더스가 민주당에 입당해 대선 경선에서 미국에는 "전국민의료보험이 없고, 유급병가가 없으며, 모성휴가가 없다. 대학 등록금은 세계 최고이며, 수감자 비율은 공산주의 중국보다 더 많다. 선진국 중 불평등 정도가 가장 심하다. 주당 40시간을 일한다면 당연히 가난하게 살지 않아야 한다. 시간당 최소 15달러의 생활임금을 지급해야 한다"고 했다. 비록 힐러리에게 패배했으나 늙은 미국 사회에 희망을 제시했다.

이들 좌파 바람의 공통점은 '우경화된 진보'에 대한 반란이다. 좌파 정치인들은 보수파 지지층을 끌어오기보다는 중도·좌파 지지자나 무당파의 표심을 움직이고 있다. 샌더스 현상은 중도를 지향하며 월가와 실리콘밸리의 신진자본과 결탁해온 민주당의 우편향에 대한 반발이다.

직접민주주의

기존 민주주의는 엘리트 중심이며 대중 의사가 정치에 잘 전달되지 않거나 시간이 걸린다. 1968년 5월혁명 당시에 이미 '선거는 속보이는 계략'이라는 구호가 등장했다.

우리는 끊임없이 스마트폰을 통해 다양한 정보를 접하면서 보고, 읽고, 느끼고, 행동한다. 그리고 소셜 네트워크 서비스에 바로 반응한다. 하지만 한 번 선거를 치르고 나면 다음 선거까지 4~5년 동안 우리는 공적 대화에 참여할 모든 실제적 능력을 박탈당한다. 우리는 정기적으로 대표를 뽑지만, 선거가 끝나면 대표들은 완전히 배제된 채로 다음 선거만을 기다린다. 이제는 두 선거철 사이에 놓인 시간 속에서도 지속적이고 힘을 발휘할 수 있게 하는 도구와 장치를 상상하는 방향으로 창조성을 자극하고 격려, 고무할 때이다.

프랑스의 '열린 민주주의(Démocritie Ouverte)'는 시민들과 창업 기업인들, 학자들, 정치인들을 한자리에 불러 모아 정치활동을 심도 있게 재건하려 한다. '사적민주주의포럼(Personal Democracy Forum France)'은 정치와 기술 분야를 움직일 수 있게 하는 사람들을 모았다. '세계민주주의포럼(Forum mondial de la démocratie)'은 해마다 3,000명이 넘는 활동가, 언론인, 정치가가 모여 토론한다.

이러한 새로운 민주주의 활동은 카우치서핑(couchsurfing, 여행 숙박 공유)·카풀링(carpooling, 자동차 함께 타기) 등과 같은 소비분야, 코워킹(coworking, 공동 작업 공간)·콜로케이션(colocation, 공동임대)·참여주거와 같은 생활 방식 분야, 크라우드 펀딩·지역화폐와 같은 경제 분야, 위키피디아·무크(MOOC, 온라인 공개 수업) 등과 같은 교육-지식 분야, 직거래 운동·텃밭 나눔운동과 같은 식생활 분야, 팹랩(Fab lap, 고가 장비 공유 프로젝트)·DIY 같은 생산 분야 등 사회 경제 전 분야에 걸쳐 부상하고, 협력 모델의 역동성에 근거해 삶을 바꿔나간다. 이런 시도들은 각종 제도권의 출입문을 틀어쥐고 있는 '문고리' 역할, 특히 정치, 각종 조합, 언론계 권력을 무력화시킨다.

이러한 운동은 P2P(Peer-to-peer, 사용자 직접 연결) 교환에 근거해서 소비자와 생산자 사이의 경계를 허물며 중앙의 권위를 없앤다. '협업사회'는 갑을관계에 근거한 전통적 직업 분할과 제도권의 수직적 계급화에 의문을 제기하며, 많은 민주적 혁신이 뿌리를 잘 내리도록 밑거름이 되어준다.

인터넷은 지금까지 정치참여를 저해하는 다양한 장애물을 충분히 잘 제거하고, 또한 새로운 결집의 형태를 발전시키고, 집단 지성의 과정을 가능하게 했다.

협동과 디지털혁명은 그 자체로는 좋은 것도 나쁜 것도 아니다. 그것으로 무엇을 하느냐에 달렸다. 2011년 아랍의 봄에서는 소셜 미디어가 중요한 역할을 했으나 2016년 미국 대선에서는 거짓말 뉴스가 판을 쳤다. 민주주의를 위한 약속은 기술 도구와 테크놀로지에 있다기보다 새로운 형식의 구성과 사회활동에서 찾아야 한다. 우리는 분명히 정치제도의 긴 역사에서 새로운 시대의 시작점에 와 있다.

시민이 정당을 믿지 않고, 투표소로 향하지 않는 것은 그들이 공적인 삶에 관심이 없어서가 아니다. 시민의 열망을 분출할 출구를 찾지 못해서이다. 기존 정당들이 사망했다면 새로운 이념과 젊은 피를 정치 안으로 수혈하는 노력을 보자.(엘리사 레위스, 2017 참조)

2008년 월스트리트를 점령한 오큐파이, M15는 저항운동이고, 포데모스는 집권을 목표로 한 운동이다.

스웨덴에서 시작한 해적당(Pirate Party)은 자유로운 정보 공유와 개인 프라이버시권 보호, 표현의 자유, 정보 공유뿐 아니라 기본 소득 개선이나 마약 합법화까지 고루 의제를 삼아 디지털에서 토론하고 다수 의견을 만들었다. 해적당의 해커는 악마는 디테일에 있다며, 시스템에 들어가 시스템을 분석하고 그 핵심을 대중에게 누설한다. 2006년 IT 사업가인 리카드 팔크빙에(Rickard Falkvinge)가 해적당 홈페이지를 개설하고 지적 재산권 제한과 프라이버시 보호를 중시하는 정당 설립을 위한 서명을 받아, 정당 승인을 받았다. 2009년 스웨덴 해적당은 유럽의회 선거에서 7% 이상을 득표해 의석 두 자리를 확보했다. 이어 오스트리아, 독일, 영국, 네덜란드, 미국, 아이슬란드, 캐나다, 그리스, 스페인 등에서 해적당을 설립했다. 2016년 아이슬란드 총선에서 해적당은 10석을 차지했다.

독일 해적당원은 액체민주주의 제도 발전과 효과적 실행을 돕기 위해 오픈 소스 도구인 '리퀴드 피드백(Liquid Feedback)'을 개발했다. 플랫폼에 가입하고 투표 자격을 갖춘 사람은 투표권을 위임할 수도 있고 직접 투표할 수도 있다. 다음 단계로 선출된 대표들이 네트워크상에서 이뤄진 합의를 바탕으로 리퀴드 피드백을 이용해 상시 결정한다. 많은 활동가들은 액체 민주주의 미래가 블록체인(Blockchain)이라는 신기술 개발에 달려있다고 한다. 블록체인은 온라인상의 모든 데이터를 중간 매개체 없이 저장하는 기술이다. 다시 말해 중앙 관리자 없이 각 사용자가 체인이 만들어진 이후 실행된 모든 거래기록을 보관한다. 따라서 저장된 데이터는 조작 불가능하다. 왜냐하면 조작하려면 사용자가 보유한 체인에 연결된 모든 블록을 수정해야 하기 때문이다. 미래에는 블록체인을 이용해 대규모 안전한 투표가 가능하다.[71]

직접민주주의의 전도사라고 불리는 브루노 카우프만은 직접민주주의는 시민과 선출직 대표의 대화라고 했다. 스위스 국민은 최소 10만 명 지지를 받으면 '시민 발의 국민투표'를 실시해 헌법을 개정할 권리를 가져왔다. 스위스는 기본소득제 도입은 국민투표에서 부결됐고, 상장기업 임원 연봉규제는 가결됐다.

추첨 민주주의는 아이슬란드나 에스토니아 같은 인구가 작은 나라에서 시행한다. 아이슬란드 헌법 개정을 주도했던 토르바두르 길팔손에 따르면 서구 민주주의 국가들은 인터넷이 충분히 발달되었으며 대규모 전자 시스템을 운용할 능력을 갖추었다. 시민 추첨은 인구가 35만 명인 나라에서나 6천만 명인 나라에서나 모두 적용할 수 있다. 2013년 아일랜드에서는 추첨으로 선발된 66명의 일반시민과 아일랜드 공화국 및 북아

---

71) 마르틴 호이즐러, 장혜경 옮김, 『해적당』, 로도스출판사, 2012.

일랜드 정치인 33명으로 구성된 의회가 여성들이 가사에만 전념해야 한다는 조항과 신성모독 처벌 조항에 관련된 국민투표를 제안했다. 한국 녹색당은 대의원을 추첨으로 뽑는다.

프랑스에서는 기자, 봉급생활자 또는 독자 등 소액 기부자들이 뭉쳐 언론 매체에 투자하자는 아이디어를 받아 리베라시옹 출신 기자 9명이 온라인 신문 레주르를 창간했다. 이들은 정치 자본 권력에서 독립돼 다른 목소리를 낸다.

정부나 사기업에 근무하는 사람이 많은 정보를 내부고발로 드러냈다. 내부 고발자들은 권력 견제자로 급부상하는 시민 권력을 예상한다. 위키리크스가 여기에 해당한다.

시민이 지방 정부 재정 사이트에 축적된 자료를 분석해 공공 자본과 예산을 감시하고 재검증한다. 이 데이터 저널리즘이라고 부르는 새로운 유형의 저널리즘은 다양한 그래프와 명쾌한 해설을 곁들여 복잡한 사건과 상황을 분명하게 설명한다.

디지털과 소외 계층이 결합한다. 브라지 뮤리오라는 단체가 리우데자네이루 도시 빈민가 주민을 지원하기 위해 디지털 서비스를 개발하고, 거기서 주민이 요구하는 주차장이든 대중교통이든 의견을 교환하고 행동하거나 지역구 의원에게 요구사항을 쉽게 전달한다.

박원순 서울시장은 2011년 서울시 나눔 프로젝트를 추진했다. 서울시는 스타트업 업체와 일반 시민들이 시 당국의 공개된 공공 데이터를 활용해 사회적·경제적 목적의 협력 애플리케이션을 개발해, 주차 공간 공유 서비스, 빈방 임대, 아동 의류 교환, 노인-대학생 룸셰어링 등을 지원한다.

스페인에서 2011년 지방선거를 앞두고 '진짜 민주주의를 돌려달라'며 광장으로 모였다. 5월(May) 15일을 뜻하는 '15M 운동'이라 불렀다. 15M 운동은 인터넷을 기반으로 해 강제퇴거를 막거나, 공교육에 대한 지출 삭감을 반대하고, 의료민영화를 반대하는 운동 등을 전개했다. 그러나 이런 운동에 정치권은 철저히 무관심했다. 이러한 한계를 극복하고 실질적인 영향력을 행사하기 위해 시민운동이 정당과 연계를 가지려 '아호라 마드리드'를 만들어, 인터넷에 플랫폼을 구축하고 이 플랫폼을 활용해 선거 후보자와 주장할 정책을 결정하는 작업을 했다. 이러한 실험은 큰 반향을 일으켜 지방선거에서 시장을 배출하고, 57석의 시의원 중 20석을 차지했다.[72]

직접 민주주의를 바탕으로 지구, 광역국가, 국가, 지역과 도시가 민주주의적이고 동등하게 작용하도록 구성한다.

한국에서 2017년 2030세대가 창당한 '우리미래'(미래당, 대표 김소희)는 청년들이 현실에서 부딪치는 문제를 중심으로 접근한다. 청년 정당인 '우리미래'는 스타성 있는 인물을 등용한 기존 정당과 달리 청년들이 각 지역에서 매주 모임을 열고 거기서 논의된 안건을 전국 운영위원회에서 공유한다. 폴리마켓이라는 온라인 플랫폼을 운영한다. 당원은 정책 시안을 제시하면 숙의 후 온라인 당원투표를 거쳐 정당 정책으로 개발된다. 우리미래는 공직선거 기탁금은 청년이 감당하기 어렵다며 청년기본법을 제정해 청년 정치 활동을 지원해야 한다고 한다.[73]

김종철은 기존 정당정치와 대의제 민주주의가 파탄난 상태에서 입법부, 행정부, 사법부외의 제4부로 시민회의를 두어, 무작위 추첨으로 구성된 시민의회가 국회와 정부가 하는 일을 감시·통제·평가하자고 한다.

문재인 정부는 신고리 원전 5·6호기를 전국 평범한 시민 500명이 제비뽑기 형식으로 선정되어 석달간의 숙고와 토론을 거쳐 공사를 재개하기로 한 숙의민주주의를 도입했다. 신고리 5·6호기 공사 재개 여부에 대해 '신고리 5·6호기 공론화위원회'를 설치해 토론하고 여론을 조사했다. 남녀 526명을 상대로 설문조사를 진행한 결과 유보층을 제외하고 건설 중단과 건설재개 응답만을 100%로 환산하면 중단과 재개 응답은 각각 50.3%, 49.7%로 초박빙의 격차(0.6%p)를 보였다. 정부는 이를 근거로 공사 재개하기로 결정했다. 반면 영리병원법인인 녹지국제병원에 대해 공론조사위원회가 개설 불허를 권고했으나, 원희룡 제주도지사는 이를 무시하고 개설을 허가했다. 그러나 개원 시점에 개원하지 않아 허가를 취소했다.

경제사회노동위원회(경사노위) 등 사회적 합의기구도 넓게 보아 직접민주주의 범주에 들어간다.

전쟁과 평화

세계에서 전쟁이 끊임없이 일어난다. 지금도 아프가니스탄, 이스라엘과 팔레스타인, 시리아, 예멘, 소말리아, 시리아를 비롯한 아랍지역에서 전쟁이 진행 중이다. 한반도

---

72) 박주민, 「시민정치 참여, 마드리드에서 배워라」 『한겨레』, 2016.1.20.
73) 「김소희 우리미래 대표 인터뷰」, 『고대신문』, 2017.11.27.

에서는 6.25전쟁이 아직 종전되지 않았다. 전쟁을 막는 노력과 지혜가 인류의 최대 과제이다. 1928년 영국 미국 프랑스 등 15개국은 전쟁을 금지하는 부전조약(켈로그 브리앙조약)을 맺었다. 1936년 이 조약에 국제연맹보다도 많은 63개국이 참가했다. UN 헌장 제2조에서 같은 내용을 규정하고 있다.

지미 카터 전 미국대통령은 팔레스타인 국가를 인정하자고 했다. EU의 광역공동체가 역내 전쟁을 막는데 유력한 대안이다. 그러나 EU 구성 국가들이 위의 전쟁에 개입하는 것처럼 이것도 EU 울타리 밖으로 넘어갈 경우 무력하다.

한국군은 베트남전쟁에서 베트남 민간인을 학살했다. 한국·베트남평화재단은 베트남전 한국군 전투부대(청룡·맹호·백마부대)가 주둔한 5개 성(꽝남성, 꽝응아이성, 빈딘성, 카인호아성, 푸옌성)에서 한국군이 학살한 민간인 수를 9천 명 이상으로 보고 있다. 1968년 꽝남성 퐁넛마을에서 민간인 74명(추정)이 사망하고, 꽝남성 하미마을에서 민간인 135명(추정)이 사망했다.[74] 2001년 김대중 대통령이 "본의 아니게 베트남인들에게 고통 준 것을 미안하게 생각"한다며 사과했다. 노무현, 문재인 대통령도 유감의 뜻을 표했다. 2018년 민변과 한국-베트남평화재단 등은 '민간인학살 진상규명을 위한 시민평화법정'을 열었다. 평화법정은 정부 차원의 피해조사와 소멸시효의 배제, 베트남 국민의 국가배상권 인정이 과제이다. 일본 강점기 징용 피해자들이 일본 전범기업을 상대로 일본 법원에 낸 소송에서 승소했다.

한국사회의 민주주의

정부 정책은 공약을 실현하는 방향으로 간다. 공약은 투표를 통해 결정된다. 시민의 복지가 기득권층의 이익을 넘는 방향으로 간다. 사회적 정부이다.

1995년 본격적인 지방자치 시대가 열린 후 지난 20년간 자치제도 기반이 다져지고 주민생활여건이 개선된 것으로 평가됐다. 반면 지방자치가 여전히 중앙정부 의존적이고, 행정개혁 등에서는 주민의 기대수준에 미치지 못하는 것으로 나타났다.

2015년 행정자치부 '지방자치 20년 평가'에 따르면 제도적으로는 주민투표·주민소환·주민소송 등이 도입돼 주민 직접참여의 기반이 마련됐다. 지방의 입법 활동도

---

74) 김선식 외, 「1968 꽝남대학살 위령비로 가는 길」, 『한겨레21』, 2018.1.19.

■ 도표 8. 전태일, 『내 죽음을 헛되이 말라』(돌베개, 1988) 표지. 그의 흉상이 서울 청계8가 전태일 다리에 있다.

활발해져, 조례 수가 1995년 3만 358개에서 2014년 6만 3,476개로 늘었다. 여성 지방의원 수도 1995년 175명에서 지난해 839명으로 약 4.8배 증가했다. 하지만 중앙과 지방의 재원 배분이 8 대 2에 달해 지자체의 중앙정부 의존이 갈수록 심화하고 있다. 재정자립도는 1995년 63.5%에서 50.3%(종전 기준 적용)로 하락했다.

노동자 평등, 여성, 소수자, 이주민, 약자 권리를 신장시킨다. 여성 지위는 점차 상승되고 고등 교육을 받은 여성이 늘어나면서 여성 권리와 주장이 관철된다. 최근 여성 구매력이 남성보다 월등히 높다.

유엔 사회권위원회는 한국에게 차별금지법을 제정하라고 권고했다. 차별금지 사유는 성별, 종교, 장애, 나이, 사회적 신분, 출신 지역, 출신 국가, 출신 민족, 용모 등 신체조건, 혼인 여부, 임신 또는 출산, 가족 형태 또는 가족 상황, 인종, 피부색, 사상 또는 정치적 의견, 형의 효력이 실효된 전과, 성적 지향, 학력 및 병력 등이다. 일부 종교 세력이 반대하는 바람에 성적지향, 학력, 출신국가 등이 차별금지 사유에서 빠져 금지법 제정이 늦어졌다. 결국은 모든 사람에게 기회가 균등한 사회가 되어야 한다.(도표 8 참조)

여성의 정치 참여가 늘어난다. 여야 각 정당은 각종 선거에서 여성에게 후보 30% 할당을 당헌에 규정했다. 2018년 제정한 일본의 「정치 분야에서의 남녀 공동 참가 추진법」은 공직 선거에서 남녀 후보자 수를 균등하게 하기 위해 정당과 정치단체가 노력하기로 규정했다.

한국은 만 19세에 투표권을 주는데, 이를 만 18세로 낮춰야 한다. 법에서 정한 나이 기준은 취업 15세, 결혼·공무원 시험·지원 입대·운전면허 취득은 18세이고, 선거권은 19세 이상이다. OECD 국가 가운데 19살 이상을 선거연령으로 정한 나라는 한국뿐이다. 16세는 오스트리아 1개국이고, 18세는 그리스 등 32개국이다.

프랑스의 마크롱 대통령은 39세에, 아일랜드 버라드커 총리는 38세에, 오스트리아 쿠르츠 총리는 31세에, 뉴질랜드 아던 총리는 37세에 그 나라 최고위 공직에 올랐다. 이들의 공통점은 어느 날 갑자기 '혜성과 같이' 등장한 정치인이 아니라, 10대 때부터 정당을 통해 길러진 훈련된 정치인이다. 이것은 이들 나라의 투표연령이 낮고 청년에 정치에 참여하고 반영되는 장치가 있기 때문이다.

한국은 현재 18세가 되면 병역법상 군 입대가 가능하고, 국가공무원법상 공무원 시험에 응시할 수 있으며, 민법상 부모 허락 없이 결혼할 수 있으며, 운전면허를 취득할 수 있다. 2016년 촛불에 청소년이 많이 참석해 자신의 의사를 표명했고, 청소년은 선거 연령을 내리라고 요구했다.[75] 해당 인구는 60만 명이다. 2017년 정이수 헌법재판소장 후보자는 중등교육 마칠 연령의 국민은 독자적인 정치적 판단 능력 있어, 18세 투표권 제한은 선거권 침해라고 했다.

2017년 신고리 원전 건설 재개 여부를 놓고 찬반이 모여 2박3일 동안 토론했다. 찬성이 미세하게 우세해 정부는 신고리원전 공사를 계속하기로 했다. 이에 대해 나름대로 공론화 과정이 성공적이었다는 견해와 원전마피아의 조직적인 여론 작업이 먹혔다는 상반된 평가가 있다.

아일랜드는 2016년 총선에서 핵심 이슈로 부상한 낙태 등 다섯 가지 헌법 조항을 다룰 시민의회를 운영한다. 시민의회는 구성원 100명을 지역, 성, 연령, 사회적 계층 등과 같은 인구통계학적 특성에 비추어 추첨으로 선발했고, 의장만 대법원 판사를 임명했다. 시민의회는 매달 첫 주 1박 2일로 개최한다. 전문가의 비공개 섹션을 제외한 모든 과정이 시민의회 누리집을 통해 생중계되고 모든 문서는 무료로 열람한다.

2015년 성남시에 장기부실채권을 사들여 채무자들의 빚을 깎아주거나 탕감해주는 '주빌리 은행'이 출범했다. 주빌리 은행은 예금과 대출업무를 하는 것이 아니라 장기 연체자의 악성채권을 매입한다. 악성채권은 대개 대부업체에게 1~10%에 거래되며 금융가치를 잃었다. 주빌리 은행은 채무자에게 원금의 7%만 상환하도록 하고 저신용자를 정상적인 경제활동인구로 유입시키는 역할을 한다.

---

75) 청소년참정권을 지지하는 청소년지원현장 활동가들, 「선거 연령 하향하라!」, 2018.04.25.

촛불혁명

한국 현대사에서 시민이 승리할 여러 기회가 있었다. 첫째, 해방 직후에는 애국 세력이 친탁 반탁으로 나뉘어 분열하는 사이에 이승만이 친일파와 손잡고 권력을 장악했다. 둘째, 4.19혁명 직후에는 민주당이 신·구파로 나뉘어 반목하는 사이에 군인 박정희가 쿠데타를 일으켜 권력을 군사통치, 유신통치를 했다. 셋째, 1979년 박정희가 죽고 난 뒤 '서울의 봄'은 전두환 쿠데타로 군부통치가 이어졌다. 넷째, 1987년 민주대항쟁으로 전두환 독재를 물리쳤으나 직선제에 그쳤다. 2016년 박근혜-최순실 사태가 다섯 번째 기회였다.[76]

한국사회는 군사독재를 물리치고 절차적 민주주의를 이루었다. 민주화 뒤에는 사적인 이익은 커졌으나 공공의 이익은 오히려 약화되었다. 이것은 재벌, 초국적 자본의 이익을 커지고 노동자의 이익은 위축되는 현상으로 나타났다. 이와 비슷하게 마이클 샌델은 미국 민주주의에서 발생하는 문제점은 공공의 이익을 중시하는 민주주의 원래의 의미를 잃어버리고 지나치게 개인의 자유를 강조하는 방향으로 흘러왔다고 미국 자유주의를 비판하고 새로운 '공화주의' 논쟁이 필요하다고 말했다.[77]

2016, 17년 박근혜-최순실의 국정농단에 시민들이 광화문 등에서 180일 동안 1,700만 명이 촛불 시위해 박근혜를 탄핵 구속시켰다. 시민이 주체였다. 여론조사에 따르면 스스로 진보성향 39%, 중도층 19.4%, 보수층 17.3%였다. 시종일관 비폭력 평화시위였다.[78] 법원의 청와대 앞 행진허가와 박원순 서울시장이 물대포에 물을 공급하지 않은 협력이 있었다. 촛불집회는 위로와 치유, 흥겨운 축제였다. "대한민국은 민주공화국이다", "어둠은 빛을 이길 수 없다" 등의 노래가 참가자에게 감동을 일으켰다. 박근혜 정권이 무너져 촛불혁명은 승리로 귀결되었다. 인터넷을 이용한 시민 미디어가 촛불혁명 진행에 기여했다. 시민 정치의식이 향상돼 정치인이라도 하나의 시민으로 참여했다.[79] 이 시위에는 포세이돈과 같은 신적인 지도자도 없었고, 키케로와 같은 정치가도

76) 이정우, 「백성이 근본이다」, 『경향신문』, 2016.11.12.
77) 마이클 샌델, 안규남 역, 『민주주의의 불만: 무엇이 민주주의를 뒤흔들고 있는가』, 동녘, 2012.
78) 에리카 체노웨스 연구에 따르면, 저항운동에서 지속적으로 참여한 사람들이 인구의 3.5%를 넘은 '모든' 저항운동은 성공했고 다 비폭력적이었다. 세스 마블 등의 연구에 따르면 13.4%의 사람이 굳건한 신념을 가지고 노력하면 사회 전체가 변하게 할 수 있다고 했다.(김범준, 「시민저항, 비폭력이 폭력보다 강하다」, 『한겨레』, 2017.12.29)
79) 박석운, 「독일 프리드리히 에버트 재단이 한국 '촛불 시민'에게 준 2017년 인권상 대리 수상 인사말」, 2017.12.6.

없었고, 카이사르와 같은 조직가도 없었다. 그러나 카이사르가 말한 절제와 인내와 자발적인 규율의 힘을 보여주었다. 매체의 발달에 따른 광화문의 광장보다 더 일상적인 광장으로 자리 잡은 SNS 공간 덕분이다.[80] 박근혜 정권의 적폐를 청산하고 사람이 사람답게 사는 세상을 향해 촛불혁명은 의회와 광장에서 제도를 개선하며 계속된다.

한국 촛불혁명이 체코슬로바키아 벨벳혁명과 비슷하다고 한다. 벨벳혁명은 지난 1989년 체코의 공산정권 붕괴를 불러온 시민혁명이다. '벨벳혁명'을 경험한 미카엘 잔토프스키 체코 하벨도서관장과 리베르토 바우티스타 세계시민사회단체연합(CoNGO) 전 의장은 "체코의 벨벳혁명과 한국의 촛불혁명은 모두 개인들의 의식이 변화하고 이들이 실천해 사회적·정치적 변화를 끌어낸 사건이다. 두려움과 공포심에 눌려있는 사람들이 정치적 주체로 나서고 실천으로 나서는 과정에 주목해야 한다"고 했다. 바우티스타 전 의장은 "NGO라는 비정부기구는 국가라는 범위를 넘어서는 역할을 할 수 있다"면서 "촛불혁명과 벨벳혁명에서 나타난 것처럼 시민사회의 역할이 매우 중요하다"고 말했다. 외신은 촛불혁명 이후가 부패, 정경유착의 정치권력과 재벌을 개혁할 절호의 기회라고 했다.

손호철 교수는 "촛불혁명의 원인을 분석하며 87년 체제가 우리에게 정치적 자유를 주었다면 97년 체제는 우리에게 경제적인 불안을 주었다. 촛불혁명 이후 신자유주의를 벗어나 복지자본주의의 2017년 체제로 가야한다"고 했다.[81]

이이화는 "프랑스 혁명은 봉건적 신분제와 토지제도를 근본적으로 무너뜨렸다. 조선 봉건체제를 떠받친 2대 지주는 신분제와 지주-전호제였다. 1801년 관노비 3만 7천여 명을 해방했지만 늘어난 양민을 부양할 장치도 기회도 없었다. 그 핵심은 토지였다. 이 문제를 해결하려는 동학혁명은 문벌세력과 일본 등 외세가 막았다. 우리는 20세기 중반에 토지개혁에 손댈 수 있었다. 촛불시민혁명은 이루지 못한 근대시민혁명을 잇는 것"이라고 했다.[82]

강신준 교수는 "독일 사민당은 1863년 창당 이래 사회 모순의 원인을 자본주의에서 찾아 '노동해방'과 '민주화'를 약속하고 꾸준히 실천해왔다. 미국은 유진 뎁스가 1897년

---

80) 안재원, 「전쟁의 승패, 용기보다는 인내와 규율이 더 결정적이다」, 『경향신문』, 2017.3.25.
81) 손호철, 『촛불혁명과 2017년 체제-박정희, 87년, 97년 체제를 넘어서』, 서강대학교 출판부, 2017.
82) 이이화, 『민란의 시대』, 한겨레출판, 2017.

미국 사회민주당을 창당했으나 사회주의는 2016년 미국 대선에서 샌더스에게서 다시 터져 나왔다. 한국은 4.19가 반세기를 거쳐 촛불혁명으로 건너뛰었다. 이것을 연결하고 실천할 조직과 약속을 기다린다"고 했다.[83]

정부

2013년 대검찰청, 경찰청, 고용노동부 등이 사회운동에 대응하기 위해 사회갈등조정협의체를 출범했다. 이 기구는 전국과 지방에 있다. 이는 지역공안대책협의회가 이름만 바뀐 것이다. 사회갈등협의체는 2013년 2월부터 8월 사이에 29회 회의를 했는데 85%가 집회와 시위에 대한 대응방안 모색이었다. 비노동 안건은 염산누출사고, 화학물질누출사고, 의사협회 집단 휴업 논의 등 3건뿐이었다. 협의체 회의 안건에서도 나타났듯이 집회나 시위만 없으면 사회갈등이 사라질 것이라는 법무부의 '공안통치' 사고방식은 달라지지 않았다.

노동조합 농민조합 농민회 등이 발달했지만 조합원의 이익을 챙기는 조합주의의 한계에 머무른다. 민주-진보정당이 이 문제의 해결을 표방하지만 민주당은 의지가, 진보정당은 실행의사가 약하다. 기업의 사회적 책임, 조세와 복지, 협동조합, 공공부문의 가치와 비중이 커졌다.

4.3사건 뒤 여순사건을 기화로 1948년 국가보안법을 제정해 사람을 생각을 이적행위로 판결해 옥죄는 역할을 했다. 이와 비슷하게 중국 국가보안법, 말레이시아 국내보안법(ISA), 태국 내부보안법 등이 있다. 이것은 민주주의를 억압하는데 조자룡 헌 칼 쓰듯 쓰인다. 홍콩 시민은 범죄인 인도 법안이 반체제 인사나 인권운동가를 중국 본토에 송환하는 데 악용될 수 있다며 격렬하게 반대하고 있다.

2004년 국가보안법 대체입법안이 국회에 상정됐는데 부결되었다. 통진당을 해산하는데 국가보안법을 적용했다. 헌법에서 규정한 정치활동의 자유를 하위법인 국가보안법을 적용해, 국가보안법은 이면헌법으로 작용했다.[84]

김성돈 교수는 국가폭력은 헌법 위반이므로 공소시효가 적용되지 않는다며, 광주학살의 최종 책임자인 전두환을 다시 법정에 세울 수 있다고 주장했다.[85]

83) 강신준, 「샌더스와 데브스, 촛불과 4.19혁명」, 『한겨레』, 2017.1.16.
84) 장은주, 「'이면헌법'을 없애는 두 개의 길」, 『경향신문』, 2018.2.19.

박근혜 정부에 들어와 친일세력이 강화되었다. 역사교과서를 친일세력을 미화하는 방향으로 국정화하려 했다. 이승만에 의한 1948년 8.15 정부 수립일을 건국절로 바꾸려 했다.

입법과 헌법에서 기본권을 신장한다. 사회적 특수계급을 인정하지 않는다는 제11조 2항을 넘어 빈부 격차에 따른 실질적 경제계급을 없애도록 노력해야 한다는 조항을 넣어야 한다. 언론·출판은 타인의 명예나 권리 또는 공중도덕이나 사회윤리를 침해해서는 안 된다는 제21조 4항은 공익을 위한 알 권리를 보완 강화해야 한다.[86]

법원, 검찰, 경찰

법원은 사회의 세력관계를 반영해 판결한다. 유전무죄 무전유죄(有錢無罪 無錢有罪)라는 말이 있다. 1975.4.9 인혁당 사건의 사법살인에서 보듯이 실사구시하는 재판을 하지 못하는 경우가 많다. 그러나 재판을 둘러싼 논쟁, 투쟁 특히 시민의 의식 변화에 따라 보수성을 띤 법원 판결도 역행을 지속할 수 없고,[87] 고칠 수 없는 법률은 없게 된다.

대법원 판결은 하급심에 바로 영향을 미치는데 문제의 심각성이 더하다. 강진구 경향신문 논설위원의 1990년 이후 25년간 쟁의행위 관련사건 분석에 따르면, 408건 중 파업 정당성을 인정한 것은 59건(14.5%)에 불과했고 경영상 위기로 인한 정리해고 경우 139건 중 97건(71.3%)가 정당하다고 판결했다. 쟁의행위는 10건 중 8건 이상, 정리해고는 7건 이상이 사용자 편을 든 판결이 이뤄졌다. 대법원은 일반의지가 아니라 특수의지를 대변하는 기구로 변질됐다.[88]

법원의 오심 중에서 진보당 조봉암 사형판결, 인혁당 사건의 사형 판결이 유명하다. 인혁당 사건은 세계적으로 사법 살인이라고 했으며 뒤에 재심해 무죄판결을 받았다. 이는 조봉암 진보당 당수 사형, 1961년 조용수 민족일보 사장 사형 사건과 더불어 해방 후 3대 사법살인 사건으로 손꼽힌다.

---

85) 김성돈,「국가폭력과 형법」, 법조협회,『법조』, 2018.10.
86) 차병직·윤재왕·윤지영,『지금 다시, 헌법』, 로고폴리스, 2017.
87) 박형남, 재판으로 본 세계사, 휴머니스트, 2018.
88) 강진구,「2015 호루라기 부는 날-제4회 호루라기 시상식」, 2015.12.3.

사건은 많고 판사 수는 적고 재판은 부실하다. 판사는 인구 10만 명당 2.88명이다. 패소한 노동자들은 판사가 시간이 없어 충분한 심리를 하지 못해 기각한 것 같다고 한다. 1심법원에서는 5분 재판, 10분 재판이 일상이고 2심법원은 1심법원에서 안 하고 왜 여기서 이러냐고 면박을 준다. 3심법원은 중요한 사건을 골라서 처리하고 나머지는 심리불속행 기각한다. 판사수를 늘리든, 재판 속도를 늦추든 1심 재판을 강화해야 한다. 하지만 대법원은 상고법원을 만들고 항고 사건을 처리하고, 대법원 판사 수를 늘리지 않아 희소성을 유지하려 했다.

일제 강제징용 피해자들이 미쓰비시중공업, 신일철주금, 후지코시 등 일본 전범기업을 상대로 손해배상을 청구했다. 미쓰비시중공업 사건은 2007년, 2009년 1, 2심에서 원고가 패소했지만 2012년 대법원이 원고 승소 취지로 파기환송했다. 이에 2013년 부산고법은 피고가 피해자 1인당 8,000만 원을 배상해야 한다고 판결했다. 이후 피고측 상고로 대법원에 사건이 올라왔다.

정부는 1965년 체결한 한일 청구권 협정의 정당성을 유지하기 위해 재판에 개입했다. 박근혜 대통령은 모리 요시로 전 총리 등이 속한 '한일현인 회의'의 "일제 강제징용 피해자 소송 판결을 방치해선 안 된다. 한일 관계가 파탄 날 것"이라는 경고를 받아들여, 2015년 12월 이른바 "최종적이고 불가역적'이라는 한·일 위안부 합의가 나온 뒤" 징용배상 판결이 확정되면 나라 망신이라며 일본 전범기업의 배상 책임을 인정한 대법원 판례를 뒤집거나 최대한 늦추라고 주문했다. 대법원은 재판 당사자가 아닌 외교부가 재판에 개입할 수 있도록 관련 규칙을 바꾸고, 외교부는 "일본과의 외교 관계를 고려해야 한다"는 민원을 대법원에 전달했다. 이에 법원행정처는 "외교부를 배려해 절차적 만족감을 주자"라고 제안하면서 '법관의 해외 파견과 고위 법관 의전'을 요구했다. 피고 대리 김&장은 2016년 외교부에 의견서를 요청했고, 외교부는 "피해자들이 한국 내 일본 기업들 재산을 압류하는 극단적 상황을 맞을 수도 있으며 양국 관계는 파국으로 치달을 가능성이 있다"는 의견서를 대법원에 제출했다. 대법원은 이 판결을 지연시켰다. 이런 가운데 대법원은 상고법원을 추진하고, 상고법원에 박근혜 정부가 개입할 길을 열겠다고 했다. 일제에 징용된 이춘식(98) 씨는 2005년 일본제철(현 신일철주금주식회사)을 상대로 손해배상소송을 낸지 13년 8개월 만에 대법원에서 승소했다. 양승태 전 대법원장은 이 사건 등에서 직권 남용한 혐의로 구속되었다. 이 대법원 판결은 한일간에 경제분쟁을 유발했다.

일본 변호사들은 징용노동자가 일본 기업에 대해 손해배상 청구 권리가 있다고 한다. 이 경우 소송건수가 수백만 건이 될 수 있다. 2차 대전 중 독일 징용노동자가 미국에서 소송을 제기했고, 독일 정부는 개별적으로 해결하지 않고 '기억·책임·미래재단'을 만들어 피해자 170만 명에게 보상금 총액 44억 유로(약 5조 6천억 원)를 지급했다.

2014년 헌법재판소는 통진당 목적이 "민주적 기본질서에 위배된다"며 정당 해산을 결정하고, 소속 이석기 국회의원의 의원직 상실을 선고했다. 헌재는 "통진당이 북한 주체사상을 추종하고 전쟁 발발 시 북한에 동조해 폭력 수단을 실행하고자 했다"는 점도 이유로 꼽았다. 그러나 헌재 결정으로 정당이 해산된다면 민주주의 국가의 기본인 삼권분립이 훼손되고, 헌재가 '지역구 의원직을 박탈을 할 수 있느냐'에 대한 비판이 있다.

조선대논문대필사건에서 광주지법은 서정민 강사 가족이 조○행 교수와 조선대에게 제기한 손해배상청구소송을 기각했다.(광주지방법원가합 5192) 조선대조사위원회의 논문대필이 공동연구요 관행이라는 보고서를 바탕으로 한 판단이었다. 검찰의 지휘를 받는 경찰도 조선대 조사위원회의 보고를 바탕으로 조○행 교수와 연구윤리 감독하는 조선대에게 무혐의 결정했다. 또 서정민 열사 가족이 조선대를 상대로 한 퇴직금 청구 소송에서 광주지법(광주지방법원 2014나 52434 임금), 광주고법은 퇴직금 지급을 판결했으나 대법원은 심리불속행 기각했다. 김동애 등이 서정민 강사의 저작권(authorship) 회복과 조○행 교수의 녹로근정훈장 서훈 취소를 각각 교육부와 행정안전부에 진정했으나 모두 기각됐다.

대형 로펌의 재벌 변호는 서민 입장에서 횡포이다. 「2013~2017 공정거래위원회 출입·방문기록」에 따르면 이 기간 중 공정위를 찾은 대형 로펌 김앤장법률사무소의 직원이 3,168명에 이른다. 법무법인 세종·광장·태평양·율촌·화우 등 방문 직원은 610~794명에 달한다. 대기업에서는 삼성전자 직원 618명이 공정위를 찾은 것을 비롯해 주요 대기업 직원 수백 명이 방문했다. 재판관과 유사한 권능을 가지고 있는 공정위 직원을 만나는 것은 재판에 영향을 주는 것과 같은 불공정 행위다. 중소기업 직원은 공정위 직원을 한 번 만나기도 힘든 반면 대기업과 로펌 직원들은 사랑방처럼 드나들었다.

법원은 기득권층, 가진 자의 입장에서 판결하는 경향이 강하다. 시민들이 판결을 신뢰하지 않는다. 판결에 대한 신뢰성이 극히 낮다. 노회찬 의원은 2005년 국회에서 '안기부 X파일' 관련 보도자료를 내고 삼성그룹의 떡값을 받은 것으로 언급된 전·현직 검사 7명의 실명을 공개하고 이를 인터넷에 올린 혐의로 기소돼 유죄판결 받고 의원직을 상실했다. 그는 "대한민국에서 법 앞에 만인이 평등한 것이 아니라 만 명 앞에서만 평등한 것"이라고 했다.[89]

지방분권

중앙집권주의 전통이 강한 한국사회에서 수도권과 지역 사이에 소득 불균형이 심각하다. 사망률조차 사는 곳에 따라 다르다. 문재인 정부가 제시한 균형발전은 중앙이 다 못하니까 지역에 권한을 이양해서 지역 스스로 특화발전하자는 것이다. 인구절벽 시대에 지역 균형 발전은 저출산·고령화 문제를 해결할 수 있는 정책이다.

산림청 국립산림과학원은 '지방소멸위험지수'를 적용해 산촌 인구 추이를 분석한 결과 전국 466개 산촌의 80~95%가 30년 내 사라질 것으로 예측했다. 전국 109개 시·군의 466개 읍·면이 여기에 해당한다. 산촌 면적은 국토의 43.5%에 해당하지만, 인구는 전체의 2.8%밖에 되지 않는다. 산림청은 숲을 이용한 숲 유치원을 허용한다.

피터 드러커는 인류 최대의 혁명은 산업혁명, IT혁명도 아닌 인구가 줄어드는 인구혁명이라고 했다. 마스다 히로야는 일본에서 심각해진 인구감소에 따른 지역소멸의 대안으로 지역 여성의 출산을 꼽는다. 출산은 가정을 유지하고 지역사회의 기초가 되기 때문이다.[90]

노무현 정권이 추진한 세종시, 혁신도시, 공공기관 지방이전은 지역균형발전의 대표적인 예이다. 김부겸 행자부장관은 자치입법, 자치행정, 자치재정, 자치복지 등 4대 지방자치권을 보장하는 지방분권형 개헌을 추진했다. 지방재정을 강화하기 위해 지방세 이양을 통해 국세와 지방세의 비율을 현행 8 대 2에서 6 대 4로 단계적으로 높이는 안을 제시했다. 김영록 전남지사는 "국세인 소득세·법인세 일부를 지방세로 이양하고, 지역특성에 맞는 낚시세·관광자원세·신재생에너지발전세 등을 신설할 수 있는 과세자주권을 보장하자"고 했다.

---

89) 노회찬, 『노회찬과 삼성X파일』, 이매진, 2012.
90) 마스다 히로야, 김정환 옮김, 『지방소멸』, 와이즈베리, 2015.

군대

국군은 누구를 위한 조직인가? 2017년 육군사관학교는 「독립군·광복군의 독립전쟁과 육군의 역사」 특별 학술대회를 열어, 신흥무관학교 등 무관학교가 독립전쟁의 기틀을 마련했고, 국군이 광복군을 계승했다고 했다. 이것은 1948년 수립된 정부의 정통성이 임시정부에서 왔다는 점에서 국군과 임시정부의 군대인 광복군을 별개로 볼 수 없다는 인식에서 왔다. 국군이 일본군 출신이 주도해서 만든 것이라고 알려졌지만, 미군정이 군대를 창설할 때 국방부장관격인 통위부장 유동열은 임시정부에서 참모총장을 지냈고, 1948년 정부 수립 이후 국방부장관을 맡은 이범석도 광복군 출신이다. 해·공군은 이전부터 독립군을 뿌리로 삼았다. 국군의 인식 변화는 국군이 국민을 위한 군대로 변화하는 모습이다. 장기적으로 군국군의 뿌리가 동학농민혁명군으로 거슬러 올라갈 날이 멀지 않았다.

박정희 대통령은 1970년 군부독재 유지수단으로 국회 동의 없이 군대를 동원할 수 있는 '위수령(대통령령 제17945호)'을 제정했다. 1971년 대학 반독재 시위, 1979년 부마항쟁에 위수령을 발동했다. 임태훈 군인권센터 소장은 위수령 폐지를 요구했다. 계엄령을 선포하면 대통령은 바로 국회에 통보해야 하며, 국회가 국회의원 과반수 찬성으로 계엄해제를 요구하면 대통령은 이를 해제해야 하는 것과 다르다.

2017년 국군기무사는 헌법재판소에서 박근혜 대통령 탄핵이 기각되면 계엄령을 발동해 합참의장이 아닌 육군참모총장을 계엄사령관으로 하는 쿠데타를 일으키려 했다. 이는 6.25전쟁, 5.16쿠데타, 5.18광주민주항쟁 진압에 이은 네 번째 쿠데타 기도이다. 군에 대한 문민 통제를 유지해야 한다.

양심적 병역거부자가 늘고 2018년 대법원이 무죄 판결해, 대체복무제를 도입할 단계이다. 국방부는 양심적 병역거부가 병역기피 수단으로 악용되는 것을 막는다며 현행 군복무기간 18개월보다 2배 길게 대체역을 36개월 동안 교도소에서 근무하는 것으로 정했다. 유럽사회인권위원회 등 국제기구는 대체복무기간이 현역의 1.5배 이상일 경우 징벌적 성격을 가진 것으로 판단한다.

병역제도는 의무병 제도와 지원병 제도로 나뉘는데, 모병제는 자발적으로 군에 지원해 복무하는 지원병 제도다. 한국에서는 남성들에게 의무병 제도인 징병제를 실시하고 있다. 세계적으로 냉전 종식과 군무기 체계의 첨단화, 출산율 감소 등의 요인으로 징병제에서 모병제로 병역제도를 전환하는 추세다. 한국에서도 1990년대 말부터 모병제에 대해 논의하고 있다.

국방백서에서 '북한 정권과 북한은 우리의 적'이라는 표현은 남북의 상호신뢰 구축에 방해가 된다. 북한이 현실의 적이라고 해도 공개문서에 '적'이라고 규정하는 것은 별개라는 평가다. 국방부는 '북한군=적' 문구 삭제를 논의 중이다. 남북관계와 우리군의 동아시아에서 위상을 생각해 주적이라는 표현은 삭제해야 한다. 반공군대가 자주적인 군대, 민족의 군대로 바뀌는 것은 필연이다.[91]

한반도 평화, 교류, 통일, 자주

지식정보화사회가 되면서 세계는 지역에 관계없이 공동체를 확장하는 방향으로 간다. 한반도도 지정학적 구조에 갇히는 정도가 덜하게 되었다.

EU 공동체 ASEAN이 단일화 관세를 철폐했다. 이대로 가면 아시아 정상회담 구성 국가들이 공동체로 나가게 된다. 미국-일본 방위협정, 미국-한국 방위협정에 이어 한일군사협정을 맺게 하려 한다. 미국-일본-한국을 잇는 군사동맹을 추진한다. 이것을 추진하는데 일본군 위안부 문제를 걸림돌이다. 국민정서에 걸린다. 이 지점에서 평화의 소녀상 철거 문제가 나타났다.

남북이 분단된 지 70년이 넘었다. 남북은 군비 경쟁의 재정 부담이 아주 크다. 전쟁 위험이 상존하고 있다. 남북이 평화적 교류하고 그 범위를 넓혀야 한다. 그 방안으로 북한은 연방제 통일방안을 갖고 있다. 남한은 한민족 공동체 통일 방안을 갖고 있다. 남한의 3단계 통일 로드맵의 세부 내용은 1단계는 교류와 협력, 2단계는 연합, 3단계는 완전 법적 통일이다. 남북이 단계적 통일론을 갖고 있다. 이 부분에서 남북은 차이가 크지 않다. 그러나 남한의 통일론은 통일론과 북한 흡수통일론을 오간다. 후자는 북한이 스스로 무너지지 않는 한 전쟁을 의미할 수도 있다. 그럴 경우 남북 민중 모두에게 회생 불능의 큰 재앙이 될 수 있다. 윌리엄 페리 전 미국 국방장관은 미국이 1994년 북한과 전쟁을 계획했는데, 전쟁이 일어나면 미군 5만 2천 명과 한국군 49만 명을 포

---

91) 강철구, 『한국을 어떻게 바로 세울 것인가』, 명경, 2002, 101쪽.

함해 궁극적으로 100만 명 이상 숨지고 미군 전쟁 비용이 610억 달러에 이를 것으로 추정했다고 했다.

남북이 각기 통일에 불안감을 갖고 있다면 장기간 교류하며 신뢰를 심화할 수 있다. 그 다음에 통일할 수 있다. 남북이 타의에 의해 분단되었다면 앞으로 자의에 의해 교류를 확대하고 통일해야 한다. 남·북한의 구심력이 미·일·한이나 중·러·북의 원심력보다 강하게 작용해야 한다. 남북이 고구려 백제 신라가 통일 뒤에 통일신라와 발해로 분리된 역사를 반복할 수 없다.

북한은 박헌영 등을 1953년 남로당계 숙청작업으로 체포하고, 1955.12.5 반당·종파분자·간첩방조·정부전복음모 등의 혐의로 처형했다. 이러면서 일당체제가 형성되었다.[92] 김일성 주석에 이어 김정일, 김정은으로 3대가 세습되고 있는 북한을 남한 시민으로서는 수긍하기 어렵다.

북한에서 민주주의가 진전되어야 한다. 황석영은 "1970년대 이후 북한은 사회주의 이상이 사라진 군사독재체제이다. 북한에 대해 이런 비판은 해야 한다. 북한과 대화해야 한다는 생각에서 탈북자를 진보세력이 적대시한 것은 잘못이다. 북한이 국제사회 봉쇄로 인한 '농성체제' 상황이라고 해도 그것만으로는 변명이 안 된다. 우리도 피흘리며 민주주의를 이루지 않았나. 진보세력이 그런 비판을 하면서 국가보안법 개폐노력을 함께 전개했다면 그런 명분이 생겼을 것"이라고 했다. 탈북자 최초 통일학 박사인 주승현 교수는 "탈북자에게 특별한 배려나 환대를 요구하는 건 아닙니다. 경제적인 지원, 그런 거 안 해줘도 괜찮아요. 동등한 국민으로 받아들여주기만 한다면, 국민으로 적응하고 자기 능력껏 살 수 있을 테니까요"라고 했다.

북한 인권법은 북한 봉쇄와 인권 문제 제기하는 양 측면이 있다. 2004년과 2006년에 공포된 미국과 일본의 북한인권법은 자유·시민권에만 치중하고 사회·경제·문화권을 외면해 북한이 극심하게 반발한다. 북한은 미국이 쿠바, 이라크, 리비아 등에게 인권을 내세워 봉쇄하거나 침공해 무너뜨린 경우가 북한에 해당될까 경계한다. 우크라이나는 '선 체제보장 후 핵폐기'에 성공했으나 러시아가 약속을 어기고 크림반도를 강제 합병했다. 북한은 미국 등이 리비아, 이란에 적용한 선 비핵화, 후 경제적 지원 방

---

92) 안재성, 『이현상 평전』, 실천문학사, 2013.

식을 거부하고, 단계적 동시적 비핵화와 안전보장을 교환하는 절차를 요구한다. 북한이 핵을 보유하되 쏘지 않는 조건으로 미국과 경제 교류하는 파키스탄식 해법을 원한다는 견해가 있다. 빅터 차는 북한이 핵국가로 인정받고 미국과 평화협정을 맺고 핵국가로 군축협상을 한다고 보았다.

이삼성 교수는 한반도의 비핵화가 단지 한반도에 평화체제를 만드는 차원에 그치지 않고 동아시아 대분단체제의 질곡을 넘어서 동아시아 전반에 공동안보의 질서를 확장하는 것이며, 궁극적인 목표는 구체적으로 남·북한과 일본, 미국, 중국, 러시아와 동북아시아를 비핵무기지대로 만드는 조약 체결이라고 했다.[93] 세계에는 중남미, 남태평양, 동남아시아, 중앙아시아, 아프리카 등 5개 비핵지대가 있다. 이들 역내 국가들은 핵무기 개발과 생산, 또는 다른 나라로부터 핵무기를 들여오지 않기로 합의했다.

7.4남북공동선언을 기점으로 남한은 유신독재라는 박정희 대통령의 종신집권의 길을 열었고, 북한은 주석제를 도입해 김일성 일가 세습의 길을 열었다. 그 결과 남한은 우익 로열패밀리, 친일 혈통, 테크노크라트 세 축이 지배하고, 북한은 김일성 로열패밀리, 항일빨치산 혈통, 테크노크라트 세 축이 지배한다.[94] 북한의 민주화는 남한 민주주의 진전과 상호 연관이 있다. 북한의 민주화는 남한의 민주주의에 도움이 되고, 남한의 민주화는 북한에도 영향을 미칠 것이다. 그 반대의 경우도 가능하다.

노태우 정부의 북방정책으로 소련, 중국과 수교해 냉전 산물인 북방 삼각동맹은 해체되었으나, 미국과 일본의 대북한 관계는 개선되지 않았다. 한반도 냉전 구조의 나머지는 그대로 남아 있다. 남북이 교류를 확대하고 평화협정을 맺어 궁극에는 통일해야 한다.

미국은 세계에 800개가 넘는 미군기지를 갖고 있다. 독일 174개, 일본 113개, 한국 83개, 이탈리아 50개 순이다. 현재 한국에 파나마 운하 건설 이래 미국 육군 역사상 최대급인 캠프 험프리스를 평택에서 마무리 짓고 있다. 미군은 미국 관료들만 아니라 그들과 결탁한 정치가와 군 장성, 무기산업체, 석유업체, 군납업체, 수다한 미군 주둔국의 부패한 정치인, 관료, 기업 등이 수혜자다. 이에 반비례해 대다수 사람들은 정치·경제·사회적 부패와 독재정권의 장기집권, 환경파괴, 만연한 성폭력과 성매매로

---

93) 이삼성,『한반도의 전쟁과 평화』, 한길사, 2018.
94) 안문석,『북한 현대사 산책』1~5, 인물과 사상사, 2017.

치명적 손해를 감내해야 하는 피해자가 된다. 그 피해자는 주변부, 빈곤층, 여성, 유색인종 쪽으로 갈수록 증폭된다. 미군기지는 민주주의도 가로막았다. 한국에서는 독재 정부를 은밀하게 지원했다. 1980년 광주학살 때 미군은 군부대가 광주로 빠져나가고 빈 휴전선 공간을 지켜 군부를 지원했다. 강정 해군기지는 공식적으로는 미국 기지가 아니지만 미해군 함정이 연이어 기항한다. 주둔국이 민주주의 체제로 전환할 경우 미군기지가 쫓겨날 가능성이 높아지기 때문에 워싱턴 군사주의 실력자들은 음양으로 그것을 저지하면서 그들에게 고분고분한 세력을 지원했다. 해법은 기지를 축소하고 줄여 기지 국가를 해체하는 것이다.[95]

미군은 고려 때 원나라 군대처럼 장기간 유지하는 경우와 철수 경우가 있다. 철수는 세 가지 경우다. 첫째 기존 북한의 미군철수 주장에 이어 남한 사회나 정부가 미군철수를 요구하는 경우이다. 둘째 미국의 대중국 정책이 중국을 수용하는 쪽으로 바뀌는 경우다. 이 경우 중국을 겨냥한 한반도에 주둔한 미군의 존재는 필요 없게 된다. 미국의 영향력이 현저하게 약화되면 동아시아지역의 주도권을 중국에 넘기는 양국의 '빅딜'이 이루어 질 수도 있다. 실제로 2008년 금융위기 이후 미국 학계에서 세계 경찰국가로서의 미국 역할을 축소하는 주장이 나왔다. 축소론자는 유럽과 중동뿐 아니라, 동아시아 쪽에서도 비용을 절감하기 위해 한국의 지상군을 철수하고 일본의 기지도 크게 축소하자고 했다. 미국이 1949년 중국 정부 수립 이후 중국 수용 정책에서 대립정책으로 바꾼 것의 반전이다. 셋째 중국과 일본이 지역 내 경쟁관계를 청산하고 적극적 협력을 통해 동아시아에서 미국의 영향력을 배제시키는 것이다. 일본이 영국, 독일, 미국 순으로 패권국가와 밀착관계를 유지해온 근대 역사를 돌이켜보면 현실성이 전혀 없는 이야기가 아니다.[96]

한국군 작전권은 미국에게 속해있다. 노무현 정권 때 작전권의 반환을 결정했다. 그러나 이명박 · 박근혜 정부서 취소되었다. 송민순 전 외교부장관은 "군대 작전권을 미국에 맡긴 한국은 워싱턴의 압력에 특히 취약하다. 작전권은 한국의 대미 교섭 전반에 걸쳐 결정적인 국면에서 늘 중대한 영향을 끼쳐왔다"며 "전시작전통제권을 조기에 전환시킬 필요가 있다"고 했다. 문재인 정부가 전시작전권 회수를 추진한다.

---

95) 데이비드 바인, 유강은 옮김, 『기지 국가』, 갈마바람, 2017.
96) 이용인, 「준비하고 있는가」, 『한겨레』, 2015.8.14.

제주도 강정마을에 미해군 핵 잠수함이 기항할 수 있는 해군기지를 건설했다. 이는 중국을 겨냥한 것으로 이를 둘러싸고 중국 일본 미국 사이에 제2의 청일전쟁이 일어날 수 있다. 강정 주민과 문정현 신부 등은 2007년 '해군기지 반대대책위원회'를 결성하고 10년 넘게 싸우고 있다. 이 해군기지 반대활동은 일본 오키나와처럼 평화활동의 상징이 되었다.[97]

미국과 사드(THAAD)의 한국 배치에 합의했다. 사드는 중국을 겨냥한 것으로 북한과는 직접 연관이 없고, 개성공단은 북한보다는 남한 중소기업[98]과 중국에 진출한 한국기업에 타격을 주었다. 개성공단에서 일하는 노동자는 평화통일의 초석이 될 것이라고 생각하고 일했지만 공단폐쇄로 일자리를 잃었다.[99] 이런 정책은 북한을 더욱더 중국 쪽으로 기울게 만든다. 정부는 개성공단 입주자들에게 베트남을 대안으로 제시했지만 물류비용과 언어장벽 등으로 받아들이기 어렵다.

북한이 6차 핵실험에 성공해 사실상 핵보유국이 되었다. 북한은 이를 바탕으로 미국에게 남한에서 미군을 철수하고 평화협정을 맺자고 했다. 그러나 문재인 정부는 사드(THAAD)를 '임시배치'해 기정사실화했다. 사드 배치에 대해 중국이 강력히 반대하여 중국에 진출한 한국기업에 주는 타격이 컸으며 결국 롯데가 철수했다.

북한 핵 보유로 한반도 정세가 긴장되자 미국은 남한에게 무기 파는 기회로 삼았고, 남한은 미사일 등 무장을 늘리는 기회로 삼았다. 한국 여론 일부가 핵무기 개발을 주장한다. 이는 일본의 핵무장을 촉발하고 작전통제권이 미국에 있어 핵무장은 불가능하다.

이부영 전 국회의원은 "최근 청년들 사이에 남북이 따로 살자는 사람이 늘고 있다"고 우려하면서, 남북이 교류를 늘려 평화를 유지하고 궁극적으로 통일해야 한다."고 했다.(이부영, 2018.8.31)

북한 핵무기를 기정사실화할 경우 핵무기 개발 동결, 미군철수, 평화협정 체결이 거론된다. 김남국 교수는 한반도의 경색된 정세를 푸는 방안으로 북아일랜드 평화협정 체결 방식을 제안했다. 독일은 분단과정에서 국제정치적 요인이 크게 작용했으며, 동·서독이 직접 전쟁을 치르지 않아 한반도 상황과 다르다. 1922년 아일랜드가 독립한 뒤 영국 일부로 남은 북아일랜드는 종교에서 신교도와 가톨릭교도가 대립하고 인

---

97) 문정현, 「강정 10년, 평화의 바람은 멈추지 않는다」, 『한겨레』, 2017.5.16.
98) 6.15공동선언실천 남측위원회 광주전남본부, 「정부는 개성공단 중단 조치를 즉각 철회하라!」, 2015.2.11.
99) 「개성공단 근로자 호소문」, 개성공단 근로자 협의회, 2016.3.15.

종에서 아일랜드인과 영국인에 갈등이 계속되었다. 1998년 맺은 평화협정에서 적대하는 세력을 서로 인정해 권력분점 정부 구성에 합의하고, 아일랜드는 헌법을 개정해 북아일랜드를 포함하던 영토조항에서 북아일랜드를 빼 서로가 상대방을 멸절하는 통일을 배제하고 평화 공존을 명기했다. 협상은 북아일랜드 내 다양한 정당과 시민단체가 합의한 다자협약과 영국과 아일랜드 정부가 맺은 국제협정 두 갈래였다.

1972년 남북한이 자주·평화·민족대단결의 통일 3대원칙의 7.4공동성명, 1991년 남북 사이의 화해와 불가침 및 교류·협력에 관한 합의서, 1991년 남북의 동시 유엔가입, 2000년 김대중 대통령과 김일성 주석 사이의 6.15선언, 노무현 대통령과 김정일 국방위원장 사이의 10.24남북합의가 있었다. 이에 따라 남북교류가 확대되었다.

북한이 핵무기 개발을 완료했다. 2018년 평창 동계올림픽을 계기로 남북, 북미의 대화가 시작되었다. 북한의 핵무기와 정전협정 체결이 관건이다. 북한의 핵무기는 동결하거나 비핵화하는 두 가지 방안이 있다. 북미수교로 북한 체제 인정이 전제이다. 정전협정을 평화협정으로 대체할 가능성이 커졌다.

남북교류에는 관광, 개성공단, 학술교류, 문화 체육 교류, 쌀의 북한 제공 등이 있다. 쌀의 북한 제공은 북한에게 식량을 지원해 남의 쌀 재고를 줄이는 동시에 앞으로 있을 수 있는 국제적인 쌀 부족 사태에 대응할 수 있게 한다. 그러나 2010년 천안함 사건 이후 발표한 5.24 대북 제재조치 뒤 남북은 대결위주로 갔다. 그 빈자리는 중국과 유럽 기업이 차지했다. 중국은 북한 광물자원을 차지했다.

통일부와 중국세관(KITA)의 자료를 보면 2007년에는 남-북 교역이 조-중 무역의 91%(남북 17억 9,800만 달러, 조-중 19억 74만 달러)까지 따라붙었는데, 2014년에는 37%(남북 23억 4,300만 달러, 조-중 63억 6,400만 달러) 수준으로 벌어졌다. 7년 사이 조-중 무역은 3배 넘게 늘었는데, 남-북 교역은 제자리걸음이었다. 그 가운데 개성공단 사업이 99%를 차지했다. 중국의 임금 인상으로 개성공단의 가격 경쟁력이 더 커졌다. 남북한의 경제교류가 한미 FTA·한중 FTA 수준을 넘지 못할 이유가 없다.

개성공단에서는 2015년 124개 남쪽 기업이 5만 4천여 북쪽 노동자를 고용해 운영했다. 2015년 8월에는 본격가동 10년 만에 개성공단 누적 생산액이 30억 달러(약 3조 5,490억 원)를 돌파하기도 했다. 2015년 개성공단의 최저임금은 73.87달러이다. 그러나 개성공단은 2016년 북한이 4차 핵실험한 뒤 박근혜 대통령 지시로 전면 중단했다.

이종석 전 통일부장관은 "북한은 핵을 포기하는 대신 체제 안전 보장과 경제적 보상을 원한다. 김정은 위원장은 고강도 제재만 없다면 연 15% 이상의 고도성장이 가능했으리라고 믿고 있을 거다. 김 위원장의 벤치마킹 대상은 중국이다. 개성공단에서 입증됐듯 북한 노동력은 기업에게 꿈의 노동력이다. 노동조합 없는 대한민국 노동력이라 보면 된다. 경공업 기술과 정보기술(IT)이 뛰어나고 무궁무진한 지하자원과 물류 통로가 될 수 있는 지리적 위치 등 다른 경제 자원도 풍부하다. 외부 자본과 기술이 여기 결합되면 시너지 효과가 엄청날 거다."라고 했다.

6.25전쟁 종전, 평화협정, 평화적 교류 그리고 통일

남·북, 북·미 정상회담은 한국전쟁의 종전, 평화협정 체결을 전망하게 한다. 이렇게 될 경우 미국은 북한에 대한 제재를 해소하고 북한 경제를 개방한다. 남북은 평화적으로 교류하게 된다. 특히 경제 부문에서 남북은 상호 보완하게 된다. 개성공단이 중요한 연결고리이다. 철도를 한국에서 북한을 지나 시베리아를 거쳐 유럽을 연결할 경우 한국은 지리적으로 고립에서 벗어난다.

종전은 남한에서 전쟁과 냉전으로 인한 민주주의 억압을 그치게 한다. 남북, 좌우익 간에 대립과 보복할 필요가 없어진다. 국가보안법을 철폐해 사상의 자유를 보장할 수 있다.

문정인 대통령 통일외교안보특별보좌관은 장기적으로 한반도에서 미군이 철수하고 주변국이 협력하는 다자안보체제로 가야 한다고 했다. 문재인 대통령은 남북한과 미국 중국 러시아가 참여하는 NATO와 같은 다자안보체제를 주장했다. 이럴 경우 한반도가 미국 일본 중국 러시아 어느 한쪽에 기울지 않게 된다. 통일은 어느 한쪽이 고집할 경우 전쟁으로 이어질 수 있다.

남북의 교류와 통일에 대해 최장집은 "한반도에서 남북의 평화 공존은 통일로 가는 전 단계가 아니"며 통일 가능성을 제거한 뒤 남북 평화 공존 논의를 해야 한다고 주장한 데 대해 백낙청은 한반도 평화와 통일은 함께 진행되는 것이라 했다.[100] 강만길은 분단 과정이 국토 → 국가 → 민족 순이었는데, 통일과정은 민족 → 국토 → 국가 순서로 달라야 한다고 했다.

---

100) 박인규, 「백낙청-최장집 한반도 평화체제 논쟁」, 『프레시안』, 2018.07.16.

3. 지역사회·부문의 필요

청년 학생은 사회로 나가며 지역사회에서 일하게 된다. 거기서 돈을 벌고, 사람을 만나고, 결혼하고 가족과 함께 생활한다.[101] 지금까지 일자리 정책은 중앙에서 하향하는 방식으로 진행되어 지역 특성과 절실함이 반영되지 않았다.

서울과 지방의 격차가 더욱 커진다. 돈, 권력, 사람이 서울로 수도권으로 집중한다. 대구에서는 해마다 8천 명의 청년이 일자리를 찾아 서울과 경기도로 떠난다.[102](■ 도표 9, 10 참조) 서울로 가는 청년 10명 가운데 9명이 대구에서 일자리가 없어서 떠난다고 했다.[103] 정부의 일부를 지방으로 이전하고, 공기업 본사를 지방으로 이전했지만 지방분권 구호가 무색하다.

각자 자신이 속한 지역사회의 경제 사회 정치 문화 역사 사상의 특징을 조사하고, 거기서 필요한 일을 찾는다. 내가 속한 공동체, 지역사회, 한국사회, 지구사회에서 필요한 일은 무엇인가? 해서는 안 되는 일은 무엇인가? 내가 속한 지역공동체에서 필요한 일은 무엇인가를 생각하고, 아울러 해서는 안 될 일도 생각한다.

■ 도표 9. 괜찮은 일자리의 시도별 분포[104]

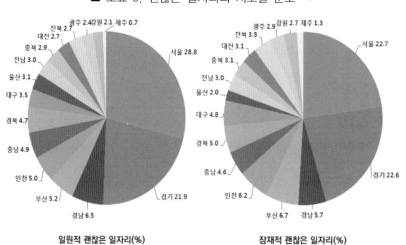

일원적 괜찮은 일자리(%)   잠재적 괜찮은 일자리(%)

101) 리처드 플로리다, 박기복, 신지희 옮김, 『후즈유어시티』, 브렌즈, 2010.
102) 김범식, 「서울시 괜찮은 일자리 실태분석과 정책 방향」, 서울연구원, 2014.
103) 박주희, 「떠나는 청년」, 『한겨레』, 2017.12.20.

■ 도표 10. 1인당 지역총생산과 총지역소득의 비교

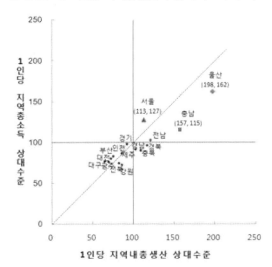

출처: 국토부, 2015.

　시장에서 상인이 파는 농산물을 보면 상당수 농산물을 특정지역에서 생산한 것이라 고 선전한다. 귤은 제주도산이라고 소개한다. 맞는 말이다. 그러나 쌀은 경기도 여주 이천, 찐빵은 강원도 횡성군 안흥면, 참마는 충북 음성, 순대는 충남 천안시 병천면 장터, 밤은 충남 공주, 매운 고추는 충남 청양, 수박은 전북 고창, 장어는 전북 고창 풍천, 배는 전남 나주, 굴비는 전남 영광, 마늘은 경북 의성, 미역은 경남 기장 산이라 고 한다. 전국의 비빔밥이 전주식이다. 일부야 그렇겠지만 전국의 특산물이 하나같이 한 지역에서 나왔다는 것은 성립할 수 없는 말이다. 추수철이 되면 전국의 벼를 여주 이천의 방앗간으로 비밀리에 옮겨 도정해 여주 이천쌀로 둔갑시켜 전국으로 퍼진다. 부산시 기장군은 고리원자력 발전소의 냉각수가 배출되는 곳으로 거기서 생산한 미역 은 먹어서는 곤란하다. 매운 고추의 청양은 원래 경북 청송-양양을 일컫는 말인데 충 남 청양으로 둔갑했다. 메밀은 이효석 메밀꽃 필 무렵 때문에 강원도 봉평이 잘 알려 져 있지만 경북과 제주도에서 많이 생산하며 가장 큰 메밀밭은 전북에 있다. 이렇게 지역 생산품의 개성은 희석되고 전국 단위로 획일화되고 있다.

---

104) 김범식, 「서울시 괜찮은 일자리 실태분석과 정책 방향」, 서울연구원, 2014.

서울

서울은 종합도시로 모든 것이 들어있다. 박원순 서울시장은 협동조합과 사회적 경제 정책에 주력하고, 도시재생산업을 펴고, 서울시립대에서 반값등록금을 시행했다.

마포공동체는 1987년 노동자 대투쟁 이후 여성노동자들이 자녀를 공동육아하며 시작했다. 생협, 협동조합, 대안학교, 공연장 등 활동이 다양하며, 마포구 주민의 10%가 마포공동체 소속이다. 중구 인쇄골목은 조선시대 서적 인쇄와 활자 제조를 담당한 주자소, 한국 최초의 현대식 인쇄소인 박문국이 있었고, 한때 인쇄 업체 5,500개가 있었던 곳이다. 서울시는 이곳을 창작인쇄산업 중심지로 탈바꿈시킨다.

성수동에는 구두장이들이 협동조합을 만들어 매장과 구두학교를 만들어 운영한다. 서울시 성동구는 동네가 입소문을 타면 프랜차이즈가 난립해 임대료가 상승하고(젠트리피케이션) 고유의 매력을 잃는 악순환을 끊기 위해 '지역공동체 상호협력 및 지속가능발전구역 지정에 관한 조례'를 시행한다. 이곳(엔젤존)은 주민과 상인, 임대인과 임차인뿐 아니라 지역에서 활동 중인 문화·예술인들이 협의체를 꾸려 동네로 들어오려는 입점 업체를 평가해 선별한다.

전태일 열사가 생전에 다녔던 평화상가에는 여전히 의류공장이 즐비하다. 동대문시장에 의류를 공급하는 창신동에서도 젊은 재단사와 미싱사를 키우고 있다. 강서구에는 전통적인 가죽공인들이 만든 협동조합이 있다.

경기도

경기도는 서울을 에워싸고 있다. 공장도 많지만 서울에 농산물을 공급하는 원예농업이 발달했다. 경기도교육청은 전국에서 처음으로 중학교 자유학기제를 시작했다. 이후 박근혜 정부 때 전국으로 확산되었다.

북한과 인접한 경기도, 강원도, 인천시는 북한과 협력해 거기서 경제적으로 이익을 얻는 방안을 많이 고민한다. 강원도는 금강산 상류지역에 송어 치어를 방류했다. 송어가 바다로 나가 자란 다음에 북한지역 강으로 회귀할 것을 염두에 둔 사업이다. 이천 도자기, 안성 유기는 조선시대 수공업 전통을 이어 받았다.

성남시는 1970년 광주대단지 사건이 일어난 곳으로 빈민운동을 비롯해 시민운동이 활발하다. 동시에 분당은 IT산업의 중심지이다. 끝자리 날짜 4일, 9일 열리는 성남시오일장은 장날이면 10만 명이 몰려든다. 이재명 시장의 지도력에 힘입어 성남시립병원을 신설하고, 실직 청년에게 청년수당을 지불해, 한국에서 기본소득 개념을 확산시켰다.

인천

인천은 서울 관문이고, 항구와 공항이 있는 수도권 물류 중심지역이다. 비행기에 싣기 좋은 가볍고 비싼 반도체 관련 상품을 많이 생산한다. 인천시는 북한과 교류에 중점을 두고, 임진강 하류에 위치한 교동에 교동공단을 추진한다. 인천시는 외국인 6만 명을 포함해 모든 시민이 안전보험에 들었다.

인천은 과거 섬유공업이 발달했다. 동일방직은 일제 강점기부터 있던 공장이다. 1970년대 말 사양화했다. 공장문을 닫으면서 노동자가 격렬히 저항했다. 이 노동자들은 한국 노동운동을 발전시키고 지역사회에 퍼져 지역활동을 했다.

강원도

강원도는 산이 많고 높은 것을 바탕으로 관광산업, 고랭지 농업 유기농업이 발달했다.

원주지역 친환경 농산물 생산 공동체는 1970년대 수해대책을 세우며 시작했다. 이것이 한살림의 출발이며 장일순 선생의 지도가 있었다.

정선군은 열악한 의료 환경 탓에 주민들이 떠나는 것을 막으려고 전국 첫 군립병원을 열었다.

삼척시는 보수적 지역정치가 압도하며 에너지 공급기지 역할을 한다. 그러나 삼척의 생태민주주의 세력은 핵발전소 유치 반대 과정에서 성장제일주의의 이데올로기에서 벗어나고 지방선거에서 승리했다.

북한과 접경했다. 금강산 관광지로 가는 출발점이다. 러시아로 가는 여객선이 속초에서 출발한다.

충북

충북은 충북 괴산은 산악지방의 이점을 살려 유기농업이 발달했다. 한살림, 흙살림, 자연농업학교, 아이쿱생협, 유기식품산업단지, 발효식품산업단지 등 원조 유기농산품

생산업체들이 밀집해 있다. 2015 괴산 세계유기농산업엑스포가 열렸다. 세계 유기농 시장 규모는 2006년 42조 원, 2010년 67조 원, 2015년 93조 원으로 성장했다. 이시종 충북지사는 "자유무역협정(FTA) 체결로 값싼 외국 농산물이 쏟아져 들어오고 있지만 괴산 유기농 엑스포를 계기로 중국 부자들의 밥상에 우리 농산물을 올려 보겠다"고 했다.

청주 우진교통은 부도난 버스회사를 2005년 노동자가 인수해 자주관리한다. "노동자의 희망을 실천한다"는 이 회사 노동자들은 세상에서 가장 좋은 버스회사에 다닌다는 자부심을 가졌다.[105]

대전 세종 충남

대전에는 지역화폐 레츠가 활발하다. 대덕 과학단지가 있어 과학기술의 연구·응용이 활발하다. 세종시에는 중앙 정부기관의 60%가 입주했다. 남북통일이 되기까지는 남한의 행정의 중심지이다.

충남 전지역에 상수도를 설치하고 있다. 홍성군 홍동면에 유기농공동체가 있다. 해방 뒤 세운 풀무농업학교가 모체이다. 홍동면은 지속가능성을 중심으로 마을 100년 계획을 세웠다. 서천에 국립생태공원이 있다.

내가 사는 당진시는 현재 쌀농업과 철강산업, 전력산업 중심이다. 쌀농업은 삽교천의 수질이 나빠 친환경 논농업이 불가하다. 전력은 유연탄 중심으로 구성돼 미세먼지와 송전과정의 전자파가 주민 건강에 피해가 크다. 철강산업은 미세먼지를 발생시키고 남해안 지역의 조선산업 다음으로 사양산업이 될 수 있다. 대안으로 삽교호 수질의 개선과 소농의 보호, 발전소 연료의 LNG 대체와 재생에너지 생산 그리고 전기 사용의 감소와 수요지의 전기 생산, 철강산업에 종사하는 사람을 중심으로 하는 새로운 산업의 창출 등이 있다. 이를 가능하게 하려면 기존의 상식을 넘은 창의적인 교육과 소득분배가 필요하다. 면천면은 연암 박지원이 군수를 하며 1799년 「한민명전의(限民名田議)」의 토지개혁안을 저술하고, 1894년 동학농민혁명군이 승전목에서 일본정규군을 상대로 유격전을 펴서 이긴 곳이다.

---

105) 박점규, 『노동여지도』, 알마, 2015.

전북

정읍은 전봉준 장군 등이 앞장서서 동학농민혁명을 일으킨 곳이다.

부안 주민은 핵폐기물 처리장 건설을 막았다. 이것은 반핵 운동에서 큰 전환점이었다.

전주 음식, 특히 비빔밥이 전국적으로 유명하다. 한식에는 10여 가지의 반찬이 뒤따라 놀라운데, 이는 전북지역에서 농산물을 다양하게 생산해 가능하다. 임실에서 생산하는 임실치즈가 유명하다.

진안군은 군이 주도해 마을공동체를 발전시켰다. 다른 지역의 마을공동체 발전을 자극했다.

완주군은 한국 경제의 약점인 지역 침체, 고령화, 삶의 질 악화라는 악순환 구조에서 벗어나는 성과를 보여주었다. 완주군에서는 다수의 농민이 다수의 농산물을 도시 소비자에게 연중 안정적으로 공급하는 농민마켓을 성공시켰고, 500개가 넘는 일자리를 창출했다. 로컬푸드 1번지라는 별명을 얻었다.

완주군 삼례읍 후정리 삼례역 근처에 있는 책박물관이 있다. 영국 잉글랜드 시골 마을인 헤이온와이(Hay-on-Wye) 책마을을 본뜬 것이다. 장소는 일제가 전북 곡창지대에서 수탈한 쌀을 군산항에서 일본으로 가져나는 쌀을 보관하던 창고를 이용했다. 박대헌 책박물관 관장은 강원도 영월에서 폐교를 빌려 문을 열었던 책박물관을 이곳으로 옮기고, 서울 종로구 인사동에서 운영하던 고서점 호산방을 여기로 이전했다.

김승환 전북교육감은 2015년 삼성그룹이 저소득층 중학생을 대상으로 진행하는 프로그램 '드림 클래스'에 전라북도 학생의 참여요청을 거부했다. 그는 "삼성전자 반도체 사업부를 비롯한 반도체 기업에서 여러 가지 백혈병 등 질병이 발생한다. 미국은 거의 손을 뗐죠. 이 산업이 한국과 대만으로 넘어왔는데, 국민 경제를 생각하면 반도체 사업이 성장해야 되지만 또 다른 측면에서 노동자들의 건강이나 인권을 생각한다면 좀 더 세심한 주의가 필요하다"고 했다. 2016년 전북지역 초등학교에서 일제평가 방식의 중간·기말고사를 폐지하고, 교사가 아이들 한명 한명을 관찰하고 「성장보고서」를 작성하는 성장평가제를 도입했다.

광주 전남

광주는 5.18항쟁이 일어난 곳이다. 나에게 광주는 조선대논문대필 사건의 서정민 강사 싸움 때문에 2010년부터 7년 동안 오고 간 애정 어린 지역이다. 광주 전남에서 광주는 자동차 공장을 제외하고는 일자리가 많지 않다. 청년 고용률이 34.8%에 불과하다. 청년들은 일자리를 찾아 고향을 떠난다. 이 지역은 문화예술이 발달했다. 광주 비엔날레, 국립아시아문화전당은 국제미술계 인사의 교류 공간이다. 광주시민에게 또 다른 지역의 시민들에게 문화나 경제적으로 어떻게 도움이 될 수 있는가 고민이 필요한 지점이다.

예술을 산업으로 전환하도록 사고를 확장한다. 광주 사람들은 예술의 도시답게 옷을 잘 입는다. 소비자가 옷 고르는 안목이 좋고 옷가게 주인 역시 옷을 골라 진열하는 안목이 좋다. 그런데 광주에는 봉제공장이 없다. 상인들이 서울 동대문에서 옷을 골라온다.[106] 동대문에 디자인은 없고 중국에서 오는지 중국풍의 옷이 많다. 광주에서 디자인해서 만든 옷을 전국으로, 세계로 공급할 수 있지 않을까? 광주가 디자인을 제시하고 동대문은 제조하는 협력방안도 생각할 수 있다. 중국 칭다오의 훙링그룹이라는 의류회사는 온라인으로 고객의 주문을 받아 '세상에 한 벌밖에 없는 옷'을 만든다. 중국 칭다오의 쿠트스마트(Kutesmart)공장은 고객이 원하는 정장을 하루 4천 벌 생산한다.

민중화가 홍성담 화가가 전남 신안 하태도에 동아시아 인권평화미술관을 세운다. 하태도는 김대중 전 대통령의 고향이자 일제강점기 농민운동의 거점이었던 하의 3도에 속한 섬이다. 신안에 미네랄이 풍부한 천일염을 생산하는 염전이 많다.

순천은 순천만 갯벌을 머물고 싶은 관광지로 만들었다. 2015년 관광객이 520만 명이었다. 갯벌을 중심으로 정원을 만든 순천시는 국제정원박람회를 열었다. 이 정원은 '대한민국 1호 국가 정원'이 됐다. 순천시는 폐염전을 매입해 갯벌로 복원할 계획이다. 주변 농경지에서 마시멜로 모양의 볏집말이를 없애자 낙곡·곤충이 풍부해져 물수리·노랑부리저어새 등 멸종위기종·천연기념물 철새가 몰려왔다.

제주

제주도는 한국 사람이라면 누구나 가보고 싶고 살고 싶어 하는 곳이다. 제주는 지리 생태 환경을 관광산업과 연결시켰다. 카카오 본사가 제주도에 있는데, 카카오 직원 가

---

106) 1970년대에는 전국 기성복 수요 약 70%를 청계천 평화상가에서 충족했다.(조영래, 『전태일 평전』, 돌베개, 1996)

운데 제주대 출신이 한양대, 연세대 출신 다음으로 많다. 제주도는 육지에 대해 독립적인 성향이 있고 정치적 선택은 실리적이다. 정치에 괸당(친인척을 뜻하는 제주도 방언), 관정(關政, 관계 정치)이 영향력을 미쳐 제주도민은 "이당 저당보다 괸당이 좋다"며 무소속을 많이 선출했다.

제주도에는 중산간 마을마다 공동으로 이용하는 마을목장이 있다. 그러나 제주에 개발바람이 불면서 공동목장이 골프장이나 위락시설 등으로 팔려나가면서 2007년 67곳이던 마을공동목장은 52곳으로 줄었다. 제주도는 마을공동목장을 국가중요 농업유산으로 지정을 검토하고 있다.

제주도에는 해군기지가 들어서고 이곳에 미해군이 기항했다. 문정현 신부가 제주 강정에 이주 정착해 강정해군기지 반대 싸움을 한다. 또 군사공항인 제2공항을 추진한다. 제주는 한국의 오키나와가 되었다. 미국과 중국 사이에 군사 충돌하면 제주도민 평화가 위협받는다.

제주특별자치도와 애경그룹이 저가항공사인 제주항공을 운영한다. 중국 관광객이 많이 오고 중국 자본이 진출이 활발하다. 중국인들의 토지 소유가 늘었다. 이 둘은 상호 대립적이다. 2017년 성주에 THAAD 배치하면서 중국이 중국인의 한국 관광을 제한하면서 제주도의 중국 관광객도 크게 줄었다. 지속가능한 제주를 다시 기획해야 한다.

대구 경북

대구는 2015년 광역시도별 1인당 총소득 순위에서 꼴찌에서 둘째로 광주보다 한 단계 위이다. "대구에는 외제차를 타는 사람이 많다. 그런데 그것은 대구에서 돈을 벌어 산 것이 아니다. 외지에 나간 자녀들이 대구의 부모에게 사 준 것"이다.(김용섭, 2008) 박정희가 장기집권하면서 대구·경북 출신이 권력을 배경으로 자본을 갖거나 출세했지만 대구 경북 지역 자체가 그런 것은 아니다. 대구 산업은 사양화했고, 대구 청년이 수도권으로 많이 유출된다. 대구는 진보적인 도시였으나 박정희 정권 아래 인민혁명당 사건에서 대구출신이 5명이나 사형 당했듯이 철저하게 탄압당해 지역 민주주의가 약화됐다. 군부독재가 와해되고 대구지역 산업이 낙후하면서 민주당 소속 국회의원을 배출하는 등 지역의 정치 지형이 바뀌었다.

대구는 전통적으로 섬유원단, 안경산업이 발달했다. 박정희 정권은 구미에 전자산업을 배치했다. 경북 풍기에는 인삼 재배와 인견산업이 발달했는데, 이는 6.25전쟁 때 이 지역으로 온 개성 피난민들이 정착시켰다. 대구의 안경산업은 역사가 있어, 조선시대에도 경주 남석으로 안경을 만들었다. 대구 대학에는 안경학과가 있다. 국내 유일의 국제 안경 전문전시회인 '대구국제안경전시회(디옵스 · DIOPS)'가 매년 엑스코에서 열었다. 그러나 두 산업은 활발하지 않다.

포항은 포스코가 있어 철강도시이다. 포항은 울산 광양 당진과 함께 Kr + 6, As 등 1급 발암물질이 기준치 보다 높아 주거하기 적합하지 않다.

경남 울산

경남은 농민 노동조합 시민단체가 협력하는 사회적 조합주의가 발달한 지역이다. 거창고등학교는 인성교육을 실시하는 학교로 유명하다.

자동차산업, 조선산업이 집중된 울산은 전국에서 시민의 개인소득이 가장 높은 지역이었다. 그러나 2017년에는 서울에 밀렸다. 그 원인은 로봇, 바이오헬스 등 신산업 수출의 비중이 낮은데 있다.

2017년 조선소 산업이 위기를 맞는 등 남해한 중화학공업이 무너지고 있다. 울산 거제의 조선산업이 쇠퇴하는데 풍력발전 설비, 전기자동차 개발, 크루즈선 호화요트 해양지원선의 건조, 수변지구를 재개발한 요트계류장 개발 등이 대안으로 제시된다.

울산지역에 고리, 신고리 등 원자력발전소가 집중돼 있다. 울주군에 지으려는 신고리5, 6호기 원전이 울산 주민 건강을 위협한다.

통영은 예술혼이 숨 쉬는 도시다. 박경리, 유치환, 김춘수, 윤이상, 전혁림 등이 태어나 예술혼을 불태웠다. 통영은 1592년 이순신의 한산대첩 이후 삼도수군통제영으로 지정돼 서양과 도시 문물이 빠르게 흘러들었다. 팔도의 '쟁이'가 몰려들어 나전칠기, 소반, 갓 등의 명산지로 키워냈다. 함양은 아라가야의 오랜 역사를 지닌 곳이다.

부산

부산은 수도권 다음으로 경제활동이 활발한 지역이다. 그러나 청년들이 교육과 일자리를 찾아 서울, 수도권에 떠난다. 부산 인구는 2015년 355만 명에서 2032년에는 300만 명 선 이하인 283만 5천 명으로 줄어들어 인천(285만 5천 명)보다 적을 것으로 예상한다.

부산진구에는 한국신발관이 있다. 보수동에 헌책방 골목이 있다. 1977년 부산양서협동조합을 만들었다. 골목에는 헌책 400만 권이 있다. 우리 현대사의 한 문화유산이다. 부산 국제영화제는 국제적인 행사로 자리 잡았다.

부산은 일본과 가까워 일본의 문화를 가깝게 접한다. 부산에서 프로야구가 인기가 높은 것은 일본TV의 프로야구 중계를 본 영향이 크다. 일본이 인구가 고령화하고 제조업이 일본으로 회귀해 일자리가 부족하면서 부산 청년이 일본에 많이 취업한다.

부산항을 통해 러시아와 문물교류가 빈번해, 러시아에서 필요한 산업이 부산에서 발달할 수 있다.

이주민

한국사회도 '다문화 사회'로 나아가고 있지만 이주민의 문화적 다양성을 존중하기보다는 동질성을 강조했다. 단일민족의 일체감을 이주민에게도 강조해 한국어 교육, 한국 역사 교육에 초점을 맞추었다. 이들에게 고국의 문화를 보존하고 2세들에게는 이를 익혀 문화적 다양성을 유지하면 다양성 포용을 통해 부와 창의성을 증가시킬 수 있다.

원옥금 주한베트남교민회장은 한시적으로라도 까다로운 외국인 주민단체 즉 이주민 공동체의 비영리 민간단체 등록 조건을 완화해 이주민 공동체가 활발하게 운영돼 한국 사회에 기여해야 한다고 했다.[107]

이주민은 이주노동자와 이주 여성으로 나뉜다. 이주민은 주로 여성이다. 이주민들은 나라별로 공동체를 구성해 일자리 마련, 노동문제 대책, 자녀교육에 공동 대응한다. 필리핀 이주여성 가운데 영어교사가 많다. 이주민의 자녀가 대학에 들어갈 나이가 되면서 자녀 교육에 대한 관심으로 초중고를 넘어 대학교육 기회와 질로 관심이 이동한다.[108] 경남 사천 이주여성들은 사천다문화아열대채소농장에 모로헤이야, 인디언시금치, 공심채, 고수, 롱빈, 차요테, 타롱, 비트, 바기오콩 등 채소를 가꿔 주로 이주노동자에게 공급한다.

---

107) 원옥금, 「이주민 공동체의 위기」, 『한겨레』, 2018.12.13.
108) Jones Espino, 한국필리핀이주공동체(KASAMMA_KO), 2018.1.3.

이주노동자는 한국에서 노동기간이 길어지면서 해당 기능분야 책임자가 된 사람이 많다. 주류 사회로 진입할 단계이다. 이들은 기능직 분야에서 한국인이 나이가 많아 은퇴한 영역을 대체한다. 3세대 중국동포 청년 세대는 한국에서 취업하는 수가 늘고, 이 가운데 대학교수가 되거나 대기업에 취업자가 증가한다.

한국은 기업에게 고용허가제를 주어 이주노동자를 고용하는데, 이주노동자는 노동허가제를 요구한다. 섹알마문 이주노조 수석부위원장은 경찰의 무슬림 종교활동 사찰이 종교 차별이라고 지적했다.[109]

2018년 재한 캄보디아 이주민 5천여 명은 광주5.18민주광장에서 캄보디아 민주화를 요구하는 촛불집회를 열었다. 캄보디아 훈센총리는 2017 지방선거에서 44% 득표한 캄보디아구국당(CNRP)이 국가안보에 위협이라는 이유로 해산시켰다.

재외동포

한국 재외동포가 700만 명이다. 전 세계 곳곳에 퍼졌다. 이들은 해방 후 한국보다 안정된 삶을 추구하고 더러는 정치 박해를 피해 이주했다. 이들은 그 나라 주류사회로 들어가기도 하지만, 무역, 관광, 유학 업무 등 한국 관련된 일을 많다. 재외동포는 이중국적이 인정돼 한국 선거에서 투표한다.

일본 중국 러시아 중앙아시아에 거주하는 동포는 대부분 일제 강점기에 강제 이주한 동포 후손이다. 중앙아시아에 거주하는 고려인 동포는 상당수가 소련 해체 뒤 러시아와 연해주로 재이주했다. 최근 한국으로 10여만 명이 이주했고 대부분 한국 영주를 원한다.

중국에 있는 한국인 동포는 한국은 물론 중국 전역에 퍼졌다. 중국에 진출한 한국 기업에서 통역을 많이 한다. 동포 학생 일부는 중국어 영어에 능통해 한국으로 오기도 하지만, 여러 언어에 능통해 일본 취업에 유리하다.

해방 이후 해외이주 가운데 미국으로 간 사람이 가장 많다. 이들은 미국이라는 힘을 이용해 정치, 경제, 학문 영역에 이르기까지 한국에 영향력을 미쳤다. 독일에 이주한 파독 광원·간호사는 한국의 민주화운동을 지지하고 기여했다.

---

109) 섹알마문, 「무슬림은 어디로 가야 하나요」, 『한겨레』, 2018.3.22.

일본에는 해외 이민자 가운데 일본으로 역류(U-tern)한 사람들이 많다. 페루에서 온 일본인수가 많아 자기네 공동체를 구성해 산다. 한국도 해외에서 취업이 어렵자 유학을 마친 뒤 귀국하는 사람들이 많다.

북한

기성세대는 북한을 통일 대상으로 보았다. 나도 선 평화 후 통일의 입장이다. 새로운 세대 사이에 북한을 통일이 아닌 평화 교류 대상으로 삼는 흐름이 있다.

북한학과 학생은 북한에게 전망을 걸고 북한학과를 선택했다고 했다. 기독교인 가운데 일부는 북한을 선교 대상으로 보아 만주에서 선교 활동한다. 죠지 소로스는 북한을 투자 대상으로 보고 북한 펀드를 매집했다.

2017년 11월 말 기준 누적 한국 입국 탈북자는 총 3만 1256명이다. 탈북자들은 남한에서 일자리를 찾는 것이 가장 큰 문제이다. 전주명 '통일을 준비하는 탈북자 협의회' 회장은 현재 가장 역점을 두는 사업은 탈북민 취업인데, 탈북민도 '경제적 정착'을 넘어 '사회·정치적 정착'이 필요한 시기라며, 사회참여와 정치참여를 강조했다.

북한에서 부모가 자녀를 일부러 탈북시켜 남한으로 보내 교육시킨다는 소문이 있다. 남북이 하나의 생활권이 되면서 자녀 미래의 역할과 일자리를 염두에 둔 행동으로 보인다. 가수 명성희는 노래하는 방식이 북한에 어울리지 않아 남한에서 예술 활동을 하려 탈북했다고 한다.

4. 지구적 사고를 지역에서 실천

지구적으로 사고하고 지역에서 실천한다!(Think Globally & practice locally!)

지역(local)에서 국가를 거쳐 지구사회(global)로 사고 확장이 필요하다. 병아리가 물을 마실 때 먼저 입속에 물을 머금고 고개를 올려 하늘을 쳐다보며 넘긴다. 이와 같이 어떤 일을 할 때 먼저 그 일이 지구적으로 어떤 의미를 갖는가를 생각해보고 실천에 옮긴다.

우리가 사는 공동체들과 노동조직을 결합하면 일/직업의 전체 모습과 추세를 볼 수 있다. 가로축은 개인이 속하는 공동체가 마을, 지역사회, 한국사회, 지구사회로 넓어진다. 세로축은 개인의 이해가 사적인 것을 넘어 사회적 공적 영역으로 확대되는 모습이다.

이러한 넓은 범위의 일자리를 안다면 자신의 일의 전개를 두고 일어나는 불안을 크게 줄일 수 있다. 땅 짚고 헤엄치기 보다는 어렵겠지만 이와 비슷하게 비유할 수 있다. 각주구검(刻舟求劍)의 어리석음을 피할 수 있다. 좀 더 넓고 깊은 삶을 전망할 수 있다.

내 돈 내 맘대로 쓰겠다는데 뭐가 문제냐 던 시대는 지났다. 더 많이 벌어 더 많이 쓴다는 '소비의 미덕'은, 같은 돈을 쓰더라도 누군가에게 도움이 되고 가치 있게 쓴다는 '윤리적 소비'에 자리를 내주고 있다. 그에 따라 기업이 그 활동과 직간접적으로 관련된 이해관계자에게 법적·경제적·윤리적 책임을 다하는 '기업의 사회적 책임'(CSR)도 갈수록 강조되는 추세다.

환경부의「환경·기후변화를 고려한 에너지정책 대안 연구」보고에서 시민들은 값이 비싸더라도 지속가능한 에너지를 사용하겠느냐는 질문에 81.6%가 동의했다. 전기 생산지역과 그 외 지역 전기요금을 다르게 책정하는 것에 찬성한다는 의견이 45.6%로, 반대 의견 38.6% 보다 많았다.

전자상거래로 유명한 아마존의 자회사인 아마존웹서비스(AWS)는 2016년 한국에 2개 이상의 데이터베이스센터를 지을 계획이다. 그런데 이 회사는 "한국이 재생가능에너지를 데이터센터에 보급할 여건을 갖추지 못하면 아마존이 한국을 떠날 수도 있다"며 "한국정부는 전력구매계획(PPA)을 허용해 기업들이 재생가능에너지를 직접 구매할 수 있도록 해야 한다"고 했다. 이것은 그린피스가 2009년부터 IT기업에 재생가능에너지 공급 캠페인을 시작한데 따른 것이다.

다음은 한겨레사회경제연구원이 제시한 지속가능성 실천이다.

윤리적 소비를 실천하는 8가지 방법

1. 아동노동, 노동자 탄압 등 비윤리적 노동으로 생산되는 제품은 사지 않는다.
2. 사회문제 해결을 위한 비전을 갖고 활동하는 기업, 사회적 기업, 협동조합의 물품과 서비스를 구매한다.

3. 자신이 사는 지역과 가까운 지역에서 생산된 로컬푸드를 산다.
4. 이산화탄소 배출이 적고, 친환경적인 제품을 산다.
5. 식료품, 생활용품 등 과도한 소비는 절제한다.
6. 생산자에게 정당한 가격을 지급하는 공정무역 제품을 구매한다.
7. 여행지의 주민이 만든 제품을 구매하고, 환경 파괴를 최소화하는 공정여행을 한다.
8. 자원을 아끼고 환경오염을 막기 위해 중고품·재활용품을 활용한다.

민중의 국제 교류

20여 년 전 내가 사토 요시유키라는 일본인을 만났다. 그는 아버지가 1923년 간토대지진 때 지진으로 인한 화재가 조선인의 방화 때문이라며 조선인을 잡아들이는데 이를 피해 쫓기는 조선인을 숨겨주었다고 했다. 성인이 되어 이 말을 들은 그는 1995년 고베대지진이 났을 때 지진 피해를 입은 조선인을 도울 생각으로 현지에 갔다. 그러나 주로 파친코사업을 하는 조선인들은 여유가 있어 도울 필요가 없었고 대신 동남아에서 온 이주노동자들을 도왔다고 했다. 이 분을 만나면서 나도 이전에 가해자의 일본만을 생각하던 데서 전쟁 피해를 두려워하는 일본인의 마음을 이해할 수 있었다.

2003년 나는 중국 광조우를 방문해 농민공의 실태를 견학했다. 나는 중국인에게 일본 노동자와 교류를 제안했다. 그들은 난징대학살과 같은 전쟁범죄를 저지른 원수라며 거부했다. 그래서 나는 "전쟁은 일본의 지배층이 일으켰고 일본의 서민은 전쟁에서 희생당했다. 그러므로 전쟁을 반대하는 중국의 민중과 일본의 민중이 서로 교류하는 것이 전쟁을 막은 방안이라"고 했다. 중국인은 이에 동의했다.

학생들이 중국 일본의 학생과 교류해 장기적으로 동북아시아에서 평화적 교류의 공동체를 구성하는 인적 고리를 만들어야 한다. 서승은 재일교포로 한국에 왔다가 1971년 박정희 군사정권이 조작한 '재일교포 학생학원침투 간첩단사건'으로 19년 징역을 살았다. 그는 동아시아에서 일어난 일본 식민지배의 완전한 청산과 미·일 중심의 냉전체제에서 발생한 국가폭력에 대한 책임과 보상 그리고 한반도 통일이라는 동아시아 평화를 꿈꾼다. 그는 이런 이상을 갖고 동아시아 평화기행을 통해 교류하며 동아시아 민중 연대를 도모한다.

공정무역 공정여행

국제무역은 생산자에게는 가격을 높이고 소비자에게는 가격을 높이는 초과착취를 이루는 구조이다. 기부라는 이름으로 선진국이 아프리카에 헌옷과 헌책을 보낸다. 동아프리카공동체(EAC)는 이것은 아프리카의 토착 섬유산업을 말라 죽여 2016년 중고 의류와 신발 수입을 전면 금지하겠다고 했다. 책을 기부한 만큼 아프리카 현지에서 펴낸 책을 구입하는 것도 한 방법이다.

공정무역은 생산자 착취를 덜하고 소비자는 생산자의 입장을 이해하며 소비하자는 것이다. 생산하는 공동체의 입장을 이해하고 상호 교류한다. 공정무역은 생산자들과 장기로 계약하고, 지속가능한 생산 비용과 노동자가 생계유지 가능한 임금을 지급하고, 투명한 가격조건과 무역 조건을 명시해야 한다.(르 바지크, 2017, 175쪽) 팔레스타인 공정무역 단체인 UAWC는 팔레스타인 지역 소생산자들의 생산기반 마련, 전쟁 피해복구 지원 등 지역 개발을 위해 활동한다. 한국에서도 이 단체 올리브유를 수입 공급한다.

여행지의 주민이 만든 제품을 구매하고, 환경 파괴를 최소화하는 공정여행을 한다. 유네스코의 정의처럼 "원주민과 여행객, 문화유적지와 환경을 모두 존중하는" 공정여행은 원주민에게 혜택을 줄 뿐만 아니라 여행객들이 더 즐겁고 교육적인 여행을 하게 해준다.

기술혁신은 사회 변화에서 주요 변수이다. 지식사회가 되면서 지식과 정보 기술의 중요성이 자본과 노동에 비해 상대적으로 커졌다. 4차 기술혁신이냐 4차 산업혁명이냐 논란이지만, 생활에 미치는 영향이 크고 빨라 이를 간과할 수 없다. 4차 기술혁신은 독점과 공유의 두 가지 성격이 있다. 플랫폼을 통한 독점은 기하급수적이다. 4차 기술혁신은 그가 가진 공유 성격을 완성할 때 자본주의 착취 구조를 변화시키며 '4차 산업혁명'으로 자리 잡을 것이다. 용어는 4차 기술혁신과 4차 산업혁명을 혼용한다.

1. 4차 기술혁신의 내용

4차 산업혁명은 2010년 독일의 '하이테크 전략 2020'의 10대 프로젝트 중 하나인 '인더스트리 4.0(Industry 4.0)'에서 '제조업과 정보통신의 융합'의 의미로 사용했다. 클라우스 슈밥 WEF 회장은 『4차 산업혁명』[1]에서 4차 산업혁명을 '3차 산업혁명을 기반으로 한 디지털과 바이오산업, 물리학 등 3개 분야의 융합된 기술들을 경제체제와 사회구조를 급격히 변화시키는 기술혁명'으로 정의했다. 2016년 1월 20일 스위스 다보스에서 열린 '세계경제포럼(WEF)'은 '4차 산업혁명의 이해(Mastering the Fourth Industrial Revolution)'를 주요 의제로 설정했다.

4차 기술혁신(innovation)은 인공지능(AI), 드론, 로봇, 3D프린터, 가상현실 증강현실(Augmented Reality), 전기자동차, 빅데이터, 사물인터넷(Internet of Things), 스마트 팩토리 등을 이용한 기술혁신이다. 실물과 사이버를 연결하는 혁신이다. 실물을 모두 동원하고 인간관계 모두를 동원한다.

레이 커즈와일은 『마음의 탄생』에서 인공지능이 발달해 30년 뒤 인공지능이 인간을 능가하는 특이점(singularity)이 올 것으로 예상한다.[2]

---

1) 클라우스 슈밥 지음, 송경진 옮김, 『제4차 산업혁명』, 새로운 현재, 2016.

4차 기술혁신은 2차 기술혁신의 제조업과 3차 기술혁신의 인터넷을 결합한 것으로 간단히 요약한다. 이것은 생산혁신을 불러온다. 반복적인 행동이나 지식의 축적으로 이루어진 노동은 기계가 대신한다. 따라서 일자리가 축소된다. 사라지는 직업이 있는 동시에 새로운 직업이 등장한다. 사라지는 일자리는 많고 새로 등장하는 일자리는 적다. 결과적으로 일자리가 줄고 실업자가 늘어난다.

대안으로 절대적 실업에 대한 대책으로 기본소득이 제시된다. 기본소득의 재원은 부의 재분배와 로봇세 등으로 충당한다.

노동이 자본을 낳는 것을 넘어 자본이 자본을 낳는다. 자본은 금융, 플랫폼 등을 통해 이윤을 얻는다. 자본소득이 노동소득보다 항상 우위에 있다. 자본주의가 발달할수록 소수 부유계층에 자본이 집중돼 분배구조의 불평등이 악화된다.

생산성이 획기적으로 높아진다. 자본을 가진 자와 갖지 못한 자, 유업자와 실업자의 격차가 거친다. 위의 개념은 주로 선진국 사이에 전개되는 담론이다.

또 이 둘을 가진 나라와 그렇지 않은 나라의 격차가 커진다. 실례로 구글은 한국에 대해 화석연료 사용하지 말라고 한다. 그러나 구글은 한국에서 연간 수조 원의 이윤을 얻지만 세금을 내지 않는다. 한국의 조세법은 초국적 기업이 자신이 소속된 국가와 한국의 세법 가운데 하나를 선택할 수 있다. 피케티는 글로벌 누진 자본세를 부과하자고 했다.(토마 피케티, 2014 참조) EU는 전 세계 연간 매출이 50만 유로(약 100억 원) 이상인 IT기업에게 3% 디지털세를 부과한다.

인간은 반드시 노동해야 한다는 관념에 변화가 온다. 팀 런던은 유급고용이 아닌 탈노동을 제시한다. 탈노동 접근방식은 완전실업 정책을 선택한다. 일은 기계가 하고 인간은 다른 정치적인 일을 한다. 그리스에서 일은 노예와 여성이 하고 시민은 정치를 한 것과 마찬가지이다. 생산이 아닌 분배에 기초해 기본소득을 지급한다. 인간은 더 이상 일을 숭배하지 않고, 기계가 인간의 일자리를 빼앗았다고 불안해 할 필요가 없다. 이전의 기술혁신은 국가가 개발을 주도하고 자본이 이를 이용했다. 탈노동 정책 프로젝트는 국가가 민주주의 차원에서 주도해야 한다.

팀 런던은 이를 "어떤 사람에게 물고기를 주면 하루를 배불리 보내게 해줄 수 있을

---

2) 레이 커즈와일, 『마음의 탄생』, 크레센도, 2016.

것이다. 어떤 사람에게 자기 대신 물고기 잡는 일을 해줄 로봇을 주면, 그 사람은 보다 중요하고 흥미로운 일들에 더 많은 시간과 에너지를 쏟을 수 있게 될 것이다."[3]고 비유했다.

지식기반 사회에서 부가가치 창출이 노동과 자본에서 지식과 정보로 이동했다. 한국에서 지식과 기술혁신이 경제 성장에 미친 영향이 1970년대 17.6%에서 2000년대 45.1%로 급증했다. 반면 노동은 35.3%에서 23.2%로, 자본은 47.1%에서 31.7%로 감소했다. 따라서 지식경제사회에서 경제발전을 위해서 지식과 정보를 수집, 가공, 창출, 활용, 관리하는 인재 교육이 중요하다.[4] 따라서 4차 기술혁신 전개를 추적할 필요가 있다.

4차 기술혁신 또는 4차 산업혁명의 용어 규정에 대해 양론이 있다. 산업혁명이라는 견해와 하나의 기술혁신이라는 견해가 있다. 한국 정치인들은 4차 산업혁명이라고 하는데, 인문학적 상상력 없이 기존 시각으로 접근하면 신자유주의 체제 폐해를 가려주는 구호로 전락한다. 독일과 중국은 인더스트리4.0이라고 한다.

강철구 교수는 4차 산업혁명의 등장이 1990년대 인터넷이 등장할 때와 비슷하다고 했다. 인터넷이 등장할 때 마치 인터넷이 실물을 대체하는 듯이 말했지만, 사회운영의 중심은 여전히 실물경제이었다. 김영규 교수는 자본에게 4차 산업혁명은 신자유주의를 잇는 새로운 탈출구라고 했다. 선대인은 '4차 기술혁신'이라는 용어를 사용했다.(선대인, 2017) 이준웅 교수는 "슈바프가 모든 생산과 소비, 유통과 서비스가 지능적으로 연결되면서 지금까지 없던 방식의 사회적 효과가 발생하리라 예상해서 '혁명'이라 부르자고 제안했지만, 이런 세계관에 구획 짓기가 들어설 영역은 없다. 나라면 4차 산업혁명이 아니라 '공장의 종말' 또는 '직장의 종말'이라 부르고 싶다. 종말이 갖는 부정적 함의를 부담스러워하는 사람들에게는 '초연결사회의 도래'라는 대안적 개념을 제시하고 싶다. 인공지능의 주도성을 고려해서 '다중지능사회' 또는 '지능정보사회'란 용어를 사용하는 것도 좋다고 본다"고 했다.[5] 홍성욱 교수는 4차 산업혁명을 정치적 유행어라고 했다. 1차 산업혁명은 90%의 인구가 농업에 종사하는 농업사회를 90%의 인구가 농업 외에 종사하는 산업사회로 탈바꿈시켰다는 점에서 혁명이라는 단어가 어울릴 만

---

3) 팀 런던, 『노동 없는 미래』, 비즈니스맵, 2016.
4) 이무근·이찬, 『대학생의 진로멘토링』, 교육과학사, 2012.
5) 이준웅, 「4차 산업혁명' 구호는 버려야」, 『경향신문』, 2017.05.07.

하지만, 이후 혁명들은 모두 산업사회라는 틀 안에서 일어났다는 것이다.[6]

그러면 모든 인류의 지식을 합친 것보다 더 뛰어난 초인공지능이 출현하는 특이점(Technological Singularity) 단계가 되면 4차 산업혁명이라고 불러도 될까하는 의문이다. 타일러 코웬은 "레이 커즈와일이 뇌를 복사해 컴퓨터에 업로드할 때가 온다는 주장에 대해 그럴 가능성은 없다. 이미 우리가 가지고 있는 신체와 뇌를 효율적으로 사용하도록 기계와 협력하거나 기계를 추가하는 것이 훨씬 수월하다"고 했다.[7]

이렇듯 4차 산업혁명이라는 표현에는 다수가 회의적이다. 그러나 기술혁신이 사회 변화의 한 축을 이끈다는 점은 분명하다. 4차 기술혁신은 그가 가진 공유 성격을 완성할 때 4차 산업혁명이라고 평가할 것이다. 이 글에서는 1, 2, 3차 산업혁명과 차별해 '4차 기술혁신'이라고 부르고, '4차 산업혁명'을 혼용한다.

2. 4차 기술혁신의 영향

이전의 기술혁신

1차 산업혁명은 1784년 수력 증기기관을 이용해 면사 방적기와 철도와 같은 기계적 혁명을 일으켜 기계가 사람의 단순노동을 대체했다. 인간 삶에 필요한 자원이 대량 생산되었다. 영국 독일이 주도했고 유럽과 미국에 한정되었다. 면직물을 대량생산했다. 자본은 자원을 소유했다. 농민이나 육체노동자는 인클로져, 러다이트(Luddite)를 통해 저항했다. 자본주의 모순에 대해 사회주의, 협동조합이 대안으로 나왔다. 마르크스의 자본론, 공산당선언이 나왔다.

2차 산업혁명은 증기기관을 내연기관과 전기모터로 대체했다. 1870년 신시내티도축장에 처음으로 콘베이어를 도입했다. 생산품은 면직물을 벗어나 강철, 석유, 화학, 전기를 이용한 대량 생산 상품이었다. 자동차 회사 포드는 'T형 포드'와 같이 조립 설비와 전기를 이용한 대량생산체계를 구축했다. 포디즘이다.

1870년 이후 미국 독일 일본이 주도했다. 한국의 개발독재가 이에 해당한다. NICs

---

6) 홍성욱 기획, 『4차 산업혁명이라는 유령』, 휴머니스트, 2017, 35쪽.
7) 타일러 코웬, 신승미 옮김, 『4차 산업혁명 강력한 인간의 시대』, 이퍼블릭, 2017, 209쪽.

(newly industrializing countries, 신흥공업국가)다.

자본은 자본을 소유했다. 노동자는 숙련노동자에서 미숙련 노동자 대량 고용으로 바뀌었다. 실업과 산업예비군이 상존했다. 여성이 해방되었다. 세탁기로 대표되는 노동의 변화로 삶의 질을 높였다. 노동조합이 발달했으나 체제내화했다.

3차 산업혁명은 공작기계와 산업용 로봇을 이용한 공장 자동화 시대이다. 1969년 슈나이더 일렉트릭이 PLC-Modicon084를 도입해 자동화를 시작했다. 컴퓨터 혁명, 디지털혁명이다. 1995년 이후 미국 영국 독일 일본이 주도했다. 세계 인구 70억 명 가운데 30억 명이 일상적으로 컴퓨터를 활용한다.(팀 런던, 2016, 217쪽)

생산과 소비에서 전자회로, 정밀제어 등 컴퓨터와 인터넷 기술 혁신으로 모든 산업이 자동화되고 소품종 대량생산했다. 문화, 서비스, 네트워크, 커뮤니케이션, 정보산업이 발달했다. 누구나 평등하게 정보 유통에 참여할 수 있게 되었다. 컴퓨터와 인터넷이 육체노동자, 사무노동자, 생산소비자 등 단순 지식노동자를 대체했다. 인터넷을 통해 데이터가 개방되었다.

자본은 노동자 고용뿐만 아니라 금융을 이용해 이윤을 늘렸다. 자본과 노동자 사이의 격차가 커졌다. 자본과 노동자를 잇는 중간관리층인 중산층이 무너졌다.

대학에서는 학제간 연구 풍토가 자리잡고, 기존 학문과 IT가 결합되었다. 장애인의 행동을 더 자유롭게 했다. 사이버 상의 민주주의가 진전되었다.

4차 기술혁신

4차 산업혁명은 사이버 물리시스템(Cyber Physical System)에 바탕한 기술혁신이다. 그 내용은 인공지능, 로봇, 사물인터넷(IoT), 자율주행차, 빅데이터, 3D 프린팅 등 다양한 기술을 융합한다.

4차 산업혁명은 기술의 통합이 물질, 디지털, 생화학의 경계를 무너뜨리고 있다. 수요와 공급을 연결시켜 기존 산업구조를 근본적으로 바꾸는 정보기술 플랫폼이 핵심이다. 이것이 스마트폰 사용을 용이하게 만들어 사람, 자산, 정보를 한데 모은다. 이런 통합의 기술이 공유경제와 온 디맨드(on demand) 경제를 낳았다.

4차 기술혁신은 2011년 독일에서 처음으로 등장해 Indutrie 4.0으로 사용했다. 단초는 제조업 공장설비에 사물인터넷을 접목하면서부터이다. 제조, 주택, 의료, 교통, 도시, 에너지 시스템이 서로 연결되고 급속도로 성장한 온라인 미디어, 검색, 공유 중심의 플랫폼이 제조업과 서비스산업까지 확대되고 있다. 공장현장과 가상세계를 인터넷으로 연결하는 사이버 물리 시스템은 실시간으로 시뮬레이션을 가능하게 한다.

독일은 4차 산업혁명을 '재즈 음악'에 비유한다. 3차 산업혁명이 정확한 음과 정해진 소리를 내야하는 '클래식 음악'이라면 4차 산업혁명은 그때그때 변주가 가능한 '재즈 음악'이다. 빠른 속도로 변화하는 시장의 요구를 반영할 수 있어야 하기 때문이다.

해법은 '플랫폼을 통한 의사소통'에 있다. 서로 다른 다양한 사람들의 생각을 수렴할 수 있는 '플랫폼 의사소통' 방식이 필요하다. 독일은 '워킹 플랫폼'을 구축했다. 20여 명 정도로 구성된 각각의 워킹 그룹은 질문을 던지고 그 답을 쌓아가며 지식경연 형태로 풀어나간다. 국내에서도 다양한 사람들이 모여 일자리 4.0을 설계하는 플랫폼이 필요하다.[8]

Cyber Physical System을 이용해 유연하고 효율적인 생산체계를 이루었다. 생산과 소비에서 사물인터넷, 데이터집약 기술혁신으로 모든 산업이 데이터화하고 연결되고 인공지능을 이용해 제품을 맞춤 생산한다. 2차 산업과 3차 산업이 결합된 생산방식이다. 2020년 이후에 본격화할 것으로 예상한다.

선진국은 스마트팩토리를 만들어 제3세계로 나갔던 2차 산업을 회수해 일자리를 늘린다. 이러한 독일·일본은 인구가 준데다 일자리가 늘어 구인난이다.

기술의 종류

● 인공지능은 바둑에서 인간이 알파고와 대국했다. 인간이 이기느냐 인공지능이 이기느냐 마치 인간의 자존심을 건 대결이었다. 이세돌은 알파고와 대국에서 1승을 거두었다. 한국사회에 충격을 주었다. 이어 커제와 대결해 인공지능이 완승했다. 인공지능은 직관과 창의성을 가진 인간에게 딥러닝으로 돌파했다. 인공지능(AI) 개발사에서 전환점이었다.[9]

스튜어트 러셀 미국 UC버클리대 교수는 AI를 유용하게 적용할 부분에 대해 △개인 비서 △스마트 홈 △개인 금융 어드바이저 △개인 헬스 어드바이저 등이 될 것이라 했다.

8) 「일자리 4.0' 정답은 플랫폼에 있다」, SK텔레콤, 2017.4.28.
9) 맥스 테그마크 지음, 백우진 옮김, 『맥스 테그마크의 라이프 3.0』, 동아시아, 2017.

와슨의 인공지능이 웬만한 의사보다 더 잘 진단하고 처방한다. 법률 인공지능은 웬만한 변호사보다 사건을 분석하고 판결한다. NYT에서 인공지능이 기사를 쓰면서 수백명의 기자를 해고해 소수의 기자가 데스크를 담당한다.

2045년에 스마트폰이 생활의 일부인 것처럼 인간과 기계가 공존한다. 레이 커즈와일이 말한 특이점(Singularity)까지 갈 것이다. 인공지능이 인간의 지능을 넘어서는 지점이다.(레이 커즈와일, 2016 참조)

레이 커즈와일에 따르면, 2억 년 전 포유동물은 뇌에 신피질(neocortex)을 갖고 사고했다. 6500만 년 전 공룡의 지배가 끝나고 동식물의 75%가 사라진 생태학적 공백기에 포유동물이 추월했다. 포유동물은 몸집이 커지면서 신피질도 커졌다. 머리 주름인 신피질이 커져 지금은 두꺼운 냅킨 두 장 정도다.

AI의 사고는 A의 가로획(-)을 인식하고, 다음 A를 사고하고, 마침내 APPLE을 인식하는 방식이다. 알파고의 바둑 학습 과정이 이렇다. 이런 과정이 앞으로 뇌의 신(新)피질과 컴퓨터를 연결해 진화하는 것이 가능하다. 2030년대에는 나노봇을 뇌의 모세혈관에 이식해 인간의 신피질을 클라우드 속 인공 신피질에 연결, 사고를 확장할 수 있을 것"이라고 말했다. 클라우드를 통해 신피질을 확장한다면 1~2초 안에 1만개의 컴퓨터 데이터에 접근할 수 있다는 것이다.

인간의 중추 신경과 핵심 프로세서 등은 클라우드에 저장되는 시대가 올 것이다. 무궁무진한 저장 공간 덕분에 백업도 충실히 돼 있고 복제본도 수만, 수억 개가 있을 것이라며 현재 인간은 '하나의 정신, 하나의 몸통'에 익숙하지만 더는 그런 게 아닌 시대가 온다. '완전한 파괴나 죽음'이 아주 어려워지게 된다고 설명했다. 그는 "언젠가 우리 몸을 서버에 연결해 뇌의 기억을 분산 저장하거나 다른 사람 뇌와 연결해 기억을 공유하는 것도 가능해 질 것"이라며 "마치 USB를 사용하듯 뇌를 컴퓨터와 연결해 업로드하고, 우리는 생물학적 사고관의 한계를 넘어 점점 기계적 사고관의 영향을 받는 시대가 온다."

그는 이런 상황을 "우리가 기계가 되는 것은 아니고 생물과 기계의 장점을 결합한 '하이브리드'가 되는 것이다. '생각'이란 프로세스의 대부분이 클라우드에서 이뤄질 것"이라고 설명했다.[10]

더 나아가 당신이 인간들이 앞서 축적한 기억 저장소에 접근해서, 물리적으로 만남

자체가 불가능했던 어느 과거 인간의 생각을 그 자리에서 다운로드받고, 그 사람이 직접 느꼈던 인상과 생생한 기억을 통해 그와 조우할 수 있다면? 이런 것들은 뇌를 가두는 신체의 한계를 벗어던진 세상에서 살아가게 될 인류의 모습을 얼핏 바라본 한 단면에 불과하다.[11]

유발 하라리는 호모 사피엔스가 종으로 갖는 가장 중요한 특징을 화폐·종교·정치·법 등의 허구를 믿을 수 있는 능력에서 찾았다. 그리고 사피엔스의 역사가 인지혁명·농업혁명·과학혁명의 계기를 통해 진행돼 왔다고 분석했다. 최근 본격화된 생명공학혁명으로 인해 사피엔스는 사이보그로 대체되면서 결국 사라지게 될 가능성이 높다고 했다.[12]

또 유발 하라리는 "인간이 호모데우스Homo Deus가 되는데, '호모Homo'는 '사람 속을 뜻하는 학명'이며 '데우스Deus'는 '신god'이다. 즉 '신이 된 인간'이라며, 인류를 괴롭히던 기아, 역병, 전쟁을 진압하고 신의 영역이라 여겨지던 '불멸, 행복, 신성'영역으로 다가간다. 미래에는 과학 발달로 인본주의가 퇴색해 더 이상 신의 가치나 인간 중심 이데올로기 의미가 사라진다고 보았다. 그래서 인간은 '그래서 무엇을 인간이라고 할 것인지, 어디까지 타협하고 나아갈 것인지' 종의 차원에서 논의해야 한다"고 했다.[13]

테슬라의 최고경영자 일론 머스크는 "인류의 현존하는 가장 큰 위협은 인공지능(Artificial Intelligence)이다. 인공지능은 핵무기보다 더 위험할 수 있다. 인간이 디지털 초지능을 위한 생물학적 장치로 전락할 가능성이 커지고 있다"고 했다.

물리학자 스티븐 호킹은 "완전해진 인공지능은 인류의 멸망을 초래할 수 있다. 진화 속도가 느린 인간은 자체 개량이 가능한 인공지능의 등장으로 경쟁에서 밀리고 결국 인공지능에 대체될 것"이라고 했다.

장가브리엘 가나시아는 특이점은 마치 블랙홀처럼 통상의 법칙이 적용되지 않는 지점을 말하는데, 무어의 법칙(집적회로의 트랜지스터 수는 8~24개월마다 두 배가 된다)에 따라 인공지능이 특이점을 지나 계속 발전해 나간다는 가정은 모순이라고 했다.[14]

---

10) 「세계적 미래학자 레이 커즈와일 "2030년대, 뇌에 나노봇 넣어 컴퓨터에 연결하는 시대 온다"」, 『조선비즈』, 2016. 7. 24.
11) 미겔 니콜렐리스, 『뇌의 미래』, 김영사, 2012, 20쪽.
12) 유발 하라리, 조현욱 옮김, 『사피엔스』, 김영사, 2015.
13) 유발 하라리 지음, 김명주 옮김, 『호모데우스』, 김영사, 2017.

제리 카플란은 "어떤 기술이든 양적 차이가 충분히 크게 벌어지면 어느 순간에는 질적인 차이가 뒤따르기 마련"이라고 했다. "이것을 처리하고, 다음에는 저것을 처리하라"는 식의 단순지시에 불과했던 컴퓨터 프로그래밍은 인간의 두뇌를 본뜬 '신경망' 프로그래밍으로 발전했다. 연산능력과 저장능력이 폭발적으로 늘면서 컴퓨터 인공지능은 스스로 어마어마한 분량의 데이터를 검색해 패턴을 분석하고 답을 도출하는 단계에 이르렀다. '왓슨'의 경우 전세계백과사전과 위키피디아, 뉴욕타임즈아카이브, 성경 등 2억 페이지에 달하는 정보를 소스로 자기학습하며 수십만 가지의 답을 내놓을 수 있다.[15]

● 로봇은 센서를 통해 일하는 인공지능이다. 인공지능(AI)과 로봇 기술이 발전해 자율주행차와 가사도우미 로봇, 미세 공정을 맡는 소형 공장 로봇 등이 보편화한다. 전투 로봇과 무인기가 국방을 맡으면서 징병제가 모병제로 바뀐다. 일본에서는 로봇이 노인을 돌본다. 리처드 프리만은 로봇을 소유한자가 세상을 지배할 것이라고 한다. 일본, 독일, 미국이 로봇 3대 강국이며, 일본이 전 세계 로봇 시장의 절반을 차지한다.

● 드론을 이용해 우편물을 배달해 우체국을 대체한다. 중국이 드론 분야에서 두각을 나타낸다. 한국 우정사업본부는 드론을 이용해 우편물 배송에 성공했으며, 2022년 우편물 드론 배송 상용화가 목표이다. 군사분야에서 드론을 정찰과 폭격에 이용한다.

● 자율주행차 아이디어를 제공한 브래드 템플턴 교수는 우버와 리프트 등이 운영하는 호출형 차량공유서비스(카헤일링)가 사람의 손을 필요로 하지 않는 자율주행차 기술과 결합하며 자동차 산업은 거대한 변화를 맞이한다고 보았다. 그는 무인 완전 자율주행차는 특히 운전에 취약한 고령층과 어린이, 자신의 차를 구입하기 어려운 저소득층과 젊은 세대를 중심으로 수요가 폭발적으로 증가할 것이라고 보았다.

자율주행차는 교통혁명을 불러온다. 승용차, 기차, 비행기에 적용한다. 택시기사, 자동차운전학원 등의 고용이 크게 줄어든다. 자율주행 트럭들은 차간 거리를 불과 몇 cm 정도로 가깝게 유지한 상태에서 최대 속도로 달릴 수 있다. 차 간 거리가 줄어들면서 도로용지가 줄어든다. 교통체증이 줄고 연료도 줄고 도중에 휴게소에 들를 필요가 없이 24시간 운행하니 운송 시간도 훨씬 단축된다. 한국은 자율주행 시스템을 '운전자'

---

14) 장가브리엘 가나시아 지음, 이두영 옮김, 『특이점의 신화』, 글항아리, 2017.
15) 제리 카플란 지음, 신동숙 옮김, 『인간은 필요없다』, 한스미디어, 2016.

로 인정해 상용화의 걸림돌을 없앴다.

전기차가 엔진 자동차를 넘어선다. 중국 바이두 등이 2021년 일반 도로환경에서 인간 개입 없이 완전 자율주행하는 목표로 한다. 전기비행기가 10년 이내에 한 번 충전하면 최장 570km 비행할 것으로 전망한다. 전기를 사용하면 에너지를 10% 절약하고 불확실성이 제거된다. 노르웨이는 2040년까지 모든 비행기를 전기비행기로 교체한다. 해운업계에서 콩스베르그는 100% 전기컨테이너선을 개발해 2020년에는 완전 자율항해에 도전한다.

자율주행차에서 가장 큰 문제는 교통사고이다. 테슬라 전기자동차에서 운전자 사망사고가 일어나 테슬라가 파산될 우려가 있다.

● 빅데이터가 미래 산업에서 쌀이 될 가능성이 높다. 제조업에서 쌀이 철강이었다면 전자산업에서 쌀은 반도체다. 빅데이터는 21세기를 제패한 신이다. 『사피엔스』의 저자 유발 할라리는 데이터 중심으로 진화할 미래의 모습을 '데이터교'라고 했다. 인류가 인본주의나 자유의지보다 데이터 분석 결과를 믿고 추종한다는 뜻이다.

빅데이터를 이용해 평가를 넘어 가장 효율적인 프로그램을 예측해 만든다. 데이비드 그러스키 미국 스탠포드대 교수에 따르면 미국 정부가 저소득층 노동자 가구를 부조해준 근로장려세제(EITC)의 실효성을 빅데이터로 분석한 결과 근로장려세제 혜택을 받은 가구에서 자녀 건강 상태가 굉장히 좋아졌다는 사실을 확인했다. 이런 과학적 방법의 개발에 따라 정책이 정치보다 앞선다. 과거에는 정치가 정책을 결정했는데, 이제는 과학적인 방법으로 측정된 근거들에 기반해 정책을 최대한 공정하게 평가한 뒤 정치로 하여금 최종적인 결정을 내리도록 해야 한다.

인터넷을 이용한 사소한 구매 정보도 쌓이면 그 데이터가 기업에게 돈이 된다. 통신사들은 병원 공공기관 등과 연계해 의료 진료나 전기공급 등 다양한 분야에 빅데이터 기술을 활용할 계획이다. OECD 2015년 연구에 따르면 데이터를 사업에 활용하는 기업은 활용하지 않는 기업보다 생산성 증가가 5~10% 가량 더 빠른 것으로 조사됐다. IT자문기관인 가트너는 구글·애플·페이스북·아마존·바이두·알리바바·텐센트 등 7개 디지털 문지기 기업의 지배력이 증가할 것으로 예측했다.

빅데이터는 인공지능(AI)과 연계된다. 기계 스스로 학습하는 딥러닝 기술을 충분히 활용하기 위해서는 학습을 위한 데이터 구축이 필요하다. 미래창조과학부는 인공지능의 산업적 활용가치가 높은 특허, 법률, 일반상식 부문에서 학습용 데이터 구축에 착수했다. 이렇게 구축된 데이터는 중소·벤처기업, 스타트업 등에 활용된다. 법률 분야에서 '와이즈넷'은 '교통사고', '층간소음' 등 생활용어로 검색하면 관련 법령을 찾아주는 용어사전을 구축하기로 했다. 한국에서 빅데이터를 일자리와 농산물 등의 수급조절에 사용할 수 있다. 일본에서 빅데이터를 사용해 야채의 수확량을 예측하는 시스템을 도입한다. 생산량 예측을 통해 가격 급변동에 미리 대비하고, 공급물량을 조절하는 것도 가능해질 전망이다.

지구적 플랫폼이 개인 정보를 축적하면서 유사 이래 인류가 경험한 적 없는 새로운 권력이 출현했다. 2013년 에드워드 스노든은 "구글이 '지메일(Gmail)'을 엿보고 이용자들의 개인정보를 미국 정보기관에 제공했다"고 폭로했다. 늦기 전에 국가와 개인의 계약인 헌법에 정보인권을 다뤄야 한다. 아마존은 빅데이터를 이용해 어느 지역 소비자가 원하는 물건을 파악하고, 그곳에 그 물건을 가까운 창고에 몰아넣고, 주문이 오면 바로 배송한다.

● 3D, 4D프린터가 제조업을 대체한다. 3D 프린터는 기억 속 모습을 사진이 아닌 입체로 간직하거나 상상 속의 아이디어를 실물로 만든다. 프린팅 기술은 종이 위에 그리는 2차원을 넘어 3차원으로 발전했다. 기존의 대량생산은 가장 저렴하고 보편적인 생산방법이었지만 시간이 오래 걸리고 디자인 변형이 쉽지 않았다. 3D프린팅 기술을 사용해 소비자가 원하는 상품을 소량 생산한다. 아디다스는 중국과 동남아의 공장을 없애고 독일 미국 등에 공장(Adidas Speed Factory), 즉 스마트공장을 세웠다.

웬만한 물건은 필요자가 직접 생산한다. 생산공장, 생산노동자가 줄어든다. 3D프린터로 짧은 시간에 만든 집에서 살고, 저절로 세탁이 되는 '나노 옷'을 입고 외출한다.

기술은 4D프린팅까지 왔다. 4D프린팅은 희귀질환을 고친다. 기도가 제대로 열리고 닫히지 않는 기관연화증은 희귀질환이다. 2012년 미국 미시건대학 모트아동병원에서는 4D프린팅 기술로 제작된 부목을 기도에 부착해 어린이 9명의 생명을 구했다. 이 부목 소재는 폴리카프로락톤이라는 생체고분자 물질이다. 2~3년이 지나면 기도가 자연스럽게 형성되는데, 부목은 체내에 흡수돼 사라진다.[16]

---

16) EBS 1TV 과학비욘드, 『3D 프린팅, 상상을 출력한다』, EBS, 2017.6.15.

• 증강현실(AR, augmented reality)은 가상의 콘텐츠가 마치 실제로 존재하는 것처럼 화면상에 보여주는 기법이다. 오감을 통해 실제와 유사한 체험을 제공하는 기술인 가상현실(VR, virtual reality)이 실제 환경을 볼 수 없는 반면 실제 환경에 가상정보를 섞는 증강현실은 더욱 심화된 현실감과 부가정보를 제공하는 기술이다. 가장 흔하게 거론되는 것이 스마트폰으로 거리를 비추면 인근의 상점이나 건물의 전화번호 등의 정보가 영상에 비치거나, 상품 바코드를 스마트폰으로 스캔하면 가격정보가 나타나는 것 등이다. 사물 인식, 자동 번역, 음성 인식, 위치 인식 등의 여러 기능이 결합할 가능성이 점쳐진다. 아이언맨처럼 무거운 물건을 들거나 장애인들을 자유롭게 움직이게 하는 '증강인간', 먼지처럼 작지만 서버급처리용량을 실현하는 '스마트 더스트' 등이 등장했다. 평창동계올림픽 때 관객은 VR을 이용한 스마트폰 안내에 따라 인천공항에서 평창 객석까지 갔었다.

• 사물인터넷(IoT)과 플랫폼은 기술과 기술을 연결하는 기술이다. 사물에 센서를 붙여 사물들을 연결한다. 플랫폼은 생산과 소비를 연결한다. 이것은 4차 기술혁신의 종합판이다.

사물인터넷(IoT, Internet of Things)이 활발한 분야는 제품기기 분야, 네트워크 분야, 서비스 분야의 스마트홈, 헬스케어, 미아방지 등이다. 인터넷을 자동차, 냉장고, 세탁기, 시계 등 모든 사물에 연결되는 사물인터넷(Internet of Things)이 발달하고 있다. 이 기술을 이용하면 각종 기기에 통신, 센서 기능을 장착해 스스로 데이터를 주고받고 이를 처리해 자동 구동이 가능하다. 교통상황, 주변 상황을 실시간으로 확인해 무인 주행이 가능한 자동차나 집 밖에서 스마트폰으로 조정할 수 있는 가전제품이 대표적이다.

고객이 플랫폼에 서비스를 요청하면 이 정보를 노동제공자가 보고 고객에게 서비스하는 플랫폼노동이 등장했다. 배달대행업, 대리운전앱, 우버택시 등이 대표적이다.

• 블록체인(Block Chain)은 여러 개 블록이 모여 체인을 이룬다는 뜻이다. 데이터를 중앙에 집중하지 않고 개인과 개인(P2P) 간 네트워크에 분산 저장하는 기술로 해킹 위험이 적고, 은행과 같은 제3 기관이 필요 없다. 참가자들이 데이터를 직접 관리하므로 속도가 빠르고, 중앙서버와 보안시스템을 유지할 필요가 없어 수수료 부담이 없다. 블록체인 개발자는 국가의 간섭이나 통제에서 벗어나 개인들이 분산 원장에 기초한 자생적인 신뢰를 기반으로 계약을 맺고 거래를 통해 부유해지는 세상을 원한다. 그런

데 정부가 민주적이지 않고 개인이 도덕적이지 않다면 주된 거래자들이 담합해 약자의 처지는 더욱 악화될 수 있다.

사람들이 블록체인 기술을 활용해 정부를 배제한 상태에서 대한민국 시민임을 인증하는 시스템을 구축할 수 있다.

『블록체인 혁명』의 저자 돈 탭스콧은 블록체인 플랫폼이 2025년 전 세계 GDP의 10%를 차지할 것이라고 내다보았다. 에너지 분야에서도 블록체인을 통해 수십억 명이 대규모 원전뿐만 아니라 태양광, 전기차 배터리의 에너지를 소비하고 거래할 수 있다고 했다. 예를 들어 블록체인에 포함된 세탁기는 일종의 개별 경매시장을 열어, 한전이 지배하는 기존 시장에서 벗어나 기계 스스로 판단해 가장 싼 전력을 골라 공급 받는다. KT가 이 방식으로 전력을 거래한다.

삼성SDS는 이를 활용해 물류시스템의 효율성을 높였고, IBM과 머스크는 보증 절차가 필요 없는 국제무역 시스템을 구축했다. 에스토니아는 블록체인을 도입해 행정 99%를 온라인으로 처리하고, 서울시가 이를 도입한다.

블록체인을 이용한 가상화폐(virtual currency), 또는 암호화폐(cryptocurrency)가 있다. 기존 화폐는 자산소득 가격이 상승하면서 노동자가 손해를 보고, 노동소득이 자산소득을 따라 잡을 수 없다. 중앙은행이 발행하는 통화는 부와 소득을 불균형하게 했다. 이런 부조리한 현상에 대해 민간이 자발적으로 저항해 만든 것이 비트코인(Bitcoin)이다. 비트코인은 결제수단으로 활용되고, 국경을 넘어 국제 결제 수단이 되었다. 만약 비트코인이 기존 통화체제를 대체한다면 전 세계 중앙은행과 상업은행은 문 닫아야 한다. 미국이 달러 발권을 통해 이룬 패권도 사라지게 된다. 통화, 환율, 금융 시장에 대한 정부 영향력은 사실상 제로가 된다. 각국 통화는 변동성 높은 통화가 된다. 빌 게이츠는 "가상화폐(암호화폐)는 판매자의 익명성이 주요한 특성이기 때문에 실제로 해로운 영향을 끼칠 수 있다"며 "자금 세탁과 탈세, 테러 자금 조달을 적발하는 정부의 역할이 중요하다"고 밝혔다.

세계 각국은 가상통화를 화폐나 금융상품으로 바라보기도 하는 한편 거래 자체를 금지하는 등 시각 차이가 있다. 한국 정부는 비트코인이 화폐는 물론 금융상품도 아니라면서도 제도권으로 끌어들이고, 가상화폐 수익에 10% 안팎 양도세를 부과할 방침이다. 일본과 영국 등은 비트코인을 화폐로 인정했다. 중국인이 일본에서 비트코인으로 쇼핑을 하며, 부동산 거래가 이루어질 수 있다. 일부 국가 중앙은행은 독자 가상화폐 발행에 관심을 보인다. 한국에는 가상화폐 거래소 '빗썸' 등이 있다.

장흥배는 가상화폐 대신 주권화폐를 대안으로 제시했다. 주권화폐는 화폐 발행권을 민간 금융기관에서 온전히 국가공동체로 전환하자는 것이다. 신용화폐의 부분지급준비금 제도는 전액지급준비금제도로 전환된다. 신용화폐가 사라진다. 스위스가 주권화폐 도입을 두고 2019년 국민투표한다. 한국은행은 M2(광의의 화폐) 기준 본원통화는 137.4조 원(5.9%)에 불과하다. 나머지는 민간 금융기관이 공급하는 신용화폐이다.

4차 기술혁신의 영향

생산 분배 소비 영역에서, 인공지능을 탑재한 로봇이 인간고용보다 생산 효율적이므로 자본은 노동을 점차 대체할 것이다. 자본을 더 많이 가진 기업일수록 인공지능의 혜택을 더 보고 양극화가 심화할 가능성이 높다. 인공지능 기술을 잘 알고 활용하면서 전체 시스템을 장악하는 사람이 그렇지 못한 채 결과 값만 받아들이는 사람을 이용하고 지배하는 기술계급사회가 도래할 가능성이 있다. 구글, 페이스북, 아마존 같은 회사가 다른 기업과 지구촌 다른 지역을 장악하는 현상이 지금보다 심화할 수 있다.

사회적으로 자본 + 기계와 인간이 대립하는 사회이다. 자본과 기술이 결합해 힘이 커져 기술계급사회(정재승)가 올 수 있다. 이것은 다른 사람이나 다른 지역을 지배한다. 한국은 사람도 지역도 지배당하는 경우일 수 있다.

인공지능으로 인해 소득양극화가 심해진다. 대자본이 중소 스마트업을 인수합병한다. 자본 독점이 더욱 확대된다. 격차가 지구 차원에서 확대된다. 중산층은 무너져 존재하지 않게 된다.

지식과 정보를 공유하지만 이것이 자본의 공유로 이어지지 않는다. 노동과 기계에서 인간의 소외가 큰 문제가 된다. 인공지능이 인간의 지능 판단력을 넘을 경우 인류 존재 자체에 큰 문제가 일어난다.

일자리 감소

4차 산업혁명에서 일자리가 많이 줄고 적게 늘어난다. 이민화에 따르면, 인간과 인공지능의 역할은 각각 창조적인 일과 반복되는 일로 나뉘어 서로 협력하게 된다. 로봇공학자 한스 모라베크는 "인간에게 어려운 일이 로봇에게는 쉽고, 인간에게 쉬운 일이 로봇에게는 어렵다"고 했다. 장기적으로 인간의 장점과 역량을 극대화하면 일자리가 유지·창출되지만, 그렇지 않은 영역에서는 일자리가 감소한다.

미국 MIT 브린욜프슨, 앤드루 맥아피는 『제2의 기계시대』에서 인간이 제2의 기계시대에 이르렀다고 했다. 인공지능 기술을 중심으로 기계가 인간의 일자리를 대체하게 될 시대이다. 제1 기계시대는 산업혁명기 증기기관이 대표되듯이 기계가 인간의 육체적 힘을 대신하던 시대이다. 즉 기계가 인간의 힘을 대신하고, 사람은 기계가 대체할 수 없는 지적노동과 두뇌노동을 하는 쪽으로 옮겨갔다.[17] 기술혁신은 저숙련 일자리는 물론 그것이 아닌 것도 로봇으로 대체될 수 있다.

2016년 세계경제포럼(WEF)은 「일자리의 미래」 보고서에서 "인공지능·로봇기술·생명과학 등이 주도하는 4차 산업혁명이 닥쳐 상당수 기존 직업이 사라지고 기존에 없던 새 일자리가 만들어질 것", "전 세계 7세 아이들 65%는 지금 없는 직업 가질 것"이라고 내다보았다. 4차 산업혁명으로 인해 일반 사무직을 중심으로 제조·예술·미디어 분야 등에서 710만 개의 일자리가 사라질 수 있다고 예상했다. 반면 컴퓨터·수학·건축 관련 일자리는 200만 개가 창출될 것으로 봤다. 결과적으로 500만 개 일자리가 없어진다.

WEF는 향후 5년 내 사무·관리 직종은 475만 9,000개, 제조·생산직종은 160만 9,000개 줄어들 것으로 예상했다. 화이트칼라 직업군이 가장 큰 타격을 받게 될 것이란 예상이다. 반대로 컴퓨터·수학(40만 5,000개), 사업·금융(49만 2000개), 건축·공학(33만 9,000개) 분야는 일자리가 소폭 증가할 것으로 예상됐다.

맥킨지연구소는 일자리를 소멸시킬 12가지 신기술을 선정했다. 사물인터넷, 클라우드, 첨단 로봇, 무인자동차, 차세대 유전자지도, 3D 프린터, 자원 탐사 신기술, 신재생 에너지, 나노기술 등이다. 『유엔미래보고서 2045』는 무인자동차, 무인기 드론, 3D 프린터, 빅 데이터 및 인공지능, 대용량 에너지 저장 기술, AI 로봇 기술은 일자리를 소멸시킬 파괴적인 기술이라고 했다.(박영숙·제롬 글렌, 2015, 174쪽)

---

17) 선대인, 「제2의 기계시대와 자녀교육」, 『경향신문』 2017.2.9.

신기술은 계속해서 실업자를 양산할 전망이다. 드론, 무인자동차로 인해 운전관련 직업부터 교통경찰, 자동차보험 판매원 등이 사라질 것이다. 3D프린터는 다양한 제조업 기술자를 실직자로 만들 수 있다. 빅데이터 및 인공지능은 기자, 의사, 심리치료사, 통·번역가, 고객상담원, 심리학자 등 다양한 직업군을 대체할 수 있다. 보스턴컨설팅그룹은 산업용 로봇에 의한 한국의 노동비용 감축비율이 2025년 세계에서 가장 높을 것으로 전망했다.

일자리 축소가 심해 기존의 노동자 10명 가운데 1명만이 일자리를 가질 수 있다. 생산성 상승이 주로 교육수준이 높은 일자리를 만들어낸다. 빈부격차가 교육격차를 낳고 이것이 일자리 격차를 만든다. 사회적으로 기본소득을 도입해야 한다.[18]

장기적으로 중숙련(middle-skill) 직업, 사무직, 행정직, 판매직의 일자리가 준다. 또한 저임금 및 저숙련 일자리에 대한 수요가 증가하며, 전문직과 관리직을 비롯한 고임금 및 고숙력 일자리에 대한 수요가 증가한다. 그러나 이 둘의 중간층에 있는 일자리의 임금은 상승하지 않는다.(타일러 코웬, 2017, 65쪽)

재능 있고 창의적인 노동자는 높은 임금과 자본을 갖게 되고, 평범한 노동자는 평범한 임금과 저축을 갖게 된다. 이런 사정이 반영돼 2011년 월가 시위에서 시위자들은 우리가 고통 받는 99%라고 했다. 최고로 부유한 1%의 기득권이 전체 부의 50%를 차지해 나머지 99%가 고통 받는다는 의미이다. 현대 직장에서 중요한 특징은 업무의 정확한 실행이 업무의 양보다 중요하다. 장기간에 걸친 일관된 조율 능력이 중요한 강점이다. 집단의 목표를 달성하고자 하는 태도가 동기부여와 협력에서 가장 중요하다. 이런 점에서 고용주의 소득이 늘어날수록 성실하고 고분고분한 노동자에 대한 수요가 늘어난다. 또한 인지능력이 있는 엘리트가 큰 이득을 보며, 서비스 분야에 프리랜서가 많아지고, 기량 없는 노동자는 일자리를 얻으려 쟁탈전을 벌인다. 따라서 20대의 일자리 전망을 밝지 않다.

성실성과 학위가 소득을 좌우한다. 서비스 분야, 정밀 제조업, 의료와 교육 분야, 정부 관료 고용, 창조적인 산업계에서 육체노동 중심의 인력 추가는 점점 줄어든다. 심지어 군대조차 목표에 총을 겨누고 쏘거나 찌르기보다 첨단기술을 이용하는 쪽으로

---

18) 이노우에 토모히로 지음, 김정환 옮김, 『2030 고용절벽 시대가 온다』, 다온북스, 2017.

바뀐다. 직장 안에서 성실의 가치가 증가한 덕분에 여성이 직장과 대학에서 남성보다 좋은 성과를 낸다.(타일러 코웬, 2017, 98쪽)

개인을 기준으로 보면 미래에는 평생 한 직장에서 정규직으로 일하는 모습을 찾아보기 어려울 것이다. 오늘날 미국인은 평생 11개의 일자리를 거치는데, 일거리가 더 유연해지는 미래에는 한 사람이 거쳐 갈 일자리가 더욱 많아질 전망이다. 새로운 일을 수행하는 데 필요한 기술의 종류는 끝없이 늘어나기 때문에 계속 재교육을 받지 않으면 새로운 일자리를 얻기가 불가능해질 것이다. UN 미래 보고서에 따르면 2030년까지, 20억 개의 일자리가 소멸하고, 현존하는 일자리의 80%가 사라진다.

일자리 창출

반면 빠르게 성장하는 산업은 일자리를 창출한다. 현재 부상하는 산업은 대부분 첨단기술 산업이나 디지털 산업이다. 특히 두 개 이상의 신기술이 융합해 일어나는 변화가 가장 파괴적이다. 합성생물학, 인공지능, 양자컴퓨팅, 3D프린트 분야 등이 여기에 해당된다.

『유엔미래보고서 2045』는 무인자동차와 지능형 고속도로, 진공 튜브 운송 네트워크, 대기 물 수확 기술 등이 새로운 인프라를 창출하며 고용효과를 가져올 것이라고 했다.(박영숙·제롬 글렌, 2015, 187쪽)

취업자는 인공지능을 이용해 사회를 기획하는 자이다. 인공지능 디자인의 주도자는 고도로 다양한 시행착오를 경험해본 아키텍트급 사람들일 것이고, 이들은 상상조차 어려운 막대한 보수를 받게 될 것이다. 일자리를 위협받는 사람들과의 격차는 크게 벌어질 것이다.[19]

기술혁신에 따라 창업자는 더욱 늘어날 전망이다. 실업 청년들은 일자리를 찾는 대신 1인 기업 설립, 또는 가내수공업 체제를 택할 것이다. 3D프린터가 보급되면 각자 집에서 원하는 제품을 만들 수 있다. 창업자들은 자신이 하고 싶은 일을 찾되 필요하면 동업자를 구하면 된다. 이런 방식으로 스티브 잡스와 래리 페이지는 창고에서 애플과 구글을 각각 만들었다. 제2, 제3의 구글을 꿈꾸는 창업자가 무수히 늘어날 것이다.

---

19) 이정동·서울대학교 공과대학 지음, 『축적의 시간』, 지식노마드, 2015.

기술혁신이 계속되면 노동자는 개발자와 무업자로 구분된다. 2045년에 이것은 각기 절반을 차지할 것으로 예상한다.(레이 커즈와일, 2016 참조) 개발자는 유업자로 노동소득으로 살지만 무업자는 기본소득으로 생활하게 된다. 여기서 무업자는 취업하려 해도 일자리가 없어 취업하지 못하는 노동자, 구조적인 실업자를 말한다.

영국 옥스퍼드대의 칼 베네딕드 프레이와 마이클 오즈번 교수 연구팀은 「창의성 대 로봇」 보고서에서 로봇과 인공지능 발달에 따라 10년 안에 현재의 직종 47%가 사라질 것이라 전망했다. 복잡한 공정도 패턴화 할 수 있으면 결국 로봇이 맡고, 창의적인 업무들만 직업으로 남는다는 결론이다. 번역도 자동번역이 담당하고 기계가 옮기기 어려운 미묘한 차이의 표현을 인간이 맡는다. 수년 안에 일상생활에서 외국인과의 의사소통을 인공신경망을 이용한 번역기를 통해 충분히 가능한 시대가 온다. 나는 한국어로 말하지만 상대방에게는 중국어로 들리고, 상대방의 아랍어가 나에게는 자연스럽게 한국어로 들리는 시대가 머지않아 도래한다. 결국 기계번역 시대에서 본질적인 언어구사능력인 모국어 구사력이 더 중요해진다.

과학자 모쉐 바르디는 인공지능이 발달해 30년 뒤에 일자리의 절반이 없어지고, 중산층은 무너지고, 불평등은 심화할 것으로 예상했다. 실제로 중국에서는 폭스콘, 삼성 등에서 정밀로봇이 많은 노동자의 일자리를 대체했다.(The Guardian, 2016.2.13)

미국 뱅크오브아메리카(BOA)와 영국 옥스퍼드대 연구팀은 10년 내 로봇이 대체할 직업군을 제시했다. △모델, 스포츠 심판, 텔레마케터, 법무사 등은 로봇이 대체할 확률이 90~100%이다. △택시기사, 어부, 제빵사, 패스트푸드점원 등도 로봇이 대체할 가능성이 80~90%이다. △로봇 대체가 어려운 직업군으로는 성직자·의사·소방관·사진작가로 대체 가능성은 0~20%이다.

한국고용정보원이 국내 주요 직업 406개를 대상으로 인공지능(AI)과 로봇기술을 활용한 자동화에 의해 대체될 확률을 분석한 결과, 콘크리트공과 정육원·도축원·고무·플라스틱 제품조립원, 청원경찰, 조세행정사무원 등 순으로 대체 가능성이 컸다. 환경미화원과 택배원, 부동산 컨설턴트, 육아 도우미, 주차 관리원 등도 대체 확률 상위 30위 안쪽에 포함됐다. 이들 직업은 단순 반복적이고 정교함이 떨어지는 동작을 취하거나 사람들과 소통하는 일이 상대적으로 적다고 고용정보원 측은 설명했다. 아울러 통상 전문직으로 분류되는 손해사정인(40위), 일반의사(55위), 관제사(79위)도 대체 확률이 비교적 높은 편이었다. 전문성이 요구되는 인지적 업무도 인공지능이 더 나을 수 있다는 의미다.

하지만 감성과 직관이 필요한 예술 관련 직업들은 자동화 대체 확률이 낮다. 화가·조각가가 가장 대체 불가능한 직업으로 꼽혔다. 사진작가·사진사, 작가 및 관련 전문가, 지휘자·작곡가 및 연주자, 애니메이터·만화가 등도 대체 가능성이 낮은 직업들이었다. 무용가·안무가와 가수·성악가, 패션디자이너, 배우·모델, 대학 교수, 출판물 기획자, 초등학교 교사 등도 인공지능에 비해 경쟁력 있는 직업으로 꼽혔다. 연예인과 스포츠매니저, 판사·검사, 변호사 등 관심 직종들도 대체 확률이 낮았다.

제조업이 이전에는 저임노동력과 소비를 찾아 생산 공장을 해외에 두었다. 생산 혁신이 일어난 뒤에는 생산 공장을 소비자가 있는 국내로 옮긴다. 한국은 제조업 중심지인 동남권 일자리 무너졌다. 거제, 창원, 통영, 부산, 울산에서 철강, 조선, 자동차산업이 무너진다.

미래에는 한 사람이 거치는 프로젝트가 2, 3백 개가 된다. 개인이 자신의 경력을 관리하기 어려워진다. 이를 관리해줄 비즈니스 식민지(Business Colony)가 등장한다. 기업이나 개인이 특정 프로젝트를 수행할 인력을 비즈니스 식민지에 의뢰하면 필요한 전문가와 인원을 구성해 적절한 사람을 매칭해준다. 이 일은 특정 물리적 공간이 아닌 가상의 네트워크를 기반으로 한다.

격차와 복지

인공지능 발달에 따라 컴퓨터와 기계가 과거 노예의 역할을 담당할 것이고, 사람은 보다 창조적인 분야에 주력할 것이다. 사회적 생산력과 부가 크게 향상되면서 많은 사람이 일자리를 잃을 것이다.

미래 세대는 천재적인 기계의 시대가 될 것이며 그런 기계와 협력해서 일하는 사람이 가장 성공할 것이다. 얼마 지나지 않아 미국 국민은 둘로 나뉠 것이며, 한쪽은 기술적으로 역동적인 부문에 종사하고, 다른 한쪽은 그 외의 사람이 차지할 것이다. 평균의 시대는 끝났다.(타일러 코웬, 2017 참조)

제리 카플란은 부를 재분배해 많은 사람들이 주식과 채권을 소유할 수 있어야 한다고 한다. 급격한 기술 발달과 사회변화에 발맞춰 학교 교육도 달라져야 한다고 한다.

실질적인 재교육과 직업 전환을 위해 직업대출이라는 아이디어를 제한했다. 기업이 미래에 누군가를 고용하겠다고 약속하면 해당기업에 세금을 감면해주고, 일하게 될 사람은 미래에 받게 될 임금을 미리 빌려 직업을 익히는데 쓰자는 것이다.(제리 카플란, 2016 참조)

휴머노이드 개발자인 오사카대학 이시구로 히로시 교수는 로봇이 일자리를 대체할 것이라는 우려에 대해 "로봇이 점차 저렴해져 일자리를 대체할 수 있다. 사람은 더 생산성이 높고 생활을 풍요롭게 하는 활동을 하면 된다. 로봇으로 대체해 늘어난 이익금에 따른 세금을 기업에 부과한다. 기업에게서 거둔 세금으로 밀려난 노동자를 지원하면 된다"고 했다.

2030년이 되면 의식주에 필요한 것들이 무료로 많이 공급될 것이다. 3D프린터로 옷, 음식, 집까지 손쉽게 제작할 수 있기 때문이다. 먼 미래가 아니다. 이미 3D프린터로 집을 짓는 일은 현실화되고 있다. 상하이에 위치한 기업 '윈선 데코레이션 디자인 엔지니어링'은 3D프린터로 건물을 지어 팔았다. 가격은 1채당 4,800달러(약 520만 원) 수준이다.

로봇법, 로봇세, 플랫폼세

가장 첨예한 논쟁은 로봇 윤리이다. VR(Virtial Reality, 가상현실) 성추행, 킬러로봇, 유전자 편집이 로봇윤리의 대상이다. 가장 흔한 논쟁은 자동주행차량이 지나가는 사람과 충돌 위험이 있을 때 이 사람을 피해 차량이 벽과 충돌할 경우 차량 안에 있는 사람이 다치게 될 경우 차량은 누구를 보호할 것인가?

살인로봇(자동살인기계) 개발을 어떻게 할 것인가? 미국은 얼굴인식 로봇을 개발했고, 러시아, 이스라엘은 움직이는 물체를 쏠 기술을 확보했다. 중국은 피아구분ㆍ지형 탐지 등 AI를 탑재한 대형 무인잠수함을 개발한다.

헨리 키신저는 '콘키스타도르(스페인 정복자)'의 문화와 압도적 무력 앞에 잉카제국이 처참하게 무너졌듯이 지금부터 AI 시대의 도래에 대비하지 않으면 인류가 잉카인들처럼 될 수 있다는 경고했다. 그는 각계의 최고 전문가들이 참여하는 대통령 직속 AI 위원회를 설치해 기술적 측면부터 정치적, 경제적, 철학적, 윤리적, 법적, 외교적, 군사적 측면까지 광범위한 논의를 제안했다.

EU는 로봇을 전자인간의 규정해 그들이 스스로의 행동에 책임지게 하는 로봇법안을 의결했다. 2017년 프랑스 대선에서 사회당 부느이 아몽 후보는 소득 불균형과 일자리 부족 해결책으로 모든 국민에게 매달 600~750유로(약 75만~94만 원)의 기본소득을 지급하고, 이 비용을 로봇세로 충당하겠다고 했다.

한국은 2007년 '로봇윤리헌장' 초안을 발표했고, 2008년 제정된 '지능형 로봇 개발 및 보급 촉진법'에서 로봇기술의 산업적 가치 제고에 입법 목적이 있었다. 이세돌 대 알파고의 세기의 바둑 대결 뒤에 기술의 오용 가능성을 줄이기 위한 법·제도의 필요성이 증대했다. 일부 법학자들은 로봇윤리 수준을 넘는 로봇법, 인공지능법 등 새로운 법적 규제의 필요성을 제기했다.

건강, 수명, 의료

생명기술과 정보기술 혁명이 결합하면 상품구매, 진로, 결혼까지 인공지능의 알고리즘에 의존하게 된다. 인간의 자유의지는 위협받는다.

인공지능 관련 논의가 대부분 일자리 감소에 초점이 맞춰져 있었지만, 인공지능 의존도가 심화해 초연결 사회의 거대한 네트워크의 위압감에 개별 인간의 자존감이 낮아질 경우 정신질환이 폭발적으로 증가할 수 있다. 또 일부에서는 인간의 두뇌를 전자적으로 복제한 다음 기계장치에 업로드하는 연구를 진행하는데, 성공할 경우 인간은 불사의 존재가 될 것이다. 수명이 있다는 것은 세대를 교체해 가면서 주어진 환경에 보다 적합한 유전자를 만들어내는 메커니즘을 갖고 있는 것인데, 결국 영원한 생명은 자연선택을 위한 경쟁 동기를 잃기 때문에 더 이상 발전할 수 없어, 영원한 생명을 얻는 순간 발전은 정지된다.[20]

인공장기 생산 대체와 초정밀 진단 기술 발달로 평균수명은 120~130세까지 연장될 것으로 대부분의 미래학자들이 예측한다. 각종 유전자 정보시스템은 질병을 정확히 진단하고 예방한다. 노인병도 옛말이 된다. 전문가들은 2025년쯤이면 인간의 장기 78개 이상이 3D프린트로 생산 가능할 것으로 내다본다.

4차 기술혁신에 따른 의료산업 발달은 환자 개인의 의료적 혜택뿐만 아니라 인구

---

20) 홍윤철, 『질병의 종식』, 사이, 2017.

고령화 대응 및 사각지대 확대 등 세계 국가가 직면한 문제에 해답이 될 수 있다. 의료산업에서 4차 산업기술이 적용된 대표적인 예가 원격진료이다. 2030년에 의사의 진료 업무 중 70%를 기계가 할 것으로 예상한다. 구글에서 접촉할 수 있는 의학 분야 글은 30억 개 이상이다. 매일 수백만 명이 구글에서 자신의 증상을 검색하고 치료법을 찾는다. 그 다음에 병원에 갈지 약을 사먹을 지를 정한다. 기계 의사 시대가 왔다.

　건강검진과 병에 걸린 후에 치료하는 현재의 의료 과정을 해체하고, 유전자 검사와 체내에 삽입되는 모니터링 의료기기를 통해 자신의 건강을 실시간으로 점검하고 데이터화해 분석해 질병 위험도를 줄이는 예방의학이 발달한다. 의료정보의 공유에 따라 원격의료가 기술적으로 가능하며, 여기에 대기업이 참여할 경우 의료민영화의 문제가 생긴다.

교육

　4차 산업혁명 단계에서 대학교육은 물리적인 학제간 연구로는 부족하고, 융복합·협업 교육을 해야 한다. 대학교육은 1차 산업혁명 단계에서는 전문직 양성을 위한 전문학의 학습과 연구 중심이었다. 2차 산업혁명 단계에서는 멀티버시티 시대(대학의 대중화·매머드화)로 모든 교과과정이 산업화 과학을 중심으로 분화하고 전문화했다. 3차 산업혁명 단계에서는 기존 학문 영역에 다른 학문 방법론을 도입해 새 영역으로 재편성하는 학제 연구를 강조했다.

　싱귤래리티(특이점, singularity) 대학은 2009년 미국 캘리포니아 실리콘밸리에서 설립된 대학이다. 설립자는 레이 커즈와일 박사이다. 싱귤래리티는 '인공지능이 빠른 자기계발 사이클 속에서 비약 발전해 인간지능을 넘어 도약하는 기점'이라는 의미를 갖고 있다. 빠르게 발전하는 기술을 사업화하는 벤처 창업자들을 길러내는 게 목표다.

　특정 직업에 필요한 기술 대신, 창의성과 의사소통능력 등 직업을 가지는 데 필요한 기본 소양을 가르쳐야 한다. 또 뇌가 성장하는 18~19세 이전까지는 STEM(과학·기술·공학·수학) 교육에 주력할 필요가 있다. 특히 여러 명이 과제를 함께 해결하는 프로젝트성 수업이 학교에서 반드시 이뤄져야 한다.

　4차 기술혁신 단계에서 지능형 기계를 이용한 작업에서, 사람과 컴퓨터로 구성된

팀이 최고의 팀이다. 스마트 머신으로 작업하는 사람은 해당 작업의 전문가일 필요는 없다. 일정 기준 이하의 기술일 때는 기계에 사람을 추가해봤자 기계가 홀로 작업할 때보다 비효율적이다. 생산성 있는 노동자와 기계는 노동시장에서 그 어느 때보다 강력한 보완물이다. 페이스북, 구글, 징가, 삼성은 인재가 필요하면, 최고의 인력을 키우기보다 인재가 있는 회사를 몽땅 인수한다. 삼성전자는 미국의 자동차 전장 전문업체인 하만을 시가보다 높게 인수했다.

우리는 이미 TED, 코세라, 칸 아카데미 등을 통해 다양한 동영상 강의를 인터넷에서 무료로 접할 수 있다. 인터넷 교육이 보편화되면 학벌이 무의미한 시대가 올 것이다. 실제로 동영상을 통해 대학 강의를 듣는 문화가 퍼진 인도에서는 학사 졸업장이 없는 15세 소년도 취직하는 데 아무런 문제가 없다.

대학 입학을 강요할 필요도 없다. 기존 대학은 신기술을 가르치기 힘든 환경이다. 대학에서 한 가지 학문을 깊이 있게 2~4년씩 가르치는 동안 세상이 변한다. 기술 변화를 따라가려면 3개월 정도의 훈련으로도 신기술을 배울 수 있는 프로그램이 필요하다. 이미 미국 다빈치연구소는 이에 대한 해결책으로 3개월간 최신 지식을 가르친 후 곧바로 일자리와 연결해주는 '마이크로 칼리지'를 운영하고 있다. 프랑스는 강사 · 교과서 · 학비 없는 스타트업 육성학교인 정보통신기술학교 에꼴42를 운영한다.

증강 현실을 통한 교육 툴(tool)이 발달한다. 독일은 4차 산업혁명에 앞서기 위해 주입식 교육보다 창의적 · 융합적 교육을 선택했다. 성적 중심이 아니라 학교 교실에서 함께 더불어 공부하고 연대하면서 학생의 창의적 소질을 높이는데 초점을 두었다. 교육 내용은 민트(MINT), 즉 수학, 전산(코딩), 과학, 기술을 필수과목으로 정했다. 누구나 코딩할 수 있고, 누구나 프로그래머가 될 수 있도록 했다.[21]

환경, 에너지, 자원

아파트형 농업이 발달한다. 바닷물에서 곡물용 식물이 자라는 해수농업이 가능해진다. 가정에서 수소와 산소를 결합해 물을 만들고 개인의 건강과 몸 상태에 맞추어 기능성 무기질을 첨가해 마셔 일상적인 건강관리에 맞춤형물을 사용하는 날이 온다.

---

21) 김택환, 『행복한 독일 교육 이야기』, 자미산, 2017.

전기 사용량이 줄어든다. 전기를 많이 사용하는 산업이 퇴조하고, 공정에 들어가는 전기를 사물인터넷으로 조절해 스마트 전기 공정을 사용하기 때문이다.

화석에너지 사용이 끝난다. 태양광 발전, 해안풍력발전, 바이오에너지 등 지속가능한 에너지가 주류를 이룬다. 수소에너지를 사용한다.

핵발전은 방사능 피해를 우려해 많은 나라에서 원전을 폐쇄한다. 우라늄과 같은 물질이 중수소, 삼중수소, 헬륨 등으로 전환될 때 질량 결손이 일어나는데, 줄어든 질량만큼 엄청난 에너지가 발생한다. 이 반응 속도가 빠르면 핵폭발이고 느리면 원자력 발전이다.

'인공태양'이라고 불리는 핵융합 발전은 태양 내부에서 가장 가벼운 원소인 수소의 원자핵 4개가 융합해 이보다 무거운 헬륨 원자핵으로 바뀌는 과정에서 결손된 질량 일부를 대체하기 위해 스스로 에너지를 만드는 원리를 이용한 것이다. 동위원소인 중수소와 삼중수소를 연료로 사용한다. 핵분열 발전과 달리 방사성 폐기물 등이 나오지 않는 것이 핵융합의 결정적 장점이다. 실용하기까지 반세기가 걸릴 것으로 예상한다. 국제핵융합로(International Thermonuclear Experimental Reactor: ITER)를 프랑스 남부 카다라시에 2020년 조립한다. 이 실험에 미국, EU, 일본, 러시아, 인도, 한국이 참가한다. 첫 실험이 성공한다면, ITER은 2040년대부터 각국에 핵융합 발전소를 세워 에너지를 생산할 계획이다.(박영숙·제롬 글렌, 2015, 256쪽) 한국은 KSTAR를 시험 운영한다.

바닷물을 이용하는 조력발전, 조류발전, 해양온도차 발전, 염도차발전이 있다. 염도차발전은 큰 강의 하구에서 강물과 바닷물이 만날 때 발생하는 삼투압작용을 이용한다. 강물과 바닷물 사이에는 약 24atm 정도의 압력차이가 있다. 이는 약 240m 높이의 수력발전소 댐에서 떨어지는 낙차와 같은 힘이다. 세계 주요 강의 염도차 에너지 부존량은 약 26억KW이다. 아직 경제성이 낮은 개발 초기 단계이다.

교통, 도시

자동주행 자동차가 운영된다. 운전기사라는 직업이 없어진다. 초고속 교통수단이 대중화되면서 '한·중·일 일일경제권'이 조성된다. 세계가 일일생활권이 된다. 진공튜브 속의 자기부상열차가 시속 6,000km 속도로 달린다. 지구 둘레가 40,000km이다.

세계 인구의 절반이 도시에 산다. 도시에는 교통체증, 환경오염, 에너지 부족 등의 문제가 만성적으로 도시생활자 삶의 질을 낮춘다. 스마트 시티는 첨단정보통신기술(ICT)을 이용해 이런 문제를 해결한다. 프랑스 파리 근교 공장도시인 이시레몰리노는 학교, 사무실, 가정집과 태양광발전을 연결해 에너지 비용을 20% 이상 절약했다. 독일 하펜시티는 쇠락한 옛 항만지대를 되살리기 위해 항만 운영과 물류 교통 관리에 스마트 시스템을 구축해 유럽 도시 재생형 스마트 시티의 대표적 사례가 되었다. 세종시와 부산시가 공유차나 자율주행 대중교통으로만 이동하고 수도꼭지에서 생수가 나오고 가정별 전기요금이 0원인 스마트 시티를 추진한다.

정부, 국가, 세계

직접민주주의가 발달한다. 국가운영, 무역, 법률에 선거를 통해 주민의 의사를 수렴해 반영한다. 인터넷을 통한 민주주의가 발달한다. 이것은 정치의 전 방향으로 영향을 미친다. 미래에 온라인 포털 시스템이 구축되면 입법부와 행정부의 일을 국민이 직접 하게 된다. 주민참여예산제도, 주민참여입법제도가 온라인으로 활성화되고, 직접 투표 시스템이 구축되면 국민의 대리인은 필요 없게 된다.

도시와 지방이 자신에게 합당한 몫을 요구하고 지속가능한 삶을 살려는 노력이 커진다. 반면 정부의 기능 일부를 광역국가, 세계국가로 이양한다. 글로벌 선거를 한다.

바다 위 국가가 생긴다. 마이크로 국가, 스타트업(startup) 국가를 실험한다. 기존 국가의 주권 제한을 벗어나려 한다.

반면 우월한 기술 역량을 갖춘 집단이나 조직이 새로운 거버넌스가 돼 정부를 대신해 권력을 장악할 염려가 있다. 조지 오웰 『1984년』(1949)이 말하는 전체주의 경찰국가가 현실이 될 수 있다. 중국은 회사나 대학 출입구에 안면인식기를 설치해 IC카드를 대신하고, 공연장 입구에서 수배자를 체포한다.

따라서 미래에 세계는 한 국가 시스템을 벗어나 글로벌 시스템으로 전환할 필요가 있다. 교통수단이 발달해 글로벌 교통, 단일 통화로 인해 글로벌 금융 등 단일화된 글로벌 시스템이 필요하다. 이밖에도 기후변화, 물 부족, 에너지 부족, 국제 질병, 국제 범죄 등 세계 문제에 효율적 대처가 필요하다.(박영숙 · 제롬 글렌, 2015, 181쪽)

인공지능 번역에 따라 언어통일이 온다. 인터넷을 이용한 원거리 교류가 촉진되고 취업, 상거래가 촉진된다. 이주민의 정착이 쉬워진다. 강화된 일자리 해외소싱이나 본국의 스마트 팩토리가 유턴해 저소득층의 박탈감이 증가한다.

미국 독일 영국 일본 등 4차 기술혁신의 선진국은 보호주의 경향을 띤다. 반면 중국 등 저임금 국가는 우려한다. 심각해진 격차, 지속가능성의 위협에 따라 이 모순을 해결할 지구적 정치의 필요가 커진다.

4차 기술혁신의 쟁점

첫째, 인공지능 시대에는 격차가 더 커진다. 정보를 공유하면 전체가 이어지는 초연결사회가 되는데, 이는 격차가 커지는 원인이 된다. 자본 편향적 기술발전은 사용자 없는 고용과 편향적 부를 초래한다. 미래 사회는 '일당백 시대'와 '승자 독식 사회'가 된다. 세계 부자가 대부분 기술혁명에 기초한다. 한국은 세습 자본이 주류이나 기술혁명에 따른 부자가 생겼다.

이 격차를 지식공유와 민주주의로 해결할 수 있나? 그렇지 않다. 상응하는 분배 노력이 있어야 한다.

반면 낙관적인 견해에 따르면, 21세기의 극심한 빈부 격차는 22세기에 사라진다. 사회통합과 환경보호를 위한 합의안이 만들어지면서 소득격차 상한선이 정해지기 때문이다. 대통령은 단지 국가를 대표할 뿐 통치권은 부여받지 않는다. 국민투표에 따라 결혼제도도 폐지되고 혼자 사는 것이 보편화된다. 모두 개인 중심으로 살되 거주형태만 공동 주거 형태를 띤다. 남녀 각자는 부모가 되겠다는 합의 아래 아이를 낳고, 대부와 대모를 지정해 다부모 양육체제를 택할 것이라고 상상한다.[22]

4차 산업혁명은 공개성, 대중성, 민주성의 성격이 강하다. 자본은 여전히 기술을 독점하려 하지만 한계가 있다. 자본위주의 노동조직에서 노동, 인권, 협동조합, 공공성, 민주주의의 가치가 커진다. 아룬 순다라라잔은 "에어비앤비나 우버가 어느 정도 신뢰가 없으면 불가능한데, 플랫폼이 제공하는 평판시스템이 이런 신뢰를 제공한다. 공유경제는 신뢰, 사회적 상호작용, 가치 등 공동체적 요소가 원활한 교환을 가능하게 하

---

22) 알렉스 제니 외, 전미연 옮김, 『22세기 세계-내일을 위한 유토피아』, 황소걸음, 2015.

는 점에서 선물경제적 성격이 강하다. 자본주의 상품경제에서 쪼그라든 '선물경제'가 디지털 기반의 공유경제에서 부활한다"고 했다.[23)]

지식정보화 시기에 각국에서 일어나는 혁명은 SNS의 정보 공유에 기초한다. 아랍혁명이 그렇다. 한국의 2016, 17촛불혁명은 정유라 이화여대 부정입학~최순실 박근혜의 국정농단~박근혜 대통령 탄핵에서 보는 것처럼 시민이 SNS를 통해 정보를 공유하고 공통의 행동으로 대응했다. 조직도 지도자도 없이 목표와 수위를 인터넷으로 실시간으로 공유, 조절하며 진행되었다. 박근혜 대통령을 탄핵하며 문재인 정부를 탄생하게 했다. 이 힘을 근거로 문재인 정부는 국회 의존도가 이전 정부보다 낮다.

공유경제가 확대된다. 주택, 차량 등을 소유자와 소비자가 사물인터넷을 통해 공유한다. 에어비앤비의 숙박공유 서비스를 이용할 때 내는 숙박비의 8%는 집주인에게 배분돼 지역 안에서 지출되고, 나머지 13%가 에어비앤비의 수수료 수입이다. 오픈소스에 기반을 둔 데이터과학 커뮤니티인 캐글(Kaggle)은 다양한 데이터 엔지니어와 사회과학도들이 더 효율이 좋은 분석 기법을 풀어 놓고 집단지성을 통해 좀 더 실현 가능한 알고리즘을 만든다. 캐글에서 활동하던 분석가들은 샌프란시스코시 범죄에 정확한 예측을 내놓고 선거를 예측한다. 미국 MOOC(대규모 공개 온라인 강좌)는 학생들이 참여하는 컴퓨터공학, 경제학, 경영학, 수학 수업을 개설했다. 공짜로 청강하되, 수업료를 내고 이수하면 학위증을 수여하고 이 중 몇몇은 구직을 보장한다. 한국 정부 사업으로 개설한 KOCW, KMOOC는 대학 수업을 녹화했을 뿐 개별 학생이 필요로 하는 '수준별 학습'에 미치지 못한다.

생산이 풍부해지면서 노동의 부담이 줄어들고, 공산사회가 올 수 있다, 민주주의가 신장된다, 세계의 정보를 시민들이 공유한다, 세계는 정보를 끈 삼아 연결되는 초연결사회이다, 생산과 소비의 구분이 모호해진다, 우버의 경우 소유자와 소비자의 구분이 모호하다, 직접민주주의 기능이 커진다는 주장이 있다.

반면 플랫폼 운영자와 노동자와 소비자를 약탈하는 디지털 약탈경제라는 평가가 있다.[24)] 미국의 경우 우버택시가 택시업계를 장악한 뒤 택시요금을 올리고 승객들은 택시를 잡을 수 없었다. 뉴욕시는 일자리를 잃은 택시기사 8명이 자살한 뒤 우버 차량

23) 아룬 순다라라잔, 이은주 옮김, 『4차 산업혁명 시대의 공유경제』, 교보문고, 2018.
24) 김도현, 「풀리지 않는 '카풀 매듭'…공유경제 vs 약탈경제」, 『쿠키뉴스』, 2018.12.21.

대수를 제한하고 기사 임금을 보장하는 조례를 입안했다.[25]

한국은 최우기(57), 임정남(65) 택시기사가 카풀로 위장한 카카오의 택시 진입에 반대하며 분신자살했다. 카풀앱은 일본식으로 표현하면 공유경제가 아니라 '배차앱'에 불과하다. 소위 공유경제로 위장한 카카오의 택시 침범 행위를 중단하고, 서울시 등이 운영하는 공영택시가 대안이다.(국철희, 2019.2.2.) 2020년에 택시사납금제도가 폐지되고 2021년부터 서울시를 시작으로 월급제를 단계적으로 도입할 전망이다.

정치 국제사회에 긍정적 효과 가능하다. 남북 동아시아 세계질서에도 원용한다. 권일현은 인공지능을 기반으로 한 스마트 팩토리가 소비자의 요구를 반영해 생산하는 점을 주목해 4차 산업혁명의 본질이 민주화라고 했다. 신발의 경우 이전에는 회사마다 표준화되어 있는 사이즈에 따라 대량생산했는데, 아디다스는 인공지능을 이용해 소비자 발의 사이즈, 볼, 등을 입력해 생산한다. 사용자의 요구를 반영하는 점에서 민주화라고 했다.

반대의 측면이 있다. 자본에 이어 지식의 독점이 가능하다. 『사피엔스』의 저자 유발 하라리는 "19세기 산업혁명에 뒤진 프랑스, 일본 등은 먼저 여기에 따랐지만 중국, 인도, 한국은 그렇지 못했다. 그 결과 소수의 산업강대국의 침략을 받고, 착취당했다. 1차 산업혁명 때 독재 엘리트는 대중을 생각해야 했다. 20세기 초 일본이 좋은 예다. 강한 국가를 만들기 위해 수만 명의 노동자, 군인이 필요했다. 그런 이유로 공공의료, 복지, 교육을 만들었다. 그러나 21세기에 군대는 로봇이 대체하거나 사이버전쟁으로 바뀔 가능성이 있다. 이런 경향은 민간 영역에도 확대될 수 있다. 엘리트들은 대중에 대한 의료, 교육, 복지 등이 필요하지 않다고 생각할 수 있다."면서, "4차 산업혁명으로 양산될 실업자들을 위해 기본소득을 도입하는 문제에 대해 핀란드 국민은 자국민의 기본소득을 위해서 세금을 더 걷는 데 동의할지 모르지만, 방글라데시 국민까지 돕는 데는 동의하지 않을 것"이라고 했다.

맥스 테그마크 · 스티븐 호킹 · 스튜어트 러셀 · 일론 머스크 · 프랭크 윌첵 등은 과학자 · 기업가와 함께 '생명의 미래 연구소'(Future of Life Institute)를 세우고 이로운 '인공지능운동'을 제시했다. 이들은 인공지능은 방향 없는 지능이 아니라 유용한 지능이 돼

---

25) 손아람, 「소비자를 위한 기업」, 『한겨레』, 2018.12.27.

야한다며, 연구 목표 정립에서부터 시작해, 안정성·책임성·사법적 투명성·개인정보 보호·이익 공유 등 윤리와 가치 문제를 포괄하는 '아실로마원칙'을 합의했다.(맥스 테그마크, 2017 참조)

둘째, AI가 인간의 통제를 벗어나는가? 인공지능이 인간을 능가할 경우 인간의 존재는 무엇인가? 기계가 인간을 해칠 경우 어떻게 대응할 것인가?

알파고가 이세돌 9단과 커제 9단 등 바둑 최고수를 꺾었지만, 알파고 개발자도 알파고가 어떤 이유로 돌을 놓는지 설명하지 못한다. 페이스북 인공지능 연구진이 채팅로봇에 협상방법을 훈련시키는 과정에서 인공지능이 스스로 새로운 언어를 개발해 업무를 수행하는 일이 일어났다. 이런 현상은 사람이 인공지능에 목표만 제시하고 구체적 방법을 지시하지 않는 '비지도 기계학습' 방식으로 진행됐다. 이것은 기계가 인간의 통제를 벗어날 수 있음을 말한다.

김재인 교수는 네트워크와 빅데이터의 증대, 컴퓨터 연산능력 향상은 지능 기계의 능력을 더욱 높이겠지만, 현재 기술에서 인공지능은 인간의 개입 없이는 성장하기 힘든 한계의 울타리에 있다고 했다.[26]

유발 하라리는 4차 산업혁명 시대에 "아이들에게 가르칠 수 있는 가장 큰 기술은 혼돈의 상태에 어떻게 대처할 것이냐이다. 구체적인 정보나 기술을 가르치는 데 집중하기 보다는 정신적 균형이나 유연성을 기르는데 더 많은 투자를 해야 한다"면서 자신은 고엔카에게 배운 '위파사나'로 얻은 집중력과 정신적 균형으로 책을 쓸 수 있었고 하루 2시간씩 명상을 하고 매년 두 달씩 안거를 한다고 밝혔다.

4차 기술혁명의 성과가 인간에게 유용하려면, 세계 차원의 민주주의가 뒷받침되어야 한다.

---

26) 김재인, 『인공지능의 시대, 인간을 다시 묻는다』, 동아시아, 2017.

3. 4차 기술혁신에 대한 대응

4차 기술혁신에 대한 대응은 사회경제 정책의 변화와 노동의 대응 두 가지이다. 여기서 '서유럽'은 서유럽, 미국, 일본 등 일컫는다.

첫째, 경제체제의 재편이다. 서유럽은 복지정책에 우선점을 두었다. 미국도 오바마케어라고 의료보험제도를 개선했다.

둘째, 일자리 대책은 먼저 창의적인 노동자, 직업교육으로 코딩교육, 다음으로 노동 사이클이 단축돼 일자리를 잃는 노동자에게 평생교육 차원에서 재교육해 새로운 노동을 하게 한다. 이어 기본소득 등 복지 대책을 통해 극복한다.

미국은 실리콘 밸리를 중심으로 4차 산업을 발달시켰다. 1960년대 반도체 혁명을 일으켰던 미국 실리콘밸리가 4차 산업혁명을 일으키고 있다. 실리콘밸리 기업들은 단순히 AI 제품을 개발해 파는 단계를 넘어 AI를 플랫폼화해 산업 생태계를 주도하려는 전략을 실행한다. 플랫폼을 차지해야 이익률이 높기 때문이다. 스마트폰 시대의 구글과 애플은 모바일 운영체제(OS)를 통해 산업을 혁신시키고 이를 플랫폼화한 경험을 현재와 미래에 적용한다. 네바다주에서는 우버택시가 자율주행 허가를 받았다. 미국 오바마 대통령을 제조업을 미국으로 들여오겠다고 했다. 소비자가 있는 곳에 스마트 팩토리를 세우면서 제조업이 미국으로 회귀한다.

영국 런던은 미국에 금가는 기술 스타트업 단지이다.

독일은 제조업의 강점을 살리고자 스마트 혁신을 했다. 미국, 영국이 금융에 집중하는 등 제조업 시대는 갔다는 분위기와 다르다. 독일은 '인두스트리4.0(Industrie 4.0)'에서 4차 기술혁신을 사이버 물리 시스템(CPS)을 통한 '제조업과 정보통신의 융합'의 의미로 사용했다. 인두스트리4.0은 인간이 거의 존재하지 않는 새로운 제조기술 담론에서 출발했다.

노동4.0은 18세기 말 산업사회와 최초의 노동자단체 설립(노동1.0), 19세기 후반 대량생산과 복지국가의 시작(노동2.0), 1970년대 이후 사회적 시장경제의 변화(노동3.0)에 이어 디지털 기술과 유연한 노동방식의 증가를 말한다.

독일은 양질의 노동, 디지털 시대의 전문인력, 새로운 일자리를 위한 교육 등 노동

4.0을 인더스트리4.0의 성공에 필요한 한 축으로 보았다. 2016년 시행한 '노동 4.0'은 자동화로 일자리가 줄어들 것이라면서 국민 100퍼센트의 노동을 목표로, 일자리를 잃는 노동자에게 전직훈련을 제공하고, 새롭게 일할 능력을 학교 같은데서 키워주고, 노동시간 단축을 계획했다.(이명호, 2018, 10쪽)

독일은 교육의 디지털화에만 그치지 않고 산업과 연계를 강조한다. 대표 사례로 전기, 도로, 유통, 자동차가 융복합된 효율적인 공장과 산업환경을 들 수 있다. '무인 자율자동차'와 '친환경 자동차 프로젝트'를 위해 '산학연 융복합 프로젝트'를 조성했다. 기존의 클러스터는 금형, 조선 등 단일분야 산업에 연관된 기업들이 모여 물류, 공장, 유통 비용을 절감했다. 산학연 융복합 프로젝트에서는 새로운 자동차 거리, 센서 기술, 전기차 등 다양한 영역과 산업이 융복합한다. 따라서 새로운 과학 기술과 새로운 인력이 필요하며, 새로운 학교와 교육 프로그램을 만들어 낸다.(김택환, 2017, 151쪽)

4차 산업기술을 바탕으로 기존의 소품종 대량생산은 다품종 소량생산의 주문 생산방식으로 전환했다. 2차 기술혁신 단계에서 신발산업을 해외로 공장을 이전했는데, 3D프린터를 이용해 금형 제작기간을 40일에서 7일로 단축 가능하다. 공장에서 일하거나 프로젝트에 참여하는 노동자가 그리 많이 필요하지 않다면 부유한 국가에서 고용하는 편이 고용비용 측면에서 유리하다. 소비자 개개인의 주문을 소비자 근처에서 생산한다.(타일러 코웬, 2017, 263쪽) 신발업계는 다양한 신발을 즉시 생산하는 방식으로 국내에서 신발 공장을 가동한다. 아디다스는 중국이나 동남아 공장을 폐쇄하고 독일, 미국에 스마트 팩토리를 운영한다. 그 결과 독일, 일본은 고용이 늘고 구인난이 일어났다.

일본은 고령화, 노동력 감소, 경제 침체, 에너지 부족 등 다양한 사회적 문제를 겪고 있는데, 4차 산업혁명을 활용해 생산성 혁명과 인재만들기에 주력한다. 생산성 혁명의 주력 분야는 로봇, 사물인터넷, AI 등 차세대 기술이다. 노동투입기여도가 계속 마이너스인데, 로봇으로 노동력 부족을 해결하는 한편 성장잠재력을 끌어올린다는 계획이다. 말과 동작을 주고받는 소프트뱅크의 휴먼로봇 '페퍼'가 다가온 미래를 보여주었다. 이시구로 히로시 교수는 "저출산·고령화 시대에 로봇은 인류의 경쟁자가 아닌 동반자"라고 전망했다. 일본은 생산활동은 로봇·기계에 맡기고, 인간은 창조활동에 집중을 추진한다. 이광호 코트라 오사카무역관장에 따르면 일본은 저출산·고령화 시대에 AI 기술을 적용한 이동수단, 생산자동화, 건강·의료, 생활을 4대 전략으로 삼고 있다. 아베정권은 4차 산업혁명의 새로운 사회상으로 저출산·고령화·지방소멸 같은 문제를 해결하는 '소사이어티(Society) 5.0'을 내놓고, '커넥티드(Connected) 인더스트리'를 산업 형태로 제시했다. 일본에서는 1947~1949년 사이에 베이비붐으로 태어난 세대를 단카이(團塊)세대라고도 한다. 불쑥 튀어난 세대라는 뜻이다. 이들이 2007년부터 은퇴해 갖춘 제조업 기술이 사라지지 않도록 젊은 세대에게 기술을 전수하거나 퇴직 연령을 늦추는 대책을 세웠다.

핀란드는 노키아가 무너진 뒤 500여 개의 스타트업을 세워 공백을 메웠다. 이것은 창의적인 교육을 받은 노동자가 있어 대응이 가능했다.

중국은 1차 산업혁명과 2차 산업혁명 시기를 '잃어버린 시대'라고 한다. 서구의 침략으로 이런 경험을 할 수 없었기 때문이다. 따라서 중국은 4차 산업혁명 시기 발전에 서구에 뒤쳐져서는 안된다고 인식한다.[27] 중국 정부는 인건비 상승과 공급 과잉 등으로 제조업 성장률이 크게 둔화하자 양적 성장이 아닌 질적 성장에 맞춘 중국식 '인더스트리 4.0'을 추진한다. 중국 정부는 2025년까지 전기자동차 등 미래 주력 산업의 경쟁력을 독일, 일본 수준으로 끌어올릴 목표다. 중국은 AI인재가 많다. 2015년 세계 100대 AI 관련 학술지에서 중국 과학자의 기여가 43%에 이른다.

이스라엘은 인구 대비 나스닥에 상장된 벤처기업수가 최다이다. 방위산업 기술 수준이 세계 3위이다.

4. 한국 노동사에서 기술혁신

한국 노동사에서 전개된 3차에 걸친 기술혁신을 돌아보며 4차 기술혁신에 대한 대응을 살펴본다. 한국 노동사를 서유럽류의 시대구분으로 재단하는 것은 문제가 있지만, 대안이 분명치 않아 서유럽의 시대구분을 한국에 적용해 서술한다.

1차 기술혁신은 조선 후기의 토지겸병, 임노동 증가, 실학자들의 토지개혁 제안, 동

---

27) 김상배 외 편, 『4차 산업혁명론의 국제정치학』, 사회평론아카데미, 2018, 175쪽.

학농민혁명의 토지개혁, 일제 강점기의 공장제 산업의 도입, 해방 후의 농지개혁으로 전개되었다.

2차 기술혁신은 박정희 개발독재를 거쳐 NICS(중진국)의 하나가 되었다. 독재, 관료, 재벌, 국가 주도의 자본주의이며, 초국적 자본이 지배한다. 미숙련 저임노동자 양산하고 노동계급을 형성했다. 한국은 선진국의 기술을 따라 배우고 교육이 이를 정착시키는 역할을 했다.

3차 기술혁신은 김대중 정권 시기에 인터넷 일반화를 통해 이루어졌다. IMF 사태를 거치며 민간주도의 자본주의로 전환했다.[28] 앨빈 토플러는 2001년 한국 정부 의뢰를 받아 쓴 「21세기 한국비전」에서 한국이 '굴뚝경제'에 치우친 산업화 모델에서 벗어나 생명공학·정보통신 기술을 발전시켜야 한다고 했다.

한국은 인터넷의 기반이 있는데도 4차 기술혁신 접목이 지연되었다. 이명박 정부의 4대강 사업, 해외 자원개발에 재정을 낭비했다. 박근혜 정부는 창조경제를 표방했으나 실제로는 공공부문을 사영화하고 재벌의 횡포를 조장했다. 한국이 자랑하는 이세돌 기사가 알파고에게 바둑 대결에서 패배하면서 충격을 받았다.

한국 정부의 4차 산업혁명 대응 전략에는 암묵적으로 산업진흥, 기술개발 중심적 담론이 자리 잡고 있으며 급속한 변화의 부작용을 완화하기 위한 윤리적·사회적 논의는 상대적으로 지체되어 있다. 4차 산업혁명을 둘러싼 기술과 제도, 사회적 문제가 균형을 이뤄야 한다.(김상배 외 편, 2018, 228쪽) 인공지능이 초래할 초연결·지능 사회에서 도태되지 않으려면 기술과 제도와 사람이라는 3대 요소를 중심으로 사회적 합의와 추진이 필요하다.[29]

한국은 3차 기술혁신 과정에서 반도체 생산의 원천 기술을 미국에서 도입했다. 4차 기술혁신에서도 미국 등의 원천기술을 도입하고, 이를 이른바 상위권 대학을 통해 소수에게만 전파하려 한다. 그러나 이 방식은 선진국이 스마트 팩토리를 세워 자국에서 생산-소비를 일치시켜 소비지로 공장을 이전시키기 때문 그 영역이 협소하다. 대중과 함께하는 창의적인 교육으로 나가지 않으면 안되는 배경이다.

최희원 인터넷진흥원 연구원은 "한국은 한 때 IT강국으로 불렸으나 사실은 IT인프라

---

28) 김영곤, 『한국 노동사와 미래』 제3권, 선인, 2009.
29) 이민화, 『4차 산업혁명으로 가는 길』, KCERN, 2016, 82쪽.

강국이다. 반도체 강국, 하드웨어 강국이 아니라 스마트폰 하드웨어 강국이다. 세계 100대 소프트웨어에 미국 기업이 70여 개 차지하는 가운데 한국은 없다. 한국은 운영체제(OS) 하나 없어 항상 빌려 쓴다. 남이 깔아놓은 플랫폼에서 수수료를 주고 비즈니스를 하거나 로열티를 주면서 하드웨어를 만드는 IT 3류국으로 전락할 수 있다. 미국처럼 기초과학과 코딩교육 등 장기 프로젝트를 통해 인재를 배출하고 이들을 걸맞게 대우해야 한다"고 했다.

한국은 선진국의 좋은 기술을 벤치마킹하거나 최종 애플리케이션을 요구, 자본 투자 중심으로 커왔다. 추격 능력이 좋았다. 지난 수십 년간 한국의 주력산업이었던 조선·철강·자동차 산업은 상당히 쇠퇴했다. 기술을 고도화해야 하는 한계에 도달했다.

이시구로 히로시 교수는 "한국 등이 AI 개발에 늦은 점에 대해 인텔 등이 컴퓨터 중앙처리장치(CPU)를 개발했고, 다른 업체가 구입해 전자제품에 적용했다. 앞으로는 AI도 하나의 '부품'이 될 것이다. 그 때 한국, 일본 등이 독특한 제품으로 승부를 볼 수 있다"고 했다.

한국은 세계에서 최초로 수형자의 행동 패턴을 분석해 자살, 폭력, 자해 등 이상 징후를 포착하는 인공지능 '로봇 교도관'을 개발, 실제 교정기관에 배치를 추진했으나 논란 끝에 폐기되었다.(타일러 코웬, 2017, 22쪽) 한국은 싸이월드의 1촌맺기 소셜 네트워크를 개발했으나 이것의 가치를 모르는 상태에서 페이스북이 나왔다. 네이버, 다음, 네이트 같은 검색 엔진도 그런 사례이다.[30]

한국은 애플 아이폰에서 시작한 스마트폰 혁명은 따라잡았으나, AI, 빅데이터 시대에는 더 크고 많은 적과 겨뤄야 한다. 한국에는 IoT 표준이 없다. 데이터 분석학이 약하고 협업이 안된다. 문재인 정부는 △초연결지능화 △스마트 공장 △스마트 팜 △핀테크 △재생에너지 △스마트시티 △드론 △자율주행차 등을 핵심산업으로 정했다. 포스코ICT가 포스코 제철소에 스마트 팩토리를 구축했다. 스마트 팩토리는 IT와 전통 산업의 접목 모델이다. 정부는 2025년까지 기존 공장 가운데 3만 개를 스마트 팩토리로 전환할 계획이다.

---

30) 임마누엘 페스트라이쉬, 『한국인만 모르는 다른 대한민국』, 21세기북스, 2013, 253쪽.

5. 한국에서 노동의 대안

한국사회의 위치

한국은 8.15 뒤 공기업과 생필품생산 산업에서 1960년대 산업사회로 바뀌고 재벌이 지배하는 사회가 되었다. 산업사회 단계에서 산업은 외국 기술을 사오고 노동자는 사용자가 시키는 일만 하면 됐다. 2000년대 들어와 지식사회가 되면서 산업은 원천기술이 있어야 돌아가는데, 한국은 이것을 생산할 능력이 부족했다.

2차 산업혁명의 저임을 이용한 대량생산 체제를 한국에 이식하고 재벌체제가 형성되었다. 2016~7년 촛불혁명은 재벌체제의 종료를 요구한다. 그러나 4차 산업혁명도 그것이 가진 공유 성격은 쏙 빠지고 재벌 중심으로 진행되고 있다.

2016년 박근혜 정부는 한국 경제 회복과 미래 먹거리·일자리 창출에 마중물 역할을 하는 △선진국 수준 인공지능 기술 △가상증강현실 핵심기술과 전문기업 확보 △자율차 핵심부품과 실증 확보 △경량소재 양산 △스마트시티 수출과 국민행복과 삶의 질 제고를 위한 프로젝트는 △정밀의료 기반구축 △탄소자원화 △미세먼지 관리시스템 구축 △바이오신약 등 9대 프로젝트를 제시했다.

문재인 정부는 수요측면 성장전략인 소득주도형 경제정책과 공급측면의 성장전략인 혁신성장을 동시에 추진한다. 혁신성장은 4차 산업기술을 통한 성장을 의미한다. 4차 산업혁명위원회를 두고, 사람 중심의 4차 산업혁명을 하겠다고 했다.[31]

파이터치연구원 「제4차 산업혁명 시대에 필요한 핵심 인력 현황 및 개선 방향」 보고서에 따르면 국내 4차 산업혁명 시대 핵심 인력인 '비반복적 인지 노동자' 비중이 전체 노동자의 21.6%에 불과해 OECD 평균(42.2%)의 절반 수준이다. 국제표준직업분류상 4차 산업혁명의 핵심 인력인 '비반복적 인지 노동자'는 전문가와 관리자로 나뉘는데, 국내 전문가(20.3%)와 관리자(1.3%) 비중은 모두 OECD 평균(각 35.7%, 6.5%)보다 크게 낮았다. 2011~2016년까지 OECD 국가들의 4차 산업혁명 핵심 인력이 평균 5.8% 증가했지만, 한국은 0.5%로 거의 늘지 않았다. 유한나 연구원은 "정보통신 분야에선 소프트웨어 개발 전문가가 특히 부족하다. 과중한 업무량, 잦은 야근, 정신적·

---

31) 「4차 산업혁명, 한국형 모델을 찾아서」, 『주간경향』 제1250호 2017.11.7.

육체적 스트레스 등 열악한 업무환경 탓이 크다. 핵심 인력인 과학·공학 전공 박사들의 해외 유출 문제도 심각하다. 유 연구원은 개선책으로 "초등학교부터 소프트웨어 과목을 단독 교과로 편성하고 정보통신 분야 관리자 육성을 위해 교육 프로그램을 정비해야 한다"고 말했다.

한국에는 하드웨어 스타트업이 용산, 구로, 홍대·합정, 성수, 강남, 성남을 중심으로 형성된다. 예비창업자를 위한 제작 실험실(팹랩, fabrication laboratory)로 세운상가에 팹랩서울이 있다. 용산전자상가에 N15가 있다. 성남시에 판교테크노밸리가 있다.

기본소득제 도입과 아울러 로봇세를 도입한다. 2016년 세계로봇협회(IFR) 각국 제조업 로봇집약도에 따르면 한국은 노동자 1명당 로봇수가 631대로 싱가포르 488대, 독일 309대, 일본 303대, 미국 189대, 중국 68대보다 높아 로봇 밀도가 가장 높다. 로봇세 도입이 절실하다.

최저임금 등 임금을 인상해 내수 비중을 높인다. 현재 세계에서 최상위 0.1%가 대략 세계 전체 자본의 20%를 차지한 것으로 추정하는데, 30년 뒤에는 60%를 소유할 것으로 추정한다. 국가가 기본자본이나 공유자본을 도입해야 한다. 그러면 개개인은 자신이 할당받은 기본자본에 해당하는 배당금을 매년 국가로부터 받게 된다.(선대인, 2017 참조)

창의, 다양성, 집단지성

인공지능, 인지자동화가 실천되는 순간 창의성은 선택이 아니라 필수이다. 극단적으로 말해 기계가 할 수 있는 일은 모두 기계가 한다. 그렇지 않은 부분을 인간이 한다. 인간에게는 창의적인 일만 남게 된다.

플랫폼은 반복되는 부분을 통합해 서비스를 제공한다. 그러자면 개발자 사이에 협력이 절대적으로 필요하다. 그런데 한국은 95%의 개발을 내부에서 남들과 협력하지 않고 단독으로 진행한다. 실리콘밸리에서는 95%의 소프트웨어 프로젝트가 오픈소스로 구성되고 5%만이 내부에서 개발된다. 이를 넘어서는데 다양성과 집단지성이 있다.

연구

이정동 교수는 『축적의 시간』에서 개념설계 역량을 키우는 것이 한국 산업계가 성장하는 길이라고 했다. 개념설계란 타인의 설계도를 가져와 베끼고 실행하는 데서 그치지 않고 스스로 그림을 그리고 계획하는 능력이다. 한국은 1970~80년대 산업화 시기에 벤치마킹과 속도 향상에만 힘썼기에 미국의 테슬라 같은 혁신기업을 키우지 못했다. 단순히 새로운 아이디어를 만들어 내는 것만이 아니라 이를 키워나가는 시행착오의 축적 과정이 필요하다.(이정동 외, 2015 참조) 홍성욱 교수는 "국가가 방향을 정해 기술을 발전시키면 사회도 뒤따라 변할 것이라는 '기술결정론'을 비판하면서, 우리나라가 국제경쟁력이 떨어지는 것은 기술이 부족해서가 아니라, 발전을 가로막는 사회-경제-정치 시스템 때문"이라고 했다.(홍성욱, 2017 참조)

연구 부문에서 정부는 연구를 프로젝트 단위로 발주한다. 일부를 비정규 교수나 대학원생에게 나눠주고, 교수는 관리비 명목으로 수수료10%를 받는다. 연구 효율이 낮다. 연구비를 대학에게 경상예산으로 지급하고, 대학이 연구자에게 직접 지불해야 한다. 김우재 교수는 "대기업 중심으로 만든 한국 경제 신화에 종말이 다가오고 있다, 국가 연구개발의 일부를 떼어 기초과학이라는 보험에 투자해야 한다"고 했다.(홍성욱, 2017, 181쪽)

한국 사회에는 이정동 교수 등이 말하는 '시간의 축적' 이상으로 더 본질적이며 선행하는 과제가 있다.

첫째, 노동자의 단결권을 인정해야 한다. 삼성 반도체 사업은 백혈병을 일으키고, 현대가 주력하는 수소자동차는 전기자동차에 비해 시대에 낙후되었다. 삼성에서 노조를 인정했다면 반도체 사업은 존재하지 않거나 백혈병을 일으키지 않는 기술혁신을 꾀했을 것이다. 반도체 공정은 미국 제니스에서 시작했으나 백혈병 때문에 문을 닫았고, 대만으로 이전했으나 대만에서도 많은 노동자를 죽게 해 퇴출되었다. 결국 한국의 삼성, LG 등으로 왔다.

둘째, 한국 대학에서 학생이 교수 의견과 다른 의견을 내면 그것을 틀린 답으로 간주하고 혼낸다.

대학에서 연구와 교육에서 비판을 허용해야 한다. 시간강사의 교원지위 박탈은 비판적인 연구와 교육을 불가능하게 하고 학벌 위주의 교육을 탈피하지 못하게 하는 주된 원인이었다. 이것은 초중등 교육을 포함해 교육 전반에 영향을 미쳤다. 칼 뉴포트 미국 조지타운대 컴퓨터공학과 교수는 지식 노동자가 몰입을 통해 잠재력을 키워야 자아실현을 성취할 수 있다고 했다.

피터 드러커는 물리적인 대학은 30년 내에 없어질 것이라고 했다. 과학기술이 발전하고 지식은 AI가 제공할테니 판에 박힌 지식을 제공하는 대학은 필요가 없다는 이야기다. 한국의 교육이 근본적으로 바꾸어야 한다고 입을 모아 말한다. 현재의 교육은 시험을 위한 주입식 교육이다. 2차 기술혁신에 필요한 지식을 주입하는 교육이다. 4차 기술혁신에서는 전혀 창의적인 사람을 만드는 교육을 해야 한다. 윤태웅 교수는 인공지능 시대에는 지식을 도구로 부리는 기술보다 지식을 창출하는 능력이 더 중요하다고 했다. 이정동 등은 기술을 혁신하고 창의적인 기술을 만들려면 시간의 축적이 필요하다고 했다.(이정동 외, 2015 참조)

셋째, 자유스러운 사고와 표현을 억제하는 국가보안법을 철폐해야 한다. 유엔은 한국 정부에게 국가보안법 폐지를 거듭 권고했다.

넷째, 한국전쟁의 전쟁 상태를 종결하고 평화협정을 맺어야 한다. 평화는 인간을 전쟁과 외세의 간섭에서 벗어나 자유롭게 한다. 동북아가 미중의 대결장에서 공동체로 변화하는 전환점이다.

다섯째, 특이점이 올 것에 대응해 인문학과 기초과학을 중시한다. 사람 존재에 대한 근본 대책을 고민한다. 자본보다 인간의 가치가 더 크다. 인간은 어떤 기계보다 훨씬 더 민첩하고 재치 있으며, 상대적으로 가볍고 에너지 효율적이다. 인문 기초과학 예술 부문의 노동자들이 창의성을 발휘한다. 모든 국민이 창의성을 발휘하는 조건 마련이 바람직하다. 문제를 해결할 수 있는 인간이 새로운 사업 영역을 개척한다.

교육

사람이 했던 업무의 절반가량을 인공지능(AI)이 대체할 것으로 예상하지만, 창의력과 문제 해결 능력, 소통과 협력이 요구되는 분야는 아직 인간이 필요하다. 인공지능은 문제를 알면 답을 찾아내는 능력이 있다. 문제는 인간이 찾아내야 한다. 학생이 문제를 찾고 해결하는 능력을 키우도록 교육해야 한다. 지식을 던져주는 게 아니라 스스로 질문하고 답을 찾을 수 있도록 도와주고 지원하는 교육 시스템이 필요하다.

　AI는 단순한 일을 잘 처리하는 반면 협업 기능이 약하다. 사람들이 함께 하는 일은 여전히 사람들의 몫이다. 주입식 교육이 교사-학생이 상호 토론해 머릿속의 창의성을 꺼내는 교육으로 바뀌어야 한다. 학생은 더 이상 따라 배우기를 하지 말아야 한다.

　임정수 맥킨지 서울사무소 파트너가 "4차 산업혁명에서 요구되는 역량은 '왜 필요한지(know-why)'를 아는 힘이며 교육도 이에 맞게 변해야 한다." 감동근 아주대교수는 "인공지능시대 교육의 핵심은 상상력과 창의력, 그리고 질문할 수 있는 능력을 키우는 것"이라고 했다.

　클라우스 슈바프 WEF 회장은 "기술 혁명으로 인한 급격한 사회·경제적 변화로 직업에 대한 개념이 근본적으로 달라질 것"이라며 "각국은 대량 실업 등 최악의 시나리오를 피하려면 로봇이 대체할 수 있는 단순 기술을 가르치기보다 창조력과 고도의 문제 해결 능력을 기르는 교육·훈련에 집중해야 한다"고 했다.

　앨빈 토플러는 "21세기의 문맹은 읽고 쓸 줄 모르는 사람이 아니라 학습하고 또 학습해야 한다는 걸 모르는 사람"이라고 했다. 새로운 지식이 계속 등장하는 지식사회에서는 지식 정보 접수보다 계속 배우려는 학습능력이 중요하다.

　앨빈 토플러는 "한국 학생들은 미래에 필요하지 않은 지식과 존재하지도 않을 직업을 위해 하루 15시간씩 공부한다"고 지적했다. 한국의 교육은 학생들이 문제를 찾고 해결하는 능력을 키우는 쪽으로 변화해야 한다. 기존의 교육은 주어진 문제를 해결하는 학생을 키우는데 주력했다. 이런 점에서 4차 산업사회에서 전통적인 대학은 인문 기초과학 예술의 순수학문 가치가 커진다. 나머지는 온라인대학, 6개월짜리 학위과정인 나노 학위, 마이크로 칼리지, 기능대학, 평생교육이 분담한다.

평생교육

　재교육이 중요한 의미를 가진다. 지금은 대학 교육은 4년 배워 10~15년 사용하면 수명을 다한다. 인간이 자신의 머리를 써서 사는 기간은 100년 인생에서 30년에 그친다. 나머지 시간에 계속 배워야 한다.

비정규직, 동일노동 동일임금 시행을 통한 학벌 체제의 타파, 제조업의 구조조정에 대해 노동자의 평생교육을 통한 재생이 필요하다. 앙헬 구리아 OECD 사무총장은 2017년 한국을 찾아 "4차 산업혁명으로 인한 실업 인력을 새로운 분야에 진출시키는 직업훈련이 중요하다"고 했다.

사이버 세상에서도 이를 뒷받침하는 것은 제조업 농업의 실물 경제이다. 농업이나 요리사처럼 기술혁신과 비교적 거리를 둔 산업은 여전히 일자리를 유지한다. 미국의 보호무역주의나 영국이 EU에서 탈퇴처럼 세계적으로 보호무역주의가 강해질 것이다. 이렇게 되면 농업의 비중이 커진다.

학문교육과정과 직업교육과정이 공존하면서 양자의 중요성을 동시에 인정하는 고등교육체제를 만들고, 교육과 직업 세계가 협력하는 교원 임용체제를 운영해야 한다.[32]

일자리

4차 기술혁신의 디지털화로 일자리가 줄고 노동시간과 휴식시간, 일과 삶의 경계가 무너지는 노동의 탈경계화가 진행된다.

2016년 세계경제포럼(WEF)은 「일자리의 미래」 보고서에서 "인공지능·로봇기술·생명과학 등이 주도하는 4차 산업혁명이 닥쳐 상당수 기존 직업이 사라지고 기존에 없던 새 일자리가 만들어질 것", "전 세계 7세 아이들 65%는 지금 없는 직업 가질 것"이라고 내다보았다. 4차 산업혁명으로 인해 일반 사무직을 중심으로 제조·예술·미디어 분야 등에서 710만 개의 일자리가 사라질 수 있다고 예상했다. 반면 컴퓨터·수학·건축 관련 일자리는 200만 개가 창출될 것으로 봤다. 결과적으로 500만 개 일자리가 없어진다.

2020년부터 인구가 감소하는 것을 고려하면 일자리 늘리기를 통해 실업문제를 완화할 수 있다.

첫째, 대안으로 창의적 일자리를 만들고, 실업자를 위해 기본소득을 실시하고, 노동자에게 평생교육을 실시한다. 4차 기술혁신은 실물경제와 인터넷의 결합이다. 현재는 3차 기술혁신의 연장 단계에 있다. 인공지능이 인간을 능가하는 특이점(singularity)은

---

32) 김미란·박태준·채창균·김선웅·류재우, 『대학교수 노동시장 분석』, 한국직업능력개발원, 2010, 191쪽.

30년 뒤에 올 것으로 예상한다. 준비 역시 2원적이다. 하나는 현 단계의 기술혁신에 대비한 것인데 독일 미국이 앞서고 영국 일본이 뒤따르고 있다.

4차 기술혁신은 기존 일자리를 잠식하는가 하면 새로운 일자리를 창출한다. 한국의 산업용 로봇은 제조업 노동자 1명당 2005년 171대에서 2015년 531대로 급속히 늘어나 세계 1위를 기록했다. 일자리를 잠식한 측면이다.

게임은 엔터테인먼트 산업에도, 정보산업에도 속할 수 있으며 세상은 갈수록 게임과 관계가 깊어진다. 게임은 우리의 상호작용 방법과 시간을 보내는 방법을 변화시키고, 직장생활에도 등장해 기술 개발과 인간의 상호작용을 테스트하는 용도로 장점을 가졌다. 인공지능이 체스와 바둑 경기에서 인간을 능가했고, 스타크래프트에 도전한다. 게임은 인공지능 고도화를 도왔는데, 실제 사람들의 거래와 협상을 예측하는데 도움된다. 예측모델을 이용해 선박 항로나 공격적 행동 가능성을 예측하고 전투에서 대응전략을 짤 수 있다. 게임산업은 AR(증강현실), VR(가상현실)와 연결된 부가가치가 높은 산업이다.

중국 임금이 상승하고 국내 산업의 자동화에 따라 해외로 진출한 기업 일부가 한국으로 회귀(U-tern)한다. 부산 신발산업이 회귀하고 있다. 한국 정부는 해외 사업장 25%만 줄여도 '유턴기업'으로 인정한다.

기술혁신 과정에서 노동조직의 구조조정이 불가피하다. 하지만 한국에서는 구조조정 과정에서 해고된 노동자는 방치된다. 이들을 4차 기술혁신을 교육해 노동자로 재생하게 해야 한다. 조선, 철강, 자동차 등 구조조정하는 산업의 해고 대상 노동자에게 IT, 서비스산업 등 새로운 산업에 대응하도록 재교육한다.

둘째, 공공부문에서 일자리를 늘린다. 현재 9% 대에서 20%대로 늘린다. 취업자 대비 공공부문 일자리가 OECD가 21.3%(2013년 기준)이다. 직장인 5명 중 1명이다. 한국은 2015년 기준 8.9% 233만 개이다. 일반정부 7.6% 199만 개, 공기업 1.3% 34만개이다. 덴마크는 34.9%이고, 일본은 7.94%이다. 공공부문 일자리 비중이 낮은 이유는 공공부문에 대한 낮은 재정지출과 민간위탁이 과도한 탓이다. 복지 교육 등 민간위탁 사회서비스를 공공부문 안으로 흡수할 경우 공공부문 일자리 비중이 12~13%가 된다.

선진국의 경험을 보면 생애 전 기간에 걸쳐 발생하는 리스크에 대한 대응으로 공공부문에서 일자리를 만들었다. 보육, 장애인 보조, 돌봄, 요양과 간호 및 간병 등의 사회서비스가 그것이다. 스웨덴은 1960년대부터 90년대 초반까지 신규 창출 일자리의 90%를 공공부문에서 만들었다. 스위스는 2008년 세계 금융 위기 이후 공공부문 일자리 비중을 15%(2009년)에서 18%(2013년)로 3% 늘렸다.(김용기, 2017.2.17 참조)

셋째, 노동시간을 줄인다. 주5일제를 주4일제로 바꾼다. 주4일제는 서유럽 노동시간에 미달하는 수준이다.

넷째, 최저임금을 인상하고 기본소득을 도입한다. 4차 기술혁신 사회에서 소득은 초국적 자본, 국내 자본이 차지한다. 임금은 창의적인 노동자가 받는다. 지금상태로 가서는 창의적인 노동자는 외국인이거나 외국에서 교육받은 한국인이다. 기존의 변호사, 의사 등의 대부분은 기능적 존재가 된다. 기업의 중간 관리자로 대표되는 중간층, 중산층은 무너졌다. 더 하위의 노동자는 저임을 받거나 실업자가 된다. 후자를 위해 기본소득이 필요하다. 이를 뒷받침하는 사회적경제 기본법을 제정한다.

인공지능의 아버지이자 1978년 노벨경제학상 수상자인 허버트 사이먼은 "4차 산업혁명 시대에 소득의 90%는 다른 사람의 지식(빅데이터)을 활용한 것이다. 따라서 90%의 소득세율이 적절하다. 그러나 기업가에게 약간의 인센티브를 주기 위해 70% 세율로 일률적으로 과세하고 그 수입을 기본소득으로 나누자"고 제안했다.

노동과 노동조직의 smart화

한국은 제조업 분야 기술혁신을 받아들인 경험이 있다. 현재 한국의 산업을 삼성의 반도체와 현대 자동차가 이끈다. 삼성의 반도체는 백혈병을 일으켜 진작 접었어야 할 산업이다. 현대는 미래의 자동차로 수소자동차 개발에 투자했다. 그러나 중국 등 세계 여러 나라는 지속가능성을 고려해 전기자동차를 개발하고 서유럽에서는 2040년 석유자동차를 금지한다. 삼성이 무너진다는 경고가 있다.(선대인, 2017 참조)

핀란드는 노키아 핸드폰이 무너졌으나 500여 개의 기업을 창업했다. 그 바탕에는 창의적인 교육과 노동자가 있었다. 경쟁 아닌 협동, 집단지성, 공감능력을 자극시켜 문제 해결능력을 키워야 한다.

한국은 4차 기술혁신 대응으로 재벌기업이 주도하고 노동을 배제한다. 노동에서 창의를 존중하고 일자리를 늘리는 체제로 가야 한다. 그러나 기존의 논의는 코딩교육,

평생교육, 지방의 대응 중심이었다. 코딩교육을 한다며 대학에서 코딩교육이 글쓰기 등 인문학을 대체하는 것은 잘못되었다.

첫째, 생산과 소비를 담당하는 생산소비자가 공유, 민주주의가 가능한 노동조직을 발전시킨다. 재벌 위주의 노동조직을 탈피한다. 공공부문의 공공성, 협동조합, 노동자 자주관리, 지역공동체, 개인의 창업, 기업의 사회적 책임 등이다. 일부 연구자의 기본 소득 중심의 대안은 창의와 노동을 경시하게 한다. 4차 산업혁명 역시 실물경제를 바탕 위에 4차 기술혁신 기술을 적용한 것이다. 기본소득 담론은 노동조직에 대해 하위 개념이다. 기업 입장에서는 노동, 노동조합 협력이 필수이다.

둘째, 초국적 자본이 한국 사회에 대해 책임을 분담해야 한다. 한국기업의 책임도 마찬가지이다. 국가는 영국의 브렉시트나 미국 트럼프대통령의 기후협약 거부처럼 보호주의로 가는 반면 빈부격차, 지속가능성의 위협, 평화의 파괴 등 지구 과제가 더욱 심각해진다. 지구의 과제를 풀기 위해 UN 등 세계 기구나 세계적 NGO의 역할을 강화하고 세계정부 조직의 요구가 커진다.

글로벌 누진 자본세 등 부유세를 도입한다. NGO가 세계적으로 운영되는 경험을 세계정부 추진에 적용한다. 국가 단위에서는 해당 국가에서 얻은 이윤을 그 나라에 남기는 지역재투자법을 적용한다.

셋째, 모든 사람이 참여하고 주도하는 분권과 직접 민주주의를 실현한다. 지방의 입장에서 수도권에 밀렸던 지방의 가치를 중시해야 한다. 지방차원에서 자연, 산업, 사람, 교육을 재구성해야 한다. 2차 산업기술혁신 과정에서 나온 지역적으로 사고하고 지구적으로 실천한다는 주장은 4차 산업기술혁신 단계에 지방에게 유효하다.

최근 문재인 정부가 제주대 등 지방 거점 국립대를 재정 지원해 학생을 지방에 머무르게 하는 거점국립대네트워크를 추진한다. 위의 관점에서 보면 이것은 교육 인프라의 개선이며, 연구와 교육을 활성화시키는 소프트웨어 개선이 뒤따라야 한다.

이재웅 쏘카 대표는 북한에게 에스토니아처럼 스타트업 기반 육성을 대안으로 제시했다.

대응 정책 추진의 동력

4차 기술혁신 사회에서 시민은 정치 사회에게 공동체적인 대응을 요구한다. 촛불혁명이 그렇다. 박근혜-최순실 국정농단에 대해 촛불은 각자의 생각을 모바일을 통해 조직도 지도자도 없이 투쟁의 목표와 수단을 일치시키고 결국 박근혜를 퇴진시키고 촛불정부를 탄생시켰다. 북아프리카의 오렌지혁명과 비슷하다. 그러나 상징에 그칠 수 있다. 이것은 4차 기술혁신을 공동체주의에 유리하도록 이용할 근거가 된다.

4차 기술혁신에 따라 파생되는 과제와 대안은 시민이 정치에게 요구하고, 촛불과 투표로 힘을 얻은 정치가 정책으로 시행한다. 현 사회운동 가운데 가장 큰 부분을 차지하는 노동조합이 비정규직, 중소기업, 하청노동자를 포괄해 시민의 요구로 반영해야 한다. 현재 노동조합에서 정규직 중심의 민노총, 한노총의 기득권과 비정규직 노동자의 저항이 대립한다.

한국은 이명박 정부는 '747계획', 박근혜 정부는 '창조경제'를 표방했다. 문재인 정부는 '4차 산업혁명'을 내걸고 'I-KOREA 4.0'이라는 정책 브랜드를 개발했다. 이명박, 박근혜 정부 시기에 인공지능에 대해 관심이 적었다. 그러다가 이세돌이 알파고와 바둑 대결에서 패배해 화들짝 놀라면서 사회적 관심이 커졌다. 과학자들은 정부가 주도해 방향을 정하고 지원을 내려주는 방식을 반대한다. 과학기술이 약한 것은 기술이 부족해서가 아니라 발전을 가로막은 사회-경제-정치 시스템 때문이라고 한다. 그러면서 과학정보통신부에서 기초과학 연구를 담당하는 부서를 분리하자고 했다.(홍성욱 기획, 2017)

노동조직은 낯선 개념이다. 노동조직은 물자와 서비스를 생산 분배 소비하는 조직이며, 자영업, 기업, 협동조합, 노동자 자주관리, 공공부문 등이 있다. 자본주의든 사회주의든 노동조직으로 구성돼있다. 어느 계급 계층이 노동조직 헤게모니를 장악하느냐에 따라 자본주의, 사회주의, 국가주의, 복지국가, 지속가능사회 등으로 분류된다. 노동조직은 사유에서 협동, 협동에서 공유로 바뀌는 추세이다. 우리는 노동조직 운영 능력을 높여야 한다. 노동조직을 운영할 능력이 있느냐 없느냐에 따라 북유럽 국가는 복지국가를 이뤘고, 소련 사회주의는 무너져 역사 속의 사회주의가 되었다.

한국사회도 노동조직의 조합을 재구성하며 새로운 사회를 전망할 수 있다. 개인 노동생애도 무조건 대기업, '사(士)'자 직업, 공무원으로 갈 일이 아니다. 내가 어느 노동조직에 친화적이고 방점을 두느냐에 따라 삶의 성격과 질이 달라진다.

1. 일

1) 노동, 임노동, 사회적 노동, 시민노동, 탈노동, 공유노동

노동의 변화

노동은 자연물을 가공하는 노력이고, 노동은 생계를 위한 활동이다. 역사 이래 일과 노동은 노동(work), 임노동(labor), 사회적 노동, 시민노동을 거쳐, 탈노동, 독점·공유노동·공생노동으로 변화하고 있다.

노동·일(work)은 생계활동이다. 일에는 자본가의 자유노동, 부르주아의 자율노동, 노동자계급의 강제노동이 있다. 일은 회사일이나 집안일에 의해 대변되고, 노동은 공장노동에 의해 대변된다. 일은 자유롭거나 적어도 자율적인 것인 반면, 노동은 반드시 강제적이다. 다른 한편 노역은 공납제 사회의 부역이나 노예들의 감금노역으로 대표된다. 부르주아 사회에서 강제노동은 수용소나 교도소에 예외적으로 존재한다.

노동자 계급에게 임금노동은 강제노동이다. 임금을 받지 않고서는 생활할 수 없어 노동하기 때문이다.

노동자 계급의 강제노동 범주에는 노예, 부역, 고용노동이 있다. 강제노동은 노예노동(감금노동과 비감금노동), 부역노동, 고용노동, 노예적 노동(감금노동)으로 분류된다.

고대 그리스 시민들이 노예를 활용해 노동으로부터 스스로 자유로워졌다. 고대 시민은 삶을 유지하는데 필요한 것들을 제공하는 모든 직업이 갖고 있는 천한 속성 때문에 노예를 소유하는 게 필요하다고 생각했다. 그리스 시민들은 인간성을 잃지 않으려 노동을 포기하고, 이를 노예와 여성에게 넘겼다. 시민은 일하지 않는 것을 당연하게 여겼다. 시민은 주로 정치를 담당했다.[1] 이것을 민주주의라고 하는데 지금 시각에서 보면 시민 내부의 민주주의이지, 그리스사회 전체가 민주주의는 아니다.

자본주의적 생산양식에서 노동은 감옥에 갇힌 죄수가 행하는 활동처럼 행하는데, 생활은 자유인의 생활이다. 노동은 정해진 장소와 시간 속에서 정해진 방식으로 행해지는 특별한 것이 되었다. 그래서 노동은 여타 생활들과 서늘하게 대조되는 특별한 존재가 되었다. 노동은 '노동'이라는 특별한 관념과 '노동(travail, labor)'에 상응하는 변별적 명칭이다.[2]

칸트는 노동을 "그 자체만으로는 불쾌적하고 오직 그 결과 때문에만 우리의 마음을 끄는 활동"으로 정의했다. 즉 노동은 고통스러운 것이지만 어쩔 수 없이 행해야 하는 것이라고 했다.

애덤 스미스와 칼 마르크스에 의해 노동은 단순한 개인적 생존 차원을 넘어선 유익하고 생산적인 일로 격상되었다. 헤겔은 노동의 부정성을 말했고, 마르크스는 노동이 자본주의적 공장노동으로 이행했다고 했다. 헤겔과 마르크스는 수공업노동을 보고 상업을 인정하지 않았다. 뒤에 상업과 서비스도 노동으로 인정되었다. 지금은 가사노동, 독립노동, 돌봄노동, 그림자노동, 감정노동 등 여러 개념이 나왔다.

노동은 긍정성과 부정성의 양면성이 있다. 헤겔은 불쾌적한 활동인 노동이 불가피하고 그것을 통해 인간이 발전한다고 했다.(이종영, 2010, 183쪽) 공장에서 일하는 노동자들의 노동 환경은 긍정성보다는 부정성을 드러낸다. 노동으로 인해 개인 간의 고

---

1) 한나 아렌트, 이진우·태정호 옮김, 『인간의 조건』, 한길사, 2003.
2) 이종영, 「노동의 개념」, 『진보평론』 제43호 2010년 봄, 메이데이, 2010, 198쪽.

유성이나 고뇌할 필요성을 없앤다. 또한 노동의 즐거움이나 성취감을 느끼지 못함으로써 노동의 행복을 추구할 수 없게 된다. 노동의 긍정성은 노동을 통해 부를 축적할 수 있고, 부가 축적된다면 명예와 지위도 생기고, 부의 축적을 위해서 게으른 마음가짐보다 부지런한 마음가짐을 중시하는 면이다.

마르크스는 개별 노동자든 자신의 생존에 필요한 것보다 더 많은 걸 생산한다는 잉여가치론을 만들었다. 잉여가치(이윤, 지대, 이자)의 축적이 자본이다. 잉여가치의 대부분을 자본이 가져간다. 투자는 토지, 생산, 금융에서 이루어진다. 현재는 금융 부분의 비중이 크다.

마르크스는 『자본론』 1권 「노동과정」에서 노동의 특질을 다음과 같이 말했다. ① 노동은 인간과 자연 사이의 한 과정이다. 즉 인간이 자신의 행위를 통해 인간과 자연 사이의 물질대사를 매개하고 규제하며 통제하는 한 과정이다. 인간은 자연소재를 자신의 생활에 사용될 수 있는 형태로 획득하기 위해 자신의 신체에 속한 자연력인 팔, 다리, 머리, 손 등을 운동시킨다. ② 인간은 이러한 운동을 통해 자연을 변화시키는 동시에 자신의 본성을 변화시킨다. 그는 자신의 본성 안에 잠자고 있는 잠재력을 발전시키고, 그의 활동을 자신의 통제 아래 둔다. ③ 인간은 노동 속에서 의지를 통해 자신의 목적을 실현한다. 즉 인간의 노동은 합목적적 의지의 실현과정이다. 노동의 고통이 클수록 합목적적 의지가 더욱 필요하다. ④ 노동과정의 단순한 계기들은 a) 합목적적 활동 그 자체와 b) 그 대상 및 c) 노동수단이다. ⑤ 노동과정을 생산수단의 관점에서 고찰하면, 노동수단과 노동대상 양자는 생산수단으로 나타나며, 노동 그 자체는 생산적 노동으로 나타난다. ⑥ 노동의 그 물질적 요소들인 노동대상 및 노동수단을 생산적으로 소비한다.(이종영, 2010, 186쪽)

임금노동은 노동자 억압 기제이다. 마르크스주의 연구의 주된 대상 개념이다. 마르크스는 이는 극복해 노동자가 주인인 세상을 추구했다. 생산력이 극도로 커져 능력만큼 일하고 필요에 따라 사용하는 공산사회를 설정했다. 그는 노동은 노동자가 하고 정치는 자본이 한다는 기존 개념의 역전을 말했다. 혁명, 변혁이다. 소련의 역사적 사회주의 체제는 무너졌으나 사회주의 사상이 확산되고 일반화되었다.

막스 베버는 고용주와 고용인들 입장에서 의식 발달에 관심을 쏟았다. 막스 베버는 이윤이 검소하게 진행된 힘든 일에 대한 보상 이라고 했다. 그에게 노동은 개신교와 자본주의의 공통된 윤리적 토대를 연결해주는 다리로 여겨진 천직이나 소명의 개념이다. 자본주의 아래 노동자는 끊임없이 노동하고, 노동하는 것이 도덕이다. 즉 프로테스탄트의 윤리이다. 프로테스탄트 노동 윤리가 노동자에게 근면하고 규율을 지키도록 하는데 이용되었다. 한국에서 개발독재 시기에 자본과 정부가 이를 노동자 윤리로 삼았다.

노동은 탈취와 착취로 구분된다. 탈취는 생산관계 외부에서 생산물의 일부를 빼앗아 가는 것이다. 수탈이라고도 한다. 일제 강점기의 노동은 착취에 탈취를 더한 것이다. IMF 사태 때 초국적 자본이 국내 산업을 M&A한 것이나 현재 금융자본이 이자를 통해 노동자의 임금을 가져가는 것은 탈취의 범주에 속한다. 2008년 세계 금융공황 이후 자본의 이자소득이 노동의 임금소득을 앞질렀다. 임금소득은 이자와 지대를 따라갈 수 없게 되었다. 불평등을 시정하는 방안으로 한국이나 세계에서 부유세, 글로벌 부유세가 대안이다.

착취는 생산관계를 조직해서 그 내부로부터 잉여를 끌어내는 것이다.

협동조합, 사회적 기업 등 사회적인 영역은 엄밀하게 말해 사적인 것도 아니고 공적인 것도 아니며, 근대에 이르러 나타난 비교적 새로운 현상으로, 그 정치적 형태는 고대 도시 국가에서 찾아볼 수 있다. 만일 사적 영역 안에 있는 가정을 경제적 삶의 중심으로 생각하면, 사람들이 그 가정들을 '사회' 속에 통합시키는 것을 공적인 삶으로 여길 때 사회적인 영역이 나타나며, 그리고 그 '사회'가 정치적으로 조직화되면 우리가 말하는 '국가'가 된다. 사회 영역의 발달은 특히 종교 개혁 당시에 나타난 교회와 농지의 전용과 관련이 있다. 이 같은 전용은 새로 시작된 경제 현대화의 중심에도 놓여 있고, 또 오늘날까지 사회적인 것에 대한 우리의 생각을 지배하고 있는 불안정성을 일으킨 것도 바로 그 전용이다. 공적인 것과 사적인 것, 경제적인 것과 정치적인 것은 하나로 합쳐지거나 그 경계가 불분명하다.(한나 아렌트, 2003 참조)

유럽에서 제기한 시민노동(Burge Arbeit), 공공노동(offentliche Arbeit) 그리고 시민소득의 개념이 있다. 이것은 시민이면 시민노동을 하고 세금을 내어 소득을 제공받아 시민으로 생활을 영위할 수 있게 하려는 구상이다. 과거 노동은 직업노동을 의미했다. 그러나 사회에서 그동안 봉사활동만으로 취급했던 노인, 장애자, 에이즈환자, 문맹자, 행려병자를 돕는 노동과 생태 참여 활동과 이와 유사한 노동에 경제적 보수를 지불하자는 주장이 있다. 예를 들면 시민기금의 형태를 취하면서 생활보조비에 상응하는 액수를 지급한다. 시민노동은 기본적 경제 안정에 필요한 직업노동, 육아나 자아실현에 필요한 자기노동과 더불어 노동의 세 가지 범주를 구성할 것이다.

시민노동은 국민국가의 테두리에 얽매일 필요가 없고 초국민적인 사회와 네트워크로 풍요롭게 할 수 있다. 예를 들면 그린피스나 국제사면위원회 같은 활동을 확장해서 실현할 수 있다. 시민노동의 두 가지 원칙은 자발성 혹은 자발적인 조직화와 시민세와 같은 공공재정이다. 실업자는 실업자로 남아 장기간 생활보조금에 의존하든가 아니면 공공노동 분야에서 근로활동을 하든가 선택해야 한다. 울리히 벡은 시민노동은 실업자를 쓸어 담는 그릇이 아니라 직업노동을 보완하는 별도의 형태로, 기존의 자본과 노동 사이의 제1 사회협약과 구분해 사회적 · 민주적 실체를 담보하는 제2 사회계약이라고 한다. 시민노동이 정당과 의회 안에서 대의정치를 놓고 고비용의 전문가들의 직업적 활동과 항구적으로 경쟁할 것이라고 보았다.(울리히 벡, 2000, 266쪽)

제레미 리프킨은 "일자리가 줄어든 현실을 필연적 추세로 받아들이되 사회적 부를 나눠 갖는 새로운 분배 패러다임이 필요하다"며 "일 안 해도 빵 먹을 권리가 있다"고 주장했다. 다시 말해 시민들에게 일자리가 있건 없건 간에 생존권을 되돌려주어야 한다(제레미 리프킨, 2001). 기본소득은 조건이 없는 것으로 시민노동을 전제로 하는 시민소득과 차이가 있다.

지속가능성(sustainablity)의 문제가 제기되는데, 인류의 절멸이냐 존속이냐가 달려있다. 1천 년 아니 우리와 가까운 세대에 인류가 멸망할 수 있다. 이를 피하려면 제로성장이나 마이너스 성장이 불가피하다. 이것은 노동과 자본에게 공동과제이다.

4차 산업혁명 전개에 따라 로봇의 도입, 스마트 팩토리의 도입은 실업자를 많이 발생시켰다. 이 영향으로 실업자, 특히 청년실업자가 늘었다. 탈노동 현상이다. 이전의 산업예비군 형성과는 달리 실업자가 확대, 고정되는 구조이다. 각국의 경제정책 운용에 따라 일부 선진국에서 고령화에 따라 노동력 부족 현상이 생기지만 실업자의 절대적 증가는 전 세계적인 현상이다.

기술혁신에 따라 기계가 사람의 노동을 대체한다. 우리 대부분은 미래에 일을 전혀 할 필요가 없게 된다는 사실에 환호하기는커녕, 기계가 우리 일을 대신하게 될 수 있다는 것을 겁내고, 또 로봇들이 우리 일자리를 빼앗아 갈 것을 두려워한다.

아렌트는 "우리는 지금 노동 없는 노동자들의 사회, 그러니까 사람들이 할 일이 없게 되는 사회를 목전에 두고 있다. 이보다 더 나쁜 것도 없을 것이다. 아마 시민으로 산다는 것은 직업을 갖는다는 것과 동일시하는 노동관 포기를 의미한다. 우리는 지금 세상을 뒤바꿔놓을 모순 속으로 뛰어들고 있다. 그 다음 문제가 되는 것은 우리가 여전히 생계비를 벌면서 일의 다른 가치들도 높일 방법이 있느냐. 그리스 시민들은 인간성을 잃지 않기 위해 노동을 포기하고, 이를 노예에게 넘겼다. 노예와 여성이 생산 노동을 하고, 시민은 정치적 활동을 했다. 이처럼 4차 산업혁명 과정에서 시민을 일을 하지 않는다고 불안할 필요가 없다. 일은 기계가 하고 사람은 보람 있는 정치적인 일을 하면 된다."고 했다.

탈노동 접근 방식에서는 극단적인 입장이기는 하지만 완전 실업을 공식적으로 채택할 것을 요구하며, 인류가 번영하려면 사회의 생산적인 일은 거의 다 기술(로봇, 인공지능 등)에 떠넘기고 인간은 자유롭게 다른 활동을 추구한다. 우리 경제를 근본적으로 재구축해야 하며, 또 완전히 자동화된 탈노동 경제(일자리 감소를 개선하려고 애쓰는 게 아니라 그냥 그대로 받아들이는 경제)로 옮아가야 한다.

그러면 인간에게는 노동이라는 본능이 있다는 오랜 명제는 어떻게 되는가? 케이시 윅스는 마르크스주의와 페미니즘 일부에도 있던 생산중심주의를 버리고, '탈노동의 상상'이 필요하다, '더 많은 일자리', '더 높은 임금' 등이 아닌 '일에 맞선 삶'을 요구하며, 노동시간 단축과 기본소득을 그 주요 수단으로 제시했다.[3]

문재인 정부는 개헌안에서 현행 제32조 ② 모든 국민은 근로의 의무를 진다를 개정안 제33조 ① 모든 국민은 일할 권리를 가지며… 로 바꾸었다라고 해 노동의 의무를 뺐다. 정부가 국민에게 일자리를 제공하는 것이 의무이며, 국민의 노동 의무는 강제노동 금지 원칙에 위배될 수 있다는 입장이다. 이는 생산과잉시대에 노동과 실업자 복지가 공존하는 탈노동 상태를 일부 반영했다.

현재 이후의 노동을 무엇이라고 할 것인가? 현재 자본과 노동 사이의 격차가 크고, 무업자의 비중이 유업자의 비중을 넘고, 지속가능성이 위협받는다. 노자간의 갈등을 넘는 변화이다.

---

3) 케이시 윅스, 『우리는 왜 이렇게 오래, 열심히 일하는가?』, 동녘, 2016.

전에는 사람에게 고기 잡는 방법을 알려주라고 했으나, 앞으로는 고기잡이를 자본이 독점해 노동자가 잡을 고기가 없기 때문에 자본이 잡은 고기를 나누어주어야 한다. 한국은 지금 고기 잡는 방법을 알려주는 것과 잡은 고기를 나누어주는 것이 혼재돼있지만 점차 후자로 이행한다.

4차 산업혁명 이후 노동은 독점과 공유의 양면 성격이 있다. 자본은 4차 산업혁명의 과정과 성과를 독점하려 하지만, 이 기술은 공개, 공유의 성격이 강하다. 촛불혁명도 정보 공유의 성격이 뒷받침되어 힘입어 진행됐다. 로봇의 소유권을 노동자와 공유하거나, 로봇을 소유한 기업의 이익과 자본을 사회가 공유해야 한다. 미국 기업은 노사 이익 공유제, 퇴직연금 등을 통한 종업원 주식보유제를 시행한다. 노동자에게 질 높은 교육을 제공해야 한다. 이에 대해 리처드 프리먼 교수는 "오히려 모든 이들이 컴퓨터 프로그래밍을 배우면 해당 분야의 노동공급이 과잉돼 임금이 하락할 것"이라고 했다. 4차 산업혁명 시기에는 불평등의 더 심해질 것이므로 비정규직 사용을 제한하고, 노조 조직률을 높일 제도를 만들어야 한다. 한국은 해고자는 물론 은퇴자, 미래의 노동자 노조에 가입할 수 있어야 한다. 전국공무원노동조합은 규약에 해고자와 은퇴자 조합 가입을 명문화했다.(양성윤, 2018.10.16) 새로운 노동계급인 프레카리아트(불안정한 프롤레타리아트) 모두에게 기본소득을 제공한다. 한국에서도 노인수당, 청년수당 지급과 같이 일종의 기본소득 개념이 도입되고 있다.

자본의 독점으로는 기후재앙을 막지 못한다. 지속가능성을 높이는 활동은 노자가 공생하는 점에서 공생노동이다.

그래서 이 시기의 노동은 시민노동, 공공노동, 공동체 노동, 공생노동, 공유노동 등을 지향한다. 노동에서 일어나는 현상은 소유경제의 독점 성격이 강하고, 지향과 필요성은 공유경제의 공유성격이 강하다. 협동조합, 사회적 노동, 4차 기술혁신 부문의 공유, 정부와 공공부문 등은 공유 성격 노동이다. 나는 후자에 방점을 두어 공유노동이라고 설정한다.

'공유노동'은 사회 전체가 노동과 그 결과물 공유를 목표하는 지향이다. 자본의 자본 독점에 대해 노동자, 시민이 정보를 공유하면서 공유노동의 영역이 넓어졌다. 공유노동은 공유에 대한 사회의 요구와 노동의 주체적인 노력에 따라 앞당겨지거나 늦춰진다. 4차 기술혁신은 그가 가진 공유 성격을 완성할 때 자본주의 착취 제도를 변화시키면서 온전한 4차 산업혁명으로 불릴 것이다.

한국에서 노동의 변화

한국에서 근대 노동 개념은 '사람은 일해야 한다', '일하지 않는 사람은 먹지도 말아야 한다'는 근면주의가 주류를 이뤄왔다. 한국의 마르크스주의는 식민주의와 자본에 대한 대결과 투쟁에 대부분 역량을 소진해 정작 주가 되는 노동 자체에 대한 사유를 충분히 성숙시키지 못하고, 사상의 외래적 도입과 그것을 기계적 적용을 되풀이 했다.[4] 조선 후기 이래 노동의 변화를 살펴본다.

조선시대에 신분제와 지주 · 전호제가 근간이었다. 전호(佃戶)는 전주(田主)의 토지를 경작하거나 대토지소유자에게 의지해 조(租)를 전주에게 바친 소작농이다. 지주는 양반으로 일하지 않고 신분을 관리하는 일을 했다. 노동은 농 · 공 · 상이 전담했다. 미국의 한국학자 제임스 팔레에 따르면 조선의 노비는 전체 인구의 30%를 훨씬 넘었다. 이 비율은 노예제 사회의 대표 사례인 고대 로마제국이나 남북전쟁 이전 미국의 노예 비율 30% 정도를 넘는다.[5]

임진왜란 이후 임노동이 발생했다. 무기제조, 유기제조, 성곽쌓기, 논농업 등에 임노동을 고용했다. 수원성 축성에서 임노동을 사용해 능률적으로 성곽을 쌓았다. 자본주의 맹아이다. 봉건 수직적 사회가 수평적 자본제 사회로 가는 입구였다. 이들은 임노동자이지만 고용주와의 관계에서 신분적 종속성이 남아 있었다.

봉건사회 몰락과 함께 근면을 강조했다. 조선 후기 연암 박지원은 「예덕선생전(穢德先生傳)」에서 인분을 나르는 "비천한 막일꾼"을 가장 꼿꼿한 도의(道義)의 실행자로 제시해 기존 가치의 전복을 시도했다.[6] 동학이 적극적으로 근검사상을 표방하면서 근검의 통속 도덕이 조선에서 성립했다.(김경일, 2013, 15쪽)

1894년 동학농민혁명 전쟁 패전 뒤 일본이 한반도를 지배하면서, 앞서 말한 자본주의 맹아를 스스로 꽃피우지 못했다. 식민자본주의이었다. 노동은 자본주의의 노동규율에 식민 당국의 강제성을 더한 식민지 임금노동이었다. 공장에 갇혀 강제로 노동하

---

4) 김경일, 『노동』, 소화, 2014, 259쪽.
5) 노주석, 「종로구 장예원터(상)」, 『한겨레』, 2018.12.21.
6) 김경일, 「한국 근대 노동 개념의 성격과 변화」, 『사회와 역사』 제99집, 한국사회학회, 2013.

는 농민은 식민지의 강제와 공장의 규율이 몹시 고통스러웠다. 노동자는 파업을 비롯해 태업, 직장 이탈, 파업 등으로 식민과 자본에 저항했다.

일제 강점기에 자본과 노동 모두 근면을 강조했다. 유길준은 1908년 펴낸 『노동야학독본』에서 노동을 "수고로이 움직이는" 것으로 정의하면서, 노동하는 사람이 자기의 몸을 움직이지만 그 힘이 실상은 세계를 움직인다는 점에서 "노동의 거룩함"을 찬양했다.(김경일, 2013, 10쪽)

유진희가 1920년 4월 15, 16일 동아일보에 발표한 「노동운동에 관하야」에서 육체노동에만 한정하지 않고 회사원이나 봉급생활자를 포함한 피고용자 전반을 노동자 범주로 포함하면서 산업적 전제주의를 타파해 자기 자신과 전 인류를 해방하기 위한 노동을 주창했다. 역사학자 안확은 "사람의 품성을 발달함도 노동이요 인격을 완성케 함도 노동"이라며, 노동은 상품이라기보다는 인격 차원에서 보아야 한다고 주장했다.(김경일, 2013, 21쪽)

조선이 일제에 강점당하면서 지배층과 자본 일부가 민족이라는 틀 안에서 노동과 연대했으나, 1930년 세계 대공황 이후 이런 '민족자본'은 사라졌다.

8.15해방 이후 한국사회는 새로운 체제의 대안으로 사회주의, 노동자 자주관리의 열망이 높았지만 현실화되지 못했다. 분단, 미군의 점령 지배, 전쟁으로 산업화가 지체되고 노동자 계급이 성숙하지 못했다. 노동자는 주로 3백산업(三白産業, 3백공업=三白工業, 제분·제당·면방직 공업)에서 일했다.

개발독재, 산업화 시기에는 수출을 강조하며 저임 노동이 정당하다는 평가를 붙였다. 막스 웨버의 프로테스탄트 원리가 인용되었다. 청계천 봉제노동자인 전태일은 "근로기준법을 준수하라!", "우리는 기계가 아니다!", "일요일은 쉬게 하라!"고 외치며 분신했다. 이 사건은 한국 사회에서 근면주의와 생산성 이데올로기에 입각한 노동의 비인간성을 돌아보는 계기가 되었다.

동일방직, 원풍모방 등에서 노동조합을 결성하고 저항했다. 그러나 자본이 축적되고 재벌이 형성되었다.

1960년대 이후 산업화하면서 임노동 확산되고 노동계급이 커졌다. 1970년대 후반 산업구조가 경공업에서 중화학공업, 이후 전자산업 중심으로 변화했다. 이에 따라 인력수요의 질적구조도 고도화했다. 수출위주의 경제는 저임 장시간 노동으로 노동자를 초과 착취하고, 노동은 내수와 분리되었다. 중화학공업은 지속가능성을 잠식했다. 1975년 경 농촌 노동력의 도시 이동이 한계에 이르러 임금상승을 동반하지 않고서는 과거처럼 쉽게 노동공급이 어려운 전환점을 통과했다. 한국 사회운동에서 노동 논의는 제조업 중심의 노동 혹은 임노동 위주로 전개되었다.

87년 노동자 대투쟁은 노동자가 노동계급으로 복권하고, 전노협 민주노총의 독립노조의 전국조직을 만들었다. 민주노동당 등 진보정당을 조직해 의회에 진출했다. 전노협은 '평등사회'를 지향했지만, 노동조합이 조합원 이익 중심으로 가고 사회 계층 구성이 1 : 9 : 90이 되면서 평등은 노동사회 주류 개념으로 정착하지 못했다. 이 중 9는 "이대로가 좋다"며 현상 유지를 원한다.

IMF 사태 이후 대기업이 초국적 기업에게 인수 합병당하고, 비정규직 노동이 늘고 실업자가 늘었다. 노동조합은 계급의 대의를 실천하거나 산업별노조로 나가지 못하고 조합주의에 멈췄다. 진보정당은 노동조합이 가진 선거 표에 의탁했다. 실업자가 증가하고 비정규직 비율이 늘었다. 실업에는 고용보험, 은퇴자에게는 연금, 청년실업에게는 청년수당이 보완책이다. 국민일반에게는 건강보험 등이 대책이다. 협동조합기본법을 제정해 협동조합이 노동조직의 한 부분으로 자리 잡았다.

한국은 GDP 성장이 2%대로 낮아져 사실상 제로성장 단계가 되었다. 재벌위주의 경제가 생산·소비자 위주로 전환해야 할 단계에 이르렀다. 문재인 정부는 성장위주 정책에서 임금(소득)주도 성장정책으로 전환했다. 생산성 증가 속도가 소비의 증가 속도보다 빠르고, 이것은 일자리 축소로 나타난다. 고용 없는 성장이다. 한 회사가 성장할 경우 그 회사에서는 일자리가 늘어날 수 있다. 그러나 자동화를 도입하면서 동종 업계 전체 일자리는 줄어든다. 일자리 문제는 노동시간 단축에 따른 일자리 나누기와 청년 스스로의 일자리 개념 창출로 완화할 수 있다.

2) 추상노동과 구체노동

노동은 고용, 임금과 같은 노동시간으로 표현되는 추상적 노동과 노동의 목적물을 표현하는 구체적 노동으로 나뉜다. 기업별 노동조합을 주축으로 하는 노동조합은 추상적 노동에 한정하는 경향이 있다. 이 부분은 구체적 노동에 가치를 부여하는 쪽으로 나가야 한다. 2010년 서정민 강사는 논문 대필을 고발하고 자결해, 강사의 교원지위 회복을 이루었다. 이것은 강사의 학문 연구와 학생 교육 지도의 권리와 의무를 확인한 것으로 지식정보화 사회에서 구체적 노동의 표현이다.

구체노동의 측면을 노동자 구호에서 살펴보자.

2017년 추석날 국회 앞에서 농성하는 다섯 노동자 단위가 내건 구호를 보면 먹고사는 문제를 넘어 특별한 무엇이 들어있다. 대학강사는 교원지위 회복한 강사법 시행해 대학교육을 정상화하자고 했다. 대학강사 문제를 말할 때 일부 강사는 강사의 강의자리 보존과 강사료에 한정해 말할 뿐 교육과 학생 지도, 학문 연구를 말하지 않는다. 언론은 대학광고 수주 때문에 그렇다고 치더라도, 상급 민주노총, 한국노총, 심지어 정의당 등 진보정당마저 '먹고사는' 일반 노동에 머물러 교육노동이 가진 구체적 가치를 지적하지 못하고, 학생마저 이를 쫓았다.

공무원노조를 인정하고 해고자를 복직시키면 공무원 공공성 강화로 이어진다. KBS노조는 언론장악방지법 제정해 공정방송을 실현하자고 한다. 태광-티브로드는 노동조건 개선과 아울러 케이블방송의 뉴스 조작을 비판하며 공공성과 지역성을 강화하라고 했다. E-Ink Hydis는 해고자 복직과 아울러 투기자본 먹고튀기 방지법을 제정하라고 했다. Cort & Cortek 이 내건 해고자 복직은 예술성 있는 기타 생산으로 이어진다. 콜트 콜텍 해고자들은 기타노동자 밴드 콜밴을 그룹을 만들어 국내외에서 공연했다. 이들이 만든 기타를 사용하는 음악가를 비롯해 전 세계 예술가들이 이들 복직 싸움에 공감해 연대했다. 방종운 콜트 지회장은 "예술노동자인가? 노동예술가인가?" 라는 질문에 "노동 안에 예술이 있어야지, 예술 안에 노동이 있는 형국"이라고 했다. 그는 "노동예술 노동자"로서 "생산의 주역"이고 "역사의 주역"이라고 답했다. 이런 요구가 모이면 노동이 가진 구체적 성격 즉 교육, 공공성, 공정보도, 예술성, 사회성이 커진다. (2018.2.3 방종운 이메일)

이것은 "추상적 노동(교환가치, 노동시간) + 구체적 노동(사용가치, 노동의 필요)으로 압축된다. 모든 사물에 보편성과 특수성이 있듯이, 전자가 보편성이라면 후자는 특수성이다."[7] 이는 한국의 노동운동이 기업별 조합주의를 넘어 산별노조와 노동자 계

---

7) 강수돌, 나에게 보낸 이메일, 2017.9.25.

급을 아우르는 방향으로 나가는데 필요한 개념이다.

상품이란 다른 사람에게 팔기 위해 생산된 물건이다. 이 점이 매우 중요하다. 자기가 쓰고 남아서 파는 것이 아니라, 오로지 팔기 위해 만들어진 물건이 상품인 것이다. 상품에 구현되는 두 가지 가치는 그 속에 들어가 있는 두 가지 형태의 노동과 연관되어 있다. 마르크스는 이 둘을 '구체적 유용 노동'과 '추상적 인간 노동'으로 구분했다. '구체적 유용 노동'은 사용가치를 생산하고 '추상적 인간 노동'은 교환가치를 생산한다. 재봉질을 해 저고리를 만드는 것, 면직기를 돌려 옷감을 만드는 것, 나무를 다듬고 못질을 해 의자를 만드는 것 등등은 모두 '구체적 유용 노동'이다. 이들의 노동은 무언가 쓸모 있는 것들을 만든다는 점에서 유용하고, 또 특정한 쓸모를 만든다는 점에서 구체적이다.

그런데 교환가치를 만드는 '추상적 인간 노동'이란 무엇인가. 이것은 말 그대로 추상적인 개념이다. 교환가치에서 중요한 것은 거기에 포함되어 있는 노동의 양이다. 재봉사인가 면직공인가 목수인가의 구분은 문제되지 않는다. 숙련공인가 비숙련공인가도 중요하지 않다. 이 다양한 사람들이 자기의 노동을 위해 얼마나 시간을 썼는지만이, 즉 노동의 양만이 문제가 된다. 모든 개인적 특성이나 직업적 속성이 무시되고 오로지 자기 몸과 두뇌를 움직여 뭔가 일을 하는 추상적 존재로서의 인간만이 문제가 된다.

이런 노동, 즉 추상적 인간 노동이라는 개념을 포착해내기 위해서는 우리가 사는 세계를 그 바깥에서 바라볼 수 있어야 한다. 몸을 땅으로부터 떠올려 사람들이 사는 세계 전체를 신의 눈으로 내려다보듯 그려보자. 그 안에서 사람들은 저마다의 특성에 따라 이런저런 것을 배우고 일하며 살아가고 있다. 어떤 사람은 바느질을 하고 어떤 사람은 곡식을 재배하고 어떤 사람은 집을 짓는다. 누가 시켜서 하는 일일 수도 있고 자기가 좋아서 선택한 일일 수도 있다. 어쨌든 그 결과로 사람들은 자기 자신과 서로를 위해 뭔가 일을 하고 그럼으로써 결과적으로 세계가 그럭저럭 꾸려진다. 이런 것을 일컬어 '사회적 분업'이라고 한다. 누가 시켜서 하는 것은 아니지만 결과적으로 그렇게 된다. 이처럼 '사회적 분업'에 참여하게 되는 노동이 '사회적 노동'이고, 그것이 곧 '추상적 인간 노동'이다. 그것이 교환가치와 상품을 만든다.[8]

---

8) 서영채, 인문학개념정원 블로그, 2018.3.21.

3) 놀이 예술 일 창의 문화

노동과 예술에는 예술을 즐기는 노동자와 예술을 창작하는 예술가가 있다.

세계 노동자는 20세기 초 8시간 일하고 8시간 쉬고 8시간은 학습하고 예술을 즐기는 창의 생활을 꿈꿨다. 이것은 소비를 창출해 노동자를 장시간 노동하게 하는 체제가 오면서 무너졌다. 한국 노동자는 장시간 노동에 시달리며 휴식시간에 술을 마시고 TV를 보고 휴가철에 관광지로 휴가를 가는 정도에 불과하다. 노동자도 예술을 즐기며 예술가는 새로운 생각을 해야 하는데 이러자면 안정된 생활과 여가가 있어야 한다. 노동시간 단축이 중요하다.

문화예술은 생각, 이론, 이데올로기를 알리는 역할을 한다. 예술은 창의성의 원천이다.

김봉준 화백은 예술에 자기 정체성, 지역공동체·민족적 정체성·동아시아 정체성, 타문화권 정체성, 세계시민적 정체성, 지향적 대안에 따른 정체성 등이 있어야 한다고 했다.[9] 음악가 윤이상이 개인과 예술가로서 정체성은 그가 태어나고 성장한, 그러나 강제적으로 추방당한 한국의 사회, 문화 및 전통에 대한 기억이었다.[10] 박근혜 정부는 정부를 비판하는 예술가를 차별·배제하라 지시했고 문체부는 문화·예술계 블랙리스트를 작성했다. 이는 박근혜 대통령 탄핵 사유의 하나가 되었다.

하장호 예술인소셜유니온 위원장은 "예술노동은 사회적 가치를 생산하는 노동으로 예술인 개개인의 자율적이며 독립적인 창작 활동이란 점에서 일반적인 노동의 정의로부터 비껴난다. 하지만 예술노동은 그 생산된 가치가 공유되고 확산되며 축적되어 사회적 가치를 생산한다는 점에서 사회적 노동의 성격을 갖는다."고 했다.[11]

일과 놀이를 결합해 공동체 문화를 이룬다. 문화 예술은 사람의 생각을 표현하고 이것이 다른 사람에게 효과적으로 전파되는 역할을 한다. 우드스톡과 촛불은 대중이 예술을 즐기면서 생각을 바꾼 사례이다. 1969년 뉴욕 우드스톡 페스티벌(The Woodstock Music and Art Fair 1969)은 반권위 반전 평화운동을 일으키는 역할을 했다. 2016년 한국 촛불은 예술과 결합해 민주의식을 높이고 박근혜 대통령 탄핵에 기여했다. 남북

9) 김봉준, 「예술이 대학예술교육에 묻는다」, 『지식사회, 대학을 말한다』, 선인, 2010.
10) 최애경, 「미래를 향한 기억: 윤이상 음악에서 한국 문화의 위치와 의미」, 『21세기 아시아에서 윤이상의 음악적 유산을 재조명하다』 심포지엄, 통영, 2017.4.2.
11) 하장호, 「예술가가 죽었다. 일용직 노임이 적용됐다」, 『프레시안』, 2018.2.28.

평화교류와 통일에 이르기까지 문화 예술 체육 교류가 중요한 역할을 할 것이다.

한국 문화의 특징과 변화해야 할 지점은 무엇인가? 사회가 민주화되면서 귀족과 상놈의 차별이 없어지고 사회적 신분이 평준화됨에 따라 고급스러운 문화적 삶이 인간다운 삶의 지표가 된다. 문화는 이제 추구해야 할 삶의 가치다. 그것은 인간이 생물학적 존재부터 사회적 · 경제적 · 정치적 존재를 거쳐 한 단계 더 올라간 '문화적 존재'라고 한다면, 단순히 먹고 사는 것에 그치는 것이 아니라 그것을 멋스럽게 하는 차원이다.(이기상, FB)

쿠바는 혁명 이전이나 혁명 이후나 인간의 문화적 역량을 키우는 것을 가장 중요하게 여긴다. 쿠바는 1959년 혁명정부는 '인간다움의 실현'을 위한 정부 문화정책을 폈다. 전국에 예술공간 카사 데 쿨트라가 뿌리를 내렸다. 그곳에서 연중무휴 장르마다 예술 강습을 하고 오후 퇴근후 공연은 일상이다. 문학에서 인간의 자유를 노래한 호세 마르티, 『노인과 바다』어니스트 헤밍웨이, 회화에서 모너니즘 화가인 아멜리아 펠라에스, 영화에서 〈저개발의 기억〉 감독으로 유명한 토마스 구티에레스 알레아, 음악에서 누에바 트로바 운동의 기수인 실비오로 로드리게스, 재즈와 살사가 쿠바를 모태로 세계에 퍼졌다.

예술가는 외부 지원이 있어야 예술 활동을 계속한다. 그러자면 그 예술이 생활을 지원하는 지지자 의사를 반영할 확률이 높다. 이런 경우 관변 예술, 어용 예술 시비가 있게 된다. 예술가가 가진 정체성을 훼손하지 않는 방법으로 예술가를 사회가 지원해야 한다. 예술가를 위한 복지가 있어야 한다. 이동연 교수는 "예술인 복지는 가난한 예술가 구제가 아니라 창작활동을 위한 환경과 조건을 충족시키는 점에서 창작의 권리"라고 했다.[12]

최고은 작가의 비극적 죽음이후 예술인복지법을 제정하고, 예술인 창작준비금 제도를 운영한다. 예술가에게 고용보험을 적용해야 한다.

프랑스에서 예술인을 위한 실업 급여제도인 앵테르미탕은 이렇게 수입이 있을 때 절반을 세금으로 내고 수입이 없을 때는 정부가 정한 기준 소득에 맞게 월 소득을 채

---

12) 이동연, 「예술인 복지, 구제가 아닌 권리로」, 『경향신문』, 2017.12.1.
　　이에 반해 박근혜 정부는 정부를 비판하는 예술가를 차별 · 배제하라 지시했고 문체부는 문화 · 예술계 블랙리스트를 작성했다. 이는 박근혜 대통령 탄핵 사유의 하나가 되었다.

워준다. 공연이나 작업공간에 대한 지원도 다양하다.

4) 일과 직업

일은 시대의 변화에 따라 한편으로는 관련된 공동체의 범위가 넓어진다. 다른 한편으로 노동조직이 공동체의 요구를 충족하는 방향으로 움직인다. 이 글에서 노동조직은 노동자가 물건과 서비스를 생산하고 소비하는 체계를 말한다. 직접 일하고 소비하는 사람의 권리를 충족하는 방향으로 전개된 노동조직의 변화 흐름을 알 필요가 있다.

일과 직업의 개념을 구분해 인식한다. 일은 직업의 속성을 실현하는 것이고, 직업은 그 속성을 구체화하는 작업이다. 언론은 사실의 전개를 알리는 일이다. 그 한 가지가 TV이다. TV 종사자에는 기자·PD·엔지니어·작가·회계·운전기사·재정관리 등 여러 가지 직업이 있다. 이 직업을 통해 부가가치 임금을 받고, 임금으로 생활에 필요한 물건과 서비스를 얻고 구매한다.

일이나 직업을 노동자, 생산자의 입장에서도 보아야 한다. 노동자, 생산자는 각기 자신이 기준에 따라 일과 직업을 선택한다. 그러나 청년은 사회에 무슨 일이 있고 그것이 어떤 직업으로 전개되는지를 알고, 그 과정을 거쳐 꿈을 갖고 일과 직업을 선택하고 실현하게 된다.

5) 행복

일하는 사람은 꿈, 일, 직업을 사회와 연결시키면서 행복을 느낀다.

행복에 미치는 요인은 소득, 나이와 성별, 교육과 건강, 사회적 신뢰와 네트워크 등이다. 소득이 행복에 미치는 영향은 경제 발달이 낮은 단계에서는 절대적이지만 경제가 일정 수준 이상에 도달하면 제한적이다. 소득 불평등이 심할수록 행복불평등 역시 커진다. 교육 수준이 높으면 안정된 지위를 가져온다. 건강은 행복 수준을 직접적으로 결정한다. 교육을 통한 건강정보는 행복에 영향을 미친다. 가족 이웃 지역공동체와 연대가 강하고 타인에 대한 신뢰가 높을수록 행복지수가 상승한다.

리처드 이스털린은 1946~1970년까지 30개 국가를 대상으로 조사한 바 소득이 어느 수준을 넘어서면 행복도가 그에 비례해 높아지지 않는다는 결론을 도출했다. '이스털린의 역설(Easterlin Paradox)'이다. 이에 대한 대안으로 조지프 스티글리츠는 보건과 교육, 사회적 연계, 환경, 질병 등 8개 항목으로 구성하는 '행복GDP'를 제시했다. 유엔은 평균수명과 문맹률 등을 토대로 인간개발지수(HDI)를 발표한다.

2012년 UN은 제1차 「세계행복보고서」를 발간해 각국의 공공정책이 시민들의 행복에 더 관심을 기울여야 한다고 주창했다. 부탄은 1970년대에 국내총생산(GDP)이 아닌 '국민총행복'을 기준으로 국가를 통치하는 '행복정치'를 표방했다. 세계적으로 지난 30년 동안 행복도는 평균 0.14배 증가했다.

부탄은 1729년 만든 옛 부탄 왕국 법전에는 "백성을 행복하게 만들지 못하는 정부는 존재 이유가 없다"고 했다. 1972년 만든 GNH(Gross National Happiness · 국민총행복)은 시민 행복도를 조사하고, 그 결과를 모든 정책에 실질적으로 반영한다. 그 중에서도 아직 행복하지 않은 사람에게 초점을 맞춘다.[13] 푼초 왕겔 GNH위원회 평가조사 팀장은 "부탄이 북유럽 국가처럼 행복정책을 펴지는 못하지만, 제한적 조건하에서 정부는 시민을 행복하게 하는데 최선을 다한다"고 했다. 부탄은 WTO 가입이 국민총행복 증진에 별 효과가 없다며, 회원국 가입을 포기했다. 부탄은 공교육 무상교육이 기본 방침이다. 헌법에 국가는 공공 의료 서비스를 무상으로 제공한다, 전 국토 최소 60%를 산지로 유지해야 한다고 명시했다. 상대적으로 가난한 농민에게 고부가 가치 작물 재배를 권장하지만, 유해성 논란 중인 GMO 수입, 재배를 법으로 금지했다. 식량생산 증가, 경제성장을 추구하더라도 자연 훼손을 최소화하는 정책이다. 부탄에는 자신이 행복하다고 말하는 사람이 많다. 김기용 부탄 남녀 농구대표팀 감독은 "교육열, 매운 음식과 술 좋아하는 문화를 빼고 부탄과 한국은 정반대로 돌아가는 곳이라고 보면 된다"고 했다.

노르웨이 사회에서 행복도는 복지제도와 일 · 가정 양립 환경은 사회구성원이 싸워 쟁취했다. 노동자는 100년 전부터 노동시간 단축을 협상 테이블에 올려, 대부분 주당 37.5시간 아래로 일한다. 시간이 많으니 틈만 나면 자연으로 놀러가고, 아이도 제 손으로 키운다. 미래에 대한 두려움은 일자리를 나누고 생산성을 높여 풀어간다. 스웨덴

---

13) 박진도, 『부탄, 행복의 비밀』, 한울아카데미, 2017.

은 부자나 가난한 사람이나 냉장고 속의 물건은 다름이 없다고 한다.

코스타리카는 세계에서 가장 행복한 나라로 손꼽힌다. 1948년 군대를 없앴고, 국방비를 교육 복지 등 다른 곳에 돌렸다. 보건·의료·교육·친환경에너지 같은 사회적 지출에 복지 등에 사회적 지출에 GDP의 20%를 써 삶의 질이 높다.

일본은 여전히 경제의 양적 성장에 초점을 맞추며 주관적 행복도를 끌어올리지 못한다. 성장률과 1인당 소득, 청년실업률 등 거시지표는 개선되면서 생활만족도는 높아지지만 행복도로 이어지지는 않는다. 일본 사람이 미래에 대해 불안을 느끼며 현실 만족에 집중하는 '작은 행복' 현상(소확행)이 확대되는 이유이다. 한국도 성장률, 고용률 등 지표에 매달리면서 일본을 따라갈 가능성이 크다.

유엔의 세계행복보고서를 보면 한국의 행복지수는 2010~2012년 41위에서 2014~2016년 56위로 떨어졌다. 한국의 1인당 국내총생산(GDP)이 28위라는 것을 감안하면 행복도가 경제위상을 따르지 못한다. 한국의 행복지수가 이처럼 떨어지는 것은 부패인식(108위), 사회적 지지(108위), 삶 선택의 자유(127위) 등 사회적 요소에서 낮은데 있다.

경제협력개발기구(OECD)의 '더 나은 삶의 지수' 추이도 비슷하다. 한국의 순위는 2011년 24위에서 2015년 28위까지 하락했다. 2015년 기준으로 비교 대상 38개국 중 교육(6위), 시민참여(10위)는 높지만 삶의 만족(31위), 건강(35위), 일과 삶의 균형(36위), 공동체(37위), 환경(37위)은 사실상 바닥 수준이다. 행복도를 끌어올리려면 노동, 육아, 공동체, 환경, 복지 등을 개선치 않을 경우 어렵다는 뜻이다.

또 다른 특징은 한국은 오래 사는 만큼 행복하지가 않다. 노후대비 자산·연금이 적고, 의료비 등 건강비용이 높다. 그래서 생존기간 중 마지막 8년 6개월은 행복한 삶을 지속하기 어렵다.

생명보험회사 자료에 따르면 한국인은 2016년 현재 83세까지 살고 행복은 75세에 멈춘다.

통계청의 「2017년 사회조사 결과」를 보면 일과 가정생활 가운데 '일을 우선으로 생각한다'는 사람이 늘었다. 일 우선은 43.1%로 2015년 53.7%보다 10.6% 줄었다. 가정 우선은 13.9%로 2년 전보다 2% 줄었다.

OECD 조사에서 한국인의 행복도를 갉아먹는 요소는 노동·생태환경과 함께 사회적 신뢰가 큰 부분을 차지한다. 한국은 공직사회가 부패했다고 생각하는 비율이 높고,

어려울 때 믿을 만한 친구나 친척이 있다는 대답이 낮다. 여기에는 한국 사회의 물질주의적 영향이 크다. 이것은 공공과 타인에 대한 신뢰를 낮게 한다. 한국사회에서 시민 행복도는 개인이 노력하고 다른 사람에게 인정받고 개인소득이 일정하고 이를 사회복지가 뒷받침할 때 높아진다.

2. 노동조직과 전개 방향

1) 노동조직이란?

노동과정은 작업과정, 노동가치의 실현 또는 이윤형성 과정의 두 가지 의미가 있다. 전자는 작업공정을 말하며, 여기서는 후자의 의미이다. 노동과정은 장기적으로 착취하지도 않고 착취당하지도 않는 방향으로 진행해야 한다.

여기서 노동조직은 우리에게 필요한 물건과 서비스를 생산 분배 유통 소비하는 노동과정을 실현시키는 조직을 말한다. 토지는 사회 전체의 것이라고 토지 정의를 말한 헨리 조지(1839~1897)가 지은『진보와 빈곤』[14]에 '노동조직'이라는 용어가 나온다. 마르셀 스트루방은『노동사회학』[15]에서 '노동조직'을 매뉴팩처에서 기계제 공장 체제, 테일러주의, 포드의 일관 조립 작업, 공정산업, 유연 생산 조직 체계로 구분했다.

노동조직은 기업 또는 경영조직이라고도 부른다. 경영학에서는 노동조직을 기업, 비즈니스라고 한다. 이런 표현은 생산·소비의 주체인 노동자 노동조직 능력을 낮게 평가한다. 노동조합을 노동조직이라고도 하는데 여기서는 다른 의미이다. 경제조직[16]이라는 표현은 너무 포괄적이고 가치중립적이다.

노동조직에는 자영업, 기업(주식회사 등), 협동조합, 정부 공공부문, NGO, 국제기구 등이 있다. 기업이 국가나 정부를 능가하는 경향이 있고, 새로운 공동체가 발생한다. 새로운 국가 범주인 upstate가 발생한다.

---

14) 헨리 조지, 김윤신 옮김,『진보와 빈곤』, 비봉출판사, 1997.
15) 마르셀 스트루방, 박주원 옮김,『노동사회학』, 동문선, 2003.
16) 김신양 외,『한국 사회적경제의 역사』, 한울, 2016.

토마 피케티는 이자 증가 속도가 임금 증가 속도를 추월하며 발생하는 격차를 해소하는 방안으로 세계 부유세를 부과하자고 한다. 최근 극심한 온난화는 인류 차원의 기후운동을 요구한다. 이것을 극복하자면 실현하자면 세계 차원의 정부나 NGO가 발달해야 한다.

자본가나 국가는 노동조직 능력이 뛰어나다. 노동자는 노동조직하는 능력이 취약했다. 그러나 시간이 지남에 따라 노동조직을 하는 능력이 발전한다. 사회운동은 노동과정에서 나타나는 문제를 해결하는 지속적인 과정이다. 기업 입장에서도 노동, 노동조합 협력이 필수이다.

한국사회는 경제적으로는 선진국에 진입했으나 선진국에 필요한 국가 브랜드 전략을 채택하지 못해 스스로 개도국에 안주했다. 노동조직력의 전망과 운영 능력이 약하다. 그래서 제2, 제3의 한국을 꿈꿨던 수많은 개도국에 실망과 좌절감을 주었다.[17]

생산에서 정당한 노동의 가치나 가격을, 소비에서 부당한 중간이득을 배제, 생태 건강에 안전한 소비가 가능한가? 소득의 불평등은 재산세 소득세를 통해 재분배한다. 토마 피케티는 세계차원에서 글로벌 부유세를 부과하자고 한다. 독일 시민단체 금융과세시민연합(ATTAC) 설립자 베르너 래츠는 전 세계 금융거래세 0.5% 도입을 주장했다.

사회체제는 어느 노동조직 요소가 주류를 이루느냐에 따라 차이가 있다. 더 나아가 자본주의, 복지사회, 사회주의 사회는 어느 노동조직에 친화적인 집단이 사회운영의 주도성을 갖느냐에 따라 차이가 있다. 노동조직 구성 요소를 운영할 능력이 부족할 경우 역사적 사회주의가 붕괴하는 것과 같은 현상이 일어난다. 한국이 천민자본주의를 계속할 것이냐, 아니면 공동체의 사회, 착한 자본주의 또는 공동체, 사회주의 사회로 나갈 것이냐 역시 시민의 노동조직의 방향과 운영능력에 달려 있다.

2) 노동조직 구분

자영업은 운영자의 생활 기초이다. 기업은 이윤동기가 우선이다. 기업의 사회적 책임이 커진다. 협동조합은 생산-소비자의 협동조합이다. 기업은 1원 1주이나, 협동조합

---

17) 임마누엘 페스트라이쉬, 『한국인만 모르는 다른 대한민국』, 21세기북스, 2013, 16쪽.

은 1인 1표이다. 협동조합은 사회적 경제이다. 사회적 경제에는 협동조합 외에 공유, 지역공동체가 포함된다. 공기업은 공공성 강화, 공동체주의로 나간다. 사회의 지향은 장기적으로 공동체주의이다.(■도표 11 참조) 그러나 개인의 지향은 자본주의인가 공동체주의인가 고민하며, 사회의 지향을 따라 잡는데 시간이 오래 걸린다.

■ 도표 11. 노동조직의 생산관계

	자본(S)	노동(V)	잉여가치(C, 이윤)
자영업	자본	임금	내부유보
기업	자본금	임금	자본가의 이윤
협동조합	조합원출자금	임금, 배당	배당, 조합내 유보, 이용고 배당
공공부문	정부 공공자산	임금	공공에 귀속

노동조직 생존율은 기획재정부 「2015년 협동조합 실태 조사서」에 따르면, 협동조합 93.1%, 소상공인 66.3%, 2인 이상 기업 51.7%이다. 자영업자 10년(2004~2013) 생존율은 16.4%이다.

생산관계는 생산수단의 소유와 잉여가치의 귀속 관계를 말한다. 노동조직의 생산관계, 조직의 목적, 이윤의 향방, 사회성 공공성의 유무, 사회주의와 자본주의의 차이를 따져봐야 한다.

노동해 이룬 생산에서 그 결과물인 이윤(잉여가치)이 어디로 귀속하느냐는 관점에서 노동조직을 비교하면 자영업과 협동조합은 내부에 귀속하고, 기업은 자본가에게 귀속하고, 공공부문은 공공에게 귀속한다. 기업에서는 임금과 이윤의 배분을 놓고 갈등한다. 세계정부는 아직 실현되지는 않았지만, 실현돼 거기에서 나오는 이윤은 지구인에게 귀속할 것이다.

3) 노동조직의 흐름

농업사회가 산업사회로 바뀌어 임노동자 계급이 형성되고 노동조합을 조직했다. 그러나 유럽에서는 노동조합 활동이 한계를 보이며 1830년대 협동조합, 1840년대 사회주의 사상이 대두했다. 한국에서는 1987년 노동자 대투쟁 일어난 지 30년이 지나 노동조합이 보수화하면서 협동조합과 사회주의 요구가 커졌다.

노동조직은 일자리, 이윤, 소비의 가치를 생산자(노동자)-소비자에게 돌려주는 방향으로 나가고 있다. 이것은 장기적으로 노동문제를 해결하는 방향으로 가고 있음을 의미한다. 물론 그 과정에 일부 후퇴하는 굴절이 보인다.

생산·분배·소비 과정에서 임금 등 근로조건의 향상, 분배에서 인권 노동권 평등의 적용, 유통 소비에서 합리성과 지속가능성의 추구, 복지와 기본소득 제공에서 사회구성원의 존중, 일자리 마련과 적정한 임금과 노동환경 제공, 사회적 경제, 연금과 기본소득 등 복지, 생산관계 왜곡에서 해방 등을 고려한다.

노동조직 구성 요소의 전개를 살펴본다.(■도표 12 참조)

■ 도표 12. 노동조직의 흐름[18]

V 자본주의	
I 자영업	II 기업(주식회사)
III 협동조합	IV 국영기업 공기업
	VI 사회주의

I → II : 자영업이 존속할 확률은 1, 2할 정도이다. 이를 넘어 자영업이 기업으로 성공할 확률은 더욱 낮다.

I → III, II → III : 개인은 물론 자영업자 소상공인이 협동조합을 구성한다. 심지어 대기업도 카르텔을 형성한다.

IV → II : 민영화(民營化)이다. 실제로는 사영화(私營化) 과정이다.

II III → IV : 국유화는 흔히 사회주의 정책에서 발생한다. 자본주의 국가에서도 국유화 과정이 일어난다. 국영기업인 인천공항의 설립, 인천대학의 국립화, 영국 철도의 재국유화 사례가 있다. 생활비 가운데 비중이 큰 통신 분야 KT의 재국유화, 사립대학의 국립화를 생각할 수 있다. 삼성이 한국 경제에서 차지하는 비중을 고려해 국유화하

18) 자영업 주식회사 협동조합 정부공공부문의 변화 과정.(김영곤, 『한국의 공동체 자기고용』, 선인, 2009).

자는 주장이 있다. Ⅲ → Ⅳ의 예로 스웨덴은 노동조합이 관리하던 고용보험이 국가복지로 전환되었다.

Ⅳ → Ⅲ은 국영기업, 공기업을 협동조합이 인수하는 경우이다. 유럽 복지국가들은 재정위기에 빠지니까 공기업을 협동조합으로 넘겼다.

한국은 Ⅰ Ⅱ의 비중이 절대적으로 크며 Ⅱ의 '기업의 사회적 책임(CSR)'은 마켓팅 수단이다. 사회운동이 발달한 선진국은 Ⅱ의 기업의 사회적 책임이 크고 Ⅲ Ⅳ의 비중이 크다. 사회주의 국가는 Ⅲ과 Ⅳ의 비중이 크다.

■ 도표 13. 이탈리아 볼로냐협동조합의 로고
〈Coop a Bologna, tutti i supermercati〉

자본주의(Ⅴ), 사회주의(Ⅵ)는 노동조직의 구성 비율과 그리고 자본과 노동의 누가 사회운영의 헤게모니를 쥐고 있느냐에 달려 있다. 서로 섞여 있다. 일방적이 아니다.

노동조직을 경영하는 능력이 있어야 한다. 이것이 부족해 소련 사회주의가 무너져 '역사적 사회주의'가 되었다.

협동조합 공기업 정부 등의 노력이 아우러져야 민주주의, 진보, 지속가능성, 평화가 진전된다.

위의 노동조직 요소는 자본주의 사회, 사회주의 사회 양쪽 모두에 존재한다. 자본주의 사회에는 사적인 요소의 비중이 크다. 사회주의 사회는 사회적 공적인 요소의 비중이 크다. 양자의 차이는 자본 또는 노동자의 누가 사회 운영의 주도권을 발휘하느냐에 있다.

북유럽, 서유럽 미국, 캐나다 뉴질랜드, 쿠바, 러시아 중국 북한, 일본, 한국 사회에서 노동조직이 어떻게 움직이는지 비교해보자. 0학점 강의 1강 토론에서 학생들은 이민을 갈 경우 가서 살고 싶은 나라로 스위스 독일 미국 일본을 꼽았다. 가장 살기 어려운 나라로 필리핀을 꼽았다.

4) 노동조직 운영능력과 헤게모니

사회가 균형 있게 운영되려면 기업뿐만 아니라 협동조합, 공기업, 지역사회, 국가, 세계 등의 노동조직 운영능력을 키워야 한다.

자본주의와 사회주의의 구성을 노동조직으로 분해해 본다. 두 체제 모두에 각 노동조직이 있다. 사회주의는 협동조합 공기업의 비중이 크다. 자본주의 사회는 사기업의 비중이 크다. 그 헤게모니를 자본과 노동의 어느 쪽에서 장악했느냐에 따라 자본주의, 사회주의로 구분된다. 서유럽은 자본주의 성향 정권과 사회주의 성향 정권이 교차로 집권한다.

사회주의 정권이라 해도 민주주의를 결여하면 전제가 된다. 미얀마, 북한이 그런 사례이다.

자본주의라 해도 민주주의를 더하면 착한 자본주의가 된다. 북유럽 국가는 자본주의인가 사회주의인가 라고 묻는 이분법 사고가 통용되지 않는다.

인류사회는 공동체주의의 방향으로 간다. 단순노동에서 관계노동으로 방점을 옮긴다. 노동조합의 조합원 민주주의에서 이해관계자의 민주주의로 이동한다. 단순 민주주의에서 복잡한 민주주의로 이동한다.

소련은 사회주의 혁명을 일으켰지만 지키지 못했다. 쿠바는 지금까지 사회주의 체제를 유지한다. 중남미 진보정치의 중심이다. 현재 한국 노동조합은 노동조직 운영을 거의 실험하지 않는다.

3. 노동조직

1) 자영업

자영업은 청년 취업 가운데 소수가, 노후 대책으로 다수가 창업한다. 가업을 이어 생활근거로 삼는 경우도 있다. 퇴직자들이 노후 대책 자금인 퇴직금을 자영업에 투자하지만 실패 비율이 높다.

경제협력개발기구 OECD의 「2017 기업가
정신 한눈에 보기」 보고서에 따르면 한국의
1인 자영업자 수는 398만 2천 명으로 OECD
회원국을 비롯한 주요 38개국 가운데 4번
째로 많았다. 1인 자영업자가 가장 많은
나라는 미국으로 982만 4천 명을 기록했고
우리나라는 미국과 멕시코, 터키의 뒤를 이
어 5위이다.(■도표 14 참조)

■ 도표 14. 각국의 자영업자 비중

단위:%, 자료:OECD, 2014년 기준

그리스	35.4
터키	34.0
멕시코	32.1
브라질	31.2
한국	**26.8**
OECD 평균	15.4
일본	11.5

OECD 「팩트북 2015~2016」을 보면 2014년
기준 한국의 자영업자 비율은 26.8%다. 2000년 한국의 자영업자 비율(36.8%)과 비교하면
비중이 줄었다. 한국자영업자 비중이 줄어든 것은 시장이 포화상태에 이르면서 신규
유입이 감소했기 때문이다. 이병희 한국노동연구원 선임연구위원은 "한국은 사회안전
망이 약하고, 임금 일자리가 많지 않아 '생계형 자영업' 비중이 가장 높다"며 "자영업자
비중이 줄어든 것은 수익성이 나빠졌기 때문으로, 상황이 나아졌다고 보기 어렵다"고
말했다. 서울에서 숙박·음식점업이나 도소매업으로 자영업을 하는 사업자 10명 가운
데 7명가량은 같은 업종에서 일하는 노동자의 평균임금보다 적다. 음식, 소매, 관광·
여가, 숙박 자영업자의 창업·폐업률이 높다.

중소기업연구원 「소상공인 회전문 창업 실태와 해법의 실마리」에 따르면 창업 1년
에 59.8%였던 생존율은 2년 46.3%, 3년 38.0%, 4년 33.4%, 5년 30.9%로 계속 낮아졌다.
실질적인 창업 성공률은 30%에 불과했다. 1년 생존율이 가장 낮은 업종은 금융·보험
업으로 40.1%에 불과했다. 사업시설 관리 및 지원 서비스업과 숙박 및 음식점업의 생
존율도 각각 53.6%, 55.0%에 그쳤다. 반면 전기·가스·증기 및 수도사업, 하수 폐기물
처리, 원료재생 및 환경복원업, 운수업 등의 1년 생존율은 70~80%로 높은 편이었다.
폐업할 당시 소상공인들은 월평균 매출액 1051만 원, 영업이익 112만 원을 올리고 있
었다. 2015년 최저임금이 월 117만 원 수준인데, 소상공인들은 영업이익이 최저임금보
다 낮아진 시점에 폐업했다. 폐업한 소상공인 중 36.5%는 재창업을 했다. 이들 가운데
업종을 전환한 비율은 43.2%였다. 특히 소매업, 개인서비스업, 제조업 등을 하던 소상
공인들이 재창업할 때 가장 많이 선택한 업종은 음식점이었다. 음식점을 하다 폐업한

뒤 다시 음식점을 여는 경우도 64.8%에 달했다.

　퇴직한 노동자의 자영업 선택은 퇴직과 노후 대책으로 복지가 약하고, 마땅할 일자리가 없기 때문이다. 스웨덴이 창업 성공 비율이 높은 것은 생계형 창업을 하지 않아도 되니까 될 만한 사람만 뛰어들 자영업을 창업하기 때문이다. 보편적 복지를 바탕으로 창업, 스타트업을 늘리는 정책이 필요하다.

　이동주 중소기업연구원 상생협력본부장은 자영업 위기 극복을 위해 △자영업의 혁신성 제고 △불공정 프랜차이즈 개선, 대기업 골목상권 진입 제한 등 경쟁시스템 개혁 △자영업 전용 O2O(온라인과 오프라인의 결합) 플랫폼 구축 등 자영업 시장의 성장 및 보호 △지역상권 중심의 지속경영체제 구축 △자영업의 워라밸(일과 생활의 균형) 추진 △자영업 정책체계 혁신 등 6가지 정책 방향을 제시했다. 더불어민주당은 편의점 최소수익 보장제, 중소가맹점의 카드 수수료 인하를 추진했다.

　초국적 기업과 재벌이 재래시장에 침투한 것도 자영업의 영역을 좁게 했다. 자영업자들이 협동조합을 조직하고, 공동구매, 공동판매, 공동브랜드, 기업과 정부에 대한 공동 대응한다. 자영업자들이 요구해 대형마트가 월 2회 휴점하고, 백화점도 의무휴업일이 있다. 제과점업이 중소기업 적합업종으로 지정돼 대기업 빵집이 동네 빵집 반경 500m 안에 들어서지 못하고 매장 수 증가도 전년 대비 2%로 제한했다. 서울시는 가맹본부의 불공정 관행을 막으려고 구매협동조합과 본사·점주가 조합원으로 참여하는 협동조합 서울형프랜차이즈를 도입한다. 2018년 대기업의 무분별한 진출로부터 소상공인을 보호하는 「소상공인 생계형 적합업종 지정에 관한 특별법」을 제정했다.

2) 기업

　지금까지 이윤을 목적으로 하는 주식회사는 가장 효율적인 노동조직이었다. 그러나 생산성뿐 아니라 노동자 보호, 민주주의, 지속가능성을 함께 고려할 때 주식회사가 가장 효과적인 노동조직이라고 하기 어렵다.

　주식회사(company limited by shares)는 주주로 조직된 유한책임회사이다. 유럽에서는 중세부터 발달한 공동기업형태가 주식회사로 발달한 것인데, 우리나라에서는 일본의 침략 직후인 1910년 12월 제령(制令) 제13호로 공포한 「조선회사령」이 그 효시이다. 1962년 「상법」을 제정해 종래 대륙법계, 특히 독일법계에 속하던 우리나라의 주식회사 체제를 미국법에 접근시켰다.

재벌의 협의체는 협동조합이라고 부르지 않는다. 콘체른이라고 한다. 재벌은 정부를 직접 상대한다. 대기업의 협의체인 전국경제인연합(전경련)은 정부 13개 위원회에서 재벌을 대변한다. 경실련은 전경련이 산업단지 지정, 소비자, 연기금, 임금 등 경제 관련 중요한 사항을 심의하는 정부 위원회에 참여해 소수 재벌들의 이익을 적극적으로 대변했다고 지적했다. 2017년 최저임금위원회에서 노동자 위원들은 '시급 1만 원 인상'을 요구했지만 송원근 전경련 경제본부장은 반대했다. 경영자총연합회(경총)는 중소기업을 대변한다고 하지만 사실은 대기업의 방패박이 역할을 한다.

삼성 엘지 현대차 SK 등 4대 그룹은 2013~2016년 4년간 전국경제인연합회를 통해 총 815억 원의 사회협력회계를 운영했다. 2013년 172억 원, 2014년 242억 원, 2015년 195억 원, 2016년 206억 원이었다. 2016년 삼성이 84억 원(40.8%)이었다. 이 가운데 2013년부터 2015년까지 3년간 '친 박근혜 정부 시위'를 벌인 어버이연합·고엽제전우회 등 38개 보수·우익단체에게 25억 원을 지급했다.

전경련이 최순실씨의 미르·K스포츠 재단 설립을 위한 대기업들의 모금 창구 역할을 한 것으로 드러나자, 삼성그룹, SK그룹, LG그룹, KT, 포스코 등 주요 대기업이 전경련을 탈퇴했다.

기업 경영성과 평가사이트(CEO스코어)는 총수가 있는 상위 50대 그룹의 총수 일가 208명의 경영 참여 현황을 조사한 결과, 이들이 입사 뒤 임원이 되는데 걸린 시간은 4년 11개월이었다. 평균 29살에 입사해 33살에 임원이 되고 42살에 사장 이상의 최고 경영자 자리에 올랐다. 후대로 갈수록 총수 일가의 승진 기간이 단축되었다. 창업 1~2세대에 해당하는 부모세대는 평균 29.5살에 입사해 5년 1개월 뒤인 34.6살에 임원이 됐지만, 3~4세대인 '금수저' 자녀 세대는 28.8살에 입사해 4년 2개월만인 33살에 임원이 되었다. 빠르게 승진한 재벌 총수 일가의 임원은 현장 경험이 없어 보고서나 주변 인물에 의존해 의사결정을 할 수밖에 없고 소통이나 공감 능력이 떨어져 결국 오너 리스크를 키운다. 재벌의 자본 소유와 경영을 분리하자는 근거이다.

하청구조

■ 도표 15. 조선업의 고용구조

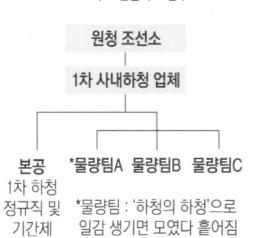

기업은 생산과 공사에서 하청구조가 만연했다. 조선업은 제조업으로 분류되지만 노동시장은 건설업과 유사한 구조를 띤다. 조선업과 건설업은 다단계 하도급 구조가 만연해 있다는 것이 공통점이다. 작업 기간이 길고 두 산업 모두 산재 유형에 추락사가 많다는 것도 닮았다.

조선업 다단계 하도급의 일반적 구조는 '원청 조선소 → 1차 하청업체 → 물량팀장 → 물량팀원'이다. 2014년 산업안전보건공단의 「현대중공업 종합안전보건진단 보고서」를 보면 현대중공업에 등록된 1차 하청업체 296개 전체에서 물량팀을 운영했다. 원청 조선소는 특정 업무를 1차 하청업체에 내려주고, 1차 하청업체는 작업기간 단축 등을 위해 공정별로 물량팀을 투입한다. 1차 하청업체가 대략 10~30명의 물량팀원을 확보한 물량팀장(건설업의 십장과 유사)에게 재도급을 주는 방식이다.(■도표 15 참조)

자본, 초국적 자본과 노동의 재생산구조

기업 경영에서 원료 등과 임금을 제외한 이윤은 자본의 몫이다. ■도표 16처럼 기업의 이윤은 다시 국내기업과 초국적 기업 몫으로 나뉜다. 초국적 기업은 한국 기업을 주식 소유하는 방식으로 지배한다. 또 초국적 기업은 한국에 투자하지만 모기업이 아닌 자회사를 세운다. 이들은 유치 기업이라는 이유로 지역에서 '상전 대접' 받으며 벌어들인 돈을 이윤, 지적재산권 사용료 등의 명분으로 모회사에 고스란히 이전해 지역 재투자하거나 일자리를 만들어내지 못한다. 한국GM은 기술을 모두 GM본사에 이전하고 특허료로 이윤을 내보낸다. GM이 있는 인천과 군산 지역경제에 그다지 도움 되지 않는다. 일본 오키나와가 금융자유특별구역을 만들어 국내외 금융기관을 유치했으나 백오피스와 같은 자회사들만 유치해 지역재투자와 고용효과를 내지 못했다.[19]

■ 도표 16. 자본, 초국적 자본-노동의 재생산구조

		이윤		부가 이익/이윤
원료 등	임금	국내기업 몫	초국적 기업 몫	부동산 투기 저리 금융 혜택 기업 지배구조 공기업 이용 인플레정책 세금 특혜 구조조정 지원 …교육격차 …문화격차

경영참여

세계는 기업이 노동자를 경영의 동반자로 인정하는 추세이다. 노동자 대표가 이사회에 직접 참여하는 노동이사제는 정보를 공유해 의결사안의 집행력이 높다. 노동자 추천 이사제는 사외이사를 통해 노동자 시민이 간접적으로 경영에 참여한다. 한국에서 사외이사는 자본측이 추천하면서 거수기로 전락했다. 사외이사와 아울러 노동이사를 참가시켜야 한다.

노동이사제는 독일과 스웨덴, 프랑스 등 OECD 28국 중 18개국에서 운영한다.

독일 기업 이사회는 영미식 단일 이사회와 달리 감독·경영이사회로 이원화되어 있다. 경영이사회의 상부 격으로 감독이사회가 경영이사를 임면하고 회사의 큰 방향을 결정한다. 노동이사는 감독이사회 소속이다. 구성비가 세계 으뜸이다. 2000명 이상 기업에선 절반까지, 500명 이상 기업에선 적어도 3분의 1이 노동이사다. 아예 '노사공동결정제'로 부르는 이유다. 노동이사는 단순히 노동자의 권익만 대변하지 않는다. 노동자이면서 이사라는 점을 책무로 삼는다. 2차 세계대전 패망 이후 군수기업 경영진이 전범으로 처벌받고 퇴진해 기업 소유권이 불분명해진 경우가 많았기 때문에 공동결정제도를 도입할 수 있었다.[20]

스웨덴은 노동이사 대부분이 노조 간부이지만, 노조만 대변해서는 안 된다. 네덜란드는 사업장 노조가 없어 전 직원 투표로 구성된 사업장협의회가 경영 참여한다. 사업

19) 양준호, 「인천의 개혁정당, 낡은 '투자유치 만능론'을 걷어차라!」, 『인천뉴스』, 2018.02.05.
20) 박정호, 「독일 노동자 경영에 참여하는 '공동결정제' 한국 도입 가능할까」, 『경향비즈』, 2015.5.31.

장협의회가 사안에 따라 협의권·승인권을 갖는다. 노동이사는 외부 전문가가 맡는다. 벨기에와 프랑스는 노동이사가 소수라며 비판한다. 체코, 헝가리, 폴란드 등 동유럽에도 노동이사제를 시행하지만, 노조나 사업장협의회의 경영참여는 적다.

한국은 노동자 경영참여에 대해 경총, 전경련이 의사결정의 지연, 노동자 이익만 주장, 경영권 침해를 이유로 반대한다. 서울시는 2016년 정원 100명 이상인 서울시 산하의 투자·출연기관 13곳에 노동이사 1~2명을 둔다. 경영참여가 적은 점에서 동유럽과 비슷하다. 문재인 정부는 노동이사제를 변형시킨 노동자 추천 이사제를 도입했다.

기업의 사회적 책임(CSR)

기업이 잘되면 세금 많이 내고 고용 늘려서 좋아진다는 공식이 깨지면서 기업에게 사회적 책임을 이행하라는 압력이 높아졌다. 이런 이유로 2000년 이후 CSR(사회적 책임경영), 지속가능한 경영, ISO26000, UN Global Compact(인권, 노동, 환경, 부정축재방지 분야 10개 원칙) 등이 퍼졌다.

마이클 포터는 「자본주의를 치유해서 성장의 새로운 물꼬를 트는 방법」이라는 논문에서 CSV(Creating Shared Value, 공유가치창조)를 제시했다. 이를 임팩스 비즈니스라고도 한다. 이것은 기업의 자원과 지식을 활용해 사회문제를 해결하는 비즈니스모델을 기업의 장기적 경쟁 우위 확보 전략으로 제시해 경영자의 관심을 끌었다. 실례로 '신발 한 결레를 사면 개도국 맨발 어린이에게 한 컬레를 기증합니다'라는 구호를 내걸고 시작해 2016년 7천만컬레까지 판매량을 늘린 탐스슈즈도 있다. 노인들이 나이 들어서도 자기 집에서 살고 싶어 하는데 그런 독거노인을 위한 서비스는 좋은 임팩스 비니지스가 될 수 있다.

해외 초국적 기업에는 기업의 사회적 책임을 실천하고 아울러 자녀에게 상속하지 않는 경우가 많다. 저커버그는 99%의 재산을 기부했다. 일론 머스크는 인류의 미래를 위해 에너지 전환과 화성 개척에 온 인생을 쏟아 붓고 있다. 소유재산을 사회에 기부한 빌 게이츠는 인류의 운명에 대한 사람들의 관심을 환기시키기 위해 매주 관련된 책 한권씩을 읽고 서평을 게재하며 파워 블로거로 변신했다.

미국의 GM, 포드, 휴렛패커드, P&G, 켈로그, 제록스 등은 기업이 결산한 뒤 남은 이익을 임직원에게 돌려주는 이익공유제를 운영한다. 한국에서도 DY(동양기전), KSS

해운 등이 도입했다. KSS해운은 고정상여금 60%를 기본으로 하되 400%는 고정적으로
지급하고, 200%는 성과에 연동해 이익배당을 주는 방식을 택했다.

3) 협동조합(cooperative, coop)

협동조합은 노동, 소유, 경영이 일치하는 노동조직 형태다. 협동조합은 노동조합 운
동과 달리 의회나 지배계급으로부터도 지지를 받는다.[21] 최근에 들어와서는 지속가능
성을 실천한다. 남북 사이에 평화체제가 성립될 경우 남북경협은 대기업형 투자모델
과 중소기업형 협동조합 교류협력 모델이 가능하다. 협동조합의 고용은 안정된다. 경
제가 어렵다는 이탈리아에서도 협동조합에서는 단 한명의 해고도 없었다고 한다.

한국 협동조합 역사

지금의 협동조합과 비슷한 전통 공동체에는 두레(노동 공동체-협동조합과는 다르다.
품앗이는 단순한 노동 교환), 향약, 계(금융), 보부상단, 집강소(갑오농민전쟁) 등이 있
었다. 두레는 소농과 머슴(농업노동자)이 운영했다. 논농사는 모심기 추수 등이 한꺼
번에 몰린다. 일정을 정해 공동 노동했다. 추수할 때 노동력 제공을 계산해 정산했다.
여기서 말하는 노동조직의 개념은 아니다. 노동력 제공 협동조합 정도의 개념이다.

일제시기와 해방 이후에 협동조합이 소개되었으나 탄압당했다. 8.15해방 뒤 인천에
서 조봉암이 미강협동조합을 조직했다.

농업협동조합이 전국농민회총연맹(전농)을 대체해 조직되었다(1957). 농협은 공산
품을 비싸게 농촌에 공급하고 농산물을 도시소비자에게 싸게 공급하는 관변 조직이었
다. 최근에는 금융사업의 비중이 농업부문보다 더 크다.

1950년대 이래 협동조합기법본 제정까지 농업협동조합법(1957), 중소기업협동조합
법(1961), 수산업협동조합법(1962), 엽연초생산협동조합법(1963), 신용협동조합법(1972),
산림조합법(1980), 새마을금고법(1982), 소비자생활협동조합법(1999) 등 특별법에 정해
진 8개 이외의 협동조합 설립이 불가능했다. 조합원 300명 자본금 3천만 원으로 설립

21) G.D.H.콜, 정광민 옮김, 『영국 협동조합의 한 세기』, 그물코, 2016.

을 어렵게 했다. 이 가운데 소비자생활협동조합은 생산자와 조합원이 협력 운영한다. 의료생활협동조합은 과잉진료 과잉투약을 하지 않는다.

개발독재 이후 협동조합 필요성이 커졌다. 한살림은 생산자 농민과 도시 소비자를 연결했다. 2017년 조합원 294,781명, 출자금 286억 3백만 원, 총 공급액 연 1,435억 5백만 원이다.[22] 60만 가구의 소비자 조합원, 2,200여 가구의 생산자 농민이 참여하고, 전국 22개 회원 생협을 운영한다. 한살림은 "경제와 사회, 생태계의 위기가 심화되는 속에서 지금과 같은 생산과 소비 확대로는 개인도, 사회도 건강해질 수 없다"고 밝혔다. 2011년 아이쿱은 조합원 15만 5,705명, 매출액 3,000억 원이고, 두레생협은 조합원 10만 3,874명, 매출액 750억 7,200만 원이다.

2012년 12월 1일 협동조합 기본법 제정해 조합원 5인 이상으로 설립이 가능해졌다. 재벌과 중소기업이 일자리를 만들지 못하는 상태에서 생산-소비자가 스스로 일자리를 만들라는 의미이다. 협동조합에는 협동조합, 사회적 협동조합, 협동조합연합회의 세 가지 형태가 있다.

협동조합기본법 제정한 배경에는 협동조합 자체의 요구와 아울러 재벌이나 중소기업만으로는 실업문제를 해결할 수 없다는 이명박 정부의 정세 인식이 작용했다. 협동조합기본법이 시행되면서 공통의 목적을 가진 5인 이상이 모이면 금융과 보험을 제외한 모든 사업 분야에서 협동조합을 만들 수 있게 됐다.

IMF 사태 이후 실업극복국민운동, 실업자 자활사업, 사회적 기업을 운영했지만 실업 대책이 되지 못했다.

기획재정부 「제3차 협동조합 실태조사 결과」에 따르면, 협동조합은 2012년 10월 2,750개에서 2016년 말 1만 615개로 증가했다. 평균 조합원 수 61.6명, 조합에 고용된 노동자 수는 평균 4.3명이었으며, 노동자 중 취약계층이 34.7%였다. 월평균 급여는 147만 원, 비정규직 92만 원이었다. 유형별로는 사업자 협동조합이 70.2%, 다중이해관계자 협동조합 16.3%, 사회적 협동조합 5.7%, 소비자협동조합 3.1%였다. 생존율은 53.4%로 기업의 3년 생존율 39%에 비해 낮지 않다. 정상 운영이 안되는 이유는 사업모델 미비 25.5%, 자금부족 22.1%, 조합원 간 의견불일치 17.6%였다.

---

22) 「한살림사람들」, 2017년 11월호, 191호.

수도권 지역에 46%가 분포하며, 도 · 소매업, 농축산업, 교육 서비스업 비중이 크다.[23] 2015년 사회적협동조합기본법안을 발의했지만 의결되지는 못했다.

세계의 협동조합

국제협동조합연맹(ICA)의 2014년 자료를 보면 세계적으로 260만개의 협동조합이 있고 조합원 수는 10억 명이 넘는다. 협동조합이 잘 발달되어 있는 스웨덴, 스위스에서는 협동조합이 국민총생산(GNP)의 20%를 차지하며, 이탈리아에서는 사회적 서비스의 50% 정도를 차지한다.

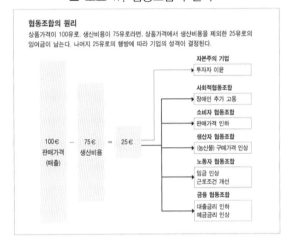

■ 도표 17. 협동조합의 원리[24]

협동조합의 7대 원칙

국제협동조합연맹(ICA: International Cooperative Alliance)은 협동조합을 '공동으로 소유하고 민주적으로 운영되는 사업체를 통해 공통의 경제 · 사회 · 문화적 필요와 욕구를 충족시키고자 하는 사람들이 자발적으로 결성한 자율적인 인적 결합체'라고 했다.

협동조합의 7대 원칙[25](■ 도표 17 참조)
1. 자발적이고 개방적인 조합원 제도 : 협동조합은 자발적이며, 모든 사람들에게 성(性)적, 사회적, 인종적, 정치적, 종교적 차별 없이 열려있는 조직이다.
2. 조합원에 의한 민주적 관리 : 조합원들은 정책수립과 의사 결정에 활발하게 참여하고 선출된 임원들은 조합원에게 책임을 갖고 봉사 조합원마다 동등한 투표권(1인 1표)을 가지며, 협동조합연합회도 민주적인 방식으로 조직하고 운영한다.
3. 조합원의 경제적 참여 : 협동조합의 자본은 공정하게 조성되고 민주적으로 통제한다. 자본금의 일부는 조합의 공동재산이며, 출자배당이 있는 경우에 조합원은 출자액에 따라 제한된 배당금을 받은 잉여금 처리는 다음 경우가 있다. 1) 협동조합의 발전을 위해 일

23) 노대명, 「한국 사회적경제의 진단과 과제」, 김신양 외, 『한국 사회적경제의 역사』, 한울, 2016.
24) 김현대, 「대안적 삶, 세계 협동조합」『녹색평론』 제126호 2012년 9-10월호.
25) 「협동조합 정체성에 대한 선언」 1995년 ICA 총회 발표.

부는 배당하지 않고 유보금으로 적립, 2) 사업이용 실적에 비례한 편익제공, 3) 여타 협동조합 활동 지원 등에 배분한다. 출자금에 비례해 배당(일본), 이용고 배당(아이쿱협동조합, 미국), 배당 없이 전액 협동조합 내 유보(독일 라이프니치협동조합) 등이 있다. 미국 협동조합은 주식회사에 상장했다가 큰 주주에게 먹힌 사례가 있다.

4. 자율과 독립 : 협동조합이 다른 조직과 약정을 맺거나 외부에서 자본을 조달할 때 조합원에 의한 민주적 관리가 보장되고, 협동조합의 자율성이 유지 되어야 한다.
   공동체성과 기업성의 균형을 꾀한다. 관의 지원에 대한 의존도가 큰 경우 시민단체는 관변의 성격을 지니게 된다. 자생력이 중요하다.

5. 교육, 훈련 및 정보 제공 : 조합원, 선출된 임원, 경영자, 직원들에게 교육과 훈련을 제공. 젊은 세대와 여론 지도층에게 협동의 본질과 장점에 대한 정보를 제공한다.(협동조합은 회의 때마다 조합원을 교육한다.)

6. 협동조합 간의 활동 : 국내, 국외에서 공통으로 협력 사업을 전개함으로써 협동조합 운동의 힘을 강화시키고, 조합원에게 효과적으로 봉사한다. 유럽의 협동조합은 수익의 10%를 다른 협동조합을 돕는데 사용한다.

7. 지역사회에 대한 기여 : 조합원의 동의를 토대로 조합이 속한 지역사회의 지속가능한 발전을 위해 노력한다. 지역협동조합은 단위 협동조합이 하기 어려운 일을 진행한다. 이런 과정을 통해 지역을 기획한다.

협동조합 설립에서 청산까지

가. 설립 목적: 대학생의 입장에서 자율성을 가진 공동체 살림살이의 운영과 학습.

나. 3~5인이 준비위원회 구성: 주체는 학생 교수 직원 + 협동조합직원 + 졸업생 학부모 주민 등이다. 소수의 학생, 총학생회, 학생복지위원회가 각기 또는 공동의 주체가 되어 조직하는 과정이다.

다. 5인 이상이 총회를 열어 설립해 지방자치단체에 신고 및 인정서 받기.

라. 법원에 협동조합법인 등록.

마. 세무서에 사업자등록.

바. 영업 개시: 영업에는 수익성(협동조합 중 수익성 없어 개점휴업 중인 협동조합이 70%), 민주성, 자주성(탈관변)의 원칙을 지킨다. 자본금은 가입출자금, 이용에 따른 적립금(참좋은생협) 등으로 충당한다. 배당에는 조합원 균일 배당, 투자비례, 이용고배당(미국, icoop), 무배당 전액재투자(독일 라이파이젠) 등이 있다. 조합내 직원에게 고용 안정과 적절한 보수를 제공한다.

사. 협동조합의 청산: 목적의 상실에 따른 해산, 목적 변화에 따른 인수합병, 정부지

원의존 중단 부도 해산, 미국 협동조합의 M&A 등이다. 협동조합은 해산한 뒤 자산이 조합원에게 반환한다. 사회적 협동조합은 같은 목적의 사회적 협동조합이 재산을 흡수한다.

여러 가지 협동조합

협동조합기본법 상 협동조합은 조합원의 구성과 추구하는 목적에 따라 크게 일반협동조합(영리)과 사회적 협동조합(비영리)으로 구분한다. 그리고 조합의 성격에 따라 소비자 · 사업자 · 직원 · 다중이해관계자 협동조합으로 구분하다. 이러한 협동조합이 3개 이상 모이면 연합회의 구성이 가능하다.

지역협동조합은 협동조합의 협동조합이다. 국제 협동조합으로 개별 국제협동조합, 국제협동조합연맹(ICA)이 있다.

한국에서 취약한 협동조합 분야는 협동조합에 금융을 공급하는 금융협동조합과 지역을 기획하는 지역협동조합이다.(■도표 18 참조)

생산자협동조합

생산자협동조합은 원료 공급자의 협동조합이다. 한살림은 도시소비자와 농촌 생산자가 만든 도농협동조합으로 친환경 농산물을 생산과 소비한다. 주로 조합원이 생산한 상품을 판매한다. 정부의 농민정책이 대농 위주이고, 농민회 등의 농업 개혁 기능이 약해졌다. 소농을 협동조합으로 조직화하는 대안이 있다.(유영훈, 전 가톨릭농민회 사무국장, 2019)

소비자협동조합

금융협동조합은 서민의 여유자금을 생산 부분이나 조합원의 부채 청산에 환류시키는 역할을 한다. 협동조합이 규모를 키울 경우 가장 먼저 만나는 문제가 자금 부족이다. 지역화폐, 마이크로뱅크, 윤리은행, 협동조합은행 등이 있다.

생산자와 소비자가 공동을 설립한 생산-소비자협동조합으로 도농협동조합 한살림이 있다.

의료생협은 조합원인 지역 주민이 공동 소유하고 주민의 건강관리와 질병 예방 활동, 방문진료 등 맞춤형 의료 서비스를 제공한다. 하지만 느슨한 설립 기준을 악용해 의사 명의를 빌려 불법으로 사무장병원이 128곳 가운데 84%이다. 이를 막기 위해 생협법 시행령 개정안은 설립 동의자 수를 500명 이상, 최저 출자금을 5만 원으로 명문화했다. 사립유치원 파동 이후 경기도 동탄에서 부모들이 협동조합유치원을 설립했다.

직원협동조합

해피 브릿지는 잘 나가는 주식회사였다. 협동조합기본법 제정 뒤 대표이사가 소유 주식 모두를 종업원 명의로 바꿔 협동조합으로 전환했다.

개별화된 노동영역에서 자기 보호 기제로 협동조합을 설립한다.[26] 2015년 서울에서 한국택시협동조합을 결성했다. 택시는 76대이며 조합원은 160명, 대기 조합원이 500명이다. 조합원은 2,500만 원씩 출자했다. 소득은 월 250만 원이다. 법인택시 기사 기본급 115만~130만 원에 비해 크게 높다. 다른 지역에서도 관심이 높다. 내가 탄 COOP택시 기사는 "조합원이 된 뒤 사납금이 없어졌다. 수입이 50% 늘었다. 일을 마친 뒤 조합원들과 커피를 마시고 바둑 두며 대화하는 것이 행복하다"고 했다.(2016.1.7) 비슷한 예로 한국대리운전협동조합, 한국아이티프린랜서협동조합 등이 있다.

미국 오하이오주 클리블랜드는 1980~90년대 산업 공동화하자 지역내 앵커(대학, 병원, 공공기관)와 협동조합이 연계해 지역경제를 회복했다. 세탁서비스 등 3개 영역에서 앵커의 조달약속을 받고 노동자협동조합을 만들었다. 에버그린세탁협동조합이 친환경 방식으로 세탁서비스에 성공하자, 노동자협동조합 수가 10여 개로 늘었다.

지역협동조합

지역협동조합은 지역 내에 있는 협동조합들의 협동조합이다. 지역협동조합협의회이다. 지역협동조합은 개별 협동조합이 할 수 없는 일을 한다. 지역을 기획한다.

한국에 원주, 홍성, 마포 등의 사례가 있다. 홍성 홍동지역은 100년 계획(풀무농업학교에서 시작, 60년), 원주지역(농촌 유기농산물을 도시에서 판매 시작, 40년), 마포두레

---

26) 조현경, 「노동권 사각지대 톺아보기」, 『한겨레』, 2016.3.28.

(육아공동체에서 시작, 30년), 경남지역의 사회적조합주의가 돋보인다.

세계적으로 이탈리아의 볼로냐, 캐나다의 퀘벡, 일본의 지역협동조합이 유명하다. 퀘벡은 금융협동조합이 발달했다. 일본생협은 정치적으로 대표하는 의원을 '대리인'이라고 부르며 연임을 3회로 한정한다.

농협동조합은 농업 개방 등으로 농민이 피해보는 상황에서 농민을 대변하지 않고 정부에 의견을 내지 않는다. 쌀값 20만 원 인상 요구하다 물대포를 맞고 의식을 잃었을 때도 입장 표명하지 않았다. 백남기 농민이 재벌개혁과 아울러 농협도 개혁해서 생산자인 농민과 소비자인 국민에게 도움 되도록 개혁해야 한다. 박진도 좋은 농협 만들기 국민운동본부 대표는 개방 이후 좋은 농산물을 만들어야 한다는 목소리는 높으나 농민에게는 마케팅 능력이 부족하다면서, 단위농협 조합장 입후보자의 매니페스토 협약, 중앙회장 회장 후보의 농민조합원실익·소득 증대 약속, 회장 직선제를 제안했다.

■ 도표 18. 협동조합기본법 제정 이후의 협동조합[27]

분야	목적	해외	한국
① 생산자	농산물 구매가격 인상	덴마크낙농협동조합1882, 선키스트1908, 스페인 몬드라곤1956	두레, 서울우유협동조합, 구두장인조합, 완주 로컬푸드협동조합
② 소비자	판매가격 인하, 지속가능한 소비	로치데일협동조합1844 일본생협	갑오농민전쟁 집강소, 통신소비자생활협동조합
	대학생협	일본 대학생 40%가 조합원	조선대1990 국공립18개, 사립 13개
	신세대협동조합	미국 사업이용규모 비례 의결권 부여	
③ 노동자	임금인상 근로조건 개선 경력단절여성 노동복귀	오웬 영국 뉴래너크공동체1792, 파리 목수연합1831	항운노조, 키친아트, 한국택시협동조합
④ 소상공인	대형마트 등으로부터 상권 보호	버거킹1991	보부상, 중곡제일시장협동조합, 마트협동조합
⑤ 주택협동조합	거주자의 건축참여	유럽 공동체주택, 터키켄트주택협동조합, 미국ARENA 주택재개발	서울협동조합형임대주택
⑥ 에너지	소비자의 에너지참여, 원전 반대	재생에너지, 탈원전	소비자가 에너지 생산 판매 부안햇빛발전소, 굴업도 핵폐기장 반대1994

⑦ 교통물류	운전자와 승객 협력	먼 곳의 요금이 낮은 꾸리찌바 교통체계	나룻배, 우진교통, 대리운전자협동조합, 백담사마을버스
⑧ 신용 금융 보험 공제	대출금리 인하	독일라이파이젠농촌신용협동조합1949, 독일민중은행1850, 네덜란드은행협동조합라보뱅크1896, 캐나다 대안금융, 이탈리아 윤리은행, 그라민은행, 이슬람은행	계 상조회 청십자의료협동조합 신용협동조합 노동자공제협동조합 지역화폐 사회적은행 레츠
⑨ 교육 연구	협동 지속가능성 민주주의 평화 노동 인권	핀란드교육, 프랑스대안대학, 영국 협동조합대학1918	서당 서원 대안초중등교 대안연구단체(대안대학)
⑩ 육아	부모 희망에 따른 공동육아		공동육아, 협동조합유치원
⑪ 노인	건강과 일 소득	일본의 개호	노인정, 노인데이케어
⑫ 의료	신뢰도 높은 의료기관 설립	일본의료생협, 쿠바 의료	마을의원, 장기려, 농민약국, 의료보험
⑬ 언론 정보	대안미디어	AP1946	사발통문 한겨레 경향신문 국민TV 프레시안 협동조합 전환
⑭ 문화 스포츠	일과 놀이의 결합, 공동체문화	FC바르셀로나(1899), 네팔 셀파, 이탈리아 민중의집	두레놀이 거창연극제
⑮ 이주민 동성애자 소수민	이주노동자 등 약자권익 보호 생활 단위	마을단위 이주, 차이나타운	다문화협동조합 지구촌협동조합 재외한인회
⑯ 다중이해관계자 (복합)	지역공동체의 협동조합	오웬 미국 뉴하모니협동마을1826, 이탈리아 캐나다, 협동조합의 조합	향약, 한전제, 여전제, 마을식당, 홍성협동조합, 원주협동사회네트워크, 마포두레, 진안마을만들기
⑰ 사회적협동조합	공익협동조합	이탈리아 사회적협동조합1953, 캐나다 사회연대협동조합 1997, 프랑스 공익협동조합 2001, 영국 사회적기업2004	사회적협동조합2012
⑱ 국가 정부	협동조합기본법 제정	역사적 사회주의, 중국 인민공사, 북한 협동농장, 남미의 공유경제, 쿠바 협동조합, 북유럽 사민주의	사회적경제 부문의 존재
⑲ 국제	ICA와 ILO 고용 증대하려 협력	국제협동조합 ICA1895, 2012UN세계협동조합의 해	국제협동조합의 지원 받아

---

27) 김영곤, 「인천지역 협동조합 생존의 흐름과 현안」, 『인천학연구』 20, 인천대학교 인천학연구원, 2014.2 참조.

대학협동조합

대학생협은 좋은 상품을 싸게 공동구매하는 착한 소비, 거기서 남은 수익을 상근자의 임금, 장학금 등으로 사용, 협동조합의 경영 실습, 대학의 상업주의에 대한 대책이 된다. 유기농산물이나 저농약 농산물로 만든 음식을 먹으면 건강에 도움 된다. 학생들이 사회에 나가기 전에 노동조직을 경영하는 좋은 경험이 된다.

대학생협은 대학 구성원의 복지를 위해 학생과 교직원들이 함께하는 자발적인 비영리조직이다. 1988년 서강대를 시작으로 2017년 현재 35곳(국공립대 22개, 사립대 13개)으로 조합원은 총 13만 명이다. 한국대학생협연합회에 따르면 학생 조합원 가입률은 2004년 33.8%에서 2017년 15.3%로 절반 넘게 줄었다. 전체 대학수 400여 개 가운데 35개로 10%가 안 된다.

국립대는 국유재산을 임대해주는데, 사립대는 학교 측이 협조하지 않을 경우 장소가 문제된다. 세종대생협은 세종대가 생협 매장 퇴거를 요구하면서 결국 폐쇄했다.

대학들이 대기업 프랜차이즈에 상업시설을 임대한다. 대학들은 상업시설에서 발생한 수익을 장학금으로 사용한다는 명분이다. 그러나 결국 학생들의 주머니에서 나온 돈을 대기업과 대학이 나눠 갖고 나머지 일부를 학생에게 되돌리는 서비스를 하는 셈이다.

대학생협의 사업에는 매점·식당·카페·문구점·서점·자판기 등이 있다. 이런 사업에서 벌어들인 수익금은 다시 학내 구성원에게 반환된다. 서울대생협은 2015년 아침·저녁 식사를 단돈 1천 원에 제공했다. 서울대가 연간 2억 5천~2억 8천만 원을 보조한다.

대학생협은 학생 생활서비스를 제공하기도 한다. 경희대생협은 1톤 트럭을 1만 원에 제공해 학생의 이사를 돕는 '짐캐리 서비스'를 한다.

연세대생활협동조합은 30년 됐는데 조합원이 3만여 명이다. 수익금을 장학금 연구비 등에 지급했다. 공동 기숙사를 추진했다. 2014년 연세대 내 백양로 지하상가의 임대권을 위임받았다.

대학 상업화를 막으려면 대학생협들이 자체적으로 대응해 저항하는 길도 있지만, 관련당국이 풀어왔던 규제를 다시 보완·강화하는 제도 개선이 필요하다. 권종탁 한국대학생협연합회 사무국장은 "교육부의 학교평가 기준에 '대학생협 설립·운영' 항목을 신설해 점수에 반영만 해도 대학의 의지가 달라질 수 있을 것"이라고 말했다.

일본은 1958년 설립된 전국대학생활협동조합연합회(NFUCA)는 총 219개의 광범위한 회원조합을 확보하고 있다. 대학생협 203개, 연합대학생협 6개, 사업연합회 9개, 공제사업연합회 1개가 참여하고 있다. 올해 일본 국내 전체 대학생 305만 1천 명 가운데 생협 조합원이 150만 7천 명으로 50%에 달한다. 일본 대학생협은 서점·교재·문구·식당·통학버스·호텔사업·테마여행사업·학생공제사업·부동산중개사업으로 영역을 확장해왔다. 일본 전역에서 완전 도서정가제를 실시하고 있지만 대학생협 매장은 예외를 인정받아 할인판매가 가능하다.

공제사업 쪽을 보면, 조합원의 각종 위험에 대비해 조합 자체적으로 기금을 조성한다. 학생의 의견을 수렴해 보험상품을 개발·보급하고, 건강을 잃거나 사고를 당하지 않도록 별도의 교육·캠페인 프로그램을 운영하기도 한다. 대학교 주변의 집을 알아보려면 대학생협의 부동산중개기구를 통하면 된다. 학교 주변 집주인들 사이에선 오직 이 중개기구를 통해서만 학생들과 계약을 맺는 문화가 형성돼 있다.

지역공동체

한국 인구 구성비로 보면 1970년대 인구가 약 3,000만 명이라고 보면 약 2,000만 명 이상이 도시로 이주했다. 이것은 산업화와 도시화로 인한 이농 이외에 또 다른 요인이 있다. 한국전쟁 이후 남한에서 북한군 점령과 연루된 이른바 좌익 부역자 가족 수는 거의 절대 다수였다. 지주와 자본가, 경찰과 군인 등 극소수 우익 가족을 제외하면 거의 모든 가족에 부역자가 있었다. 경찰과 군인, 지주와 자본가는 사실상 좌익 부역자 가족 재산을 약탈해 오늘 날의 완고한 보수세력 뿌리를 구성했다. 당시 농촌에서 부의 상징이었던 지역 정미소와 양조장은 보수 우익 손으로 넘어갔다. 좌익 부역자 가족은 농촌공동체에서 살 수 없었다. 이들 부역자 직계 가족에게는 통행증도 발급되지 않았다. 이들은 1960년대 농촌 지역공동체를 탈출해 도시로 이동했다. 이런 과정을 거치면서 농촌공동체가 해체되었다.

한살림운동은 소비자운동으로 출발하지 않고, 처음부터 사회주의와 자본주의를 극복하자는 운동이었다. 모심과 살림의 동학사상을 기반으로 한 생명살림의 농업과 농민운동, 생산자운동의 측면이 강했다며, 중세 코뮌(commune)과 동학운동에서 우리가 배워야 할 유산은 자립 자치의 지역공동체 재생운동이다.[28]

■ 도표 19. 세월호 고와선 피해자 · 희망씨앗 분포도

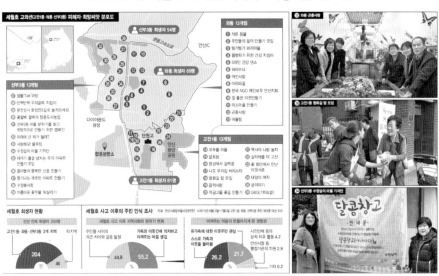

세월호 희생의 아픔이 유독 컸던 고와선(고잔1동 · 와동 · 선부동) 지역주민들은 슬픔을 희망으로 바꾸어 이웃공동체를 회복하고 있다.(■도표 19 참조) 안산지역 희생자 250명 중 고와선지역 희생자가 204명이다. 고와선 주민들은 시간을 세월호 참사 이전으로 돌릴 수 없다는 것을 잘 안다. 주민들은 이웃에게 손을 내밀고 연대와 소통하며 희망을 키웠다. 주민들은 유가족에 대한 이웃주민 관심, 스스로 가족을 돌보고 이웃을 돌아봄, 시민단체 등의 상처 치유활동과 안산시청 등 행정기관 지원으로 희망씨앗이 퍼졌다.(한겨레, 2015.12.28)

지역공동체 구성 요소로 마을공동체, 마을기업이 있다. 이남곡 인문운동가는 지역 모델 구성에 지역 대학의 정상화, 진취적인 생산협동조합과 청년 창업, 민주적인 지방자치제, 소농의 협동경영, 지역 언론 활성화, 국내외 선구지역과 네트워크 구성을 꼽는다.

---

28) 박승옥, 「한국 사회적 경제운동의 특성과 마을공동체 재생운동」, 김신양 외, 『한국 사회적경제의 역사』, 한울, 2016.

사회적 협동조합

사회적 협동조합은 공익협동조합이다. 사회적 협동조합은 지역특산품·자연자원 활용사업 등 지역의 인적·물적 자원을 활용해 지역 사회의 재생 및 지역 경제의 활성화에 기여하는 사업, 지역 주민의 생활환경 개선사업 등 지역 주민의 권익과 복리를 증진시키는 사업, 그 밖에 지역 사회가 당면한 문제 해결에 기여하는 사업을 한다. 사회적 협동조합은 정부 지방자치단체 기업의 지원을 받는다. 그만큼 정부 기업의 규제와 감독을 받게 된다. 해산할 때는 같은 목적을 가진 사회적 협동조합에게 재산을 넘겨야 한다.

사회적 경제 영역

삶을 전반적으로 뒷받침하는 협동조합 영역의 구축이 필요하다. 그렇게 하면 살아가는데 필요한 식의주, 건강, 교육, 문화 등에 필요한 생활요소를 개별 협동조합에서는 해결할 수 있다. 사회적 경제 자본 이론의 영역이다. 공공부문에서 협동조합과 협력이 필요하다.

한 국가에서 사회적 경제의 경제 규모와 고용 규모는 10%를 넘지 못한다. 김혜원 외 연구[29])에 따르면 2003년 기준 사회경제적 경제규모는 GDP의 0.9% 수준이며, 고용 규모는 전체 취업자의 4~6%로 추정된다. 주로 유럽을 대상으로 조사한 바에 따르면 2009~2010년 유럽 15개국에서 사회적 경제 부문 일자리가 전체 임금 부문 일자리에서 차지하는 비중은 7.41%로 추정한다. 2013년 프랑스는 12.6%다.

한국은 사회적 경제 규모가 연간 60조 원대이다. 여기서 농협 등 8개 특별법에 따른 개별협동조합을 제외한 실질 사회적 경제 규모는 2017년 약 3조 5천억 원이고, 평균 매출 규모는 15억 8천만 원이다.

한국 사회적 경제의 양적 성장을 위해 노력해야 하지만, 자발성과 혁신에 비중을 두어야 한다. 사회적 경제가 시민 지지를 받고, 지방정부와 중앙정부 지원을 받는 이유는 그것이 공공서비스가 제대로 해결하지 못하는 많은 사회문제 해법을 제시했기 때문이다. 서유럽 사회에서 그랬던 것처럼 한국 사회적 경제 조직은 자발성과 혁신성

---

29) 김혜원 외, 『제3섹터 부문의 고용창출 실증연구』, 한국노동연구원, 2008.

을 높이고, 기존 공공서비스의 경직성을 넘어야 한다.[30)]

사회적 경제는 경제효율만 추구하지 않아 일반기업과 경쟁에서 불리하다. 공공조달에서 사회적 기업에 우선권을 주어야 한다. 타이는 2009년 사회적 기업을 법제화하기 시작했다.

한국은 사회적 경제 기본법, 공공기관의 사회적 가치 실현에 관한 기본법, 사회적 경제 기업제품 구매촉진 및 판로지원에 관한 특별법 등 사회적 경제 3법을 입법 추진 중이다.

국내 가구 절반이 무주택이고, 상위 1%가 1인당 7채 이상 보유했다. 이런 가운데 사회적 경제 주체가 공급하는 사회주택과 공동체주택이 제3, 4의 주거 대안이다. OECD통계에 따르면 2015년 사회주택은 네덜란드가 230만 채로 전체 주택의 34.1%이다. 사회주택 비중이 오스트리아 26.2%, 덴마크 22.2%이다. 한국은 2017년 서울시가 566호를 공급했다.

사회적 금융

협동조합의 가장 큰 애로사항은 금융이다. 사회적금융은 보조·기부행위가 아닌 투자·융자·보증 등 회수를 전제로 사회적기업이나 협동조합, 자활기업, 마을기업 등 사회적경제 기업에 자금을 지원하는 금융활동이다. 2007년 사회적기업이 처음 등장한 이래 협동조합과 자활기업, 마을기업을 포함하는 사회적 경제기업은 모두 1만 5천여 개에 이르지만 대부분 정부 보조금이나 대표 등 특수 관계인 차입으로 자금을 조달한다. 사회적기업은 2018년 2,030곳 중 1,008곳이 흑자이다.

현재 시중은행은 협동조합 대출을 심사할 때 협동조합 내부 출자금을 관행적으로 부채로 인식한다. 이에 따라 협동조합은 부채율이 높아 은행 대출이 어렵다. 은행대출이 가능하도록 제도를 개선해야 한다는 의견과 달리 외부 자본 조달이 협동조합 내부의 경영 독립성과 민주적 운영을 해칠 수 있다는 의견이 있다. 스페인 몬드라곤협동조합 노동인민금고는 협동조합 설립 자금 지원과 아울러 기술·경영컨설팅도 함께 한다.

---

30) 노대명, 「한국 사회적경제의 진단과 과제」, 김신양 외, 『한국 사회적경제의 역사』, 한울, 2016.

정부는 사회적 금융을 활성화하려, 3천억 원을 목표로 한 '사회가치기금'을 조성하고, 사회적 금융 중개기관 인증제를 도입하고, 정책금융기관들의 사회적 금융 투자를 확대했다. 정부는 협동조합과 사회적기업 등 사회적경제 기업들에게 1%대의 저금리로 금융지원을 해준다. 사회가치연대기금은 사회적 금융 도매기금 기능을 한다.

지역화폐로 소비하면 돈이 외지로 덜 나간다. 성남시는 성남사랑상품권, 양구군은 양구사랑상품권이라는 지역화폐를 발행해 효과를 보았다.

노동자 자주관리

노동자가 노동조직의 주주로 자주관리하는 기업이다. 경향신문은 기자 등 노동자들이 주주가 되어 신문사를 자주관리한다. 한겨레신문은 시민 주주 소유이다. 인천 키친아트, 청주 우진교통이 있다. 우진교통은 2005년 부도난 회사를 인구해 자주관리기업으로 전환해 13년째 운영중이다.[31] 이들은 대중을 상대하는 업종에서 활발하며, 기획 마켓팅 능력이 부족하다. 키친아트는 상표권을 중심으로 OEM방식으로 완성품을 납품받아 판매한다.

공유경제

소유경제와 대비되는 공유경제는 미국 민주당 대통령 후보 경선에 뛰어든 로런스 레시그 미국 하버드대 법학전문대학원 교수가 개념을 정의했다. 석유 등 자원 고갈과 환경오염에 대응하기 위해 재화와 용역을 나눠 사용하면서 공급자와 사용자가 경제적 이득을 함께 누리는 협력적 소비를 뜻한다.

'빈 침대'를 내준다는 뜻의 에어비앤비(Airbnb, Air Bed and Breakfast)는 2008년 미국 샌프란시스코의 청년 3명이 창업해, 공유경제의 대명사로 자리 잡았다. 자동차 공유도 활발하다.

공유저작물 쓰임이 확대되고 있다. 공유저작물은 저작권 보호가 만료된 저작물부터 저작자가 기증한 저작물, 일정한 조건 아래 이용할 수 있는 CCL(Creative Commons Licence) 저작물, 공공기관이 창작하거나 취득해 관리하는 공공 저작물(KOGL)을 말한다.

---

31) 강수돌, 『노동자자주관리기업 우진교통 이야기』, 이상북스, 2018.

해적당은 인류의 정신적 자산의 비상업적 복제를 허용하라고 했다.(마르틴 호이즐러, 2012 참조) 저작권의 공공저작물 정보를 제공하는 공공누리(www.kogl.or.kr)에서 검색해 112만여 건에서 찾아 이용한다. 전통 분야 공유저작물은 문화포털(www.culture.go.kr)에서 이용한다.

공유경제는 기존 산업의 가치사슬을 파괴한다. 공유경제가 노동의 질을 떨어뜨린다. 공유경제가 택시·대리운전 등 운수업이나 모텔·여관 등 숙박업 등 중소 자영업자들의 일자리를 뺏는다. '프리카리아트(precariat)'라는 새로운 계급이 등장한다. '불안정하다(precario)'와 '프롤레타리아트(proletariat)'를 합친 말로, 공유 플랫폼을 통해 돈을 버는 이들의 노동 환경이 열악하기 때문에 등장한 말이다.

공유경제는 주로 개인 간 거래를 바탕으로 하는데, 그래서 국가 권력에 대한 일종의 도전으로 보는 시각도 있다. 개인과 개인의 거래에서 국가의 역할과 권한이 없기 때문이다. 예컨대 우버가 그런 경우다. 그동안 택시 면허권은 주 정부와 시 정부의 고유 권한이었는데, 우버는 이 독점권을 무너뜨렸다.

김국현은 "공유경제란 공유의 대상인 자원을 소유하기만 하고 나누지 않아 놀리는 것은 옳지 않다고 믿는 철학이다. 그런데 여기서 자원이란 물적 자원뿐만 아니라 인적 자원까지 포함된다"[32]고 했다.

공유 플랫폼을 통한 환경의 개선과 자원 절약은 긍정적이다. 문제는 공유경제로 인한 가치 창출의 대부분이 공유경제 기업으로 가는 공유가치의 분배구조이다. 대안으로 공유경제의 지대수입에 대해서는 사회환원 또는 높은 세금, 글로벌 과세를 부과하고, 복수의 플랫폼을 만들어 사용자의 선택이 가능한 멀티 호밍(multi-homing) 구조를 만들고, 독점화된 플랫폼 기업은 기업정보 공개를 의무화해야 한다.(이민화, 2016, 132쪽)

한국에서도 공유경제가 늘어난다. 정부는 공유경제 가운데 공유민박업을 도입했다. 가까운 곳에 주차된 승용차를 필요한 시간만큼 빌려 쓰는 차량공유(카셰어링)가 등장했다. 2016년 금융 분야에서 스타트업 기업이 온라인에서 불특정 다수의 일반 투자자에게 투자를 받을 수 있게 한 증권형 클라우드펀딩을 도입했다. SK는 노사가 임금인

---

32) 김국현, 「공유경제의 저주, 일자리도 클라우드로 간다」, 『미디어오늘』, 2015.1.25.

상분 20%를 출연해 조성한 기금을 협력사 직원 처우개선에 지원하는 임금공유제를 시행하고 있다.

공유경제의 세계 시장규모는 2010년 8억 5천만 달러에서 2014년 100억 달러에 이르고, 2025년에는 3,350억 달러를 넘을 것으로 전망된다.

4) 공기업 공공부문

공기업은 정부가 직·간접적으로 투자한 공공적 성격의 기업으로 국가가 소유권을 갖거나 통제하는 기업을 말한다. 공기업은 출자 주체에 따라 국가공기업과 지방공기업으로 분류된다. 국가공기업은 정부기업, 정부투자기관, 정부출자기관, 정부투자기관 출자회사로 구분된다. 정부기업은 철도, 체신 등과 같이 정부부처 형태로 운영된다. 정부투자기관과 정부출자기관은 정부가 소유하는 지분의 정도에 따라 구분되는데 투자기관은 한국전력 등 50% 이상을 정부가 소유한 기업을 말하고 출자기관은 납입자본금의 50% 미만을 소유한 경우다. 정부투자기관 출자회사는 투자기관이 출자해 세운 법인을 말한다. 지방공기업은 상수도 사업처럼 지방정부가 직접 운영하는 것이며, 지자체가 공사 형태로 운영하는 지방공사도 지방공기업에 포함된다. 지하철공사 등이다.

공기업은 사회정책 형성, 사회예산과 투자의 배당에 대해 사회운동과 협의하고 결합해야 한다. 공적 소유, 협동조합, 소비자와 노동자 공동체, 수입대체, 그리고 세계시장에 대한 선택적 개방은 모두 상호보완적이다.[33]

한국의 민영화 정책은 경제논리보다는 정치논리에 의해 추진된 경우가 많았다. IMF 이후 공기업의 구조조정과 함께 외자유치를 위해 해외매각했다. 공기업 민영화 과정에서 자산의 해외매각에 의한 국부유출, 재벌의 경제력 집중 문제가 있다. 민영화 이후 민간 독점폐해, 민간기업의 투자부진, 과도한 다각화로 인한 부실 경영 등 문제가 있다.

정권과 자본은 자본의 이윤율이 낮아지면서 대체 소득원으로 공공부문을 끊임없이 민영화하려 한다. 의료 분야에서 의료보험을 부실하게 하고 민간의료보험을 도입하고

---

33) 제임스 페트라스·헨라 베르마이어, 원영수 옮김, 『세계화의 가면을 벗겨라』, 메이데이, 2008, 246쪽.

영리법인과 의료수출을 추진한다. 2012년 철도민영화 반대 싸움 때 대학생들이 철도노동자와 연대함과 아울러 민영화-비정규화를 자신의 문제로 삼아 '안녕들하십니까[34]현상'을 일으켰다.

공기업은 대중의 새로운 공공 수요를 반영해야 한다. 필요에 따라 민영화를 하는 부분이 있지만 반대로 민간부문을 공공화하는 조치도 필요하다. 서울지하철 9호선이 원래 현대와 매킨리 소유이었다. 이 노선이 서울의 다른 노선보다 요금을 비싸게 받으려 하자 서울시가 인수해 공사화했다. 역민영화, 공영화의 사례이다. KT 서울 아현국사 화재가 나면서 '통신 블랙아웃' 사태가 발생했는데, 이는 KT 2002년 민영화에 따른 국사 통폐합, 인력 감축, 외주화 등 수익 극대화 정책에 따른 문제다. 대한석유공사 서울저유소가 날아온 풍등 불씨에 폭발했는데, 이것은 민영화 뒤 인력 대폭 감축에 원인이 있다. 에너지망은 실제 운영자와 관계없이 공영화되어야 한다. 전력망의 중립성을 보장하기 위해서라도 공영화되어야 한다.(마르틴 호이즐러, 2012, 52쪽)

공공부문의 비율을 높여야 한다. 대학은 사립대학 비율이 80%이다. 사립대학을 공영형 사립대로 전환하거나 국공립화 비율을 높여야 운영해야 한다. 정부는 의료서비스의 공공성을 강조하면서도 의료서비스 제공을 민간에 위임하고 있다. 학교나 재단법인, 사회복지법인 등 개인과 민간이 운영하는 병원 비율이 88%이다. 공공병원이 12%에 불과하다. 한국은 OECD 국가 중 최하위다. 강남·강북삼성병원, 서울아산병원, CHA병원, 가천대 길병원, 강동성심병원은 의료복지재단 소속 교육병원이다. 이들이 각기 의과대학 부속병원으로 복귀하지 않는 것은 영리병원법이 제정되면 영리병원으로 전환하려는 의도이다. 의료선진국의 공공병원 비중을 보면 캐나다, 덴마크는 100% 수준이고, 노르웨이, 영국, 스웨덴 등도 90%가 넘는다. 민간보험 중심인 미국마저도 30% 수준이다.

5) 정부, 국회, 법원

민의가 직접, 혹은 간접적으로 정치에 반영되어야 한다. 정치는 아래로부터의 요구

---

34) 프로젝트 류, 「학교의 주인은 학생입니다」, 『안녕들 하십니까?』, 오월의 봄, 2014.

를 반영하는 과정과 위에서 후보가 공약을 내걸어 유권자에게 표로 지지해 달라고 하는 두 가지 형태로 진행된다. 정치는 민주주의 활동의 접점 내지 타협지점이다. 아래로부터의 인식, 요구가 없으면 정치에서 해결될 수단이 거의 없다. 진보정당이 평소에는 문제 해결 노력을 하지 않다가 선거철에 되어 표를 달라고 한다면 유권자는 이를 신뢰하지 않는다.

국가에 대한 대중 불만은 커진다. 국가는 여전히 안보를 비롯한 하드파워의 기본적인 공급자이지만, 국가가 지방·민간·초국적 행위자들의 공동체를 활용하는 능력이 국가의 소프트 파워 속성과 회복력을 향상시킨다. 정부는 도시 지도자, NGO 시민사회와 공공·민간 파트너십을 장려하는 정책과 프로세스를 필요로 한다.(미국 국가정보위원회(NIC), 2017 참조)

국민의 의사에 반하는 고위 공무원은 탄핵해야 한다. 헌법 제65조 ① 대통령·국무총리·국무위원·행정각부의 장·헌법재판소 재판관·법관·중앙선거관리위원회 위원·감사원장·감사위원 기타 법률이 정한 공무원이 그 직무집행에 있어서 헌법이나 법률을 위배한 때에는 국회는 탄핵의 소추를 의결할 수 있다. ② 제1항의 탄핵소추는 국회재적의원 3분의 1 이상의 발의가 있어야 하며, 그 의결은 국회재적의원 과반수의 찬성이 있어야 한다. 다만, 대통령에 대한 탄핵소추는 국회재적의원 과반수의 발의와 국회재적의원 3분의 2 이상의 찬성이 있어야 한다.

정부

대통령중심제는 권력을 지나치게 대통령에게 집중한다. 대통령과 정부의 권한이 입법부와 사법부의 영역을 침투하고 있다. 3권분립이 안 된다. 이 문제가 이승만, 이명박, 박근혜 대통령에 의해 여러 차례 반복됐다. 대통령제는 미국처럼 신생국가에서 운영하는 제도이며, 채택한 나라가 많지 않다.

현행 대통령제가 사회의 다양한 의견을 반영하는데 한계가 있다. 양당제에서 정부와 의회가 공동으로 행정부를 구성하는 이원집정제, 내각제, 다당제로 가자는 의견이 있다. 다당제는 거대 양당의 횡포를 줄이고 유권자의 의견을 미세하게 반영하는 효과가 있다. 양재진 교수는 스웨덴처럼 득표율 4~5%의 문턱을 둬서 온건 다당제로 가야 원활한 국정운영이 가능하다고 했다.

최태욱 교수에 따르면, 연동형 비례대표제에서 국회에는 단독 과반 정당이 없고, 3~4개 정당이 자웅을 겨루는 다당제가 된다. 문재인 대통령은 권역별 연동형 비례대표제를 지지했다. 우루과이는 대통령 중심제이지만 여러 정당이 내각을 구성해 연동형 대통령제라고 불린다.

독일, 벨기에, 룩셈부르크 등에서 녹색당이 연동형 비례대표제를 발판 삼아 선택 가능한 정치세력으로 자리잡았다. 네덜란드는 지역구 선출 없이 정당 득표율로만 의석을 100% 나누는 완전 비례대표제를 시행한다.

내각제는 의회의 여당으로 조직된 내각이 권력행사의 책임을 진다. 소수파의 표를 의석과 연동할 때 다당제가 되면서 내각제가 가능하다. 정의당이 내각제를 찬성하는 근거이다. 보수 중도 진보가 불가피하게 협력하게 된다. 한국 사람은 자본이 지배하는 일본 내각제를 보면서 자본의 내각 지배를 우려한다. 국회에 대한 국민의 신뢰가 낮아 내각제의 실현성이 낮다.

다른 대안으로 정부 형태를 대통령중심 5년 단임제에서 4년 중임제대통령중심제로 가자는 여론이 강하다. 이와 연결해 국회는 중대선거구제를 시행한다. 정당은 복수정당이 된다. 정부 구성의 대표성을 갖추기 위해 의원 과반수 이상을 차지한 구성이 집권한다. 이 경우 선거는 결선투표제를 도입한다.

박근혜 대통령을 선출한 18대 대선에 전자개표 조작 의혹이 짙다. 전자투표는 프로그램을 조작할 수 있어, 수개표를 제도화해야 한다. 한국산 전자개표기를 수입해 사용한 2018년 이라크 총선 전자개표 과정에 부정행위가 있었다는 의혹이 제기됐다. 이라크 당국이 다시 수개표를 실시한 결과 일부 지역에서 당락이 바뀐 국회의원 당선자가 25%에 달하는 등 전체 선거 결과가 크게 달라졌다. 참여연대는 한국 기업의 전자투표 시스템의 DR콩고 수출 중단을 요구했다.

국회

국회는 민의를 전달하는 기관인가, 아니면 민의를 억제하고 기득권을 보호하는 기관인가?

악마는 디테일에 있다고 한다. 국회 입법 과정을 보면 법안은 대부분 대형로펌에서 만들어 로펌과 기업의 유착관계를 짐작할 수 있지만 그 구성이 하도 복잡해 누구도 이것을 쉽게 밝혀낼 수 없다. 관료주의가 국민을 일상 정치에서 멀게 한다. 시민들이 연대해서 정직하고 쉽게 이해할 수 있는 국회를 만들어야 한다.

국회의원 300명 가운데 지역구 의원이 253명, 비례대표 의원이 47명이다. 비례대표 의원은 지역구의 이해관계를 떠나 사회 다양한 부분의 의견을 입법에 반영할 수 있다. 이들은 지역구의 이해관계에 매이지 않아 지역구 의원보다 입법 활동을 활발하게 할 수 있다. 지역구 의원은 항시 득표를 의식해 지역내의 찬반 의견에 자신의 입장을 표명하기가 쉽지 않다. 또 새벽부터 밤늦게까지 지역내의 고충을 듣는 것은 물론 애경사에 쫓아다녀야 하기 때문이 국정 현안에 대해 깊이 생각하기가 어렵다. 비례대표 의원이 전체 의원의 절반 이상이 돼야 한다.(이학영 국회의원, 2013)

국회의원 선거 방식이 표 분포를 반영하지 못한다. 17대 총선에서 열린우리당은 38% 득표율로 51%의 의석을 얻었고, 19대 총선에서 새누리당은 40%대 득표율로 과반 의석을 얻었다. 선거에서 1등만 당선되기 때문에 경상도나 전라도에서 2등은 30% 득표해도 한 석도 못 얻는 경우가 생긴다. 원혜영 국회 정치개혁특별위원장은 지역구에서 한 석을 못 얻어도 이를 비례에서 보장 받아 국민의 뜻이 거의 반영되어야 한다고 했다.

유럽의 경우에 1개 선거구에서 여러 명을 뽑는 경우가 있지만, 그것은 후보를 보고 투표하는 것이 아니라 정당을 보고 투표하는 정당명부식 비례대표제를 권역을 나눠서 하는 것이다. 이 방식도 정당득표율대로 의석을 배분하는 것이므로 비례성은 상당 수준 보장된다. 독일은 연동형 정당투표제이고 내각제이다. 50% 의석을 확보한 정당이나 정당 연합이 내각을 구성한다. 독일은 총선 뒤 3개월 동안 이 작업을 한다.

현행 소선거구제를 국민의사가 비례성 원칙에 따라 반영되는 선거구제로, 바꿔야 한다. 연동형 비례대표제는 국회의원 선거에서 내가 던진 표가 '사표'로 돌아오는 현재 소선거구제 대신 '민심 그대로' 의석수가 반영되는 제도이다. 지금과 같은 소선구제 아래선 다수당을 찍은 1표의 가치가 심지어 열배 이상이 되기도 한다. 그 때문에 국회의원 수를 360명으로 늘리더라도 그만큼 비례대표 의원 수를 늘린다. 현행 소선거구제를 유지한 채 연동형 비례대표제에 지난 20대 총선 결과를 대입하면 각 정당의 의석수는 민주당 123 → 110, 한국당(새누리당) 122 → 105, 국민의당 38 → 83, 정의당 6 → 23석으로 크게 바뀐다. 연동형 비례대표제는 정의당과 문재인 대통령이 도입을 주장했다.

중대선구제는 한 지역구에서 여러 명을 뽑아, 1위 후보만 당선되던 데서 2~3위 후보까지 당선된다. 그런데 한 선거구에서 5명을 뽑는 경우 5등은 단지 5%만 득표해 당선이 되는 모순이 있다. 이를 도입한 일본은 금권정치가 심각하다.

법원, 헌법재판소, 검찰

대법원은 '서울대·판사 출신 50대 남성(서오남)'의 틀에 박힌 구성에다 보수 편향이다. 대법원 판사 추천 때 판사 출신 교수나 비서울대, 여성을 간혹 포함시켰다. 대법원 구성을 다양화해야 한다. 김현 대한변협회장은 "순수 재야 변호사 중에서 대법관 임명을 우선해야 한다"고 했다. 사법부 유일 승진자리인 고등법원 부장판사 이상 고위법관(지방법원장·고등법원장·대법관 등)의 80% 가량이 행정업무를 하는 대법원 산하 법원행정처와 대법관 재판을 돕는 재판연구관 출신이다. 미국·독일에 없는 법관 승진제도가 제왕적 대법원장 체제 유지에 쓰인다. 전국 법관 대표들은 윗선의 눈치를 보는 판결의 원인인 고법부장판사 승진제도 폐지, 사법행정 견제를 위한 법관회의 상설화를 요구했다. 김명수 대법원장은 고법 부장판사 승진제도를 없앴고, 지방법원과 고등법원 인사 이원화가 법관 독립에 필요하다고 했다. 김명수 대법원장은 판사들이 추천한 손봉기 판사를 대구지방법원장에 임명했다.

2018년 대법원 규칙에 따라 전국법관대표자회의(초대 의장 최기상)를 상설화했다.

한국 법원은 삼심제로 운영된다. 1심과 2심은 사실심, 즉 사실의 존부와 법률의 두 가지 측면을 다 고려한 판결이고, 3심은 법률심, 즉 법률적인 측면만 고려한 판결이다.

판결에서 배심제의 성격을 강화해 판결의 신뢰도를 높인다. 배심제는 시민혁명 뒤 도입했으며 시민의 의무로 미국 시민권자라면 배심원으로 선발되어 재판에 참여해 범죄의 유무를 직접 판단하고 결정한다. 미국 연방 헌법상 배심에 의한 재판을 받을 권리는 보장되며 보통 6개월 이상의 구금에 해당하는 죄에 대한 재판에 대해 배심에 의한 재판을 받을 권리가 보장된다.

한국은 2007년 입법을 통해 영미의 배심제와 대륙의 참심제를 혼합한 절충 형태의 국민참여재판제도를 도입했다. 형사사건에서 중죄에 한하고 배심원단의 평결이 판사 판결을 구속하지 않는다.

신진욱 변호사는 배심제를 형사 단독재판에도 확대하고 배심제의 평결과 양형 의견에 법적 구속력을 부여해 법관은 재판이 공정하게 진행되게 하는 심판 역할에 충실하고, 세부적으로 작성된 양형기준표에 따라 광범위한 재량을 줄여야 한다고 했다.

김두식 교수는 "해방 후 법조인은 친일파일 수밖에 없다"면서, "1990년대 터져 나온 법조비리가 '돈 안 받는' 사법부를 만들었다면, '양승태 대법원'의 사법농단 사건은 '사법부의 독립'을 넘어 각 법관이 독립적 권한을 누릴 수 있도록 만드는 계기로 삼아야 한다"[35]고 했다.

현재 중앙정부와 지방정부, 초중등교육을 관리하는 교육청의 책임자와 해당 의회 의원은 주민이 직접선거로 선출한다. 법원·검찰·경찰·한국대학교육협의회 등의 대표도 국민이 선출하거나 운영에 민의를 반영하는 장치를 마련해야 한다.

검찰을 문민통제하여 검찰의 권력 남용을 없애야 한다. 검찰의 기능에서 공안부를 폐지하거나 축소해야 한다. 공안부는 대공·테러·선거·노동·사회단체 간련 사건을 담당하는 부서이다. 공안부는 상식선 주장이 통하지 않는 부서로 그동안 민주주의를 탄압했다. 공안부를 폐지해 일반 형사사건을 담당하는 형사부에 편입시키거나 규모를 대폭 축소해야 한다. 문재인 정부는 검찰의 수사권을 경찰과 분담해 경찰은 수사권을 갖고 검찰은 기소권을 갖도록 분담하고, 고위 공직자의 비리 부패를 감시하는 고위공직자비리수사처 신설을 추진했다.[36]

한편 1988년 인권, 시국 사건의 변론을 주로 맡아 온 변호사들이 결성한 민주화를 위한 변호사 모임(민변)은 개혁입법, 과거사 청산 사법개혁 등 활동을 한다. 민변은 피의자의 방어권을 위해 피의자가 수사기관에서 조사받을 때 조사의 절차와 내용을 적는 '자기변호 노트' 도입을 경찰에게 요구했고, 경찰이 이를 수용했다. 2013년 출범한 전업적 공익변호사단체인 '공감'은 소수자, 사회적 약자의 인권 문제를 중심으로 구체적 인권을 보장하고, 제도적 문제점 개선을 목표로 공익소송, 법률자문, 입법운동 등 활동을 한다.

---

35) 김두식, 『법률가』, 창비, 2018.
36) 문재인·김인회, 『검찰을 생각한다』, 오월의 봄, 2011 참조.

6) 마을, 지역, 지방정부

전에는 지방정부가 중앙정부에 예속된 조직으로 보았다. 이제 지방정부를 중앙정부와 시민을 연결하는 중간 단위 정부로 본다. 지방정부는 주민과 가까이서 주민의사를 직접 반영하는 장점이 있다.

성남시가 청년배당과 산후조리 지원비를 지역화폐 '성남사랑상품권'으로 지급해 효과를 보았다. 성남시에서 서점과 안경원, 학원, 이미용실, 커피숍, 약국, 슈퍼마켓, 음식점, 카센터와 택시에서 사용한다. 2017년 1,295억 원의 상품권을 발행했고 회수율은 93%다. 양구군이 2007년부터 발행한 양구사랑상품권이 2016년 1년간 77억 4,000여만 원의 양구사랑상품권이 판매되면서 양구사랑상품권의 누적 판매액은 601억 3,655만 원이다. 지역화폐 효과가 검증되면서 안양이 '안양사랑상품권'을 발행했다. 광주광역시가 지역화폐 발행을 검토 중이다.

2017년 서울시 구청들은 도서관, 지방분권, 협동조합에 역점을 두었다.

개인소비 외에 지역공공기관의 조달을 지역 안에서 해결하는 영국의 프레스턴 모델이 있다.

우리 근현대사에서 마을재산은 식민지시대에 면으로 귀속되고, 대한민국 정부 수립 이후 신민법(1958년)에서 공동소유 유형으로 공유, 합유와 함께 총유형태가 신설되었으나, 박정희 정권이 지방자치에 관한 임시조치법(1960)을 시행해 마을재산을 다시 지방자치단체로 이전했다. 지금은 마을자산을 가지려면 개별적으로 민사소송을 제기해야 하는데 이기기도 하고 지기도 한다. 마을자산은 미래세대에게 물려줄 신탁자산이다. 마을재산권 복원은 마을자치권 복원과 마을공동체 운영에 전제조건이다. 이병천 교수는 마을이 미래다, 마을이 세계를 구한다며, 마을공동체기본법 제정과 아울러 마을재산권복원기본법 제정을 촉구했다.[37] 농지정책을 대농을 키우는데서 마을농지를 늘리는 대안이 있다. 기계농업이 일반화되어 마을 영농이 충분히 가능하다.

신안군은 태양광·풍력발전 개발에 지역주민과 신안군이 사업 지분 30% 안에서 투자하도록 조례를 제정했다.

---

37) 이병천, 「마을재산복원기본법 제정을 촉구한다」, 『한겨레』, 2017.02.27.

7) 언론

언론은 정부 국회 법원을 견제하는 동시에 대안을 제시한다. 지식정보화 사회가 되면서 정보 공유가 확산되었다. 집단지성 기능이 있다. 이것이 사회의 변화를 선도한다.

진보이든 보수이든 스스로 만든 언론은 자신의 성향에 따라 논조를 편다. 그러나 공영방송은 다르다. 어떻게 독립 언론을 보장하느냐가 관건이다.

공영방송은 정권이 바뀔 때마다 보도성향이 바뀌었다. 현재 공영방송 이사회의 여야 추천 비율은 KBS 7 대 4, MBC 6 대 3이다. 박홍근 민주당 의원 등이 발의한 '언론장악 방지법'은 이사회의 여야 추천 비율을 7 대 6으로 조정하고 이사회의 3분의 2가 찬성해야 한다는 조항을 넣었다. 그러나 이 법안은 자유한국당이 반대한다. 대안으로 故 이용마 기자는 무작위 추첨으로 구성한 국민대리인단에 맡기자고 했다. 고삼석 방송통신위원은 "여야가 비토하지 않는 중립지대를 만들어 대표성을 반영하는 방안을 제시했다.

독일 공영방송 ARD나 ZDF는 이사회 격인 방송평의원회에서 사장을 선출한다. 평의회는 지방자치단체와 각계의 다양한 인사 등 70여 명으로 구성된다. 정당, 정부, 경영자단체, 노동조합, 농업단체, 문화예술단체, 여성단체, 청년단체, 언론단체, 종교단체 등에서 추천한 대표가 위원으로 참가해 공영방송의 내부적 다원성을 이끌어낸다. 이렇게 구성된 위원 가운데 5분의 3 이상 찬성으로 사장 선임한다. 영국 BBC는 이사회에 잉글랜드·스코틀랜드·아일랜드·웨일즈 대표들이 참석한다.

중앙언론은 정부·재벌이, 지역 언론은 지역 토호들이 장악했다. 중앙언론 중 대표적인 조선일보 중앙일보 동아일보는 재벌과 연결되거나 스스로 재벌로서 재벌의 입장에서 논조를 전개한다. 이명박 정부 때 만든 종편 방송이 가뜩이나 보수적인 노인들의 여론을 더욱 보수화시킨다.

언론은 광고에서 자유스럽지 않다. 시민과 가까운 한겨레나 경향신문마저 광고가 걸려있는 자본이나 권력의 요구를 거부하지 못한다. 인터넷은 가장 참여적인 시장이며 표현을 촉진하는 매체이기 때문에 전통적인 매체와 달리 정치권력에 쉽게 장악되지 않았다. 그러나 박근혜 정부에 들어와 신문법 시행령을 개정해 인터넷 신문의 등록 요건을 취재·편집 인력이 5명 이상의 상시고용으로 강화했다. 이것은 기성언론들의 뉴스만 집중적으로 유통되는 결과를 낳을 것이다. 자리 잡힌 인터넷 신문의 경우도 마찬가지이다. 언론이 대기업 광고 압력에 벗어나 독자성 유지가 절실하다.

시민단체(NGO, Non-Governmental Organization, 비정부기구)

지역·국가·국제적으로 조직된 자발적인 비영리 시민단체로, '비정부성'이 강조된 정부기구 이외의 기구를 말한다. NGO는 입법·사법·행정·언론에 이어 '제5부(제5권력)'로 불리며, 정부와 기업에 대응하는 '제3섹터'라고도 한다.

NGO, 자원봉사자도 하나의 직업 영업이다. 그러나 공익적인 직업으로 인정받지 못한다. 정부와 지방자치단체는 공공기관은 시민단체의 아이디어나 노력을 공짜로 생각하는 경향이 있다. 사회적으로 필요하지만 NGO의 봉사활동은 고용을 삭감하고 소득이 없는 노동이다.

염형철 사회적협동조합 '동행' 운영위원장은 공익 활동가가 하나의 당당한 직업으로 인정받아 많은 인재들이 자긍심을 갖고 시민운동에 뛰어들게 만드는 것이 목표이다. "공익활동가들은 은행에 가도 대출을 잘 해주지 않는다. 소득이 적은데다 직업으로 인정해주지 않는 문화 때문이다."

교수, 공무원, 회사원 등은 재충전의 기회가 주어지지만, 공익활동가는 그런 기회가 없다. 공익활동가가 공익 활동을 지속하려면 활동가 역량 강화, 정보 공유 플랫폼, 재충전 등이 필요하다. 서울 동북권엔피오지원센터는 공익활동가의 활동이 지속되도록 돕는다.

8) 국제 지역공동체, 세계기구, 세계정부

공동체의 거시적 확장에는 국제 NGO 역할 증대, 광역국가 구성, 세계정부 성립이 있다. 세계기구 세계정부의 역할과 필요가 증대한다. 지역공동체(국가들)를 곳곳에서 강화하고 있다. 지구적으로 생각하고 지역에서 실천한다.

국제 NGO

비정부기구(NGO, non-governmental organization)는 지역, 정부, 국가와 관계없이 자발적으로 조직된 국제적 비영리 민간단체이다. NPO(non-profit organization)와 같은 의미로도 사용된다. 특정 국가에 속하지 않는 전지구적 문제에 관심을 갖는 민간 조직을 말하며, 1945년 국제연합의 설립과 함께 주목을 받았다. 국경없는 의사회, Greenpeace, WWF, AMNESTY 등이 있다.

아시아 초국적 노동자 문제를 대상으로 하는 NGO인 ATNC, ILPS 등이 있다.

한국의 민주노총, 남아공의 COSATU, 네덜란드의 노총, 브라질의 노총이 연대한다. 세계적으로 보면 잘 사는 나라 노조의 연대이다. 이들이 필리핀 노동자들이 중심인 ILPS(International League of Peoples' Struggle, 인민투쟁을 위한 국제동맹)의 선을 넘지 못했다. ILPS는 필리핀공산당(CPP), 신인민해방군(NPA)을 조직한 필리핀 민족민주운동 지도자이며 네덜란드에 망명 중이며 마오식 혁명을 꿈꾸는 호세 마리아 시손이 이끈다.

미국과 이스라엘이 2017년 유네스코가 "반(反) 이스라엘 편향"이라는 이유로 유네스코에서 탈퇴하겠다고 밝혔다. 미국은 유네스코에 가장 많은 분담금을 내는 거대 재정 공여국인데 의사결정에서 다수결에 밀려 불만이었다. 영국이 탈퇴했다. 미국은 같은 이유로 유엔 인권이사회를 탈퇴했다.

세계 재앙을 막기 위해 국가를 초월한 세계정부가 설립될 전망이다. 현 정치인에 실망과 실증을 느낀 국민들이 소셜 네트워크를 통해 직접 민주주의를 구현하며, 국가보다는 메가 시티 중심으로 정치와 경제가 활성화된다.(이무근 · 이찬, 2012 참조)

광역공동체

국가간 지역연합이다. EU는 광역국가이다. 국가의 상층 결정권을 EU로 이양했다. 세계의 공통과제는 전쟁, 환경파괴, 경제적 격차이다. UN, 세계기구 등 세계공화국에 주권의 일부를 이양한다.[38] 광역국가는 전쟁을 피해 평화를 이루고 주거 이거가 자유스러워 전망을 밝게 보았다. 보호무역, 이주민이 큰 변수이다. 그러나 영국의 EU 탈퇴

---

38) 가라타니 고진, 『세계공화국으로』, 도서출판B, 2007.

시도에서 보듯이 해결해야 할 과제가 많다. 그 배경에 보호무역주의와 이주민 증가가 있는데, 그렇다고 지역통합 흐름을 역행하지는 못한다.

EU는 1944년 WWII가 끝나면서 추진해 역내에서 전쟁을 방지하고 평화를 이루었다. 공동통화 유로를 사용한다. EU 내부의 차이를 축소하려 했지만 외부지역을 차별하고 아프가니스탄을 공격했다.

유럽연합 체제는 회원국인 기존 국민국가들의 권능을 제한해, 초국가 체제로 나아가려는 유럽통합의 한 단계다. 그런 가운데 스페인의 카탈루냐, 영국의 스코틀랜드, 이탈리아 북부 지방들이 분리 독립을 추진하며, 벨기에의 네덜란드어권과 프랑스어권, 프랑스의 코르시카, 스페인의 바스크 등도 잠재적인 분리 독립 추진 지역들이다. 이들 지역은 독립을 관철하기보다 해당 국가 안에서 다른 지역과 동등하게 존중받기를 바란다.

이것은 쿠르드 지도자인 압둘라 아잘린이 쿠르드는 독립국가 건설을 주장하지 않는다, 터키·이라크·이란·시리아 등 기존 국민국가의 틀을 인정할 테니, 그 국가들을 쿠르드를 포함한 모든 사람과 문화, 권리를 존종하는 민주적인 국가로 만들라는 주장과 상통한다.[39)]

EU는 정치 안정과 거대한 내수시장 그리고 동유럽 국가들이 참여해 세계 최대 경제대국으로 인정받았다. 인구는 5억 명이고 27개국으로 이뤄져 세계 GDP 3분의 1을 차지하는 거대한 블록 경제였다. 그러나 회원국 간 다양한 격차, 2008년 글로벌 금융위기로 인한 이탈리아, 그리스, 스페인과 같은 일부 회원국의 심각한 재정 문제가 있다. EU 기관들은 유로존 국가의 금융 정책을 결정하지만, 재정 및 안보 책임은 각국이 그대로 유지한다. 그 결과 가난한 회원국은 부채와 성장률 감소에 허덕이며, 각국이 안보정책을 독자적으로 결정한다. 이민, 저성장, 실업에 좌절한 대중은 토착주의를 부채질하고 대륙 문제를 국가에게 해결하기 바란다.(미국 국가정보위원회(NIC), 2017 참조)

생산력이 낮고 부패한 그리스의 교환가치가 낮아지면서 구조조정과 EU 탈퇴 여부가 문제됐다. 그리스 새 정부는 여차하면 탈퇴해 러시아의 도움을 받겠다고 배수진을 치고 EU와 협상중이다.

---

39) 압둘라 아잘란 지음, 정호영 옮김, 『압둘라 아잘란의 정치 사상』, 훗, 2018.

피케티는 그리스의 국가부채 위기는 혹자들의 주장처럼 그리스인들이 게을러서가 아니다. 그리스 납세자들에게 갑자기 이자율(금리) 6%가 넘는 공공부채를 감당하게 함으로써 발생한 결과물이다. 그 책임은, 달리 말해 유로존 공공부채 위기의 책임은 "유럽의 정치적 분열과 무능력"에 있지 그리스한테 있지 않다. 유로존 17국의 공채 이자율 투기를 종식시키기 위한 유일한 해결책은 부채를 공평하게 나누어 공동채권(유로본드)을 발행하는 것이라고 주장한다. 그러려면 강력하고 합법적인 연방 정책기관을 설립해야 한다. 그의 제안은 '유럽 예산 연방주의'다. 실질적인 예산 권한을 유럽의회에 위임하고, 통화만이 아니라 정치·재정 동맹까지 아우르는 유럽연방으로 나아가야 한다는 주장이다.(토마 피케티, 2014)

프랑스의 프랑수아 올랑드 대통령은 EU를 단일정부와 이를 뒷받침하는 단일 의회로 바꾸자고 한다. 그리스 급진좌파연합인 시리자 정부의 재무장관으로서 유럽연합의 긴축정책에 저항했던 야니스 바루파키스는 유럽연합이 기존의 국민국가 영역을 축소하고 거시적인 안보와 경제 체제로 가면서 도시와 지방의 권한을 강화하고 지역주민들의 의사를 더 챙기는 새로운 주권 행사 체제를 만들어야 한다고 했다. 한마디로 말해서 주민밀착형 풀뿌리 민주주의를 강화해야 한다는 것이다.

EU는 광역국가를 만들어 역내 전쟁 방지의 장치를 마련한 바탕 위에 시민의 직접 민주주의를 국가 내에서 계층과 지역 차별을 직접 민주주의를 통해 바로 잡으려는 움직임으로 그리스, 스페인의 직접 민주주의 경험이 있다.

중남미 공동체에서 쿠바의 역할이 크다. 쿠바의 의사를 곳곳에 내보내고 다른 나라의 학생들을 쿠바 의대에서 교육시킨다.

시몬 볼리바르(1783~1830)는 베네수엘라의 독립운동가이자 군인이다. 그를 계승한 호세 데 산 마르티 등과 함께 라틴 아메리카의 해방자로 불린다. 스페인의 식민지였던 컬럼비아, 에콰도르, 파나마, 베네수엘라를 그란 컬럼비아로 독립시켰다. 남미를 미합중국처럼 만들고 싶어 했다. 그는 이 지역 연대의 사상적 중심이다. 호세 마르티(Jose Marti, 1853~1895)가 『Our America, 우리 아메리카』에서 '인간이란 백인·혼혈·흑인을 초월한 존재이며 쿠바인 또한 백인·혼혈·흑인을 초월한 존재'[40] 라고 한 사상이 퍼졌

---

40) 요시다 타로, 안철환 옮김, 『생태도시 아바나의 탄생』, 들녘, 2009.

다. 이 사상은 반세기 뒤 쿠바혁명으로 꽃피웠다.

남미국가연합(UNASUR)은 남미 12개국의 국가연합이다. 브라질 · 베네수엘라가 중심이다. 브라질과 베네수엘라 경제가 흔들리면서 컬럼비아가 탈퇴했다.

아프리카에서는 AU(아프리카연합)라는 느슨한 광역공동체를 구성했다. 남아프리카공화국 만델라 대통령과 리비아 가다피 대통령이 이끌었다. 현재 아프리카연합 AU는 에티오피아가 의장국이다.

동남아시아국가연합(ASEAN · 아세안)이 2015.12.31 경제공동체(AEC), 정치 · 안보공동체(APSC), 사회 · 문화공동체(ASCC)로 구성된 '아세안 공동체'(ASEAN Community, AC)로 전환했다. 인구 6억 3천만 명 세계 3위, 면적 세계 7위 규모의 단일 공동체이다. 아세안 10개 회원국이 1967년 5개국의 안보협력 모색을 위해 아세안을 결성한 지 48년, 2003년 아세안 공동체 설립 추진에 합의한 지 12년 만의 일이다.

AC는 상품, 서비스, 투자, 자본, 숙련 인력의 이동장벽을 최소화해 경제 성장을 가속화한다는 구상이다. 하지만 EU처럼 단일통화에 기초한 시장통합과는 다르다. 오히려 싱가포르가 자본 · 기술력을, 말레이시아가 노동력을 제공하도록 두 나라가 알아서 결정하는 방식의 각국 간 '상호보완적 모델'이다. 싱가포르 개인소득이 캄보디아 개인소득의 50배를 넘는 격차 해소가 큰 과제이다. 회원국들은 필리핀 같은 대통령 중심제 민주주의 국가와 타이 같은 입헌군주제 국가부터, 공산당이 집권한 베트남 · 라오스 · 캄보디아, 군부가 강력한 영향력을 행사하는 미얀마, 무슬림 왕정 국가인 브루나이 등이 섞여 있다. 남중국해 영유권 분쟁을 놓고 중국과의 이해관계에 따라 회원국들의 입장이 극명하게 갈린 사례도 있다.

AC로 발전하는 과정에서 ASEAN은 미얀마에게 군사정부에서 민간정부로 전환을 요구 실현했다. 인도네시아는 중국 · 인도 · 한국에게 미얀마 독재정부를 지원하는 GAS전 개발을 중단할 것을 요구했다.

동남아시아 국가연합(ASEAN, Association of South East Asian Nations)과 3개 국가 대한민국, 일본, 중화인민공화국을 포함한 아세안 + 3(ASEAN + 3)이 1997년에 처음 정상회담을 했다. 여기에 인도, 호주, 뉴질랜드를 더한 ASEAN + 6이 거론된다. 최근에는 2005년 시작한 동아시아 16개국 동아시아 정상회의(East Asia Summit, EAS)로 중심이 이동하고 있다.

동북아는 근대 이전 사대교린의 조공체제, 일본의 대동아공영권, 미국의 지배력과 중국 러시아가 대립한 냉전시대를 거쳐 새로운 동북아 질서를 기다린다.

최근 중국이 미국에 버금가는 세력을 형성했고, 이후 미국이, 또 미국을 대체해 중국이나 일본이 한반도를 장악할 가능성을 배제하지 못한다. 동북아에서 작게는 중국, 일본, 한반도의 존재를 각기 존재를 인정하고 그 바탕위에 크게는 역내 민중의 생활, 평화, 지속가능성을 보장하는 동북아 지역이 돼야 한다. 누구나 안심하게 사람답게 사는 동북아를 만들어야 한다.[41] 개발주의에서 자유롭지 못한 국민국가들이 지역협력에 민주주의, 사회정의, 생태주의를 적극적으로 수용하기 어렵다. 따라서 민간과 시민이 적극 개입하고, 시민사회 차원에서 정치 사회 경제적 의제를 다루고 동아시아 차원에서 공공성을 증진해, 이런 노력이 지역 평화체제를 강화하고[42], 동북아 평화 공동체를 이뤄야 한다.

동북아에서는 일본군 위안부 문제, 반전평화활동, 한중일 공동 역사교과서 편찬, 동아시아 환경, 이주노동 문제에서 민간연대운동이 있었다.[43]

일본은 전쟁을 다시 일으키겠다는 생각을 버리고, 중국은 패권주의로 나가기를 포기하고, 미국과 러시아는 동북아 지역의 공존을 인정해야 한다. 일본 시민운동은 평화헌법 9조를 지키고, 아베 정부가 추진한 집단자위권을 허용하는 안보법(전쟁법) 개정을 막으려 활동한다. 그 중심에 있는 한반도에서 6.25전쟁의 종결과 평화협정 체결이 중심 고리이다. 한반도는 남북의 평화적 교류와 통일로 가야 한다. 그 결과 동북아는 평화공동체로 나가야 한다.

한편 황석영은 "지금 젊은 세대들은 통일을 원하지 않는다. 지금 중요한 건 남북이 평화롭게 교류하고 경제적으로 도우며 사는 거다. 평화를 모든 담론의 중심에 놔야 한다"면서, "남북한과 시베리아, 중앙아시아 5개국을 연결하는 유라시아 알타이연합이 가능하다"고 했다.

---

41) 김영곤, 「승전목 전투와 전국성」, 『내포동학농민혁명과 승전목 전투 학술대회』, 당진 문화원·당진역사문화연구소, 2017.11.17.

42) 이남주, 「동아시아 협력론에 대한 비판적 검토」, 『동아시아의 지역질서』, 창비, 2005, 419쪽.

43) 백지운, 「동아시아 지역질서 구상과 '민간연대'의 활동」, 『동아시아의 지역질서』, 창비, 2005, 348쪽.

세계기구, 세계정부

지구 차원에서 보면 빈부격차, 실업 문제, 전쟁이 심각하다. 그보다 더 큰 문제는 지금대로 간다면 인류가 절멸한다는 점이다. 이런 위험성을 부인하는 사람은 거의 없다. 이것은 지속가능성의 과제이다.

인류에게는 칸트(Immanuel Kant, 1724~1804) 이래 세계정부 건설의 이상이 있다. 현재 UN이 이런 역할을 하는 셈이다. 유엔은 정부 간에 해결하기 어려운 일을 조정한다. UN 인권헌장은 '기본적 인권, 인간의 존엄 및 가치, 남녀 및 대소 각국의 평등권에 대한 신념'이라고 선언했다.[44] 전 UN 초대사무총장 다그 함마르셀드는 "UN은 인류를 천국으로 데려가기 위해서가 아니라, 지옥으로부터 구하기 위해 만들어졌다"고 했다.

UN 창설 이래 크고 작은 전쟁이 250개쯤 발생해 5천만 명 이상이 죽었다. 냉전 시기 UN의 중요 행위자였던 미국과 소련이 후원한 지역적 무력 갈등이 많았다. UN헌장의 주요 목표인 집단안보 체제는 아직도 희망사항에 불과하다. 콩고, 캄보디아, 옛 유고, 르완다, 리비아, 시리아에서 벌어진 제노사이드와 대량학살에서 UN은 대체로 무력했다. UN은 미국 중국 러시아 영국 프랑스 등 강대국의 의견을 반영하는 한편 지구사회의 현안에 대응한다. UN 사무총장은 제3세계 사람으로 미국의 충견이라는 비판이 있다.

유네스코, WHO(세계보건기구), 그린피스 등은 세계성이 강한 세계기구이다. 메르스 사태가 일어나자 WHO는 즉각 전문가를 한국에 파견해 치료와 국내외 확산을 막는 행동을 취했다. 빈곤, 기아, 생태환경의 파괴에 따른 인류절멸의 위기를 세계적으로 해결하는 노력이 있어야 한다.

UN의 세계정부 성격 확대되고, 지역연합의 영향력이 세계적으로 확대될 때 세계 정부를 운영하자는 요구가 나올 것이다. 지금은 사안에 따라 세계적으로 해결책을 마련한다. 전 세계의 모든 문제를 일괄해 해결하는 기구로서 세계정부가 실현단계에 이를 수 있다.

세계화에 관한 국제포럼은 유엔 국제파산법원, 유엔국제금융기구, 지역통화기금, 유엔무역분쟁법원, 유엔환경기구, 기업책임성을 위한 유엔 기구 등의 새로운 세계기구가 필요하다[45]고 했다.

---

44) 조효제, 「UN 인권 70년의 빛과 그늘」, 『한겨레』, 2015.10.14.
45) 세계화 국제포럼, 이주명 옮김, 『더 나은 세계는 가능하다』, 2005, 443쪽.

9) 우주

우주공동체에 대해 지구인이 지속가능한 방향으로 서로 협조해야 한다. 서유럽, 미국, 일본이 지구를 약탈적으로 식민화하던 것과는 달라야 한다.

과거 우주는 강대국만의 활동 영역이었다. 지금은 많은 국가가 직접 우주선을 우주에 보내거나 러시아와 중국 우주선에 편승해 국제 우주정거장에 우주인을 보내 넓은 범위에서 우주 활동에 참여한다. 미국, 러시아, 인도, 일본 등이 우주선을 보내 태양계에 중대한 과학적 공헌하고 있다. 냉전시대에 소련에서 적대적으로 우주개발 경쟁을 벌이던 미국 NASA가 2020~2025년 달 궤도에 구축하려는 새로운 우주정거장 '딥 스페이스 게이트웨이(Deep Space Gateway)' 프로젝트에 러시아가 동참하기로 했다.

우주 활동에 기업도 참여한다. 스페이엑스(Space X) 등은 사기업들이 인간을 우주에 보낼 수도 있는 프로젝트를 진행한다. 플래니터리 리소스(Planetary Resource)는 소행성 채굴을 겨냥하고, 비글로 에어로스페이스(Biglelow Aerospace)는 공기 주입식 우주 주거지를 약속한다. 이들 산업화는 수십 년 뒤 일이겠지만 개인들이 사적으로 우주 공간에 도달하려 노력한다.

새로운 세계위성항법시스템(GNSS)에 EU의 갈릴레오(Galileo), 미국의 GPS, 러시아의 글로나스(GLONASS), 중국의 베이더우(BeiDou), 일본 인도가 합류했다. 40억 명이 넘는 이용자에게 더 정확하고, 실내와 수직축의 위치 탐색, 전파방해 대응과 같은 새로운 기능을 제공한다.

50만 조각 넘는 우주쓰레기가 시속 약 2만 8000킬로미터로 이동한다. 우주 진출을 위협하는 쓰레기를 식별하고 제거하는데 재원을 마련하는데 국제적 노력이 필요하다. 고의적으로 타국 위성과 충돌하는 '킬러 위성'도 문제다. 혜성의 지구 충돌을 막아야 한다. 우주 공간 자산의 전략적 상업적 가치가 각국을 다투게 한다. 미국은 우주군을 창설한다. 중국, 러시아, 미국 등이 우주 공간 활동을 위한 행동강령에 합의할지 의문이다.(미국 국가정보위원회(NIC), 2017 참조)

학생들은 토론에서 불평등과 생태환경 파괴를 가장 큰 문제로 지적했다. 원자력 발전소 붕괴가 인류를 절멸시킬 수 있다고 했다. 이 문제의 해결은 생활 속 연대에서 시작된다고 했다.

야구선수는 공이 떨어지는 지점을 향해 달려간다. 공이 움직이고 나도 움직인다. 공은 바람의 영향을 받아 진로를 바꾼다. 야구선수도 공이 낙하하는 지점을 예상하며 진로를 바꾼다. 사회도 마찬가지이다. 사회도 움직이고 나도 움직인다. 멀지 않은 미래에 둘이 만나는 지점에 내가 있다. 이 지점은 매시간 변화한다. 내 노력과 사회 변화가 합쳐져, 매 순간 내가 지향하는 사회도 바뀐다. 사회가 변화하고 사회를 변화시키는 방식을 알아본다.

1. 1 : 9 : 90 사회의 사회운동

1장을 비롯해 앞에서 살펴본 바와 같이 우리 주변에는 많은 사회문제가 있다.

인구가 큰 틀에서는 증가한다. 그러나 자본주의 이행이 오래 진행된 국가에서는 인구가 줄지만 그렇지 않은 나라에서는 인구가 증가한다. 인구 감소는 지구사회 지속가능성의 부하를 줄이는 긍정적 측면이 있다. 그러나 인구 감소 국가에서는 국민이 고령화해 소수의 젊은 노동자가 다수의 가족을 부양하며, 출산율을 높이는데 고심한다. 그렇지 않은 나라에서는 식량문제가 심각하다.

산업화가 이루어지면서 생태환경 파괴가 심각하다. 사람의 건강을 위협하고 인류 절멸을 위협한다.

노동 자본 임금 이윤 생산관계에서 발생된 빈부격차가 심하다. 빈부격차는 교육, 신분의 세습으로 증폭된다.

노동자가 일을 해 사회에 기여한다. 그렇다면 그에게는 일하는 동안에는 적절한 임금을 지불하고, 노동을 떠난 노동자 기타에게 복지가 뒷받침되어야 한다.

4차 산업혁명의 전개에 따라 기존 노동개념에 변화가 온다. 일자리가 줄어든다. 기업은 구조조정을 통해 고용 부담을 덜어낸다. 직업 재교육과 복지의 부재는 구조조정 대상의 노동자에게 무한한 투쟁을 요구한다. 유업자와 무업자가 분리되면서 무업자에 대한 복지, 기본소득 등의 대책이 있어야 한다.

공공부문에서 전기, 상하수도, 철도, 항만, 교육 등 공공부문은 애초에 공공성을 가져야 한다. 그러나 현실에서 공공부문은 관료, 정치인을 통해 자본의 이익에 이용된다. 민주정부가 공공성을 강화하면 보수정권이 들어서 이를 민영화라는 이름으로 자본에게 넘긴다. 정부와 세계 기구가 큰 틀에서 공공성에 기여해야 한다.

87년 민주화 대항쟁과 노동자 대투쟁을 거치며 우리 사회에 대의제도가 정착했다. 그러나 미시적인 생활 속의 민주주의가 실종됐다. 심지어 4, 5년 만에 한번 돌아오는 선거 때만 민주주의가 있다고 하는 것이 간접(대의)민주주의 실상이다. 민주주의의 정도를 높이고 나아가 직접민주주의를 실현해야 한다.

지구인은 빈부격차, 전쟁, 인류의 절멸을 우려한다. 남북 분단과 외세의 간섭은 평화와 공존을 향한 자주적인 정책을 펴기 어렵게 한다. 6.25전쟁 종전을 선언하고, 평화협정을 체결하고 이후 남북한을 포함한 동북아 광역공동체로 나가야 한다.

사회가 다층구조로 바뀌었다. 초국적 자본, 재벌, 조직노동자, 비정규직, 소수자 이주민 난민의 순서이다. 재벌 대기업은 노동자와 중소기업 자영업자를 초과착취하고 청년을 소외시킨다. 이런 위계 아래 재벌 안에서 구성원에게 사내 복지를 충분히 제공한다. 대기업과 공공부문에 속하는 조직노동자 역시 임금과 사내 복지 수준이 높다. 이들은 비정규직, 여성, 미조직, 이주민과 나누기를 거부한다. 이를 근거로 하는 노동조합과 정당 정치가 한계에 이르렀다. 노무현 정부는 재벌에 기울었고, 문재인 정부는 소득주도성장정책을 표방했으나 대안을 재벌과 협력에서 찾고 있다.

1987년 이전 사회운동이 학생과 종교 노동자 등 거시적인 사회변혁적 사회운동이었다. 87년 이후 사회운동은 노동운동, 농민운동, 학생운동, 통일운동, 여성운동, 생태환경운동 등으로 분화했다. 이러한 신사회운동은 개인의 자율성 보장, 권리찾기, 삶의 질 향상, 생활양식의 다양성 등 사회문화적 목표를 추구하는 풀뿌리, 네트워크 운동을 전개하고 있다.

그러나 사회운동은 강력하며 권위적인 중앙집권적 국가의 전통, 남북분단구조, 정파에 따른 시민사회운동의 분열과 비합리성, 복지의 취약, 시민운동의 하부구조 및 풀

뿌리 운동의 저하, 지역중심의 사회운동 부재 등의 문제를 안고 있다. 사회운동 내부
는 자본, 조직노동자, 비정규직 기타와 정파에 따라 분절되었다. 이 영향은 노동현장,
언론, 지식사회, 정치에까지 퍼졌다. 1 : 9 : 90 한국사회의 실상이다.

　사회운동은 자본과 권력에 불복종함과 동시에 인간의 길, 생명의 길이라는 대안을
실험하고 확장해야 한다.[1] 사회운동은 자신의 권리 되찾기와 아울러 가진 것을 약자
와 나눠야 한다. 초국적 자본과 재벌에 대해 조직노동자는 비정규직이나 소수자와 함
께 대응하고, 거기서 얻은 성과 역시 서로 나눠야 한다. 이 장에서 이 과제들을 어떻게
풀 것인가 사회운동을 중심으로 전망한다.

2. 요구와 지향

요구의 변화와 조합

　개인이 살아가는데 식의주, 교육, 의료(건강-노후), 지속가능성(기후), 민주주의, 평
화가 필요하다. 주거, 의료(건강-노후), 교육의 필요를 개인이 해결하기가 아주 어렵
다. 이를 무상으로 할 필요가 있는데, 소요 세율이 50% 정도다. 교육은 학벌을 탈피하
고 창의, 다양성, 문제해결 능력을 키우도록 변화해야 한다. 의료에서 한국은 국민건
강보험이 비교적 잘됐다고 평가받는데, 삼성, 현대 등 재벌이 의료민영화를 노린다.
지속가능성의 필요를 부정하는 사람은 없다. 생활 전반에서 기후운동을 실천해야 한
다. 6.25전쟁 당사자 사이에 평화협정을 맺어 전쟁 상태를 벗어나야 한다. 그리고 남
북의 평화적 교류, 통일과 아울러 동북아를 평화공동체로 바꿔야 할 필요가 있다.

　황광우는 나라다운 나라를 만들려면 우리는 무엇을 이루어야 할 것인가 물으면서
① 부정축재자의 재산 몰수, ② 재벌 해체, 노동자 경영 참여, ③ 상속세 · 소득세 · 법인
세 누진 상향 조정, 종합부동산세 복구, ④ 독일식 정당명부 비례대표제 실시, ⑤ 입시
폐지, 무상교육 실시, ⑥ 공공주택 보급, ⑦ 농촌 살리기, ⑧ 동일임금 동일노동 준수,
최저임금 시급 1만 원 보장, ⑨ 한반도 평화 실현, ⑩ 주 3일 노동제를 제시했다.[2]

---

1) 강수돌 · 홀거 하이데, 『자본을 넘어, 노동을 넘어』, 이후, 2009, 411쪽.
2) 황광우, 『촛불철학』, 풀빛, 2017.

경제적 요구

● 기업내 요구에는 임금 산업안전, 비정규직의 정규직 전환, 기업내 복지, 경영참여, 축적된 자본에 대한 기여도로 일부 지분 요구 등이 있다.

재벌은 자체 내에서 임금과 복지를 구비했다. 그러므로 재벌에 고용된 노동자는 보편적 사회복지 추진에 동의하지 않는다.

경영참여 요구(독일의 공동결정제도)는 한국 노동관계법에서 노사협의회를 도입한 취지이다. 재벌은 창업 이래 3, 4대로 내려오면서 경영능력이 아주 낮다. 사고가 나면 노동자가 크게 위협 받는다. 재벌기업의 자본과 경영의 분리가 현실 문제이다. 스웨덴 발렌베리가의 경우 창업자 가족이 자본을 소유하되 경영에는 관여하지 않기로 사회적 합의, 찰츠요바덴 협약을 체결했다. 이 때 대기업 노동자에 대해 우월한 노동조건을 인정하며 합의했다.

● 산업별 교섭은 금속노조와 보건의료노조에서 진전되는 정도이다. 사용자측이 교섭에 더 들어와 산업별 교섭의 수준을 높여야 한다.

최저임금이 경제성장에 기여한다는 학계의 시각을 반영해 세계가 최저임금을 대폭 인상 중이다.(■도표 20 참조)

최저임금은 1894년 당시 영국 식민지인 뉴질랜드에서 '인간다운 삶'을 보장하기 위해 세계 최초로 도입했다. 미국 캘리포니아 주는 미국 최고수준인 시간당 15달러(약

■ 도표 20. 최저임금 1만 원 요구

1만 7,000원)로 인상했다. 유럽에서는 적정한 최저임금 수준을 중위 임금의 60% 정도로 보는 시각이 있다. 영국은 최저임금에 그치지 않고 생활임금을 인상했다. 영국은 최저임금이 고용에 대한 부정적 영향 없이 저임금 일자리를 없앴다고 보았다. 일본, 독일은 수십 년 만에 가장 높은 폭으로 임금을 올렸다. 일본 자민당 정권은 2015년 최저임금을 전국 평균 시간당 798엔(9,576원)에서 해마다 3% 가량 올려 1,000엔(약 1만 2,000원)까지 인상하자고 주장했다. 일본 정부는 전체 노동자의 40%가 넘는 비정규직 차별이 '잃어버린 20년'의 원인이 됐다고 보고, 동일노동 동일

임금 원칙을 적용해 비정규직 처우를 개선하고 최저임금을 인상하는 등 노동개혁을 추진한다. 독일은 임금을 노사자율에 맡겼으나 노조 교섭력이 줄어들자 2015년 최저임금을 도입했다. 문재인 정부는 최저임금 2020년 1만 원을 공약했으나, 2018년 시급 5,730원, 2019년 8,350원, 2020년 8,590원으로 결정했다.

노동연구원 해외노동통계에 따르면 구매력 평가지수를 이용한 시간당 최저임금은 2015년 기준 한국 5.45달러, 프랑스 10.9달러, 독일 10.21달러, 일본 6.95달러, 스페인 4.97달러, 영국 8.17달러, 미국 7.24달러이다.(■도표 21 참조)

■ 도표 21. 각국의 최저임금

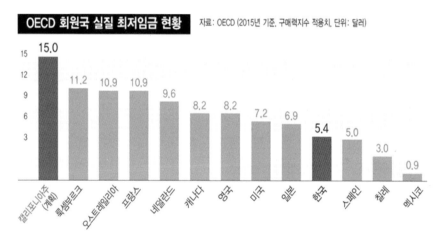

최저임금 산입 범위를 두고 노동자는 현재대로 기본급(57%)과 고정수당(10%)만 넣자고 하고, 사용자는 정기상여금(12%), 초과노동수당(9%), 변동상여금(6%), 복리후생비(7%)를 넣자고 한다. 후자를 모두 산입할 경우 임금이 최저임금 인상 이전보다 줄어드는 경우가 발생한다. 이것은 통상임금을 낮게 해 싼 임금으로 장시간 노동시키는 임금체계에서 비롯한다.

기업 구조조정 과정에서 고용안정 요구-구조조정은 사회적 현상인데 대응은 기업별 대응에 머물렀다. 한진중공업에서 해고 노동자가 타워크레인에 올라가 장기 농성하고, 쌍용자동차에서 해고 노동자 30여 명이 자살하는 비극이 일어났다.

구조조정의 대안으로 사회적 고용이 대안으로 제시되었다. 1970년대 독일 조선산업 구조조정에서 주력했던 정책(정리해고 대신 향상 훈련)이다. 개별기업과 채권은행의 손실은 당사자 손실로 한다. 이를 감당하지 못할 경우 정부가 인수해 공적 기업으로 만든다. 정부의 공적 자금은 노동자의 이해를 위해 사용한다. 사회적 고용시장은 시장 전체의 고용 축소에 대응(고용대기)하고, 개별 기업의 고용변동(기업 간 인력이동)에 안정적으로 대응할 수 있다.[3]

• 기업 계열별 요구는 기업 내부의 연대 사항이다. 재벌회사에는 원청, 하청(1차 밴드, 2차 밴드)의 계열이 있다. 여러 계열의 요구를 수렴해 계열별 교섭을 진행해야 한다.

• 지역별 요구는 시민이 지역에서 생활하면서 느끼는 요구이다. 식·의·주, 출산 육아, 교육, 건강 노후, 민주주의, 복지, 평화 통일, 지속가능성의 요구와 실천이 지역과 맞물린다. 이는 기업과 아울러 지방자치단체나 국가에게 요구하게 된다.

• 전국적 요구는 노동조합, 시민단체, 나아가 진보정당을 비롯한 여러 정당 공통의 과제이다. 김유선(한국노동사회연구소)은 노동시장 개혁 과제로 정규직 직접고용 중심의 일자리 정책, 최저임금 현실화와 최고임금제 도입 등의 임금정책, 노동인권 보호, 소득주도 성장전략 등 4가지를 제안했다. 2016년 심상정 의원이 최고임금을 최저임금의 30배로 한정하는 법안을 발의했다.

알바노조는 최저임금을 1만 원으로 올리자고 했다. ■도표 21을 보면 한국에서 최저임금 1만 원 요구는 무리한 주장이 아니다. 동시에 최저임금위원회의 권한을 국회로 옮길 것을 요구했다. 최저임금 결정은 임금 인상에 따른 예산의 증액, 최저임금을 지급하기 어려운 한계 자영업을 보호하는 정책이 뒤따라야하기 때문이다. 미국은 의회에서 최저임금을 결정한다.[4]

• 세계적으로 부유세를 도입해 부를 재분배해야 한다.

사회적 요구

노동자의 요구는 경제적 요구를 넘어 사회적 요구로 발전한다. 건강, 교육, 주거, 노동, 환경권, 노후복지 등 권리는 서로 연동돼 있다. 전국협동조합노동조합의 황진도

---

3) 강신준, 「구조조정의 대안, 사회적 고용」, 『한겨레』, 2016.6.7.
4) 박정훈, 2016.6.16. 국회앞에서 단식농성을 시작하면서.

조합원은 "무상교육, 무상의료, 무상주거가 생활의 기본이다. 이것을 시행한다면 시민은 소득의 절반을 세금으로 기꺼이 내놓을 것이다. 이 셋을 빼면 생활비가 많이 들어가지 않는다"고 했다.

이데올로기 교육 문화의 요구

노동자의 사회적 요구는 생각 이론 이데올로기와 인력 재생산 구조의 변화 요구와 연결된다. 금수저와 흙수저가 분리되는 사회현상이 변화해야 한다. 흙수저의 원인은 돈 + 교육(학벌)의 교육세습이다. 학벌 탈피, 평등 교육의 요구는 대학에서 시작해야 한다. 대학이 변하면 초중등학교가 따라서 변화한다. 문화 예술에 대한 수요도 연관돼 있다.

그러나 이 부분은 자본측이 대학, 언론 등을 통해 장악하고 있다. 여기서 생산하는 이론은 노동자에게 불리하게 작용한다.

사회적 요구, 이데올로기 교육 문화의 요구는 1987년 노동자 대투쟁 이후 30년, 민주노총 결성 20년 이후 노동조합이 감당해야 할 지점이다. 한국노총도 마찬가지이다. 정규직 비정규직 노동자 모두에게 해당된다.(■도표 22 참조)

■ 도표 22. 노동자 시민의 요구와 해결 방법

```
노동자 시민 요구의 변화                              해결방법
1. 임금 정규직 요구-대기업 정규직 이기주의-------┐    …    교섭
2. 사회적 요구, 복지                           ↑    …    투표
3. 생각 이론 이데올로기 교육 문화   ① 교육세습 학벌 탈피 … 인식 생각 교육 토론 언론
                        ↳ ② 비판적 사고와 연구·교육
```

1) 혁명 요구

사용자, 노동자, 정부의 관계에서 기업의 소유구조가 변경될 가능성이 극히 적고, 토지보유세, 주택보유세, 부유세 등 수단으로 격차 문제가 해결되지 않는다. 이런 상태에서 노동자의 요구를 사회가 수용하지 못할 때 대중은 혁명을 요구한다. 동학농민

혁명이 이런 상황이었지만, 외세가 개입하면서 혁명의 요구는 억제되었다. 혁명이 성공할 경우 혁명적 요구의 해결능력이나 보위능력이 있느냐도 문제이다. 촛불혁명이 다중의 힘을 바탕으로 문재인 정부를 탄생시켰으나 문재인 정부가 대중의 요구 실현에는 가능성과 한계가 공존한다.

농촌에서 농지는 농민 소유와 외지인 소유로 구분된다. 농민 소유는 대지주와 소지주 그리고 무토지 농민으로 구분된다. 농민이 농사짓는 토지의 50~60%가 임차지이다. 경작을 기준으로 보면 논농사는 농기계를 가진 대농이 기계를 갖지 않은 농민의 농지까지 기계를 이용해 경작해준다. 이 과정에서 외지인 지주는 지대를, 대농은 잉여를 창출한다. 농지가 대지주 쪽으로 더욱 더 편중되고 있다. 가족농을 살리는 것과 동시에 대지주를 억제하는 방안으로 토지개혁이나 토지정의처럼 토지를 재분배해 농민이 농지를 소유하게 하는 방식과 세금이나 기부를 통해 재분배해 소농이나 무토지 농민의 필요를 충족하는 방법이 있다.

흔히 민주·진보 사회나 사회주의가 되면 건강, 교육, 주거, 노동, 환경권, 노후복지 등 생활 속의 필요를 체제가 보장한다고 생각한다. 물론 그렇게 된다면 좋지만 사회를 혁명적으로 변화시키기도 그 변화를 지키기도 어렵다. 생활 속의 요구를 하나하나 충족해 민주, 진보, 착한 자본주의나 사회주의에 접근하고 그 완성도를 높이는 길도 있다.

노동조건

노동자 생활을 구성하는 요소는 식의주, 건강, 교육, 문화, 격차해소 등이다. 이를 충당하는 임금은 지불형태에 따라 임금과 사회적 임금으로 나뉜다.

일자리

일자리 감소는 크고 일자리 창출은 적다. 일자리가 줄어든다. 인문 과학의 기본학문, 예술, 네트워크를 중시해 창의적인 일자리를 만들어야 한다.

노동시간을 나눠 일자리를 늘린다. 주5일제 주40시간 노동제를 주4일제로 전환한다. 그러면 일자리가 20%가 증가한다. 그래도 프랑스 독일의 노동시간보다 많다. 청년 실업에 대한 대책이다. 일본은 직장에 나와 하루 8시간 일하는 전통적 근무형태를 개혁한다. 식품기업인 아지노모토가 하루 7시간제를 추진한다. 니시이 사장은 "해외의 우수한 인재는 야근을 전제로 한 일본식 근무방식으로는 잡을 수 없다"고 했다.

임금과 노동시간

87년 이후 임금소득이 증가했다. 그러나 IMF 사태 이후 임금소득 증가가 정체됐다. 자본소득이 임금소득을 앞질렀다. 임금소득자가 재산소득자를 따라가지 못한다. 정규직 노동자의 임금이 비정규직 노동자보다 높다. 그러나 내용을 뜯어보면 비정규직은 기본급은 낮고, 시간외 수당이 많다. 장시간 노동이라는 말이다. 임금을 주식으로 주기도 한다. 대기업은 노동자는 자녀 대학 등록금을 제공하는 경우가 많다. 대기업 사내 복지이다.

대기업과 중소기업 노동자 임금 격차가 크다. 통계청「2016 일자리 통계」에 따르면 대기업 세전 평균액으로 보아 30대 452만 원, 40대 585만 원, 50대 630만 원을 받는 반면, 중소기업 노동자는 30대 246만 원, 40대 265만 원, 50대 242만 원이다. 2014년 한국노동연구원이 조사한 기아차 광주공장과 그 협력사 노동자가 받는 임금은 기아차 정규직은 1억 원, 그 사내하청은 3,000만 원, 2차 협력사 정규직은 2,800만 원, 그 사내하청은 2,200만 원으로 서열화되었다. 본사 공장 정규직과 2차 사내 하청 비정규직의 임금 차이는 5배이다.[5]

대기업 노동자라도 주택, 자녀 교육, 구조조정에 따른 노동 불안정, 노후 대책이 불안하다. 이 부분은 노동조합 단독으로 해결하기 어렵고, 비정규직 노동자를 비롯한 사회 여러 계층과 힘을 모을 때 해결 가능하다.

일본은 노동시간 단축을 위해 시간외 근무시간 한도를 '월 45시간, 연 360시간까지'로 법제화하고, 처벌 조항을 강화했다.

52시간 노동제 도입과 최저임금 인상은 소형 자영업자와 충돌했다. 최저임금 대상 노동자는 400만 명이고, 월 임금 200만 원 이하가 900만 명이다. 최저임금 노동자 78%가 가족 핵심 소득원이다. 전수민·주상영의 연구에 따르면, 2017년 임금노동자 한 사람당 평균소득이 3,840만 원이지만 자영업자는 2,240만 원에 그쳤다. 편의점 업주는 최

---

5) 강철구, 「우리나라가 저임금체제를 극복하려면?」, 『이코노미뉴스』, 2017.12.05.

저임금이 올라 피해가 크다고 한다. 이것은 을과 을의 충돌이다.

안진걸에 따르면, 최저임금 인상이 자영업 위기의 주요인은 아니다. 자영업 비용에서 최저임금 몫은 크지 않고 재벌과 임대업자의 압박이 큰 구조적인 문제이다. 실제로 편의점주는 월 매출이 5,500만 원이다. 이 가운데 본사 로얄티 30~35%, 인건비 29%, 임대료 11.5%, 신용카드 수수료 10%이다. 신용카드 수수료는 대형마트는 0.7%인데 편의점은 2.5%이다. 최저임금 알바 2명을 고용하는데, 1명의 임금이 110만 원에서 2명에 44만 원 오를 경우 편의점주는 압박을 받는다. 카드 수수료는 카카오페이가 0원이다. 서울시가 신용카드 수수료를 0원으로 하는 서울페이를 도입했다.

일본 편의점은 임금과 수수료가 한국보다 더 높지만 출점 제한과 최저수입 보장으로 쉽게 망하지 않는다.

스위스는 스위스 상장기업 경영진의 임금과 보너스를 1년마다 주주총회에서 결정하는 법을 국민투표에서 채택했다. 위반하면 3년 이하의 징역과 해당 임원 연봉의 6배에 해당하는 벌금형이 선고된다. 이 법안은 정부와 경영계가 경쟁력 약화를 이유로 반대했지만, 유권자 70%가 찬성했다. 미국·일본도 임원 연봉을 주총에서 승인하도록 하지만 구속력은 없다. 유럽의회는 금융권 보너스 상한제를 도입했다.

동일노동·동일가치노동, 동일임금

한국의 임금 격차는 세계 최고이다. 2017년 상위 10%는 하위 10%보다 임금을 5.63배 더 받는다. 여성은 남성의 63.2%를 받고, 비정규직 노동자는 정규직 노동자의 51.0%를 받는다. 대학의 경우 교수와 강사 차이는 10배 이상이다.

노동자 임금 격차를 해소하려면 헌법에 동일가치노동 동일임금 조항을 넣어야 한다. 동일노동 동일임금은 헌법을 개정해 19세기 유럽에서 여성이라는 이유로 같은 작업장에서 남성보다 임금이 적은 문제를 시정하려는 노동운동에서 나왔다. 이후 고용형태, 국적, 인종 등 노동이 아닌 조건에 따라 차별해서는 안된다는 의미로 확장되었다. 이에 따르면 자동차 공장에서 왼쪽 바퀴를 조립하는 노동자와 오른쪽 바퀴를 조립하는 노동자는 같은 임금을 받아야 한다. 동일가치노동은 동일노동보다 더 넓은 개념이다. 가령 자동차 공장에서 문짝을 다는 노동자는 '조립'이라는 같은 가치의 노동을 한다고 보고 같은 임금을 지급하자는 것이다.

대법원은 2003년 타일공장에서 여성 노동자가 남성 노동자보다 임금이 2000원 적다고 대표이사를 남녀고용평등법 위반으로 고소한 사건에서, "사업주는 동일한 사업 내 동일한 가치의 노동에 대해는 동일한 임금을 지급해야 한다"고 판결했다. 대법원은 2019년 대학에서 전업 강사와 비전업 강사의 강의료 차별이 위법이라고 판결했다.

국제노동기구(ILO)는 1951년 제100호 조약과 제90호 권고에서 남녀 노동자에 대한 동일보수는 "동일한 가치의 노동"에 기초해야 한다고 규정해 "동일가치 노동에 대한 동일임금원칙"을 채택했다. 이 조약을 비준한 나라는 107개국이다. 한국은 이를 비준했고, 근로기준법 제6조에서는 균등한 처우를 하도록 되어 있지만, 동일노동 동일임금이 적용되지 않고 있다. 공무원의 동일호봉제는 이를 시행하는 것이다. 한국에서 동일노동 동일임금을 시행할 경우, 학벌에 따른 차별 임금이 시정되고 대학진학률이 상당히 감소할 것으로 예상한다.

미국에서는 성별에 따른 임금 불평등을 막고 동일노동 동일임금을 보장하기 위해 1963년에 Equal Pay Act를 제정했고, 이를 강화해 개정한 것이 Fair Labor Standards Act 이다.

아이슬란드가 세계 최초로 남녀간 '동일노동 동일임금'을 법제화해 2018년 시행에 들어갔다. 종업원 25명 이상의 기업과 공공기관은 동일한 일을 할 경우 남녀에 따른 구분, 인종과 국적에 따른 구분을 없애야 하며 정부로부터 임금격차 제로인증을 3년마다 받아야 한다. 인증을 받지 않으면 벌금을 부과한다. 벌금은 남녀 간 격차가 있는 임금 총액이다. 이 법의 적용 기준을 25명 이하로 확대해 2020년 남녀 차별에 의한 임금격차를 완전히 사라지게 하는 것이 아이슬란드의 목표이다. 프랑스도 벌금제를 도입했다.

2018년 일본 정부는 '동일노동 동일임금 가이드라인'을 발표해 기업들에게 기본급-상여금-수당-교육훈련-복리후생 등에서 정규직과 비정규직 사이의 불합리한 차별을 없앨 것을 요구했으며 이런 내용을 법제화하기 위해 '일하는 방식' 개혁 법안을 국회에 제출했다.

한국의 노조가 제안하는 동일노동 동일임금은 기존 기업 내부 노동시장을 전제로 한 것이지, 그것을 혁파하고 사회적 임금체계를 형성하자는 제안은 아니다. 하는 일이나 숙련도가 차이가 없는데 단지 근속연수가 오래 되었다 해서 높은 임금을 받는 연공

임금은 동일노동 동일임금의 정신과 맞지 않는다. 이를 위해 노조는 우선 기업내에서 임금체계에 직무급 또는 숙련급적 요소를 도입해야 한다. 그러나 사회적으로 받아들여지는 직무평가 기준이 없다는 애로가 있다. 직무 또는 숙련별 임금 통일은 어렵지만, 그 최저기준을 정하고 이의 적용이 보다 용이할 것이다. 아울러 한국의 노조운동은 조합원의 임금인상과 근로조건 개선, 노동시장의 전체적 평등화, 일자리 창출, 고용안정이라는 여러 목표를 지혜롭게 조율 조정해야 하는 과제가 있다.(정이환, 2006, 401쪽)

산업안전, 산업재해

한국은 산업재해로 3시간마다 1명이 사망하고, 5분마다 1명이 다친다.[6]

1988년 17살 문송면이 온도계 공장에서 수은에 중독돼 사망했다. 1991년 원진레이온에서 산재로 사망한 김봉환은 유서에서 산재문제가 해결되면 장례를 치르라고 유언했다. 노동자들은 그의 시신을 공장 앞에 놓고 시위했고 마침내 공장을 폐쇄했다. 거기서 받은 배상금으로 원진녹색병원을 설립했다.

삼성전자 반도체 사업장의 백혈병 사건을 인정받기까지 오랜 시간이 걸렸다. 반도체 노동자 건강·인권단체인 반올림은 2008년 4월 이후 모두 94명에 대해 집단 산재를 신청했으나 산재 인정받은 환자는 22명뿐이다. 반올림이 지난 10년간 제보 받은 반도체 직업병 피해자는 393명인데, 이 가운데 황유미(22세) 등 144명이 숨졌다. 2018년 삼성이 백혈병의 존재를 인정했다.

반도체공정은 인체에 유해하다는 이유로 미국에서 시작해 대만에서 생산을 중단하고 한국으로 왔다. 삼성 반도체는 유해공정의 하청인 셈이다.

베트남에 진출한 삼성전자 공장에서도 이런 산재 사망자가 발생했다. 삼성전자나 하이닉스 같은 반도체 제조 공정에서 사용하는 감광액에는 1급 발암물질인 벤젠이 들어있다. 감광액 성분은 공개되지 않아 인체에 얼마나 유해한지를 알지 못한다. 정부조차 삼성전자 반도체공장의 작업환경측정 결과보고서에 국가핵심기술이 포함되었다는 이유로 공개를 유보했다.

---

6) 「4.28 산재사망 추모! 한광호 열사 정신 계승! 세종충남본부 촛불추모투쟁 결의대회」, 2016.4.26.

조선소에서 사고사가 많다. 한국타이어는 타이어 공정이 암으로 연결될 수 있다. 2007년 한 해에만 15명이 사망하면서 '죽음의 공장'으로 불렸다. 타워크레인은 전복 위험이 커서, 2012년부터 5년 동안 4,067건 사고에서 194명이 숨지고 3,937명이 다쳤다. 2017년 7명의 사상자를 낸 용인 농수산물종합유통센터 타워크레인 사고는 ■도표 23처럼 원청업체와 하청·재하청·타워크레인 임대 등 복잡한 공사 과정과 안전관리 교육이 어려운 구조에서 비롯했다.(한겨레, 2017.11.11)

유성기업은 자동차 엔진 부품을 생산해 현대자동차에 납품하며 비정규직이 0명인 회사였다. 이명박 대통령은 "연봉 7000만 원 받는 근로자들이 불법파업을 벌인다"고 비난한 회사이다. 유성기업 노조는 2011년 "밤에는 잠 좀 자자. 야간 노동은 제2의 발암물질이다"라며 야간 노동이 건강을 해치므로 야간 노동 금지, 주간연속2교대를 요구했다. 유성기업은 노동자를 해고했고, 대법원은 해고가 부당하다고 판결하여 유성기업 회장이 구

■ 도표 23. 산재사고의 하청구조

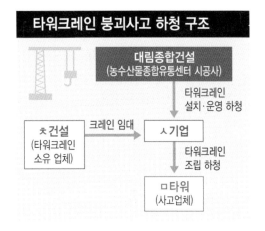

속되었다. 원청 현대자동차가 유성기업 노조를 받아들이지 못해 사태가 풀리지 않는다. 2014년 전체 노동자 가운데 교대 근무하는 비율은 10.8%이다. 2015년 유성기업 노동자 6명이 노조파괴로 인한 정신질환으로 산업재해로 승인받았다. 자살한 한광호 열사도 이런 경우이다.

그러나 현대자동차는 주간연속2교대제를 도입했다. 산업 현장에선 생활수준의 향상으로 밤샘 근무제가 결국 사라질 것으로 보고 있다. 밤샘 근무가 노동자의 건강을 해치기 때문이다. 문제는 추가 비용 발생을 최소화하면서 지금의 생산성과 경쟁력을 어떻게 유지할 수 있느냐이다.

특성화고 3학년 현장 실습생의 산재 사고가 많다. 김모(19) 학생은 서울지하철 구의역 스크린도어를 혼자 수리하다가 스크린도어에 끼어 사망했고, 제주도에서는 이민호 실습생이 프레스에 눌려 숨졌다. 이는 2013년 세계 각국의 기업과 아동 전문가가 만든

「아동권리와 경영원칙」에 위배한다.

비정규직의 산재비율이 높다. 2015년 메르스 사태 때 응급실 이송요원과 청원경찰 등 대형병원 간접고용 노동자들은 안전관리 사각지대에 방치돼 일부는 확진 판정을 받았다. 원전 보수와 같은 치명적인 작업이 비정규직 노동자가 동원된다. 포항에서 규모 5.4 강진이 일어났을 때 학생과 교직원 모두가 대피할 때 비정규직은 전화가 올 수 있으니 남으라는 지시를 받고 교무실에 남았다.

2018년 충남 태안화력발전소에서 김용균(24)씨가 컨베이어벨트에 끼어 사망했다. 이 사건을 계기로 산업안전보건법을 개정해, 유해·위험 작업에 대한 도급 금지, 중대재해 발생 등 급박한 위험이 있을 때 근로자에게 작업중지권 실질적 부여, 산재 예방계획 구체화 등 '위험의 외주화'를 규제할 수 있게 됐다. 이 법은 적용 대상을 '근로자'에서 '노무를 제공하는 자'로 확대해 택배기사 등 특수고용자도 산재 보호 대상에 포함했고, 원청 사업주가 지정·제공하고 관리·지배하는 장소라면 하청노동자라도 원청 업체가 원칙적으로 안전보건 조치 의무를 지도록 했다. 정부는 산재신청에 국선노무사를 도입했다.

감정노동(emotional labor)은 소비자들이 우호적이고 보살핌을 받고 있다는 느낌을 만들어낼 수 있도록 외모와 표정을 유지하고, 자신의 실제 감정을 억압하거나 실제 감정과 다른 감정을 표현하는 등 감정을 관리하는 노동이다. 감정노동은 실제 감정과 겉으로 표현하는 감정 사이에 격차가 있는 감정부조화를 일으키는데, 외적으로 우울증이나 대인기피증과 같은 건강장해가 발생한다. 이 때문에 감정노동자 보호를 위한 예방과 사후관리가 필요하다. 독일은 노사정 주체가 '노동세계에서의 심리적 건강을 위한 건강선언'을 했고, 한국은 감정노동 관련법을 제정했다.

1993년 태국의 한 장난감 회사에서 화재가 발생해 188명의 노동자가 사망했다. 이날을 잊지 않기 위해 전 세계 노동자들이 4월 28일을 세계 산재 사망 노동자 추모의 날로 정했다.

2011년 기준 독일의 산업재해율은 2.65%이고, 한국은 0.65%였다. 산재로 인한 사망률을 보면 독일은 10만 명당 1.7명(사망만인률 0.17)이었다. 우리나라는 10만 명당 7.9명이었다. 일하다가 다치거나 아픈 노동자는 독일의 4분의 1 수준인데, 죽는 노동자는 4배이다. 산재 은폐가 많다는 이야기다. 독일의 경우 원·하청 노동자 모두가 참여하는 노동자평의회가 산재 예방 등 노동자 건강을 보호하는 정책을 공동 결정하는 권한을 가진다.

구조조정 실업과 노동자 재교육

기술혁신이 노동자를 배제하는 방식으로 진행돼 고용에 문제가 생겼다. 자동화 인공지능의 발달에 따라 기업은 구조조정한다. 기존의 노동자가 도태된다. 해고되면 그저 나락으로 떨어지게 돼 구조조정 당사자 저항이 격렬하다. 유성기업, 갑을오토텍, 현대자동차, 기아자동차, 쌍용자동차는 자동차 산업의 경우다. 조선산업도 구조조정 타격이 컸다. 구조조정 대상 노동자를 체계적으로 재교육해 스마트 팩토리 등에 재취업시킨다.

2005년 현대자동차 사내하청 노동자인 최병승 등 1,274명이 파견법 위반으로 법원에 직접 고용을 요구하는 소송을 제기했다. 대법원은 2010.7.22 회사가 직접 고용해야 한다고 판결했다.

2013.7.15 현대자동차 아산공장 사내하청지회 박정식 사무국장이 '불법파견 정규직화'의 희망과 끈을 놓지 말라는 당부를 남기고 자결했다. 2004년 현대자동차 엔진부에 입사한 그는 2010년 대법원 판결 이후 아산 사내하청지회에 가입해 선전부장과 사무국장 등 노조 활동을 하며, 75일 간의 양재동 노숙농성에 참여하는 등 현대차 '불법파견 정규직화' 투쟁에 헌신했다. 2015년 회사는 사내 하청 노동자를 정규직으로 고용했다.

기아자동차에서도 같은 일이 일어났다. 기아자동차 사내 하청 노동자 2명이 대법원 판결 이행과 모든 사내 하청 노동자의 정규직 전환을 요구하며 국가인권위원회 광고탑 위에서 농성했다.(■ 도표 24 참조)

2018년 정부는 해안벨트의 산업이 몰락하자 군산시, 거제시, 통영시, 고성군, 창원 진해구, 울산 동구를 고용위기지역으로 지정했다. 이 지역에서 노동자 생활안전망 확충, 맞춤형 재취업과 훈련 참여기회 확대, 고용유지 및 일자리 창출을 위한 지원 방안을 추진했다. 정부는 노동자 900여 명에게 직업재교육을 실시하는데, 이것은 직업학원에 위탁하는 수준이다.

최근의 구조조정은 기술혁신에 근거한 측면이 강한 만큼 구조조정된 노동자를 평생

교육 차원의 체계적인 직업재교육을 시켜 기술혁신된 산업분야에 재취업하게 해야 한다. 한국 조선업에서 기존 공정의 노동자는 해고하고 스마트 공정에 신규 취업을 늘리고 있다. 지멘스그룹은 2014년 '지멘스 비전 2020'을 발표하고 생산 현장의 전기화, 자동화, 디지털화를 추진했다. 이를 뒷받침하기 위해 소송 노동자는 물론 협력업체 노동자에게 질 높은 교육프로그램을 제공한다. 지멘스는 매년 6억 유로(약 7,870억 원)를 교육에 쓴다.

■ 도표 24. 현대자동차, 기아자동차의 정규−비정규 분포

단위 명[7]	현대자동차	기아자동차
정규직	60,253	33,263
비정규직	14,750	5,255
법원판결 정규직 전환	1,274	468
특별채용/직접 생산 공정	1,962	465
특채 후 남는 비정규직/간접 생산 공정	12,788	4,790

비정규직 노동자

1997 IMF 사태 때 신자유주의 노동 유연화에 따라 비정규직이 증가했다. 비정규직은 사회 양극화와 불평등의 핵심이다. 2006년 비정규직 보호법, 2년 뒤 정규직화를 목표했으나 실제는 2년 내 해고하는 해고법이 되었다.

열악한 비정규직 노동자의 노동조건을 개선하는 데는 두 가지 방법이 있다. 하나는 비정규직의 정규직 전환이다. 다른 하나는 비정규직 노동자의 시간당 임금은 정규직 노동자의 시간당 임금 보다 높게 책정한다. 호주는 비정규직 노동자 임금을 정규직 노동자 임금의 1.25배를 주는 캐주얼 로딩(casual loading, 추가임금)을 시행한다. 이것은 서유럽에서 일반화했다.

비정규직 노동자는 정규직과의 차별 금지, 공기업의 자회사 아닌 직접 고용 정규직화, 특수고용 노동자의 노조할 권리로서 노동조합법 제2조 개정, 불법파견 금지와 법원의 불법 파견 판결의 준수, 산업재해 위험의 외주화 차단 등을 요구했다.[8]

---

7) 박점규, 「사내하청노조 10년, '신분 상승 운동' 반성」, 『프레시안』, 2016.03.04.
8) 「"문재인 대통령, 비정규직 대표 100인과 만납시다" 비정규직 대표 100인 기자회견」, 비정규직 그만쓰게! 1,100만 비정규직 공동투쟁, 2018.12.11.

　문재인 정부는 공공기관의 비정규직 노동자를 자회사 설립을 통해 정규직화했다. 이에 대해 비정규 노동자는 공공기관에 직접 고용을 요구했다. 정규직 전환은 직접 고용을 원칙으로 해야 한다. 비정규직의 정규직 전환에 대해 정규직 조직노동자들이 반대하는데, 밑바닥에는 파견·용역노동자를 동료로 인정할 수 없는 심리가 깔려 있다. 정부가 비정규직 교사를 정규직으로 전환하려고 했으나 전교조가 이를 거부해 무산됐다. 그리고 공공기관이 비정규직을 정규직으로 고용한 자회사를 민영화한 사례가 있기 때문이다.

　2019년 전국사무금융노조는 비정규직 정규직 전환 추진회사에 정규직 임금동결을 제안했다.

　2017년 공공부문 비정규직 노동자 6만 1,708명이 정규직으로 전환했다. 공공부문 비정규직들 중 상당수가 교육기관에서 일한다. 잠정 대상자 1만 599명 중 23%인 2,438명이 정규직이 됐다. 2018년 코레일과 철도노조는 KTX 비정규직 해고 여승무원 180명을 사무영업직 정규직으로 해고 12년 만에 복직시켰다.

　서울시는 이전까지 시본청·투자출연기관에 근무하는 비정규직 9,220명에 대한 정규직 전환을 완료했고, 교통공사 무기계약직 1,288명까지 합쳐 비정규직의 정규직화 혜택 1만 명을 넘었다.

　사기업 비정규직의 정규직화는 정부와 사회의 압력과 기업 경영자의 의지에 달려있다. 이마트에서는 1만 2천 비정규직 노동자가 정규직 노동자로 전환했다.

특수고용 노동자의 노동권

　특수형태근로종사자 또는 특수고용직으로 불리는 비정규직 노동자로 화물차 지입 기사, 골프장 경기보조원(캐디), 통신업체의 현장 출동 설치기사, 학습지 교사, 택배 및 퀵서비스 기사, 보험설계사 등은 실질적으로 사용자에게 종속된 노동자이면서도 명목상 계약 노동자가 아니고 서비스를 제공하는 자영업자로 분류돼 기본적인 노동자 권리를 행사하지 못했다. 모두 229만 명이다. 이들은 이미 노동조합을 결성했다. 배달 대행업, 대리운전앱, 우버택시 등 배달플랫폼노동은 노무 제공자가 사용자에게 종속된 '노동자'가 아닌 '자영업자'인 탓에 특수고용노동자와 유사하다는 이유로 '디지털 특고'라고 한다. 이들은 해고와 산재에 취약하다.

플랫폼 노동자 법적 지위에 대해 로버트 라이시는 "누군가가 얻는 소득의 절반 이상을 지불하거나 그 노동시간의 절반 이상을 제공하는 사람은 임금노동자가 향유하는 노동권과 사회보험에 대해 전적으로 책임져야 한다"고 했다.[9]

국가인권위원회가 특수고용노동자의 노동3권을 보장하라고 권고했고, 고용노동부가 이를 수용해 법을 개정하기로 했다. 유엔 경제·사회·문화적 권리규약위원회는 "모든 사람이 노조에 자유롭게 가입할 수 있도록 보장하고 노조활동에 대한 (행정당국 및 사용자의) 자의적 개입을 예방하도록 노동법을 개정할 것"을 한국 정부에 권고했다.

이주노동

인구정책과 기업, 농업 경영자 입장에서 이주노동자 고용이 필요하다. 한국의 빈곤층 일부가 이주노동자 배척을 주장한다. 이민정책연구원(IOM)의 강동관 기획실장은 "외국인 근로자가 유입될 경우 농림어업과 도소매업에서는 내국인의 고용과 임금을 떨어뜨리는 대체관계에 있지만, 전체 산업을 보면 고용을 증가시키는 효과가 있다"며, "외국인력 중 30% 이상이 전문대 졸업자다. 이들이 노동조건이 더 나은 곳에 취업할 수 있도록 '정주화 이민'을 고려할 필요가 있다"고 했다. 이에 대해 법무부와 기획재정부는 잠재성장률 유지를 위해 전문인력 도입을 적극 지지하고, 노동부는 무분별한 유입의 청년·여성·중고령자의 일자리 잠식을 우려한다.

이주노동자 고용권은 현재 사용자에게 있지만 장기적으로 노동허가제로 이동하는 추세이다.(■도표 25 참조) 이 부문에서 사용자 횡포가 심해, 노동허가제를 시행하기 이전이라도 고용허가제를 유연하게 운영해 이주노동자의 국내 일자리 이동 방안을 요구한다. 한국은 이주노동자가 한국에서 5년을 거주하면 귀화를 요구할 수 있

■ 도표 25. 이주노동자 노동허가제 요구

9) 길현종·박제성·김수영·박은정·이다혜,『공유경제와 고용관계』, 한국노동연구원, 2016, 183쪽.

다. 이것을 피하기 위해 기업에서 이주노동자 고용 기간을 4년 10개월로 제한한다.

한국은 1993년 산업연수생제도, 2004년 고용허가제를 도입했다. 일본은 산업연수생제도를 유지했으며, 2018년 단순노동자에게도 영주권을 허용했다. 강수돌 교수는 "독일의 노동허가제는 특별노동허가제의 경우에 제한된 업종에서 자유로운 이동을 허용한다. 이주노동자들에게 형식적인 노동3권보장 뿐만 아니라 인간다운 노동을 하고 그에 합당한 권리를 보장해야 한다."고 했다.[10]

구체적 노동의 실현

노조의 바탕이 되는 구성원 노동의 목적이 무엇인가? 노동조합이 '기업별 노조의 조직 이기주의'에 따라 '노동조합 내부의 노동조건 격차가 확대'됨에 따라 '노조 조직률의 저하와 여론으로부터의 고립'[11]에 대한 대안으로 노동조합의 목적을 추상적 노동에 한정하지 않고 구체적 노동의 실현을 살펴본다.

노동운동은 노동조건 향상과 아울러 노동의 질을 높여야 한다. 노동자가 생산하는 생산물에는 사회적 효용의 구체적 노동 가치가 있다.

노동자에게는 근로기준법상 인정하는 노동자 지위와 각 노동에게 부여되는 구체적 노동의 두 가지 임무가 있다. 노동자에게는 근로기준법상 근로자의 위치와 해당 분야의 신분 업무를 규정하는 법률이 있다. 공무원은 노동자이며 동시에 공무를 담당한다. 경찰, 군인, 선원도 마찬가지다. 간호사는 노동하며 동시에 의료서비스를 개선해 환자가 질 높은 의료서비스를 받도록 하자고 한다. 대학강사는 노동자이며 교육과 학생지도 그리고 학문 연구하는 임무가 있다. 이를 외면한 노동조합은 노동 목적 수요자에게 외면당한다.

노동자는 좋은 품질의 상품과 서비스를 생산해야 한다. 거기에 상응하는 노동조건이 뒤따라야 한다. 보건의료노조와 발전노조 등에서 해당 노동의 질을 높이자는 요구가 있다. 옥시클린은 많은 유아를 사망하게 했는데, 시민단체가 나서 사회문제가 되었다. 옥시클린 제조 노동자 내부에서도 문제를 지적하는 것이 옳았다. 교육에서도 이런

10) 김준진, 「고용허가제는 만병통치약?」, 『미디어다음』, 2004.9.3.
11) 이종구, 「노동운동·노동연구 위기론과 학술운동의 과제」, 『학술운동 30년과 비정규교수연구자: 성찰과 과제』, 학술단체협의회·민주화운동기념사업회, 2018.10.19.

현상이 일어나야 한다.

생산관계의 변화와 대안체제

세계체제는 생산력, 분배, 지속가능성 등의 문제와 연결돼 있다. 문제를 여러 각도에서 분석하고 대안을 세워야 한다. 생산-소비-노동을 연결하고, 국내-국외를 연결해 문제를 분석하고 대안을 마련해 해결해야 한다. 노동자는 고용을 위주로 생각하고, 사용자는 생산과 이윤을 위주로 생각한다. 노동자가 사회 주인으로 역할하려면 생산-소비에서 지속가능성까지 생각해야 한다. 최근에는 자본의 소유나 잉여가치의 향배보다 사회적 민주주의를 강조하는 경향이 있다.

한국에서 재벌은 자본축적에는 능하나 고용과 내수 확대와는 반대로 행동한다. 초국적 자본은 치외법권 존재로 여겨 책임을 묻지 않고, 반대로 해외에 진출한 한국 기업도 국내에서 당하던 일을 그대로 반복하려 한다. 국내외를 연결해 접근해야 한다.

대안사회 논의에서 사회주의냐, 자본주의냐, 신자유주의냐, 민족주의냐, 생태주의냐를 전제하는 경향이 있다. 사회주의 국가니 자본주의 국가니 하는 구분은 사회체제에서 누가 헤게모니를 장악하느냐에 따라 구분된다. 이 글에서는 대안사회를 구성하는 요소를 살펴본다. 다음으로 이들 요소의 종합에서 어느 부분이 헤게모니를 장악했는가를 판단해야 한다. 순서를 달리해 주의주장을 먼저 규정할 경우 필요한 것이 무엇이고 그것을 어떻게 실천해야 하는지의 구체성을 충족하기 어렵다. 이 필요들을 통합적으로 재구성하기가 어렵기 때문이다.

오롯이 사적 소유에만 기초하거나 아니면 평등한 공산주의에만 기초해 사회를 세우려는 노력은 실패할 운명에 처해 있다.[12]

사회주의권은 소련의 역사적 사회주의가 붕괴했다. 동유럽에는 새롭게 들어선 자본주의 횡포가 심하다. 마피아 자본주의라고도 한다. 그러나 사회주의 체제일 때 만든 무상교육 등의 평등 요소가 남아 있다.

쿠바, 중국, 베트남이 한 영역이다. 북한이 개방하면서 이 부분을 따르려 한다.

---

12) 크리스 한·키스 하트 지음, 홍기빈 옮김, 『경제인류학 특강』, 삼천리, 2016, 270쪽.

대안사회

대안의 유형에 따라 분류하면, 미국 일본류가 있다. 한국도 여기에 속한다. 서유럽은 영국 프랑스 독일이 있고 다시 북유럽으로 분류된다.

미국 일본은 서유럽에 비해 자본의 힘이 강하게 작용한다. CSR, 착한 자본주의를 말하지만 대중의 신뢰가 낮다. 미국 대선에서 버니 샌더스는 최저임금 인상과 성별 임금 격차 해소, 대학 학비 인하, 전 국민 의료 보험 보장, 월스트리트 해체, 취약 계층 보호, 기후 변화 역전, 노동자 협동조합 활성화, 소득과 부의 불균형 해소를 위한 조세 제도 개혁 등을 주장했다. 2018년 엘리자베스 워런 미국 매사추세츠주 상원의원은 연간 총 수익 10억 달라 이상인 기업의 공공의 이익을 위해 활동, 노동자 경영 참여 보장, 경영자 보수 제한 규정을 담은 '책임 있는 자본주의법'을 발의했다.

서유럽 국가에서 의회제도 아래 집권당이 사회당과 자본당으로 교차되면서 사회주의냐 자본주의냐 하는 구분이 모호해졌다. 스웨덴은 발렌베리가 처리에서 보듯이 자본의 소유와 경영을 분리해, 기업을 사회가 운영한다. 독일은 노동자가 기업 경영에 참여하는 공동결정제도를 운영한다. 북유럽 국가들은 실현가능한 민주주의, 즉 기능적 민주주의를 채택했다. 칼 폴라니의 사상이다.

소련을 비롯한 동유럽 구사회주의 국가들은 모든 것을 시장에 맡기면서 사회주의는 생활 속에 현실의 제도와 기억으로 남아 있다. 쿠바, 중국과 베트남은 시장경제를 도입한 사회주의 체제, 개혁 사회주의이다.

쿠바

쿠바는 소련 지원이 끊긴 이후 사회주의 체제를 유지하면서 시장의 범위를 여러 영역으로 확대했다. 1991년 소련이 무너지고 소련의 지원이 모두 끊기자, 1992년 미국 의회는 국내외 미국계 기업 및 모든 자회사의 쿠바 거래를 금지하는 '쿠바 민주화법'을 제정했다.

그러나 쿠바는 소련 지원이 끊긴 뒤 중앙집권적 국가사회주의를 벗어나 지방분권화와 커뮤니티의 주민참여를 바탕으로 사회개혁을 추진했다. 박승옥 서울시민햇빛발전소 이사장은 소련으로부터의 석유공급이 끊긴 쿠바가 1994년 식량자급률 94%까지 도달하게 되는데 가장 중요한 기여를 한 것은 국가로부터 '자율성을 갖고 있는 소농과 자치공동체'의 존재였다고 했다.[13] 도시농업과 탈산업화된 먹거리체제의 쿠바 모델이 세계의 주목을 받았다.

쿠바는 우수한 교육, 높은 수준의 무료 의료복지, 유기농업을 이뤘다. 교육은 소련식 마르크스 레닌주의 사상교육에서 노동과 지식을 연결해 농업교육과 환경교육을 하고 호세 마르티 사상을 부활시켰다. 의료부문에서 수입 의약품을 허브가 대체했다. 농업은 이전에 사탕수수와 담배만 키우던데서 농약이나 화학비료를 전혀 사용하지 않은 유기농업, 도시농업을 이루었다. 허브를 천연 알콜과 설탕으로 가공해 만든 의약품을 공급했다. 가족주치의라는 마을의사를 두어 시민들에게 매월 비타민제를 공급했다. 1989년 9억 페소였던 건강의료비를 1994년 11억, 1996년 12억 페소로 증액했고, 국방비는 1989년 13억 페소에서 1995년 6억 페소로 삭감했다. 에너지 정책에서 자동차 천국이었던 아바나는 석유 수입이 끊기자 중국에서 1백만 대의 자전거를 긴급 도입했다. 소련이 지원해 거의 완성 단계에 있던 원자력 발전소를 폐기하고 바이오매스, 태양열의 자연에너지로 전환했다.

세계에서 지구환경을 훼손하지 않고 검소한 생활을 하면서 동시에 의료, 교육 등 인간개발지표를 충족시키는 나라는 쿠바이다. 스웨덴과 덴마크가 아니다. 미국 콜로라도주에 있는 '태양에너지 인터내셔날'에서 재생가능 에너지 국제 프로그램에 관여한 로리 게바라스톤은 국민 1인당 생태발자국(footprint)이 1.8글로벌 헥타르 이하라면 환경적으로 지속가능한 나라로 여기지만, 미국 생태발자국은 9.5헥타르나 된다. 쿠바가 소련 붕괴와 미국이 경제봉쇄 강화해 석유수입이 반감한 가운데서도 에너지 절약과 재생가능 에너지 보급에 힘 쏟아, 전기가 없는 농촌 학교와 진료소에 태양전지판을 도입하고 컴퓨터와 교육용 텔레비전을 보급해 아이들이 이용하게 했다.[14]

쿠바 정부는 이상 국가 건설을 목표로 하는 청렴한 공무원들로 구성된 혁명정부를 중심으로 파라다이스는 아니어도 복지국가, 곧 유토피아에 가까운 평등사회를 구축했다. 쿠바가 돈에 구애받지 않는 동시에 국민들 사이에 사회적 격차가 적고, 특권 계급도 없는 평등사회를 구축했다. 쿠바는 1989년 유엔개발계획(UNDP) 생활수준 지표에

---

13) 김창훈, 「중국-이슬람은 새로운 '악의 축'인가?」, 『프레시안』, 2018.07.28.
14) 요시다 타로, 송제훈 옮김, 『몰락선진국 쿠바가 옳았다(반성장 복지국가는 어떻게 가능한가)』, 서해문집, 2011.

서 라틴아메리카 1위, 세계에서 11위로 평가받았다. 미국은 15위였다. 쿠바 1인당 GDP는 2천 1백 달러인데, 이는 미국의 14분의 1이다. 복장은 투박하고 가전제품도 그리 풍족하지 않지만 잘 짜여 있는 치안과 내실 있는 복지 등 각종 사회제도들이 잘 갖췄고, 총체적으로 사회안전망을 잘 정비돼 쿠바사람들은 평화로운 삶을 누린다. 경제발전 과정에서 흔히 나타나는 정치 부패나 사회 불평등도 쿠바에서는 별로 없다. 카스트로 지도부는 소련과 동구권 공산당 지도부와 비교해도 전혀 사사로움이 없는 청렴한 집단이다. 정치가는 모두 보수를 받지 않기 때문에 따로 직업을 가져야 한다.

2011년 이후 민간부문이 경제에서 차지하는 비율이 25%까지 올라갔으나 쿠바 실업률은 제로에 가깝다. 쿠바에 진출하려는 외국 투자자들은 쿠바인을 정규직으로 채용해야 한다. 쿠바를 방문한 양재덕에 따르면 쿠바에서 시민은 생필품을 시장에서 사고파는데, 장마당의 물물교환이 쿠바 경제를 활성화시켰다고 했다. 시장경제가 쿠바 전체 경제에서 차지하는 비율은 낮으나 시민의 경제생활에 활력을 불어넣는 것으로 보인다.

쿠바는 2019년 개헌을 하여 사유재산을 일부 허용하되 사유재산이 집중되는 것을 규제하기로 했다. 가령 사업면허는 한 사람당 한 개만 허용하고, 식당 좌석수는 50개로 제한한다. 쿠바는 1976년 국영기업과 협동농장만 인정했다.

쿠바에는 먼 타국에서 죽은 체 게바라(Che Guevara)의 이상주의가 살아있다. 쿠바 사람들은 쿠바가 라틴 아메리카 지도자라는 자긍심이 있다. 이웃 나라에서 도움을 청하면 즉시 나서서 돕는다. 예전에 브라질에서 우유가 부족하다고 해서 도와준 적이 있었는데, 쿠바에서 마실 우유도 부족하다고 비판하는 사람도 있었다. 쿠바 사람들은 풍요로워서가 아니라 어려울 때 돕는 것이 참된 도움이라고 생각한다. 쿠바는 1999년 '라틴아메리카 의과대학'을 세워, 개발도상국 유학생들에게 수업료와 체류비용을 부담했다. 이곳의 입학 조건은 '의사가 되어 모국으로 돌아가 무의촌에서 의료 봉사활동을 해야 한다'이었다. 쿠바의 모든 병원은 대학병원 형태이다.

2000년대 들어와 유럽에서 전통적 중도좌파 정당이 신자유주의를 수용해 우경화하고 그 자리에 반자본주의 급진정당이 나타났지만 큰 힘을 얻지 못했다. 반면 남미에서 베네수엘라, 볼리비아, 에콰도르 등에서 급진좌파정당이 집권해 사회주의를 목표로 개혁을 추진했다. 이 배경에는 세계화에서 지배적 위치를 차지한 유럽 국가들에서 상대적으로 다수 국민이 세계화의 이득을 본 반면, 세계화 과정에서 종속적 위치에 있는 라틴아메리카 지역 국가들에서는 경제성장이 저조했고, 소득과 재산의 불평등이 세계에서 가장 심했기 때문이다.[15)]

베네수엘라는 세계 제1의 석유자원을 배경으로 차베스 대통령이 유전을 국유화하고 수익으로 사회간접자본과 공공부문을 운영했다. 그러나 미국이 세일가스 개발하면서 석유 수출 수요가 줄고 유가가 급락하면서 국민경제가 붕괴했다. 석유라는 단일한 자원에 의존하고 원유를 수출했다. 중동 국가들이 오일머니를 바탕으로 정유 플란트와 신재생에너지, 석유화학산업 등에 투자한 것과 달리 베네수엘라는 이를 게을리했다. 주요 생필품 가격이 국제가격이 국내가격보다 낮아 농업과 제조업이 성장하기 어려웠다. 복지 때문에 망했다는 논리는 피상적인 원인이다. 차베스는 광범위한 빈민층 요구에 부응하려 했으나 경제구조를 바꾸지는 못했다.

중국

중국은 1979년 개혁, 베트남은 1986년 도이모이 개혁정책을 도입했다. 그러나 두 나라 모두 공산당이 국가권력을 독점하고, 대부분의 생산 자원은 사적 소유가 아니라 집단적 소유 아래에 있으며, 중앙 계획 관료들이 여전히 모든 수준에서 경제활동의 모양새를 결정한다. 관료 감독하의 자본주의이다. 덩샤오핑은 '통치되고 관리되는 사회'를 목표삼고, 시진핑은 '의법치국'(依法治國)을 표방했다. 맹자의 왕도정치를 연상시킨다. 중국은 많은 관료가 혁신 기업가가 되었고 그 때문에 부패가 창궐했고 소비 불평등이 발생했다. 국가는 사회보장 계획을 도입해 도시 피고용자에게 최소한의 생활수준을 보장한다. 농지는 여전히 지역의 여러 공동체가 소유하고 있다. 물론 경작은 가정경제에 맡겨져 있다. 토지는 장기 임대 형태로 보유하며, 많은 지역에서 평등을 유지하기 위해 주기적으로 땅 필지에 대한 세심한 구획 재분배가 이루어져 모든 이들이 생계의 수요를 보장 받는다. 그렇지만 토지와 노동을 전면적으로 상품화하지 않으면서 엄청난 노동력이 농촌을 탈출해 도시의 유동인구를 형성해 사회문제가 되었다. 선진 자본주의 국가들이 사회민주주의를 실현하기 위해 1945년 이후 시장에 고삐를

---

15) 정진상 외, 『대안세계화운동의 조직과 전략』, 한울, 2010, 100쪽.

채웠던 반면, 20세기 끝 무렵 동아시아의 사회주의 국가들은 급진적 재분배 원리에다가 고삐를 채우는 쪽을 선택했다.(크리스 한·키스 하트, 2016, 270쪽)

북한

북한은 중국, 베트남, 싱가포르의 개발방식을 학습한다.

북한은 중국 모델을 참고해 1984년 외국 자본과의 합작회사 설립을 허용한 합영법 반포 이후 제한적으로 개방했다. 2002년 '경제 관리개선 조치'는 상품의 시장 유통 장마당을 공식화했고 가족농 도입으로 만성적인 식량난을 해결했다.[16] 북한은 15~20명으로 구성된 '분조' 단위의 집단농업에서 2~3인 단위의 포전담당제로 전환했다. 포전(圃田)담당제는 2~3인 체제별로 수확에 대한 평가 및 보상을 받을 수 있어 농업 종사자들에게 생산 동기를 부여한다. 북한은 2019년 4월 헌법을 개정해 당 우위의 전통적 경제관리방식인 '대안의 사업체계'를 삭제하고, 생산 현장의 자율성을 높이며 '시장요소'를 도입한 '사회주의기업책임관리제'를 명시했다.

북한이 생각하는 모델의 하나인 베트남은 경제 성장을 했으나, 미국과 한국 경제에 의존한다. 정태인은 국가(공공경제)와 시장, 그리고 공동체(사회적 경제)가 민주주의에 의해 조화를 이루는 폴라니의 다원적 경제와 민주주의, 오스트롬(Elinor Ostrom)의 '다중심 접근'을 남북한 모두의 모델로 제시했다.[17]

싱가포르는 무역, 금융, 제조업이 발달했고 개인소득이 6만 달러로 아시아에서 가장 높다. 싱가포르의 경제정책은 국가에서 통제하는 권위주의식 자본주의이다. 여당인 인민행동당이 사실상 일당으로 권력이 절대적인 법치주의 국가이다.

래리 배커 펜실바니아대 교수는 "쿠바는 점차 '집정관적' 마르크스주의로, 북한은 '군주적' 마르크스주의'로 나아가고 있다"고 했다. 미얀마는 자원이 풍부하고 한때 타일랜드와 라오스를 식민 경영했다. 미얀마는 독립 후 사회주의를 표방하며 끔찍한 독재체제를 운영했다. 자원이 풍부해도 운영을 잘못하면 더 끔찍한 사회가 되는 사례이다. 잘못된 정치가는 나라를 망치고, 인민은 그에 항거하거나 대처를 힘을 갖지 못했기 때문이다.(이재영, 2013, 307쪽) 미얀마는 미국 인도네시아 등의 압력을 받고 민간

---

16) 주성하,『평양 자본주의 백서』, 북돋움, 2018.
17) 정태인,「김정은 위원장께」,『경향신문』, 2018.04.30.

정부로 전환했다.

이들을 아우르는 세계체제는 어떻게 될까? 세계체제는 생산과 노동의 영역과 아울러 평화, 지속가능성의 과제가 중요하다. 평화 역시 세계의 과제이다. 특히 전쟁 위험성이 큰 동북아시아에서 평화 공존하자는 요구가 크다.

자본주의 역사는 짧게 보아 5세기이다. 월러스틴은 서유럽 몇나라가 아시아와 아메리카로 진출한 시점(15세기 말~16세기 초)을 자본주의 세계체제의 성립기로 본다. 그는 "한 체제에 생성이 있다면 소멸 있다"면서, 자본주의가 해체기에 들었다고 본다. 그 징후로 1994년 멕시코 사파티스타 농민봉기(1994), 1999년 미국 시애틀의 WTO반대 시위, 2001년 브라질에서 시작한 세계사회포럼을 꼽는다.[18]

월가 점령운동 지도자인 데이비드 그레이버는 우리에게 필요한 것은 '공산주의'는 사유재산을 인정하지 않는 것이라는 상상을 멈추고, "각자는 그의 능력에 따라, 각자에게 그의 필요에 따라" 라는 원래의 정의에 돌아가는 것뿐이다. 또 1% 대 99% 사회에서 99%의 대중을 부채노동자로 만든 세계 금융 위기와 경제공황의 주체인 정치와 금융을 비판하며 1%에 맞선 99%의 저항이 진정한 민주주의라고 선언한다. 세계를 지배하는 1%들은 세상을 돈과 권력 자체를 추구하는 것이 목적인 병적인 게임으로 만들어 버렸을지 모르지만, 나머지 99%인 우리에게는 돈을 갖는 것, 수입을 얻는 것, 부채에서 해방되는 것은 돈이 아닌 다른 것을 추구하기 위한 힘을 갖는 것을 의미한다. 우리는 사랑하는 사람이 안전하고 돌봄을 받기 원한다. 건강하고 아름다운 공동체에서 살기 원한다. 그러나 그에 앞서 우리가 추구하고자 하는 것이 무엇인지, 누구와 그것을 추구하고자 하는지, 그리고 그 과정에서 우리가 그들에게 어떤 종류의 약속을 하고자 하는지를 결정할 수 있는 능력이라면 어떨까? 평등은 이에 대한 접근성이다.[19]

학생들은 세계에서 가장 어려운 나라로 필리핀을 꼽고, 다수가 스위스, 독일, 미국, 일본에 가서 살고 싶다고 했다. 김택환이 리얼미터에 의뢰해 국민 500명을 대상으로 조사한 「대한민국이 지향해야 할 모델의 나라」는 독일 26.8%, 노르웨이 등 스칸디나비아 나라 19.6%, 미국 11.9%, 영국 7.3%, 프랑스 4.6%, 일본 3.8%, 중국 3.1%, 기타 7.9%였다.(김택환, 2017, 23쪽)

---

18) 김상준, 『진화하는 민주주의』, 문학동네, 2014.
19) 데이비드 그레이버 지금, 정호영 옮김, 『우리만 모르는 민주주의』, 이책, 2015.

한국

한국사회에서 필요한 사항은 인간, 생산과 노동, 평등, 건강, 교육, 지속가능성, 민주주의, 남북을 비롯한 동북아의 평화와 통일, 주체성 독립성이다. 다른 나라와 차이는 분단, 전쟁 위협, 미국의 간섭과 지배, 재벌과 초국적 자본의 기업 지배가 극복해야할 사항이다. 생활에서 주요한 요구는 무상의료, 무상교육, 무상주택이다. 무상의료는 건강보험에서 보장성을 강화하고 거기서 한 번 더 나가야 할 단계이다. 무상주택은 자가소유 주택에 익숙한 기성세대에게 과도한 요구로 보이나, 청년의 입장에서는 피해서는 안 될 과제이며, 상당한 공감대가 있다.

한국은 재벌과 초국적 자본이 지배하는 천민자본주의이다. 이 체제에서 경제의 민주화와 아울러 외세와 초국적 자본에 대한 독립성 등 여러 과제가 파생된다.

민주화 이후 역대 정권은 재벌 개혁에 실패했다. 김대중 정권은 IMF와 초국적 자본의 압력에 속수무책이었다. 노무현 대통령은 집권 초기에 재벌개혁을 시도했으나 후반에는 삼성에 의존하고 "권력은 재벌에게 넘어갔다"고 한탄했다. 이명박, 박근혜 정권은 재벌 편이었다. 문재인 정부가 재벌대책을 공약하고 혁신성장과 소득주도형 성장을 추진했다. 정권 후반부에 들어가면서 재벌 의존도가 커지면서 재벌개혁이 미진하다.

한국사회에서 대안체제는 사회의 필요를 충족하고 이 부분에서 이룬 성과와 아울러 한국인이 선호하는 서북유럽, 서유럽, 미국, 캐나다, 뉴질랜드, 쿠바, 러시아, 중국, 북한, 일본 등 세계 여러 나라가 가진 장점을 조합해 만든 것이 한국의 대안 사회체제가 된다.

노동조합은 조합원의 기득권 지키기에 안주해 생산관계의 시정, 협동조합, 사회적 경제, 공공부문의 공공성 강화, 초국적 자본에 대한 대응, 지속가능성에 대해 적극적인 정책을 내놓기 어렵다. 비정규직 노동자, 영세기업, 가족농, 지속가능성 등의 다양한 계층이 참여하는 사회운동적 조합주의의 대안이 가능하다. 노동조직의 운영능력 향상도 생산관계를 바로잡는데 중요하다. 사회는 노동조직 운영 헤게모니의 향방에 따라 천민자본주의, 자본주의 또는 사회주의라고 평가받게 된다.

3. 조직

1) 노동조합

노동조합 조직

고용노동부 「2016년 전국 노동조합 현황」에 따르면, 노동조합의 조직률은 전체 노동자 1917만 2천 명 가운데 노조에 속한 노동자가 196만 6천 명, 노조 조직률이 10.3%였다. OECD 국가 중 최하위권이다. OECD 2001~2016년 15년 동안 평균 노조 조직률은 33.4%에서 23.9%로 10% 떨어졌다. 5급 이상 공무원과 군인·경찰 등은 노조 조직률 통계에서 제외된다. 1989년 19.8%로 최고였고, 2010년 9.8%였다. 2010년 '노조 아님 통보'를 받은 전교조 조합원 5만 3천 명은 이 통계에서 빠졌다. 비정규직 노동자 가입률은 2016년 2.8%이다.

한국노총 42.8%(84만 2천 명), 민주노총 33.0%(64만 9천 명)[20], 공공노총 1.0%(2만 명), 전국노총 0.7%(1만 3천 명) 순이며 상급단체에 소속되지 않은 노동조합(미가맹)이 22.5%(44만 2천 명)이다.

부분별 조직률은 민간부문 9.1%, 공무원 부문 67.6%로 나타나 공무원 부문 조직률이 상당히 높다. 사업장 규모별 조직률은 300명 이상 55.1%, 100~299명 15.0%, 30~99명 3.5% 등으로 사업장 규모가 작을수록 낮다. 조직형태별로는 초기업노조 소속 조합원이 108만 8천 명 55.3%로 노동조합의 절반 이상이 초기업노조이다.

노동조합 조직률은 1989년 19.8%를 정점으로 하락하는 추세를 보여 2010년도에 최초로 한자리수인 9.8%까지 떨어졌으나 2011년 복수노조 허용 등 영향으로 10%대를 회복한 이후 계속 10%대를 유지하고 있다.

민주노총은 공무원, 공기업, 대기업, 교원, 언론 노동자 등, 한국노총은 금융 운수 제조 금속 공공 노동자 등이 주된 구성원이다. 노동조합 구성은 정규직, 남성, 대기업과 공공부문 중심이다.

노조 조직률 불과 10%로 낮은 데는 자본과 정부가 노조 조직 방해와 아울러 노동조

---

20) 민주노총에 따르면, 2019년 4월 기준 전체 조합원수는 101만 4,000명이다. 이는 2017년 1월 68만 명에 비해 50% 가까이 증가한 것이다.

합이 조직화를 게을리 하거나 거부하는데 원인이 있다. 노동조합은 87년 노동자대투쟁 이후에 조직하는 자유가 생겼다. 그러나 이후에도 정부와 국회는 노동자의 단결권을 포괄적으로 인정하지 않았다. 자본은 노조를 무너트리려했고 법원은 기업 편을 들어주었다.

노조 내부에서도 노조 신규 조직이 기존 조합원의 기득권을 침해한다고 보아 노동자 조직을 게을리 하고 심지어 산업별노조가 신규 조직의 가입을 거부했다. 전국교직원노조는 유치원 교사와 학교비정규직의 가입을 거부했다. 금속노조는 비정규직인 자동차판매연대노조의 가입을 받아들이지 않았다. 이런 경우 이들은 공공부문 등 다른 산별로 가입하거나 독립노조를 결성했다.

노동조합법 제2조 4의 라. 근로자가 아닌 자의 가입을 허용하는 경우. 다만, 해고된 자가 노동위원회에 부당노동행위의 구제신청을 한 경우에는 중앙노동위원회의 재심판정이 있을 때까지는 근로자가 아닌 자로 해석해서는 아니 된다고 했다. 전국교직원노조, 전국대학강사노조는 해고노동자를 조합원으로 둔 이유로 단체교섭하지 못한다. 전국공무원노조는 해직자를 조합원 범위에서 배제해 단체협상의 길을 열었다.

이것은 '헌법 제33조 ① 근로자는 근로조건의 향상을 위해 자주적인 단결권·단체교섭권 및 단체행동권을 가진다. ② 공무원인 근로자는 법률이 정하는 자에 한해 단결권·단체교섭권 및 단체행동권을 가진다. ③ 법률이 정하는 주요방위산업체에 종사하는 근로자의 단체행동권은 법률이 정하는 바에 의해 이를 제한하거나 인정하지 아니할 수 있다.'에 위배된다.

노동조합은 현재 취업자만 조합원이다. 노동조합법에서 근로자의 범위 확대가 필요하다. 노동조합법 제2조 1. "근로자"라 함은 직업의 종류를 불문하고 임금·급료 기타 이에 준하는 수입에 의해 생활하는 자를 말한다. 동 4. 라. 근로자가 아닌 자의 가입을 허용하는 경우. 다만, 해고된 자가 노동위원회에 부당노동행위의 구제신청을 한 경우에는 중앙노동위원회의 재심판정이 있을 때까지는 근로자가 아닌 자로 해석해서는 아니된다.고 해 해고자를 배제했다.

노동자를 조직 범위로 잡아 조직 가능성을 높여야 한다. 산업내의 현재 재직 중인 자만 노조원으로 한정한다. 해고자, 미래의 노동자, 은퇴자를 포함한다. 노동조합법 개정 이전에는 준조합원 제도를 도입한다. 노동조합 운영에 과거의 경험과 미래의 과제를 담아 집단지성을 발휘할 수 있다.(이덕우 변호사, 2015.11) 정규직 조합원 중심주의를 극복할 수 있는 대안이다. 강신준 교수는 "검사·판사·변호사를 아우르는 법조인 노조, 모든 작가가 참여하는 작가노조, 모든 문화인·언론인·연구자를 포함하는 문화·언론·연구노조가 있었다면 미투가 필요했을까"라고 말했다.

노조 조직률을 높이면 노동자 권익이 제고되고 복지정책 실현 동력이 된다. 300인 이상 사업장은 조직률이 62.9%로 북유럽과 비슷하다. 정규직 조직률은 20%인 반면, 비정규직 조직률은 1.8%에 불과하다. 2016년 경제활동인구조사의 부가조사결과를 보면, 임금 노동자 중 74.3%가 노조 없는 사업장에서 일하고, 7.6%는 노조는 있지만 가입대상이 아니라고 대답했다. 이들을 합하면 국내 임금노동자의 81.8%가 노조에 가입하고 싶어한다. 노조 조직률을 높이려면 비정규직, 미조직, 실업노동자를 조직해야 한다.

ILO 규약 중 결사의 자유와 단결권, 단체교섭권을 보장하는, 결사의 자유 및 단결권 보호에 관한 협약(87호), 단결권 및 단체교섭권 원칙 적용에 관한 협약(98호), 강제노동에 관한 협약(29호), 강제노동 폐지에 관한 협약(105호) 등 4개를 비준해야 한다. 87호는 모든 노동자가 노조를 설립하고 가입할 수 있는 권리를 가진다는 것이고, 98호는 노조활동을 이유로 한 차별·해고는 금지된다는 내용이다. 이를 비준하면 공무원과 교사, 해고자의 노조가입을 금지한 노조법·교원노조법·공무원노조법 등을 개정해야 한다.

삼성이 80년에 걸친 야만적인 무노조 경영과 부당노동행위는 헌법이 보장한 기본권 위반으로 폐기해야 한다. 강한 노동법과 노조가 있는 브라질 삼성전자 공장에는 실시간으로 생산 현황을 표시하는 전광판이 없고, 불법적인 견습공 고용이 없다. 2018년 삼성전자서비스가 협력업체 노동자 약 8천 명을 직접 고용하고, 노조 활동도 보장하기로 했다. 포스코는 1988년 결성한 노조를 인정하지 않아 2018년 노조를 결성했다.

노동자가 파업하면 기업은 약점을 잡아 노동자에게 손해배상을 청구하고 법원에서 승소하면 노동자 재산을 가압류한다. 2016년 말 노동조합과 조합원에 대한 손해배상 청구 금액이 1600억 원이다. 이 때문에 자살한 노동자가 다수이다. 2003년 65억 원의 손배 가압류 추징을 받던 배달호 두산중공업 노동자가 분신자살했다.[21] 이것은 노조

21) 김순천, 『인간의 꿈-두산중공업 노동자 배달호 평전』, 후마니타스, 2011.

쟁의 제한, 노조 위축, 파업노동자에 대한 보복, 노조 탈퇴를 목적으로 한다. 노조활동에 대한 무분별한 손해배상·가압류 남용을 제한하려면 노동3권을 보장하는 쪽으로 노조설립신고제도를 개편하고, 개인에서 파업 책임을 묻는 소송을 제한해야 한다.

정이환에 따르면 미국 영국 독일의 경우 중간임금층에서 노조 효과가 나타난다. 즉 중간수준 임금을 받을 경우 노조가 있는 곳이 좀 더 나은 대우를 받는 경우가 많다. 이와 달리 한국은 고임금층에서 노조효과가 나타난다. 또한 노조효과가 저임금층에서 조차 미국 영국 독일에서는 정(+)의 효과가 발생하고 있는데 반해 한국에서는 저임금층에서는 약간의 부(-)의 효과를 나타낸다.[22]

민주노총 조합원 평균 연령이 45세를 넘는다. 10년 안에 25만 명이 퇴직한다. 양승조는 "앞으로 5년 뒷면 민주노총은 퇴직자가 급증해 조직이 급히 위축될 것"이라고 했다.(2017.12.14) 이범연은 "노조는 조합원 표 모으기에만 신경 쓰고 이기면 권력을 누리기 바쁘다"면서, 비정규직, 이주, 여성, 중소기업, 청년 노동자를 비롯한 배제된 노동자를 조직화, 주체화해야 한다. 민주노총은 이들을 담을 여성과 청년사업부를 따로 꾸려야 한다"고 했다.[23]

청년의 불안정 노동(프레카리아, Precari + at[24])을 의제로 삼는 단체 가운데 법적으로 노조 지위를 얻은 곳은 청년유니온과 알바노조이다. 청년유니온은 만 15세에서 39세까지 특정 연령대의 청년 노동자들이 모여 만든 세대별 유니온이다. 청년유니온은 기업을 상대로 단체교섭권을 펼치기 어려웠다. 청년유니온은 공공정책 입안에 참여하고, 서울시와 정책 협약했다. 알바노조는 최저임금 인상에 중점을 두고 '최저임금 1만원'이라는 구호를 처음 제기했다.

1980년대에 한국에서 독일 노사결정제도를 모방해 노사협의회법을 만들었다. 노조가 없는 30명 이상 사업장에서는 의무적으로 노사 공동 이익을 증진하기 위해 노사협의회를 설치해야 한다. 삼성, 성균관대에서는 노사협의회를 내세워, 노조 기피 수단으로 삼았다.

문재인 정부의 소득주도성장정책은 임금주도성장정책에서 비롯됐는데 노동자의 뒷

---

22) 정이환, 「한국 임금불평등 구조의 특성: 국제비교를 중심으로」, 『한국사회학』 제49권 제4호, 2015년.
23) 이범연, 『위장취업자에서 늙은 노동자로 어언 30년』, 레디앙, 2017.
24) 프레카리아트는 이탈리아어로 '불안정한'을 의미하는 프레카리오(Precario)와 노동자 계급을 의미하는 프롤레타리아트(Proletariat)를 합성한 단어이다.

받침이 필요한 수단이다. 경제사회노동위원회(경사노위)에 민주노총을 참여시키는 것과 아울러 공무원과 교사의 단결권을 인정하는 정책 수단을 동시에 사용해야 한다.

비정규 노동자 조직

2016.3 현재 비정규직 노동자수는 6,156,000명이다. 비정규직 노동자 노동조합 가입률은 2.8%이다. 이남신에 따르면 영세사업장 가입률은 1%에 못 미친다.

기존 노동조합이 비정규직, 여성노동자를 포괄해야 한다. 이를 조직하는데 돈, 시간을 들여야 한다. 그러나 정규직 조합원은 비정규직 노동자의 노조 가입을 거부했다. 전교조의 기간제 교사의 정규직 전환 거부와 현대자동자노조의 현대차판매 비정규직 노동자의 노조 가입 요구 외면을 두고 이남신 한국비정규노동센터 상근활동가는 "민주노총 주력세대는 쇠퇴한 것이 아니라 타락한 것"이라고 비판했다.[25]

이것은 비정규직 노동자 조직에 힘을 싣는 다른 나라와 비교된다. AFL-CIO(미국 노총)는 예산 30%를 미조직 노동자 조직에 사용한다. 예를 들어 미국의 섬유노동자가 중앙 아메리카 지역의 섬유노동자를 조직했다. 미국 SIEU는 예산의 20%를 노동자 조직에 사용한다. 주로 흑인인 알바 노동자를 조직한다. 이들은 고용기간이 길다. 조직 활동가는 연봉이 1억 원이다. 이에 비해 한국은 알바 노동자가 청년을 비롯해 노인까지 포함해 광범위하지만 이들의 고용기간이 짧아 조직 활동하기가 어렵다.[26]

비정규노동센터는 2000년 한국비정규노동센터를 시작으로 지역별로 하나둘 설립되다 2010년 이후엔 지자체 지원을 받으면서 대거 늘어났다. 지자체 지원을 받는 곳의 상당수는 민관협력 위탁기관 형식이다. 비정규직 노동자와 활동가와 비정규직 조직의 전망을 세워야 한다. 비정규직이 중심이 된 경제 체제, 정규직 조직노동자가 비정규직을 배제하는 배경, 비정규직이 사회운영의 주체라는 점을 구체화한다.

산업별노동조합

현재의 산별노조는 기업별 노조의 단순 집합이다. 산업 내에 있는 중소기업 노동자, 비정규직, 해고자 등을 포괄하지 못한다. 민주노총과 한국노총 기타를 아우르는 산별

---

25) 정의당, 노동자 대투쟁 30주년 기획토론회 「노동이 있는 민주주의, 무엇을 할 것인가」, 2017.09.19.
26) 박정훈, 2016.6.16, 국회 앞에서 최저 임금 1만 원 요구 단식 농성을 시작하면서.

노조를 적극적으로 고려해야 한다.

총자본이 노동조합 탄압하는데 노동의 대응력이 약하다. 자본이 복수노조를 통해 노동자를 분리 지배한다. 대기업 조합원 이기주의가 심각하다. 노조가 있는 대기업 공무원 등은 임금과 사회복지 혜택을 많이 받는다. 그렇지 못한 중소기업 하청노동자 비정규 노동자는 임금과 복지 혜택이 열악하다. 계급적 또는 사회연대의 관점이 약하다.

송호근 교수는 "현대자동차 정규직 노동자들은 외환위기 당시 대량해고의 트라우마를 겪어 노동조합은 보수 극대화, 노동 최소화, 고용 최대화의 목표를 향해 달려갔고, 노동조합의 보호막 아래 시민사회의 변화 또는 요구와 단절된 채 내부 구성원들의 이익을 최대화하는 데만 매달렸다"고 했다.[27]

해방 뒤 조선노동조합전국평의회(전평)는 산업별 조직형태를 취했다. 그러나 미군정이 전평을 해산시킨 뒤 새로 결성한 대한노총은 기업별 노조 체계를 취했다. 1980년 전두환 신군부는 국가보위입법회의에서 노동관계법을 개정해 유니언숍 제도를 폐지하고 산별노조를 기업별 체계로 바꿨다.

민주노총은 기업별노조들이 산업별, 업종별, 연맹조직을 만들어 가입하고 있는 형식을 취하고, 산별노조를 건설해가는 조직발전 방침을 가졌다.

산별노조는 조직 내 정규직 + 조직 내외 비정규직, 산업내 원청 + 하청 + 재하청 노동자가 조직 대상이다. 아울러 조립업체는 하청, 재하청 업체 노동자를 조직대상으로 삼게 된다.

대기업 정규직 노동자가 구조조정에 따른 재교육 재취업, 동일노동 동일임금의 시행으로 학벌 비중의 삭감, 대학 무상교육 시행으로 자녀 학비 부담 줄이기를 제안해 산별노조를 뒷받침 할 수 있다. 스웨덴은 재벌개혁 때 고임금 노동자에게 기존의 노동조건을 인정하면서 산별체제 이루었다.

산별노조는 기존 대기업 정규직 노동자의 양보를 전제한다. 자동차 산업의 경우 기업별 노조를 산업별 노조로 전환할 경우를 생각해보자. 기존의 임금이 조립노동자 100, 1차 밴드 70, 2차 밴드 40이라면, 산업별 노조가 돼 임금을 평균으로 할 경우 평균임금은 70이 된다. 조립업 노동자는 임금을 100에서 70으로 양보해야 한다. 현실에서

---

27) 송호근,『가 보지 않은 길 : 한국의 성장동력과 현대차 스토리』, 나남, 2017.

는 이것을 받아들이지 못한다. 조립노동자가 이를 거부하고 사용자가 기업별 노조가 산업별 단위로 단결하는 것을 싫어하기 때문이다.

산업별 교섭은 민주노총 산하 금속노조, 보건의료노조, 한국노총 산하 금융노조가 활발하지만 집중도를 높여야 할 단계이다.

1998년 국내 최초로 기업별 노조에서 산별노조로 전환한 보건의료노조는 2004~2009년까지 주요 병원 대표자들이 전국 단위의 사용자단체를 꾸려 참여하는 산별교섭을 했으나 이후로는 사용자단체의 해산으로 중앙교섭 대신 개별 병원을 중심으로 한 교섭이 주축을 이루고 있다. 보건의료노조는 암부터 무상의료, 보호자 없는 병원 등 '돈보다 생명을!' 운동을 전개했다. 구체적 노동에 방점을 둔 활동이다.

금속노조는 2006년 현대 · 기아자동차 노조가 산별노조로 전환한 이후에도 사용자가 산별교섭에는 전혀 참여하지 않고 있다. 비정규직 확산, 노동시장 이중구조 심화와 같은 문제를 해결하려면 산업별 교섭을 활성화해야 한다. 2018년 금속노조(위원장 김호규)가 제조업 노동자 임금격차를 줄이기 위해 산업별 임금체계를 마련한다. 이주호 보건의료노조 전략기획단장은 2016년 "병원 사용자들이 다시 사용자단체를 꾸리고 산별교섭에 나서도록 적극적으로 설득하고 투쟁하겠다"고 밝혔다.

2006년 민주노동당 권영길 원내대표는 사업장 가입자의 국민연금을 한시적으로 인하해 비정규직 노동자와 지역 가입자들의 연금보험료를 지원하자고 했다. 아울러 정규직 대공장 노동자들 스스로가 사회 연대적 실천방안을 스스로 찾자고 민주노총과 한국노총에서 제안했다. 10년 전에 문성현 민주노총 위원장/민주노동당 대표는 산별노조를 추진하고 비정규, 불안정 노동자의 국민연금 보험료를 정부 · 기업 · 중심권노동자가 함께 지원하자고 제안했으나, 이것이 정규직 양보론이라는 역공을 받아 좌절했다.

산별노조운동은 기존의 금속(2001) · 금융 · 공공 · 보건(1998)과 함께 건설 · 사무 · 교육 · 민간서비스 부문에서 꾸준히 모색한다. 금속노조는 2003년 산별중앙교섭에서 노동조건 개선 및 임금삭감 없는 주5일제를 합의했다. 보건의료노조는 영리병원 반대와 무상의료 실현 등 산업적 · 공공적 의제를 중심으로 요구했다. 공공부문노조와 정부 교섭이 진행된다면 철도 · 가스 · 공항 등 공공서비스 민영화가 쟁점이 된다.

임영일은 산별노조에서 무리하게 유럽형 산별을 염두에 두기보다 영미형 산별을 어떻게 운영할지 참고하자고 했다. 미국은 총연맹 약화와 달리 산별단위 교섭이 활발하다. AFL-CIO는 56개 가맹조직을 두었다. 자동차노조(UAW)는 자동차업종을 넘어 건설장비제조업과 대형트럭 공장, 보건의료·대학·게임산업·공공부문 종사자도 조직했다. 일반노조 성격이다. 캐나다에서도 노동자를 조직한 국제노조(international union)이다.

일본은 기업별노조의 연합체이지만 산별연맹들이 활발하게 활동한다. 렌고(Rengo)는 54개 산별을 두었다. 산별연맹인 UI젠센동맹은 전 업종 노동자를 조직한 일반노조이다. 그 덕분에 비정규직 조직화에 성과를 얻었다.

한국에서는 독일식으로 임금수준이 낮은 기업 노동자 고용안정을 위해 산업수준에서 낮은 임금인상을 요구할 경우 임금인상 지불능력이 높은 기업 노동자가 저항한다. 스웨덴처럼 한계기업 도산을 초래하는 임금인상을 요구하면 사회안전망이 취약한 상태에서 한계기업 도산은 소속 노동자 실업으로 이어진다. 조직노동은 시민사회와 연대하고 때로는 정치적 연대를 모색해야 한다.

한국 사회가 양극화 덫을 빠져나오려면, 산별노조를 통해 노조 조직률과 단체협약 적용률을 높여 노동복지를 확충하고 그와 함께 부족한 부분을 세금에 의한 보편적 복지를 실현해야 한다.

초기업 노사관계 재편을 촉진하기 위해 △산별노조의 교섭 쟁의대상을 노조법 제2조 제5호 "임금·근로시간·복지·해고·기타 대우 등 근로조건"에서 "근로자의 경제적·사회적 지위의 향상"으로 확대해야 한다. 산업별 노조는 개별 사업장의 근로조건보다는 전국 또는 산업단위 제도와 정책 및 입법사항, 나아가 해당 분야의 공공성 강화나 복지 확대 등에 관심을 갖고 활동한다.

산별노조 요구 시 사용자 교섭단 구성을 통해 산별교섭 참가를 의무화해야 한다. 김선수 변호사에 따르면 산별협약의 구속력이 노조법 제36조 제1항 지역적 구속력은 "하나의 지역에 있어서 종업하는 동종의 근로자 3분의 2 이상이 하나의 단체협약을 적용받게 된 때"라는 규정을 당사자 쌍방 또는 일방의 신청에 의하거나 직권으로 노동위원회의 의결을 얻어 확장 적용해야 한다.[28]

노동운동은 전국 단위로 단결하고 산업별 노동조합을 발전시켜 노동자 요구를 실현

---

28) 노동전문가 33인, 『왜 다시 산별노조인가』, 매일노동뉴스, 2013.

하자고 한다. 이런 노력을 하지 않은 것이 아니다. 전국노동조합협의회는 평등사회를 실현하자고 했고, 민주노총은 인간의 존엄성과 평등을 보장하는 통일조국, 민주사회 건설의 그 날까지 힘차게 투쟁할 것을 선언했다. 한국노총은 민주적 노사관계 확립과 생산민주화, 경영민주화 및 산업민주화를 실현하겠다고 했다.

민주노총과 한국노총 선언을 보면 노동조건 개선에서 바로 인간의 존엄성과 평등, 통일조국, 민주사회, 생산-경영-산업 민주화로 바로 건너뛰었다. 한 세대 동안 이를 반복했다. 그런 목표를 이루기 위해 중간에 어떤 내용을 배치할 것인지, 사회를 위해 무엇을 할 것인지, 이미 그런 일을 하고 있는지가 빠졌다.

이재영은 "한국노총 조합원 90%가 중소기업 노동자이고, 민주노총 조합원 80%가 대기업 노동자이다. 이 둘은 같은 산별노조를 분할한다. 한국노총과 민주노총이 통합하면 산별노조를 통일적으로 운영할 수 있다. 민주노총 결성 이후 노동시장 내 최대 집단이 중화학공업 남성 정규직에서 판매서비스업 여성 비정규직으로 바뀌었는데도, 한국 특유 군사 문화 잔재와 남성 중심성을 가진 민주노조운동이 이렇다 할 대처를 못한다. 노동운동 중심이 중화학공업에서 공공 사회 서비스 분야로 이동해야 한다. 그리고 투쟁조끼 만들 돈이면 전 조합원에게 재미있는 교육용 DVD를 돌릴 수 있고, 대규모 행사 한 번 할 돈이면 정부 기구에 맞먹는 정책 프로젝트를 수행할 수 있다. 집회에 동원되는 연인원의 절반만 참여해도 산별노조 선전 캠페인이 전국 거리를 덮는다"고 했다.(이재영, 2013, 193쪽)

유럽의 복지국가들은 노동조합 조직률도 단체협약 적용률도 높다. 프랑스는 노조 조직률이 7%대에 불과하지만, 2010년 OECD 자료를 보면 단협 적용률은 92%다. 스웨덴이 91%, 스페인은 73.2%, 영국은 31.2%, 일본은 16%, 미국이 13%다. 우리나라는 10%에 머물러 있다. 노동조합 조직률이 낮아도 노동조합의 힘이 강하게 된 이유이다. 한국도 조직률이 20%, 적용률이 40~50% 수준이 돼야 양극화 해소와 복지국가에 접근할 수 있다.

스웨덴은 2014년 노동조합 조직률이고 67.3%, 2007년 단체협약 적용률이 91%였다. 한국은 2016년 노동조합 조직률이 정규직 11.9% 비정규직 2.6%인데, 2012년 단체협약 적용률은 11.7%이어, 단체협약 적용률이 확장되지 않았다.

유럽 국가가 운영하는 효력확장제도는 노사가 체결한 단체협약이 비조합원까지 적용되도록 정한 것이다. 프랑스는 산별노조가 체결한 단협에 단위 사업장 대표노조나 사용자가 가입할 수 있다. 그리고 정부는 법에 따라 사용자단체에 가입하지 않는 사업장에도 직종별 혹은 산업별로 체결된 단협을 지키도록 강제한다. 프랑스가 비조합원까지 단협을 적용하면 무임승차 논란이 있음에도 이런 제도를 시행하는 이유는 노동자의 보편적 권리를 보호하는 것이 사회적 효용이 크다고 판단하기 때문이다.(■도표 26, 경향신문, 2011.10.06)

■ 도표 26. 노동조합의 국제비교

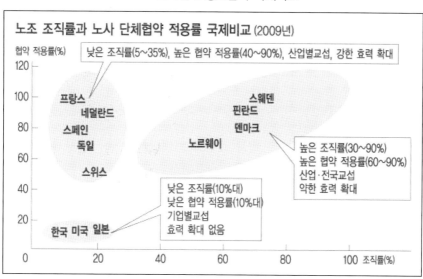

한국에도 단체협약 확장제도가 있다. 근로자의 과반이 넘는 노동조합일 경우 사용자는 비조합원도 단협을 적용할 수 있다(노조법 제35조). 그런데 고용노동부가 의뢰한 연구보고서를 보면 해당 조항을 적용받는 노동자는 27만 6,000명 정도에 불과하다. 사업장뿐만 아니라 지역 단위로도 확장할 수 있지만, 조합원이 해당 지역 동종업종 근로자의 75% 이상이어야 가능하다(노조법 제36조).[29]

산별노조를 보완해 재벌기업에서 계열별 조직은 직접 고용 노동자, 사내 하청 노동자, 사외 하청 노동자를 포괄한다. 기업내 노동조합 협의회는 재벌기업의 계열별 노동

---

29) 곽상신, 「단체협약 적용률을 올려야 하는 이유」, 『매일노동뉴스』, 2016.02.29.

자를 조직한다.

그러나 국회 앞에서 농성하는 노동자 단위는 자신이 일하는 의미, 이것이 소비자와 사회를 위해 어떤 의미가 있는지를 분명히 했다. 이 관점에서 보면 정규직이든 비정규직이든, 원청이든 하청이든, 대기업이든 중소기업이든, 국적 노동자든 이주노동자든 하는 일에 차이가 없고, 차별 근거가 희박하다. 단지 역할이 다를 뿐이다. 노동자의 즉자적인 요구와 노동조합 강령·선언 사이에 노동자가 하는 구체적인 역할을 명기하면 전체 노동자 단결에 도움 되고, 한계에 이른 산별노조운동을 보완한다.

연대

중소기업 노조는 대기업 노조가 파업할 때 돕지만, 중소기업은 파업해도 대기업 노조가 이를 돕지 않아 박탈감을 느낀다. 조직노동자는 민중 일반의 요구에 연민을 표하지 않는다. 민주노총에 대한 기대가 사라지면서 조직률이 높아지지 않는다. 민주노총 내부에서도 스스로 변화해 대중주체를 세우자는 대안노조 움직임이 있다. 서울 집담회는 노동공제회 구성을 조직 대안으로 제시했다.30)

두 노총의 한계를 넘는 대안으로, 문재인 대선 후보가 비정규직과 특수형태 근로종사자, 실업자 등 일정기간 고용보험 납부 실적이 있는 모든 노동자들이 의무적으로 가입하는 법적 상설기구로 노동회의소를 공약했다. 한국노총 위원장 출신인 이용득 민주당 의원은 취약노동자 이해대변기구로 노동회의소뿐 아니라 근로자대표위원회를 제시했다. 김유선 한국노동사회연구소 선임연구위원은 노조 강화에도 도움이 되는 것으로 검증된 '종업원평의회(근로자대표위원회의 다른 표현)' 강화를 제시했다.31)

기업별 노조는 어용노조로 가기 쉽다. 노동조합이 기업별 노조의 한계를 극복하고 중소·영세노동자, 비정규 노동자, 지역사회와 연대하는 사회운동적 조합주의가 있다.

독일과 스웨덴 금속노조는 연대임금 전략을 취했다. 두 나라 산별노조는 임금인상 여력이 높은 기업의 노동자와 임금잉산 능력이 부족한 기업 노동자가 동일한 수준의 연대임금을 받게 한다. 이것은 미국 산별노조가 산업 수준에서 임금을 표준화해 개별 기업에 고용되기 위해 경쟁적으로 임금을 낮추는 것을 막고자 한 것과 궤를 같이한다.

---

30) 서울 집담회, 「함께 사는 사회운동, 대안노조」, 2017.8.25.
31) 김장호, 「문재인 '노동회의소' "관변단체화 우려"」, 『민플러스』, 2017.03.15.

독일 금속노조는 임금인상 지불능력이 취약한 기업에 속한 노동자 고용을 고려해 낮은 수준의 임금인상에 합의한다. 스웨덴 금속노조는 산업 경쟁력을 고려해 한계기업 도산과 소속 노동자의 실업을 초래하는 수준의 임금인상을 요구한다.

오건호는 사회연대운동에서 노동자 참여가 관건이라며, 모든 실업자에게 실업급여를 지급하고, 고용보험에서 중심권 노사가 고용보험료를 더 내 실업급여를 튼튼히 하고, 고용보험 밖 취업자는 정부가 재정을 책임져 실업자를 대응하고, 보육, 교육, 고용, 주거, 노후, 의료, 빈곤 등 7대 민생 해결에 민주노총이 나서기를 제안했다.[32]

현 민주노조운동의 위치가 1800년대 초반 유럽 노동운동과 비슷하다. 당시 유럽노동운동은 노동조건 개선에 한계를 느끼면서 협동조합과 사회주의라는 새로운 전망을 찾았다. 1830년대에 영국에서 로치데일협동조합을 조직했고, 1840년대에 독일혁명과 마르크스의 「공산당선언」이 등장했다.

국제연대

한국인은 일제 지배를 겪고 남북이 분단되었고 미국의 지배 간섭을 받아 국제적으로 피해의식이 크다. 사회운동도 다른 나라에게 도움 받는데 익숙하다. 다른 나라 사회운동을 돕는데 인색하다. 그러나 한국은 경제적으로 아(亞)제국주의 위치에 있다. 한국은 국제사회에서 피해자와 가해자의 어느 측면이 강한가? 되돌아 볼 필요가 있다.

국제 노동조합에는 19세기 중엽에 결성한 세계노총(WFTU), 국제노총(ITUC), 세계노련(WCL)이 있다. 1968년 국제기독노련이 세계노련으로 이름을 바꾸었다. ETUC 등 대륙별 노조가 있다.

국제노총(International Trade Union Confederation, ITUC)은 세계 최대 노동조합 단체로, 2006년 11월 1일 국제자유노련(ICFTU)과 세계노동연맹(WCL)을 합병해 결성되었다. 전 세계 국가별 노동조합 305개, 노동자 1억 7,500만 명이 151개국에서 가입되어 있다. 조합원 대부분이 OECD 국민이다. 한국의 민주노총과 한국노총이 가입했다.

19세기 중반 결성한 세계노동조합연맹(World Federation of Trade Unions, WFTU, 세계노총)은 소련과 동유럽에서 공산당의 몰락한 뒤 2006년 1월 본부를 체코 프라하에

---

32) 오건호, 「민주노총, 사회연대노총으로」, 『경향신문』, 2018.1.30.

서 그리스 아테네로 옮겨, 제 3세계 조합의 지역 본부를 조직하는데 힘을 쏟고 있으며, 제국주의, 인종차별주의, 빈곤, 열악한 환경과 자본주의 체제 아래 노동자 착취에 대항하고, 완전 고용, 사회 안전, 건강 보건과 노동조합 권리를 지킨다.[33] 조선전국노동조합평의회(전평)가 1948년 해체돼 한국 노동조합의 세계노총 가입이 종료되었다. 2017년 한국의 삼성일반노조, 2018년 실업노조·영세노조가 가입했고, 2018년 샤흘 와호(Charles Hoareau) 활동가가 한국에 와 세계노총남코리아지부를 결성했다.[34]

2018년 세계노총 조직담당자 샤흘 와호가 삼성, 콜트, 파인텍, 시그네틱스 등 장기 투쟁하는 노동자를 만나 연대했다. 세계노총은 문재인 정부 들어와 한국에 입국할 수 있었다.(장창원, 2018.11.18) 삼성일반노조는 WFTU에 '삼성백혈병 등 직업병피해 진상조사단' 파견을 요청했다.

민주노총 계열은 네덜란드, 남아공, 브라질과 연대하려 했는데 계속되지 못했다. ATNC(A Labour Network Monitoring Asian Transnational Corporations)는 중국의 노동문제를 홍콩으로 끌고 나와 시위한다.

미국 AFL-CIO는 한미FTA를 반대했다. 미국내 일자리를 지키고 늘려야하기 때문이다. 자본은 한국에서 이윤을 늘리고 한국에서 저가 상품을 미국으로 수입 판매해 이윤을 얻는 반면 미국 노동자는 공장이 미국에서 한국으로 옮겨가거나 새로운 공법을 사용한 공장을 건설한 만큼 일자리를 잃는다. 한국과 중국 사이에도 한국 공장을 중국으로 이전해 한국 노동자가 일자리를 잃었다.

장기투쟁 사업장 가운데 초국적 자본 관련 노조가 많다. 한국으로 들어온 초국적 자본과 한국에서 해외로 진출한 한국계 초국적 자본이 있다. 2018년 필리핀 중부 파나이섬의 선주민은 대우건설이 할라우강에 댐을 건설하지 말라고 한국에 와서 시위했다. SK건설은 라오스 댐 건설에서 초과 이익을 노려 보조댐의 수위를 설계보다 낮추어 댐 붕괴 사고를 일으켜 많은 라오스인이 사망했다.

상대국 노동운동이 활발해야 연대가 가능하다. 사회적 조항(social clause)은 선진국의 노동조합이 후진국에게 노동조건을 개선하라고 압력을 넣어 후진국의 노동자를 지원하는 방법이다.

---

33) 샤흘 와호, 「노동계급의 투쟁만이 해방을 앞당긴다」, 『항쟁의 기관차11』, 2018.11, 82쪽.
34) 「세계노총남코리아지부 결성선언문」, 2018.10.26., 서울.

해외에 진출한 한국 기업은 인권·노동권은 빠뜨린 채 기부·공헌에 초점을 맞춘다. 글로벌 기업의 노조도 외국 사업장 실태에 관심을 쏟지 못하고, 글로벌 기업을 감시하는 NGO도 많지 않다. 한국 정부도 국제노동단체들의 요구에 묵묵부답인 경우가 많다.

노동문제의 국제적 해결방안에는, 첫째, ILO 조약 가입해 그 기준을 준수한다. ILO 등은 국제연대의 결집 지점이다. 인권, 지속가능성 부문에 국제적 기준 준수와 연대가 도움 된다. 인권, 지속가능성 문제에 연대 공감대가 크다.

둘째, 한국에 들어와 문제를 일으키는 기업 노동문제를 국제적으로 푼다. 쌍용자동차 해고자 문제를 해결하기 위해 인도 노동조합이 연대했다. 한국산젠이 한일간 연대해 이겨 해고 노동자가 현업에 복귀했다. 하이디스 해고자 노동자 복직 싸움에 대만 노동조합 시민단체가 연대 지원했지만, 결국 보상금을 받고 싸움을 중단했다.

한국에 들어와 있는 초국적 기업(TNC)에게 지역재투자법을 제정해 적용한다.

셋째, 한국에서 해외로 나간 기업 노동자와 연대한다. POSCO, 현대, 삼성, NEPA(캄보디아) 등이 해외로 진출했다. 캄보디아 섬유노동자가 NEPA 공장에서 파업했다. 캄보디아 정부는 군대를 파견해 노동자를 탄압했다. 한국의 노동자가 한국에 있는 NEPA 본사와 한국정부에 항의했지만 구속력이 없었다. 국제민주연대(KHIS), 아시아태평양노동자연대회의(APWSL), ATNC 등이 이에 대응해 활동한다.

넷째 한국 일본 중국을 관통하는 노동운동이 있어야 한다. 그리고 남북 간의 노동운동을 모색해야 한다. 일본 노동운동이 중국 노동자를 만나고 그 소식을 해외에 알린다. 그리고 중국에 투자한 기업의 소속 국가 홍콩 주재 대사관 앞에서 시위를 해 문제를 해결한다.

아울러 초국적 기업은 한국 지역사회에 대한 책임이 있다. 국회는 초국적 자본의 먹고튀기를 방지하는 법률을 제정해야 한다.

중국 농민공과 한국 노동문제

중국은 산업화 뒤에 농민이 도시로 들어와 노동자가 되는 것을 막는다. 농민공은 성 사이에 노동자 이주를 금지하는 정책에 따라 다른 성에 가면 이주노동자(migrant)

취급을 받는다. 임금, 노조가입, 복지, 주거, 병원, 자녀 교육에서 차별받는다. 그러다 보니 이들의 임금은 본성 노동자에 비해 아주 낮다. 외국에서 한국에 온 이주노동자와 사정이 같다.

려도는 '농민공'이라는 용어는 이들이 결국 농촌으로 돌아갈 사람이라는 노동자 정체성을 부정하는 뜻이 담겨있다고 보아 '신노동자'로 불렀다.[35]

왕후이 청화대 교수는 중국공산당이 노농연맹에서 기득권 엘리트 당으로 변신했다면서, 폭스콘 노동자들의 연쇄 자살이나 광둥성 난하이의 혼다자동차 노동자 파업처럼 신노동자가 자신의 목소리를 내기 시작한다면 거대한 변화가 발생한다고 했다. 그러나 2008년 경제위기로 도시에서 2천만 명이 해고돼 이들은 다시 고향으로 돌아갔다. 이처럼 중국 도농이원구조는 농촌과 토지는 일종의 기본소득처럼 완충역할을 한다.[36]

중국의 농민공(民工)은 2.4억 명이다. 한국 노동자수에 비해 거대한 숫자다. 농민공의 노동조건이 낮은 상태에서 한국기업은 국내 임금이 오를 경우 중국으로 나간다. 중국의 임금이 오르면 한국기업은 인도나 아프리카 등지로 가고, 더러 개성공단으로 갔다. 기업에게 이런 탈출구가 있어 한국 노동조합은 싸우기가 어렵다. 한국 노동운동이 중국 농민공의 상태를 주목하고 이들의 노동조건 개선에 관심을 가져야 한다.

중국 사회운동가들은 한국 지식인과 대학생 엘리트들이 마르크스주의자가 되어 공장에 진출해 현실을 변화시켰다는 데 주목했다. 조영래가 지은 『전태일평전』이 『星星之火: 全泰壹評傳』으로 번역됐다.

2) 사회운동

사회운동은 노동조합 농민회 시민운동 등 사회의 모순을 지속적으로 변화시키려는 노력이다. 사회운동은 대중투쟁을 기초로 한다. 독자적인 해결수단으로 가치가 있다.

---

35) 려도 지음, 연광석 · 정성조 · 박다짐 옮김, 『중국 신노동자의 형성』, 나름북스, 2017.
36) 허쉐펑 지음, 김도경 옮김, 『탈향과 귀향 사이에서』, 돌베개, 2017.

사회운동의 분화

1987년 이후 사회운동은 주류 노동운동에서 다양한 사회운동으로 분화했다. 노동조합, 산업별 노동조합, 여성운동, 농민운동, 협동조합, 환경운동, 평화운동, 소수자운동, 이주민운동, 국제주의 등이다.

노동조합은 노동계급 아닌 조합원의 이익을 대변하는 조합주의로 바뀌었다. 노동운동은 조직된 노동자를 대변한다. 소속 조합원의 경제적 이익을 위해 다른 노동자의 경제적 이익, 또는 일반 국민 다수의 이익이나 정치적 이익을 존중하지 않는다. 사회성 공공성이 약화되고 집단이기주의가 강해지고, 보수화되었다. 전국농민회도 마찬가지이다.

노동조합은 노동 대상의 차이에 따라 공공성 사회성의 정도에 차이가 있다. 그러나 비교적 공공성이 강한 공무원노조, 사회성이 강한 보건의료노조가 있다.

빈민지역에서 주민에게 애로 사항을 듣고 이를 해결하려 노력한 알린스키의 공동체운동 방식(Community Organization, CO)이 있다. 이 방식은 미국, 브라질, 필리핀, 한국에 퍼졌다. 버락 오바마, 힐러리 클린턴, 버니 샌더스가 청년시절 그의 영향을 받아 이 활동을 했다.[37]

학생과 노동자 연대

1980년대에 대학생이 노동현장에 들어가 연대했다.[38] 2010년대에는 대학생이 노동자 현실을 자신의 미래 생활 또는 자신의 부모가 처한 현실이라고 인식하고, 대응했다.

대학생은 2013년 대학생들이 철도노동자 파업을 지지하며「안녕들하십니까」대자보 운동을 전국적으로 펼쳤다. 당시 노동자는 구조조정에 대해 일자리 안정을 요구했고, 대학생은 청년 일자리 마련과 안정을 요구했다.

학생은 노동자의 노동자성을 인정하고, 노동자는 대학생의 교육에 서로 관심을 갖고 쌍방향으로 연대해야 한다. 대학생의 학습권은 대학생 자신은 물론 노동자, 또는 노동자 자녀 교육에 관한 문제이다.

---

37) 사울 알린스키, 정인경 옮김,『래디컬 : 급진주의자여 일어나라』, 생각의힘, 2016.
38) 이광일 · 김원 · 김영선 · 김상숙 · 유경순 · 이남희 · 이재성 · 임송자 지음,『민주노조, 노학연대 그리고 변혁 1980년대 노동운동의 역사』, 한국학중앙연구원, 2017.

여성운동

　여성단체는 여성의 사회참여를 늘리기 위해 여성 할당제 도입, 가부장적인 호주제 폐지(2005)에 기여했다. 이런 노력에 따라 양성평등을 위한 제도적 틀과 문화적 배경이 조성되었지만, 실제 수혜 여성은 많지 않다. 여성 할당제가 전면 시행되더라고 그 혜택을 받을 수 있는 사람은 고등교육 이수자이고 성인여성 인구의 1%에 지나지 않는다. 가족법 개정에 의해 재산 분할 분쟁에서 이익 보는 여성도 중산층 이상의 1% 미만이다. 여성단체가 펼친 보육 및 급식 공공화 운동은 매우 의미 있는 진전이다. 앞으로 여성운동 보편성은 취업 여성 70%를 점하는 비정규 노동자 근로조건 개선과 국민연금과 같은 공공복지 확대를 통해 실현된다.(이재영, 2013, 206쪽)

　미투운동은 여성들이 나도("Me, too!") 성폭행 당했다며 폭로하는 사회적 현상이다. 성추행을 폭로하는 여성들이 SNS에서 #METOO라는 해시태그를 사용한다. 한 할리우드의 영화감독의 성추행이 고발되면서 시작되었다. 한국에서의 미투운동은 2016년 "문화계 성추문 폭로 사건"으로 시작되었으며, 고은 작가, 최교일 검사, 조민기 자살 사건 등 대한민국은 각계 인사들의 성추문 휩싸였다. 故 장자연 사건을 미투운동의 시작점으로 보기도 한다. 이어 워마드(womad = woman + nomad) 운동이 일어났다. 여권이 여성참정권을 넘어 사회 전반에서 남자와 동등하게 가는 현상이다.

지역운동

　은퇴하면 무슨 일, 무슨 활동을 할 것인가? 어디에서 살 것인가? 흔히 현재 내가 사는 곳은 싫다, 공해가 심하다, 이웃이 싫다, 텃세가 심하다, 뭔가 나하고는 맞지 않는다, 이 나라는 나와 맞지 않는다, 다른 곳 다른 나라에 가서 살겠다고 한다.

　다른 지역 다른 나라에 가서 살 수 있다면 그렇게 하는 것이 좋다. 그러나 그럴 확률이 낮다. 다른 지역에 갈 확률은 1/10, 다른 나라는 1/100 정도일 것이다. 그렇다면 현재 내가 사는 곳, 내가 직장을 다닌 곳에서 은퇴 뒤의 생활을 설계하는 것이 현실적이다. 내가 사는 지역을 익히고 미래 사회의 변화를 교직하면 그곳에서 내가 할 수 있는 일을 찾아 취미를 살리고 소득을 올리며 살게 된다. 노동자는 회사에 다닐 때는 지역사회와 연대하고, 퇴직한 뒤에는 지역사회에 살면서 할 일을 찾아야 한다.

생활 속에서 연대한다. 먼저 노동자나 시민이 생활 속에서 또는 싸움으로 해결한다. 생활 연대를 생활정치로 연결한다. 현재 식·의·주, 출산 육아, 교육, 건강 노후, 민주주의, 복지, 평화 통일, 지속가능성을 생활 속에서 실천해 연대한다. 가까운 것, 쉬운 것부터 실천한다. 효과가 복합적이며 연쇄효과가 일어난다.(■도표 27 참조)

지역운동 가치가 높아진다. 지역노조협의회를 바탕으로 시민단체, 정당, 마을공동체와 협력한다. 경남지역, 원주에서 사회적조합주의가 비교적 발달했다.

■ 도표 27. 필요와 사회운동의 교직

필요	개인	단위노조내	노동자 일반	한국	세계
식·의·주		임금 노동 시간	삼성 노조인정, 산별노조	최저임금, 주4일노동제, 동일노동 동일임금	세계부유세
교육	자녀교육, 자기교육, 평생교육		강사법 시행	대학무상교육, 학문·교육의 자유	MOOC
의료(건강·노후)				건강보험 충실, 영리병원 저지	WHO, 지구질병
지속가능성	생활 실천		생명윤리, 동물윤리법	미세먼지, GMO 대책	기후운동, 대양쓰레기
민주주의		연대, 지역사회 참여	비정규직 조직, 소수자 포용	직접민주주의, 국가보안법 철폐	국제 NGO, 광역국가, 세계정부
평화 통일				평화협정, 남북교류, 통일	동북아광역 공동체, 우주질서

한국에서 동일방직, 원풍모방 등 1970년대 후반 민주노조를 조직하고 해고에 반대해 장기간 싸운 노동자들은 이후 민주화 과정에서 여성운동, 육아운동, 협동조합, 의료생협, 생태운동 등 사회 곳곳으로 퍼져 복합적으로 기여했다. 대구 경북 지방의 노동조합 활동가들이 귀농해 성주 사드(THAAD) 반대 싸움을 이끌었다.

일본 제2차 세계대전 이후 사회운동에서 산리스카(三里塚)투쟁과 그 이후를 살펴본다. 일본정부는 베트남전쟁 때 베트남으로 미군 B2폭격기 발진할 비행장으로 나리타(成田)공항을 건설했다. 일본 평화운동은 이 기지 건설을 반대했다. 농지가 공항용지로 수용되는 것을 반대하고 거기서 농민들이 생산하는 농산물을 일본 전역에 팔면서 일본생협을 발달시켰다. 이 과정에서 파생된 사회운동은 일본 사회운동 전반과 일본 전역으로 파급되었다. 또 JR 합리화 반대투쟁이 장기화하면서 거기서 해고된 노동자들이 사회전역으로 퍼졌다.

사회운동의 보수화

노동조합 농민회 등 대중운동단체가 소속 구성원의 이익을 반영한다. 객관성을 벗어나는 요구 관철이 문제다. 대법원이 현대차 비정규직 노동자를 정규직으로 전환하라고 판결했다. 현대차노조는 현대차가 이를 수용하려는 것을 반대했다. 전교조는 학교비정규직의 전교조 가입을 거부했다. 한국비정규교수노조는 교원지위 회복을 요구하는 농성을 그만두며 농성을 계속하는 간부와 분회를 제명했다. 이런 경우 현대차, 전교조, 한교조의 주장이 노동조합의 대의에 어긋나더라도 서로 품앗이하며 눈감아준다. 노동조합은 제2의 제도권이 되었다.(이성대 전국교직원노동조합 서울지부장, 2015.8.31)

한국비정규교수노동조합과 전국교수노동조합이 2015.12.5 민주노총 장소를 빌려 '강사법 폐기와 연구강의교수제 토론회'를 계획했다. 이 정책토론회는 국회에서 강사법을 폐기하려는 여론작업 절차였다. 대학강사교원지위 회복과 대학교육정상화투쟁본부와 전국대학강사노동조합은 민주노총에게 "연구강의교수제는 교수 비정규직화이다. 민주노총의 비정규직 철폐 원칙에 어긋나는 것이니 토론회 장소를 빌려주지 말라"고 했다. 민주노총 비정규 노동자 담당자는 "어느 것이 옳은지 모르겠다"고 했다. 판단을 요구하자 "지금은 5.1 총파업을 준비하는 시기이므로 안 된다"고 했다. 한상균 민주노총 위원장마저 "이런 조직 충돌이 있는 조직이 민주노총 안에 20군데나 된다. 이것을 건드리면 조직이 와해된다"(한상균, 2015.12.5)고 했다. 민주노총은 총파업이 끝난 뒤에도 강사법 폐기와 연구강의교수제 입법을 지지했고, 강사법 개정안이 2018.11.29 국회 본회의를 통과한 다음날에 이를 지지하는 논평을 냈다.[39] 2018년에는 전국공무원노조가 해고자를 제명해 정부가 요구하는 단체협상 조건을 충족했다. 이것은 조합원 이익 중심의 조합주의와 간부 관료주의와 아울러 구체적 노동에 대한 이해 부족에

---

39) 민주노총, 「논평, 교원지위 보장과 처우 개선을 위한 강사법 시행이 대량해고의 핑계가 되어선 안된다」, 2018.11.30.

서 비롯한다.

이런 현상은 그것이 옳든 그르든 당장 산하 조직의 주장이라면 수용할 수밖에 없는 조직 구조에 기인한다. 민주노총은 예비조합원, 해고노동자, 퇴직노동자를 조합원에서 배제해 이들의 의견을 조직운영에 수렴할 구조가 없다. 지역에서 제기되는 문제 역시 수렴하지 못한다. 그러다보니 활동이 조합원의 이해를 반영하는데 그치고, 해당 분야 노동자의 의견을 포괄적으로 수렴하지 못한다. 경험 많은 조합원의 지혜를 수렴하지 못한다.

위의 사례에서 보듯이 노동조합, 농민회, 시민단체, 정파는 자신의 회원의 요구라면 그것이 정당성이 떨어지더라도 변호하고 연대한다. 문제의 본질을 파악하고 전체의 입장에서 문제를 바라보고 해결지점을 찾는 노력은 아니다. 자신이 속한 지역이나 부문의 책임이 따르는 문제 해결을 위한 노력은 회피한다. 그러나 모든 사람이 속한 공통의 과제에 대해서는 해결하라고 요구한다는 점에서 모순이다. 김정욱 쌍용자동차 해고자는 "노동조합의 사회적 관심은 낮아, 지금은 최저임금심의위원회 참가하는 수준"이라고 했다.(김정욱, 2017.12.7)

사회운동의 인력이 정당 자치단체로 가서 일한다. 들어간 사람은 집권자의 입장에서 보수화하고 기층 민중의 대변자가 없어진다. 사회운동의 입장에서는 인력이 빠져나간 것이다. 그러므로 사회운동 대부분이 정치권으로 가는 것은 문제가 있다. 일본의 경우 1970년대 일본의 도쿄, 교토, 오사카시에서 혁신적인 지사가 당선되고 많은 시민운동가를 흡수했다. 이후 시민운동을 활력을 잃었다. 한국에서도 김영삼 김대중 노무현 정부에 사회활동가들이 많이 들어가면서 사회운동에 공백이 생기는 유사한 현상이 일어났다. 시민운동의 보수화는 사회가 민주화하면서 시급한 일이 줄면서 일어나는 현상이기도 하다.

광주광역시의 경우 2015 윤장현 시장이 당선된 뒤 시민단체 간부들을 대거 공무원으로 채용했다. 본인은 선의로 그랬겠지만 결과적으로 현장에서 문제를 찾아 해결하려는 사람이 시공무원이 되어 현장에서 문제를 제기하는 주민을 억누르는 현상이 발생했다.(광주시민, 2015.8)

문제의 해결 측면에서도 후퇴하는 점이 있다. 사회운동의 입장에서 어떤 사회문제 해결을 요구하면 그 요구를 받는 정부기관 기업 등은 해결책을 모색한다. 그러나 사회운동가가 선출직 자치단체장이나 의원이 되면 법률이 허용하는 범위를 벗어나지 않는 범위에서만 문제를 해결할 수 있다. 그렇지 않은 것은 해결책이 없게 된다. 따라서 문제 해결은 사회운동이 이끌고, 선출직 공무원이 따라가는 형태가 바람직하다.

3) 'NO!'라고 못하는 민주·진보 정치

민주·진보 정치는 부문과 지역의 밑으로부터 올라오는 상향식 의사결정 구조를 바탕으로 지도자가 지도하는 시스템이어야 한다.

민주당은 이전보다 더 보수화했다. 민주당도 자파 내부에서 비판이 없는 것은 사회운동 분야와 같다. 여기서 민주당은 전통적인 민주당, 새정치민주연합-현재의 더불어민주당 등을 말한다. 민주당은 다수당일 때도 국가보안법을 철폐하지 못했다. 노무현 대통령은 가장 민주적인 대통령으로 인정받았다. 그러나 삼성연구소의 정책 대안을 따랐다. 개혁적이기는 하나 신자유주의를 벗어나지 못했다.

진보정당은 의원 10명과 지지율 15%이던 민주노동당이 내분과 통진당 강제해산 뒤 군소화했다. 굳이 진보정당이 4, 5개로 분리될 필요가 있는가? 분리되더라도 진보 후보를 단일화해 유권자가 편하게 투표할 수 있도록 해야 한다.

노동자의 의식은 진보인데 투표는 보수적이다. 통합적 입체적 사고와 행동이 필요하다. 그렇지 않으면 문제를 바로 정치로 연결하지 못하거나 정치로 갈 경우 입법과 집행과정에서 희석된다. 정치는 노동자의 요구를 반영하지만 다른 계급 계층과 이해관계를 조절하는 과정이기 때문이다.

정치는 법률의 정한 범위 안에서 변화를 모색한다. 사회운동은 현상에서 일어나는 모순을 해결하는 과정이기 때문에 생각과 활동에 제한이 없다. 이러한 이유에서 정치보다 사회운동에 더 큰 비중을 두어야 한다.

전문가는 대부분 정권과 자본의 편에 선다. 실례로 백남기 사건에서 사인이 물대포 수압에 의한 두개골 파열에 의한 외인사였다. 그런데 백선하 서울의대 교수는 병사라고 진단했다.

진보정당

2004년 총선에서 민주노동당은 13.1% 정당득표율을 얻은 비례대표 8석과 지역구 2석을 합쳐 10석을 얻었다. 2014년 통합진보당이 두 자리수 의석을 얻었다. 2018년 지방선거에서 정의당의 득표율이 10%를 넘었다. 그러나 20대의 지지율은 5%에 불과했다. 정당득표율과 의석수의 괴리를 막기 위해 투표율과 의석수를 연동해야 한다.

정당에 대한 중앙선거관리위원회 국고보조금 배분은 전체 보조금의 절반을 교섭단체(20석 이상)에 우선 배분하고, 나머지 50%를 의석수, 선거 득표율에 따라 여러 단계로 차등 배분한다. 소수정당이 극도로 불리한 기울어진 운동장이다. 2016년 선관위가 교섭단체에 정당보조금 50%를 우선 지급하는 방식을 폐지하는 정치자금법 개정의견을 국회에 냈지만 거대 양당이 반대해 폐기했다.

진보정당은 대체로 10% 대의 득표율을 가졌지만 정치력은 그 이하이다. 진보정당은 큰 틀의 구상이 약하다. 정파를 넘은 통합적 접근이 없다. 또 진보정당은 자신이 주되게 관심을 가진 분야를 장기적 지속적으로 관심을 갖고 추적하지 못하고 쉽게 포기한다. 녹색당은 선거에 얽매이지 않는 정당인가 지켜볼 필요가 있다. 스페인, 미국, 영국에서 좌파정치의 일부 흐름이 젊은 세대의 불안을 정치세력으로 키우는데 성공했다. 이들은 기성 거대 정치세력에 대해 다른 대안을 제시했다. 필리핀은 유치원, 초중등, 대학, 평생교육을 아우르는 교사당(The Teachers Party)이 국회에 진출했다. 농민 정기석은 농민당을 만들자고 한다.

현재의 진보운동은 선거와 노동조합의 두 축으로 움직인다. 노동조합은 조직원의 이해관계를 반영한다. 단결력이 높아 시간이 지날수록 비조직 노동자보다 임금 등의 노동조건이 나아진다. 진보정당은 1, 2년마다 돌아오는 각종 선거의 득표활동에 집중한다. 지역주민들이 일상생활 속에서 겪는 과제를 해결하는 것을 게을리 한다. 싸움을 하는 것은 개인 생활에 피해를 주고 구속 등의 형사처벌을 초래해 피선거권 상실을 우려한다. 그렇게 하고서는 선거 때가 되면 선거후보 연합을 한다. 이렇게 하면 선거에서는 이길 수 있지만 민주-진보정치가 주민의 어려움을 해결할 수 없다. 주민은 진보정치가 자신의 운명을 책임질 것이라고 생각하지 않는다.

「서울&」은 진보 정당이 지방정치보다 중앙정치에 치중한다고 비판했다. 지역주민이 정치에 참여해 중앙정치에서 다룰 수 없는 그 지역에 밀착된 정책을 만들어야 한다. 집권 여당인 더불어민주당이 진보 정당의 복지정책을 흡수해 중도와 보수 사이의 차별화를 어렵게 한다. 노동, 여성, 성소수자, 생태 등의 풀뿌리 정치를 꾸준히 진행해야 한다.

노회찬(1956~2018) 정의당 원내대표는 원외 시절 드루킹이 이끈 '경제적공진화모임(경공모)'으로부터 후원금 4천만 원을 받은 것이 문제되자 자살했다. 이 사건은 정치자금법이 △중앙당 △국회의원 △국회의원 선거 예비후보자 △지방자치단체장 후보자 등이 후원회를 지정할 수 있고, 원외 인사는 합법적인 후원을 받지 못하게 하고, 후원금 상한을 국회의원의 경우 선거가 없는 해에 1억 5000만 원, 선거가 있는 해에는 3억 원까지 모금할 수 있는데 원인이 있다. 정치자금 모금 상한액을 현실적 수준으로 상향하고, 현역 국회의원이 아닌 정치적 약자에게도 정치자금을 합법적으로 모금할 수 있는 길을 열어야 한다.

사회는 장기적으로 진보의 방향으로 가는가, 보수의 방향으로 가는가? 나는 산업화 시대에 산 사람으로 취업, 민주화 등에 낙관적인 견해를 갖고 살았다. 그러나 현재의 청년들은 취업, 비정규직, 기성세대의 기득권의 영향으로 미래세대에 대해 부정적인 인식을 갖고 있었다. 한편 생산-소비자의 진취적 사고, 기업의 사회적 책임, 협동조합의 성장, 공기업의 공공성 강화노력, 선거를 통한 정부의 복지 강화, 지구적 과제에 대한 세계기구의 노력 등이 불가피하다는 점을 들어 미래 사회의 전망은 부정적인 데서 약간 긍정적인 데로 생각을 바꾸었다. 이런 긍정성은 청년들이 노력하는 만큼 커진다.

노동조합, 사회운동, 정당의 협력

노동조합, 정당, 사회운동 모두 사회를 변화시키지만 그 역할이 서로 다르다. 노동조합은 노동관계법 안에서 요구하고 교섭하고 파업해 요구를 관철한다. 노동조합은 조합원 요구를 수렴하는데 그치는 노동조합주의가 강하다. 노동조합은 노동자 일반이나 다른 계층의 요구를 수렴하는데 한계가 있다. 농민회 등 각 대중조직이 그렇다.

정당은 법적 틀 안에서 정부와 국회를 통해 시민 요구를 해결한다. 법이 미비할 경우 새로 입법해 문제를 각 정당의 합의를 통해 해결한다. 정치권은 기존의 틀을 넘어서는 사고와 행동이 어렵다.

그래서 노동조합 구성원의 요구를 넘어서거나 각 정당 간에 합의하지 못하는 요구는 사회운동이 나서서 해결해야 한다. 좀 더 다수의 이해관계가 걸려 있는 우리 사회 본질 문제를 돌파해야 한다. 이것을 시민의 힘을 배경으로 정부에 요구하고 국회에 입법을 요구해 해결한다.

노동조합은 노조 사이 연대와 지역 사회 연대가 있다. 전자 확장이 계급이고 노동전선이며, 후자 확장이 인민전선, 진보전선, 민족전선, 민주전선이다. 두 가지가 결합해 사회운동조합주의를 구성한다. 지역노조협의회를 바탕으로 시민단체, 정당, 마을공동체와 협력한다.

제2차 세계대전 때 노동전선, 인민전선의 논쟁이 있었다. 전자는 노동계급 독자적으로 싸워 이길 수 있다. 후자는 노동자 민중 모두가 싸워야 이길 수 있다는 견해이다. 전자는 ML주의자들의 노선이었다. 전쟁 후반기에는 인민전선 견해가 우세했다.

68혁명 이후 활성화된 신사회운동은 노동자 계급정당의 전위조직론과 통일전선론, 민주집중제를 비판하고, 다양한 투쟁 주체들 사이에 수평적이고 다중심주의적 조직론을 강조했다. 한국사회에서 계급운동에서 조직노동자가 빠져나가 '계급'은 실체가 없다. 이런 조건에서 형성된 네트워크조직론은 조직운영에서 탈집중화가 조직운영의 자율성으로 전화될 수 있지만 조직원 간의 정체성을 해체하거나 분화하는 요인으로 작용할 수 있다(정진상 외, 2010, 127쪽)는 비판이 있다. 네트워크의 내용을 어떻게 강화하느냐는 다중의 힘으로 촛불혁명을 이룬 사회운동이 넘어야 할 과제이다.

진보연합, 민주-진보 대연합, 대의정치로 중심이 가서 모든 사회운동을 흡수해서는 안 된다. 민족해방전선(NLF) 방식에서는 중심이 존재하고 주변이 대의정치에 나간다. 전통적으로 생산관계 변화가 사회적 민주주의보다 우선이라는 견해가 있지만, 나는 현실에서 사회적 민주주의 구성이 생산관계 변화를 이끈다고 본다. 사회운동의 중심을 지키면서 연대하고 대의정치에 나가야 한다.

자유한국당의 수구 세력이 후퇴하면서 민주당이 중도 보수, 정의당이 중도정당이 되었다. 이보다 더 민주적이고 진보적인 세력이 형성되고 새로운 정치세력으로 자리잡을 조건이다.

노동조합운동 진영의 싱크탱크 상황은 너무 열악하다. 연구 대상이 노동조합 과제에 한정된다. 사회변혁에 대한 고민이 적다. 이런 고민이 있다 하더라도 정파 차원으로 개별화되어 있다. 국제관계에 대해 체계적으로 연구하지 않고 개별화, 파편화한 것이 현실이다. 노동조합, 시민운동, 민주-진보정치의 정책 연구가 네트워크를 구성해 효율성, 선도성을 높여야 한다.

이병천 교수는 "진보진영이 전복적 사고를 말하지만 오히려 보수적이다. 노조중심, 마르크스적 진보를 넘어 다중심적 진보를 지향하자"고 했다.[40]

자본주의 체제를 사회주의 체제로 전복하더라도 전복 이후 운영하는 능력이 있어야 한다. 평화적으로 이행 역시 이행 능력과 운영능력이 필요하다. 4차 산업혁명에서는 독점 강화와 공유경제 강화의 상반된 성격이 있다.[41] 그냥 놔두면 공유에서 발생한 이익이 소수에게 쏠린다. 후자의 강화 역시 민중의 정치력과 운영 능력에 달려 있다.

4. 투쟁

1) 교섭

교섭에는 상대가 있다. 노동자에게 기업별 노조에서는 기업이, 산업별 노조는 산업별 사용자 단체가 교섭 상대이다.

노동관계법에는 파업을 억제하는 장치가 있다. 노동자가 현행법을 조금이라도 위반하면 사용자는 노동자에게 손해배상을 청구하고 법원을 이를 인용한다. 하루벌어 하루먹는 노동자 입장에서 거액의 손해배상 액은 받아들이기 어렵다. 노동 3권 차원에서 노사간 문제를 해결하려는 태도가 아니다.

이런 현상은 노동자에게도 나타난다. 노동자는 해고나 구조조정을 당하면 교섭, 파업, 시위 등을 통해서 원인을 제거하고 복직하고, 그것이 안 될 경우 다른 일자리 마련이나 보상을 요구해야 한다. 그런데 노사간 갈등에 대해 노동조합이나 연대하는 단체가 교섭, 파업, 농성 등의 투쟁을 통한 해결을 기피하고 사용자와 교섭해 돈으로 해결하고 합의하는 풍조가 있다. 이런 현상은 해고와 구조조정에서 비롯된 문제를 해결하

---

40) 「인터뷰/퇴임을 앞둔 진보경제학자 이병천 강원대 교수」, 『한겨레』, 2017.12.7.
41) 「뿌리 못 내린 한국 민주주의 문제와 해결책은 무엇인가」, 『경향신문』, 2017.3.28.

지 못하고, 나아가서 그 원인을 제공하는 노사간 상호존중이나 생산관계의 시정까지 나가지 못하게 한다.

노사정위원회는 노동자의 사회적 대화 기구이다. 노사정위원회는 1998년 외환위기 상황에서 만들었고 양대 노총이 참여했다. 민주노총은 1999년 정리해고를 도입하는 과정에서 노사정위원회를 탈퇴했다. 한국노총은 박근혜 정부가 2015년 '쉬운 해고 및 취업규칙 일방 변경'의 양대 지침을 강행하자 탈퇴했다. 저성과자와 업무 부적응자를 평가와 재교육을 거쳐 해고할 수 있도록 하는 '일반해고 지침'과 취업규칙 불이익 변경을 노조 동의 없이 가능하도록 하는 '취업규칙 지침'이 있다. 노사정위원회는 정부가 자본과 기업 편을 들어 '기울어진 운동장'이라고 평가 받았다.

문재인 정부는 노사정위원회에 사용자, 민주노총 한국노총은 물론 비정규직과 청년실업, 여성노동 문제 해결을 위해 이들을 참여 대상으로 했다. 2018년 노사정위원회를 경제사회노동위원회(경사노위)로 바꿔 청년·여성·비정규직 노동자·중소-중견기업·소상공인 대표를 참여 대상으로 했다. 경사노위 국민연금개혁과 노후 소득보장특별위원회(연금특위)에 노동자, 사용자, 청년, 상공인 은퇴자, 정부, 공익위원으로 구성했다. 김명환 민주노총 위원장이 2018년 대의원대회에 경사노위 가입 안건을 상정하려 했지만 대의원들이 불참해 무산되었다.

사용자 단체에는 기업, 산업별 협의회, 전경련, 한국경영자총협회(경총) 등이 있다. 기륭전자 폐업 반대 투쟁에서 해고 노동자가 장기 투쟁하고 기륭 제품의 미국 등 구매처에서 문제 해결을 요구해 사용자 측에서 해결하려 했으나 전경련, 국정원이 개입해 무산되었다고 했다. 창조컨설팅(대표 심종두 노무사)은 유성기업·발레오만도 등의 부당노동행위를 컨설팅해 구속되었다. 영남대 의료원에도 개입해 노조를 탄압해 노조 간부 10여 명이 해고됐고, 박문진 전지부장 등이 13년째 복직을 요구하고 있다. 박정희 정권 시기에는 중앙정보부가 주도해 지역마다 '관계기관 대책회의'를 열어 선거에 개입하고 지역감정을 조장했다. 지금도 지역에서 지자체장·검경·기업인이 모임을 구성해 선거운동이나 로비 창구로 이용한다.

2) 파업

노동자의 요구를 실현하는 방법에는 노동3권(단결 교섭 파업), 선전(SNS), 시위, 재판, 입법(법의 제정 개정) 등이 있다.

민주노총이나 한국노총은 거의 매년 총파업을 선언한다. 그러나 총파업을 선언하지만 생산을 중단하는 경우는 드물었다. 그런 가운데 화물, 철도, 방송사는 실제로 파업한다. 제조업에서는 노동조합은 거의 파업을 하지 않는다. 휴가 투쟁, 휴가를 내고 모여 시위하는 수준이다. 사용자의 파업 손실에 대한 손해배상 청구 때문이다. 공무원에게는 단결권 단체교섭권의 노동2권만 인정된다.(헌법 제37조 2항) 그러나 다른 나라에서는 노동3권이 한국보다 포괄적으로 인정된다.

노동운동 제1의 수단인 파업 기능을 회복해야 한다. 정규직과 비정규직이 합심할 때 파업이 가능하다. 이것이 뒷받침될 때 교섭이 실효성 있게 진행된다.

일자리와 노동조합을 유지한다는 원칙으로 싸워야 한다. 투쟁을 계속하면 이기기도 하고 지기도 한다. 그러나 그 속에서 싸움의 본질을 알게 되고 노동현장과 사회제도의 개선에 접근한다. 돈 받고 싸움을 끝내면 싸움을 더 이상 하지 못한다.

다음 상반된 사례가 있다. 반도체 제조회사 시그네틱스에서 해고된 노동자가 해고 무효소송을 제기했다. 법원은 해고에 따른 피해액의 10배를 보상하는 조정안을 냈다. 노조는 이를 거부하고 원직 복직을 요구했다.

대만 E-Ink(永豊) 자본은 하이디스를 인수해 핸드폰에서 사각을 찍는 광시각 특허를 임대해 연 1천억 원 이익을 내고 공장을 폐쇄하고 노동자를 모두 해고했다. 이 회사는 한국에 진출할 때 상품을 생산하고 노동자를 고용하여 기술을 발전시킨다고 약속했을 것이다. 노조 요구에 따라 국회는 외국인투자자본 규제와 함께 정리해고 요건 강화, 산업기술유출 방지 위한 법(제조산업특별법) 개정안을 발의했다.(전국금속노동조합·김종훈 의원 외, 2017.7.25) 그러나 회사가 해고 노동자에게 250억 원을 지불해 싸움이 끝났다. 대만기업이 많이 진출한 중국은 외자기업 총무과에 중국 공산당원을 배치해 자금 흐름을 파악하고 먹튀를 예방한다.

파인텍은 한국합섬을 인수한 스타케미컬(사장 김세권)의 자회사인데, 파인텍 해고 노동자들은 "한국합섬을 인수한 당사자인 스타플렉스가 충북 음성 스타플렉스 공장으로 파인텍 조합원(5명)의 고용과 노동조합을 승계하며, 단체협약을 체결한다"는 합의 이행을 요구하며 서울 목동 열병합발전소 높이 75m 굴뚝 위에서 농성했다. 426일 농성 끝에 공장을 가동해 3년 시한 복직하고 노조를 인정하기로 노사가 합의했다.

김재주 민주노총 택시노조 전북지회장이 전주시청 광장에서 고공농성 510일 째 김승수 전주시장과 사납금제를 폐지하고 전액관리제, 즉 완전월급제 도입에 합의했다.

콜트·콜텍은 노조를 만들자, 국내 공장을 인도네시아와 중국 만주로 옮기고 노동자를 해고했다. 해고노동자가 해고무효 소송을 하자 대법원은 국내 공장이 없어 승소의 구제실익이 없다는 이유로 각하해 고법판결을 뒤집었다. 해고 노동자들은 해외에 공장이 있고 국내외에서 영업하므로 국제적인 시각에서 볼 때 폐업이 아니라고 했다. 콜텍은 복직해 1개월 근무한 뒤 퇴직하기로 합의했다. 콜트 방종운 지회장은 국내 공장 가동과 복직 그리고 보상을 요구하며 13년째 농성중이다. 그리고 2019년 인도네시아 수라바야를 방문해 인도네시아 노동조합과 콜트 인도네이사 공장 노동자에게 연대를 제안했다.

3) 집회, 시위, 농성, 촛불

교섭과 파업으로도 문제가 해결되지 않을 경우, 집회, 시위, 농성, 촛불시위 등 전술을 사용한다. 이는 법률 안에 대안이 없거나 사용자나 정부가 노동자, 시민의 요구에 응하지 않을 경우 사용한다. 인터넷, SNS를 이용한 새로운 전술이 자리잡았다. 2016년 말 비정규직 노동자들이 광화문 전광판 위에서 농성 시위했다. 해직공무원, 시그네틱스, 아사히글라스, 영남대 영남의료원, 유성기업, 파인텍, 콜트, 콜텍, 풍산마이크로텍, GM비정규직, 택시노동자 등 곳곳에서 장기 농성했다.

시위는 평화적 시위를 기조로 하지만 상대의 대응에 따라 폭력행위를 수반한다. 일제하 민족해방운동은 3.1혁명에서는 평화적으로 진행되었으나 일제의 탄압이 심해지면서 무장저항으로 전환했다. 1948년 정부를 수립하고 국회를 구성해 이룬 대의정치는 부자와 권력자 의지 반영에 충실해, 민의를 수렴하는데 크게 부족했다. 이 부분을 시민은 평화적 시위를 바탕으로 폭력 시위를 더해 해결했다. 1987년 대통령 직선제 도입과 민주정부 선출 이후에는 선거와 의회를 통한 문제 해결이 가능했고 평화적 시위가 주류이었다.

2016년 촛불시위 당시 시위대중은 지도부나 조직이 없었지만 SNS를 통해 투쟁 목표, 전술, 수위를 조절하며 평화적으로 시위를 했다. 이 부분에는 SNS를 통한 직접민주주의 요소가 작용했다. 이런 압력이 작용해 헌법재판소가 박근혜 대통령 탄핵을 판결했다. 박근혜 대통령은 국정농단 때문에 구속되었고, 뒤따르는 대선에서 문재인 정부를 탄생시켰다. 육군은 박근혜 대통령 탄핵 기각시 쿠데타를 일으키려 했는데, 이를 주도한 국군기무사령부는 해체되었다. 민주화 과정에서 많은 사람을 희생시켰던 이전 싸움과 다른 양상이다.

현재의 민주화 전개 방식을 보면, 민중봉기와 무장저항과 같은 형태의 저항은 필요 없을 것 같아 보인다. 그러나 역사를 돌이켜 보고 다른 나라의 경우를 보면 그 가능성을 배제할 수 없다. 시위를 넘어 봉기 무장항쟁도 길게 보면 헌법적 정당성이 있다. 실정법에서 저항권은 헌법보장의 한 형태이며, 자연법상의 저항권은 실정법질서 그 자체를 변혁하는 혁명권까지를 포함한다.[42] 4.3항쟁, 5.18항쟁 등은 나중에 민주화운동으로 인정받았고, 촛불혁명은 바로 정권이 바뀌면서 사법적으로 문제되지 않았다.

4) 노동자와 입법·재판

국회가 ILO의 결사의 자유 및 단결권 보호에 관한 협약(제87호)과 단결권 및 단체교섭권에 관한 협약(제98호)을 비준해야 한다. 이것은 헌법 제33조 ① 근로자는 근로조건의 향상을 위해 자주적인 단결권·단체교섭권 및 단체행동권을 가진다. ② 공무원인 근로자는 법률이 정하는 자에 한해 단결권·단체교섭권 및 단체행동권을 가진다. 의 존중이다.

파업노동자에 대한 손해배상청구는 단결권 침해이다. 이를 막기 위해, 쌍용자동차 해고자들의 손배가압류를 개인에게는 적용하지 않는다는 법을 발의했으나, 의결하지는 못했다.

노동조합법을 개정해 정부가 사용자단체에 가입하지 않는 사업장에도 직종별 혹은

---

42) 심재우, 『저항권』, 고려대학교출판부, 2000.

산업별로 체결된 단협을 지키도록 강제한다. 오민규 비정규직노조연대회의 정책위원은 "임금 아니면 파업을 못하게 만들어놓고, 임금 내걸고 파업한다고 비난한다며 노동조합법이 아니라 파업금지법이다. 비정규직 노동자들은 누구나 쉽게 노동조합을 만들고 가입할 수 있도록 해야 한다"고 했다.

사용자 행위가 법원에서 불법으로 판결해도 사용자는 이를 이행하지 않는 경우가 많았다. 그러나 동양시멘트는 2017년 노동자 해고가 불법 행위라는 판결을 받고 해고노동자를 복직시켰다.

과거 대법원의 불합리한 판결에 대해 재심을 청구하며 무죄 판결을 받는 사례가 늘었다. 양승태 대법원의 부당한 판결에 대해 변호사, 노동자등이 집회 농성을 통해 시정을 요구했다.

헌법재판소법은 법원의 판결에 대해서는 헌법소원을 제한한다. 노동자는 대법원의 판결에 불만이 많다. 이에 대한 대안은 노동법원의 신설과 헌법재판소법 제68조 ① 항의 개정이다. 독일은 법원의 판결을 받은 사건도 헌법소원의 대상이다. 이렇게 하면 대법원은 헌법재판소의 판결을 염두에 두고 판결에 보다 신중하게 된다. 실질적으로 4심을 보장한다.(이덕우 변호사, 2017.2.9) 즉 "제68조(청구 사유) ① 공권력의 행사 또는 불행사(不行使)로 인해 헌법상 보장된 기본권을 침해받은 자는 법원의 재판을 제외하고는 헌법재판소에 헌법소원심판을 청구할 수 있다. 다만, 다른 법률에 구제절차가 있는 경우에는 그 절차를 모두 거친 후에 청구할 수 있다."에서 '법원의 재판을 제외하고는'을 삭제해야 한다.

5) 한국 사회운동 역사

1923년 조선노동총연맹 주최 메이데이에 '8.8.8! 즉 8시간 일하고 8시간 쉬고 8시간 학습하자!'고 했다. 2016년 민주노총 5.1대회 구호는 "5월 1일(일) '노동개악 저지!' 경제위기 주범 재벌 심판! 최저임금 1만 원 쟁취! 2016년 세계노동절대회"였다.(■ 도표 28 참조)

■ 도표 28. 한국과 세계 노동자 시민 투쟁의 역사

	노동조합 노동운동	민주 진보정치	사건	세계노동운동
조선 후기	임진왜란 이후 임노동자 발생	실학	서북농민항쟁(홍경래난), 삼남농민항쟁(진주민란) 동학농민혁명	1762 루소 사회계약론 1789 프랑스대혁명 1848 마르크스 공산당선언
개화기	동학농민혁명	동학혁명, 집강소	목포 성진 부두노동자 파업, 노비해방, 과부재가	1848 독일혁명 1850 중국태평천국혁명 1863 미국노예해방
일제 강점기	조선노농총연맹, 조선노동총동맹, 인쇄산별노조	조선공산당 조직 4차	3.1혁명, 5.1-8.8(1923), 원산총파업, 민족해방, 형평운동	1886 메이데이 1917 러시아혁명 1910 남미 볼리바르혁명
해방	노동조합전국평의회(전평), 대한노총	건국준비위원회, 조선공산당, 북로당, 남로당, 진보당	제헌, 농지개혁, 여성참정권(1948), 국가보안법(1948)	1911 중국신해혁명 1936 스페인 인민전선 1949 중국농민혁명
개발 독재	한국노총(5.16뒤)	민주당, 혁신정당	전태일 열사(1970), 대학강사 교원지위 박탈 우민화(1977)	1955 미국산별노조 AFL-CIO 1959 쿠바혁명 일본의 생협운동
1987년 이후	전노협, 민주노총, 한국노총, 사회운동 분화	민주당, 민주노동당, 통합진보당, 정의당-노동당-녹색당-새민중정당	노동자 대투쟁(1987), 민주총, 삼성노조탄압, 협동조합기본법(2012) 비정규직 투쟁 알바노동자 투쟁 용산철거민참사 세월호 침몰사건 강제 해군기지 반대 촛불혁명 강사법 시행 MeToo 사법적폐청산	1968 프랑스 68혁명 1976 베트남민족해방 1980' 유럽공산주의 1979 이란혁명 1980 폴란드 자유노조 연대 1984 남아공 인종차별 철폐 1987 한국 노동자대투쟁 1993 유럽연합(EU) 2003 브라질 노동당 집권 2011 occupy! 금융을 점령하라! 직접 민주주의

이론과 실천은 상호작용한다. 변증법이다. 어떤 사물을 처음으로 접하고 여기서 나타난 문제를 파악하고 그 원인과 본질을 분석하고 이를 바탕으로 대안을 마련한다. 그 다음 대안을 실천한다. 이 장에서 나는 누구인가? 나는 무슨 생각을 하나? 나는 무엇을 원하나? 사회 속에서 내 역할은 무엇인가? 내 일은 무엇인가? 생각을 어떻게 실천하나? 장기적으로 내 이익과 사회 이익은 일치할 수 있나?를 알아본다. 내 꿈을 키우고 제한하고, 사회에 기대하고 사회에 기여해야 한다.

1. 통합적 사고

"대학생은 생각이 없다"

요즈음의 대학생은 상상력이 부족하다고 한다. 비판을 금지하는 우민정책, 주입식 교육의 결과가 상상력 부족으로 나타난다. 학생들에게 어떤 일에 대해 의견을 물어보면 대답하지 않는다. 나는 이런 태도가 처음에는 틀린 답을 말하지 않을까 두려워해 답하지 않는 것으로 생각했다. 그러나 주의 깊게 살펴보면서 생각이 없어 대답하지 못하는 경우가 많음을 알게 되었다. 상상력이 부족한 것이다.

이와 달리 세계는 꿈마저 주입당하는 한국의 공부하는 기계를 노래한 방탄소년단을 주목해, 빌보드200에서 1위에 올랐다.

"우릴 공부하는 기계로 만든 건 누구?/ 일등이 아니면 낙오로 구분"('N.O'),

"우린 꿈을 남한테서 꿔 빚처럼/ 위대해져야 한다. 배워 빚처럼/ 꿈이 뭐 거창한 거라고/ 아무나 되라고"('낙원').

어떤 사건이나 사물을 접할 경우 자신이 과거에 보거나 생각했던 것과 다르거나 차이가 있음을 아는 것이 비판적 사고이다. 거기서 다름과 차이의 원인 문제점을 밝히고 나아가 대안을 마련하게 된다. 사물에 대한 상상력은 그 사물이 자신에게 얼마나 모순되게 작용했는가에 따라 커진다.

　주입식 교육에서는 '왜?'라고 의문하는 습관을 버리게 한다. 3, 4세 되는 아기들은 하루 종일 어머니에게 질문한다. 혼자 있을 때도 혼자 묻고 혼자 대답한다. 그러다가 유치원에 들어가면 사회 질서를 배운다. 주로 하지 말라는 것이다. 왼손으로 밥을 먹지 말라, 붉은 신호등이 있을 때는 건너지 말라, 형 누나에게 반말을 하지 말라 등이다. 초등학교 고학년이 되면 입시체제로 들어가 입시에 필요한 지식을 주입식으로 머리에 집어넣는다. 지식을 단기적으로 머릿속에 집어넣는데 사교육이 유리하게 작용한다. 이 부분에서 부자와 가난한 집 아이 사이에 성적에 차이가 난다.

　현재의 대학생은 현실 개입이 적다. 실사구시하지 못한다. SNS가 발달하면서 이런 현상이 더 심해졌다. SNS에서 문제를 검색하면 바로 답이 나온다. 구글에서는 검색자가 과거에 검색한 빅데이터를 분석해 그의 취향에 맞춰 답을 내놓는다. 구글 분석은 단기적으로는 의문을 즉각 해소할 수 있다. 그러나 장기적으로 문제의 원인을 분석하고 대안을 생각하는 사고구조가 약해진다.

　그러나 민주화가 성숙된 사회에서는 공부하기를 원하는 사람에게는 부모의 재력과 관계없이 공부할 수 있는 조건을 제공한다. 무상교육은 학비뿐만 아니라 학용품 생활비까지 제공한다. 핀란드는 기능직으로 사회에 진출해 40대가 되어 연구하려는 사람에게 가족의 생활비를 포함해 지원하는 법안을 추진했다. 사회발전의 원동력을 사회 저변에서부터 끌어올리는 전략이다. 장기적으로 보아 그 사회 지배층의 안정성 확보에도 유리하다고 판단했을 것이다.

비판적으로 생각한다

　학생들도 시키는 대로 교육받고, 시키는 대로 일하는 데 익숙하다. 기성세대는 학교, (주로) 남성은 군대, 회사를 거치며 상급자가 시키는 대로 일하고 생각하는 것이 몸에 배어 있다.(현대자동차 노동자, 2015)

　사물의 다름과 차이를 발견하면 이를 말하고 질문하고 대답하며 토론하면서 그 원인을 분석하고, 본질을 파악하고, 대안을 마련한다. 이런 과정을 거쳐 다른 생각이 나온다.

학계에서 비판과 반(反)비판을 수용하지 않으려는 정서가 강하다. 논쟁에서 이기는 것에 우선점을 둔다. 사물에서 나타난 문제를 서로 토론해 함께 대안을 내는 공동체적 접근이 아니다. 변증법을 배우나 실천하지 않는다. 프랑스 등 서유럽의 실천 철학이나 사회학 연구가 한국사회에 풍미한다. 그런데 사회 문제가 해결되지 못하는 것은 이론만 있고 실천이 따르지 않기 때문이다. 이러면 실천 철학의 학문이 한국사회에서 진화 발전하지 못한다.

권위를 부정한다

일반적으로 교수는 학점, 대학은 학칙, 정부는 지원금, 자본은 노동자, 기업은 취업 희망자, 선배는 후배, 남성은 여성에게 권위를 누린다. 권위는 학생의 생각과 행동을 억제한다.

1968년 일어난 68혁명에서 파리 대학생들은 청년 일자리를 요구하고 주입식 교육을 거부했다. 그리고 일체의 권위를 부정했다. 학생은 교수와 말을 평어체로 텄다. 선생님을 'Sir'라 하지 않고 'You'라고 했다. 대학 이름도 파리1대학, 파리2대학... 등으로 바꿨다. 학벌을 타파했다.[1]

우리 사회에는 '나서면(비판하면) 다친다'는 상식이 있다. 사회가 변화해 이런 금기가 사회적 기여로 인정되는 데는 수십 년, 길게는 1세기가 걸린다. 최근 이것을 거슬리는 내부고발자를 보호하는 법이 있다. 1990년 이문옥 감사관이 재벌 땅투기에 관한 내부고발과 구속을 계기로 2001년 부패방지법을 제정했다. 2017년 박근혜 최순실 국정 농단을 비판하는 촛불시위 확산에 힘입어 내부고발자 보호법 위반 처벌을 강화하고 공익신고자의 범위를 넓히고자 했다.[2]

---

1) 한국에서 경어를 평어로 바꾸려하지만 쉽지 않다. 1921년 계명구락부는 2인칭 대명사 칭어로 '당신'을 사용하기로 결의했다. 2인칭 대명사가 너무 많아 사민평등의 사회에 맞지 않는다는 이유다. 최근에는 '님'으로 부르는 경향이 있다. 아직 정착하지 못했다.(경향신문, 2017.7.4.) 일부 IT기업에서 사원과 간부가 말을 놓아 평어체를 쓴다.
2) 내부제보실천운동 외 주최, 「내부제보실천운동 심포지엄 및 발대식」 자료집, 2017.1.16.

실사구시(實事求是)한다, 변증법적으로 사고한다

이미 있는 사물이나 생각ⓐ를 의심한다. 다른 생각이나 의심을 감정, 말, 글로 표현한다ⓑ. 주저하지 않는다. 우두머리(팀장, 오야지, 일진)가 말한 것을 그대로 따라 하지 않는다. 앞선 표현을 의심한다. 생각이 다르면 다른 생각을 말한다. 즉 대안을 말한다ⓒ. ⓐ를 ⓑ가 부정하고, ⓑ를 ⓒ가 부정하는 변증법적인 사고이다.

    ⓐ ↔ ⓑ 생각
     ↳ ⓒ

    생각 → 의심한다.
          ↳ 다른 생각을 말한다. 즉 대안을 말한다. 그리고 이를 실천한다.
                 ↳ ... (반복한다)

실사구시(實事求是)는 우리 사회에서 가장 일반적인 원칙이다. 실사구시는 사물을 있는 그대로 보고 문제점을 찾고 대안을 마련하는 자세, 입장을 말한다. 현장에 가보지 않거나, 선입견을 가지고 바라보거나 주관적으로 바라보아서는 안 된다. 현장에 가보고 이해당사자의 입장을 들어보아야 한다.

사실에 근거해 생각하지 않으면 사변적이 된다. 관념론자는 현실을 자신의 관념에 따라 주관적으로 해석한다. 대안을 내놓지만 현실에 어긋난다. 현실을 분석하고 그에 따라 대안을 내놓고 실천하고 거기서 나타난 문제점을 반영해 생각을 발전시킨다. 정당 정파의 경우 자신이 속한 당이나 정파에게 이익이 되느냐는 관점에서 사물을 바라본다. 따라서 올바른 대안이 나오기 어렵다.

우리 사회에는 생산-소비자 입장에서 볼 때 가부장, 충효, 기업, 종교, 국가주의, 제국주의 등을 정당한 것으로 여기는 왜곡된 사고가 많다. 미국에서 보수정당은 블루칼라 노동자들을 설득하기 위해 사람들의 내면에 있는 '엄격한 아버지 모형'을 활성화하는 전략을 취한다. 집에 생활비가 떨어지면 소비를 줄이듯, 국가 예산이 부족하면 복지 예산을 줄이면서 지출을 줄여야 한다는 식의 논리를 지속적으로 설파한다. 레이코프는 트럼프가 이 논리로 가난한 노동자 표를 모았다고 했다.[3]

---

3) 조지 레이코프 · 엘리자베스 웨흘링, 나익주 옮김, 『나는 진보인데 왜 보수의 말에 끌리는가?』, 생각정원 참조.

공자의 논어, 마르크스의 자본론, 프랑스 실천 사회학은 처음에는 인과 덕(인의예지신), 노동의 존중과 계급의 해방, 사회문제 해결하는 의지나 방안이 들어 있었다. 그러나 이들이 한국에 들어와 지금에는 이들 학문을 전공하는 학자나 추앙하는 세력의 보신 장치로 전락한 면이 강하다. 종교가 되어버린 면이 있다.

정치경제학의 사상에서도 사상의 왜곡, 종교화 현상이 나타난다. 마르크시즘은 사회를 노동, 생산, 지속가능성의 입장에서 분석하고 대안을 세웠다. 마르크시즘 연구자들 사이에는 일부가 실천의 도구로 삼지 않고 정파 이익을 위한 도구로 삼는 경향이 있다.

종교도 자신과 이웃의 아픔을 해결하는 데서 출발했으나 현실에서는 종교집단이 자신의 이해관계를 보호하는 장치로 변화했다. 종교는 오랜 시간 경과하면서 그것을 믿는 집단의 보수화로 현실 문제를 해결하려는 의지가 약하거나 역행한다. 이것이 싫어 종교 없이 사는 사람들이 늘었다.

점술에 의존하는 사람들이 있다. 대표적인 경우가 최순실-박근혜이다. 이런 현상은 재벌의 투자계획, 정치인의 선거, 입시 등에서 볼 수 있다.

민주주의, 공동체보다 성장신화가 우위이다. 대부분 개인이 처한 현실은 공동체주의가 실현될 때 개선될 수 있는데, 각 개인은 성장에 따른 이익이 자신에게 돌아오기를 기대한다. 모순이다. 박노자 교수는 "여태까지의 성장 속에서 어느 정도의 생계안정을 이룩한 부모세대의 지원에 힘입어 실업자가 돼도 굶을 일은 없는 많은 젊은이들은 '헬조선 지옥도'를 그리면서도, 아직까지 경제성장과 각자의 노력이 결국 문제를 풀어줄 것이라고 은근히 기대하고 자신들의 어려움을 '자기 탓'으로 쉽게 돌린다. 성장이 둔화된 지 얼마 되지 않은 만큼 아직도 성장에 대한 기대감이 있다. 재벌경제가 아무리 수출을 잘해도 다수의 삶이 나빠지기만 한다는 사실을 앞으로 몇 년간 더 확인해야, 이 사회를 연대해서 바꾸지 않는 이상 살길이 없다는 점을 '헬조선'의 피해자들이 각오할 것"이라고 했다.(박노자, 2015.9.30 참조)

삼성은 언제쯤 노동조합을 파트너로 생각할까? 국가보안법은 언제쯤 철폐될 것인가? 대학에서 학문 연구와 교육에서 비판의 자유는 언제쯤 보편화될 것인가? 우리 사회 난제 세 가지이다.

삼성은 무노조 경영이 조직 내에서 상호존중에 기초한 강한 신뢰관계를 노조 기업에 비해 형성할 수 있다⁴⁾고 하는데, 실상은 그렇지 않다. 상층 노동자에게는 높은 스톡옵션을 유인으로 해 이럴 수 있지만, 하층 노동자를 포함한 전체 노동자에 대한 통제와 감시 밀도가 아주 높다. 삼성 전자산업의 이면에서 백혈병에 따른 노동자 사망이 이르지만, 이 산재를 일으키는 공정을 폐쇄하지 않았다.

국가보안법은 1948년 12월 1일 제정 이래 정부나 자본의 지배질서에 저항하는 사람들을 구속시키고 사형시키는 근거가 되었다. 사람들은 국가보안법의 위협을 의식해 자유롭게 사고하고 토론하고 행동하기를 두려워하고 기피했다.

이런 부정 현상은 대학생 사이에도 나타난다. 1977년 대학강사 교원지위 박탈과 1980년 학생 수업 상대평가 강제를 통해 대학생은 주입식 교육에 익숙했다. 아카데미즘의 부정이다. 최근에는 대학생 사이에 주입식 교육을 거부하고 비판과 토론 속에서 자신을 찾겠다는 변화가 나타났다. 부정의 부정 현상이다.

지난 역사에서 일제의 패망을 예상한 사람이 있었다고 한다. 6.25전쟁은 점쟁이들이 발발을 예상했다고 한다. 그러나 3.1혁명, 4.19혁명, 1987년 6월항쟁이나 노동자대투쟁, 전두환·노태우 구속, IMF경제신탁통치를 예상했다고 하는 사람은 보거나 듣지 못했다.

이런 큰 사건이 난 뒤에 한국사회는 개량적인 차원에서 큰 변화를 겪었다.

그러면 앞으로의 사회 변화는 어떻게 올 것인가? 2015년 박노자는 한겨레 「'헬조선'에서 민란이 일어나지 않는 이유」라는 기고에서 "비정규직, 젊은 층의 실업 문제가 커서 민란이 일어날 지경이다. 그런데 일어나지 않는 것은 아직도 남아 있는 성장신화 때문"이라고 보았다. 하지만 우리는 위에서 열거한 대사건처럼 지금의 상황에서 대변혁이 일어나지 않을 수 없다는 것을 막연하게 감지한다. 그러면 그것을 구체적으로 예상하고 대응할 수는 없나?

한 가지 짚고 넘어갈 일이 있다. 국내에서 외국인이 가장 먼저 배우는 한국어가 "빨리빨리!" 라고 한다. 나는 이 말이 몬순기후로 기후변화가 빠르고 산의 경사가 심해 홍수가 날 경우 신속하게 대처해야 하는 자연환경에서 비롯되었다고 생각한다. 그러나 산업화되면서도 이 말은 여전히 존재한다. 기업 관리자는 노동자에게 일을 빨리빨

---

4) 가재산, 『삼성이 강한 진짜 이유』, 한울, 2014, 212쪽.

리 하라고 한다. 이것은 지금도 이주노동자에게 일어나는 일이다. 최근에는 치킨 등을 배달하는 알바 청년들이 5분내 배달 등 속도경쟁을 한다. 이런 빨리빨리 현상은 사고를 억제하고 토론을 배제하고 창의성, 다양성을 억제한다. 노동시간 단축과 비판 토론을 통해 지양해야 할 문화이다.

"보수도 나눠야"

21세기 초 한국의 이념지형은 좌와 우, 남과 북, 보수와 진보의 대결이 겹쳤다. 밑바닥에는 좌우 대결에서 남북 대결로 이어진 불신과 애증의 상흔이 가라앉아 있다. 이 상처들이 보수와 진보의 개념을 뿌리채 비틀어 왔다. 인간과 세상에 대한 철학을 현실의 정책으로 표현하는 과정을 반복하면서 전개되어 온 서구의 보수 개념과 달리 한국의 보수 개념은 분단과 전쟁, 독재와 저항으로 점철된 애증의 과거에 붙들려 있다.[5]

보수의 본산은 기독교이다. 일본 식민지에서는 기독교에 있는 인권과 평등 개념이 전파되었다. 그러나 6.25전쟁 직후 한국인은 기독교가 한국을 지원한 미국의 종교라는 점과 대통령을 비롯한 중요 지도자들이 믿는 점에서 대체로 긍정적인 생각을 갖게 됐다. "예수교를 믿으면 우리도 미국처럼 잘사는 나라가 되어 일본으로부터 독립한다"고 기대했다. 그러나 좌우학살을 겪으며 월남한 기독교인들이 주관한 기독교인과 교회는 반공주의의 주요한 보루였다. 교회에 나가거나 기독교 신자가 되는 것은 반공주의의 징표, 즉 신원을 보증해주는 신분증 역할을 했다. 그래서 사상적 이유로 이승만·박정희 정부의 의심을 받는 사람들은 교회나 성당에 나가 '신원보증서'를 하나 얻을 수 있었다. 1950년대 중반까지 신설된 2,000개 교회 가운데 거의 90%를 월남한 목회자들이 세웠다. 이들은 교회의 실권을 장악했고 오늘날까지 교계 원로로 막강한 영향력을 행사한다.[6]

출세를 하려면 기독교를 믿어라!, "비행기를 타려면 티케이(TK) 노스웨스트 유나이티드 에어라인을 타라"는 기사는 "요직을 과점한 대구·경북 세에다 국정에 막강한 영향력을 행사하는 신원로 그룹들 상당수가 이북 출신들(국회의장·국무총리·대통령비서실장)임을 빗댄 것으로, 노스웨스트는 과거 서북청년단(서청)에서 유래한다.[7]

5) 권용립, 『보수』, 소화, 2015.
6) 김동춘, 『대한민국은 왜? 1945-2015』, 사계절출판사, 2015, 131쪽.

영락교회 청년들이 중심이 되어 조직한 서청은 4.3사건을 '평정'했다. 미군정의 국립 대학설립 안에 수많은 교수·학생이 반대운동을 벌이자 서청은 그 핵심을 좌파라 단정 짓고 "이들을 소탕하기 위해 6000여 명의 회원을 경성대학을 비롯한 각 학교에 편입학시켰"으며, 경성방직·동양방직을 중심으로 조직된 조선노동조합전국평의회(전평) 파괴에 전위로 나섰다.

빅터 마드리갈-볼로즈 유엔 성소수자 특별보고관이 「충남도민 인권보호·증진에 관한 조례 폐지」에 대해 우려를 표명하는 서한을 한국 정부에 보냈다. 서한에서 "대한민국의 일부 보수 종교단체가 성적지향과 성정체성에 근거한 차별로부터의 보호를 공격하고 약화하려는 시도에 대해 정부에 환기를 요청한다"며 "한국 정부가 성소수자 인권이 충분히 존중되고 국제인권 기준에 부합하는 법률 및 공공 정책을 계속 장려하기 위해 필요한 모든 조치를 취할 것을 촉구"했다.

한국의 보수는 '소유욕'이 너무 강하다. 회사, 학교, 신문사, 교회도 '내 거니까 내 맘대로 한다'는 식이다. 그런 인식의 연장에서 '국가'도 내 거다. '이익은 사유화하고 손실은 사회화한다'는 보수의 민낯은 (국민이 위임한) 공적 권력을 사적 이익을 위해 사유화한 박근혜·최순실의 국정농단 사건에서 숨김없이 드러났다. 전경련의 재정 지원을 받은 어버이연합은 박근혜를 옹호했다.

그러나 지난 60년간 보수우위 시대를 지탱해온 보수의 기반인 지식인, 보수 언론, 문화, 재벌, 권력기관, 기독교, 보수 정당의 물적 토대가 뿌리째 흔들리고 있다. 보수의 두 축, 즉 세상을 '북한'과 '돈'이라는 프리즘으로만 보는 '안보 보수'와 '시장 보수'는 1987년과 2017년 광장에서 탄핵 당했다.

해방 이후에 보수 세력은 친일 친미 독재 성장 분단과 냉전에 기대어 세력을 보존하고 키웠다. 이것은 지역에서 토호로 존재한다.[8] 보수세력은 박근혜의 국정농단 사태와 탄핵, 6.13지방선거, 남·북·미 사이의 종전과 평화적 교류를 전망하고, 문재인 정부가 한일군사동맹을 거부하면서 자유한국당의 퇴조와 함께 보수세력이 약화되었다.

진보는 개혁, 혁신, 창조 등 앞으로 나가는 태도이다. 반면 보수는 인간과 사회의 어떤 가치와 성과를 지키는 태도를 말한다. 상식, 양심, 전통, 의무 등이 그 가치를 설

7) 윤정란, 『한국전쟁과 기독교』, 한울, 2016.
8) 김주완, 「정권은 바뀌어도 토호는 영원하다: 마산지역 토호세력의 뿌리」, 『사람과 언론』 제3호 2018 겨울호.

명하는 키워드이다.[9]

2000년대 이후 담론 시장에서 경쟁력 있는 보수 지식인은 찾아보기 힘들다. 존경받는 보수 지식인, 언론인, 종교인, 기업인도 보이지 않는다. 젊은이들에게 보수에 대한 이미지를 물어보면 "존경할 인물이 없다" "부패했다" "촌스럽다"는 것이었는데, 최근에는 "능력도 없다"가 추가됐다.[10] 보수세력은 공정한 분배, 복지를 통한 삶의 질 향상, 지방분권, 청년 일자리 4차 산업혁명 등 경제문제와 교육문제, 미·일 동맹보다 평화를 원하는 시민에게 대안을 제시해야 한다.

영국의 보수당은 교조적 독단이나 수구반동보다 현실변화에 자신을 맞추며 집권하며 자신의 이해관계를 지켜왔다. 한국에서도 보수가 무한정 자신의 이익과 이념을 고집할 수 없다.

한국 정치에서 보수, 중도, 진보는 재편이 필요하다. 이럴 경우 현재의 민주당이 보수가 되고, 노동자이기는 하나 조직이기주의에 충실한 세력과 그에 기대는 정당은 중도 정도가 된다. 그리고 노동과 생산 그리고 소비, 인간, 비정규직, 소수자의 권리, 지속가능성, 자주와 평화와 통일을 지키고 싸우는 사람이 진보를 구성하게 된다.

조선 시대에도 명이 멸망하고 청이 집권한 뒤 오래도록 조선의 주류 정치세력은 청의 존재, 거기서부터 오는 북학, 실학의 존재를 부정하려 했다.

공자 제사를 중국에서는 지내지 않는데 한국에서는 지낸다. 중국에서 명을 지나 청의 시대가 왔는데, 조선에서는 명을 종주로 삼아 재조지은(再造之恩)이라고 했다. 이는 망하게 된 것을 구원해 도와준 은혜라는 뜻이다. 이런 모화사상은 조선에서 형성된 기득권을 지키려는 사상적 버팀이다.

이승만, 박정희, 이명박, 박근혜 정권은 정치 경제적 힘의 원천을 친일, 친미 세력에 두었다. 이 세력에 기반을 둔 정부는 대중에 근거하지 않고 대중의 이익을 외면했다. 그리고 이런 면을 비판하면 빨갱이, 용공, 좌익, 종북이라고 비난했다.

1 : 9 : 90 사회에서 1은 자본가 등이고 9는 지식인과 조직노동자에 해당된다. 90은 비정규직 등이다. 9는 1의 편에 서서 90을 억압하고 거기서 반사이익을 얻는다. 종교계, 교육계, 학계, 언론계, 노동조합, 농민회 등 여러 계층에서 이런 현상이 나타났다. 이

9) 오항녕, 『그것이 정말 '보수'였을까?』, 한겨레, 2018.6.22.
10) 박성민, 「한국의 주인이 바뀌고 있다」, 『경향신문』, 2018.01.01.

것은 87년 민주항쟁과 노동자 대투쟁 이후 제도 민주주의가 이루어진 30년 사이에 형성되었다. 다른 계층에 비해 우월한 판단력과 조직력을 갖고 이익을 챙기고 축적하기만 하고 나누지 않은 결과이다. 종교의 경우 극단적이어 종교 무용론까지 반전되었다. 조선 초기에 성리학을 신봉하는 사대부가 정도전을 중심으로 고려 봉건세력의 토지독점을 해체한 뒤 200여 년이 지나면서 새로운 지배세력이 되었던 역사와 비슷하다.

한편 전통적으로 지금처럼 불평등이 심해지면 분배친화적 공약을 제시한 중도-좌파가 집권해서 이를 완화한다. 그러나 고등교육을 받은 유권자가 늘어나고 정당정치가 엘리트에 포획되면서 유권자는 자신을 대변하는 정당이 없다고 느낀다. 교육과 소득 수준이 높은 강남좌파(브라만좌파)[11]가 생기는 반면, 가난한 사람들이 지역, 세대, 문화적 갈등 속에서 보수정당을 지지하는 현상이 목격된다.[12] 가난한 사람이 자신의 처지와 달리 한국에서 박근혜를 지지하고, 미국에서 트럼프를 지지하는 것과 같은 현상이다.

현대 사회는 사회생활의 미래를 예측하고 사회 문제를 조절하는 역량이 커졌다. 개인도 어려움을 종교에 의탁하여 해결할 필요가 줄었다. 개인에게 종교가 가지는 의미는 신에 대한 의탁보다 기도, 명상을 통해 자신을 찾는 의미가 커졌다. 반면 종교 주체는 집단 이익을 꾀하는 기능이 강해졌다. 그러면서 종교는 실생활에서 급격히 멀어진다. 한국이나 미국을 제외하면 규칙적인 예배 참석이 적어졌다. 프랑스에서는 50세 이하 중 단 5%만이 신앙 생활한다. 유태인은 15%, 이슬람교도는 5%만이 교회에 나간다. 집단적 종교 활동보다 개인 영성생활이 주를 이룬다.

최근 박근혜 정부가 몰락하고 한국 극우 정치세력이 와해하면서 개신교 보수세력이 '종북' 논리가 안 먹히자 반동성애를 들고 나왔다. 이는 미국 신복음주의에서 유래했다. 20세기 중반 미국 보수 기독교가 남부 지역에서 바이블 벨트를 형성해 정치세력화하고 레이건과 부시 부자 정권을 창출했다. 이들은 반동성애, 반낙태를 기치로 내걸어 성공했다.

---

11) 스스로 자유주의자이며 사회주의자라고 한 조국 법무부장관의 검찰 개혁과 그 자녀가 대입과정에서 준비한 스펙을 둘러싸고 기존의 부와 교육세습의 유지, 검찰개혁 지지, 조국 장관을 임명한 문재인 정부 지지, 부와 교육의 세습을 차단하도록 교육 개혁자는 입장이 분포되었다.
12) 이봉현, 「피케티가 말하는 불평등의 정치」, 『한겨레』, 2018.05.24.

김진호 목사는 이런 움직임은 자기들끼리 결속하려는 측면도 크다고 했다. 개신교 일각에서는 교회 세습, 재정 투명성, 교회 내 성추행에 동성애 논쟁을 더할 경우 감당하기 어렵다고 한다.

진방주 목사는 "6.25전쟁을 종전하면 안보논리에 기댄 사상탄압이 약화된다. 기독교도 기독교 사회주의 등 공동체 이념을 연구하고 한반도 전체가 천민자본주의가 되는 것을 막아야 한다"고 했다.(2018.6.25)

정의화 19대 국회의장은 "보수 정당은 성장에 주력하지만 분배를 무시하면 안 된다. 50 대 50으로 가야 한다. '더불어 함께 잘 사는 사회'를 만들어야 한다. 시장자본주의로 나타나는 양극화는 전 세계적 현상이지만 우리의 경우에는 점점 더 심해져서 80 대 20, 90 대 10, 99 대 1이라는 얘기가 나올 정도로 악화됐다"면서, "공동체에 대한 책임, 법치주의, 그러면서도 상대방에 대한 존중, 약자에 대한 배려, '더불어 함께 잘 사는 사회', 이런 것이 보수가 앞으로 갖춰가야 할 덕목과 가치다. 공동체 발전이라는 것이 시장, 경제, 효율성의 관점이 아니라, 지속 가능한 공동체, 인간이 우선되는 공동체, 과정과 절차가 존중되는 공동체를 만들어가는 정책을 많이 개발해야 한다"고 했다.

전체를 보고 부분을 본다

흔히 나무는 보지만 산은 보지 못한다. 부분은 잘 알지만 전체는 보지 못한다. 반면 전체는 이론적으로 잘 알지만 각론에서 어떻게 문제를 풀어야 할지 모른다.

서유럽 사람은 부분을 잘 보고, 동양 사람은 전체를 잘 본다는 말이 있다. 여기에는 서유럽이 비교적 먼저 민주주의를 이루었고, 이를 바탕으로 구체적인 민주주의, 각론에 치중하는 점이 있다.

촛불혁명 이후에 '작지만 확실한 행복'(소확행)을 추구하는 흐름은 작은 가치에도 행복을 느낀다는 점에서 좋은 것이다. 그러나 전체의 변화를 기피하는 점도 있다. 일본 사회에서 작지만 확실한 행복을 추구하는 경향이 강한데, 일본사회가 아직 봉건적 잔재가 남아 전체를 논하는 것을 두려워하는 사회적 분위기가 작용한다.

부분은 더 포괄적인 전체의 요소이며 전체는 부분으로 이루어진 통일적·자립적 체계이다. 개체론(individualism)에서 전체는 부분들의 합이다. 부분들에 대해 정확하고 완벽한 정보를 가지고 있으면 그 부분들로 이루어진 전체도 알 수 있다. 전체론(holism)

만 따르면 전체는 부분들의 합 이상이므로 부분들을 정확하고 완전하게 안다 하더라도 전체에 관해 완전히 알 수 없다.

기계론(mechanism)은 객관적 실재의 체계에서 불가분한 궁극적 요소를 부분으로 보고 그 이상의 전체는 이 부분으로 환원한다. 예를 들어 물질은 원자 또는 그 당시의 과학으로 알려진 물질의 최소단위가 부분이며, 분자 · 세포 등 그 이상의 전체는 원칙적으로 원자와 관련된 법칙으로 환원해 설명한다. 반면 변증법(dialectics)에서는 부분과 전체를 상호관련 속에서만 정의할 수 있다. 그러면서 전체는 그 구조와 체계 때문에 부분들의 작용과 행동방식에서 도출되지 않는 독특한 질을 가지고 있으므로 전체는 부분으로 환원해 남김없이 다 설명할 수 없다.

분리 지배와 평등한 사고

분리와 지배(devide & rule)는 전통적인 지배방식이다. 제국주의는 식민지 안에 매판자본과 지주를 만들고 이들과 민중을 분리해 지배한다. 자본은 노동자를 정규직과 비정규직, 남성과 여성으로 구분해 지배한다. 정치영역에서도 분리 지배 방식을 사용한다. 박정희 독재는 영남과 호남을 분리시키고 서로 대립시켜 지배했다. 또 각 계층 가운데 일부에게 우월적 지위와 처우를 해 독재에 포섭하고 이들을 통해 나머지를 지배했다. 이것은 공무원, 교사, 군인, 언론인 등에게 적용했다. 대학은 교수와 강사를 분리하고 시민을 우민화해 지배했다. 이것은 평등한, 민주적 사고와 대립한다.

평등한 사고가 필요하다. 평등한 사고는 폭이 매우 넓어 사람을 차별하지 않는다. 갑과 을의 입장을 바꿔 생각할 필요가 있다. 5만 년에 걸친 남성 우위의 사고가 존재한다. 여성, 청년 등 차별을 넘어 배려해야 한다.

사람과 노동을 존중하고 약자 소수자를 배려한다고 하지만 이를 체화하기 어렵다. 사람은 자신의 이익을 먼저 생각하기 때문이다. 이 부분에서 사회적 약자, 성소수자, 여성, 청년, 이주민, 난민 그리고 제3세계 약한 나라 시민의 시각에서 입장을 바꿔 생각하고 체화해야 한다.

평등은 노동과 인간의 존중, 학벌의 타파, 동일가치노동 동일임금의 원칙, 지속가능성의 권리, 평화와 민주주의를 존중하는 동북아 공동체, 직접민주주의의 원천이다.

유엔 사회권위원회는 한국 정부에게 차별금지법 제정을 권고하며 '한국기업의 인권 침해 대응', '모든 노동자들의 노조할 권리 전면 보장', '포괄적 차별금지법'의 제정을 제시했다. 차별금지법이 2007년 이래 여러 차례 발의되었으나 성적정체성을 문제삼는 기독교단체 등의 반대로 무산되었다. 한국사회는 인권조례를 제정하는데 그쳤다. 일부 종교 세력의 반대로 서울시민 인권헌장이 선포되지 못했다. 여러 지역의 인권조례가 잇따라 폐지되었다.

동물과 식물을 존중한다. 사위에게 씨암탉을 잡아준다는 속담이 있다. 집에서 키우는 닭을 잡는 것은 고통스러운 일이다. 내 이웃집에서는 닭을 키우고 계란은 먹지만 그 닭은 잡지 않고 늙어 죽으면 과수 밑에 묻는다. 육식을 줄이고 채식을 늘리는 것은 동물보호와 생태환경에 기여하는 일이다.

수많은 동물들이 관여하는 실험실과 공장식 농장은 동물들에게 견디기 힘든 고통을 준다. 이런 동물학대에는 종차별주의 사고가 깔려있다. 1991년 스위스에서 배터리 양계장에서 닭 사육을 금지했다. 양계업자들은 짚이나 다른 유기물로 바닥이 덮인, 바닥을 긁어댈 수 있고 안전하고 부드러운 바닥으로 된 둥지에서 알을 낳을 수 있는 닭장으로 옮겼다. 이것은 EU에서 일반화되었다. 유럽에서는 임신한 첫 4개월을 빼고 나머지 기간 동안 개별 우리에 감금하는 것을 금지했다. 이런 변화에 요리사, 식품전문점, 음식물 조달업자들이 동조했다. 스페인 의회는 침팬지, 보노보, 오랑우탄에게 생명, 자유, 고문에서 보호받을 권리를 인정했다.[13] 2018년 한국은 동물을 적정하게 관리하고 불필요한 학대로부터 보호하기 위해 동물보호법을 제정했다.

역사에서 미래를 내다본다

현실은 답답한데 답, 해결책이 나오지 않는다. 과거의 사실에 매일 것은 아니지만 현실을 과거에 비추어보면 일정한 대안이 나온다. 역사에서 대안, 미래의 전망이 나온다. 이탈리아에서 디자이너가 구상이 막히면 고대 로마 무덤에 가서 디자인을 보고 아이디어를 얻는다고 한다. 온고이지신(溫故而知新), 법고창신(法古創新)은 옛것을 본받아 새로운 것을 창조한다는 뜻이다. 우리가 역사를 배우는 이유이다. 그 대안이 현

---

13) 피터 싱어, 김성한 지음, 『동물해방』, 연암서가, 2016.

실성이 있는지 하는 판단은 우리 몫이다.

우리 역사에서 미래를 전망한다. 미래가 하늘에서 떨어지는 것이 아니다. 미래는 과거와 현재의 연장선에 있다. E.H.카는 "역사란 과거와 현재 사이의 부단한 대화"라고 했다. 역사는 미래를 구성하는 새로운 요소도 있겠지만 역사 연장과 현실 문제 해결의 비중이 크다.

역사에서 실패를 성찰하고 성공한 경험은 조건의 변화에 맞춰 변화시키며 대안을 축적한다.

조선 전기 정도전의 개혁은 공신에게 국유지를 나눠주어 경작케 하는 개혁이었다. 그 후 농업 상업에서 변화가 있고 토지가 지주에게 극단적으로 집중되었다. 조선 후기 실학자들은 토지개혁을 요구했다. 동학농민혁명은 집강소를 통해 토지개혁을 실현했다. 일본이 조선을 강점하면서 동학혁명의 개혁은 무산되었다. 8.15해방 후에 농지개혁을 실현했다. 87년 민주항쟁-노동자대투쟁을 거치며 민주주의가 자리잡았다. 2017년 촛불혁명을 이루고, 남북의 평화적 교류, 지속가능성을 위한 투쟁에 이르는 민중의 역사가 있다. 이러한 역사 속에 미래 사회의 전망이 있다. 가다가 막히면 이 역사를 돌아본 뒤 다시 미래로 나가자. 이것은 자본주의 흥망의 세계 역사와 맞물린다. 이렇게 역사에서 얻은 법칙, 교훈을 현실에 결합할 경우 미래를 예측 전망할 수 있다.

독일과 오스트리아는 나치의 학살을 부정하거나 나치조직 설립 부활기도를 처벌하는 홀로코스트(유대인 대학살) 부인 처벌법이 있고, 프랑스와 유럽연합은 인종주의와 외국인혐오 행위를 처벌한다. 친일반민족행위자 재산의 국가귀속에 관한 특별법에 따라 친일재산을 국가에 귀속시키고 이들의 잘못된 서훈 취소는 미래로 나가는 힘이다. 5.18광주민주화운동을 끊임없이 왜곡·비하하는데 대해 민주당 등은 5.18 망언 처벌법을 추진 중이다.

지구적으로 생각하고 지역에서 실천한다. 식생활에서 지속가능한 식탁, 윤리적 식탁을 마련한다. 지속가능한 식탁은 음식물 재료의 이동 거리를 고려한다. 이것은 현실이라는 미래의 역사에서 미래의 현실을 이끌어 내는 한 과정이다.

1세대에서 2, 3세대로 나아가 2, 3세기로 관심의 확장이 필요하다. 고전의 경우 저자가 2, 3세기를 내다보고 쓰지 않았을 수 있다. 그러나 그가 2, 3세기 뒤에도 지속될 문제의식을 파고든 것은 사실이다. 청년도 2, 3세기를 내다보려는 노력이 필요하다.

주체성, 창의성, 다양성

우리 사회에서 사람들이 주입식, 따라 하기, 시키는 일 잘하기에 익숙하다는 비판이 있다. 이것은 개인에게도 해당된다. 이것을 넘어 주체성, 창의성, 다양성을 어떻게 이룰 지를 살펴본다.

주관은 주로 인식상의 문제에서 사용되며 인식을 일으키는 의식을 가르친다. 주체(subject)라고 하는 경우에는 단순히 의식에만 한정하지 않고 의식을 가진 인간과 인간이 개별적으로 신체를 갖추고 실천하는 실체를 의미한다. 주체가 이와 같은 의미로 사용될 경우 주체성(subjectivity)은 주체가 다른 것에 의해 움직이는 것이 아니라 자신의 자발적인 판단이나 행위를 한다는 의미다. 주체성은 자기의 의지를 갖고 어떤 대상에 작용하는 능동적인 자세이다. 주체로서 외부에 있는 객체(object)에 자주로 작용해 그것을 변형시키는 전인적·실천적인 태도이다. 여기에서 '주체'는 의식과 신체의 자주적 행위자를 뜻한다.

창의(creation, 창조)는 종교 의미로는 신(God)이 무(無)에서 세계를 만들어 내고 형성시키는 것이지만, 그보다 넓은 의미로는 사회생활의 여러 다양한 분야에서 이제까지 없었던 새로운 것을 만들어 내는 것이다. 예술·과학·기술 등의 분야에서 특히 두드러진다. 사회가 발전하는 것을 보면 창조는 사회에서 고유한 것이다. 계급사회에서 인간의 창조 활동이 넓혀지거나 왕성하게 발휘되려면 빈곤과 억압이라는 조건이 없어져야 한다. 그때에는 창조 활동이 많은 사람들에게 해방을 가져와 사회의 발전이 종래보다 더욱 현저해질 수 있다.

주체집단(sujet-groupe)은 예속집단(assujetti-groupe)에 대비된다. 이 대비에는 정치합의가 있다. 주체집단은 외적인 규정력과의 관계 및 스스로의 내적 법칙과의 관계를 동시에 관리하는 것을 사명으로 한다. 그에 비해 예속집단은 모든 것을 외적 규정력에 의해서 조정됨과 동시에 스스로의 내적 법칙에 의해서도 지배된다.[14]

주체성 구성 바탕은 인간, 노동, 지속가능성 등이다. 생산력 향상, 지속가능한 성장, 제로성장 또는 마이너스 성장을 어떻게 조화시킬 것인가에 창의성이 필요하다. 이것을 둘러싼 객체에 대응하는데 능동적이냐 피동적이냐가 나뉜다. 능동적일 경우 창의

---

14) 철학사전편찬위원회, 『철학사전』, 중원문화, 2012.

성이 발현된다. 피동적일 경우 보수적이 된다.

개인, 개별의 창의성은 전체로 모여 다양성을 이룬다. 인류에게 주체성, 창의성, 다양성의 집합은 함께 지속가능한 삶을 사는 공동체를 이룬다.

주체성은 개인에게 주어진 혹은 주어질 수 있는 어떤 실체 또는 성질로 이해되어서는 안된다. 평면적으로는 여러 가지 서로 다른 기대들 사이에 균형을 이루고, 수직적으로는 삶의 역사를 통해서 초시간적인 균형을 이룩하려는 자아 기능 혹은 인간의 노력을 주체성이라고 한다. 호상행동 과정에서 인간에게 모든 행동상황에서 늘 새롭게 자기 자신을 표현할 것을 요구한다.[15]

변증법적 사고 형성, 발전과 아울러 이론과 실천이 결합해 다른 주관을 형성한다. 인간이 스스로의 판단과 행위에 의해 자발적으로 활동한다. 주류사회는 시민들에게 어려서부터 성인이 되어 죽기까지 주류사회 요구를 주입한다. 이런 제도가 시민의 주체성을 억제하고 창의를 막는다. 이런 가운데 시민이 주체를 형성할 때 객관적 조건과 만나 새로운 주체, 창의를 형성한다.

철학을 정치 · 사회 · 경제 배경과 연관해 이해해야 한다. 이런 토대 분석을 그냥 지나쳐 버리면 과거 사상이 그대로 유용하다는 몰역사적인 주장을 하게 된다. 과학성을 상실하고 일종의 종교적 신념이 될 수 있다. 또 다른 학문 분야가 이루어 낸 성과와 연관해 이해하는 것이 필요하다. 철학의 역할은 시대 성과를 종합하고 총체적으로 설명하고, 때에 따라서 그 시대를 넘어 새로운 시대를 열어가기도 한다. 그러므로 가장 중요한 것은 그렇게 인식한 시대의 문제를 얼마나 논리적으로 설명하느냐 이다. 그런 논리 체계를 바탕으로 다시 시대에 대한 실천으로 돌아오고 있느냐 이다.[16]

주관과 객관의 만남이 자유스러우려면 비판의 자유가 보장되어야 한다. 부정할 수 있는 자유가 있어야 한다. 한국사회에서 표현의 자유는 87년 민주화 이후 상당히 진행되었고, 최근에 학문 연구와 학생 교육 · 지도에서 자유는 강사법 시행으로 물꼬를 텄고, 단결권은 삼성 노동조합 결성으로 진전이 있다. 사상의 자유와 관련된 국가보안법 철폐는 남북 평화가 정착되면서 실현될 것으로 전망한다.

지식정보화 사회가 되면서 주체적 사고를 막는 장애가 통합적 판단, 공포심 해체,

---

15) 안정수 편집, 『사회화와 주체성』, 연세대학교 출판부, 2005, 224쪽.
16) 김교빈, 「서설」, 『강좌 한국철학』, 예문서원, 2000.

광장을 통해 극복하고 정보화 사회에서 이론에 대한 대중의 이해가 커지면서 한계 극복 가능성이 높아졌다. 촛불혁명은 이런 조건의 변화에서 가능했다.

현재 한국에는 인간, 노동, 지속가능성 등과 같은 세계 일반의 과제와 아울러 자주, 통일, 평화와 같은 특별한 과제가 있다. 자본의 독점, 수구 봉건 유제, 외세의 간섭과 지배, 조직 이기주의 등 객관적 조건이 주체적 사고를 억제한다. 한국은 사상의 전개에서도 남한이라는 고립된 섬과 같다는 평가가 있다. 분단이 남북간의 평화적 교류나 통일을 통해 해소될 경우 국제사회에서 남한 지식층의 사고가 일본, 미국을 통해 전개되던 한계를 넘어서 북한, 중국, 러시아를 더해 전방위로 확장될 것이다.

한국에서 주체라는 개념은 익숙하지 않다. 철학사전에서조차 주체 개념을 소극적으로 설명했다. 주체성이 북한의 주체사상을 연상시키고 바로 탄압 대상이 되었기 때문이다.

북한에서 주체사상은 정치에서 자주, 경제에서 자립, 국방에서 자위로 구현되는 것이다. 주체를 세운다는 것은 혁명과 건설에 대해 주인다운 태도를 가진다는 것이다. 혁명과 건설의 주인은 인민대중이기 때문에 인민대중은 마땅히 혁명과 건설에 대해 주인다운 태도를 가져야 한다. 주인다운 태도는 자주적 입장과 자주적 입장과 창조적 입장에서 표현된다.[17] 북한의 주체사상은 대미·대일 자주화 그리고 박헌영의 영향력과 소련 스탈린주의에서 벗어나기 위해 성립돼, 체제를 유지하는 역할을 했다.

어느 나라든 어느 역사 시기이든 외래사상을 받아들인다. 한국도 예부터 중국 사상을 받아들였고, 최근 1세기 동안 서양사상, 서양철학을 수용했다. 서양철학은 유학생과 번역을 통해 들어왔다.

서유럽에서 주체성은 신에서 인간으로 이동했다. 근대성이다. 그러면서 자본, 파시즘, 냉전에 저항하고 공동체를 이루며 발전했다. 서양철학은 서양에서 이론과 실천이 상호작용한 결과이다.

한국에 들어온 서양철학 이론은 한국에서 내부화하지 못했다. 한국 현실을 분석하여 대안제시하고 해결하는 도구가 되기에 부족했다. 그렇다고 이를 도입한 한국의 지식인이 실천을 바탕으로 서양 철학을 재해석한 것도 아니었다. 그저 이론으로 번역해

---

17) 원전 공산주의대계 편찬위원회, 『원전 공산주의대계』, 극동문제연구소, 1984, 2070쪽.

도입했을 뿐이다.

주체성이 약한 이론은 주체성이 약한 이론가를 배출했다. 조금 지난 일이지만 그 정점이 된 철학자 다수가 관변화했다. 안호상(1948년 초대 문교부장관, 1968년 국민교육헌장 기초위원), 이종우(1963년 교육부장관, 1971년 민주공화당 전국구 국회의원), 박종홍(1968년 국민교육헌장 기초위원, 1970년 박정희 대통령 교육문화담당 특별보좌관) 박사가 결국 독재 통치를 이론적으로 뒷받침하는 어용학자가 되었다.

우리에게 근대화는 서구화를 뜻했고, 과거 단절과 전통 파괴를 강요했다. 게다가 우리 근대화는 식민과 분단을 동반했다. 근대화가 내적 발전의 논리에 따르지 못하고 식민화에 따라 뒤틀리고 왜곡되게 진행되었다면, 주로 원전에 대한 요약과 주석에 머물렀던 우리의 서양 철학 수용 역시 서양철학을 낳은 현실도 우리 자신의 현실도 모두 등한시했다는 점에서 이중적으로 왜곡되어 진행되었다. 학문의 보편성과 근대 문명의 보편성이 그러한 수용 태도를 정당화한 논리였지만, 그 보편성이 특정한 시기와 장소에서 창조된 것이고 식민화와 결합된 것을 간과했다.[18]

서양철학이나 정책이 한국에 소개되지만 한국 사정과 충분히 융합하지 못한 결과, 이론은 현실과 유리되고 실천이 뒤따르지 못했다. 이 간극은 서양 철학과 사회제도가 한국 내부의 이론과 실천이 맞물릴 때 해결될 수 있다.[19] 만약에 실천이 뒤따른다면 도입한 서양 이론을 결합해 한국에 맞는 이론을 만들 수 있다.

임건태 박사는 "서양철학은 아직 번역 단계에 있다, 이 모순을 해소하는데 1세대가 걸릴 것"이라고 했다.(2018.8.7) 이기상 교수는 국가 차원에서 외국의 저작을 번역해 우리말로 학문할 조건을 만들어야 한다고 했다. 최근 강사법 입법 과정에서 철학, 서양철학을 전공하는 강사들이 전면에 나서는 것을 보면서 이들의 주체성과 실천이 일정부분 역할 하는 것으로 보인다.

한국에서 마르크스주의는 자유주의 이론과 철학적·방법론적 대결을 통해 성장하지 못하고, 자유주의 이론에 대한 철저한 부인 속에서 존재했다. 이것은 마르크수주의자의 선택 범위를 넘어 마르크스주의 이론을 풍부하게 만드는데 부정적인 작용을 했고, 마르크스주의 이론을 튼튼한 이론적·방법론적 무기로 연마하기보다 그것의 단편

---

18) 박정호·양운덕·이봉재·조광제 엮음, 『현대 철학의 흐름』, 동녘, 2002, 7쪽.
19) 이기상, 『서양철학의 수용과 한국철학의 모색』, 지식산업사, 2002.

적 명제와 가설에 집착하는 마르크스주의자를 양산했다. 마르크스주의 '과학'은 사회적 모순의 피해자들에게서 멀리 떨어져 있었다.[20]

중국의 주자학과 양명학은 조선에 들어와 지도사상이 되고 중국인의 생각과 제도를 조선 사람에게 주입했다. 실학자는 이것을 극복하려 이용후생, 실사구시, 북학, 주기론(主氣論), 토지개혁 등의 개혁이론을 형성했다. 이 이론은 동학농민혁명, 해방후 균분론과 농지개혁, 민중론, 지금의 촛불혁명으로 이어졌다.

통합적으로 사고한다

나무는 보는데 산은 보지 못하고, 산은 보는데 나무를 보지 못한다. 빨강 노랑 파랑 3원색 가운데 어느 한 가지 색으로 그림을 그리면 그림의 완성도가 떨어진다.

단만 쓴맛 매운맛이 합쳐질 때 음식은 맛이 있고 몸을 건강하게 한다.

'장님이 코끼리 다리 만진다'는 속담이 있다. 시각장애인들이 각기 코끼리의 코도 만져보고 귀도 만져보고 상아도 만져보고 다리도 만져보고 꼬리도 만져보아서는 코끼리 전체 모습을 알 수 없다. 이들이 본 것을 모두 모으면 코끼리를 제대로 그릴 수 있다. 이것을 한 사람이 다 하기는 어렵고 토론을 통해 해낸다. 그리고 한 사람이 모두를 생각한다. 즉 통합적 사고이다.

기하학과 시간을 결합하면 1차원, 평면, 입체, 4차원이 구성된다. 이에 사고를 대입하면 1차원적 사고, 평면적 사고, 입체적 사고, 통시적 사고가 된다. 역사와 미래를 결합하면 4차원적 사고가 된다. 기계분야 4D프린팅은 입체를 구성한 물질이 일정 시점이 지난 뒤 소멸해 형상을 변화하게 한다. 이것이 4차원의 통합적 사고이다.

부분을 보고 전체를 본다. 나무도 보고 숲도 본다. 부분에 편향되면 개인주의, 가족주의, 조합주의가 나타나고, 전체로 편향되면 전체주의가 나타난다. 학벌은 평등교육을 부정하는데, 이것은 전체보다 부문, 공익보다 사익 또는 소속 집단의 이익을 우선하는데서 나오는 현상이다.

문제가 된 지점은 조금 더 범위를 넓혀보면 전체 가운데 한 부분이다. 각 부분을 모을 경우 전체가 된다. 한 부분에서 문제가 발생하고 대안을 마련해 실행할 경우 이

---

20) 김동춘, 『사회학자 시대에 응답하다』, 돌베개, 2017, 72쪽.

행위는 전체와 충돌하게 된다. 흔히 이를 나무와 숲으로 비유해 설명한다. 나무는 보는데 숲을 보지 못한다, 또는 숲은 보는데 각각의 나무에 대한 이해가 부족하다는 식으로 비유해 말한다.

이 때 당사자는 이것을 실천하는 것을 자신이 속한 집단 공동체가 인정하는가? 실천하는 경우 자신이 공동체 안에서 자신의 입지가 어떻게 되는가에 따라 실행 여부를 결정하게 된다.

정파에 속한 사람은 대부분 개인의 생각과 정파의 방침이 다를 경우 개인의 생각을 버린다. 내부고발, 내부 민주주의가 불가능하다. 공동체의 입장과 전체의 입장이 충돌하는 경우이다. 부분과 전체가 조화하지 못하는 현상이다.

문제를 충분히 분석하지 않고 단순하게 다수결로 정하는 경우 이것은 민주주의라고 할 수 없다.

우리 사회 어느 노동조직이나 여러 부서가 있을 경우 책임자의 주재 아래 여러 부서 담당자가 모여 회의를 한다. 어느 한 부서 담당자가 다른 부서의 일에 대해 의견이 있을 경우 회의에서 이를 말해 전체에 이를 반영해 전체의 관점에서 대안을 마련하고 해결하는 것이 옳다. 그러나 현실에서는 이것이 용납되지 않는다. 그래서 다른 부서에 대해 의견이 있는 경우 해결 방법을 두 가지로 생각한다. 하나는 자신 의견이 해당하는 부서로 전출되어 실행한다. 다른 하나는 여러 부서를 통괄하는 책임자가 되어 실현한다.

교수의 경우도 대학원 학생이 기존의 학계 흐름과 관점을 달리하는 견해가 있을 경우 교수 자신과 대학원생 사이에 토론을 통해 의견을 통합하지 않는다. 대신 그런 관점이 옳은데 지금은 말해봐야 손해를 입을 수 있으니 나중에 교수가 되어 독자적인 연구가 가능할 때 실현하라고 조언한다.

한국 사회에서 단절은 잠정적인 것과 물리적인 것이 있다. 물리적 단절은 남북 분단이다. 남한은 하나의 섬이 되어 남한 주민이 세계를 통합적으로 보는 것을 막는다. 잠정적인 단절은 과거의 한국과 현재의 한국 사이에 발생한다. 한국인은 근대화된 사회를 강조하고 전통적 사회는 퇴행적이라며 싫어한다. 문화적 연속성이 끊어져 있다. 한국은 미세한 분야 전문가를 양산했으며 전문가들은 자신의 활동 영역에만 집중했다. 그들은 다른 주제, 외부인의 생각에 관심을 두지 않았다. 이들은 제너럴리스트가 아니다. 한국은 선박 건조, 메모리 칩, 디스플레이 분야에서 큰 성공을 거두었으나, 그 이상은 아니다. 훌륭한 예술가와 건축가 많이 있는데 한국의 예술과 건축은 단조롭다. 그것은 예술과 행정 사이에 접점이 없기 때문이다.(임마누엘 페스트라이쉬, 54쪽)

이러한 분할 지배(devide & rule) 구조가 생각도 분할하는 것은 물론 여러 생각의 통합을 막는다. 그 결과 책임자가 되어 아래 부서원들에게 전체를 보고 의견을 내라고 해도 낼 수 없다. 그런 의견을 내서 다른 부서원에게 월권이라는 인상을 주는 것이 두렵고, 입장을 바꾸어 다른 부서 사람이 자신의 업무에 대해 의견을 내는 것도 월권으로 생각한다. 그것을 넘어 통합적으로 보는 사고가 형성되어 있지 않다. 그러므로 상부의 지시에 따르고, 경쟁은 그 범위 안에서 하게 된다. 충성 경쟁이 될 가능성이 높다. 조직 내의 집단지성은 존재하지 못하게 된다.

■ 도표 29. 통합적 사고

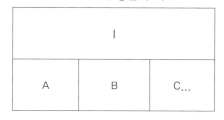

지식사회에서 주입되는 정보와 지식이 아주 많다. 이를 어떻게 통합해 삶의 지혜로 바꿀 것인가를 생각한다. 통합적 사고, 포괄적 사고의 전후 연관 효과, 입체적 효과가 상상 이상으로 크다. 실례로 검불을 막대기 하나로 옮길 수 없다. 두엄을 삽으로 옮기기 어렵다. 그러나 포크를 이용하면 검불이나 두엄을 옮기기가 쉽다. 마찬가지로 통합적으로 사고하고 이를 실행으로 옮기면 문제를 해결할 수 있고 또한 수월하다.(■ 도표 29 참조)

하나의 사물, 생각은 개인, 직장 지역사회 한국사회, 지구사회의 세 가지 측면에서 입체적인 연관을 갖고 있다.

입체적 사고의 실현을 생각한다. 노동자가 일자리와 소득 얻기를 넘어, 생산, 유통과 소비, 노동자의 건강한 삶, 도시 생태환경의 보호, 도입에 적극적으로 개입한다. 이 과정을 통해 노동운동의 전국조직, 산업별 조직과 비정규직 노동자, 이주노동자 등 사회적 약자는 주민공동체 운동과 노동운동이 입체적으로 교직(交織)되는 가운데 결합, 구성된다. 이것은 ■도표 30처럼 부문과 지역, 도시와 농촌, 국내외 국제가 연대해 3차원적으로 통합, 교직하는 조직방식이다. 이와 비슷한 개념으로 질 들뢰즈가 말하는 위계적 질서에 따른 운동이 아니라 중심 없이 서로 그물처럼 얽히는 '리좀(rhizome, 망사조직)'적 운동, 그리고 멕시코 사파티스타의 해먹(hammock, 그물침대)처럼 촘촘히 짜인 조직방식이 있다. 이것은 네트워크 공동체 또는 통합적 사회운동을 지향하는 시도이다. (김영곤, 2005, 528쪽)

민족(NL)-계급(PD)-지속가능성(생태환경, sustainablity, ecology)의 분할적 사고에서 통합적 종합적 사고, 판단으로 발전해야 한다. 이런 구분은 1980년 광주민주항쟁 이후 소련

■ 도표 30. 도시 농촌 국제의 입체적 연결

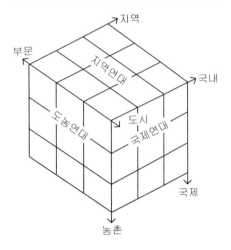

류의 마르크스-레닌주의와 북한류의 주체사상이 전파되면서 나타났다. 그 뿌리가 깊은 것이 아니다. 사물을 통합적 접근과 실천을 통해 해결할 수 있다. 조효제는 이 땅위에 사는 모든 사람들-남북한 선주민과 이주자-을 아우르는 포괄적 인권이 우리 공동체의 본질적 화두로 떠오를 것이라고 했다.[21]

노동자가 필요를 임금, 정규직 전환, 교육, 주택, 인생2모작, 노후 복지, 자녀 교육 등으로 구분하고, 이를 다시 통합적 융합적으로 생각한다. 일거양득, 일석삼조를 생각하자.

■ 도표 31. 생각과 관계의 확장 심화

	생각			
관계	↓	→	↘	나 → 가족 → 동료 · 이웃 → 지역 → 한국 → 한반도 → 동북아시아 · 세계
	식의주 교육 의료(건강 노후) 지속가능성(생태환경) 민주주의 평화(통일 국제관계 세계)			생활의 깊이와 폭

---

21) 조효제, 「밀레니엄 대학생이 온다」, 『한겨레』, 2018.10.31.

나아가 4차원의 사고를 한다. 나, 이웃, 타인을 생각하고 이 생각의 과거, 현재, 미래를 생각한다.(■도표 31 참조)

융합은 '의미가 있는 연결'이다. 혼합과 융합은 다르다. 나무(연료), 열(발화원), 공기(산소)가 결합하면 연소라는 새로운 상황과 가치가 발생한다. 이 세 중 하나라도 빠지면 아무 변화가 없고 융합이라 할 수 없다. 피터 셍게 교수는 이를 '시스템 사고'(System Thinking)라고 한다.[22]

4차 기술혁신은 기계를 인터넷으로 연결하는 플랫폼을 중심으로 움직인다. 이 단계에서 사물과 사물을 연결하는 사고는 더욱 중요하다. 조직의 효율적 관리가 중요하다. 지능형 기계와 협력하고 이를 관리하는 능력이 필요하다. 따라서 통합적 사고가 필요하다.

총지식이 늘어나고 새로운 분야가 늘어나면서 배워야 할 것이 많다. 사회진출 나이가 점점 높아진다. 과거에는 수학자는 20대에 수학명제를 증명했으나, 이제는 배울 것이 많아 30대가 돼야 증명한다.

거시적으로 역사적으로 보면 사회가 냉탕과 온탕을 반복적으로 오가며 느리게 진보한다. 그리고 통합적 사고 차원에서 민주주의, 집단지성, 공유의 사고를 이룬다.

조직하기

지식정보화사회에서 개인은 필요한 정보를 SNS를 통해 얻을 수 있는 만큼 개인주의적 경향이 강해졌다. 또 개인은 생활에서 제기되는 문제를 SNS를 통해 공론화하며 해결하려고 한다. 촛불혁명이 그런 대표적인 사례이다. SNS를 통한 온라인 활동이 현실의 오프라인 활동보다 더 활발하다. 이 방법은 사회 여론을 반전시킬 수 있지만 일상적으로 상황을 이끌기는 어렵다.

문제 해결을 위한 노력이 지속성을 가지려면 중심 조직이나 네트워크가 있어야 하는데 이것이 잘 형성되지 않는다. 이런 상태로는 돈이라는 유인 요소를 갖고 조직적으로 대응하는 자본 권력에 맞서기 어렵다.

어떤 문제에 관심을 가진 사람들이 네트워크를 구성하고 온라인은 물론 오프라인에

---

22) 피터 셍게, 안중호 역, 『제5경영: 학습조직의 바이블』, 세종서적, 1996.

서 정기적인 모임을 갖고 주체를 형성해야 한다. 중심에 이 조직을 놓고 이론과 실천 결합을 반복해 상승작용이 일어야 상황을 이끌 수 있다.

정파적 사고 넘기

NL, PD를 구분하는 CNP 논쟁은 1980년 광주민주항쟁 이후에 나타났다. 사회를 어떻게 변혁할 것인가 고민하며 서유럽 소련의 마르크스-레닌주의와 북한의 주체사상을 변용하며 생긴 현상이다. 여기에 생태환경 등의 생각을 더 했다. 이 분화가 생각을 다양하게 한 것은 사실이다. 그러나 이들은 각기 세력화하고 정파가 되었다. 그러면서 이들 이론을 통합하는 통합적, 포괄적 사고가 무너졌다.

이런 이념이 정파가 되었을 때 정파는 자신의 이념을 전파하는데 주력한다. 정파가 학생회나 노동조합 같은 대중조직 지도부를 차지했을 때 그 정파는 자신의 지향이나 정책을 내리 먹이는데 주력한다. 이럴 경우 지도부는 그가 바탕으로 하는 대중으로부터 소외된다.

NL, PD, 생태환경의 문제는 어느 하나 가볍게 여길 문제가 아니다. 누구에게나 해당되는 문제이다. 경중, 선후의 차이가 있을 뿐이다. 그러나 학생운동 사회운동의 현실에서 이 세 가지 중 어느 한 가지 정파에 속한 사람은 다른 두 가지를 경시하거나 아예 자신의 과제로 삼지 않는다.

NL, PD, 생태환경 등은 뿌리가 하나이다. 한 사물의 여러 측면이다. 예를 들어 부산·경남 주민들은 핵발전소가 터질까봐 두려워한다. 최근에 지진이 일어나 더욱 불안하다. 핵발전소 문제에는 여러 측면의 문제가 있다. 지속가능성 안전을 위협한다. 핵발전을 통해 돈을 더 벌려는 자본의 문제가 있다.

밀양에서 노인들이 765KV 송전탑 설치를 반대하는 싸움을 시작했다. 처음에는 할머니들이 송전선에서 발생하는 전자파에 반대해 시작했으나 나중에 울산 부산지역의 원자력 발전소의 위험성을 지적하는 생태환경운동 단체들이 가담했다. 당시 마이크로소프트의 빌게이츠 회장이 미국 원자력산업의 판촉활동을 하러 한국에 왔다. 그는 서울대학 등에서 연설했으며 학생들에게 관심을 끌었다. 이것은 원자력 자본, 미국 총자본의 한국에 대한 압력의 차원에서 볼 문제다. 밀양 노인들의 원자력 발전과 송전탑 반대는 NL, PD, 생태환경...의 여러 측면에서 통합적 포괄적으로 볼 문제이다.

■ 도표 32. 이론의 분할과 통합적 사고의 공백

이론 분할이 통합적 사고의 공백을 초래			
NL	PD	Sustainability (지속가능성)	...

사물에 대해 비판적인 관점을 가지고 거기서 파생되는 문제 가운데 자신들이 생각해서 중요하다면 다른 집단이나 정파와 관계없이 해결해야 한다. 그 과정에서 다른 집단이나 정파와 연대 협력할 수 있다. 그러나 현실에서는 집단이나 정파가 어떤 이슈를 선정하고 활동을 그에 한정한다. 스스로 분할 지배(devide & rule)하는 것이다. NL, PD, 생태환경 등의 개별 문제에 대해서는 어느 집단이든 대응하는데 이들 전체를 아우르는 이데올로기나 이론 문제는 누구도 관여하지 않는 현상이 나타난다. 마치 야구에서 야수들이 수비 영역이 겹치는 부분을 서로 방치하는 것과 마찬가지이다.(■도표 32 참조)

진보정당들 사이에는 노동, 청년, 민족, 생태환경 등 사회적 의제마다 정당이 하나씩 있을 정도이다. 다른 이유도 있겠지만 진보의 의제 전체를 아우르는 사고가 결핍된 결과이다.

난립한 정파를 해소하기 위해 여러 진보정당을 통합진보당으로 합당했으나 물리적 통합도 깨지고 정파간 불신만 더 키웠다. 선거를 위해서라도 진보정당을 통합하자는 제안조차 꺼내기 어렵다. 이것을 어떻게 풀까?

하나는 해결해야 할 사안이 있을 때 고착관념이 없거나 약한 청년학생이 정파 구별 없이 무작위로 모여, 정파 노출을 자제하고 문제 자체 해결에 초점을 맞춘다. 이런 방법으로 문제를 해결하면서 공감대를 형성하고 그 과정에서 정파간에 가로막힌 장벽을 녹여 하나의 통합되고 융합된 정서를 이룬다. 다른 하나는 NL, PD, 생태환경, 여성, 소수자...의 여러 문제의 뿌리가 결국은 하나의 문제 또는 사회 전체에서 비롯한다는 이론 정립이다.

2. 대안과 실천

대안을 마련하고 실천한다

어떤 사물에 대한 나의 의견을 두고 다른 사람과 대화한다면 관점의 같음과 다름, 차이가 분명해진다. 본질에 접근하는 수준도 높아지게 된다. 그 다음 대안이 대양하게 나온다. 대화를 계속할 경우 현실에서 실현 가능한 대안에 접근하게 된다. 그리고 전체의 입장에서 대안을 실현하게 된다. 이론과 실천의 변증법이다.

논의만 있고 대안실천이 부족하다. 대안실천 부족은 다시 이론 부족을 초래한다. 인터넷이 발달해 온라인활동 비중이 커지면서 이런 현상이 더 심해졌다.

알면 실천한다.(지행합일, 知行合一) 말과 행동이 일치한다.(언행일치, 言行一致)

이론과 실천은 서로 돕는다.

이론 → 실천 → 이론 → 실천

이론 ⇌ 실천

아는 것을 실천한다. 그 과정에서 새로운 것(이론)을 알게 된다. 이런 과정을 반복한다.

정약용은 논어 학이(學而)편의 "학이시습지 불역열호(學而時習之 不亦說乎)"라는 구절을 "배운 것을 때에 맞게 실천해서 세상을 풍요롭게 바꾸면 기쁘지 아니한가."라고 해석했다. 이것은 주자가 "배우고 때때로 그것을 익히면(자기 것으로 만들면) 기쁘지 아니한가."를 넘은 해석이다.

대학생들은 대학을 알지 못한다. 대학을 입시 때에도 알려했고 대학에 5~7년 다니지만 대학을 잘 모른다. 대학의 규정을 잘 몰라서 그런가? 꼭 그런 것만은 아니다. 규정으로 말하면 대학의 규정은 야구 농구 축구 규정만큼도 복잡하지 않다.

그런데 학생이 대학을 잘 알지 못하는 데는 두 가지 이유가 있다. 먼저 교수들이 대학을 연구하지 않는다. 언론이 대학을 말하지 않는다. 선배들이 후배들에게 대학에 관해 말할 것이 많지 않다. 그러다보니 후배 학생들은 대학을 잘 모른다. 야구 농구 축구 시합은 언론이 항상 보도하고 선배 동료학생과 매일 정보를 나눠 잘 아는 것과 비교된다.

다른 하나는 대학에 관해 문제를 알면 해결하기 위해 실천해야 하는데 그것을 잘 하지 않는다. 대학에 관한 정보가 교수나 강사에게서 나와야 하는데, 이들은 좀처럼 대학을 비판하지 않는다. 대학 문제를 해결하기 위해 노력한다면 학생들은 대학을 잘 알 수 있고 자신의 불만을 해결할 수 있다.

부산외국어대는 2014년부터 교정을 '그린 캠퍼스'라고 이름 짓고, 교내에서 배달음식을 먹지 못하게 했다. 2016년 학생들은 항의했고, 교정에서 자유롭게 배달음식을 시켜 먹을 수 있게 되었다. 그 과정에서 학교에 들어와 있는 식당과 학교가 음식 배달을 금지시키기로 이면 합의한 것이 드러났다. 부산외국어대학생은 이러한 과정을 통해 하나의 문제를 해결했다. 이것이 반복된다면 더 많이 알고 더 많은 문제를 해결할 수 있다.

대안을 실천할까? 말까?

한국사회에서는 학교에서 공부 잘하는 것을 높이 평가한다. 공부를 잘하면 여러 가지 이익이 따르기 때문이다. 그러나 공부 잘하는 것이 세상의 모순과 대안을 아는 것을 의미하지는 않는다. 이 모순을 알면 고치려 노력해야 하는데 이것은 당사자에게 고통이나 불이익을 준다. 이런 것을 알면서 고치려 노력하지 않으면 다른 사람들에게 비판받는다. 지식인의 애로이다.

개인의 경우 그 이유는 몰라서 실천하지 않는다. 배우지 않아 모른다. 조금 알더라도 실천하지 않으니까 내용이 더 진전되지 않는다. 지식인들은 자신의 아이디어를 다른 사람에게 말하면 다른 사람이 이를 실천해 현실이 된다고 생각하는 경향이 있다. 그러나 이것은 잘못된 생각이다. 누군가의 희생이 있지 않고서는 이상이 실현되지 않기 때문이다.

다른 한편으로는 알고서도 실천하지 않는다. 이유는 실천하면 시간적 · 금전적 · 사회적으로 손해를 보기 때문이다. 벌금을 물거나 구속되면 더 큰 피해를 입는다. 민족해방운동을 한 사람들의 자녀는 대부분 3대에 걸쳐 가난하다. 6.25 전쟁 때 군경이 민간인을 학살했지만 마을에 따라서 좌우가 대립하면서 서로를 학살했다. 이 틈에서 재산도 모두 날라갔다. 민주화운동의 경우 복권되기는 했으나 여전히 희생자다. 지행합일(知行合一)이 옳은 말이지만 "그러면 다친다"는 염려도 맞는 면이 있다.

　사회적 사안에 대해 개인 모두가 실천하지 않으면 사회 전체는 물론 개인도 피해를 본다. 사회에서 필요한 행동을 개인이 실천하느냐 하지 않느냐는 개인 의지에 달려 있다. 그러나 사회에서 필요한 면으로 보면 개인이 사회 사안을 해결하도록 실천하지 않으면 사회 전체에 마이너스이다. 개인은 아는데 실천하지 않을 경우 사변적이 돼 발전이 없다.

　2008년 서울대에서 오현주 강사(불문과)가 서울대 화장실에서 자살했을 때 한겨레와 경향신문 기자가 취재했으나 보도하지 못했다. 언론이 광고에 의존하기 때문에 일어난 일이다. 자신이 쓰고 싶은 기사를 쓸 수 없게 하는 언론사의 태도에 대해 순응하는 기자는 행복할까? 다른 대안은 없을까? 조중동이나 경제지 그리고 대부분의 지방지는 이런 사정이 한겨레, 경향신문보다 훨씬 더 심각하다. 재벌 언론인 중앙일보가 운영하는 JTBC 손석희 사장은 자유롭게 보도하지만 재벌 대책을 다루는 데는 한계가 있다. 홍석현 중앙일보 회장 입장에서는 진보의 JTBC와 보수의 중앙일보라는 두 날개를 운영한다.

　오마이뉴스, 국민TV, 뉴스타파 등은 후원자를 조직하거나 협동조합이 운영하는 방식으로 광고주의 의존에서 오는 압력을 벗어났다.

　김한용(수학, 고려대)[23] 강사가 2013년 여름계절학기 수업을 하다가 강의실에서 쓰러져 사망한 사건이 있었다. 사건이 일어난 지 얼마 뒤 한겨레 기자가 나에게 전화해 비슷한 사건이 있으면 제보해달라고 했다. 그래서 나는 강사의 교원지위가 있었다면 김한용 선생님은 대학에서 건강진단을 받고 심장에 이상이 있다는 것을 알게 되어 치료해 죽음을 막았을 수 있었을 것이라 말했다. 단순하게 강사료가 낮아 강사가 불쌍하다는 식으로 취재하고, 기사의 꼬리는 강사의 교원지위 회복에 불리하게 꼬이게 쓴다면 응할 수 없다고 했다. 한겨레 기자는 더 이상 연락이 없었다.

　재일동포 출신 유학생 김원중(현 지바상과대학 경제학 교수)은 중앙정보부 지하실로 끌려가 몇날 며칠인지 잠도 못 자고 고문을 당하면서 거짓자백을 강요당한다. 그런데 마지막 순간, 그는 조서의 한 칸에 존경하는 인물을 써넣으라는 심문자의 요구에 잠시 망설이다가 '마르크스와 레닌'의 이름을 적는다. 나중에 자신에게 결정적인 불이

---

23) 조소진, 「故 김한용 강사의 가르침을 기리며」, 『고대신문』, 2013.07.21.

익을 가져다줄 빌미가 될지도 모른다는 꺼림칙한 생각이 없지 않았지만, 그는 자신이
학부 때부터 마르크스경제학을 공부한 학도로서 평소에 마르크스와 레닌을 존경해온
것을 굳이 숨기고 싶지 않았다. 그는 간첩 누명을 쓰고 7년이나 옥살이했다.[24] 김원중
은 서울고법에서 재심해 무죄판결을 받았다. 그리고 문재인 대통령은 2019년 일본을
방문하여 김원중 등 재일교포 사법피해자들에게 사과했다.

실천에는 성공할 때 이득이 있지만 그렇지 않을 경우 위험이 따른다. 이것이 겁난다.
탄압 해고 등의 불안이 있다. 자신 스스로의 생계 대책으로 한계가 있다. 노후 대책이
없기 때문이다. 일본 등 선진국은 노후에 보편적 복지가 있다. 한국에서 개인은 복지
제도를 만드는 것과 아울러 현실의 실천에서 오는 피해 대책의 두 가지의 부담을 감수
해야 한다.

2015년 6월 내가 강사법 폐기와 연구강의교수제 입법을 반대하며 박주선 국회 교과
위원장의 광주 동구 후원회 사무실 앞에서 일인시위하는데 광주 어느 신문의 입사 반
년 된 기자가 취재했다. 전남대 법대를 나와 사법시험 준비를 하다가 취업했다고 했
다. 그래서 기자에게 "기사를 쓰되 끝에는 정작 핵심인 교원지위 부분을 빼고 쓸 것이
냐?"고 물었다. 그는 "건설회사가 운영하는 회사의 경영사정에서 그러지 않을 수 없다.
나도 결혼도 하고 집을 사야 하는데 어쩔 수 없다"고 했다. 그렇다면 "기사를 쓰지 않
는 것이 좋다"고 했더니 그는 "사정을 이해하겠다"며 기사를 쓰지 않았다.

군납 비리를 내부 고발한 김영수 예비역 소령은 내부고발 뒤 살해 위협을 받지만
살아서 문제를 해결하겠다고 했다.

기업은 늘 통찰과 혁신을 장려한다고 하지만 실상 조직은 그 반대 성향을 갖게 마
련이다. "이들은 예측 가능성을 수치로 보고, 뜻밖의 일에 움츠러들고, 완벽성과 실수
의 부재를 갈구"하기 때문이다.

존 던 케임브리지대 교수는 "민주주의를 위해 오늘날 특히 절실한 것은 '교육자들에
대한 교육'이다. 이 점을 특히 강조하고 싶다. 엘리트들은 마땅히 말해야 하는 것에
대해 침묵하면 안 된다. 지식인들은 인간 사회의 긴급하고도 절실한 문제들을 자꾸
회피하거나 부드럽게 바라보게 만들려 한다. 우리에게 지금 가장 절실한 문제는 무엇

24) 김효순, 『조국이 버린 사람들』, 서해문집, 2015.

이 문제인지를 드러내는 것이다. 특히 분산되고 단절적인 문제들을 집합적인 전체 문제로 엮어내는 것이 필요하다. 이를테면 집단적 위험, 권위주의 통치, 환경 문제 등과 같은 정치적이고 실천적인 문제들에 대해 학자들의 많은 노력과 지혜, 열망이 필요하다. 그러나 요즘은 인간 문제들에 대해 생애를 걸고 오랜 시간을 갖고 연구하는 사회과학자들과 인문학자들을 찾기 힘들다. 그래서 '교육자들에 대한 교육'이 더욱 절실한 것"이라면서 "하나는 '무엇이 옳은가'다. 여기서 그쳐서는 안 된다. 그 '옳은 것'을 위해 '나는 무엇을 해야 하는가'를 고민해야 한다"고 했다.

열악한 위치에 있는 사람은 저항이 필요하다. 우월한 지위에 있는 자는 관용이 필요하다. 노블리스 오블리제(사회적 신분에 따르는 도덕적 의무와 책임)는 우위에 있는 사람이 자신이 관리하는 노동을 조절하는 방안의 하나이다. 선진국에서는 비록 좋은 의미가 아니라 하더라도 이런 질서가 있지만, 후진국에서는 부와 권력, 지식을 가진 자가 민중을 일방적으로 지배한다.

촛불혁명에서 시민이 요구한 개혁 과제의 저변에는 전문직이 있다. 공무원, 군인, 교사 교수 등 교육자, 의사 간호사의 의료직, 판사 검사 변호사 등 법률가, 기업의 전문경영인, 정치인 등이다. 이들이 자율적이던 타율적이든 공공성과 윤리, 사회적 책무를 다할 때 사회가 변화한다.

생각과 대안을 노동조직으로 실현한다

일의 개념을 생산 유통 소비까지 실현한다. 이 단계에서 일은 직업이 된다. 대학생의 창업이 이런 경우이다. 이 단계에서 대학을 더 다닐 필요가 없다고 판단되면 그만 다녀도 좋다. 마이크로 소프트의 빌 게이츠는 대학을 다니면서 아이디어를 상품화해 돈을 버는 데 전념했고 그 때문에 대학을 그만둔 사례이다. 대학을 괜히 중퇴한 괴짜가 아니다.

공과대학에서는 어떤 대안이 나오면 파일롯 공장을 운영해 실제 물건을 만든다.

우리 사회 대중운동이 정부와 자본의 탄압 벽에 막혀 한계에 이를 때 많은 사람들이 자살했다. 개발독재 시기에 자살 사건이 많이 일어났다. 노동자 전태일, 대학강사 한경선, 서정민, 대통령 노무현 등이 대표적인 예이다. 이들의 죽음이 당시 정세 변화에 영향을 준 것은 사실이다. 베트남 전쟁 당시 불교 스님이 동료 승려들이 지켜보는 가운데 전쟁 종결 평화를 원하며 분신했다. 불교에서는 소신공양(燒身供養)이라고 한다. 아마 불교의 윤회설을 믿어 이런 행위가 나오는 것으로 추정한다.

그러나 이들이 난관에 막힌 정세를 무슨 방법을 써서라도 넘겠다는 의지, 지혜가 부족함을 부정하지 못한다. 살아서 문제를 해결하도록 노력해야 한다. 죽은 자의 빈자리를 채워야 하는 남은 자의 고통이 아주 심하다.

87년 체제가 30년이 되면서 1:9:90 사회에서 작은 기득권이 되어버린 민주화운동 참여 계층은 현실에 안주하고 90을 품는 사회변화를 원하지 않고, 또 싸우지 않는다. 노동조합, 농민회, 교수, 교사, 언론인, 정파와 진보정당 상당 부분의 입장과 행동이 조직이기주의에 해당한다. 이들이 진보를 표방하지만 실제로는 사회 변화를 바라지 않는다. 진보가 아니다, '입진보'라는 비아냥의 대상이 되었다. 싸움이 없는 상태에서는 본질은 드러나지 않고 착한 자본주의이든 사회주의이든 사회문제의 본질 해결에 접근하기 어렵다.

이론과 실천의 상호 간섭과 진화

지식인 사이에 이론과 실천이 분리되고, 언행이 일치하지 않는 모순을 흔히 본다. 분열적 현상이다. 이를 어떻게 극복하는가?

문제 → 대안
　　　↳ 실천 → 해결 → 더 진보한 생각이 나온다.

대안이 나올 경우 이것을 실현하는가? 이것이 문제의 대상에서 받아들이거나 또는 다퉈서 해결 가능한가를 따지게 된다. 실천할 경우 원래 생각했던 대로 그대로 현실화되는 경우는 거의 없다. 크든 작든 차이가 있다. 이 과정을 거친 다음 앞에서 나온 대안은 교정과정을 거쳐 원래와 다른 모습을 띠게 된다. 마르크시즘에서는 양적 변화가 일정 단계에 도달하면 질적 변화가 일어난다고 한다. 우리 사회에서는 달이 차면 해가 기운다고 한다.

이론의 경우도 실천과정을 거치면서 수정하게 된다. 변증법에서 테제(정명제, Thesis)

→ 안티테제(반명제, Antithesis) → 신테제(합명제, Synthesis), 정(正) → 반(反) → 합(合의) 과정을 거친다.

> 문제 → 대안
> ↳ 실천 → 해결 → 더 진보한 생각이 나온다.

■ 도표 33. 주입식 교육 세대의 변증법

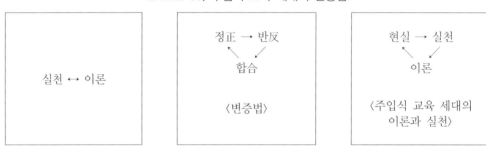

이런 과정을 반복하면 앞에서 살펴본 일의 확장 과정에서 관심 범위와 이해관계를 넓히면서, 자신의 사고와 생활의 폭을 넓히고 깊이를 깊게 할 수 있다. 이런 과정의 반복은 문제 해결 능력을 키운다. 정치인이라면 모순에서 문제를 끄집어내 해결하는 정치적 능력을 갖출 수 있다.

문제를 제기하고 대안을 실천하는 과정에서 사람이 모인다. 사람이 모이면 조직이 되고, 그 조직이 현안을 해결하면서 지도력이 형성된다. 실천이 없다면 문제제기는 관념론에서 맴돌 뿐이다.

문제를 제기하고 해결방법을 찾고 그 실천 위에서 새로운 대안 이론이 나온다. 이론과 실천이 겸한 상태의 변증법이다. 최선의 변증법이다. 관념 속의 변증법이 아니다. ■도표 33처럼 이론 → 실천이 아닌, 실천 → 이론의 변증법으로 바뀌어야 한다. 특히 지식인에게 아는 것이 곧 실천을 의미하지 않기 때문이다. 이 과정에서 실험과 실패는 피할 수 없다.

시민 개인은 개인 이익과 공동체 이익 사이에서 고민한다. 공동체 입장에서 옳은 것이라 해도 개인 이익을 지키는 데 어긋난다면 반대한다. 따라서 진보적인 의견이라 해도 대중이 찬성하지 않는 경우가 있다. 정치권은 개인이나 정당 이익을 위해 진실과 다르게 정치공작을 한다. 이것을 대중이 받아들이고 진보는 주춤하게 된다. 여론정치, 포퓰리즘, 우민정책이 통한다. 그러나 이것도 실천을 통해 잘못된 것이라 판단되면 다음 단계 이론 과정에서 수정하게 된다.

빅데이터 분석은 통계적으로 흐름은 알지만, 변증법적인 사고는 하지 못하는 한계가 있다.

근대 역사에서 사고의 폭이 넓은 인물로 정약용을 꼽을 수 있다. 그는 이론과 실천, 사고의 확장을 거듭하며 살았다. 그가 황해도 곡산의 지방관으로 부임하던 날, 한 농부가 길을 막고 12가지 병폐를 호소했다. 그는 이 농민운동 지도자를 체포하지 않고 칭찬하고 무죄 방면했다. 그는 주자학의 탁상공론보다 사실과 과학기술에 기반을 둔 실증적인 행정을 중시했다. 수원 화성의 팔달문과 장안문의 정교한 설계도, 상세 재료 명세표, 강제노역 대신 성과급 방식의 임금노동제 채택, 기중기, 거중기, 유형거의 설계 등 개혁적으로 사고하고 이를 실행에 옮겼다. 그는 "사대부가 출세해 행동할 때 오직 사유(예, 의, 염, 치)를 중시해야 한다. 선한 의도를 펼치는 것이 참선비의 길이며, 때가 되면 벼슬에서 내려와 도를 펼치는 것이 진정한 사대부"라고 했다.(이덕일, 경향신문, 2015.9.17) 그는 한국 사회 내외에서 2세기를 넘어 존중받고 있다. 그의 저서『목민심서』는 지금도 많은 사람이 읽는다. 한자에 조예가 깊은 베트남의 호치민이 정약용의『목민심서』를 늘 가지고 다니며 잘 때도 머리맡에 두고 읽었다는 얘기가 전해진다.(아시아경제, 2015.05.19)

실학자의 사회개혁론은 이론에 그쳤으나, 이 이론은 동학농민혁명의 실천에 의해 현실이 되었다.

현실에서 나타나는 문제에 이론과 실천을 겸한다면 포괄적 판단력을 갖출 수 있다. 김대중, 노무현, 문재인의 민주정권은 광해군 이후 수백 년만의 진보정치라는 평가가 있다. 그 이전의 광해군, 대원군, 8.15 해방공간의 자치, 4.19혁명 뒤 민주정부가 있었다.

2013년 대학생들이 철도노동자 파업을 지지해 대자보를 쓴 '안녕들하십니까 현상'은 전국으로 퍼져 비정규직 노동자 문제를 대학생 자신의 문제로 삼거나 연대하는 성과가 있었다. 여기에 참여한 학생들은 전국 네트워크를 형성해 대교협을 방문해 시위하는 등 대학개혁 문제에 관심을 가졌다.

한국 대학은 연구와 강의에서 생각 이론과 실천을 애써 분리한다. 이런 방식과 달리 생각을 정리하고 그것을 실천하다보면 문제도 해결되고 생각과 이론이 크게 발전함을 느끼게 된다.

개인은 물론 집단도 변화한다. 그러면서 기존의 지도력이 무너지고 새로운 지도력이 형성된다. 동학농민혁명에서 동학농민혁명의 지도자가 있다. 개화파들은 갑신정변을 일으킨 지 불과 10년 사이에 동학농민혁명을 탄압하는 존재가 되었다. 동학농민혁명을 막던 유림은 일제가 조선을 강점하면서 복벽주의를 포기하고 의병, 독립운동 등 항일운동을 했다.

3. 공동체 사상

개인과 사회

첫째, 삶의 주체는 인간이다. 인간은 평등하다. 삶에는 식의주 교육 건강 문화 등에 필요한 물자와 서비스 외에 주관적 요소가 작용한다. 주관적 요소에는 개인적 특성이 많이 작용한다. 그 가운데 개인이 관련된 공동체가 행복에 미치는 영향이 크고, 이 가치의 비율이 점차 커진다.

가족공동체의 의미가 상당히 퇴색했다. 사회관계 중심으로 공동체의 위상이 이동했다. 최정규는 독일에서는 명절에 집안들이 만나지 않고 이웃이나 뜻을 같이하는 사람들이 모인다고 했다.

김진숙(한진조선 해고자)은 87년 노동자 대투쟁 한 세대가 지나면서 노동 계급의 사고가 실종됐다며 인간을 생각한다고 했다.[25] 방종운 콜트 지회장은 노동운동에서 정규직과 비정규직을 차별하고 있는데 이를 넘어 인간을 생각해야한다고 했다. 노동조합의 조합주의에 대해 인간을 존중 제시했다. 이는 한국에서 조합주의로 왜곡된 마르크스의 노동자 계급 중심 사고에서 계급 + 인간으로 가는 것으로 이해한다.

둘째, 생산의 원천은 노동이다. 노동은 생산, 분배, 소비의 과정이다. 사람만 생산하는 것이 아니다. 동물과 식물도 생산한다. 이것은 지속가능성과 연결된다.

---

25) 천정환, 「여공의 배움… 계층상승 욕망 너머 인간다움을 꿈꾸다」, 『한국일보』, 2016.01.04.

자본은 생산 과정에서 발생한 이익 가운데 임금을 지급하고 남은 나머지가 이윤이다. 이윤과 비슷한 개념으로 이자, 지대 소득이 발생한다.

이윤을 축적한 것이 자본이다. 자본은 죽은 노동의 축적이다. 축적된 자본에 대해 노동자는 부유세, 상속세, 종합소득세, 토지보유세, 지역재투자세(지역재투자법)를 요구할 권리가 있다.

노동자는 임금(stock), 정규직 노동, 복지 등을 요구한다. 복지는 이전의 노동(노후와 실업 대책) 또는 미래 노동(육아와 교육)에 대한 책임이다. 노동을 존중하는 생각, 이론, 이데올로기, 교육을 요구한다.

노동의 사회적 가치는 개인이 아닌 인간 공동체, 지속가능성에 기여한다.

교육이나 언론에서 '노동은 천한 것'이라고 반복적으로 선전한다. 이것은 노동을 기피하게 만든다. 노동자 스스로 천하게 여기게 만들고, 노동자를 지배대상으로 삼는다. 노동자는 스스로 피지배 대상으로 여기고, 빼앗기는 것이 당연하다고 생각한다. 이것을 숙명으로 여기게 한다.

이것이 몸에 배여 삶이 피동적이게 된다. 실천하지 않으면 생활을 바꾸기 어렵다. 운명은 바꿀 수 없는 것이라고 생각한다.

"수출이 잘되면 나라가 잘되니 좋다. 수출이 잘되려면 상품 값이 싸야 한다. 임금이 비싸면 안 된다."

자본가라면 이러한 입장에 선다. 그러나 노동자인데 마음으로는 이러한 입장이고, 생활에서는 이에 반대하는 입장에 선다면 양자 사이의 간격을 좁히기 어렵다.

수출 위주의 경제구조를 내수 비중이 상당히 높은 경제구조로 바꾸어야 한다.

학생들은 부모님 노력의 덕으로 안정되게 공부해 지금의 대학생이 될 수 있었다, 부모님에게 감사한다고 했다. 이 말이 틀린 말이 아니다. 대학을 다닌 것은 부모님이 자신 외에 다른 사람의 노동력으로 자녀를 대학에 보낼 만큼의 소득을 올릴 수 있었기 때문이다.

일제 강점기 항일운동에 자금을 대는 기업을 민족기업이라고 했다. 이것은 일제 탄압이 심해진 태평양전쟁 시기에 백산상회 등 소수를 제외하고는 사라졌다. 해방 이후에는 민주화운동을 하는 정치인에게 암암리에 자금을 지원하는 기업인이 있었다. 정주영 현대그룹 회장이 소떼를 북으로 몰고 가며 '민족애'를 과시했다. 그가 고향이 강원도 통천이며 압록강 앞에 유전을 개발하려 포석을 두었다는 말도 있었다. 2019년 한·일 경제 분쟁 이후 재벌이 부품생산 중소기업을 포용하기 시작했다.

쌍용자동차가 구조조정하며 노동자를 해고했다. 해고노동자들은 경찰의 폭력 진압, 해고, 구속, 손해배상 가압류, 대법원의 사법농단, 취업 차단 등의 충격으로 30여 명이 자살하거나 질병으로 사망하고 노동자들이 오랫동안 복직 투쟁을 했다. 이에 대해 쌍용자동차를 소유한 인도 마힌드라는 노동자 요구를 받아들여 차례로 전원 복직시켰다. 인도에서 대자본인 타타와 마인드라는 네루 등이 영국에 저항해 독립운동을 재정적으로 지원했다. 한국기업은 대부분 사회적 책임(CSR)을 기업 이미지관리 차원에서 시행한다.

자본은 노사관계에 효(孝)의 개념을 도입했다. '사(使)는 노(勞)의 부모와 같다'는 등식을 이데올로기로 만들어 도입했다. 이런 사고체계에서 노는 사에 복종돼 노의 가치를 주장하지 못한다. 대학에서도 삼성이 성균관대를 통해 이 사상을 구체화하고 유포했다.

1960년대 이래 한국사회에는 성장신화가 있다. 나는 부자가 될 수 있어, 내 노력으로 내일은 오늘보다 나아질 수 있다. 기업이 잘되면 나라가 잘된다며 기뻐한다. 그러나 이것은 노동자에게는 허구이다.

통계청 「2015년 사회조사 결과」를 보면 평생 노력하면 본인 세대에 사회경제적 지위가 높아질 가능성이 높다고 보느냐는 질문에 21.8%만이 '그렇다'고 답했다. 이 응답은 2009년 35.7%, 2011년 28.8%, 2013년 28.2%였다. 자식 세대의 계층 상승 가능성에는 31%만이 '높다'고 대답했다. 이 비율은 2009년 48.4%에서 6년 사이에 17.4% 추락했다. 계층 상승에 대한 기대는 개인의 노력으로 이룰 수 있다는 기대가 작용하는 것이다. 그 저변에는 한국 사회가 성장하고 그 가운데 경쟁에서 이길 수 있다는 전제가 깔려 있다. 그러나 어느 사람의 계층이 상승하면 다른 사람의 계층은 하락한다. 경쟁을 통한 계층 상승보다는 협동해서 함께 잘 살겠다는 쪽으로 사회의식 변화가 필요하다.

노조의 관심이 일자리, 단체협약, 근로조건, 해고에 제한된다. 서유럽 역사에서 노조 중심의 한계가 드러난 경우이다. 1830년대 영국에서 노조는 노동자의 이익을 지키지 못했다. 대안을 협동조합과 사회주의가 대두했다. 1968년 68혁명 당시 노조와 좌익 정당(CGT) 드골정부와 타협하자 노동자 일부와 학생들이 시위를 계속해 드골정부를 무너뜨리고 대학 혁명을 이루었다.

자본은 노동자가 임금, 노동시간, 산업재해 등 관련 사항을 넘어 기업 경영에 관한 사항에서 변화를 요구하면 경영권 침해라 방어한다. 법원도 이렇게 판결한다.

노동자가 노동조합을 조직하고 그 한계를 느끼면서 공동체와 계급을 생각하게 된다는 보장이 없다. 전국노동조합협의회는 평등사회 앞당기기를 강령으로 삼았지만, 이후 합법화된 민주노조는 남성, 정규직, 기업별 노조, 산업노동자 중심의 '단수의 노동계급의 운동'에 정체되었다.26)

셋째, 지속가능성은 자본과 노동 모두에게 해당된다. 지속가능성은 노동자나 자본가 모두에게 해당되는 가치이다. 현실에서는 지속가능성의 위협에 더 노출된 노동자에게 더 가치가 있는 개념이다.

길게 보아 개인 이익과 공동체 이익은 일치한다

개인에게 단기적 이익과 사회와 관련된 장기적 이익은 일치할 수 있는가? 한국사회는 군사독재가 물러난 뒤 민주화가 진전되면서 공공의 이익은 약화되고 개인의 이익은 강화되는 현상을 빚고 있다. 이 둘이 만나야 한다.

한국 사회는 가족주의가 강하다. 이것은 이주노동에 대한 거부감으로 작용한다. 지식층, 전문가는 대부분 자본과 권력의 입장에 선다.

일자리 문제에서 나만 학점을 잘 따면 취직이 된다. 이 말은 전에는 옳았으나 지금은 옳지 않다. 청년 실업률이 4분의 1이다. 학점 순으로 취직한다고 가정한다. A학점을 따면 취직이 되고, B학점을 따면 취직이 안 된다. 전에 B학점을 딴 학생이 노력해 A학점을 딴다. A학점 딴 학생은 자연히 B학점으로 밀린다. 이 경우 취직하는 사람은 바뀌었지만 청년 실업률은 변함이 없다.

일자리를 늘려 청년이 취업한다. 취업하지 못한 청년에는 실업복지 수당을 준다.

개인-공동체의 관계는 분리할 수 없다. 청년 취업-실업 문제를 해결하려면 나만 잘되겠다는 생각으로는 해결할 수 없다. 학생 모두가 공동으로 노력해야 해결할 수 있다.

'착한 끝에 행복이 있다. 세상에 공짜는 없다'는 한국 속담이 있다. 길게 보아 개인의

---

26) 정성진, 『한국의 대안세계화운동 이념』, 한울, 2012, 81쪽.

이익과 공동체의 이익이 일치한다는 이러한 인식은 기성세대보다 젊은 층에서 높다.

그러나 민주주의가 진화하는데도 많은 시간이 걸린다. 세상이 바뀌지 않는다고 조바심하는 경우가 많다. 사물의 변화 속도에 비해 생각의 변화에는 오랜 시간과 학습이 필요하다. 학벌의 효용이 낮아지고 평등교육의 가치가 높아지는데도 많은 노력과 시간이 걸린다. 개인이 개인 위주의 생각을 공동체 위주의 생각으로 바꾸는데 한 세대 이상의 시간이 걸린다.

변산공동체를 운영하는 윤구병(전 충북대 철학과 교수)은 "교육은 스스로 앞가림하는 힘을 기르는 것이요, 둘째는 어울려 사는 힘을 기르는 것"이라며, "공동체에서 도시로 나간 아이가 아니다 싶어 다시 공동체로 돌아와 짝을 지어서 다시 아이를 낳아, 할아버지 할머니, 아버지 어머니, 아이들 이렇게 3대가 살아야 공동체가 유기적으로 이루어지는 거예요. 이렇게 해서 공동체가 제대로 자리 잡으려면 한 30년은 걸린다고 봐요"라고 했다.[27]

홍성 풀무학교는 지금은 지속가능한 농업을 교육하는 이름난 학교이다. 처음부터 그런 것은 아니다. 평북 숭실학교에서 배운 이찬갑은 6.25전쟁 때 피난해 주옥로를 만나 홍성에 정착했다. 이들이 대안학교 풀무학교를 세웠다. 이 학교는 처음에 사람들이 똥통학교라고 했다. 여기서 배운 학생들이 성인이 돼 이장 등이 되면서 학교에서 배운 것을 실천하고 퍼지면서 지금의 홍성군 홍동면의 유기농업 공동체가 이루어졌다. 이렇게 되기에 반세기가 너머 걸렸다.

유럽 민주주의는 5세기의 역사를 가졌다. 지금 우리가 부러워하는 유럽 민주주의는 컬럼버스가 아메리카에 간 1492년 이후 500년 걸려 이룩했다. 1789년 프랑스 대혁명, 1844년 영국 로치데일 협동조합 출발, 1848년 독일혁명, 마르크스의『공산당선언』발간(1948), 1917년 러시아혁명, 영국노동당의 집권, 1968년의 68혁명 등 긴 여정이 있었다.

이런 논리로 쿠바 해외원조를 보면, 쿠바는 의료 서비스 수출이 외화 획득 분야에서 1위이다. 쿠바는 의료수출의 대가로 산유국들에게는 외화를 바가지 씌우고, 가난한 나라에는 무상원조로 신용을 산다. 2008년 제63회 유엔총회에서 가맹국 192개국 가운데 185개국이 미국의 쿠바 경제봉쇄에 반대했다. 찬성한 나라는 미국, 이스라엘, 파라

---

27) 윤구병,『변산공동체학교 : 어제, 오늘 그리고 내일』, 보리, 2008, 260쪽.

오 3개국뿐이었다.(요시다 타로, 2011 참조)

미국 생물학자 로버트 트리버스는 「1971년 호혜적 이타 행동의 이론」 논문에서 인간은 어려움에 처한 다른 인간을 지금 당장 자신에게 손해가 되더라도 도와주는 이유는 자신이 반대로 곤란한 상황에 처했을 때, 그로부터 도움을 받을 수 있다고 기대하기 때문이라고 이타적 행위의 근거를 설명했다.

미시간대학 리처드 알렉산더 교수는 1980년대 '간접호혜이론'을 제창하고 트리버스 이론을 한층 더 발전시켰다. 타인을 돕는 행동은 평판을 높이는 일로 이어지고, 직접 연관이 없는 상대로부터 협력을 얻게 되는 등의 이점이 있다는 것이다. 알렉산더에 의하면 이것이 '도덕'의 근거가 되었다.

게임이론에서 발전한 '죄수의 딜레마'에서 협력할지 배신할지를 두고 한편이 배신하면 따돌려진 상대는 더 큰 손실을 입는다. 자칫 정직한 사람이 바보가 될 수 있으니 어느 쪽도 상대로부터 따돌림을 당하지 않으려면 '비협력적 태도'를 취하는 것이 합리적이다. 알버트 타커는 이러한 '공유지의 비극' 같은 상태를 '죄수의 딜레마'로 불렀다.

서로 뺏는 것 보다 서로 돕는 쪽이 유리하다는 것은 역사에서 보아도 명백하다. 생태인류학자 M. 히그몬은 정주 농경민인 호피족 100가구의 반세기에 이르는 농업생산과 기후변동을 바탕으로 식량위기가 발생했을 때 ① 자기 가족 외에는 절대로 식량을 나누지 않는다, ② 가구에서 남는 식량을 이웃에게 나누어 준다, ③ 마을 안에서 식량을 공동으로 이용한다 하는 세 가지 경우로 나누어 어느 것이 가장 유리한지 컴퓨터로 시뮬레이션을 해보았다. ① 경우는 45.5%, ② 경우는 92%, ③ 경우는 2.5%라는 생존율 결과를 얻었다.

생태학자 웬스타인도 안데스 케추아족의 250년에 걸친 데이터를 바탕으로 같은 모양을 시뮬레이션 했다. 부부와 아이들 6명으로 된 100개 가족에서 출발했는데, 여분 식량을 가족 이외에는 전혀 배분하지 않는 경우는 150년 후에는 전 가족이 소멸했다. 동일 씨족 안에서만 배분한 자이든지 모든 가족이 식량을 서로 나눈 경우에는 함께 안정된 생활을 이어갔다.

공동체의 개념에 변화가 있다. 조선시대의 두레는 노동공동체이고 향약은 지역공동체의 지배공동체이다. 동향계, 노동조합, 협동조합, 마을공동체, 공공부문, 정부의 공동체성 강화 요구로 발전했다. 동학농민혁명기에 집강소가 있었다.

사적인 이익과 공동체의 이익을 비교할 때 공동체의 이익을 우선하는 것이 장기적으로 이롭다는 것을 안다. 한국이 농촌공동체 사회에서 출발해 자본주의 사회를 거쳐 공동체를 중시하는 사회로 이동하기까지 상당한 시간이 걸린다. 개인의 경우 공동체를 우선하는 사고를 가져도 사적 관계가 몸에 배여 이것이 생활이 되는 데는 오랜 시간이 걸린다.

4. 한국의 공동체 사상

1) 공동체 사상

조선 시대

조선은 건국하면서 고려 사회의 격차 시정을 표방했다. 그 내용은 정도전의 통치사상과 『경국대전』의 민본주의에 나타났다. 조선은 개국 초에 국왕 소유 토지의 경작권을 개국공신에게 나누어주었다. 경작권을 가진 당사자가 사망하면 회수하는 것이 원칙이었다. 이 제도가 무너지고, 상업이 발달하면서 토지겸병이 광범위하게 일어났다. 조선후기에 불평등이 가장 심각한 사회문제였다.

조선후기 실학자들은 성리학의 기본개념인 이(理)의 주재성에 대한 변화를 기(氣)의 운동성으로 보면서, 이것이 민족주의 개념으로 확대되고 조선의 개체성과 개인의 개체성이 강조될 수 있는 근거가 되었다. 그리고 이것이 개인과 집단과의 관계 설정에서 유기체적 성격으로 나타났다.[28]

당시 봉건적 지주전호제의 개혁문제와 자경소농제를 건설하기 위한 농지의 배분문제가 집중적으로 논의되었다. 지주전호제냐 자경소농제냐 하는 두 농학사상은 한쪽은 근세유학·주자학을 그리고 다른 한쪽은 고전유학을 사상적 배경으로 하는 가운데 양측이 격렬하게 대립했다.[29]

28) 류진산, 『한국의 근대성 연구-실학과 동학의 사상적 연계성을 중심으로』, 국방대학교 안전보장대학원 국제관계전공 석사학위논문, 2004.12., 85쪽.
    조유식, 『정도전을 위한 변명』, 푸른역사, 1997.
29) 김용섭, 『역사의 오솔길을 가면서』, 지식산업사, 2011, 197쪽.

실학자들은 농민은 토지겸병을 반대하고 토지제도 개혁을 요구했다. 실학자들은 전제를 과전제(科田制; 유형원), 균전제(均田制; 이익, 홍대용), 한전제(限田制; 박지원), 여전제(閭田制; 정약용), 둔전제(屯田制; 서유구), 균경균작제(均耕均作制; 이규경) 등 개혁하자고 주장했다.

이지함(李之菡, 1517~1578)은 1578년 아산현감으로 부임해서는 걸인청(乞人廳)을 만들어 관내 걸인과 노약자 구호에 나서는 한편, 평소 구상했던 광산과 염전 개발, 걸인청 개청, 해외통상의 시무책을 담은 상소문을 조정에 올렸다. 그 내용은 백성들의 곤궁한 생활상을 알면서 군역에 넣는 그릇된 실태를 지적하고 시정을 요구한 것이었다. 선조는 그의 뜻이 옳다고 답했을 뿐 정사에 반영하지는 않았다. 그로부터 두 달 뒤인 1578년(선조 11년) 7월 1일 이지함은 이질에 걸려 신음하다가 62세의 나이로 세상을 떠났다. 그의 부음이 알려지자 아산의 백성들은 노소를 막론하고 부모의 상을 당한 것처럼 슬퍼해 거리를 가로막고 울부짖으며 앞 다투어 고기와 술로 제사를 올렸다.

■ 도표 34. 토정 이지함

유형원은 실학사상의 비조이다. 그는 『반계수록』에서 균전제를 주장했는데 모든 백성에게 똑같이 토지를 분배하는 것이 아니고 신분에 따라 차등지급하는 것이므로 제한적 균전제이다. 하지만 경자유전의 원칙을 적용해 다수의 농민에게 토지를 균등하게 지급해 자영농을 육성하게 하는 정책이다. 이는 문벌의 토지 소유를 제한하는 한전법이 제시되기에 이른다.(전호근, 2015, 477쪽)

정약용(1762~1836)은 중농주의 실학자로서 토지의 무상 분배, 공동 노동-공동 분배를 함으로써 토지 불평등을 개선하는 토지 정책인 여전론과 정전론을 주장했다. 정전론은 토지를 우물 정(井)으로 나누면 모두 9구역의 땅이 나오는데, 이중 8구역은 8명

이덕일, 『송시열과 그들의 나라』, 김영사, 2002.

의 농민들에게 나누어주어 농사를 짓도록
하고, 1구역은 공동 노동을 해 국가공동
체의 복리를 위한 비용인 세금을 내는 것
이다. 여전론은 여(마을 여, 閭)를 농민들
이 공동 노동, 공동 분배하는 마을공동체
구상이다. 정약용은 마을공동의 식당을
운영하자고 주장했다. 수원성 축조에 일
꾼을 임금노동자로 직접 고용하고 과학
기술을 이용했다.

■ 도표 35. 다산 정약용[30]

　박지원(1737~1805)은 열하일기를 지은
주체성[31]이 강한 학자이다. 북학의 추장자이다. 그는 빈부격차 대안으로 한전(限田)을
실시한 다음에 겸병자가 없어질 것이고 겸병자가 없어진 다음에 산업이 균등하게 될
것이고 산업이 균등해진 다음에 인민들이 토착해 각각 자기의 토지를 경작하고 근면

■ 도표 36. 연암 박지원

한 사람과 게으른 사람의 구별이 드러날 것이
라고 대안을 제시했다.[32] 한전론은 토지소유
의 상한을 정하자는 것이며 하한은 설정하지
않았다.

　이러한 실학에 나타난 개체의 평등성과 관
점의 상대화 이론이 창조주의 신관과 관련해
서 주어진다는, 종래의 이·기관을 발전시켰
다. 이러한 실학의 사상이 성리학의 배경에서
서학을 오랫동안 지켜보았던 최제우의 사상
형성에 영향을 주었다.(류진산, 2004.12, 85쪽)

　동학의 21자 주문은, 至氣今至 願爲大降(지
극한 기운이 이제 이르니, 크게 내리기를 바라노라). 侍天主 造化定 永世不忘 萬事知

30) mahan.wonkwang.ac.kr, 2015.9.13.
31) 전호근, 『한국철학사』, 메멘토, 2015 참조.
32) 신양웅, 「연암 박지원과 한민명전의」, 『내포문화』, 제14호, 당진향토문화연구소, 2002.

(하늘의 주인을 모시고 조화를 정하여 세상 영원토록 잊지 아니하면 만사를 다 알게 되리라)이다. 이 중에서 '지기(至氣)'와 '시천주(侍天主)'가 중요한 철학적 의미를 갖는다. 최제우는 지기에 대해 "지기란 허령창창(虛靈蒼蒼)해 간섭하지 않는 일이 없고, 명령하지 않는 일이 없고, 형상이 있는 듯하나 형용하기 어렵고, 말소리가 들리는 것 같으나 보기 어려우니 이것도 또한 혼원지기(混元之氣)의 한가지다"[33]라고 했다. 바꿔 말하면 우주만물이 상호연관 속에서 이해하고 그것을 주재하는 세계의 본원이 '지기'라고 하는 기일원론적(氣一元論的) 유물론이다.[34]

최제우에게 '지기'는 천지의 뿌리이며 만물이 그로부터 나고 그것으로 돌아가는 것이다. 동학에서 말하는 '기'는 세계의 모든 사물의 운동의 근원을 의미한다.[35]

동학농민혁명 사상은 동학의 '시천주', '인내천' 즉 사람 사이 평등에 바탕을 두고, 서유럽 열강과 일제 침입에 대해 '척양왜'는 국제사회에서 나라 사이의 평등이다.

동학이 서학에 대해 대항하기 위해 성립한 일종의 대항 이데올로기라고 하는 것은 옳지 않다. 동학이 19세기 서세동점 시대에 서학을 의식한 것은 사실이다. 그러나 최제우는 동학과 서학을 비교해 '운즉일(運則一), 도즉동(道則同), 이즉비(理則非)', 즉 동학과 서학이 하나의 시운을 타고 나왔으며, 추구하는 도는 같지만, 그 도를 실현하는 방법이 다르다고 했다. 그는 서학의 근대성과 보편성을 인정하지만, 조선에서는 그것의 제국주의적이며 침략주의적 성격을 극복해 조선 사람에게 알맞으며 조선 역사와 전통에 어울리는 주체적인 사상을 고대하던 민초의 소망을 집대성했다.[36]

동학농민혁명의 평등사상은 전주화약 때 전봉준 등이 강화의 조건으로 초토사에게 제시해 설치된 집강소에서 폐정개혁으로 추진한 12개 조항 가운데 다음이 해당된다. 즉 ⑤ 노비 문서는 불태워버릴 것. ⑥ 칠반천인(七班賤人)의 대우는 개선하고 백정(白丁) 머리에 쓰는 평양립(平壤笠)은 벗어 버릴 것. ⑦ 청춘과부(靑春寡婦)의 개가를 허락할 것. ⑨ 관리 채용은 지벌(地閥)을 타파하고 인재를 등용할 것. ⑩ 왜(倭)와 간통(奸通)하는 자는 엄징할 것. ⑫ 토지는 평균으로 분작(分作)하게 할 것이다.[37]

---

33) 최제우 지음, 박맹수 옮김, 『동경대전』, 지식을만드는지식, 2012.
34) 강재언 지음, 편집부 옮김, 『근대한국사상사연구』, 한울, 1993, 120쪽.
35) 김삼웅, 『녹두 전봉준 평전』, 시대의 창, 2007, 138쪽.
36) 박맹수, 『생명의 눈으로 보는 동학』, 모시는사람들, 2014, 139쪽.
37) 오지영, 『동학사』, 대광문화사, 1994.

동학과 동학농민전쟁에서 토지개혁, 신분해방, 집강소의 신분평등, 척양척왜 침략 반대와 왕정 개혁을 요구했다. 그러나 이 생각과 행동은 일제에게 강점되면서 좌절되었다.

홍대용의 새로운 우주관이나 정약용의 민권론, 그리고 동학의 인내천 사상은 전통적 사유의 바탕 위에 새로운 세계관을 융합하는 경향을 보였다. 이들의 사유가 박은식, 신채호, 정인보 등에 계승되면서 새로운 사상이 뿌리내렸다.(전호근, 2015, 682쪽)

동학농민혁명을 부정하거나 탄압하는데 가담했던 유림은 조선이 일본 식민지가 된 뒤에는 의병으로 전환해 일본제국주의에 저항했다. 지킬 왕이 없어 의병을 일으켰으나 복벽주의를 버린 것은 아니었다.

김구(金九, 1876~1949)는 1894년 황해도 도유(都儒)로 뽑혀 보은집회에 참가해 손병희를 만났으며, 제2대 교주인 최시형에게 팔봉도소접주(八峰都所接主)라는 첩지를 받았다. 그는 해주 죽산장에서 척양척왜의 깃발 아래 선봉장으로 해주성을 습격했으나 실패했다. 이후 신천 진사 안태훈(안중근의 아버지)의 집에 은거하며, 위정척사계열인 유인석과 동문인 고능선의 문하생이 되어, 춘추대의에 입각한 명분론적인 세계관에 몰입했다. 안동의 이상룡, 서울의 이회영 일가는 근거지를 만주로 옮겨 항일운동을 했다.

일제 강점기

일제 강점기에 식민 자본주의가 정착했다. 독립운동 사조는 민족주의, 사회주의, 아나키즘, 민주주의 등이었다.

3.1혁명 이후 임시정부 수립 움직임 속에 민주공화국의 이념이 있었다. 상해 임시정부 임시헌장에는 '대한민국은 임시정부가 (대의제 기구인) 임시의정원의 결의에 의해 이를 통치한다고 해 대의제 형식에 충실하려 노력했다.[38]

조소앙(1887~1958)은 삼균주의를 주장했다. 그는 개인과 개인, 민족과 민족, 국가와 국가, 정치·경제·교육 세 가지(삼)의 평등(균)을 주장했다. 개인의 평등을 위해서는 정치, 경제, 교육, 다시 이 세 가지(삼)가 평등해야(균) 한다고 했다. 이는 임시정부 정책이 되었다. 조소앙은 1948년 창당한 사회당 강령에서 '국비교육과 전민(全民) 정치와 계획경제를 실시해 균지·균권·균부의 사회를 건설한다'고 했다.[39] 평균주의는 제

---

38) 김정인, 『독립을 꿈꾸는 민주주의』, 책과함께, 2017.
39) 김삼웅, 「조소앙 선생의 역사적 위상」, 조소앙 선생 탄신 130주년, 대동단결 선언 100주년 기념 강연, 2017.

헌헌법에 반영되었다.

　항일운동하며 희망했던 민족해방 이후의 사회상은 사회주의 사상이 주류이었다. 이재유는 당시 항일운동과 사회주의 운동이 국제 사회에서 소련에 대한 의존도가 크고 국내에서 노동자연대에 치중하고 인민전선을 소홀히 한다고 비판하며, 국내 활동과 국제 연대 사이에 균형을 주장했다.[40]

■ 도표 37. 한국 사상의 좌표[41]

	실학	동학농민 혁명	3.1혁명	8.15해방	개발독재 시기	지식정보 사회	현재 당진
생산·소비	이용후생	경자유전· 근검	일제수탈 반대·징용 반대	농지개혁	저임노동· 수출	재벌해체· 임금주도 성장	지속가능한 산업
평등	영업전· 한전론	인내천	평등사상· 형평운동	사회주의· 여성참정권	단결권·복지	불평등해소 ·비정규직 ·사회임금 ·공유	부·교육 평등
민주주의	농민항쟁	집강소· 입헌군주제	공화제	제헌	대통령 직선제	직접 민주주의 ·촛불혁명	주민자치
자주	중국·일본· 오키나와 교류	척양척왜	민족해방· 민족자결	분단반대· 평화통일	남북평화 교류·자주	평화, 통일, 동북아 공동체	초국적자 본인 현대 제철의 지역재투자
지속 가능성	노장 도가 무위자연사상				반공해	지속가능성	기후운동

8.15해방 이후

　우리 사회에는 해방공간의 사회주의, 1960, 70년대 민족주의, 87년 이후 민주주의, 2000년대 들어와 지속가능성, 공동체주의 등으로 전개되고 있다.

　　12.19.
40) 김경일, 『이재유 평전』, 창비, 1993.
41) 김영곤, 「동학농민혁명에서 3.1혁명까지 당진의 사상을 찾아」, 『동학농민혁명 정신의 계승과 3.1혁명』, (사)당진시동학농민혁명승전목기념사업회·당진역사문화연구소, 2018.11.16, 49쪽.

사회주의

해방되면서 사회주의는 대부분 민중에게 독립된 한국 사회 건설의 대안 이념이 되었다.

일제 강점기 후반에서 8.15해방 정국에서 활동한 마르크시스트로 신남철, 박치우가 있다.

신남철은 조선 최초의 마르크스주의 철학자로 꼽힌다. 서울대 교수를 지냈고 6.25 전쟁 때 월북했다. 그는 마르크스주의의 대원칙 아래 휴머니즘에 기초한 혁명의 가능성을 모색했다. 그는 당시 진보적 민주주의 과제가 관철되지 못하는 이유를 혁명적 휴머니즘의 결여에서 찾고 좌우익의 폭력성과 무교양을 질타하고, 좌익의 교조적 태도를 동시에 비판했다.

박치우는 일본과 독일, 이탈리아 등지에서 전체주의가 득세해 개인과 전체 문제가 화두였다. 마르크주의를 지향한다고 해서 반드시 전체주의를 반대한 것은 아니었다. 그가 적극 찬동했던 볼셰비즘도 결국 전체주의로 흘렀다. 그는 마르크스주의를 지향하면서도 합리주의적 태도를 견지해 민주주의를 이뤄야 한다고 주장하며, 이성의 회복을 극복 방안으로 제시했다. 그는 『현대일보』의 발행인 겸 편집인으로 활동하다가 1946년 월북했다가 1949년 9월 남쪽으로 내려와 태백산 지역에서 빨치산 활동을 하다가 그해 11월 토벌군에게 사살당했다.(전호근, 2015, 686쪽)

해방 이후 여운형의 건국준비위원회(건준), 박헌영의 조선공산당, 남로당, 노동당은 사회주의를 표방했다. 사회주의 평균을 요구하는 흐름은 헌법의 균분제도와 농지개혁에 나타났다. 당시 공장자주관리, 농장자주관리, 어장자주관리를 진행했다. 조선공산당 강령은 토지제도에서 3 : 7제를 명기했다.(안재성, 2013 참조) 현재는 2 : 8이다. 1946년 남로당 강령은 무상몰수·무상분배의 토지개혁, 8시간 노동제와 사회보장제 실시, 주요산업의 국유화, 진보적 세금제 실시 등을 주장했다.

제헌헌법은 "모든 사람의 기회를 균등히 한다", "국민생활의 균등한 향상을 기한다"고 했다. 주요 산업·광산·산림 등의 국유, 국영을 언급했다. 그러나 임시정부가 천명했던 토지 국유화, 중요 산업의 국유화, 적산 몰수 등의 내용은 빠졌다.

조봉암은 진보당을 창당하고 평화통일을 주장하고 이승만 정부의 농림부장관으로 토지개혁을 시행했다. 농지개혁은 남한(1948), 북한(1946), 일본, 대만에서 거의 동시에 시행했다. 남한에서는 농지소유를 3정보로 한정하고 그 이상을 수용했다. 농지개혁에 따른 봉건체제의 와해는 이후 경제발전과 민주개혁의 발판이 되었다. 이것은 필리핀 등에서 지배층의 농지 과점이 주는 사회 발전의 후퇴와 비교할 때 분명하다.

사회주의는 광주민주항쟁 이후 러시아 레닌주의와 결합해 마르크스 레닌이즘(ML)이 되고 정파를 형성했다.

평등사상은 실학의 한전론과 동학농민혁명 집강소의 농지개혁에 뿌리를 두고, 해방 후 헌법의 균분과 농지개혁을 거쳐, 87년 전국노동조합협의회의 평등사회, 촛불혁명 이후의 재벌해체, 공유 등으로 이어졌다.

민족주의·평화·통일

미군과 이승만의 분단에 대해 김구 등이 뒤늦게 반대했다. 분단을 막으려 남북협상을 했지만 결실을 맺지 못했다. 여운형, 김구는 피살되었다.

해방 이후 친일파를 정리하지 못했다. 이 불행은 지금까지 우리 사회에 영향을 미치고 있다. 민족해방, 자주, 분단의 저지, 전쟁 반대와 평화, 남북의 교류, 통일을 하나의 맥락으로 볼 수 있다. 최근 평화와 통일은 별개냐, 하나냐 논쟁이 있다.

민족주의는 다른 민족으로부터 자율성을 지키고 그 억압과 착취에서 벗어나게 하는 기능을 한다. 민족 내부의 갈등은 국가 안의 민주주의를 발전시켜 충분히 해결 가능하고, 선진국가들의 경우 대개 이런 과정을 거쳤다.[42]

6.25전쟁이 일어나 남북 모두에게 큰 피해를 주고 서로의 신뢰에 큰 상처를 입혔다. 6.25전쟁의 피해에 대해 조봉암은 평화통일을 주장했다. 그는 대통령 선거에 나와 이승만 대통령의 존재를 위협했다. 결국 이승만에게 사형당했다. 4.19 민주혁명 뒤 학생들과 혁신계 인사들이 남북교류를 주장했지만 곧 5.16군사쿠데타로 진압되었다. 조국통일범민족연합(범민련)은 남북해외의 연대를 추진했다. 문익환 목사는 북한을 방문해 김일성 주석과 남북 통일방안을 협의해 막혔던 남북교류의 물고를 텄다. 김대중 대통령은 방북해 김일성 주석과 남북의 교류를 담은 6.15선언을 발표했다.[43] 노무현

---

42) 강철구, 『민족주의의 미래-민족주의의 연구동향과 전망』, 2018 국학 월례강좌, 2018.11.22, 10쪽.
43) 서보혁·이찬수, 『한국인의 평화사상 1·2』, 인간사랑, 2018.

대통령은 방북해 김정일 국방위원장과 10.24남북합의를 발표했다. 노태우 정권 시기 소련, 중국과 수교하고 북한과 남한이 차례로 UN에 가입해 두 개의 한국이 국제기구에서 현실화하는 동시에 교류했다. 노무현 대통령은 동북아에서 한국이 중국과 일본의 중간에 서서 공동체를 발전시키자고 주장했다.

문익환(1918~1994) 목사는 1976년 명동「3.1민주구국선언」사건으로 옥고를 치르면서 민주화투쟁에 나섰으며, 전국민족민주운동연합 상임고문(1989년), 범민련 남측본부결성준비위원회 위원장(1991년), 제4차 범민족대회 대회장(1993)을 역임하면서 민주화운동과 통일운동에 매진했다. 1989년에는 방북해 김일성과 회담하고 조국평화통일위원회와 가진 '자주적 평화통일과 관련된 원칙적 문제 9개항'에 대한 합의 성명에서 "7.4남북공동성명에서 확인된 자주 평화통일 민족대단결의 3대 원칙에 기초해 통일문제를 해결해야 한다"는 것을 확인했다. 또한 한반도 분열의 지속 반대, 정치군사회담 추진과 이산가족문제 등 다방면의 교류와 접촉 실현, 남북 통일국어사전 만들기, 공존원칙에 입각한 연방제 방식의 통일지지, 팀 스피리트(Team Spirit) 합동군사연습이 남북대화 및 평화통일과 양립할 수 없음을 확인하고, 전민련이 제안한 범민족대회 소집 지지를 발표했다.

남북분단이 장기간 고착되며 중국을 겨냥해 제주도에 해군기지를 설치했다. 문정현(1940~) 신부는 제주도 해군기지 건설을 반대했다. 그는 1974년 인민혁명당사건 관련 가족을 돕고, 천주교정의구현사제단을 만들어 민주화운동을 했다. 1996년 군산 오룡동성당 주임신부로 있으면서 불평등한 한미관계에 대해 주한미군지위협정 개정운동과 평택 대추리 미군기지 반대운동 등을 했다.

자주와 관련해 한반도 정세는 중국 일본을 포함해 동북아 나아가 동아시아가 하나의 공동체가 되느냐 미국 중심의 경제·군사공동체를 장기화시키느냐는 기로에 서 있다. 사상 부문에서도 친일을 사회운영의 주류로 긍정하려는 갈래가 있다. 박근혜 정권은 이런 갈래의 국정교과서를 제작하려고 했다.

북한은 지도이념으로 주체사상을 정립했다. 주체사상은 광주민주항쟁 이후 변혁 이념으로 풍미했다. 그러나 지금은 남북관계의 개선, 북한 민주주의 과제 등이 있어 하나의 사상으로 존재한다.

민주주의

한국사회에서 민주주의 과제는 참정권 특히 여성 참정권, 삼권분립, 참여민주주의, 투표율과 의석의 비례제, 직접민주주의로 변화했다. 제헌헌법은 균부와 남녀동등권을 명기했다.

6.25전쟁 이후 민주주의를 발전시키는 데, 4.19민주혁명, 한일협정반대, 유신반대, 5.18광주민중항쟁, 87년 민주항쟁과 노동자 대투쟁, 촛불혁명 등의 계기가 있었다. 이 과정에서 사회를 발전시키고 기득권에 저항하는 농민, 노동자, 시민, 학생을 아우르는 '민중'이라는 개념이 형성되었다. 민중은 민족·민중·민주를 포괄한다. '민중'은 식민치 치하에서 설움 받고 외세에 의해 수탈당하고 국내 지배층에 의해 억눌리고 빼앗기는 우리 역사 속에서의 민중이자 민족이다.[44]

지금은 초국적 자본과 재벌에 대한 대응, 민주주의의 질을 높이는 직접민주주의 요소의 강화, 페미니즘, 이주민과 난민의 권리, 평화의 정착과 통일, 동북아 광역 공동체 안의 민주주의 문제가 있다. 진보세력은 흩어진 정파를 이론을 통합하는 과정과 젊은 층이 정파를 구분하지 않는 공동 활동을 통해 극복할 수 있다. 대의정치에 불신이 크고 삼권분립이 무너지면서 상태에서 직접민주주의 실현 요구가 크다.

지속가능성

지속가능성은 성장의 한계에 직면해 저성장, 제로성장 그리고 공동체주의와 맞물려 전개된다.

김종철은 원래 문학평론가이었으나, 격월간 『녹색평론』을 창간하고, 생태 철학적 세계관에 입각한 새로운 공동체의 건설을 주창하는 사회 생태학으로까지 나아갔다. 『녹색평론』은 자본주의 체제의 반환경적 본질을 비판하고 자연과 인간의 공생을 모색하는 담론을 주로 실었다.

그는 "한국사회는 외환위기 이후 경제성장을 내세워 지대를 추구하는 세상을 만들었다. 정보접근이 쉬운 소수의 사람들, 약삭빠른 사람들, 돈과 권력이 있는 사람들이 특권적 이익을 추구하는 세상이다. 대표적인 예가 최순실이 아닌가. 이제 공생경제, 공생사

---

44) 안병무, 『민중신학을 말한다』, 한길사, 1993, 46쪽.

회를 만들어야 한다"고 했다.[45]

그는 "기존 정당정치와 대의제 민주주의가 파탄난 상태에서 입법부, 행정부, 사법부 외의 제4부로 시민회의를 두자고 했다. 무작위 추첨으로 구성된 시민의회가 국회와 정부가 하는 일을 감시ㆍ통제ㆍ평가하고, 이익집단에서 벗어난 자유로운 이들이 예컨대 헌법이나 선거법 개정, 사드배치, 남북문제, 탈핵, 4대강 등 주요 국가 현안에 전문가의 도움을 받으며 토의, 숙의하자"고 했다.

윤구병은 '뿌리 깊은 나무'의 편집장을 지내며 파격적인 구성을 시도했고, 이후 동화작가로 활동하면서 아동문학을 담당하는 '보리출판사'를 이끌어오고 있다. 또한 15년간 몸담았던 충북대 철학 교수직을 그만두고 농사짓는 변산공동체를 만들어 농촌에서 인류의 미래와 생명의 근본 에너지를 찾고 있다. 농사지을 때가 가장 행복하다고 말하는 그는 하루 6시간 주 30시간 근무제를 도입하고, '문턱 없는 밥집'을 시작했다. 나눔과 연대를 통해 사회의 변화를 이끌어내고자 노력했다.(윤구병, 2008)

공동체주의

박현채(朴玄埰, 1934~1995)는 1950년 6.25 전쟁이 발발하자 화순 백아산에 입산해 빨치산 소년 돌격 부대 문화부 중대장으로 활동했다. 1964년 제1차 인혁당 사건으로 검거되어 제1심에서 무죄, 이듬해 항소심에서 징역 1년을 선고 받았다. 1971년 박현채가 집필을 주도한 『대중 경제론 백문백답』은 김대중의 '대중경제론'에 영향을 주었으며, 1978년 출간한 『민족경제론』은 그의 대표적 저서로서 1970~1980년대 '민족 자본'과 '매판 자본'을 둘러싼 논쟁을 촉발시키며 한국 사회에 큰 영향을 끼쳤다. 그는 산업간ㆍ계급간ㆍ지역간의 불균형한 발전과 국민경제의 왜곡이 일본 제국주의와 식민지 경제구조의 연장이라면서, 자본주의 세계경제 하에서 한국 국민경제의 독자적 가능성을 제시했다. 1970~80년대 군사독재의 탄압에도 굴하지 않고 사회변혁운동에 앞장서는 실천적 경제이론가였다.

헌법에 경제민주화 내용이 담겨있다. 1987년 9차 개헌에서 추가된 제119조 ② 국가는 균형있는 국민경제의 성장 및 안정과 적정한 소득의 분배를 유지하고, 시장의 지배

---

45) 「뿌리 못 내린 한국 민주주의 문제와 해결책은 무엇인가」, 『경향신문』, 2017.3.28.

와 경제력의 남용을 방지하며, 경제주체간의 조화를 통한 경제의 민주화를 위해 경제에 관한 규제와 조정을 할 수 있다.는 경제민주화 조항이다. 동 ① 대한민국의 경제질서는 개인과 기업의 경제상의 자유와 창의를 존중함을 기본으로 한다.에 기업의 사회적 책무를 더하자는 의견이 있다. 제122조 국가는 국민 모두의 생산 및 생활의 기반이 되는 국토의 효율적이고 균형 있는 이용ㆍ개발과 보전을 위해 법률이 정하는 바에 의해 그에 관한 필요한 제한과 의무를 과할 수 있다.와 제35조 ③ 국가는 주택개발정책 등을 통해 모든 국민이 쾌적한 주거생활을 할 수 있도록 노력해야 한다.는 토지공개념, 공공주택 공급의 근거이다.

개발독재 시기 사상가로 유영모, 함석헌, 장일순 등이 있다. 장일순(張壹淳, 1928~1994)은 유영모의 제자이다. 그는 국립 서울대학교 설립안을 반대하다 제적되었고, 원주에 돌아와 대성학원을 세웠다. 그는 중립평화통일안을 주장해 1961년 5.16 군사정권에 의해 3년 옥살이했다. 1971년 지학순 주교 등과 함께 박정희 정권의 부정부패를 폭로하는 가두시위에 참여하는 등 사회운동을 했다. 그는 원주에서 도시와 농촌에 직거래를 하고 자연요법으로 농사를 짓는 한살림운동을 시작했다. 그 후 장자와 같은 무위자연의 삶을 추구했다.

장일순은 강단 밖에서 활동하면서 민주화에 헌신했는데, 대부분의 사람들이 상대를 적대시함으로써 자기 정체성을 확인하던 시대에 인간을 먼저 바라보라는 커다란 통찰로 많은 사람을 일깨웠고, 민주화 운동을 넘어 환경과 생명을 아우르는 폭넓은 사유를 보여주었다.(전호근, 2015, 800쪽) 그는 장일순 서화전에서 모인 수천만 원을 전액 한살림에 내놔 창립 밑천으로 삼았다.

전태일(1948~1970)은 평화시장의 의류 제조 회사에서 재단사로 일하며, 동료 재단사들과 바보회를 만들어 평화시장의 노동 조건 실태를 조사하고, 이를 토대로 노동청과 서울특별시에 노동 조건 개선을 요구하는 진정서를 제출했지만 묵살당했다. 22세의 젊은 나이에 노동자의 근로 조건 개선을 요구하고, 근로기준법 화형식을 한 후 분신자살했다. 전태일은 "근로기준법을 지켜라! 우리는 기계가 아니다!" 등의 구호를 외쳤다. 그의 어머니 이소선은 아들의 유언에 따라 청계노조와 노동운동에 헌신했다. 또한 전태일의 분신자살은 정부의 산업화과정에서 희생당하던 노동자의 삶이 사회문제로 크게 부각되는 계기가 되었다. 전태일의 노동자가 인간이라는 선언은 이후 한국의 노동운동, 학생운동, 민주화운동에서 중심 사상이 되었다.

1990년 결성된 전국노동조합협의회(전노협, 초대 위원장 단병호)은 사회적 주요 현안에 대한 노동조합의 입장을 표명하고 노동자 권익 향상 등을 위한 활동을 했다. 전노협은 스스로의 위상을 "전국 노동자의 단결의 구심"이라며 한국노총의 노사협조주의 극복을 하겠다고 밝혔다. 전노협은 강령에 마르크스레닌주의파와 민족해방파의 입장을 반영해 '세계 노동자들과의 연대'와 '자주 민주 통일'을 나란히 내걸지만 이 두 세력 모두 변혁을 지향하고 있기 때문에 '평등세상을 지향한다'고 했다. 전노협 결성은 한국의 노동자들이 하나의 계급으로 등장했다는 것을 의미하며, 평등세상의 강령은 이후 인간해방, 노동해방을 지향하는 노동운동의 중심 가치가 되었다. 노동조합이 조직노동자의 이익을 반영하는 데로 한정되면서, 전태일, 전노협 정신의 회복이 필요하다.[46]

장기려 의사(1909~1995)는 1968년 부산에서 국내에서 처음 민간주도 의료보험조합인 '청십자운동'을 창시해 가난한 환자들을 구제했다. 이는 국민건강보험의 기초가 되었고, 국민건강 보장으로 나간다.

흔히 말하는 안빈낙도(安貧樂道)는 더 중요한 가치를 위해 가난을 선택할 수 있다는 자발적 가난의 의미이다. 그런데 복지제도를 잘 갖출 경우 개인적으로 과도한 욕심을 내지 않으며 살 수 있다. 과도한 욕심은 대부분 노후 대책이나 자녀를 염두에 둔 것이기 때문이다. 이런 염려가 준다면 욕심도 줄게 마련이다. 이쯤 되면 복지낙도(福祉樂道)이다.

2) 인명 존중과 지도력

한국 사회는 지도력이 약하다. 역사에서 사회변혁 활동이나 정치에 참여하면 희생이 뒤따르는 확률이 커, 이를 기피하는 이유와 아울러 지난 정치 변혁기에 많은 지도자들이 희생당했기 때문이다.

한국에서는 적군 포로라도 될 수 있는 대로 살려준다. 조선 시대에 정부에 저항한 봉기에 대해서도 주모자 한두 명을 사형시키고 소수를 귀양 보내는데 그쳤다. 그러나

---

46) 김창우, 『전노협청산과 민주주의』, 후마니타스, 2007.

동학농민혁명 당시 일본은 동학군을 닥치는 대로 죽이고, 전쟁이 끝난 뒤에도 남해안 섬을 샅샅이 뒤져 농민군 5만 명을 몰살시켰다.[47] 제노사이드(genocide)다. 이런 양상이 일제 강점기, 해방 정국, 6.25전쟁 때 계속되었다. 그 뒤 한국군은 베트남전쟁에서 베트남 사람을 학살했다. 지금도 이스라엘군이 팔레스타인 사람을 학살한다.

내가 사는 당진은 관개농업 지역으로 지주제가 발달하고 빈부격차가 극심했다. 6.25전쟁 때 한마을에서 함께 살던 사람들이 계층 이념 종교가 좌우로 나누어 서로를 죽였다. 왜 서로를 죽여야 하는지도 잘 모르면서 그랬다. 그 상처가 커서 당진에는 한국전쟁 학살피해자 모임과 진상규명 활동이 없다. 내가 초등학교를 다닐 때 고대초등학교 교장이 6.25때 좌익에게 학살당했다고 기록한 비석이 있었는데 지금은 없어졌다. 당진성당과 합덕성당에는 좌익에게 끌려가 죽은 신부 추모 석판이 있다. 좌익이 학살당한 장소임을 알리는 표지판은 없다. 이런 일을 반복하지 않으려면 좌든 우든 희생을 기억할 필요가 있다.

제주4.3사건의 유족회(제주4.3희생자유족회)와 경우회(제주특별자치도 재향경우회) 두 집단은 2013년 이후 매년 한차례 만나 이야기를 나눈다. 제주 하귀리, 상가리, 장전리에서는 마을 차원에서 공동 추모공간을 만들었다. 2014년 제주도에서 전국체전이 열렸고, 경우회 회장과 유족회 회장이 공동으로 성화를 봉송했다. 가해자와 피해자를 함께 기리며 마을 공동체의 동질성을 회복하려는 노력이다. 가해자와 피해자 사이의 갈등이 길어지면 가해자도 피해자도 피해자가 되어 뒤섞인다. 남북문제에 적용하면 '북한이 우리의 주적입니까?'라는 단선적인 시선으로는 북한과 대화조차 할 수 없다.[48]

6.25 당시 정치사회의 지도자와 지식인들은 남에서 학살을 피해 북으로 피했다. 그러면서 남한 지식사회에는 인물의 공백이 왔다. 해방 뒤 경성제국대학을 해체하고 경성대학을 세웠다. 미군정이 김태준 경성대 총장을 지리산 이현상 부대를 방문했다는 이유로 사형시켰다. 그리고 국립서울대를 세우고, 교수 가운데 상당 부분을 친일 인사로 채웠다. 이 과정에서 공포를 느낀 많은 지식인이 월북했고, 남한 지식인 사회에 공백이 왔다.

---

47) 조정달, 『이단의 민중반란』, 역사비평사, 2008, 317쪽.
48) 이범진, 「인터뷰. 트라우마와 제주4.3 그리고 생명의 길」, 『복음과 상황』 2018년 4월 329호, 43쪽.
    한반도통일역사문화연구소 기획, 『태안 민간인학살 백서』, 2018.

해방 이후 희생된 지도자에는 여운형, 장덕수, 김구, 이현상은 피살되거나 사형당했고, 박헌영은 북한에서 숙청당했고, 조봉암, 인혁당 사건으로 도예종, 여정남(인혁당 사건 경북대 학생) 등은 사형당했다. 장준하는 의문의 죽음을 당했다. 노무현은 의문의 자살을 했다.

여운형은 균형된 지도자였다. 김구는 동학농민혁명, 3.1혁명에 참여하고, 상해임시정부를 이끌고, 남북 분단을 반대했다. 그러나 그의 테러 방식은 일본에게 충격을 주었으나 사회변화 노력을 대중에게 의지하지 않는 문제가 있다.

조봉암의 경우 비판이 많으나 변화된 상황에서 문제를 도출하고 해결하려 노력했다. 이승만 정권 당시 농림부장관으로 농지개혁을 이끌었다. 농지개혁이 북한에서 먼저 시작했고, 이에 대응해 일본, 남한, 대만에서 시행했다. 농지개혁이 농민이 농지를 갖게 하고 이런 평등이 산업화의 기초가 되었다. 남북분단과 전쟁에 대해 대통령후보로 평화통일을 주장하고 결국은 사형을 당했다.

여운형(呂運亨, 1886~1947)

일제 강점기의 독립운동가 겸 저술가이다. 1945년 8월에 건국준비위원회 위원장을, 9월부터 1946년 2월까지 조선인민공화국의 부주석을 지냈다. 구한 말 평등사상을 수용해 노비들을 해방시키고, 교육·계몽 활동을 하다가 1907년 대한협회에서 주최하는 강연회에서 안창호 연설에 감화되어 독립운동에 투신했다.

외교관으로는 중국에 건너가 신한청년당 당수로 활동해 1919년 3.1혁명을 기획했고, 김규식 등을 파리 강화 회의에 파견했으며, 직접 일본을 찾아 담판을 지었다. 상하이 대한민국임시정부 임시의정원 의원, 임시 정부 외무부 차장 등을 지냈으며 한국노병회, 시사책진회, 중한호조사 결성에도 참여했고, 1923년 국민대표회의 때 안창호, 김동삼과 함께 개조파로 활동했으나 임정을 떠났다.

이후 중화민국과 러시아를 오가면서 쑨원의 권유로 중국 국민당에 가담해 국공합작을 통한 중국 혁명 운동과 반제국주의 운동에 활동했다. 1929년 일본 경찰에 체포되어 국내로 송환된 이후에는 언론인으로 활동했다. 1920년대 초중반 중국 상하이에서 동아일보의 상해 주재 촉탁 통신원과 타스 통신사 직원으로 지냈으며, 국내에서는 1933년

~1936년까지 조선중앙일보사의 사장을 지냈다. 체육인으로는 조선체육회(대한체육회의 전신) 회장과 미군정기 군정청 체육부장을 지내기도 했다.

1944년부터는 비밀 지하 독립 운동 단체인 건국동맹과 농민동맹을 결성, 해방 뒤 1945년 8월 안재홍, 박헌영 등과 함께 건국준비위원회, 9월 조선인민공화국을 결성해 혼란 수습과 치안 유지 등의 활동을 했다. 1946년부터는 김규식, 안재홍과 함께 통일 임시 정부 수립을 위해 좌우 합작 운동을 전개했으나 이를 반대하는 좌·우익 양측으로부터 테러를 십여 차례 당했으며, 좌파 단체의 주도권을 놓고 박헌영 등과 경합했다. 1947년 백의사의 집행부장 김영철이 선정한 한지근(본명 이필형) 외 다섯 명의 저격을 받고 암살되었다.

■ 도표 38. 박헌영과 여운형

박헌영(朴憲永, 1900~1956)

몰락 양반 가문 출신 지주 박현주의 서자로 태어나 일제 강점기에는 사회주의 운동가로 활약했다. 조선공산당과 고려공산청년회의 주요 인사였고, 1930년대 조선공산당를 창당, 조직 활동을 했다. 1940년 이후 조선총독부의 탄압을 피해 광주의 벽돌·기와 공장의 노동자로 위장 취업해 지하 활동을 통해 공산당 재건운동 조직을 지도했다. 1945년 이후 해방 정국에는 조선공산당을 재건한 뒤 건국준비위원회, 민주주의 민족전선 등에서 좌파 정치인으로 활동했다. 미군정의 탄압을 피해 1948년에 월북했으며, 같은 해 4월에 열린 남북협상에 참여했으나 남한으로 내려오지 않았다. 기독교를 침략 제국주의의 아편으로 보고 신랄하게 비판했다. 1948년 9월 조선민주주의인민공화국 정부수립 뒤에는 부수상 겸 외무장관 등을 지냈으나 김일성에 의해 한국전쟁을 패전으로 몰고 간 미제국의 간첩이란 이유로 숙청, 희생되었다.

이현상(李鉉相, 1905~1953)

일제 강점기에 독립운동가, 사회주의자, 노동운동
가이며, 해방 후에는 남조선로동당의 간부로 지리산
일대에서 파르티잔 활동을 주도했다. 그는 쿠바 혁명
가 체 게바라와 비교된다.

■ 도표 39. 이현상

그는 중앙고보 재학 중인 1926년 6.10 만세운동 학
생시위에 참여했으며, 경찰에 체포되어 6개월 동안 수
형 생활했다. 1928년 보성전문에 입학해 고려공산청
년회에 가입했다. 고려공청과 학생과학연구회 활동으
로 체포되어 두 번째로 구속되어 징역 4년형을 언도
받아 복역했다. 형무소 복역 중 이재유와 김삼룡을 만
나 교류하고, 이들은 1933년 초에 경성트로이카를 결
성해 본격적인 노동운동을 벌였다.

경성트로이카 조직은 서울 지역의 공장 파업을 지도하고 동맹휴학을 일으켰다. 1933년
말 이현상이 붙잡혀 징역 4년형을 언도받고 1938년 출옥했다. 이현상은 김삼룡, 이관
술, 정태식, 김태준 등으로 구성된 경성콤그룹을 결성했고 박헌영을 영입했다. 경성콤
그룹이 기관지『코뮤니스트』발행하고 전국적인 노동조직을 갖추어 가던 중, 1940년
체포되었다. 이현상도 복역 2년 만인 1942년 10월에 병으로 가석방되었다.

광복 직후 이현상은 장안파 조선공산당에 대항하는 재건파에 합류했다. 재건파는
조선공산당을 결성했으며, 이현상은 중앙위원과 조직국원으로 선출되었다. 1946년 말
에는 박헌영과 이주하, 김삼룡, 이현상 등이 핵심 간부를 맡은 남로당도 결성되었다.
1947년에 전평의 허성택, 박세형과 함께 체포되었다가 두 달 만에 풀려났다. 남로당
기관지『노력인민』에 김원봉에 대해 평가한 글을 게재해, 일제 강점기 동안 보여준
김원봉의 비타협적 투쟁과 군사적 업적을 평가했다. 김원봉(1898~?)은 1919년 의열단
을 조직해 의백(단장)에 선임되었고, 황푸군관학교를 거쳐 1930년대 후반 조선민족혁
명당을 이끌고 중국내 민족해방운동을 이끌었다.

남로당은 군사부를 신설해 유격 투쟁을 준비했다. 1948년에는 남북연석회의에 참석

하기 위해 월북했다. 연석회의가 끝난 뒤 강동정치학원에서 유격전 교육을 마친 뒤 이주하와 함께 월남해 지하 활동에 들어갔다.

1948년 여수지역 군인이 제주도 투입돼 도민을 학살하는데 반대해 봉기했다.[49] 군인들은 대부분 진압되고 남은 부대원들은 이현상의 지휘 아래 지리산으로 들어가 빨치산이 되었다. 강동정치학원에서 교육을 받고 남파된 유격대도 조선인민유격대의 제1병단과 제3병단으로 가세했고, 통칭 지리산유격대로 불리는 이현상 부대는 제2병단으로 명명되었다. 1950년 한국전쟁이 발발해 이현상도 참전했다.

인천상륙작전 후 조선인민군이 후퇴한 뒤에도 조선인민유격대 총사령관인 이승엽은 남한지역의 6개 도당 위원장회의를 소집해 유격대들을 남부군이라는 이름으로 통합하고, 남부군 사령관에 임명되었다.

남부군은 1951년 5월 충북도청 소재지 청주를 기습하고, 민주지산 인근 도시와 경부선 군용열차를 습격했다. 6월 중순 덕유산에서 남한 6개 도당 위원장을 소집해 남부군 결성에 합의하고 총사령관으로 취임했다. 11월 국군과 경찰의 토벌 작전이 거세지면서, '조선인민유격대 독립4지대'로 개편되었다. 1952년 1월 18일 지리산 유격대와 좌익피난민 등 이천여 명이 대성리 골짜기에서 군경에 포위되었다. 미군이 네이팜탄 등을 투하해 천 명 이상 죽거나 체포되었고, 독립4지대도 4백 명이던 대원이 백오십 명으로 줄었다.

1953년 대한민국 영역에 남은 유격대 지위를 언급 없이 한국전쟁 휴전협정이 체결되었다. 이현상을 비롯한 지리산 유격대는 남북한 정치에서 미아가 되었다.[50] 협정 체결 1주일 후인 8월 3일에는 평양에서 박헌영이 정식으로 구속되고 이승엽 등은 처형되었다. 이현상은 모든 직책을 잃고 평당원이 되어 하산을 계획했다. 9월 17일에 토벌대는 빗점골을 포위했고, 9월 18일 오전에 총상을 입고 사망한 이현상 시신이 발견되었다. 이현상 시신은 방부 처리되어 서울로 이송되어 창경원과 도로변에서 바지만 입힌 채 유품과 더불어 20여 일 동안 전시했다. 남에 있는 가족이 시신 인수를 거부해, 토벌군 측의 차일혁이 섬진강에서 화장해 장례를 치렀다.

다음은 이현상이 지리산에서 조선인민유격대를 지휘하며 지은 한시다.

---

49) 주철희, 『동포의 학살을 거부한다-1948, 여순항쟁의 역사』, 흐름, 2017.
50) 정지윤 사진 · 글, 『바꿀 수 없는-비전향 장기수』, h2, 2018.

智異風雲當鴻動 지리산에 풍운 일어 기러기 떼 흩어지니
伏劍千里南走越 남쪽으로 천 리 길, 검을 품고 달려왔네
一念何時非祖國 오직 한 뜻, 한시도 조국을 잊은 적 없고
胸有萬甲心有血 가슴에는 철의 각오, 마음속엔 끓는 피 있네(안재성, 2013 참조)

도예종(都禮鍾, 1924~1975)

1946년부터 초등학교 교사로 재직했다. 1953년 대구대학 경제학과를 졸업하고, 대구대학 경제학 강사를 했다. 1960년 영주 교육감에 출마해 당선되었으나, 발령이 지체되어 결국 취임하지 못했다. 1961년 서도원을 위원장으로, 도예종을 간사장으로 하는 민주민족청년동맹 경북맹부를 결성했다. 민족자주통일중앙협의회 결성에서 조직 업무를 총괄했다. 서울대학교를 필두로 하는 민족통일연맹의 결성을 지원했다. 1964년 '인민혁명당 사건'의 당수로 조작되어 3년 옥고를 치렀다. '인민혁명당 재건위원회 사건'으로 체포되어 1975년 4월 9일 사형을 집행당했다.

여정남(呂正男, 1945~1975)

경북대 학생으로 2.28 대구 고교민주화운동에 참여하고, 군부독재를 처음으로 반대해 경북대 정진회 사건이 일어나고, 인혁당·민청학련 사건으로 사형당했다.[51] 나는 1970년 무렵 연세대 세브란스병원 파업 때 여정남이 대구에서 서울에 와 지지 방문하는 모습을 보고 놀랐다. 그는 대구 경북이라는 독재 탄압에 집중된 지역에서 학생으로 유신반대운동을 일으키고 전국적으로 연대 확대했다. 이 점이 박정희 독재의 눈에 띄어 결국 죽음에 이르게 되었다. 인혁당 사건 피해로 진보세력이 크게 위축된 대구는 반세기가 지난 지금까지 보수의 아성이 되었다.(이현세, 2018.9.7)

김병곤(1953~1990)

민중이 부당한 일을 당하는 걸 보고 싸움을 두려워하지 않았으며, 자신만의 굳은 심지로 묵묵히 남들보다 먼저 투쟁 속으로 들어간 뛰어난 전술가였다.[52] 그는 민청학련 소속으로 유신독재 반대 활동을 했으며, 1987년 12월 구로구청 부정선거 투표함 발

---

51) 정운현, 『청년 여정남과 박정희 시대』, 다락방, 2015.
52) 현무환, 『김병곤 약전』, 푸른나무, 2010, 179쪽.

견에 따른 구로구청 농성에 함께 했다. 87년 대투쟁 이후 민주화운동이 김대중-김영삼 대선 후보 지지로 나뉘었는데, 이를 통합하려 노력했다.

이런 비극을 겪으면서 문제를 통합적으로 바라보고 해결하는 실행력 있는 지도력에 공백이 왔다. 지도자의 희생은 사회 전체 지도력과 실행력의 상실이다. 1975년 인혁당 사건으로 대구지역 지도자를 사형시켰다. 20대 국회의원 총선에서 대구지역에서 민주당 소속 김부겸·홍의락 국회의원이 당선되는데 한 세대가 걸렸다. 대구에서 야당 후보가 당선된 건 1985년 신도환 국회의원 이후 31년 만이다. 소선거구제하에서는 45년 만이다.

이것은 지도력의 상실이 끼치는 영향을 단적으로 보여준다. 이들이 가진 문제해결 능력과 경험이 다른 사람이나 후대에서 전달되지 못하면서 사회적으로 큰 손실을 초래한다. 2016, 17 촛불혁명은 서로 죽이고 죽는 상처 없이 이룩해 지도력 손상이 없었다.

우리 사회에서 흔히 화가 나면 상대에게 "죽여버릴 거야", "사형시켜라", "처단하라"라는 말을 별 생각 없이 한다. 우리 사회의 지도력을 생각한다면 이런 말을 입에 올리지 말아야 한다.

2009년 한국은 '유럽평의회 범죄인 인도협약'에 가입해 국내에 송환된 범죄인에게 사형이 선고돼도 집행하지 않겠다고 협정을 맺고 국회가 비준해, 사형제도를 유지할 명분이 없다. 전 세계 198개국 가운데 104국이 법률상 모든 범죄에 대해 사형을 폐지했다. 2017년 한국은 사형 집행 중단 20년이 됐다. 2018년 개헌안에는 사형제도 폐지를 담았다.

정치 사회의 지도자는 문제의 지적을 넘어 해결하는 일이 가야 하는 방향과 아울러 해결하는 능력이 있어야 한다. 김대중 대통령은 대선 구호가 '준비된 대통령'이라고 했다. 그는 '내가 대통령이라면 어떻게 할까?'라고 사고했고, 오랜 고민의 결과 대중경제론을 내고 남북관계에서 햇볕정책을 시행했다.

80대는 8.15해방 이후 군사독재에 이르기까지 상실한 지도력 상실을 극복하려 노력했으나 단절을 극복하는데 한계가 있었다. 문제를 의제화하고 해결하는 능력이 약했다. 이런 인식 위에 60, 70대는 자신의 경험과 반성을 40, 50대에게 전달하고, 40, 50대는 이를 더 발전시켜 이론과 실천·경험을 겸비한 지도력을 발휘해 새로운 세대를 키워야 한다.

한국 사회 정치지도력에는 두 갈래가 있다. 하나는 민족자주통일중앙협의회를 중심으로 한 혁신계이다. 혁신계는 해방 이후 1970년대까지 대통령 선거에서 후보를 냈다. 다른 하나는 자유주의계열의 지도력이다. 함석헌, 장준하, 문익환, 백기완, 문정현 등이 이에 해당한다. 1960~1970년대에 인혁당사건, 남민전사건이 일어나면서 혁신계는 크게 위축되었고 대통령 후보를 내지 못하고 김대중 대통령 후보를 비판적으로 지지했다.(임구호, 2018.6.25) 친일, 냉전 세력이 후퇴하면서 노동과 생산 그리고 소비, 인간, 소수자의 권리, 지속가능성, 자주와 평화와 통일을 지키고 싸우는 사람이 진보를 구성하게 된다.

사회운동 활동가는 중년에 활동하더라도 60, 70대에는 뒤로 물러서 귀농하거나 휴식한다. 그러나 이들은 경험이 많고 건강한 반면 자녀가 장성해 교육비 부담이 없고 출세하겠다는 의욕도 약하다. 이들이 사회변화에 다시 역할 해야 한다.(이덕우, 2018.4.11) 생전에 어느 한 가지 문제 해결을 목표로 활동해야 한다. 일본에서 은퇴자들이 사회운동에서 하는 역할을 상기한다.

한국 사회는 노동자 출신의 지도력이 대학출신의 지도력에 비해 약하다. 강철구 교수는 대학출신이 노동운동을 주도하는데, 이들은 항시 출세와 부를 찾아 빠져나갈 수 있고, 그 결과 독립적 노동운동을 저해했다고 했다.(2018.3.16) 또 기업이나 학자들은 학습하고 자신을 재교육할 기회를 갖지만 노동자는 그렇지 못하다. 정파에 휩쓸리고, 노동조합 실무 관료에 이끌려 독립적 판단이 억제된다.

기존 정당은 젊은 세대 수혈한다며 사회운동 지도자를 정당으로 데려간다. 제도정치는 원칙보다 힘과 돈이 작용하는 영역이기 때문에, 정치인들은 쉽게 오염된다. 김영삼, 김대중, 노무현 정권 시기에 시민사회운동가를 대거 흡수하면서 시민사회운동에는 지도력, 동력 공백이 왔다. 사회 변혁을 바라는 활동가라면 기성 정치에 몸담는데 신중해야 한다.

동학농민혁명에서 개발독재에 이르기까지 사회운동과 정치 지도력이 외세, 좌우학살, 독재에 의해 상실되었다. 이와 달리 많은 사회운동가와 정치 지도자들이 스스로 목숨을 끊었다. 최근 노무현 대통령과 노회찬 국회의원이 스스로 목숨을 끊었다. 세상사에서 있게 마련인 부침을 받아들이며 자신의 역할을 할 기회를 만들고 기다리지 않아 안타깝다.

다른 나라 지도력의 경우이다. 베트남 시민은 호치민(본명은 Nguyen Sinh Cung, 阮生恭, 1890~1969)년 '호 아저씨'라고 부른다. 그는 30여 년 간 베트남 민족운동의 지도자로서 아시아의 반식민지운동을 이끌었다. 1890년 프랑스 치하의 베트남에서 태어나 선원, 정원사, 화부, 사진기술자 등 노동자로 세계를 여행하며 사회주의를 배웠다. 1930년 2월 베트남 공산당을 창당했고, 10월에 인도차이나 공산당으로 당명을 바꾸었다. 1941년 귀국해 독립동맹 베트민을 구성했고, 1945년 프랑스와 일본이 무너지자 9월 2일에 베트남의 독립을 공표했다. 1945년부터 1969년까지 북베트남 대통령을 지냈다. 호치민은 아시아 혁명 당시 중국이 맡았던 초기 역할을 잊지 않는 반면 아시아에서 중국의 영향력을 줄이기 위해 모스크바와의 관계를 활용하는 일에 몰두하며 무엇보다도 베트남인들의 권리를 주장하는 일에 주의를 기울였다. 이런 태도를 취함으로써 그는 두 공산주의 강대국 사이에서 균형을 유지할 수 있었다. 그 결과 전쟁이 다시 시작되었을 때 그는 양쪽으로부터 똑같은 양의 원조를 받았다.

쿠바 독립의 아버지 호세 마르티(Jose Marti, 1853~1895)는 17세에 세스페데스의 1차 독립전쟁에 참여했다가 두 차례나 스페인으로 끌려갔다. 그 후 멕시코, 뉴욕에서 망명 생활을 하며 미국 사회를 속속들이 들여다봤다. 1892년에는 쿠바 혁명당을 조직했는데 "만인에 의한 만인의 행복"이 당 강령이었다. 제2차 독립전쟁(1895~1898년)에 참여했다. 그는 이 전투에서 스페인군의 총탄에 맞아 사망했다. 그는 『우리 아메리카』에서 '인간이란 백인·혼혈·흑인을 초월한 존재이며 쿠바인 또한 백인·혼혈·흑인을 초월한 존재'라고 했다. 미국과 '우리의 아메리카'의 차이는 '내부의 비유럽계 타자(흑인과 인디오 등 원주민)에 대한 차별이 있느냐 없느냐의 차이'라고까지 말할 정도로 인종차별 철폐를 라틴아메리카 정체성의 핵심 과제로 끌어올렸다. 그의 사상은 첫째, 라틴아메리카는 새로운 민족으로 이루어져 있다. 둘째, 정신적·사회적 심리로 이루어진 아메리카의 자연이 존재한다. 셋째, 아메리카의 특징과 특수성은 스스로의 분석과 해결을 요구한다는 세 가지에 담겨있다. 그는 미국의 인종차별을 비판하고 '유럽이 되자', '미국이 되자'는 범미주의에 반대해 라틴아메리카인의 정체성과 독립정신을 고취시키는 저술 활동을 했다. 1991년 제4회 쿠바공산당 대회는 "저개발과 신식민지 지배에 대한 유일한 대안은 사회주의와 마르티 사상을 융합한 쿠바 혁명이다"라고 했다.

(요시다 타로, 2009 참조)

지미 카터 전 미국대통령이 퇴임 뒤 국제사회에서 봉사활동에 헌신하고 한반도에서 전쟁 위협을 막는 기여를 보면서, 한국 사람들은 "지도자는 이래야 하는데" 하고 부러워 했다.

5. 지식인으로 사회를 책임진다

지식인, 엘리트를 자부하는 사람들은 이웃과 함께 살아갈 때 존중받는다. 중국의 한어병음을 창시한 중국의 경제학자 저우유광은 "지식인들은 '역사의 진퇴에는 보통 사람에게도 책임 있다'란 말을 가슴에 새기고 국가와 세계를 생각해 행동해야 한다는 말을 남겼다. 그는 중국어를 로마 알파벳으로 표기하는 현대식 발음 표기법인 한어병음을 만들며 중국의 문맹퇴치와 현대 중국어의 보급, 국제화에 기여했다.

김용철 변호사는 광주 출신으로 검사였다. 삼성에 사장급으로 채용돼 로비자금을 전달하는 역할을 했다. 그는 이것이 잘못이라고 생각하고 삼성을 퇴사했다. 그리고 『삼성을 생각한다』(사회평론, 2010)는 책을 냈다. 이후 변호사도 할 수 없었다. 광주교육청 감사관을 했고 제과점을 운영했다. 그가 20대에 대학교육을 통해 검사 삶을 알았더라면 그의 삶은 덜 굴절되었을 것이다. 한인섭 교수는 "25세 이전에 자신의 삶에 영향을 줄 수 있는 사람을 인물을 만나는게 좋아요. 법대를 희망하는 사람들에게 가인은 '나도 이런 사람 되어야지'라는 생각을 갖게 할 것"이라고 했다. 『가인 김병로』(박영사, 2017)를 지은 한인섭 교수는 5공 시절 사법시험 2차 시험에 합격했으나 면접에서 법조인이 되려는 이유로 "무변촌의 변호사로서 어려운 이웃을 위해 변론을 하고 싶어서"라고 했다가 탈락하고, 2008년 합격증을 받았다.

전문가를 신뢰할 수 있나? 이명박 정부 때 4대강 사업에 대해 생태환경 전공 연구자들이 생태환경을 살려야 한다는 평소 연구와 주장과 달리 대거 4대강 프로젝트에 참여했다. 문재인 정부가 원자력 발전소 폐기를 시작할 때 원자력 연구자들이 원전 폐기를 반대하는 성명을 냈다. 이들은 원전 공사와 연구가 자신들의 수입과 연관이 있어 반대하는 동시에 자신이 가진 지식을 과대하게 신뢰하는 '확증편향'[53]이 있다. 이에 대해 시민들은 시민의 입장에서 생각해보라며 원전 폐기 여부를 결정하는데 전문가를 배제해야 한다고 주장했다. 같은 시기 일부 문학인들이 서정주 시인의 시와 친일행위를 분리해 평가했다.

이것은 6.25전쟁 때 맥아더 미군사령관이 만주에 원자폭탄을 투하하려 하자 아인슈타인을 비롯한 과학자들이 앞장서 스톡홀름 어필 행동을 하고 결국 미국 트루만 대통령에게 맥아더를 해임하게 한 것과 비교된다.

지식인이 기획만 하는 존재이어서는 안된다. 지식인은 실천에 근거해 이론을 구성해 사회 문제에 대안을 제시하고 이를 실현하는 존재이어야 한다.

---

53) 톰 니콜스, 정혜윤 지음, 『전문가와 강적들 -나도 너만큼 알아』, 오르마, 2017.

한국 청년 70%가 대학에 간다. 한국 사회에서 최대 과제는 학문 연구와 교육의 질을 높이고, 교육에서 개별로 창의성 개성, 전체로 다양성을 이루는 일이다. 대학은 학문을 비판적으로 연구해 사회에 대안을 제시하고, 이 연구를 학생에게 교육하고 지도하고, 학생이 제기하는 문제들 받아들여 자유스럽게 토론해야 한다. 그래야 사회에서 학문 연구와 교육이 선순환하고 지속가능성을 높인다.

1. 대학교육의 현실 – 청년이 자기와 사회를 모른다

대학생은 자신을 잘 모른다. 내 강의 수강 대학생 가운데 자신의 취미를 모르는 학생이 3분의 1이고 하고 싶은 일이 없는 학생이 절반이었다. 일본의 『무업사회』[1]라는 책에서 말한 '하고 싶은 일도 없고 할 줄 아는 일도 없는 무업자'가 우리 사회에도 있다. 이것이 대학생의 현실이다. 대학생이 변화해야 하며, 대학이 이를 뒷받침해야 한다.

고등학생의 대학 진학률은 2009년 77.8%를 정점으로 2016년 69.8%이다. 1965년 4년제 대학 진학률 3.3%에 비하면 엄청난 양적 팽창이다. 경제협력개발기구(OECD) 회원국 중 가장 높은 수준이다. 실업자 가운데 4년제 대졸자가 차지하는 비율이 2005년 15.3%에서 2016년 32%로 증가했다. 고학력 인구가 증가했지만 이들이 원하는 일자리가 그만큼 증가하지 않았기 때문이다. 대학생들이 일자리, 그것도 원하는 일자리를 찾는 방안을 마련해야 한다.

대학은 학생들에게 교수나 학생 그리고 이들이 속한 사회가 가진 문제가 무엇이고 그 대안은 무엇이고 그것을 어떻게 실현할 지를 가르치고 배워야 한다. 누구나 이것을 당연하게 생각하겠지만 현실은 그렇지 못하다. 그 원인을 아는 것도 쉽지 않다.

그 원인을 알려면 대학을 알아야 하는데 그것도 쉽지 않다. 누구나 대학을 다니다시피 하지만 막상 대학은 거대한 코끼리처럼 전모를 알기 어렵다. 그것을 아는 방법으로

---

1) 구도 게이 외, 곽유나 옮김, 『무법사회』, 펜타그램, 2015.

현재 대학이 겪는 문제가 대학의 역사에서 축적된 것이라 보고, 대학의 역사에서 나타난 문제점을 찾고 분석하는 방법으로 접근한다.

한국대학사

한국사회 대학은 고려의 국자감, 조선의 성균관이 있었다. 1900년 전후 보성전문, 연희전문, 이화여자전문학교를 설립했다. 일제가 1924년 경성제대를 설립했다.

해방 이후 경성제국대 교수들이 경성대학을 설립했으나 미군정이 이를 해체하고 국립 서울대를 설립했다. 사립 보성전문, 연희전문, 이화여자전문학교 등이 속속 미군정 아래 정식 대학으로 인가를 받았다. 서울 1945년 국립 19개, 공립 2개, 사립 28개 등 총 49개였던 대학은 1953년에는 국립 72개, 공립 34개, 사립 120개 등 총 226개로 급증했다. 사학의 급증 속에 특히 이화여자전문학교의 김활란과 연희전문학교의 백낙준, 보성전문학교의 유진오 등 '사학 3인방'이 사학권력으로 자리 잡았다.

해방 뒤 교육수요가 폭발적으로 증가했다. 학교를 지으면 농지개혁을 피할 수 있었다. 이 틈을 타 친일세력들이 대학을 세워 농지를 보존했다. 한국사회에서 사립대학이 대학의 대부분을 차지한 경위이다.

이승만 정부는 재단이 부실해도 사립대를 인정하는 방임적인 태도를 보였다. 정부 지원을 받지 않는 사립대가 재정난을 벗어나는 방법은 등록금을 받는 것뿐이었다. 자연히 사립대는 정원 증원에 급급할 수밖에 없었다.

1960년대 '개발 시대'가 시작되며 방임의 시대가 저물어갔다. 박정희 정부는 이승만 정부와는 달리 대학에 대한 통제를 강화하고 동시에 재정을 지원하면서 대학을 길들여갔다. 국가권력의 개입이 본격적으로 시작된 것이다. 대학들은 국가의 요구에 따라 이공계 인력과 수출 주도에 따른 상경계 인력 양성에 주력했다.

1980년대는 졸업정원제 도입, 사립대 지방분교 설립 승인, 개방대 설립 등의 영향으로 대학 교육 대중화 시대가 열렸다. 전두환 신군부 국가보위비상대책위원회의 1980.7.30「교육정상화 및 과열과외 해소방안」은 졸업정원의 30%를 추가 모집하는 졸업정원제와 늘어난 30%를 상대(수업)평가해 탈락시키는 내용이었다. 1975년 1만 6천 100명이던 서울대 재학생은 1985년 3만 명이 넘었다. 학생 수업 상대평가는 강의실에서 학생을 서로 경쟁하게 해 집단지성 형성을 막았다.

1990년대는 '경쟁과 자율'이라는 시장 논리가 대학에도 깊게 침투하면서 시장권력의 영향이 커지기 시작했다. 대기업은 대학법인을 인수해 대학 경영에 뛰어들었고 대학에 거액의 연구비를 지원했다. 그 결과 대학의 정책 수립에 기업의 요구를 반영하는 일이 많아졌다. 여기에 산학협동은 시장권력이 대학을 장악하는 발판이 됐다.

1995년 5.31 교육개혁안에 따라 교원과 학교 터 등 일부 요건을 최소한만 충족하면 대학 신설을 허용하는 '준칙주의'를 적용해 대학과 정원이 급증했다. 돈을 좀 벌었는데 증여세나 세금을 안 내도 되는 교육재단을 만들고 싶어 하는 기업들이 많았다. 처음에는 교육부가 굉장히 반대를 했다. 나중에 공급과잉이 된다고 했다. 그런데 기업들이 육영사업 하겠다는데 못하게 하느냐고 대통령에게 강하게 어필했다.[2]

대학생의 증가는 이후에도 계속돼 대학진학률이 80%에 이르러 고등교육은 '대중고등교육'이 되었다.[3] 교수는 안 뽑고 시간강사로 채우고, 교육의 질은 떨어졌다. 좋은 대학은 교수 숫자가 학생당 7명을 넘으면 안 되는데, 사정이 제일 낫다는 서울대도 그 정도는 안 된다. 교수 1명당 학생숫자가 몇 십 명 되는 대학도 많다. 그러니까 그 교육이 좋을 수가 없다. 지금 우리 대학은 고등교육이 아니라 대중교육이다. 몇 백 명 모아서 마이크 대고 강의하는 학원교육이다.(이해찬, 2015.9.29 참조)

갑자기 대학이 300개가 됐다. 입학정원이 65만 명이 되니까 학생이 부족한 상황이 됐다. 보통 한 나이 대에 65만 명 내지 70만 명이 태어난다. 그 중 대개 35%, 많으면 40% 정도 대학을 가는 게 일반적인데, 60만 명이 태어난다고 하면 한 20만 명이다. 그 정도가 대학교육을 받은 후 갈 일자리가 있는 건데, 우리는 입학정원이 65만 명이니까 반은 취직이 안 된다.

1996~2014년 신설되거나 4년제로 개편된 일반대가 52곳이다. 이 가운데 5곳(건동대·경북외국어대·명신대·성민대·아시아대)이 폐교됐고, 5곳은 다른 대학에 통합됐다. 14곳은 2011~2015년 정부 재정지원 제한 대학이나 학자금 대출 제한 대학 등에 지정된 적이 있는 '하위 대학'이다. 52곳 중 24곳(46.2%)이 문 닫거나 부실 대학으로

---

2) 이해찬, 「교육만이 대안이다 ① 대한민국 교육 현실과 교육정책 진단」, 더좋은민주주의연구소, ibd.or.kr/ 11766, 2015.9.29.
3) 김영곤, 「대학에서 비판을 어떻게 억제하나?」, 『내일을 여는 역사』 2015 가을 vol.60, 310쪽.

전락한 셈이다.

2016년 대학은 모두 430개이다. 그 중 4년제 일반대학은 189개, 전문대가 138개이다.

대학 정원은 4년제 · 전문대의 정원이 1995년 49만 8,000여 명에서 7년 만인 2002년 65만 6,000명으로 15만 8천 명(32%)이나 급증했다. 하지만 곧바로 학령인구 급감으로 참여정부 때 7만 1,000명, 이명박 정부 때 3만 4,000명을 감축했고, 박근혜 정부도 추가로 2023년까지 16만 명을 감축할 계획이다.

전국 2000년생은 640,027명, 남 334,736명, 여 305,291명(현재 15세)이다. 대학(대학원 포함) 재학생수가 현재의 240만 명에서 2020년 200만 명, 2035년 150만 명, 2060년 100만 명으로 각각 줄어든다.[4] 이에 교육부는 입학 정원을 줄이거나 문과계열 정원을 이과계열 정원으로 이동시키는 경우 지원금을 준다.

사립학교법은 학교법인 해산 시 잔여재산에 관한 사항만 다루고, 법인 해산 없이 동일법인 산하 교육기관만 폐쇄할 경우의 사항은 다루고 있지 않다. 부실운영으로 폐교된 경북외국어대의 잔여재산은 정관에 따라 설립자가 운영하고 있는 학교법인 무열교육재단(대구 대원고 운영)으로, 서남대는 설립자 이홍하가 설립한 또 다른 학교법인인 신경학원(신경대)과 서호학원(한려대)에 귀속됐다.

19대 국회에서 존립이 어려워 문을 닫는 대학의 재산을 국고가 아닌 대학구조조정위원회가 지정하는 개인에게 넘기는 대학구조조정법 입법(김희정 법안)을 추진했으나, 회기가 끝나 폐기했다.

2000년대 들어와 대학입학 학령인구는 주는데 대학에서 교육과 연구의 질이 낮아 대학이 시대를 이끌지 못한다.[5]

---

4) 이영, 「고령화와 고등교육의 장기여건과 재정수요 추정」, 『한국일보』, 2005.12.01.

5) 김정인, 『대학과 권력』, 휴머니스트, 2018.

1) 대학교육 정책

대학교육의 목적

대학의 역할은 8.15 해방 이후 관료의 양성, 산업화 시대에 필요한 테크노크라트, 신자유주의 시대에 필요한 기능 인력의 양성으로 변화했다.

신자유주의 시대에 대학의 목적은 무엇인가? 대학의 목적은 사회 일반에게 필요한 인재를 키우는 것이어야 한다. 그러나 현실은 다르다. 기업이 필요한 사람을 배출한다.

학생들의 직업 선택은 국가와 기업 그리고 이의 영향을 받은 사회와 부모가 주입식으로 목표를 제시하고, 학생은 수동적으로 기능적 직업 가운데 한두 가지를 선택한다. 주입식 직업선택 과정이다. 그리고 이것을 충족하기 위해 스펙을 쌓는다.

이러한 대학교육의 목적을 달성하는 방법으로 이 목적과 생각이 비슷한 교수를 임용한다. 해방 이후 미국을 유학한 연구자를 중심으로 교수를 채용한 것에도 이런 의지가 작용하지 않았나 생각한다.

이명박 박근혜 정부에 들어와서는 교육부가 지원금 수혜를 조건으로 대학 정책 수용을 요구한다. 그 기준이 대학평가이다. 대학평가에 따라 지원금, 신입생수를 정하고 심지어 대학의 퇴출여부를 정한다. 평가 항목에는 총장 선출방법, 학생 수업 평가방법, 영어강의 비율, 외국인 학생수, 편법으로 법정정원교수로 인정하는 비정년트랙을 포함한 전임교수의 채용 비율 같은 민주사회의 상식에서 동의하기 어려운 항목들이 들어있다.

교육부 「2017년 전국대학 연구활동 실태조사 분석보고서」에 따르면 지난해 일반대 전체 전임교원 수는 7만 4,461명으로 집계됐다. 학위취득국가별 전임교원은 국내에서 학위를 받은 교원이 전체의 62.5%(4만 6,529명)로 가장 많았다. 미국 24.2%(1만 8,016명)과 일본 3.8%(2,797명), 독일 2.3%(1,720명) 순으로 나타났다.

2015년 전임교원의 국외에서의 최종학력 취득 비율은 서울대가 60.4%로 10개 국립대학 중 가장 높았다. 이어 인천대가 48.1%, 충남대가 39.0%, 경북대가 38.75%로 뒤를 이었다. 제주대(22.3%), 경상대(26.7%), 강원대(32.9%)는 상대적으로 낮은 축에 속했다. 반면 시간강사 등 비정규교수는 국외에서 최종학위를 받은 인원이 18.7%인 1,919명에 그쳤고 국내 최종학위 취득자는 8,370명으로 81.3%에 달했다. 신분이 불안한 시간강사 등은 대부분 국내박사이다. 비정규교수 중 국외에서의 취득 비율이 가장 높은 대학 역시 서울대(26.8%)였다. 인천대가 22.6%, 경북대가 21.8%로 뒤를 이었다. 충남대(7.5%), 제주대(11.3%), 경상대(12.9%)는 낮았다. 국외 취득 현황을 국가별로 분석한 결과, 전임교원과 비정규교수 모두 미국이 가장 높은 비중을 차지했다. 국외에서 최종학위를 취득한 전임교원 중 66.9%가 미국에서 학위를 취득했고, 비전임교원은 42.4%가 미국에서 학위를 취득했다.

미국 유학생 수(2012~2013)는 한국이 7만 627명으로 중국(23만 5,597명), 인도(9만 6,754명)에 이어 3위지만, 인구 비율로 따지면 단연 세계 1위다. 중국보다 7.8배, 인도보다 17.5배 많다. 미국 학위가 가장 잘 통하는 나라가 한국이라는 얘기다. 이에 반해 일본의 미국 유학생 수는 1만 9,568명으로 한국에 견줘 턱도 없이 적다. 일본과 미국 사이에 학문 연구의 격차가 그리 크지 않다는 얘기이다.

김종영 교수는 미국 유학파를 '지배받는 지배자' 또는 '트랜스내셔널 미들맨 지식인'으로 규정한다. 미들맨들은 지배계층에게 지배받으면서 피지배계층을 지배하는 모순적인 위치에 놓인다. 미국 유학 지식인은 유학을 통해, 그리고 추후에 한국 또는 미국의 대학이나 기업에서 일하면서 정체성, 아비투스(취향 혹은 성향체계), 로컬리티의 변형과 '양다리성'을 경험한다. 미국 대학의 한인 남자 교수는 한국에 가서 메이저로 살자, 왜 여기서 마이너로 사냐며 한국 대학으로 자리를 옮겼다. 그는 자기 분야에서 촉망받는 교수로 두각을 나타내고 있으며 주류 중의 주류가 됐다. 미국 박사 1호 이승만이 대통령이 된 이래 미국 박사 학위는 한국 사회에서 출세의 보증수표로 인식되고 있다. 미국 대학과 한국 대학은 지식 생산 능력에서 큰 격차를 보이는데, 한국인 유학생들은 이 간극에서 트랜스내셔널 기회를 포착한다. 미국 대학의 글로벌 헤게모니는 한국 대학의 구조적, 조직적, 문화적 취약함으로 인해 더욱 공고해진다.[6]

---

6) 이재성, 「미국 유학파, '트랜스내셔널 미들맨'의 이중성」, 『한겨레』, 2015.05.14.
  김종영, 『지배받은 자-미국 유학과 한국 엘리트의 탄생』, 돌베개, 2015.

주입식 교육과 비판 금지

주입식 교육과 암기식 교육은 식민지 교육의 잔재이다. 1800년대 후진국이었던 프러시아는 유럽 열강의 반열에 오르고 싶었다. 그러려면 물불을 가리지 않고 전쟁터로 달려가는 군인들과 공장에서 쉴 새 없이 물건을 만들어내는 육체노동자들이 필요했다. 어떻게 하면 직업 군인과 공장 노동자를 많이 배출해낼 수 있을까 고민하던 1800년대 프러시아 지배 계층은 농민의 자녀들에게 직업 군인과 공장 노동자가 되는 교육을 시키려고 국가가 원하는 교육을 위해 교재와 제도를 만들고 통일된 교육을 위한 학교를 세웠다. 이 주입식 교육의 패턴은 일본의 식민지 교육을 통해 한국에 들어왔고, 주입식 교육과 암기식 평가는 서열을 만들었다.[7]

대학은 연구 교육 사회봉사(지도)에서 비판적인 태도가 기본이다. 그러나 대학은 비판 세력을 제거한다. 군사독재 시대에 독재자들은 대학의 비판 기능을 억제하려 고심했다. 박정희, 전두환 정권 시기에 비판적인 교수를 모두 600여 명 해직했다. 교수 재임용제를 실시한 첫해인 1976년, 전체 교수의 4.2%인 460명이 재임용에서 탈락했다. 대부분이 군사정부에 맞선 이들이었다.[8] 그리고 그 자리에 주로 미국 유학한 보수적인 교수로 채웠다. 학문이 현실을 반영하지 못하는 구조가 되었다. 실사구시의 연구풍토가 자리 잡을 수 없었다.

1977년 박정희 정권은 대학의 교원 즉 교수 부교수 조교수 강사 가운데 강사의 교원 지위를 박탈했다. 유신독재에 반대하는 교수와 학생을 대학 밖으로 쫓아내도 여전히 대학에는 독재에 비판하는 학생들이 계속 나왔다. 젊은 강사들이 학생들에게 비판적인 사고를 갖게 한다고 보아 강사에게서 교원지위를 박탈했다. 강사는 강의 자리를 유지하려 자기 검열했다. 이후 자기검열이 몸에 밴 연구자들이 전임교수로 임용되었다. 그 뒤에 대학에는 비판적인 관점을 가진 교수들이 자리 잡기 어려워졌다. 이로부터 40년 동안 비판을 금지한 대학을 거친 사람들이 50대 말의 세대까지 채웠다.

세월호 침몰 사건에서 304명이 죽거나 실종됐다. 이 사건이 일어나지 않고 구조하지 않은 데는 정부와 선장 등의 책임이 있다. 아울러 배가 침몰하는 것을 눈으로 보면서도 정부의 방침만 기다린 선원이나 선원의 "가만히 있으라"는 지시에 스스로 판단하

---

7) 이은열, 「교육, 혁신으론 부족하다」, 『당진시대』, 2016.01.09.
8) 성미혜, 「시간강사, 박정희가 만들고 대학은 이용했다」, 『시사코리아』, 2019.01.17.

지 못한 (어린 학생들을 제외한) 선원, 교사, 승객 등 어른들은 40년에 걸친 주입식 교육의 영향이 크다.(김동춘, 2015, 236쪽)

1980년 전두환 정권은 대학자율화 정책이라는 이름으로 대학입학 정원을 기존의 1.3배로 늘리고, 졸업정원은 그대로 두는 졸업정원제를 시행했다. 졸업정원을 넘는 학생은 상대평가를 통해 걸러냈다. 졸업하지 못하는 학생과 그 학부모가 반발하자 정부는 졸업정원제를 철폐했다. 대학에는 대학생 수가 크게 늘었다. 그러나 상대평가 제도는 그대로 시행했다. 수업의 상대평가는 강의실에서 학생을 서로 경쟁하게 하고 협동을 배제한다. 학점을 받으려면 학생은 강의에 들어와야 한다. 학생들을 강의에 묶고 강의 외 활동을 억제하는 효과가 있었다.

신자유주의 시대에 들어와 기업이 절대 평가한 학생 평가는 변별력이 떨어진다고 하자 대학은 이를 이유로 기존에 절대 평가하던 소수 인원의 어학강의마저 상대평가로 전환했다.

교수 비정규화

1977년 강사의 교원지위 박탈 이후 비교원, 비정규직 강사가 전체 교수의 절반을 차지했다.

교육부는 2002년 교수 계약제를 도입했다. 처음에는 기존의 교수도 모두 해당되었으나 교수들이 반발하자 새로 계약하는 교수에게만 적용시켰다.

2012년 고등교육법 제14조의 시행이 유보되었는데, 법정정원교수의 20% 범위 내에서 강사가 주9시간 강의하면 법정정원교수 1명으로 쳐주는 대학설립운영규정[9]은 그대로 시행하고 있다. 비정년트랙 교수를 법정정원교수로 편법으로 인정하고 있다. 법정정원교수의 감소는 대학에서 비판적인 연구와 교육, 토론의 금지를 의미한다.

2010년 성균관대가 모든 퇴임교수를 비정규교수로 대체하는 「성균관대 장기 비전

---

9) [대학설립운영규정] 제6조(교원) ①대학은 편제완성연도를 기준으로 한 계열별 학생정원을 별표 5에 따른 교원 1인당 학생 수로 나눈 수의 교원(조교는 제외한다. 이하 같다)을 확보해야 한다. ④제1항의 규정에 의해 확보해야 하는 교원에는 겸임교원 등이 포함될 수 있다. 이 경우 대학(산업대학, 전문대학, 전문대학원으로서의 대학원대학 및 이에 준하는 각종학교를 제외한다)의 경우에는 그 정원의 5분의 1(대학에 두는 전문대학원은 3분의 1), 전문대학원으로서의 대학원대학의 경우에는 그 정원의 3분의 1, 산업대학·전문대학 및 이에 준하는 각종학교의 경우에는 그 정원의 2분의 1의 범위 안에서 이를 둘 수 있으며, 겸임 및 초빙교원 등에 관한 산정기준은 교육부령으로 정한다.

2020」을 실행했다. 이후 다른 대학들이 뒤따르고 있다. 그러다보니 2014년 신규 임용 교수 가운데 비정규직(비정년트랙 교수)이 절반을 차지했다.

2) 대학의 운영

총장 직선

총장 선출은 1953년 교육공무원법이 제정되면서 대학총장 선출에 교수회의에 동의를 얻어야 했다. 4.19 뒤 정부는 이 문제에 방임하는 태도였다. 5.16 뒤 군사정권은 교육공무원법을 개정해 대통령이 교수회의 동의 절차 없이 총장을 임명했다.

1987년 민주화 이후 총장을 직선제로 선출했으며 뒤늦게 1991년 교육공무원법을 개정해 총장 직선을 제도화했다.

2011년 이명박 정부 아래 이주호 교육과학부 장관이 대학역량강화사업 평가 지표에 총장 직선제 개선 관련 학칙 개정 여부를 5% 비중으로 반영하는 '국립대 선진화 방안'을 발표한 뒤 국립대까지 대부분 간선제로 돌아섰다.

박근혜 정부는 국공립대 총장 선거에서 1위 득표자를 배제하면서 물의를 빚었다. 전국 국립대 가운데 유일하게 직선제를 고수한 부산대는 총장이 직선제를 폐지하자 2015.8 고현철 교수(54)가 항의해 2015년 투신자살했다. 그 뒤 부산대는 직선제를 유지했다. 경북대, 공주대, 한국방송통신대 등에서는 교육부의 요구대로 간선제로 총장 후보를 선출했으나 교육부가 뚜렷한 이유 없이 임용하지 않았다. 이것은 '교육공무원법 제24조(대학의 장의 임용) ① 대학의 장은 해당 대학의 추천을 받아 교육부장관의 제청으로 대통령이 임용한다.'의 위반이다.

사립대학은 대학에 따라 다르나 일반적으로 대학 구성원이 총장 후보를 복수로 추천하면 이사장이 하나를 골라 임명한다. 재단의 의사가 총장을 통해 대학 운영에 반영한다.

박경미의 「사립대학 총장 선출 실태 전수조사」에 따르면, 2018년 72%(99곳)의 대학이 구성원 참여 없이 학교법인이 총장을 정했고, 총장 직선제 대학은 5%(7곳)이다. 이 중에서도 교수·직원·학생 전원이 직접 선거에 참여하는 대학은 이화여대와 성신여대 2곳뿐이다.

문재인 정부가 들어선 뒤 국립대는 총장 직선제를 다시 도입하는 추세이다. 사립대에서도 이를 따르자는 움직임이 커지고 있다. 총장 선거에 학생 참여는, 부산대는 학생대표 20명 정도가 총장 선거에 참여하는데, 전체 투표권의 2% 정도다. 서울대는 학생투표비중은 9.5%이다. 조선대는 교수 76%, 직원 13%, 학생 7%, 동창회 3%, 비정규교수, 미화원 등 학교 구성원 및 지역 인사 1%로 선거인단을 구성한다. 1위 후보가 총장이된다. 한신대는 학생 투표 비중이 20%이다. 2017년 이화여대는 정유라 사태와 평생교육 단과대학 폐기로 최경희 총장이 사퇴하고, 후임 총장에 김혜숙 교수를 직선제로선출했다. 1886년 개교 이후 처음으로 교내 모든 구성원이 참가한 직선제 선거였다. 교수, 직원, 학생, 졸업생이 투표자로 참여했으며, 비율은 교수 77.5%, 직원 12%, 학생8.5%, 동창 2%이다.

총장 선거에 교수, 직원, 학생, 졸업생 외에 학부모, 지역사회 대표 등 이해관계자를 참여시킬 필요가 있다.

박엘리사의 「세계 우수 대학 총장선출 제도」에 따르면 하버드·케임브리지 등 세계우수 대학 28개 가운데 총장선출위원회에 학생을 참여시키는 대학은 절반 정도다. 미국 하버드대는 교수들을 주축으로 총장선출위원회를 구성해 총장 후보를 추천하면 동문 등으로 구성된 이사회가 후보들 가운데 총장을 선출한다. 미국 스탠퍼드대는 교수8명, 이사 9명, 학생 2명이 참여한 총장선출위원회 추천 후보 가운데 이사회가 선출한다. 영국 케임브리지대는 상징적 존재인 총장은 교수 중에서 한 명을 직선으로 뽑고, 실질적으로 대학을 운영하는 부총장 자리는 교수 평의원회가 후보를 뽑아 이사회가 최종 선출한다. 독일은 교수, 연구직원, 일반직원, 학생 등이 참여하는 중앙대의기구에서 투표로 총장을 선출한다. 일본 도쿄대는 총장선출회의가 추린 후보자 3~5명을놓고 교수 전원의 선거로 총장을 뽑는다. 대학이 민주화된 나라와 한국 대학의 총장선거제도를 단순 비교하는 것은 무리이다.

대학운영

문재인 정부는 국가교육위원회 출범과 함께 초·중등 교육에 대한 권한을 대부분시·도교육청과 학교현장으로 넘기고, 대학 교육과 평생·직업 교육을 교육부가 주로 담당하는 안을 검토하고 있다.

문재인 정부는 거점국립대네트워크와 공영형 사립대를 운영할 계획이다. 공영형 전문대도 운영할 계획이다. 아울러 성인평생학습을 활성화하기 위해 한국형 나노 디그리(Nanodegrees)모델을 운영할 계획이다.

거점국립대네트워크는 학생 선발을 공동으로 하고 학점도 공동으로 부여한다. 공영형 사립대는 사립대에 정부가 경비를 50% 지원하는 대신 이사회 절반을 공익이사로 채워 정부와 사립대가 공동으로 운영하는 형태다. 거점국립대네트워크는 우수한 학생이 서울-수도권으로 가는 것을 막고 지방에 잔류하는 효과를 목적으로 한다. 이것이 진행되면 정부의 특별한 재정지원이 뒤따른다. 이 계획에 지방국립대 학생들의 관심이 부쩍 커졌다.

전호환 부산대 총장은 국립대 연합대학을 제시했다. "부산의 국립대 4곳 가운데 3곳에 조선공학과가 있어요. 조선공학도를 공동으로 뽑아서 같이 가르쳐서 각각 졸업장을 주면 됩니다. 나중에 학생이 줄어들면 하나로 통합하면 되지요."라고 했다.

프랑스의 대학평준화 정책을 모델로 한다면 서울대까지 국립대네트워크에 들어가는 것이 옳다. 프랑스는 전국 대학은 파리 1, 2, 3...대학 식으로 이름을 바꾸기까지 하면서 평준화를 이루었다. 서울대가 이에 동의하지 않으면서 거점국립대네트워크에는 서울대가 빠지고, (지방)거점국립대네트워크가 되었다.

거점국립대네트워크, 공영형사립대 등 대학구조를 바꿔 재정을 지원하면 이 대학에서 연구와 교육의 질이 높아지느냐는 의문이 생긴다. 이 네트워크에서 연구와 교육의 질을 높이려면 비판의 자유가 활성화되어야 한다.

사립대학

한국의 4년제 대학 가운데 사립의 비중은 약 80%다. 이는 OECD 국가 대학의 평균 72%가 공립이며 사립은 14%인 것과 대조된다. 사립대 비중이 5.4배나 높다. 일본의 사립대 비중이 한국과 같은 75%지만, 시장 원리의 대명사 미국에서조차 사립대 비중은 30%에 불과하다.

사립대학의 뿌리는 해방 후로 거슬러 올라간다. 농지개혁 당시 3정보 이상은 개혁 대상이었다. 그러나 교육기관에게는 대상 농지의 절반을 개혁 대상에서 제외했다. 이때 친일지주들이 대학을 많이 세웠다. 이것이 사학의 뿌리이다. 지금은 대부분의 재벌과 큰 교회가 대학을 소유했다.

사립대학의 폐단은 조선 말 서원의 폐단과 비교된다. 조선 향촌사회에서 사립대학에 해당하는 서원은 사우, 명당, 향현사, 생사당, 정사, 이사, 효사, 세덕사 등으로 불렸다. 조선 후기 서원은 무려 1,700여 개였다. 대원군은 1865년부터 6년 사이에 700여 개 서원을 철폐했다.

서울대를 법인화해 사적 지배를 시도하고 있다. 서울대병원노조가 서울대 자회사에 SK가 개입하려는 것을 막았다. 대학의 경영은 등록금, 우골탑, 강사탑, 지원금, 적립금, 반값등록금 등과 연결돼 무상교육과 거리가 멀다.

교육부「주요 대학재정지원사업 국공립·사립 지원 현황」(2004~2017)을 보면, 2004년 교육부의 국공립 대학과 사립대학 지원 비율은 각각 5 대 5였다. 당시 총 4,823억 원 규모였던 교육부 대학재정지원사업은 국공립대학에 2,370억 원(49%), 사립대학에 2,453억 원(51%)이 배분됐다. 하지만 정부는 그 이후 13년간 사립대에 대한 지원 비중을 68%(2016년)까지 높였다. 특히 대학재정지원사업이 2017년 1조 892억 원으로 규모가 커지면서, 사립대가 지원받는 금액은 2004년 2,453억 원에서 7,554억 원으로 세배 가까이 늘었다. 9개의 대학재정지원사업 총액을 기준으로 국공립대와 사립대 지원 비중은 3 대 7 수준이다.

반면, 사학의 회계 투명성은 제자리걸음이다. 2016년 결산분석보고서를 보면 2016년 4년대 사립대의 이월금은 7,062억 원이고, 누적 적립금은 8조 82억 원이다.[10]

국민권익위원회가 각 대학에 교비 횡령이나 채용·학사 비리 등 부패 행위를 감시하기 위한 독립적 감사기구를 설치하라고 교육부, 한국사학진흥재단, 한국대학교육협의회, 한국전문대학교육협의회에 권고했다.

국가권익위에 따르면 전국 417개 대학이 정부와 지방자치단체로부터 받는 직접적 재정지원 규모는 2016년 기준 6조 403억 원, 인건비나 경상운영비 등 간접지원비를 포함하면 총 12조 9,405억 원에 달한다. 하지만 예산·인사·조직 등에 대한 대학의 자체

---

10) 유은혜, 「4년제 사립대학 2016년 결산분석보고서」, 2017.10.

감사조직은 미비한 상황이다.

교육부의 「10년간 사학분쟁조정위원회 심의결과」(2008~2017년)를 보면, 사분위는 2008년부터 10년간 상지대와 조선대, 대구대 등 모두 38개 대학(전문대 15곳 포함)의 정상화를 심의했다. 하지만 이들 중 상당수 학교에 비리 책임이 있는 옛 재단이 복귀하는 등 여전히 사학비리 논란에서 벗어나지 못하고 있다.

한국대학교육협의회(대교협)는 대학교육 자율이라는 이름아래 사립대학, 종교사학, 정부의 의견은 반영하면서 학생 노동자 농민 등 대학 교육 수요자의 의견은 반영하지 않는다. 1986, 87년 전두환 정권은 친위 쿠데타를 일으키려 했다. 그러나 민간정부를 원하는 미국과 민주주의를 원하는 시민들의 시위 때문에 친위 쿠데타를 막았다. 이즈음 대학을 자율화한다는 명분으로 대교협을 구성해 대학 업무를 이관시켰다. 대교협법의 '정부는 지원할 수 있다'를 근거로 매년 수천억 원의 국고를 지원받아 운영한다. 그러나 이 자율화는 대학의 민주적인 운영이 아니며 자본이 대학을 점유했다. 한국대학교육협의회법을 1990.12.27 제정했다. 대교협은 교육부의 대학입시 업무를 대행한다. 대교협은 총장들의 임의단체이다. 기타공공기관으로도 등록하지 않았다. 교육관련 유관단체일 뿐이다.

김명환 교수는 사학 문제는 박근혜가 대통령이 될 수 있었던 가장 큰 원동력은 참여정부 사학법 개정에 맞서 극한투쟁을 벌인 끝에 승리를 거둔 결과라고 했다. 다시 말해, 사학법 개정은 단지 교육 영역에 국한된 정치적 사안이 아니라 우리 사회의 실질적 민주화를 좌우하는 일이다.

사학의 비리를 막으려면, 첫째, 사립학교법 개정이 필요하다. 사학비리를 근절하기 위해서는 이사회의 민주성과 투명성을 확보해야 한다. 이를 위해서는 사학에 대한 교육부의 감독권과 감사권을 강화하는 동시에 대학평의원회의 실질화, 유명무실한 개방이사추천위원회의 개선, 개방이사의 실질화 등을 통해 구성원의 대학 운영 참여권을 법제화해야 한다. 비리가 발생할 경우 다시는 교육 영역으로 복귀하지 못하게 해야 한다. 둘째는 사립대학 설립을 남발한 '대학설립 준칙주의'가 문제다. 사립학교의 설립기준 및 통제 기능을 강화해야 한다. 셋째, '한계 사학법인'이 갖고 있는 대학을 공영형 사립대학으로 전환, 대학 공공성을 강화해야 한다.[11] 김상곤 교육부장관은 사립대 임원취임승인이 취소된 자의 이사 추천권을 제한하고, 임원 결격사유를 확대해 사학비리에 연루된 이가 학교법인 운영에 참여하지 못하도록 사립학교법을 개정하겠다고 했으나 이루지는 못했다.

폐교 절차는 대학 대학의 현금재산이 채무변제 예상액을 넘으면 자체적으로 청산절차를 밟는다. 채무변제 예상액이 현금재산보다 적으면 정부가 개입해 기금 등으로 채무변제를 집행한다. 그리고 매각 가능성이 높으면 자산 매각 후 채무를 변제해 청산절차를 완료한다. 매각 가능성이 낮고 지역에서 필요한 경우 자산 매각 후 채무를 변제해 청산절차를 완료하고 그 대학 시설을 활용한다.

사립학교법 제35조(잔여재산의 귀속)는 해산한 학교법인 잔여재산은 합병 및 파산의 경우를 제외하고는 정관으로 지정한 자에게 귀속된다고 했다. 잔여재산을 국고 또는 지방자치단체에 귀속된 재산을 사립학교교육의 지원을 위해 다른 학교법인에 대해 양여·무상대부 또는 보조금으로 지급하거나 기타 교육사업에 사용하도록 사립학교법을 개정해야 한다.

대학의 지배구조

대학은 고급인력과 이데올로기를 재생산하는 기구이다. 시민들은 이 문제를 잘 이해하지 못한다. 그러나 재벌들은 이것을 잘 안다. 두산이 중앙대학교를 인수할 때 등록금 수입 외에도 졸업생, 교수라는 전문성, 사회적 인식을 동시에 얻을 수 있다고 했다. 현재 대학을 소유하지 않는 재벌이 없을 정도이다. 동아일보와 고려대, 삼성 중앙일보와 성균관대, 조선일보와 연세대가 연결돼 있다. 이런 대학 지배구조의 정점에 삼성이 있다. 삼성이 성균관대에 이사를 파견하고 대교협을 통해 삼성 나아가 재벌 대학의 시장주의 입장을 대학에 관철한다. 교육계 인사에서 교육부~대학~국회의 삼자가 회전문 구조를 통해 인사를 순환한다. 실례로 교육부 장관이 대학 총장이 되고, 대학 총장이 국회의원이 되고, 국회의원이 교육부장관이 된다. 이것은 교육 피라미드 모습으로 하위까지 작용한다.

1970~80년대까지 교육은 지위 상승의 통로 역할을 했다. 1990년대 이후 학벌 서열, 학력 차별은 사실상 준신분적 차별로 굳어졌다.(김동춘, 2015, 241쪽)

---

11) 김대영, 「공영형 사립대의 조건은 '한계 사학법인' 청산」, 『한국대학신문』, 2017.12.27.

서울대를 정점으로 한 서열구조를 이룬다. 다음으로 강한 결속력과 단결력 때문에 고대 교우회, 호남 향우회, 해병 전우회가 3대 마피아로 불린다. 이들은 각기 서울대, 영남, 육군으로 대표되는 패권주의에 대항하는 파벌의 성격이 강하다. 그러나 학벌 혜택을 받는 자는 소수이고 다수가 피해자이다. 대학은 그 구성원과 지역의 필요를 충족하지 못하게 된다.

3) 대학의 학문 연구와 학생 교육 지도 기능

학문 연구

대학의 연구는 사회 현실을 반영하는데 한계가 있다. 연구에서 대안 기능이 있는 논문보다 논문 편수를 늘리는데 주력한다. 강의를 경시해 학생의 경험 생각이 교육을 통해 교수의 연구에 피드백 되지 않는다. 그 결과 대학은 한국사회에 대안을 제대로 내놓지 못한다. 관변이나 기업의 프로젝트 연구가 중심이다.

교육당국은 연구에서 질보다 편수에 가중치를 두었다. 그 결과 연구의 질이 낮아졌다. 실패하더라고 그 실패를 딛고 창의성을 발휘하는 체제가 아니다. 이런 연구 풍토에서 1985년 설립돼 30년간 국내에서 우수한 반도체 전문가들을 배출한 서울대 반도체공동연구소가 반도체 전문가를 찾지 못했다. 설립 이래로 1,519명의 석·박사급 인재를 배출한 반도체공동연구소가 교수 인력난에 시달리게 된 근본 원인은 논문을 많이 써내기 좋은, 유행만 쫓는 연구를 수행한 탓이다. 30년 전 반도체공동연구소 설립에 참여한 황기웅 전기공학부 명예교수는 "우리가 경쟁력을 가진 반도체 분야에서 중국의 빠른 추격을 걱정해야 하는데 정부나 사회가 무관심하고 심각하게 보지 않는 것 같다"고 했다.

중국은 문화혁명기에 지식인을 주자파(走資派)라고 억압했다. 1977년 문화대혁명이 끝난 뒤부터 대학을 개방적으로 운영했다. 학과 당 교수수가 많다. 상해 푸단대 역사학과는 교수가 100여 명이다. 모든 교수가 강의하는 것은 아니다. 도서관에 배치된 교수는 학생들의 도서 선택을 도와준다.(김동애, 2015.10.5) 베이징대는 교수 한 사람이 지도할 수 있는 대학원생을 8명으로 제한했다. 교원이 아닌 교수는 없다.

한국은 1975년 교수재임용제를 실시해 교수 사회를 압박했다. 1977년 강사의 교원지위를 박탈해 비판적인 연구 교육 기능을 억제했다. 두 나라 사이에 대학정책이 바뀐 지 40년이 지났다. 이런 결과로서 대학교육의 질에서 중국이 한국을 앞서는 부분이 나타났다고 추론한다. 한국은 우주과학은 물론 SW, 게임 산업, 철도 등 과학 분야에서 중국에 밀린다.

학부모 입장에서 보면 등록금을 내는데 그 중 극히 일부가 강사료로 지급되고 나머지는 대학 적립금 등 수익이 된다. 강사는 생활이 안 된다. 강사는 생활비 일부를 한국연구재단 연구프로젝트를 따서 사용한다. 실제 연구에 들어가지 않는다. 학부모가 내는 세금이 한국연구재단으로 들어가서 강사 생활비가 되는 구조이다.

한국 대학에서 교수가 강사나 대학원생의 연구를 표절하거나 이들에게 논문을 대필시키는 것이 흔하다. 서정민 조선대 강사는 10년 동안 교수직을 미끼로 내건 조○행 지도교수와 그 제자의 논문 54편을 대필했다. 서정민 강사는 2010년 논문대필과 교수 임용 비리를 고발하며 자결했다. 김명수 교육부장관 후보가 제자의 논문을 표절한 것이 밝혀져 국회 청문회를 통과하지 못했다. 상당수의 교수들이 50대가 넘으면 거의 새로운 연구를 시작하지 않는다. 교수가 수십 년 동안 교수를 하는 동안에 자기검열하고 실천과 이론의 연결고리가 끊어져 새로운 연구 동기를 이루지 못했기 때문이다. 그러면서 표절과 대필의 유혹을 이기지 못한다.

강사는 교원이 아니어 학생의 교육·지도와 학문 연구할 권리와 의무가 없었다. 강사는 교원이 아니기 때문에 자신과 관련된 연구와 강의를 하지 못하고 학생의 질문을 받아 토론하지 못했다. 이것은 사회 현실을 둘러싸고 연구와 교육이 선순환하지 못하는 문제점을 일으킨다.

서정민 열사 유족이 조학○ 교수와 조선대에게 제기한 연구업무 방해 손해배상 청구 소송에서 광주지법에 제출한 의견서에서 신선희 박사는 연구방법론 전문가로서 "조학○ 교수가 세미나에서 구두로 여러 가지 조언들을 했거나 새 문헌들을 소개(혹은 구매 제안) 하거나 구입하는 자금을 제공해 주는 정도의 기여는 공동 저자권이 아니라 기여 인정(acknowledgement) 수준의 언급이면 충분하다, 공동 저자가 되기 위한 준거를 충족하지 못한 것으로 보이는 조학○ 교수의 공동 저자권(authorship)을 취소하는 것이 올바른 조처"라고 했다.12)

같은 사건에서 박노자 교수는 "한국의 주요대학들이 아무리 랭킹이 높고 아무리 파

천황의 호조건을 제시한다 해도, 본인이 아는 노르웨이학생들이 절대적으로 그 박사
과정에 입학하는 것을 꺼리고 있다. 입학되기만 하면 지도교수의 '노예'가 돼 각종 요
구(영어논문수정 및 대필 등등)에 시달릴 것이 뻔하다는 생각 때문"이라면서 "한국대
학들이 명실상부의 세계대학으로 거듭나자면 논문대필 강요 등 부정관행을 철저히 척
결하는 것은 첫 단계라고 했다.[13]

2003년 백준희 서울대 연구교수는 한국학술진흥재단의 연구프로젝트 주문 논문 작
성에 매달리는 자신을 "유리상자에 갇혀 있다"는 말을 남기고 세상을 등졌다.

조동일은 학문병을 지적하며 "계획생산은 하지 않고, 주문생산에 매달린다. 무엇을
할 것인지 자기가 판단해 연구를 진행하려고 하지 않고 누가 무엇을 해달라고 하면
그 쪽의 요구에 맞는 결과를 내놓아 유용한 학문을 한다고 인정받으려 한다. 주문이
없어도 시류에 맞는 것이 무엇인지 판단해 잘 팔리는 상품을 내놓으려 한다. 그래서
얻는 평가는 단명해 쉽사리 패퇴될 줄 알고, 지속적인 의의를 가진 일관된 계획을 세
워야 한다. 시대를 뒤따르지 말고 앞질러 가야 한다"고 했다.[14]

대학에서 연구하는 내용은 주로 기업을 위한 것이다. 일반 국민이나 지역민을 위한
연구는 적다. 국립대는 사립대에 비해 지역에서 필요한 연구가 활발하다. 사립대는 기
업 입장에 서서 연구하는 정도가 국립대에 비해 크다.

기업 위주의 연구 방식은 교수들이 시장의 법칙에 따라 움직여 교환가치에 맞게 계
약이 이루어지고 보수가 책정되는 미국의 제도를 답습한 것이다. 미국과 같은 방식을
택한 것으로 보이는 계약제가 교수를 구속하는 노예문서 노릇을 한다. 한 번 탈락하면
다른 대학으로 갈 수 없는 악조건 탓에 자유로운 창조가 극도로 위축되게 된다.

독일과 유럽은 국가가 제공하는 예산으로 공공의 학문을 하는 데 힘쓰면서, 학문의
시장 경쟁은 미국에 유리하고 미국의 승리를 보장하는 방식으로 알고, 패배를 감수하
지 않기 위해 자기네 방식을 경쟁력으로 삼는다.

일본은 교수는 강의교수와 연구교수로 이루어진다. 대학 연구소에는 반드시 연구교
수가 있고, 대학 밖의 국립연구기관 종사자일 수 있다. 교수가 되기 위해 연구기관을

---

12) 신선희, 「의견서」, 2016.11.
13) 박노자, 「의견서」, 2015.11.23.
14) 조동일, 『학문론』, 지식산업사, 2012, 96쪽.

떠날 필요가 없고 한 자리에서 계속 연구하는 것을 원칙으로 삼도록 한다. 교수는 연구계획을 제출해 연구비를 받지 않아도 배정된 예산으로 연구를 할 수 있다. 실패해도 되고 결과가 나오지 않아도 되므로 좋은 결과를 내놓을 수 있다. 연구비는 7~8년씩 뚝심있게 지원한다.

한국에는 독자적인 제도로 만든 연구소가 없다. 대학 연구소의 구성원이 강의교수이다. 대학 밖의 연구소에서 연구하는 사람들은 교수가 아니라 학예연구직이어 대학에 갈 때까지 임시로 근무하려고 한다. 조동일은 전국 어느 연구소든 전임 연구교수를 두어 연구에 전념하도록 하자고 한다. 이럴 때 대학은 교육의 임무를 더욱 중요시하고 강의교수는 연구의 의무 때문에 시달리지 않고 강의를 잘 하기 위해 힘쓰도록 요구할 수 있다. 축적된 연구 결과를 이용해 수준 높은 강의를 하도록 한다. 강의교수는 연구를 하지 말자는 것이 아니다. 연구가 주어지는 의무가 아닌 자발적인 선택 사항이 되어, 양은 버리고 질에서 좋은 결과를 산출할 수 있다.(조동일, 2012, 134쪽)

한국은 미국이나 일본에 비해 연구 중심 대학이 많고, 교육 중심 대학이 상대적으로 적다. 2011년 연구 중심 대학은 미국 18개, 일본 15개, 한국 23개이다.(이무근·이찬, 2012 참조) 미국 경우 전체 고등교육기관의 5% 정도가 연구중심대학인 것으로 알려졌다.(김미란 외, 2010, 190쪽) 한국 연구중심 대학 운영에 진실성이 의심된다. 전호환 부산대 총장은 "저 출산으로 입학할 학생이 자꾸 줄어들고 있어 대학들은 협업해야 한다. 거점 국립대는 연구 중심대학으로 가야 한다."고 했다.

김진경은 한국의 대학에 투여되는 연구·개발(R&D) 예산은 연간 5조 6000억 원 규모로 적지 않지만 시장 방식으로 개별 교수에게 주어져 직접적 효용성이 큰 분야에 집중되는 문제도 있고 학문 연구의 재생산 시스템을 만들어내는 효과도 별로 없다며, 한국의 개별 대학이 대학원을 제대로 발전시키기에는 규모가 너무 작은 만큼 적어도 광역권 단위로 거점 국립대 중심의 통합 대학원 네트워크를 구축하자고 했다.

대학에서 전임교수의 강의 시수를 줄여 연구를 겸할 수 있게 해야 한다. 대학원에 전임교수를 두어야 한다. 대학원 설치를 조정해 꼭 필요한 부문만 둔다. 대학원의 성격을 연구자의 양성인지 교양인의 양성인지를 분명히 해야 한다.(김동애, 2015.12.27) 유학생 중심의 학계는 연구에서 창의적이지도 도덕적이지도 못하다. 미국은 도덕성과 창의성을 바탕으로 연구의 질을 높이는 장치가 있다.(김종영, 2015 참조)

학문 분야별로 보면,

● 인문학은 인간의 사상과 문화를 배운다. 소설을 읽으며 그 속에서 나오는 주인공의 고민을 함께 하며 인간을 이해하게 된다. 문학, 역사, 철학, 예술...은 사물을 분석하고 또 그것을 통합 융합하는데 도움된다. 인문학은 사람을 이해하고 사람의 문제를 알고 해결하는데 지혜가 된다.

기업의 사장을 비롯한 상층 관리직은 인문학을 바탕으로 하는 창의성을 강조하면서도 하위직 노동자의 인문학은 존중하지 않는다. 이들의 자기 판단력, 결정능력을 배제한다. 대학생은 자기를 찾아야 하는데 비판을 억제하고 주입식 교육하는 기존의 대학교육에서는 이것이 어렵다. 주체성이 없는 노동을 하려면 인내해야 한다. 대학의 지루한 수업, 학점 강제, 교육 권력 등의 작용은 이 인내를 학생들에게 익히고[15] 길들이게[16] 하는 과정이라는 견해가 있다.

과학기술이 답하지 못하는 문제에 대처하기 위해 과학과 함께 가는 인문학이 필요하다. 유럽은 인문학 교육이 기본이다. 미국은 이공계에서 사회를 토론한다. 윌리엄 애덤스 미국 국립인문재단 이사장은 "이공계 분야의 노력으로 새로 발명된 기술, 더 나아가 이공계 연구의 본질에 대해 적절한 시각을 갖기 어렵다."면서 "과학자들과 인문학자들이 함께 학생들을 가르치는 교과과정이 필요하다."고 했다.

번역은 인문학의 뿌리를 튼튼하게 하는 작업이다. 번역청을 설립해 외국 서적을 실시간으로 번역해 국내에 공급해야 한다. 번역의 경시는 논문만 쓰면 임용, 재임용 등 자급자족이 완결되는 대학 사회의 구조에 그 이유가 있다. 대다수 대학이 학술 결과물로 책보다는 논문을 요구하고, 더욱이 번역은 제대로 평가조차 하지 않는다. 저술과 번역을 논문 못지않은 교수 평가 항목으로 넣을 필요가 있다.[17] 김종철은 지성적이고 양심적인 기사, 논평, 칼럼들을 선별해 영어·중국어·일어로 번역해 인터넷을 통해 국외로 발신하는 공적 기구를 설립·운영하자고 제안했다.

● 사회과학은 인간이 만든 도덕·종교·예술·법·정치·경제·교육 등을 그 대상으로 한다는 점에서 자연과학과 대비된다. 사회과학은 방법적으로 자연과학과 동일하다

---

15) 스탠리 아로노위츠 지음, 『교육은 혁명의 미래- 죽은 학교 살리고 삶의 교육 일구는 교육 혁명을 향해』, 이매진, 2014.

16) 류동민, 『일하기 전엔 몰랐던 것들』, 웅진지식하우스, 2013.

17) 박상익, 『번역청을 설립하라』, 유유, 2018.

는 입장의 실증주의적 과학관과 이에 대립하는 이념주의적 사회과학관의 둘로 나뉘어져 있다. 경제학·정치학·사회학이 기초적인 학문이다. 법률학을 이에 포함시키지 않는 이유는 법률학의 중심을 이루는 법해석학이 경험과학과는 달리 기술적 측면이 강하기 때문이다. 경영학, 행정학, 문헌정보학, 고고학은 응용사회과학 분야이다.

• 자연과학은 가깝게는 공학의 기초이고 멀리는 인문사회과학 구성의 저변을 이룬다. 한국에서 과학기술은 경제 도구에 불과했다. 과학 후진국이다. 아베 일본 총리는 "과학기술은 더 이상 경제발전의 단편적 수단이 아니며", 인류가 공동으로 직면한 "사회경제적, 정책적 과제를 해결하기 위한 핵심요인"이라고 했다. 과학기술체계, 과학과 기술의 중요성을 깨달아 실천하는 정치지도자의 위상, 문화적 위상은 하루아침에 만들어지는 것이 아니다.[18]

• 공학은 수학과 자연과학을 기초로 해서, 가끔은 인문, 사회과학의 지식을 이용해서, 공동의 안전, 건설 복지를 위해서 유용한 사물이나 환경을 구축하는 것을 목적으로 하는 학문이다. 자연과학이 이미 존재하고 있는 상태의 이해를 추구하는데, 공학은 어떻게 하면 목표로 하는 성과에 도달할 수 있을까라고 하는 목적성을 가진다. 공학은 다른 학문의 성과를 사회에 환원하기 위한 기술 개발이라고 하는 면에서 공동의 복지를 배려한다. 공학자들은 2가지의 천연자원, 즉 재료와 에너지를 사용한다. 대부분의 자원이 한정되어 있으므로 공학자들은 기존의 자원을 효율적으로 사용하는 것뿐만 아니라 새로운 자원을 계속해서 개발해야 한다.

정치학에 '공학'이라고 하는 말을 도입한 사회공학이나 정치공학은 공학의 방법론이나 정치학의 지식을 이용해서 정치구조나 사회구조의 형성을 연구한다.

• 의학은 인체의 구조와 기능을 조사해 인체의 보건, 질병이나 상해의 치료·예방 등에 관한 방법과 기술을 연구하는 학문이다. 오늘날에는 의학의 정의가 '인간을 생리적·심리적·사회적으로도 능동적이 되게 하고, 가능한 한 쾌적한 상태를 유지하게 하는 연구'라고 하는 기능적·사회적 입장으로 변해가고 있다. 한국은 서양의학과 한의학으로 이원화되어 있다. 세력이 강한 의학계가 한의학의 의료기계 기술사용을 억제한다.

---

18) 김우재, 「일본의 '위대한' 과학」, 『한겨레』, 2018.2.6.

한국고용정보원『기술변화 일자리 보고서』의 '전공별(기술 대체) 분석 결과'를 보면, 2025년 인공지능·로봇 등 '스마트 기술'에 의해 직업 대체 효과를 가장 심하게 겪는 대학 전공은 의약계열이다. 고용대체율은 의약 51.7%, 교육 48.0%, 예체능 46.1%, 사회 44.7%, 자연 41.1%, 인문 40.2%이다. 이것은 취업에 유리한 대학생을 대상으로 했다. 그래서 전체 학력의 평균 스마트 기술 대체율(70.6%)보다 낮다.

박가열 고용정보원 연구위원은 "인공지능은 정해진 답을 구하는데 강점을 보인다. 정답만 요구하는 교육체계에서 인기 있는 학과에 진학하면 평생 먹고 살 수 있다는 시각을 바꿔야 한다."고 했다. 의사들이 의사 자격증을 받을 때 선서하는 '히포크라테스의 선서'는 의료 행위를 인술로 베풀어야지 절대 상술로 쓰지 말아야 한다고 했고, 체 게바라는 "의사는 의료행위로 장사해서는 안 된다"(송필경, FaceBook, 2018.7.23)고 했다. 치과의사인 김준혁 작가는 의료행위에 의학과 인문학을 함께 적용해야 한다고 했다.[19]

● 예체능은 예술, 음악, 체육을 가리킨다. 예술은 회화·조각·영화제작·무용 등을 가리킨다. 전통적으로 예술은 순수예술과 교양예술로 나누며, 후자는 언어·표현력·추론 등의 표현기술과 관련되어 있다.

한국예술종합학교는 창의적 교육을 목표로 운영하고 학생수업을 절대평가했다. 박근혜 정부는 한예종 학생들이 비판적이라는 평가해 정부 지원을 대폭 삭감했다. 정부는 예술대생들이 장기적으로는 성과를 내기 전에 당장은 '창조적 낭비'가 불가피하다는 점을 인정하지 않았고, 예술이 비판적으로 흐른 것을 기피해 상업주의로 흐르게 했다. 꿈과 현실의 충돌 지점에 갇힌 다수 학생이 좌절해 자살했다.(정이수 한예종 학생, 2016.10.27)

체육 분야에서 2017년 은퇴선수 10명 중 3.5명은 무직이며, 취업자 중에서도 스포츠 관련 종사자는 22.7%에 그쳐 전공을 살리지 못한다. 8,962명의 선수가 은퇴했는데 이중 87%인 7,770명이 20대였다.

한국은 인문학과 자연과학의 경계를 인위적으로 구분한다. 인문계 취업이 잘 안되니까 인문계열을 강제로 이공계열로 전환시켰다.

---

19) 김준혁,『누구를 어떻게 살릴 것인가』, 문학동네, 2018.

학생 교육·지도

고등교육법에서 교원의 임무는 학문 연구와 학생의 교육과 지도이다. 학생지도를 사회봉사라고도 한다.

대학은 주입식 교육을 한다. 강의실에서는 질문 대답이 없다. 죽은 강의실이다. 학생은 학점과 스펙만을 추구한다. 자신의 생각은 없고 시키는 일만 잘하도록 훈련받는다. 교육의 결과로 형성된 대학 졸업생은 노블리스 오블리제, 저항, 노동의 준중, 인간 평등한 권리를 알지 못한다. 사회에 나가 갑이 되면 그것을 당연하게 생각한다. 갑질 하는 것이 당연하다. 하급 기능직이 되어 을이 되면 그것을 운명으로 생각한다. 익숙하게 을질을 한다.

문유석 판사는 "정말 중요한 것은 좋은 답을 하는 것이 아니라 좋은 질문을 하는 거야. 좋은 질문을 할 수 있는 사람은 본질을 볼 줄 아는 사람이거든"이라고 했다.[20]

교육을 마친 뒤 사회에 나가 내가 하는 일/노동의 가치는 무엇인가? 나 이웃 공동체를 위해 주체적으로 하는 노동인가? 아니면 정부 기업의 계획과 필요에 따라 공급되는 노동력인가? 내가 원하는 직장에 들어가더라도 거기서 내가 하고 싶은 일을 하는 것과 회사가 시키는 일을 억지로 하는 것은 다르다.

온라인 교육은 똑똑하고 의욕은 있으나 사회 중추세력이 아닌 이들이 엘리트 집단을 훨씬 능가하게 만든다. 기계지능을 이용하면 굳이 대도시 근처에서 살 필요가 없다. 엘리트와 어울리며 인맥을 쌓는 것이 예전과 달리 별 의미가 없다. 인간과 컴퓨터가 결합하면 인맥 좋은 사람이 아니라 재능 있는 사람이 빠르게 보상받는다.

교수들이 온라인 교육에 겁내는 이유는 온라인 교육 때문에 일자리를 빼앗기거나 자신들의 지위와 중요성이 하락하거나 근본적인 교수법을 다시 배워야하기 때문이다. 미래형 교수는 동기부여 강사와 같은 형태로 바뀐다. 행사 주관이라고 보아도 좋다. 그리스의 심포지엄과 대중 집회에서 실시된 대면교육의 원래 모형으로 돌아가는 것이다.(타일러 코웬, 2017, 290쪽)

대학의 역할에서 한국사회 문제 해결에 한계가 있다. 대학 구성원들은 학벌을 구성해 사회의 균형된 민주주의 발전을 저해한다. 학벌과 관련해 서울대, 사립대, 지방국

---

20) 문유석, 『판사유감』, 21세기북스, 2014.

립대 사립대가 각기 학벌을 구성한다. 학벌 구성원들은 서로 밀어주고 당겨준다.

대학생들은 자신들이 사회 중견이 되는 20, 30년 뒤에 한국사회가 북유럽과 같은 사회가 될 것인가 아니면 필리핀과 같은 사회가 될 것이냐는 질문에, 아니 이미 필리핀처럼 되고 있다고 답했다. 필리핀은 빈부격차가 심하고 대학진학률은 높은데 대학 나와도 해외에 나가 남자는 막일을, 여자는 커리어 우먼을 위해 일한다. 왜 그런가?

필리핀은 대한민국처럼 학부모들의 교육열이 높다. 그래서 학부모들이 고생이 되더라도 자녀들을 가르치는 나라이다.

필리핀은 스페인 식민통치를 받으면서 1611년 아시아에서 처음으로 대학을 세웠다. 영어 공용국의 이점과 오랜 식민지 생활로 아시아에서 상대가 드물었다. 이는 근대초기 필리핀에서 고등교육을 받은 많은 전문 인력들이 주변 국가에 파견되어 건축이나 회계, 혹은 교육이나 법률 분야 등 전문 직종에서 활약하는 배경이 되기도 했다. 1960년 필리핀 건축기술자들이 한국에 와 장충체육관을 건설했다. 한국 사람들은 돔 양식의 원형경기장을 짓는 기술에 경탄했다. 이처럼 1970년대까지 아시아에서 가장 우수한 대학교육을 자랑했던 필리핀이 이후 마르코스 독재체제와 극단적인 양극화, 경제적 발전의 지체를 겪으면서 대학교육의 발전이 정체되었다. 이는 곧 주변국들의 추월을 허용하는 상황을 맞았다. 과거에 전문직의 고급인력을 해외로 진출시켰던 필리핀은 오늘날 건설 노동자나 가사도우미 등 단순 노무직 근로자를 수출하는 상황으로 추락했다. 필리핀 국내 산업이 농업이나 일부 서비스업 등에 치우쳐 있는 상황에서 비록 대학에서 우수한 고급인력을 배출한다고 하더라도 이들에게 제공할 적절한 일자리가 부족하다. 또한 주변국가들의 대학교육 수준이 이미 필리핀을 능가하는 상황에서 필리핀의 대학에서 배출하는 고급인력에 대한 수요는 점점 감소하고 있다.

이러한 필리핀 교육의 현실은 고급인력의 해외유출(brain drain)현상을 낳고 있으며, 국내에서 취업하는 인력은 해외기업들의 콜센터와 같은 단순 서비스 직종의 수요를 충족시키는 부정적인 현상을 낳고 있다. 국가가 장기적인 경제발전계획을 수립하고, 이의 추진과정에 필요한 인력을 대학에 공급하는 유기적이고 체계적인 관계가 수립되어 있지 못한 것이 현실이다.[21]

---

21) 김동엽·정법모, 「필리핀 대학교육의 역사와 현황 그리고 개혁 방향」, 『동남아시아연구』 22권(2012), 101쪽.

4) 교수

교수

8.15해방 뒤 미군정 아래 일제에 저항하던 비판 세력을 제거하고 친일 세력이 대학을 장악하고 경성대학 총장 김태준을 사형시켰고, 학자들의 상당수가 월북했다. 이 때문에 좌우대립의 문제를 떠나, 한국 학계에는 연구자와 학문의 공백이 발생했다. 관학 친일학자가 학계를 주도했다. 박성수는 "이완용의 조카인 이병도는 그의 도움을 받아 1925년 조선사편수회에 들어가 '조선사' 35권을 편찬한 구로이타 가쓰미 아래 고조선 2000년사를 말살하는 작업에 20년간 종사했다. 일제가 설립한 국책대학이 경성제국대학이고 천황을 위해 만든 것이 국사학과이다. 일제 식민사학이 이병도가 주도한 서울대학 국사학과로 그대로 이양되었다"고 했다. 친일 사학자 이병도의 아들 이장무 교수가 서울대 총장을 지냈다. 헤겔 전공 철학자 박종홍 교수는 박정희 유신독재에서 국민교육헌장 제정에 참여했다. 이영훈 교수(경제학)는 일제가 조선의 근대화에 기여했다는 식민지근대화론을 폈다.

서울대학의 친일 경향의 사학에 비판적이던 김용섭 교수는 1975년 연세대로 갔다. 김 교수는 조선후기 농업경제사를 연구해 한국사회의 내재적 발전론을 정립했다.(김용섭, 2011 참조) 김민수 교수는 서울대 미대 역사를 다룬 논문에서 초대 장발 미대학장 등 학계 원로 3명의 친일행위를 비판했다. 이것이 문제돼 1998년 재임용에서 탈락했다가 6년 동안 서울대에서 텐트 농성한 끝에 복직했다.

정운찬 전 서울대 총장은 "(대학이 사회에 대해) 경고음을 충분히 발하고 있지 않다"며 "일단 교수들이 강의, 논문, 프로젝트 실적 등으로 평가를 받다 보니 사회적 발언을 할 기회와 여력이 점점 줄어들고 있다"고 했다.

교육부와 한국교육개발원(원장 백순근)의 『2015 교육기본통계』에 따르면 전임교원의 박사학위 소지자는 7만 4080명, 석사학위 취득자는 2082명으로, 82.1%가 박사학위 소지자인 것으로 나타났다. 일반대학은 85.4%, 전문대학은 65.5%가 박사학위 소지자다. 국내에서 학위를 취득한 일반대학 교원은 62%, 전문대학 교원은 93.7%다. 국외에서 학위를 취득한 교원은 33.8%다.

교수에는 교수, 부교수, 조교수가 있다. 비정년트랙은 교수이지만 정년 트랙이 아니어,

승진에서 누락될 수 있다. 비정년트랙 교수의 비율이 12%(2011년)에서 20.6%(2015년)로 상승했다. 「비정년트랙 전임교수 운영 현황」(2013년)에 따르면, 비정년트랙 교수의 평균연봉은 약 3천 507만 원 정도다. 계약 기간은 1, 2년이다. 이전에는 대학들이 비정년트랙 전임교수의 재임용 횟수를 2~3차례로 제한해, 해당 횟수가 지나면 당연 퇴직되는 방식을 고수했다. 그러나 2012년에 대법원이 '비정년트랙 교수의 재임용심사를 배제하는 것은 사립학교법 위반'이라는 판결을 내리자 재임용 횟수를 제한하는 일은 줄어들었다.

전국교수노동조합(교수노조), 민주화를 위한 전국 교수협의회(민교협) 등이 교수 인력관리 대안으로 제시한 국가교수제는 전국 교수를 국가가 관리하는 체제이다. 국가교수제는 프랑스 사례인데 프랑스는 공립비중이 높고, 교수의 고용과 승진을 국가에서 관리하고, 임금도 전국에서 통일된 시스템으로 운영된다. 프랑스의 '국가박사'는 가령 박사학위를 가진 연구자에게 7년 동안 연구비를 지원해주되 연구 결과에 대한 평가를 통해 최대 3회까지 지원받을 수 있다.[22] 그래서 고용안정성이 높고 교수 간 경쟁 수준이 높지 않다. 교수 임금이 일반 노동자와 별 차이가 없어 그다지 인기 있는 직업이 아니다.(김미란 외, 2010, 191쪽) 독일은 박사학위를 따고 난 다음에 '하빌리타치온(Habilitation)'이라는 교수자격논문을 통과해야 한다. 이 과정을 거쳐 정식 교수가 되면 학교뿐 아니라 사회적으로 크게 인정받는다.

프랑스 국가교수제는 사립대학 비율이 높은 한국에 맞을지 의문이다. 오히려 교수 노조 등이 퇴출되는 대학의 교수 일자리 대책으로 국가교수제를 주장하는 것으로 본다.

1987년 6월 26일 민주화를 위한 전국교수협의회를 결성했다. 2001년 결성한 전국교수노조는 2015년 고용노동부에 노조설립 신고서를 제출했으나 거부당했다. 교원노조법 2조에 교원노조 가입범위를 초·중등 교원으로 제한해 고등교육법에서 정하는 대학 교원은 포함하지 않기 때문이다. 전국교수노조는 행정소송을 내고, 재판부에 위헌법률심판 제청을 신청했다. 재판부는 신청을 받아들여 헌재에 심판을 제청했다. 헌재는 교원노조법 제2조에 대한 위헌법률심판 제청 사건에서 재판관 7 대 2 의견으로 헌

---

22) 이강재, 「강사법 안착을 위한 후속 논의가 필요하다」, 『한겨레』, 2018.12.11.

법불합치 결정을 내렸다고 3일 밝혔다. 법 개정 시한은 2020년 3월 31일이다.

대학의 비민주적 운영은 교수 채용 비리 등 문제점을 낳고 있다. 이 문제는 한경선 강사, 서정민 강사 유서에 적나라하게 나타났다. 2015년 김무성 새누리당 대표의 딸 김 모(32)가 수원대 교수로 임용돼 권력의 배경이 작용했다는 뒷말이 무성했다.

강사

강사는 대학에서 학문을 연구하고 학생을 교육·지도하지만 고등교육법에서 교원이 아닌 자를 말했다. 고등교육법에서 대학 교원은 원래 교수, 부교수, 조교수, 강사이었으나 1977년 박정희 유신정권은 강사를 뺐다. 강사는 교원이 아니면서 교원심사소청권이 없게 되었다. 교수회의 참가, 총장 선거, 대학평의원회 구성 등 대학운영에서 배제되었다. 교원신분이 없는 강사는 자기검열하고, 그 결과 연구와 교육에서 비판이 사라지게 되었다. 독재의 우민 정책이었다.

강사는 교수회의에 들어가지 못하면서 무슨 강의를 개설하고 누가 담당할 것이냐는 교과과정 결정에 참여할 수 없다. 그 결과 새로운 학문 경향을 가장 가깝게 접한 젊은 강사가 교양과목을 강의하고 늙은 전임교수가 전공을 가르친다. 강사는 연구실과 연구비가 없다. 계약은 대부분 6개월이나 4개월 동안 강의하고 강의할 때만 강사료를 받는다. 강사는 대학에서 교수 수의 3분의 2를 차지하고 강의 절반을 담당한다. 강사는 전국 평균 주 4.2시간 강의하며 연봉은 600만 원 정도 된다. 전임교수 임금의 10분의 1 이하이다.

강사는 2003년 김동애 강사가 퇴직금 청구 소송에서 승소하며 노동자성을 인정받았다. 2007년 대법원은 강사에게 산재보험을 적용하는 판례를 냈다. 그러나 주15시간 일해야 인정받는 상근근로자가 아니라는 이유로 4대보험 가운데 산재보험 고용보험 국민연금은 인정받지만 의료보험은 인정받지 못한다. 이것은 전임교원이 주9시간 강의하는 것과 비교할 때 모순이다.

강사가 해고될 경우 단지 근로기준법에 따라 다툰다. 고등교육법 대상이 아니다. 해고무효소송에서 승소한 사례가 없다. 법원은 강사가 교육이라는 구체적 노동을 실현하는 존재임을 배제한다. 교수는 해직될 경우 교육부 교원심사소청위원회에 회부되는 것과 차이가 있다.

　이런 신분 차이는 강사를 교수에게 예속시키고 있다. 강사들은 피폐하고 심리적으로 억제된 삶을 산다. 서정민 강사 경우처럼 강사가 전임교수의 논문을 대필하는 경우가 흔하다. 학생은 비판과 토론이 없는 수업을 듣고 통합적 판단력을 키울 수 없다.

　김대중, 노무현 대통령은 강사의 교원지위 회복을 공약했다. 그러나 둘 다 공약을 지키지 않았다. 김대중 대통령은 강사 3천 명이 한국학술진흥재단에서 프로젝트를 받게 하는데 그쳤다. 노무현 대통령은 422명의 강사를 인문한국(HK) 교수로 프로젝트를 연구하고 10년이 지나면 정규 교수가 되도록 했지만, 실제로 대부분 지켜지지 않았다. 이 숫자는 13만 5천 명의 비정규교수에 비하면 아주 적다.

　2000년대 들어와 강사가 대학에서 저항이 잇달았다. 국민대 1명, 경북대 1명, 부산대 1명, 서울대 3명, 건국대 2명, 조선대 2명, 성균관대 1명, 서강대 2명, 대구 모 대학(계명대?) 1명, 서울시립대 1명, 김천지역 대학 1명, 부산가톨릭대 1명 등이 자결했다. 백준희(서울대)는 프로젝트 논문을 주문 생산하는 자신을 유리상자에 갇혔다고 표현했다. 유서를 남긴 한경선(건국대) 강사는 강의전담교수로 더 이상 강의할 수 없고 제

■ 도표 40. 서정민 열사

도개선을 요구했고, 서정민(조선대, ■도표 40)은 교수임용 비리와 논문 대필을 고발했다.

　해고된 강사도 많아 김동애(한성대, 1999), 김이섭(연세대), 이성형(이화여대), 류승완(성균관대), 이선묵·김영곤(고려대), 민영현(경성대), 정일우(경북대), 남봉순(이화여대), 채효정(경희대), 이상돈(명지전문대, 겸임교수) 등이 해고무효, 교수 임용비리 비판, 강사의 교원지위 회복 등을 요구하며 싸웠다. 김동애는 한성대를 상대로 퇴직금 청구 소송을 해 강사로서는 처음으로 퇴직금을 받고 노동자성을 인정받았다. 김영곤은 고려대를 상대로 계약 갱신 기대권을 인정받았으나 경영상의 이유로 패소했다. 민영현은 경성대에서 해고무효와 전임교수와 차별받은 임금 차액의 일부를 되돌려 달라고 소송했으나 패소했다. 경성대는 민영현에게 재판비용을 청구해 2,200만 원을 받았다. 유소희(영남대) 강사는 강의실에서 박정희를 비판했다는 이유로 선거법 위반으로 유죄판결을 받

았다. 김민섭은 「309동 1201호」라는 필명으로 자녀 건강보험도 안되는 강사의 실정을 밝혔다. 이것이 동료 강사들 사이에 문제가 되자 강의를 중단하고 이를 『나는 지방대 시간강사다』(은행나무, 2015)로 펴냈다. 채효정은 『대학은 누구의 것인가』(교육공동체 벗, 2017)를 펴냈다.[23]

대학에서 비판의 금지는 교수들이 언행이 일치하지 않는다, 이론을 실천하지 않는다는 문제가 나온다. 비정규 노동자 문제를 연구하는 교수 강사들도 강사의 교원지위 회복이나 교수 비정규화에 대해서는 언급하지 않는다. 새로운 분야 연구로 박사학위를 받은 젊은 연구자, 특히 국내 박사가 정규직 임용에서 배제되면서 한국의 학문은 보수화했다.

강사가 1988년 전국대학강사노동조합(구)을 중심으로 교원지위 회복 활동을 시작했다. 한경선, 서정민 강사가 자결하면서 강사 교원지위 회복은 사회적 과제가 되었다. 대학 강사가 2007.9.7부터 국회 앞에서 농성했다.(■도표 41 참조)

■ 도표 41. 대학 시간강사의 박사 학위기 소각(2007.9.7)

강사법은 17대(2004년부터) 국회에서 여야 3당이 발의하고, 18대 국회에서 여야의원 교육부까지 8가지 법안이 발의돼서 2011년 하나로 통합해 고등교육법 일부 개정안(일명 강사법)으로 통과되었다.

즉 고등교육법 제14조(교직원의 구분) ② 학교에 두는 교원은 제1항에 따른 총장이나 학장 외에 교수·부교수·조교수 및 강사로 구분한다. 제14조의2(강사) ① 제14조 제2항에 따른 강사는 학칙 또는 학교법인의 정관으로 정하는 바에 따라 계약으로 임용하며, 임용기간은 1년 이상으로 해야 한다. ② 강사는 「교육공무원법」, 「사립학교법」 및 「사립학교교직원 연금법」을 적용할 때에는 교원으로 보지 아니한다. 다만, 국립·

23) 309동1201호(김민섭) 지음, 『나는 지방대 시간강사다』, 은행나무, 2015.

공립 및 사립학교 강사의 임용·신분보장 등에 관해는 다음 각 호의 규정을 각각 준용한다.고 했다. 이 법은 대학측과 일부 강사단체의 반대로 4차례 7년 유예 되었다.

이와 달리 2011년 사립학교법을 개정해 사립의대 교육병원에서 진료하는 임상강사가 온전한 교원이 되었다.[24] 즉 사립학교법 제55조(복무) ① 사립학교의 교원의 복무에 관해는 국·공립학교의 교원에 관한 규정을 준용한다. ② 제1항에 따라 준용되는 「국가공무원법」 제64조에도 불구하고 의학·한의학 또는 치의학에 관한 학과를 두는 대학의 소속 교원은 학생의 임상교육을 위해 필요한 경우 대학의 장의 허가를 받아 대통령령으로 정하는 기준을 충족하는 병원에 겸직할 수 있다.고 개정했다. 이것은 사립의대 부속병원으로 귀속해야 할 교육병원에 예외조치를 하는 것으로, 영리병원이 합법화할 경우 이 병원을 영리병원으로 전환할 길을 텄다. 성균관대 의대의 강남삼성병원, 울산대 의대의 현대아산병원, 차의과대학의 차병원, 길대 의대의 길병원, 한림대 의대의 강동성심병원이 이에 해당한다. 이들은 부속병원으로 복귀해야 한다.

한국비정규교수노동조합 집행부는 국회앞 농성을 시작한지 석달만인 2007.12.8에 농성을 이탈했으나, 김동애 교원법적지위 쟁취 특별위원회 위원장, 영남대·대구대·고려대 분회가 계속했다. 2009년 영남대, 대구대 분회가 떠났다. 2009년 남아있던 강사 학생 학부모 교수 등이 대학강사 교원지위 회복과 대학교육정상화 투쟁본부를 구성하고, 전국대학강사노동조합(신)를 만들어 합류해 농성을 계속했다.

강사법 시행을 대학(한국대학교육협의회, 한국전문대학협의회)이 반대했다. 대학은 강사법이 시행돼 연구와 교육 그리고 토론이 자유스러울 경우 대학이 공동체적 삶의 대안을 제시하고 학생이 함께 살아가는 방법을 배우는 것이 싫다. 그리고 한교조와 교수노조, 민교협, 학단협, 교직원노조, 전교조가 강사법 폐기를 요구했다. 이것은 회복한 강사 교원신분의 폐기를 의미했다. 한교조가 연구강의교수제 입법을 주장했다. 연구강의교수제는 개정 강사법 시행령(안)에서 비정규교수가 주9시간 강의하면 법정 정원교수 1명으로 쳐주는 것을 합법화하는 우려와 연구교수와 시간강사로 이원화하는 문제가 있었다.

강사법 폐기와 연구강의교수제를 정진후(정의당), 우원식(새정치민주연합), 윤관석

24) 정은주, 「세금 먹튀 '의사 교수'의 완전한 승리?」, 『한겨레21』, 2012.11.29.

(새정치민주연합), 박주선(새정치민주연합) 의원이 각기 추진하려는 것을 강사와 학생이 막았다. 2013년 윤관석 의원이 2년 유예를 발의했고, 2015년에는 박인숙 의원(새누리 송파갑)이 유예법안 발의를 시도하다가 강사들의 시위에 물러섰다. 이어 강은희(새누리 비례대표) 의원이 2년 유예법안을 발의해 유예됐다.

■ 도표 42. 대학 교원수

2010년 이후 교원 수 변화(강사법 효과)

연도/종류	시간강사 수 (중복인원 포함)	겸임교수/초빙교수/명예교수/ 기타 비전임교원 수	전임교원 수 (비정년트랙 교수/기금교수 포함)
2010	110,452	42,513	77,697
2011	112,050	43,839	82,190
2012	109,743	45,906	84,900
2013	100,639	49,501	86,656
2014	91,260	49,841	88,163
2015	89,242	50,179	90,215
2016	79,268	54,568	90,371
2017	76,164	56,734	90,902

(출처 : 연도별 〈교육통계연보〉의 '직급별 교원 수' 재구성)

강사법 폐기나 시행 유예의 주된 근거는 강사법이 시행될 경우 강사가 대량해고된다는 이유였다. 학생들이 일정 학점 이수해야 졸업하므로 교수 수를 유지하되, 강사는 줄고 그 대신 겸임교원등과 비정년트랙 전임교수가 증가했다. ■도표 42처럼 2010~2017년 시간강사 + 겸임교수 등 + 전임교원 수 등의 합계는 230,662명~223,800명으로 6,862명이 줄었지만 겸임교수 등과 전임교수가 증가해 교수 총수는 거의 변함이 없다.[25] 2019.8.1. 강사법 시행 이후에도 강사수가 상당히 줄었다.

2017년 김상곤 교육부장관이 강사법 폐기 입장을 국회에 전달했으나, 국회 교육과학기술위원회(유성엽 위원장)는 강사법 폐기를 반대하고 1년을 더 유예해 2019.1.1 시행하기로 하고, 교육부, 대학, 강사에게 심도있는 대책을 요구했다.

2018년 고승우 강사 등은 강사법 시행 유예가 헌법의 교원지위 법정주의, 평등권,

---

25) 류인하, 「또다시 시행 불발, 표류하는 강사법」, 『주간경향』, 2018.2.7 참조.

행복권, 대학생 학습권 위배라고 헌법재판소에 위헌소송을 청구해, 강사법 시행을 압박했다. 이는 2018.12.18 강사법 공포 뒤 취하했다.

2018년 한국대학교육협의회, 한국전문대학협의회 대표와 각 교무처장회의 대표, 한교조와 전강노 대표, 그리고 정부와 국회가 추천한 전문위원이 대학강사 제도개선 협의회를 구성했다. 협의회는 강사 교원지위 인정, 1년 임용과 두 차례 재임용, 교원심사 소청권 인정, 방학중 임금·퇴직금·4대보험 지급에 합의했다. 이 과정에서 한교조가 전강노와 의견을 같이 했다. 이찬열 국회 교육위원장이 대학강사 제도개선 협의회의 강사법 합의안을 강사법안으로 대표 발의해, 2018.11.29 국회 본회의에서 강사법안을 의결했다. 2019.6.4 시행령을 공포하고 2019.8.1 시행했다. 이후 강사법을 다시 개정해 강사에게 교육공무원법, 사립학교법, 사립학교연금법을 적용해야 한다. 대학은 강사에게 시급이 아닌 기본급을 지급해야 한다.

강사법 시행에 따라 대학이 어떻게 바뀔까? 강사는 학문 연구의 임무에 따라 자신의 논문을 써야 한다. 강사는 자신의 연구를 학생에게 강의하고 학생의 질문을 받아 토론한다. 비판이 허용됨에 따라 토론에는 금기 없어지고 쟁점이 선다. 학생은 토론을 거치고 주입식 교육에서 벗어나 통합적으로 사고하고 공동체 의식이 높아진다. 학생은 사회를 알고 또 자신의 꿈을 키우고, 이를 바탕으로 자신의 일과 직업을 찾게 된다. 교수는 강사의 연구에 자극받고 학생과 토론에서 제기된 문제와 대안을 자신의 연구에 피드백하면서 연구역량이 높아지고 연구 수명이 길어진다. 교수의 강사 논문 가로채기는 제도적으로 막힌다. 대학의 기능은 재벌과 권력의 요구에 충실하던 데서 시민사회 공동체 구성원의 요구에 충족하는 방향으로 변화한다. 지역 대학이 특성을 갖게 돼 수도권 대학의 비교우위가 줄어든다. 지역과 부문의 대학이 각기 특성과 다양성을 갖게 돼 학벌은 쇠퇴한다.

아시아 교육 연대

한국, 필리핀, 인도네시아 대학 강사들은 각기 박정희, 마르코스, 수하르토 독재시기에 교원지위를 박탈당했다. 아직 구체적인 자료는 찾지 못했지만, 이는 각국 지배층의 우민화 정책이나 교육 제국주의 입장에서 시행된 정책이라고 본다. 어떤 경로나

배경을 통해 세 나라에서 동시에 강
사의 교원지위를 박탈당했는지도
밝혀야 한다. 한국에서 강사 교원
지위 회복을 필리핀과 인도네시아
에서도 기대한다. 인도네시아에서
는 2015년 메이데이에 한국의 강사
교원지위 회복 투쟁을 지지했다.
(■도표 43 참조) 2017년 한국에서
이주민활동을 하는 Jones Espino는

■ 도표 43. 인도네시아 메이데이에 한국 대학강사
교원지위 회복 투쟁지지 시위

필리핀에서 부자 국회의원이 대학강사 교원지위 회복을 막고 있다고 했다.

내가 2011년 필리핀을 방문해 만난 교사당(The Teachers Party) 소속 한 필리핀대학
교수는 "강사는 주31시간을 강의해야 겨우 밥을 먹을 수 있다. 필리핀대학에서는 교수
노조가 대학에게 요구해 크리스마스 쌀 보너스를 타주었다"고 했다.

아시아 최초의 대학교인 필리핀대학(UP), 아테네오대학, 라살대학 등 3개 대학을 제
외하고는 대학교육의 교육의 질이 낮다. 한국의 대학도 현재대로 간다면 필리핀처럼
50위 이하 대학은 경쟁력이 없어진다.(이해찬, 2015.9.29 참조)

5) 대학원생

대학원은 교수와 연구자 양성을 목적으로 석사·박사학위를 수여한다. 대학원 교육
이 부실한 것은 물론 연구자의 공급에 비해 교수·연구자 수요가 현격하게 적기 때문
이다. 지방 대학원은 이미 전반적으로 무너졌고 서울 유수 대학의 대학원도 직접적
효용성이 약한 기초학문이나 기본 콘텐츠 영역은 취약하다.

1965년부터 2014년까지 우리나라 대학원 석사과정 재적 학생에 대한 남녀 학생수를
비교 분석한 결과, 2014년 전체 석사 과정 학생수는 26만 897명으로 1965년 3,598명과
비교해 72.5배 증가했고, 이 가운데 2014년 여성은 13만 3164명으로 51.0%를 차지해
1965년 293명(8.1%)과 비교하면 454.5배 증가한 수치이다. 2016년 여성 박사학위 취득자
는 36%인데, 사립대 여성 교원 비율은 25.2%, 국공립대 여성 교원 비율은 15.3%였다.

대학원 등록금은 지난 2010년 사립 전문대학원 석사과정 1년 기준 1,072만 원에서 2014년 1,478만 원으로 무려 400만 원가량 올랐다. 일반대학원은 같은 기간 945만 원에서 2014년 1,043만 원으로, 국립대 전문대학원은 751만 원에서 896만 원으로 올랐다. 대학원 등록금이 지나치게 증가하면서 저소득층은 석·박사 학위 취득을 포기해야 할 정도다.

대학원생이 교수에게 종속되는 현실은 대학원생이 연구자로 학문을 독립적 주체적으로 연구하는데 장애가 된다. 극단적인 경우로, 강남대학교 장○연(52) 교수는 자신이 대표로 있는 디자인학회 사무국에 취업시킨 대학원생 제자 A(29)씨가 일을 잘 못한다는 이유 등으로 2013년 3월부터 2년여간 A씨를 수십 차례에 걸쳐 야구방망이 등으로 폭행한 혐의로 구속 기소됐다. 장씨는 특히 A씨 얼굴에 비닐봉지를 씌우고 최루가스를 분사하거나 인분을 먹이는 가혹행위를 한 사실도 드러났다.

대학원생은 학생을 넘어 연구를 전문으로 하는 생활인이다. 장학금과 아울러 생활대책이 있어야 한다. 대학원생은 교수와 함께 연구하는데, 이 경우 대학원생은 본인이 참여하는 연구과제의 예산, 지출 등 재정 운용 상황 및 인건비 지급 전반에 대해 알 권리가 있다. 이런 내용은 대학원생 권리장전에 넣어야 할 사항이다. 대학원생은 대학에서 교수나 연구소 연구원으로 취업할 것을 목표로 한다. 교수나 연구원 취업에서 국내 대학 출신 박사를 해외 대학 출신 박사에 비해 차별한다. 이것이 시정될 경우, 이것은 바로 대학원생의 학위 취득 이후 취업과 연결된다.

대학원생은 조교 업무에 치우쳐 공부에 집중할 수 없다. 강의를 하면 자기 공부 장기연구를 하지 못한다. 다른 나라에서 대학원생에게는 장학금을 주는 대신에 강의를 하지 못하게 엄격하게 관리한다.[26] 연구 교육에 충실히 하라는 이야기이다. 중국에서는 강의를 주 4시간으로 한정한다. 한국에서는 석사이거나 박사 과정에 있는 사람들도 제한 없이 강의를 배정한다. 석박사 과정에게 조교업무 등을 시키는데 이것은 교육활동이 아닌 노동이다.

대학원생은 조교의 노동자성을 인정받고, 전국대학원생노동조합을 결성했다. 2017년 동국대 대학원생들이 총장을 근로기준법 위반으로 고발해 유죄판결을 받아내 대학원

---

26) 「"대학강사법 시행 유예, 그 이후…"」, www.maroni.co/sbdl2/49351.

생의 근로자성을 인정받았다. 2017년 결성한 전국대학원생노동조합은 △자유롭고 평등한 학생-교수 관계 확립 △구성원을 존중하는 민주적인 대학행정 시스템 구축 △대학원생들의 노동권 보장 등을 규약에 담았다. 강태경 대학원생노동조합 부위원장은 프로젝트를 할 때 금전 문제는 학교가 담당하고 연구는 자율적으로 할 수 있도록 보장해주면서 교수와 대학생이 공동연구자로서 함께 성장하도록 방향으로 나가야 한다고 했다.(대학원신문, 2018.3.2)

6) 대학생

돈이 없으면 대학을 다니지 못한다

교육부 통계에 따르면 2017년 대학생수는 3,110,994명, 대학원생수는 326,315명이다. 학사 석사 박사에 이르는 외국인 유학생은 123,858명이다.

대학 등록금이 매우 비싸 가계에 큰 부담이다. 한국의 사립대학 평균 등록금은 9,383달러(PPP, 2011년 기준)로 OECD 국가 중 5위에 랭크됐다. 한국의 등록금은 GDP를 기준으로 할 때 세계에 가장 많다. 이에 비해 독일은 모든 교육과정이 무상이며 고등교육기관도 약 87%가 공립, 13%는 정부지원을 받는 사립기관이었다. 한국에서 4년제 대학 다니는데 드는 총비용은 8,510만 원이다.[27]

2014년 대학생·대학원생의 학자금 대출금액은 1인당 평균 2700만 원이었다. 한국장학재단 학자금 대출 잔액은 2015년 6월말 현재 12조 3149억 원이다. 이자율은 2.7%이다. 한국은행 기준금리는 1.5%이다.

대학 진학률 감소

한국 사회는 전통적으로 교육과 부동산에 투자 비중이 컸다. 그런 저금리 저성장 고령화의 시대가 되었다. 교육 투자에 대한 기대는 여전히 크다. 그러면서 복지정책을 강화해 노후에 연금을 받기를 바란다. 동일노동 동일임금의 원칙을 실현한다면 청년들이 법조인 의사 교수 고위공무원 등의 전문직에 집중하는 현상이 크게 완화될 것이

---

27) 유기홍 의원실, 「2015년 대학생 삶의 비용에 관한 리포트」, 2015.9.10.

다. 아울러 대학교육의 지망도 줄어들 것이다. 대입 등록자 수 기준 진학률은 1980년 27.2%, 1990년 33.2%에서 2008년 83.8%, 2009년 77.8%로 정점을 찍은 뒤 계속 하락한다. 2010년에는 75.4%로 2.4%p 떨어지더니 △2011년 72.5% △2012년 71.3% △2013년 70.7%, △2015년 70.8%, △2016년 69.8%를 기록했다.

2014년 OECD 교육지표에 따르면 나라별 25~34살 고등교육 이수율은 한국 66%, 일본 59%, 미국 44%, 핀란드 40%, 독일 29%, OECD평균 39%이었다.

마이스터고(高) 같은 특성화고등학교는 이명박 정부 때 만들었다.[28] 그 학교를 나와서 받을 수 있는 생애임금이 대학을 나와서 받는 임금보다 조금 더 많아야 한다. 독일은 마이스터고를 나오면 일찍 사회에 진출하는 만큼, 사회적 신분은 조금 낮더라도 생애 총 수입은 좀 더 많다.

또한 독일은 베이커리, 미장원, 자동차정비소, 식당, 양복점 같은 40가지 분야 자영업은 마이스터가 아니면 못한다. 이름만 빌려줘서는 안 되고, 직접 경영을 해야 한다. 대기업이 진출할 수 없도록 만들었다. 한국도 아예 마이스터만 할 수 있는 분야를 보호해줘야 한다. 독일은 대학교육이 무상인데도 진학률이 30% 밖에 안 된다. 동일노동 동일임금의 원칙을 실행한다면 대학 진학률은 획기적으로 줄어들 것이다.

기업을 위한 대학교육

학생들은 대학교육을 받아 사회에 대한 기대는 높은데 현실과 조화하지 못한다. 대학은 산업수요에 응한다는 명분으로 대학의 학문단위를 개편하는데, 사회의 수요가 아닌 기업의 수요에 맞춰 대학을 운영한다.[29] "학생들은 기업에 팔리기 위해 그들의 입맛에 맞는 상품으로 간택되고자 스스로를 포장했다."[30]

이런 대학을 반성해 학생들이 대학을 거부하고, 「안녕들하십니까?」처럼 대학의 권위를 부정하고, 대학평준화, 학벌 없는 사회를 지향하는 움직임이 나타났다.

유윤종·김예슬·장혜영·김창인 등이 대학을 거부하고 자퇴했다.

---

28) 2017년 마이스터교인 제주 서귀포산업과학고 이민호(18) 학생이 제이리크리에이션에서 현장 실습 중 제품 적재기 프레스에 눌려 다발성 장기손상을 입어 사망했다. 기업은 고등학생을 마이스터를 키우는 것이 아니라 값싼 연수생으로 부렸다.
29) 채효정, 『대학은 누구의 것인가』, 교육공동체벗, 2017.
30) 「고대세종 학내 민주주의 회복을 위한 기자회견」, 청년학생캠페인 고대〈같이하자〉, 2015.10.21.

■ 도표 44. 김예슬 대학을 거부한다

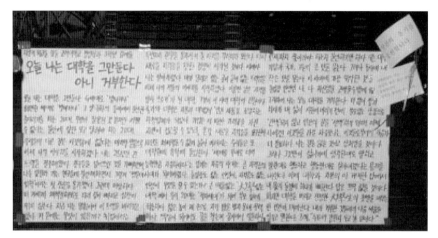

김예슬은 ■도표 44처럼 "내 몫의 돌멩이 하나가 빠져나온 대학은, 학교는, 이 거대한 시스템은, 일상의 속도로 모든 것을 빨아들이며 끄떡없이 돌아갈 것이다. 그리고 나는 발길에 차이는 돌멩이처럼 굴러다닐지도 모를 일이다. 하지만, 작지만 균열은 시작되었다. 나는 내 자리에서 근원적인 나의 저항을 치열하게 살아갈 것이다."[31]라고 했다. 김예슬은 "스무 살이 되어서도 꿈을 찾는 게 꿈이어서 억울하다"(김예슬, 2010)고 했다.[32]

대학을 거부한 청년들은 "명문대가 아니면 삶이 불안한 것은 취약한 사회안전망에서 비롯된다. 대학에 가지 않는 30%가 사회 속에서 관계를 맺으며 자기 존재를 확인할 공간이 절실하게 필요하다"고 했다.[33]

2013년에 「안녕들하십니까」 현상(■도표 45 참조)은 대학생이 철도노동자의 해고나 비정규직 노동자를 안타깝게 보아 사회적으로 문제를 제기하는 것이었다. 2015.12.18 서울대 한 학생이 자신이 아닌 사회의 '흙수저 현상'을 비판하며 자살했다.[34]

31) 김예슬, 『김예슬 선언』, 느린걸음, 2010, 123쪽.
32) 대학을 거부한 김예슬은 다양한 곳에 가서 사람을 만나고, 농사도 짓고, 사진도 찍고, 책도 만들고, 글도 쓰고, 전시도 기획하고..."단지 '옳은 말'을 하기보단 '좋은 삶'을 살기 위해 노력했다"고 했다.(경향신문, 2017. 11.07) 2017년 나눔문화 사무처장이며, 23주 촛불 현장을 기록해 『촛불혁명』(느린걸음)을 냈다.
33) 투명가방끈, 『우리는 대학을 거부한다』, 오월의 봄, 2015.
34) 2015.7.16. 서울대 대학신문 남·녀기자 2명이 국회 앞 강사 농성장을 방문했다. 시간강사 문제를 취재했고, 이 기사는 9월 20일 대학신문에 나왔다. 취재기자인 남학생은 과학고등학교를 나와 생명공학과에 다니는데

■ 도표 45. 안녕들하십니까/현우

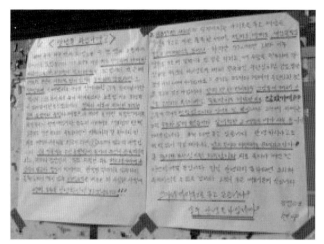

대학생의 이러한 인식이 '갑과 을이 동등한 인간이다, 나는 갑이 되더라도 갑질은 하지 않겠다, 노블리스 오블리제를 실현하겠다, 을이 되더라도 을질을 하지 않고 저항하겠다'로 나갈 단계가 되었다. 이럴 때 대학생은 사회를 변화시킨다.

대학에서 상업주의가 팽배해 있다. 교육만 아니라 학생 생활조차 상업주의 대상이 되었다. 대학에는 학생을 상대로 장사하는 상업시설이 즐비하다.

취업

IMF 사태 이후 대학생들의 취업난이 심각하다. 현대경제연구원이 2015.8 발표한 설문조사 결과 20~30대 청년 5명 중 4명은 '노력해도 계층상승이 어렵다'고 답했다. 올라갈 사다리가 없는 청년들에게 남은 것은 '흙수저'라는 자조와 '금수저'를 향한 저주뿐이다.

경기가 나빠지자 인력 감출 한파가 몰아친다. 나이도 가리지 않는다. 그동안 희망퇴직은 40~50대 부장 차장이 대상이었는데, 지금은 과장 대리 심지어 신입사원까지 감원 대상이다. 두산인프라코아는 23세 신입사원도 감원대상에 넣었다.

그러나 재벌 3, 4세는 다르다. 주로 30대인데 상무, 전무를 넘어 부사장으로 승진했

졸업한 뒤 다시 약학과에 진학해 양피해가 적은 약을 연구하겠다고 했다. 아버지가 대학강사라고 했다.

다. 승진 배경은 대체로 해외에서 배운 글로벌 경영지식과 젊은 감각으로 그룹의 변화와 새로운 성장산업을 발굴하기 위해서라고 한다. 그러나 이들의 이력을 보면 대부분 해외 유학을 마치고 20대 중·후반에 입사해 30대 초반에 임원이 됐다. 기업분석 사이트인 '시이오(CEO) 스코어'에 따르면 30대 그룹의 3,4세 자녀 44명은 평균 28살에 입사해 31.5살에 임원이 됐다. 대졸 신입사원이 대리가 되는 4년보다 6개월 빠르다. 이들의 아버지인 2, 3세는 창업자의 어려움을 보고 자랐다. 그런 경험조차 없는 이들이 재벌을 운영할 때 쓴소리 할 사람은 아무도 없다. 그런 사례를 대한항공의 조현아 부회장의 땅콩 회항 사건에서 보았다.

학벌이 좋은 대학 졸업생들의 취업사정은 지방대 학생에 비해 나은 편이다. 한국고용정보원 최기성의 「대졸자 첫 일자리 고용의 질 측정 및 결정요인 분석」을 보면 남성이 여성보다, 수도권 대학 출신이 비수도권 출신보다 유리했고, 경험, 직업훈련, 자격증은 취업에 거의 도움이 되지 않았다. 지방대학생은 지역에는 일자리가 부족하고 서울에서는 지방대 출신이라는 이유로 차별받는다. 이들은 스스로 '지잡대'(지방대를 비하하는 말) 출신이라고 표현한다. 아르바이트, 인턴, 계약직 노동자로 전전하는 비율이 높다.[35]

대학생 학습권

대학생은 강의실에서는 일방적으로 주입식 교육을 받고, 취업에 필요한 스펙은 학원에서 받는다. 스펙 준비를 위해 다양한 프로그램을 유료로 제시하는 대학을 보면 취업준비학원이 아닌가 의문이 들 정도이다.

법정정원교수 100% 충원으로 강의를 다양하게 제공하고 수강신청에서 광클릭을 없앤다. 당연히 학생수도 법정정원학생수 이하가 된다. 이런 조건을 갖추고 평가도 절대평가한다. 이러한 조건이 될 경우 교수와 학생은 스스로 문제를 제기하고 본질을 찾고 대안을 찾고 실현하는 방법을 찾을 것이다. 그 주제는 지구, 한국, 그리고 자신이 속한 공동체에서 나타나는 문제가 될 것이다. 이런 과정을 거칠 경우 서울의 큰 대학과 지역의 작은 대학에서 토론에 오르는 주제는 다르고 다양한 대안이 나올 것이다. 전국적

---

35) 최종렬, 『복학왕의 사회학』, 오월의봄, 2018.

으로 보면 각 대학이 관심을 갖고 있는 주제가 다를 것이다. 이런 다양성을 각기 대학 입장에서 보면 창의적이다. 대학의 개성화다. 이 결과를 대학평준화라고 할 수 있다.

입시를 통해 정해진 학벌 효과는 평생 간다. 이 효과를 지닌 이른바 일류대 학생들은 나태해지고 그렇지 못한 대학생들은 자포자기한다.[36] 학벌을 원해 대학에 들어왔지만 학벌은 창의적이지도 않고 도덕적이지도 않다. 학벌이 행복이 아니라는 사실을 학생들은 안다. 자신의 선배들이 사회에 나가서 존경을 받고 사는지 아니면 질시를 받고 사는지를 알기 때문이다. 자신은 학벌에 의존하지 않고 살고 싶어 한다. 그러자면 사회가 어떤 방향으로 가야하는지, 사회가 자신에게 무엇을 요구하는 지, 그것은 구체적으로 무슨 일인지, 무슨 직업에 해당되는지를 설정해야 한다.

지금까지는 사회에서 좋다고 하는 직업을 갖기 위해 대학에 진학했다. 그러나 대학에 와서는 그게 아니라는 것을 알게 된다.

학생들은 질문을 주저한다. 그러나 학생들에게 토론을 이끌도록 주도권을 넘겨주면 질문도 대답도 하며 토론을 잘 한다.

대학생의 교육권, 학습권에 대한 인식은 약하고, 연구와 교육도 없다. 국회도서관에서 '대학생 학습권'을 검색한 결과 단 한권의 단행본, 논문, 글도 없었다.

장애인에게 학습권은 주로 학습할 기회 보장이었다. 대학생의 학습권은 대학에 들어갈 권리뿐만 아니라 대학에 가서 어떻게 교육받느냐는 내용이다. 지금까지는 성적과 학벌 부모의 처지에 따라 취업하는데 주력하면서 대학생의 학습권이라는 개념은 없다시피 했다. 이제는 학생이 사회에 나와 행복하게 살려면 대학에서 어떤 교육을 받아야 하는 단계로 나가야 한다. 홍성욱 교수는 융합을 잘하는 사람의 특성으로 사고의 유연성, 자신이 잘 아는 것과 주변에 대한 관심의 유지, 다른 분야에 대한 호기심, 타자에 대한 열린 자세, 소통에 대한 관심, 지적 실험에 대한 열정 등을 꼽았다. 학교 교육에서 배운 것이 전에는 4, 50세가, 지금은 3, 40세를 넘으면 쓸모가 없어지는 상황에서 학생들의 상상력 응용력을 키우는 것은 은퇴 이후에도 효용이 있다.

강사 교원 신분 회복에 따른 비판적 연구 교육의 권리, 법정정원교수 100% 충원에 따른 강의의 다양성과 수강인원의 축소, 수업 절대평가는 학습권 보장을 위한 필요조

---

36) 강준만,『지방은 식민지다』, 개마고원, 2008, 117쪽.

건이다. 이럴 때 비판적인 교육 질문 토론이 가능하고 그 바탕 위에 학생이 바라는 교육이 이루어질 수 있다.

김용성 「한국 성인 역량의 현황과 개선방향」에 따르면 OECD의 2012~16년 조사에서 한국 근로자(16~65세)의 문제해결 능력은 최하위였다. 한국 노동자는 읽기 쓰기 수리 정보통신기술은 OECD 평균인데 문제해결 기술활용도는 하위권이었다. 그 원인은 한국 노동자가 동료나 상급자로부터 학습을 받은 비율이 12.1%로 낮은 것과 아울러 한국 노동자들이 직장 내 교류가 적고 직장 동료 간의 협력이 적은데 있다. 후자는 기업 내 교육 이전에 초등학교에서 대학에 이르기까지 주입식 교육을 하며 비판과 토론을 금기하는데 따른다.

대학생은 자신을 교육하는 내용에 의견을 제시할 권리가 있다. 학습권, 교육권이다. 그러나 대학은 학생들의 교육권 주장에 대해 준비되어 있지 않다. 예를 들어 2015년 고려대에서 염재호 총장과 학생의 간담회 자리에서 신승민 안암 총학생회 교육국장은 △교육권 문제 △등록금 인상 문제 △등록금심의위원회(등심위) 구성 문제를 언급하며 "학내 교육환경과 관련한 논의 과정에서 학생들의 의결권이 보장돼야 한다"고 말했다. 이에 염재호 총장은 "수업권 강화에 대한 학생들의 의견을 충분히 받아들이고 현재 발생하고 있는 교육적 모순들을 해결할 용의가 있다"고 말했다. 하지만 그는 "학생들은 교육을 받는 피교육자라는 것을 인식했으면 좋겠다"며 "학생들의 의결로 교육과정 전반을 결정하는 것은 저의 철학과는 일치하지 않는다"고 말했다.[37]

학생 수업 상대평가는 학생을 강의실 내 경쟁에 묶어 학생운동을 억제하는 부정적인 효과가 있었다. 절대평가로 환원할 때 이 질곡이 풀린다.

7) 지역사회, 학부모와 대학

지방대학을 홀대한다. 취업포털 잡코리아가 2015년 자사 사이트에 등록된 기업들의 신규 채용공고 650만 건을 근무 지역별로 분석한 결과, 전체 채용공고의 73.3%가 수도권 지역에 몰려 있다. 지역별 비중은 서울 40.9%, 경기 24.7%, 인천 7.7%, 부산 5.4%,

---

37) 고파스, www.koreapas.com, 2015.06.03.

대구 3.2%, 대전 3.1%, 충남 2.9%, 충북 2.3%, 경남 2.2%, 광주 1.8%, 울산 1.3%, 경북 1.2%, 전북 1.2%, 전남 0.8%, 강원 0.5%, 제주 0.4%, 해외 0.4% 등이었다. 이 통계는 이른바 '인(in)서울 대학'들이 경쟁력을 누릴 수 있는 이유를 잘 말해준다.

대입 정원을 현재의 56만 명에서 40만 명으로 줄이는 '정원 16만 명 감축 프로젝트'를 추진하는 교육부는 이런 경쟁력에 근거해 정원 감축을 지방대에 집중시키고 있다. 2017년 전체 대학 입학 정원은 2012년보다 5만여 명 줄어드는데 서울만 증가하는 추세다.[38]

대학이 연구, 교육, 지역사회 일자리 창출이 선순환하는 구조를 만들 때 지방대학도 개성을 찾고 생존할 수 있다.

대학은 서열화와 아울러 지역간 편차가 큰 반면 지역사회에 기여하는 바가 적다. 대학이 지역 사정을 반영해 연구하고 교육해 서로 선순환해야 한다.

2017년 '학벌없는 사회를 위한 광주시민모임'은 중소기업진흥공단, 국립중앙의료원 등 공공기관과 공적자금 투입 기업이 신입사원을 채용할 때 출신학교 차별을 시정 요구하는 진정서를 국가인권위원회에 제출했다.

학부모는 자녀의 대입에 관심이 지대하다. 학벌 진입 여부 때문이다. 또 대학생이 되더라도 취업까지 관여하는 학부모가 많다. 대학입시까지는 '치맛바람'이 불지만 대학교육 내부에는 '치맛바람'이 불지 않는다. 대학생들의 말을 들어보면 자신들의 꿈을 정하는데 영향을 미친 것도 부모이고 꿈을 막은 것도 부모라고 했다. 그러나 대학의 속사정이 어떤 지에는 관심이 없다. 자녀가 대학에 들어가면 그 내용에는 관심이 거의 없다.

대학평의원회가 사립대에 이어 국공립대에도 2018.5.29부터 의무적으로 설치되었다. 지역사회 대표와 학부모가 대학 이사회, 대학평의원회에 들어가 대학이 경험 부족한 학생들에 대한 속임수를 막고, 지역사회 대안연구와 학생 교육 지도에 지역 의견을 반영해야 한다. 후자는 거점대학에서 중요하다. 조선대 총장 선거에는 시민사회단체가 참여한다. 2018년 경기도 용인시 루터대학교는 학부모 대표를 대학평의원회 의장으로 선출했다.

---

38) 강준만, 「헌법재판소를 강원도로 옮기자」, 『한겨레』, 2016.4.4.

다음은 대학평의원회의 법적 근거이다. 고등교육법 제19조의2(대학평의원회의 설치 등) ② 대학평의원회는 11명 이상의 평의원으로 구성해야 하며, 교원, 직원, 조교 및 학생 중에서 각각의 구성단위를 대표할 수 있는 사람으로 구성하되, 동문 및 학교의 발전에 도움이 될 수 있는 자를 포함할 수 있다.해 지역사회 참여의 길을 포괄적으로 열었다. 이것은 초·중등교육법 제31조 (학교운영위원회의 설치) ② 국립·공립 학교에 두는 학교운영위원회는 그 학교의 교원 대표, 학부모 대표 및 지역사회 인사로 구성한다.

2. 대학 밖 요구

1) 초중등교육과 대학의 연결

고졸이어도 좋다

학생들이 꿈과 일 직업 사이에서 겪는 부조화는 주로 어려서부터 아니 태교부터 대학졸업까지 주입식 교육을 받아온 데서 비롯한다. 또 개발독재 아래 산업에 대졸 인력을 공급하려는 정책과 대학졸업학력, 학벌의 이점을 기대하는 학부모의 요구가 맞물려 대학입학 인플레가 형성되었다. 정부와 기업은 학벌을 이용해 노동자의 처우(정규직/비정규직, 남성/여성, 조직노동자/미조직노동자 등)를 차별화해 기업의 부담을 줄이고 관리기능을 높였다. 학벌 체계에 변화가 있을 때 '고졸이어도 좋다'가 성립한다.

미국 하버드 대학 교육대학원의 파시 살베르크 교수는 "선진국의 경우 젊은이들이 직업교육에 눈 돌리는 게 대세지만 아시아에서는 선택사양일 뿐"이라며 "아시아의 학부모들은 가방끈이 길어야 성공할 수 있다고 믿는다"고 말했다. 한국 청소년 대부분은 굳이 대학을 가지 않더라도, 명문대가 아니더라도 취직을 하고 60세까지 일할 수 있기 바란다.

노동시장에서 대졸 이상 인력은 초과공급 상태인 반면 고졸 인력은 초과수요다. 고용노동부「2016~2026 중장기인력수급 전망」에 따르면 10년 후 노동시장에서 대졸 이상 인원은 75만 명이 초과공급인 데 반해 고졸자는 초과수요 인원이 113만 명에 달할 것으로 예상된다. 군이 대학을 나오지 않아도 되는 직종은 고졸로 충당한다, 중소기업, 공공부문, 자영업 등에서 수요가 크다. 직종으로는 조리, 미용, 호텔리어 등이다.

동일노동 동일임금과 같은 원칙이 적용된다면 기능이 우선되는 직업의 경우 군이 모두가 대학을 갈 필요는 없다. 직장을 다니다 대학에 갈 필요가 발생하면, 평생교육 프로그램에 따라 대학에 간다.

현재 대학 3, 4년생은 자신과 사회를 아는 일과 동시에 자신의 일/직업을 선택하고 동시에 준비해야 하는 이중 부담이 있다. 그러나 학생이 자신의 취미를 모르고 하고 싶은 일이 없을 경우 난감하다. 태교, 육아, 학교 교육, 직업 모두 주입식 따라 하기의 결과이다.[39]

어느 조선대 역사문화학과 졸업생은 "은행에 입사원서를 70번 넣었는데 아직 취업이 안됐다. 하고 싶은 일은 외국에 나가 뒷골목 선술집에서 그 지역 사람들과 살아가는 이야기를 하고 싶다. 그리스의 민주주의가 지금 민주주의로 나타나듯이 역사는 순환한다는 역사책을 쓰고 싶다"고 했다. 나는 이 학생에게 위의 세 가지 희망을 담는 일자리 개념을 생각해 낼 것을 제안했다. 먼저 직업을 구하고, 외국인과 대화하고, 나중에 역사책을 쓰자고 했다. 이렇게 노력하다 보면, 역사는 발전한다는 관점에서 책을 쓸 수 있을 것이라고 했다.(2015.11.26 조선대에서)

서유럽

서유럽에서는 고입 단계에서 기능직과 관리 연구전문직을 분리해 선택한다.(■도표 46 참조) 바로 직업을 가질 학생은 직업고등학교로 진학한다. 대학에 갈 학생은 인문계 고등학교로 진학한다.[40]

4차 산업혁명에 대비여 OECD 여러 나라는 기초교육, 특히 수학, 과학 교육을 강화하고 성인의 재교육을 쉽게 한다. 실업계와 인문계, 영재 코스와 일반 코스를 구분하는 트래킹(tracking)이 약화된다. 독일 등은 트래킹을 늦추었다.

---

39) 대체로 수능점수 상위권 대학은 학생들이 주체적 판단이 약하고 시키는 일을 잘한다. 중위권 대학 학생들은 창의성 능동성이 강하지만 이를 계발하지 못하고 있다. 하위권 학생들은 각기 나름의 장점이 있지만 심리적으로 위축돼 이를 발전시키지 못한다.

40) 김용택, 「사교육도 경쟁도 등수도 없는 나라... 우리는...?」, 『김용택의 참교육 이야기』 chamstory.tistory.com/1608, 2015.10.4.

■ 도표 46. 유럽 고교생의 직업관

"꽃집 주인이
될 거예요. 대학에
왜 가냐고요?
세상에는
배울 것이
많잖아요."

엘라 옴팔라(18·헬싱키 비
주얼 아트 고등학교 2학년)

"동화책
삽화가가
되고 싶어요.
돈이요? 필요한
만큼만 벌면
되죠."

엘리나 쿠태(18·헬싱키 비
주얼 아트 고등학교 2학년)

"작가가 돼서
재미있는 이야기를
사람들에게
전해주고 싶어요.
거기에 학교 공부가
도움이 돼요."

라세 일모넨(17·헬싱키 비
주얼 아트 고등학교 1학년)

"화가가 될 거예요.
쉽진 않겠지만
제가 그린 그림을
팔 수 있는 날이
올 거라 믿어요."

커르시카 루오호넨(17·헬싱키
비주얼 아트 고등학교 1학년)

미국은 2년제 community college, 일본의 단기대학에서 직업교육을 한다. 성적이 좋지 않아 원하는 대학에 가지 못한 학생은 2년제 대학을 나와 다시 4년제 대학에 편입하는 사례가 흔하다. 패자부활전이 있다. 독일은 일과 학습을 병행하는 직업교육을 선호한다. 독일과 스위스는 일과 학습을 병행하는 이원화 제도를 운영한다. 연수생 과정은 정규직으로 가는 '의사 인턴과 레지던트' 과정이라고 볼 수 있다. 직업 연수생은 기업으로부터 임금을 받고, 4대 보험에 가입해 연수생 때부터 사회 안전망에서 보호받는다.

창업은, 유럽은 중학교 때부터 익힌 기능을 직업으로 삼기 때문에 수십 년의 경험을 쌓은 뒤 창업하므로 안정적이다. 가계 전래의 자영업을 잇기도 한다. 한국에서는 정년퇴직한 뒤 퇴직금을 가지고 창업하는 경우가 많다. 노후 복지가 없거나 취약하기 때문이다.

한국 초중등교육 변화

■ 도표 47. 한국과 외국 학생의 진로 결정

한국 학벌사회, 대졸 노동력을 양산. 대입이 일생을 좌우했는데 상황이 바뀌었다. 유상교육. 동일노동 차별임금. 중학교→ 일반고교→ 대학→ 취업→ 정규직/비정규직 　　　　　　　　　　　↳ 연구자
유럽은 고입 때 진로를 직업을 정한다. 성인이 된 뒤 고등교육 기회가 있다. 무상교육. 동일노동 동일임금. 중학교→ **일반고교 → 대학 → 취업** 　　　　　　　　　　↳ **연구자** 　　↳ **직업고교 → 취업 → 전문가** 　　　　　　　　　　↳ **대학 → 연구자**
미국, 일본. 유상교육이나 장학금이 많다. 중학교→ 고교→ 4년제대학 　　　　　　↳ 2년제대학 → 취업 　　　　　　　　　　↳ 4년제대학
현재: 지역 중 → 일반고 → 서울지역 대학 → 취업 → 　　　　 **(타지역고)**　　　　　　　　　　↳ **귀향 귀농**
변화: 지역 고 → 지역 일반고→ 서울지역 대학 → 타지역 취업 　　　　　　　　　　　　　　　↳ 연구자 　　　　　　↳ 지역대학 → 지역취업→ 전문가 　　　　　　　　　　　　　↳ 대학, 연구자 　　 지역 직업고 → 지역취업 → 전문가 　　　　　　　　　　↳ 대학→ 연구자

　지금까지 학생의 진로는 대입 단계에서 결정했다. 또 군대를 간다. 그만큼 진로 결정이 늦다. 이것은 서유럽에서 중학생 때 진로를 결정하는 것과 크게 차이가 난다.(■도표 47 참조)

　한국도 중학생들에게 자유학기제를 도입했다. 2018년에는 중2 자유학년제를 실시해 1년간 시험을 치루지 않는다. 진로체험교육을 시켜 일찍부터 직업을 알고 스스로 준비하게 하려는 정책 변화이다. 2015년 전체 중학교의 70%인 2,200여 개 교에서 자유학기제를 운영하고 2016년에는 전면 도입해 3,173개교로 확대되었다. 자유학기제는 직업을 선택하고 체험 일터에 가기 전에 외부 전문가를 통해 직업인으로서의 역할과 소명의식, 직업인으로서의 권리와 의무에 관한 노동법 등을 충분히 교육받자는 취지이다. 2016년부터 일부 일반고 1학년 학생들은 학교에서 진로를 탐색하는 연계 수업과 활동만 하게 되었다.

고교학점제를 추진중이다. 고교학점제는 학생이 자신의 희망과 적성에 따라 원하는 과목을 찾아 수강하고 토론·실습 중심의 학생참여형 수업을 받는다. 학생은 학년을 넘나들며 수강신청을 하고, 수업을 들을 수 있다. 학기가 종료되면 교사가 학생을 평가하고 학점을 부여한다. 기준 학점을 채우면 졸업한다.

조희연 서울시교육감은 '논·서술형 평가'에 정답보다 생각을 쓰는 '인터내셔널 바칼로레아(International Baccalaureate·IB)' 도입을 검토 중이다. IB는 스위스에 있는 비영리 공적 교육재단 '국제 바칼로레아 기구(International Baccalaureate Organization·IBO)'가 주관하는 시험이다. 원래는 1968년 외교관 자녀·상사 주재원 자녀 등을 위한 시험으로 개발됐지만 현재는 전 세계 146개국 3700여 개 학교에서 100만 명 이상의 학생들이 이수한다. 교육과정은 초등·중등·고등 3가지다. 이 중 고등과정인 'IB 디플로마 프로그램'은 한국의 고등학교 2·3학년 연령대 학생들이 2년간 이수한다. 독일·스위스·노르웨이, 캐나다와 미국 일부 주정부 등이 IB를 오랫동안 대입시험으로 활용했고, 일본이 2013년 아시아 최초로 IBO와 협정을 체결했다. 그러나 프랑스에서 바칼로레아가 상류층을 위한 제도라는 비판이 있다.(채효정, 2018.11.2)

교육부와 한국직업능력개발원의 초·중·고교생의 학교 진로 교육 실태 보고에 따르면, 고등학생들이 가장 좋아하는 직업은 문화·예술·스포츠 전문가 및 관련직(15.9%)이었다. 교육전문가·관련직(10.1%), 보건·사회복지·종교 관련직(8.4%)이 그 뒤를 이었다. 그러나 대학전공으로는 경영·경제계열(8%)을 가장 선호했다. 사회과학(5.6%), 기계·금속(5.6%), 언어·문학(5.3%), 디자인(5.0%) 계열이 그 다음으로 높았다. 남학생은 기계·금속, 컴퓨터·통신, 경영·경제, 전기·전자 등의 순이었고, 여학생은 경영·경제, 디자인, 언어·문학, 사회과학 순이었다. 희망 전공 1순위가 경영·경제계열인 이유는 학생들이 대학 졸업 후 취업 문제를 고려했기 때문으로 풀이된다. 희망

---

41) 강현정·전성은, 『거창고 아이들의 직업을 찾는 위대한 질문』, 메디치미디어, 2015.

■ 도표 48. 거창고의 직업선택 십계[41]

하나, 월급이 적은 쪽을 택하라.
　둘, 내가 원하는 곳이 아니라 나를 필요로 하는 곳을 택하라.
　셋, 승진 기회가 거의 없는 곳을 택하라.
　넷, 모든 조건이 갖추어진 곳을 피하고 처음부터 시작해야 하는 황무지를 택하라.
다섯, 앞을 다투어 모여드는 곳은 절대 가지 마라. 아무도 가지 않는 곳으로 가라.
여섯, 장래성이 전혀 없다고 생각되는 곳으로 가라.
일곱, 사회적 존경 같은 건 바라볼 수 없는 곳으로 가라.
여덟, 한가운데가 아니라 가장자리로 가라.
아홉, 부모나 아내나 약혼자가 결사반대를 하는 곳이면 틀림이 없다. 의심치 말고 가라.
　열, 왕관이 아니라 단두대가 기다리고 있는 곳으로 가라.

직업 선택에 가장 큰 영향을 준 사람으로는 부모님, 학교교사를 꼽았다. 취업 가능성은 대입에도 영향을 미쳐 '인구론'(인문계의 90%는 논다)이나 '문송합니다'(문과라서 죄송합니다)라는 말이 나왔다. 고등학생의 이과 선호도가 높아졌다.(■도표 48 참조)

한국교육개발원의 교육통계에 따르면 2014년 12월 의약계열 전공자의 취업률은 81.4%, 공학 계열 73.3%, 자연 61.9%, 예체능 59.6%, 인문 57.5%, 사회 62.3%, 교육 52.9%다.

이를 반영해 2016년부터 3년간 교육부가 문과 중심의 대학교육에서 입학정원의 최소 10% 이상을 이과 계열로 이동하면 재정 지원하는 「산업연계 교육활성화 선도대학(프라임)」 사업을 추진하고 있다. 하지만 이 정책은 학생들이 원해서 입학한 계열을 강제로 바꾸는 부작용을 낳고 있다.

이수연 연구원이 미국과학재단 「2014 과학 및 공학 지표(Science and Engineering Indicators)」를 바탕으로 분석한 「정부 인력수급 전망에 따른 공대 증원 타당한가」 보고서에 따르면 우리나라 4년제 대학 졸업자 중 공학전공자는 23.9%다. 중국(31.4%) 다음이다. 이어 대만 23.1%, 일본 16.6%, 이탈리아 15.5%, 프랑스 14.4%, 독일 13.3%, 캐나다 7.4%, 호주 6.9%, 인도 6.2%, 미국 4.5%다.

정부가 노벨과학상 수상자 배출을 위해서는 기초과학 투자가 필요하다고 말하는데 실제로 노벨과학상 수상자를 많이 배출하는 미국이나 유럽은 공학보다 자연과학 전공자가 많았다. 미국은 자연과학 전공자 비율이 11.4%로 공학(4.5%)보다 2배 이상 높았다. 독일도 공학(13.3%)보다는 자연과학 전공자 비중(16.5%)이 높은 것으로 나타났다.

한국은 공학 전공자의 비중(23.9%)이 오히려 자연과학(11.7%)보다 2배나 많다. 자연과학은 독일(16.5%)·인도(16.3%)·영국(16.1%) 등에 이어 8위에 그쳤다.

한국 정부가 비교적 취업이 잘되는 공학 계열로 학생 이동시키려 한다. 그러나 위 자료를 보면 다른 나라는 공학보다는 인문 자연계열을 바탕으로 다양하게 취업하는 것을 알 수 있다.

일본 도쿄대 총장과 교토대 총장은 일본 정부의 인문사회계열 축소 정책을 반대하며, "과학이 발달하더라도 그것을 움직이는 것은 인간이다. 일본의 인문학은 해외에 영향을 미친다. 이등휘 전 대만 총통이 2차 대전 전에 일본에 유학했고, 버마의 아웅산 수지는 일본 대학의 연구원이었다. 현재의 인문학도가 미래를 이끈다."고 했다.

하고 싶은 일에 맞추어 학과를 선택했다 하더라도 그 일을 사회에서 어떻게 진행할지 알기 어렵다. 이것을 강의실에서 해결하려면 강사의 온전한 교원지위 회복 등에 따른 대학에서 비판 기능의 회복, 법정정원교수 100% 충원에 따른 다양한 강좌의 제공과 수강인원 줄이기, 절대평가에 따른 경쟁에서 협동으로 전환이 필요하다.

전공과 직업이 일치하지 않는 비율이 높다. 서울시 산하 서울연구원이 발표한 '서울시민의 졸업 전공과 직업은 얼마나 일치할까'란 제목의 인포그래픽을 보면, 2014년 기준 서울 시민의 41%가 전공과 직업이 일치한다고 응답했다. 학력이 높을수록 전공과 직업의 일치 비율이 높아지는 것으로 나타났다. 대학 4년제 이상 졸업자는 50.5%가 일치한다고 응답한 반면 특정 분야의 전문 인재를 키우기 위한 목적으로 설립된 특성화고 졸업자는 17.3%만이 일치한다고 응답했다. 성별로는 남자(42.2%)가 여자(39.7%)보다 높게 나타났다. 전문성이 높은 산업일수록 전공과 직업의 일치 비율이 높았다. '숙박·음식점'(14.5%), '부동산·임대'(19.3%), '운수'(24.0%), '도매·소매'(25.5%) 등 쉽게 창업이 가능한 생계형 자영업종은 전공과 직업 일치 비율이 상대적으로 낮게 나타났다. '보건·사회복지'(74.1%), '교육서비스'(66.2%), '공공·행정'(57.5%), '전문·과학·기술'(55.3%) 등 자격증 또는 전문성이 요구되는 산업의 전공과 직업 일치 비율은 높게 나타났다.

초중고에서 혁신교육을 받거나 대안초중고에서 열린 교육을 학생이 대학을 가면 어김없이 주입식 교육을 받는다. 주입식 교육은 경쟁을 높이 사고와 협동의 가치를 낮게 평가하고 상업주의 경향을 띤다. 이 문제를 해결하기 위해 대학에서 노력해야 하지만,

대학 개혁 요구가 초중고, 학부모 등으로부터 나와야 한다.

여성은 사회적 차별과 출산 육아 이후의 경력단절 현상을 고려해 대책이 필요하다. 30대 기혼 여성 10명 중 4명은 결혼 임신 출산 육아 등의 이유로 직장을 그만뒀다. 이에 대한 대책으로 임신·출산·육아에 사회가 공동으로 책임져야 하는 물론, 여성 자신도 자기분야가 분명하고 전문적 소양의 지속적 준비와 갱신이 필요하다.

고등학생이 대학 선택하기

■ 도표 49처럼 ①번부터 시작해 ④번을 선택할 단계에서 서울에 있는 대학, 서울대학을 갈 수 있으면 현재의 기준으로 볼 때 이것 역시 좋은 일이다. ④번부터 선택하다가 ①, ②번으로 내려갈 경우 결정이라기보다 쓸어 담기가 된다. ④번부터 시작하는 것은 현실에서 어렵다.

■ 도표 49. 고교생의 대학 선택

① 자신의 원하는 공부를 할 수 있는 학과?	
② 이런 내용을 잘 가르칠 수 있는 교수 이름?	
③ 집에서 가까운 대학?	
④ 마지막으로 수능점수와 내신성적으로 택한 대학?	

고용노동부와 한국고용정보원 「2014~2024년 대학 전공별 인력수급 전망」을 보면, 2024년까지 10년간 전체 일자리 수요에 비해 대학 졸업생 79만 명이 더 배출될 것으로 예상됐다. 4년제 대학 졸업생은 302만 1,000명 배출되고, 전문대 졸업생은 172만 6,000명이 배출될 예정이다. 그러나 일자리는 4년제 졸업생 269만 9,000명, 전문대 졸업생 125만 5,000명에 그치는 것으로 조사됐다. 10년간 4년제 졸업생 32만 1,000명, 전문대 졸업생 47만 1,000명이 초과 배출되는 셈이다.

계열별로 보면 사회·사범·인문대 졸업생들의 경우 일자리 수요와 졸업자 공급에서 심각한 '미스매치'(불일치)가 있는 것으로 나타났다. 4년제 대학의 사회계열은 10년간 졸업생 84만 명이 배출되는데, 일자리 수요는 62만 3,000명에 불과해 무려 21만 7,000명의 초과공급이다. 전문대 사회계열도 22만 8,000명이 공급과잉이다. 사범계열

(12만 명 공급과잉)도 일자리 수요에 비해 졸업생이 초과 공급되는 대표적인 전공이다. 유아·청소년 등 학령인구가 줄어든 탓으로 보인다. 이어 인문계(10만 1,000명), 자연계(5만 6,000명)도 구직난이 예상된다. 반면 4년제 대학의 공학 계열은 10년간 75만 4,000명의 졸업생을 내는데, 일자리 수요는 96만 9,000명에 이르러 일자리가 21만 5,000개 초과했다.

인기학과는 바뀐다. 지난 70년 동안 대입 인기학과는 문과는 법학과/경제학과/경영학과 등이다. 최근에는 일부 문사철 학과가 인기가 있다. 이과는 의학과를 제외하면 농학과/섬유공학/기계/컴퓨터 IT BT/건설/물리학과/수학과 순으로 인기학과가 변했다. 최근 서울대는 수학과가 의학과보다 점수가 더 높다. 이후 30년은 어떻게 변화할까? 독일에서는 산림학과가 최고의 인기학과이다.

2) 평생교육

사람 수명은 길어지고 기술 수명은 갈수록 짧아진다. 2000년대 접어들기 전 미국 포드사 기술담당 이사는 공학사 학위 취득 신입사원에게 우리 회사에서는 공학사 학위 유효기간을 2년으로 한다고 했다. 의료계, 법조계도 마찬가지다. 노동자는 2~3년 단위로 새로운 지식과 기술을 배워야 하는 평생학습 시대에 왔다.

'평생교육'은 직장을 다니면 필요한 공부를 하는 개념이다. 수요자의 입장에서는 평생학습 체제이다. 사회생활 과정에서 발생한 필요에 따라 대학 교육을 받는다. 젊은층의 대학교육과 사회생활을 한 평생교육 차원의 대학교육으로 나뉜다. 그러나 관리 전문성 영역은 유지된다. 강의실 교육의 비중은 줄어들지만 가치는 여전하다.

청년에게 평생교육을 제공해야 한다. 학교 교육을 마친 뒤에도 교육 받을 필요가 있다. 영국은 2차 세계대전 종료 직전인 1944년에 의무교육 수료자 전원에 대해 국가가 연장교육(further education)을 실시할 것을 법제화했다. 한국은 1999년 평생교육법을 제정했다. 스웨덴의 경우도 성인들이 학습동아리(study circle)를 만들어 학습 활동을 전개할 경우 국가가 재정 지원한다. 대만에서도 사회 각 기관에 학습조직(learning organization)을 만드는 것을 적극 추진 중이다.[42]

핀란드는 40세 이상 국민이 대학에 진학할 경우 교육비를 지원한 법을 추진했다.

한국에서 평생교육 비중이 커졌다. 최종찬 전 건설교통부장관은 대학교수들의 안식년 제도와 같이 국민 누구나 40~50대에 6개월 정도 원하는 교육을 받는 '국민안식년' 제도를 제안했다.

MOOC는 2008년 캐나다에서 시작해 빠르게 확산되고 있다. 스탠퍼드대 교수 강사 등이 만든 코세라(Coursera)는 인문학 경영학 컴퓨터과학 분야 강좌를 제공하며 사용자가 1,000만 명이다. 하버드대와 MIT가 운영하는 edEX는 64개 대학에서 철학 법학 심리학 경제학 등 인문사회계열 강좌를 제공하며 사용자가 300만 명이다. 가장 먼저 시작한 Udacity는 스탠퍼드대의 세바스찬 스룬 교수가 만들었으며 조지아공대 등 12개 대학이 참여해 컴퓨터 관련 교육물 등 이과 계열 강의를 하며 사용자가 160만 명이다. 영국 오픈유니버시티가 만든 Futurelearn은 사용자가 50만 명이다. 무크는 교수와 학생 간, 학생과 학생 간의 온라인 커뮤니케이션이 가능해 온라인상의 협력적 과제 수행과 상호평가 학점 인정까지 가능하다. 에코노미스트는 대학의 재정난과 평생교육기관으로서의 역할 변화를 위기의 초점으로 잡고, 무크가 위협적이라고 했다. 장소 시간 비용에 구애받지 않고 높은 수준의 대학강의를 수강하고 학위까지 인정받을 수 있다면 비싼 등록금을 내야 하는 대학의 존재이유가 반감된다. 하버드 경영대학원의 크리스텐슨 교수는 2013년 "무크가 다수의 비효율적 대학을 사장시키고 향후 15년 안에 미국 대학 절반 이상이 파산할 것"이라 전망했다.

한국에서는 2014년 말 대학 온라인 공개강의 서비스에 183개 대학 9,628개의 강좌가 등록돼 있다. 교육부는 사용자에게 통합ID를 발급하고, 사용자는 무크 플랫폼에 접속해 개별 대학 강좌를 듣고 교수 학생과 토론할 수 있게 할 계획이다.

대학들 간 교육 연계체계가 가동되거나 그 안의 이해관계를 둘러싼 각축은 국경을 넘었다. 미국 뉴욕의 컬럼비아대학은 'Asia for Everyone'이라는 교육 프로그램을 가동했다. 이 프로그램은 아시아의 경제발전과 중국의 부상을 콘텐츠로 담아 컬럼비아대학의 명성으로 아시아 지식생산과 유통을 독점하려는 새로운 교육상품의 지배유형이다.[43]

대기업의 신산업에 대한 관심은 첨단 분야의 전문가 수요를 촉발한다. 대학이 학생에게 기초교육을 하고 신기술을 2~4년 들여 가르치는 동안 세상은 변해버린다. 사회

42) 김민호·노일경·박혜경·강연배, 『평생교육 제도와 노동교육』, 한국노동사회연구소, 2002.
43) 백원담, 「77명의 제자들을 위해」, 『경향신문』 2016.1.27.

의 빠른 기술 변화를 따라가려면 약 3, 4개월의 훈련으로 신기술을 배울 프로그램이 필요하다. 다빈치연구소는 이 해결책으로 3개월간 필요한 지식, 완전 최신 업데이트 된 지식과 기술만을 가르쳐 곧바로 일자리와 연결하는 마이크로 칼리지를 운영한다. 또 온라인 공개수업((MOOC, Massive Open Online Course)을 운영한다. 2014년 세바스 챤 스룬 스탠포드대학교 교수는 유다시티에서 신기술 솔루션을 짧은 과정으로 훈련시 켜서 회사와 연결해주는 나노디그리(Nano Degree)를 발표했다. 신기술 수요기간 안에 졸 업시키는 동시에 100% 일자리를 보장한다. 실제로 구글과 페이스북, AT&T가 나노디 그리 수료자만을 직원으로 채용하겠다고 발표했다.(박영숙·제롬 글렌, 2015, 192쪽)

구글이 세운 대안학교 알트스쿨(Alt School), 미국 스탠포드대학의 D 스쿨(Design Thinking Shcool), 도쿄대학의 I School, 미네르바대학, 프랑스의 정보기술(IT) 사관학교 에콜42에는 정해진 교육과정이나 학년 구분이 없다. 교사가 학생들을 가르치는 것도 시험이나 숙제도 없다. 그저 관심사가 같은 학생들끼리 모여 토론하고 실험하며 문제 를 해결하는 것이 전부다. 미네르바스쿨 학생들은 3~6개월 마다 국가를 옮기며 그 지 역 문화를 체험하고 주민으로 살아간다. 캠퍼스가 없고 수업은 100% 온라인으로 이뤄 진다. 온라인 강의는 녹화된 영상을 틀어주고 듣는 강의가 아니라 실시간으로 진행되 는 세미나식 수업이다. 벤 넬슨 미네르바 스쿨 CEO는 "학생들이 책 속의 이론이 아니 라 현실 속의 삶을 살 수 있게 하는 것이 목적"이라고 했다.

이런 대학은 학부의 정규과정이 아닌데, 한국에서는 이런 창업 과정을 학부의 정규 과정으로 운영한다.(채효정, 2017, 117쪽)

평생교육은 기술과 교육의 수명이 짧아진데 대한 대응이다. 이명박, 박근혜 정부 때 평생교육 체계를 적극적으로 운영했다. 이명박 정부는 기업이 대학과 계약을 맺어 기 업이 학생을 보내고 대학이 교육시키는 계약학과를 도입했다. 학비는 정부지원 50%, 기업 부담 25%, 본인 부담 25%이다.

박근혜 정부는 계약학과를 확대해 미래대학이라는 이름의 평생교육 단과대학을 도 입했다. 그러나 기업 내에서 대학에 가려는 실수요자가 소진되자 학벌 평판이 높은 대학에 미래대학을 설립하려 했다.

이화여대 학생들은 2016년 평생교육 단과대학인 미래라이프대학 설치를 반대하고 박근혜 정권의 실세인 최순실의 딸인 정유라 학생의 성적 관리 특혜를 비판하며 본관을 점거 농성했다. 이대는 이를 포기하고 최경희 총장이 사퇴하고, 학생이 참여해 새로운 총장을 선출했다. 고대에서도 학생들이 미래대학을 반대해 본관을 점거 농성해 철회했지만, 고대는 다시 SK미래관을 추진한다. 미국 스탠포드대학의 디 스쿨(Design Thinking School)을 본뜬 것이다. 서울대 시흥캠퍼스도 비슷한 성격이며, 서울대생들이 철회하라며 100일 넘게 본관을 점거 농성했다. 미래 대학에 대한 정보는 '4차 산업혁명', '융합교육', '국제경쟁력' 이라는 용어 외에는 공개된 것이 없다. 4차 산업혁명 교육을 통해 세계적 경쟁력이 있는 대학으로 변화하겠다고 했지만, 실은 재벌의 자본력과 서울대를 비롯한 이른바 일류대가 결합해 '4차 산업혁명'에 필요한 단기 교육과정을 독점하려는 의도이다.

3) 대안대학

기존 대학이 더 이상 진보적 담론을 생산할 수 없다[44]는 판단 아래 독립적인 대안대학을 운영한다. 대학에서 밀려나거나 거부한 연구자들이 추진한다. 대안대학으로 출발한 녹색대학은 한발 물러서 녹색온배움터로 전환했다. '수유 + 넘어'에서 분화한 '수유너머104' 같은 연구교육 공동체도 넓은 의미의 대안대학이다. 인문학협동조합, 다중지성의 정원, 노나메기지식순환협동조합, 연구협동조합 데모스(Demos), 부산지역 연구모임 아프콤(aff-com), 지식순환협동조합 대안대학 등이 있다. 이상한대학교는 대학생들이 직접 교수와 강의를 선정하고 학교 운영까지 하는 대안 대학이다.

한국에서 대안대학이 기존 대학의 도피처가 되어서는 안된다. 대안 초중등학교를 나온 학생이 대학에 가서 대학의 모순점과 만나는 것과 마찬가지이다. 대안대학은 기존 대학의 모순점을 시정하는 노력과 아울러 그것을 능가하는 대학의 상을 설정해야 한다.

---

44) 권경우, 「지식협동조합과 대학의 종말」, 웹진 『문화 다』, 2013.06.20.

3. 대학의 변화

대학 서열화를 철폐하고, 교육의 질과 환경을 개선하는 방법을 구체적으로 생각한다. 사회적 요구로서 '평등교육, 학벌없는 사회'는 현재 단계에서는 학벌에 대한 접근 기회가 평등해야 한다는 수준이다. 서울에 있는 대학에 들어갈 기회를 공평하게 달라는 것이다. 또한 서울 소재 대학을 나온다고 해서 취직이 다 되는 시기는 지났다.

대학에서 노동, 인권, 평등, 민주주의, 공공성, 지속가능성 등 지식사회를 현명하게 살아가는데 필요한 내용을 가르쳐야 한다. 그것을 공평하게 배울 기회를 마련해주는 것이 평등교육이고 학벌없는 사회이다. 학벌 경쟁을 벗어나 교육의 질을 향상시켜야 한다.

1) 대학생의 학습권

무상교육

이 항목은 대학에 접근하는 권리이다. 교육 평등권에 해당한다. 송아지를 사올 때 송아지를 키운 농민에게 키우는데 들어간 비용을 지불한다. 그리고 송아지를 데려와 여물을 준다. 그러나 고용자는 노동자를 고용하고 매월 임금을 준다. 노동자의 부모가 그를 노동자로 키울 때 들어간 비용은 지불하지 않는다. 노동자는 임금을 받아 생활하면 남는 것이 없다. 그러므로 임금은 여물값에 불과하다. 위의 송아지의 사례에서 보듯이 기업은 노동자를 키우는데 들어간 비용을 지불해야 한다. 이것을 개별 기업이 노동자의 부모에게 직접 지불하지 않고 세금으로 납부하고 그것을 정부가 무상교육으로 집행해야 한다. 세계 대부분의 나라가 이렇게 한다. 세계에서 대학무상교육을 실시하지 않는 나라가 한국 일본 미국 정도이다.

대학교육을 원하는 학생들에게 비싼 등록금은 대학에 접근할 권한을 차단한다. 부잣집 자녀는 학비걱정을 덜하고 유학도 간다. 가난한 집 자녀는 학비 부담이 크고 그 부모는 학비를 벌려고 장시간 노동을 하고 노후자금을 모으지 못한다. 더 가난한 집은 아예 자녀를 대학에 보내지 못한다.

대학 안에서 비판적인 연구 교육 지도의 기능을 인정해 대학교육의 질을 높여 사실상 평준화한다. 대학 밖에서 동일임금 동일노동을 실시한다. 동시에 무상교육을 실시한다. 그러면 대학 진학비율이 현재 70%에서 대폭 줄어들 것이다. 이효행 학생은 "동일노동 동일임금을 적용할 경우 대학에 들어가려는 학생이 줄어들 것이다. 그러면 무상 대학교육에 필요한 재원도 줄어든다"고 했다.(2015.11.24)

니콜라 드 콩도르세(Nicolas de Condorcet, 1743~1794)는 18세기 프랑스 수학자겸 사상가로 혁명기 온건파인 지롱드의 입법의원이었고, 지롱드 헌법의 초안을 썼다. 그가 제안한 「공교육 일반조직에 관한 법안」은 "모든 시민에게 공통의 공교육을 제공하고 불가결한 부분에 관해서는 무상 교육"을 하도록 규정, 의무교육과 교육기회 균등의 이념을 천명했다. 교육학계는 근대 국민교육사상의 뿌리가 여기에 있다고 여긴다.

크리성티 테하폰토스 교수는 "유럽에서는 '배우고자 하는 자에겐 기회를 마련해야 한다'는 인식이 보편적이다. 유럽은 무상교육과 무상의료 시스템이 당연한 권리로 인정되고 있다"며, "이러한 교육권과 의료권은 자연스럽게 이뤄진 것이 아니다. 학생들의 연대와 믿음을 근거로 한 투쟁이 사회 변화를 일으켰다"고 했다.

무상교육은 등록금만 없는 것이 아니라 생활비까지 지급하는 것을 의미한다. "핀란드뿐만 아니다. 교육천국으로 알려진 쿠바는 물론이요, 스웨덴, 노르웨이, 덴마크 등 북유럽 국가에서는 대학교까지 완전 무상교육이다. 체코, 아이슬란드, 슬로바키아, 오스트리아에서는 대학등록금이 없다. 게다가 덴마크에서는 정부가 대학생들에게 열심히 공부하라고 뜻에서 매월 50~60만 원을 주고 있는가 하면 스웨덴에서는 20세가 되면 1인당 2천만 원 정도씩 지급한다. 핀란드와 함께 교육 강국으로 손꼽히는 아일랜드 역시 대학등록금이 무료다. 캐나다도 고등학교까지는 무상교육이지만 돈이 없어 대학에 못 다니는 학생은 없다."(김용택, 2015.10.4 참조) 독일은 무상교육을 주장한 페스탈로치와 훔볼트에 따른다. 조용민 학생은 독일 프라이스부르대학에 갔을 때 "교수에게 왜 독일은 대학 무상교육을 하느냐?" 묻자 교수는 "독일의 미래를 이끌어 갈 사람들이라 무상교육한다고 대답했다"고 했다.(2015.11.24)

부탄은 무상교육과 무상의료를 시행한다. 칠레는 한국처럼 대학 등록금이 비싸고 사교육이 심한 나라였다. 대학생이 5년 시위해 2015년 대학 무상교육으로 전환했다. 남아공도 2018년 대학 무상교육으로 전환했다.

미국도 대학생들이 학자금 대출에 시달린다.[45] 미국에는 기부금 제도가 발달하여 공부하기 원하는 학생은 장학금을 받아 공부할 수 있다. 그런데 자기네 대학의 졸업생이나 기부금을 낸 사람의 자녀를 받지 않는 대학이 있다. 이런 대학은 가난한 우수한 학생을 받아들여 학생의 질을 높이려 한다.[46] 미국 2016년 대선에서 민주당의 버니 샌더스는 무상교육, 힐러리 클린턴은 가난한 대학생에게 선별적으로 제공하는 무상교육을 공약했으나 낙선했다. 샌더스는 공립대학에 무상교육을 도입해 가난한 가정의 학생 대학 진학률을 높이면, 국민의 교육의 질이 높아지고 수입이 많아지고 세금을 많이 내게 된다고 했다.

토마 피케티는 "미국 대학은 값비싼 수업료는 용납하기 어려운 불평등을 가져왔지만, 그것은 미국 대학에게 독립성과 번영 그리고 에너지를 만들어냈다. 공적 의료보험 제도에서 생산자들(의사와 병원들)에게는 일정한 독립성이 주어지지만 진료비는 공동의 책임으로 남는다. 그래서 환자는 의료보험제도를 통해 평등한 진료 기회를 보장받는다. 이 같은 방식으로 대학과 대학생에게도 평등한 혜택이 주어질 수 있다. 북유럽 국가들은 고등교육에서 공공재정의 상당 부분을 대학에 인센티브로 제공해, 교육기회의 평등성 문제와 분권화의 이점을 결합시켰다. 이런 과정은 어마어마한 공적 재원 조달을 필요로 하는데, 사회적 국가 통합의 통폐합이라는 현 기류를 볼 때 이런 재원을 마련하기는 쉽지 않다. 그럼에도 불구하고 이 같은 전략은 부모의 소득에 따라 달라지는 수업료 청구에서부터 수혜자의 소득세에 붙는 부가세를 통해 회수되는 학자금 대출 제공에 이르기까지 어떤 시도보다 훨씬 더 만족스러웠다"고 했다.(토마 피케티, 2014년, 580쪽)

한국의 사교육비가 연간 20조 원이다. 박종서의「학업자녀가 있는 가구의 소비지출 구조와 교육비 부담」에 따르면, 저소득층은 두 자녀를 가졌을 때보다 세 자녀 이상을 가졌을 때 교육비 지출 비중을 늘렸지만, 그 후로는 더 이상 교육비를 늘리지 못한다. 반면 고소득층은 자녀 숫자와 관계없이 교육비의 비중이 비슷하다. 교육에 대한 투자 격차는 가난과 부를 대물림한다는 점에서 공교육의 강화가 시급하다.

---

45) 켄 일구나스,『봉고차 월든』, 문학동네, 2015. 최태섭,『잉여사회』(남아도는 인생들을 위한 사회학), 웅진지식하우스, 2013.
46) 동아일보 특별취재팀,『작지만 강한 대학-세계의 리틀 아이비리그』, 동아일보사, 2006.

다수 대학생 시민단체가 추진한 반값등록금은 등록금의 절반은 학생이 대학에 직접 납부하고, 나머지는 정부가 대학에 지원하는 안이다. 나머지 절반은 학부모가 낸 세금을 대학에게 지원하는 것이다. 학부모의 입장에서 보면 등록금에 해당하는 돈이 그대로 지출되는 것이고, 대학의 입장에서도 수입에 변화가 없다. 특히 대학은 절반의 지원에 대해 감사 면제를 요구했다. 그러나 국가가 지원되는데 감사를 면제하는 것은 법리상 성립될 수 없다. 서울시립대학의 반값등록금은 대학이 등록금을 절반만 받는 것으로 위의 구성과 차이가 있다.

2016년 대학 등록금 총액은 13조 3천억 원이다. 이 가운데 정부재원장학금(국가장학금 3조 6,500억 원 + 근로장학금 3,500억 원)은 4조 원이고, 대학 자체 노력(등록금 인하, 교내외 장학금)이 3조 1천억 원이고, 학생·학부모 실부담이 6조 9천억 원이다. 정부의 반값등록금 정책이 소득 연계 차등정책이기 때문에 소득 상위계층 학생들이 받은 장학금은 50% 미만이고, 저소득층 학생이라 해도 기준 성적(B학점) 이하면 국가장학금을 주지 않는다. 그러므로 이 정책은 진정한 반값등록금 정책이라 볼 수 없고 국가장학금 확대정책 수준이다.

김미란 외는 사학 중심인 미국도 초기직업교육은 주로 공립체계로 이룬다며, 우선 직업학교에 대한 국공립비율을 높이고, 무상교육 비율을 높이자고 했다.(김미란, 2010, 191쪽)

김밥집을 하던 노부부가 대학에 수억, 수백억 원을 기부했다는 미담 아닌 '미담'이 보도된다. 대학은 기부 받은 돈을 교육, 연구보다 건물을 짓는 등 사적 용도에 사용한다. 국민은 소득에 대해 세금을 내고, 정부는 등록금을 받지 않고 이 세금을 대학에 투입하고 연구와 교육에 사용하는 정상적인 과정이 자리 잡아야 한다.

정부가 대학에 제공하는 연구비는 매년 약 4조 원이다. 한국연구재단의 대학에 지원하는 연구비가 2014년에 약 3조 원이다. 2012년 4조 원, 2017년 2.7조 원이며, 2020년 8조 원으로 예상한다.(The Science Times, 2017.10.25) 정부가 연구 중심 대학원을 키운다는 명목으로 1999~2016년 18년간 프로젝트 'BK21'에 들인 돈이 4조 5,600억 원이다. 약 20조 원(2016년 국가 R&D 예산은 19조 942억 원, 그 중 인문계 R&D예산 7,982억 원, 인문사회 분야 순수 R&D예산 2,990억 원)에 달하는 국가 연구개발(R&D) 자금 대부분이 '논문을 위한 논문'을 양산하는 데 소진된다. 한경과 엘스비어가 공동 분석한 20개국

연구 성과에 따르면 한국은 논문 건수가 1997년 1만 3,050건에서 지난해 7만 6,733건으로 꾸준히 성장했지만 2015년 7만 7,362건을 정점으로 감소세다. 세계 순위 역시 2006년 12위에 오른 이후 정체 상태다. 중국이 미국에 이어 2위다. 돈을 대는 정부가 연구 주제를 정하고, 연구자들은 돈을 받기 위해 그 틀에 맞추는 관행도 여전하다.

대학 무상교육은 대학교육을 받고 싶어 하는 가난한 학생이나 가정을 가진 중년을 비롯한 모든 사람에게 대학교육을 제공하는 것이다. 대학 무상교육 요구는 어느 한 대학에서 시행할 수 있는 일이 아니다. 전국의 대학생이 일제히 정부에게 정책 전환을 요구할 때 가능하다.

그러나 무상교육은 거의 진척이 없다. 그 이유는 등록금 걱정이 전혀 없고 원하면 자녀를 유학 보낼 수 있는 상류층은 이에 관심이 없다. 대학등록금을 직장에서 사내복지 차원에서 지원 받는 계층은 등록금 철폐를 사실상 반대했다. 가난한 집의 자녀가 무상교육 혜택을 받아 대학에 들어올 경우 자신들의 자녀가 상대적으로 지위가 하락한다고 생각한다. 대학무상교육은 대학교육이 사회적 자산이고, 특히 가난한 집 자녀가 대학교육을 자유스럽게 받을 경우 사회적 자산이 커진다는 점을 국민이 인식할 때 가능하다.

대학생 학습권

교원 임무 ⇆ 학생 학습권은 서로 맞물린다. 교원 임무는 학생을 교육·지도하고 학문을 연구하는 권리와 의무이다. 대학생 학습권은 강의를 잘 듣고 질문하고 토론하는 권리와 의무이다. 이것은 대학생이 학습권에 관심을 가져야 하는 근거이다. 대학생 학습권은 학부모와 시민에게는 자녀와 2세 교육의 권리와 의무이다.

그러나 교수도, 강사도, 대학도, 교육부도 교원 임무를 강조하지 않았다. 심지어 강사도 해고와 임금을 주장하지 교육자 입장에서 교원지위 회복을 주장하지 않았다. 학생도, 대학원생도, 학부모도, 사회도 학습권을 주장하지 않았다. 인재 수요자인 정부도 기업도 교육권이나 학습권을 주장하지 않았다. 다만 대학교육 결과에 창의가 없다고 입을 모아 주장했다. 그러나 현실에서 학습권을 신장할 필요가 있고 제도에서 아래처럼 고등교육법 상 교원의 임무와 대학생 학습권에 관한 규정이 있다.(■도표 50, 51 참조)

2019년 강사법 시행을 앞두고 대학들이 교과목수, 강의수, 강사수를 대폭 줄였다. 학생들은 듣고 싶은 강의를 선택할 수 없는 것은 물론 승급과 졸업에도 지장이 있었다. 학생들은 학습권을 찾으려고 저항했다.

■ 도표 50. 대학생의 학습권 요구

유학생 학습권

한국에 유학을 온 외국 학생이 많다. 숫자는 중국, 베트남, 몽골, 우즈벡 순이다. 그중 다수가 공장에 다니며 노동한다. 학업보다 일자리가 우선인 학생이 많다. 산업연수생과 비슷하다.

스위스 출신인 버나드는 "한국을 선택한 학생들이 학업을 잘 할 수 있도록 도와야 한다. 무작정 외부 지표를 의식해 외국인 학생을 받는데 치중할 게 아니라 학생들을 도울 방법을 세심하게 찾아야죠. 외국인 학생들은 문화 차이에 의외로 잘 적응하지만, 모든 서비스가 한국어로만 제공돼 일상의 고충이 크다"고 했다. 언어장벽을 뛰어넘어 학문할 수 있도록 커리큘럼을 조정하는 것도 장기과제다. 초파리 유전학자 김우재는 대학원만 외국인 학생에게 개방할 것이 아니라, 한국에서 교육받은 그들에게 교수와 강사 자리를 개방해야 한다고 했다.

강사의 교원지위-비판 자유 회복

대학에서 비판의 자유는 연구 교육 사회봉사에서 비판의 권리를 말한다. 이것의 핵심은 유신독재 시기에 박탈당한 강사의 교원지위 회복이다. 비판의 자유 회복은 학문의 주체성 회복, 교수 임용제도의 개선에 도움을 줄 것이다.

■ 도표 51. 대학생 학습권 법령

---

1. 고등교육법 속의 교원 임무
교원 임무는 고등교육법 제15조(교직원의 임무) ② 교원은 학생을 교육·지도하고 학문을 연구하되...

2. 법률 속의 대학생 학습권
△헌법 제31조
① 모든 국민은 능력에 따라 균등하게 교육을 받을 권리를 가진다.
④ 교육의 자주성·전문성·정치적 중립성 및 대학의 자율성은 법률이 정하는 바에 의해 보장된다.
⑥ 학교교육 및 평생교육을 포함한 교육제도와 그 운영, 교육재정 및 교원의 지위에 관한 기본적인 사항은 법률로 정한다.

△교육기본법
제3조(학습권) 모든 국민은 평생에 걸쳐 학습하고, 능력과 적성에 따라 교육 받을 권리를 가진다.
제17조의3(학습윤리의 확립) 국가와 지방자치단체는 모든 국민이 학업·연구·시험 등 교육의 모든 과정에 요구되는 윤리의식을 확립할 수 있도록 필요한 시책을 수립·실시해야 한다.

△고등교육법
제28조(목적)
대학은 인격을 도야(陶冶)하고, 국가와 인류사회의 발전에 필요한 심오한 학술이론과 그 응용방법을 가르치고 연구하며, 국가와 인류사회에 이바지함을 목적으로 한다.

△교원의 지위향상 및 교육활동 보호를 위한 특별법
제6조(교원의 신분보장 등) ① 교원은 형(刑)의 선고, 징계처분 또는 법률로 정하는 사유에 의하지 아니하고는 그 의사에 반해 휴직·강임(降任) 또는 면직을 당하지 아니한다.
제7조(교원소청심사위원회의 설치) ① 각급학교 교원의 징계처분과 그 밖에 그 의사에 반하는 불리한 처분에 대한 소청심사(訴請審査)를 하기 위해 교육부에 교원소청심사위원회(이하 "심사위원회"라 한다)를 둔다.

　강사법 시행에 따라 강사가 비판적인 연구를 강의하고 학생의 비판적인 질문을 받아들이는 토론이 가능해졌다.

　전임교수는 교원이 아닌 강사 가운데서 임용했기 때문에 비판적인 경우가 매우 드물다. 이들은 거대한 대학 체제내화한 집단이다. 금수저가 아니면 교수가 되기 어렵다는 구조도 문제를 악순환시킨다.

2019년 이전에는 강사는 법적으로 연구의 권리와 의무가 없었다. 강사의 연구는 사장되거나 교수논문 대필에 가로채기 당했다. 지역사회 입장에서 보면, 모두는 아니지만 서울에서 내려온 전임교수는 기회가 되면 수도권대학으로 가려했다. 그 결과 지방에 대한 연구는 축적되지 못했다. 강사가 교원이 되면서 젊은 강사가 지역을 연구해 대안을 제시하고, 이것을 학생에게 가르치고 토론하면서 학생은 사회에 나가 지역사회를 살리는 역할을 하게 된다.

대학에서 교원은 원래 교수 부교수 조교수 강사였다. 그러나 1977년 유신정권이 우민정책을 펴며 강사를 교원 범주에서 뺐다. 한경선 건국대 강사, 서정민 조선대 강사 등이 교원지위 회복을 내용으로 하는 강사의 권리 처우 개선을 요구하며 자결했다. 두 강사의 자결을 전태일의 죽음과 비견한다. 전태일은 산업사회의 문제에 저항했고, 한경선, 서정민 강사는 지식정보화 사회의 문제에 저항했다.

법정정원교수 100%

법정정원교수를 100% 뽑으면 교수수가 대폭 늘어난다. 장기적으로 강사는 소멸해야 한다. 다만 박사학위를 막 취득한 연구자들에게 교수 연수 기회를 주고 대학이 전임교수로 채용하기 어려운 특수한 분야의 연구자나 전문가를 강사로 채용한다. 그 비율을 20% 이내로 한정한다. 법정정원교수를 100% 충원하면 강의 종류가 다양해진다. 그러면 교수도 연구논문 편수 채우는데서 벗어나 교육에 좀 더 열성을 기울일 수 있다. 교수 임용에서 국내 박사의 비중을 높이면 한국의 현실을 학문에 좀 더 반영하게 된다. 학문의 주체성도 높아진다. 아울러 강좌가 다양해지고 수강인원이 줄어든다. 학생들은 수강신청할 때 광클릭을 하지 않아도 된다.

고등교육법 시행령에서 정한 교수 1인당 학생수는 인문사회 계열이 25명, 이공 예체능 계열이 20명, 치·의·한의학 계열이 8명이다. 권장 법정정원교수 충원률은 61%이다. 또 여기서 겸임교원 등 20%를 인정한다. 남는 의무 법정정원교수 충원률은 41%이다. 그 결과 교수 1인당 학생수는 전국 평균 35.5명이다. 이것이 수강신청에서 광클릭하는 원인이다. OECD 평균은 15.5명이고, 런던대와 베이징대는 8명이다.

학생수업 절대평가

학생 수업의 상대평가는 전두환 신군부 국가보위비상대책위원회의 1980.7.30. 「교육정상화 및 과열과외 해소방안」에서 도입했다. 졸업정원제에서 늘어난 30%를 상대평가해 탈락시키려 했다. 부마항쟁, 광주민주항쟁 이후 전두환 정권은 학생을 강의 출석과 학점에 묶어 학생운동과 대학 민주화운동 억제하려 했다. 상대평가에서는 강의실에서 학생들이 학점을 잘 따려 경쟁하고 토론을 억제하게 해 강의실에서 집단지성을 만들어내기 어려웠다. 2018년 교육부가 대학평가에서 상대평가하면 가산점을 주던 데서 이를 강제하지 않은 것으로 전환하면서[47] 절대평가 전환이 확산되는 추세이다.

절대평가하면 강의실이 경쟁에서 협동으로 바뀐다. 어떤 과제를 협동해서 해결한다. 교수 평가는 권위가 아니라 학생에 대한 기여도로 평가받는다. 경희대 후마니타스 칼리지에서는 절대평가 아래 학생은 학점이 낮아졌고 교수는 강의하기가 어려웠다고 했다. 강의하고 학점을 매기는데 일정한 기준이 있어야 하기 때문이다.

경희대 후마니타스 칼리지는 2012년 기초교과 글쓰기 1, 2와 시민교육 교과의 평가방식을 절대평가로 전환했다. 200여 개 교양강의에 40명 이하의 학생이 토론 수업하며 절대평가한다. 2014년 연세 의대는 전 교육과정을 상대평가에서 절대평가(Pass, Non-pass)체제로 전환했다. 미국 상위 25개 의대와 일본의 주요 의대는 절대평가체제를 운영하고 있지만, 국내 의대 가운데 연세대 의대가 처음이다. 연세대 의대학생의 입학 성적이 전국 순위의 1000분의 1을 차지한다. 그것을 A, B, C로 구분하는 것이 무의미하다. 연세대 의대에서는 절대평 뒤에 SCI논문 수십 편이 나왔다. 절대평가로 전환해 학생들이 서로 협력하는 것이 낫다는 이유에서 였다.(김영곤, 2105 여름 참조) 이후 연세대, 서울대가 전면 도입했다. 한국예술종합학교는 한 학기에 전공과목 2, 3개 외에는 학생들이 원하면 절대평가 수업을 들을 수 있다.(정이수 한예종 학생, 2016.10.27)

전국대학강사노동조합이 2011년 고려대와 단체교섭에서 절대평가 전환을 요구했다. 고려대는 절대평가 TF팀을 두고 전면 도입을 시사했다. 그러다가 상대평가 적용에 점수를 주는 교과부 대학평가에서 감점을 받으면 대학지원금이 감소한다는 이유로 거부했다. 2014년 고대총학생회는 절대평가 확충을 학교에게 요구했다. 2015년 취임

---

47) 김헌주, 「대학 와서도 '등수 타령'… 줄 세우기 상대평가 없앤다」, 『서울신문』, 2018.12.23.

한 염재호 총장은 2학기부터 절대평가를 도입하고 출석체크를 하지 않아도 된다고 했다. 정확히 말해 수업 평가를 교수 자율로 했다. 절대평가 전환에 이승○ 학생은 "강의실에 학생 출석이 줄어 수강인원이 줄었다, 교수와 학생 사이에 1:1 대화가 가능해졌다, 발표가 많아졌다, 강의시간에 학교 밖으로 판소리 공연을 보았다. 좋았다"는 반응이었다. 절대평가는 강사의 교원지위 회복을 통한 자기검열하지 않기, 강좌수의 확대와 다양성, 법정수강인원의 축소와 함께 대학 강의실을 활발하게 하는 요소이다.[48]

필요조건		충분조건
강사 → 교원	비판적 연구 강의 사회봉사	학생 수업의 절대평가
법정정원교수 100% 충원	다양한 강좌	
	소수의 수강	

■ 도표 52.
⇨ 살아있는 강의실 ⇦

■도표 52처럼 위 세 가지 기본 사항이 충족되면 강의실이 바뀐다. 대학에서 학생이 잘 배우고 자신이 하고 싶은 일을 찾고 사회로 나갈 수 있다. 인문사회계열 학생을 억지로 공대에 우겨넣지 않아도 된다. 인문사회계 학생이 이공계 직업을 찾고, 이공계 학생이 인문사회계열 직업을 찾고 예술계학생은 전체 계열을 넘나들 수 있다.

인문학을 살릴 수 있다. 인문학이 살아날 때 대학이 자본과 상업주의에서 벗어난다. 2016.10.20 '고만고만한 전남대 사람들' 주최 내 강의에서 독일에서 공부한 한 학생은 독일에서는 학교당국이 일부러 학생들을 모이게 하고 고기를 구워 먹게 하며 서로 소통하게 한다고 했다. 학생들이 서로 소통해야 하는데, 이것이 강의실에서 이루어져야 한다. 독일은 토론과 발표가 수업의 중심이고 초등학교부터 대학까지 절대 평가한다. 특히 수업시간에 학생들끼리 경쟁상대가 아니라 협력 상대임을 교육하고 서로 발표를 통해 새로운 지식과 시각을 배운다. 평가 예로 덧셈 시간에 1 + 1 = 2가 정답이지만 1 + 1 = 1이라고 하면서 그 근거를 찰흙 한 덩이와 다른 찰흙 한 덩이를 합하면 하나가 된다고 설명하는 학생이 더 좋은 평가를 받는다.(김택환, 2017 참조)

---

48) 김영곤, 「절대평가하면 경쟁 아닌 협동하는 강의실이 된다」, 『고대문화 2015 여름 120호』.

이런 조건들이 충족될 경우 어느 대학이 가장 이익을 보는가?
ⓐ 서울대학, ⓑ 전남대 광주캠퍼스, ⓒ 전남대 여수캠퍼스, ⓓ 여수 한려대나 한영대.

이 질문에 대해 위의 어느 전남대생은 전남대 여수캠퍼스라고 했다. 여수 한려대나 한영대로 생각한 나는 왜 그러냐고 물었다. 학생은 아무래도 한려대나 한영대는 사립대학이라 제약이 있지 않겠느냐고 답했다.

이런 노력으로 대학은 서울, 지방 가릴 것 없이 그 대학이 속한 지역의 특성을 반영한다. 대학들이 각기 다양성을 가지면서 독자적으로 발전한다. 학벌 없는 사회, 대학 평준화로 가는 유력한 방안이다. 외국에서 지방에 있는 대학이 세계적으로 이름을 날리는 이유이다. 한국이라고 해서 못할 것 없다.

국공립대 비율 높이기

2017년 대학수 전체 447개 중 국·공립 50개, 사립 390개(87.2%)이다. 대학교가 248개, 전문대가 178개이다. 그동안 국립대 육성 정책은 인천대 등의 국립화 정도로 사실상 없었다. 사립대를 줄이고 국공립대를 늘려야 대학교육의 공공성을 높여야 한다. 구조 조정할 때 문 닫을 대학을 국공립대로 전환해야 한다.

해방 후 높아진 교육수요를 충족하기 위해 친일자본이 대거 학교를 설립했다. 당시 농지개혁법은 농지를 학교에 출연할 경우 농지개혁 대상 토지의 절반을 면해주었다. 또 김영삼 정권의 대학 설립준칙주의에 따라 대학 설립허가를 많이 내주었다. 그 결과 4년제 대학의 80%가 사립이다. 이들 대학의 교육과정에서 자본의 입장을 대변하는 경향이 심하다.

서유럽은 1945년 이후 사립대학을 국립대학으로 전환했다. 서유럽에서는 한국과 달리 사립대학이 국립대학에 비해 자유스럽다고 평가하는 견해가 있다.

인구가 줄고 대학의 가치가 줄면서 대학 신입생이 준다. 대학 신입생이 줄면 그동안 콩나물 교실 같았던 대학 강의실의 학생수를 줄이는 것이 우선이다. 초중고에서 한 반의 학생수가 25명 이하이다. 대학도 이제 7, 80명 들어가던 강의실을 법정정원학생수로 줄여야 한다. 신입생이 줄어 문을 닫을 정도가 되면 그 대학에 속한 지역에서 필요에 따라 대학을 국공립대학으로 전환해 유지하는 방법을 찾아야 한다.

미국의 카운티 칼리지, 일본의 단기대학 등이 비슷한 사례이다. 최근 일본의 어느 현에서는 현의회가 지역 내 사립대학을 인수해 공립으로 전환했다.

대학을 나오지 않아도 되는 기능직의 경우 생애임금이 높아야 한다. 동일한 일에 동일한 임금을 주는 동일노동 동일임금의 원칙을 적용해야 한다. 그래야 학생들은 굳이 대학을 가지 않으려 할 것이다. 그러면 대학 입학률은 현재의 70%에서 30~50% 대로 줄어들 것이다

지역에서 대학은 지역에서 필요한 사항을 교수가 연구하고, 교수가 이를 학생들에게 교육하고, 교수와 학생이 토론하며 대안을 마련한다. 학생은 사회에 나가 이 대안을 실현한다. 대학이 지역이 민주적이고 지속가능한 발전하는데 중심축이 된다. 시·군지역 대학 문을 닫으면 그 지역의 중심축이 사라진다.

존립하기 어려운 사립대학은 국공립대로 전환해야 한다. 인천대학은 백선엽·백인엽 설립자의 횡포가 심했다. 인천시민의 요구로 인천시립대학을 거쳐 현재 국립대학이 되었다. 국립화한 인천대는 그동안 사학의 좁은 틀에 있던 때와 달린 인천지역사회를 비롯한 사회에 대해 공공성이 강한 연구와 대안을 내고 있다. 사립대의 공공성을 높이는 정책으로 공영형 사립대를 운영한다. 또 대학에 대한 재정지원이 대학 자율성이라는 명분 아래 특별회계로 운영되는데, 이를 일반회계로 전환하고 감사원의 감사를 받아야 한다.

공영형 사립대를 진행에 필요한 재정은 고등교육 재정 교부금법 제정을 통해 지원하는데, 이것은 공영형 사립대 추진으로 위상이 상대적으로 추락할 것을 우려하는 대형 대학이 반대하기 때문에 추진이 어렵다. 이 정책은 등록금을 철폐해 대학 재정을 세금으로 충당해 대학재정 구조를 전면 재편할 때 가능하며, 이것은 등록금 철폐 대중운동에서 추진력을 얻을 수 있다.

대학은 국고지원을 받는다. 그런데 이 지원이 프로젝트를 통해 특별지원비 형태로 대학에 지원된다. 이 돈 가운데 상당 비율이 교수나 강사의 생활비로 사용되고, 대학은 대학운영에 도움 받았다고 말하지 않는다. 국고지원을 일반재정으로 대학에 지원하고, 이를 근거로 대학은 감사를 받아, 대학 운영의 공공성을 높여야 한다.

지역에서 연구 교육 연구자 지역의 선순환 가능하다. 조선대는 원래 전라·충청도 주민이 모금해 세운 민립대학이다. 서민호 전남도지사의 지시로 대학의 관리자가 된

박철웅이 사유화했다. 이 대학은 광주-전남 시·도립대학으로 전환해야 한다. 강원도 상지대는 김문기 전 이사장이 1993년 부정입학 등 비리로 물러나면서 분규가 계속되었다. 이 대학을 강원도립대학으로 전환해야 한다.

조선 황실이 설립한 숙명여대와 성균관 후신인 성균관대는 설립 취지에 따라 국립대로 환원해야 한다.

하승수 변호사는 사립대의 국공립대 전환을 위한 기금 설립을 제안했다.(2017.12.29) 이덕우 변호사는 종교가 운영하는 대학을 국가에 헌납해 국공립대학으로 전환해야 한다고 했다.(2017.12) 여수의 정병진 목사는 여수 한영대와 한려대 시립화를 찬성했다.

대학 변화 주요 과제는 ① 강사법, ② 학생수업 절대평가, ③ 강좌를 다양하게 개설하고 강의실 학생수 줄이는 교수수의 증가, ④ 등록금 철폐, ⑤ 사립대학의 공공성 강화나 국공립대 전환 등이다.

①, ②는 이미 제도화했다. ① 강사법은 연구와 교육에서 비판의 자유를 뒷받침하는 것으로 2019.8.1 대학에서 시행했다. ②는 교육부가 학생수업 평가를 자율화해 다수 대학이 절대평가로 전환했고 나머지 대학도 대부분 따라갈 것이다.

③은 교수수 늘리기이다. 학령인구 감소는 교수의 정년퇴직에 따라 교수수 증가 필요를 감소시킨다. ④ 한국사회에서 소득이 상위 계층은 자녀를 유학 보내느냐 마느냐가 고민이고, 중위 계층은 자신의 급여나 회사의 사내 복지로 충당하므로 그다지 문제가 되지 않는다. 등록금을 부모의 장시간 노동이나 자녀의 알바로 해결하는 하위계층에게 등록금 철폐는 중요한 문제이다. 2016년 등록금 총액은 13조 3천억 원이고 국가와 민간 장학금을 빼면 실제 소요 예산은 연 6조 9천 원이다. 소득주도 성장정책의 연장선에서 동일가치노동 동일임금을 도입해 대학진학률이 낮아질 경우 추가 부담은 거의 없어진다. 등록금을 없애며 대학 운영비는 국가가 세금으로 충당하며, 이 경우 대학에서 연구와 교육에 선택과 집중 투자가 가능하다. 이것은 ③, ⑤와 연결돼 있다. ⑤ 사립중등학교가 이런 방향으로 갔고, 사립유치원은 이런 방향으로 가고 있고 다음은 사립대학에 국고를 지원받고 감사받는 사립학교법 개정 차례이다.

학생운동 변화

대학에는 민주주의가 약하거나 없다. 대학 당국은 학생의 요구를 억누른다. 권위, 억압 구조가 있다. 그나마 국립대는 사정이 낫다. 사립대에서는 통제가 더 강하다.

집회, 대자보 붙이기, 간행물 발행, 동아리 만들기를 사전에 허가받고 학생의 정당 가입을 금지하는 학칙은 학도호국단의 잔재이며, 위헌적이다. 이런 학칙 개정 권한을 총장이 독점하는 것을 잘못이다. 25개 대학에서 총장 외 대학구성원에게 학칙 개정 제안권을 인정했고, 상지대와 한신대는 학생 참여를 명확히 밝혔다.

대학 내에 계급과 차별이 있다. 대학 총장 이사장 등 운영자가 갑이라면 교수와 직원은 을이고 학생 강사 대학원생 미화원 주차관리원 정원사 등은 병이다.

대학운영을 민주적으로 한다면 대학 구성원이 선출한 총장을 정부가 거부하는 일을 줄어들 것이다.

학생운동이 쇠퇴한 뒤 학생회는 그 요구를 복지에 한정했다. 최근 문제가 되는 대학에서 학생의 요구는 일면적이다. 학생이 대학에 다니는 목적을 알고 요구를 달성하는 것과 거리가 있다.

2016년 이화여대 직업단과대 설치 반대 투쟁은 처음에는 학벌, 순혈주의를 유지해달라는 측면이 강했으나, 대학 정책을 정할 때 대학 구성원의 의사를 반영해달라는 민주주의 요구가 깔려있었다. 2013, 4년 남봉순 불어교육과 강사의 성적조작 거부로 인한 해고 철회 요구 싸움이 있었다. 조선대총학생회는 체육과 학생이 주류로 총장 선거에서 학생의 투표권을 늘려달라고 했으나, 총장 선거방식으로 직선제(조선대 대학자치운영협의회) 선출에서 간선제(이사회) 선출로 바꾸는데 앞장섰다. 조선대민주동우회가 조선대 본관 앞에서 두 달 동안 농성해 직선제 선출로 되돌렸다.(■도표 53 참조)

NL, PD, 환경운동 등의 정파는 신념은 좋으나 일면적이고 비민주적이다.

정파 학생회의 주장을 보면 하나하나를 보면 옳다. 그러나 전체를 아우르지 못했다. NL, PD, 지속가능성의 주장 모두가 필요한데, 그 중 어느 한 측면만 강조한다. 하나의 학생회에 이것들 모두를 담을 수 있다면 좋지만 현실은 그렇지 못하다. 정파는 자신의 주장에 일반 학생을 동원하려 했다. 내가 속한 정파에 이익이 되지 않는다면 전체에게

■ 도표 53. '고만고만한 전남대 사람들'이 조사한 대학생활 불만

(2016.10.13.)

① 수강신청이 너무 빡세다.
② 학과 사무실이 여석을 무기로 부당하게 학생들의 수강 신청의 권리를 침해한다.
③ 취업에 대한 고민, 전남대학교는 서울의 대학에 비해서 취업준비가 늦는다.
④ 주거 문제에 대한 고민.
⑤ 축제가 조선대에 비해 너무 재미없고 초라하다.
⑥ 학생 자치가 보장되지 않는다. 1학생회관의 동아리방들은 10시까지 비워야 한다. 불만이다.

이익이 되는 일이라도 지지하지 않는다. 지역의 패권주의도 마찬가지이다.

NL계는 평화의 소녀상, 사드반대 활동에 집중한다. 이들은 '종북'이라고 탄압받았다.

PD계는 알바의 권리, 청년 일자리 대책을 주장한다. 계급 민중 일반의 요구까지 나가지 못한다. 기본소득을 주장하는데 일하기, 일자리가 먼저다. 기본소득이나 청년수당은 그 다음이다.

생태환경운동 활동가들은 생태환경문제가 세상의 모든 것이라고 생각한다.

학생들도 NL, PD 생태환경... 등의 과제를 정파에 따라 학생운동의 과제로 삼는다. 정파 학생회는 일반 학생(대중)의 불만 의견을 학생운동에 반영하지 못한다. 학생은 취업, 복지 등에 관심이 크지만, 이것이 학생운동에 반영되지 못한다. 학생회장은 정파 선배의 지시를 받고 일일이 눈치를 보아야 한다. 자신이 느끼는 학생들의 요구를 학생운동의 주된 요구로 반영할 수 없다. 그러면서 학생회에서 소외된다.

일반 학생은 대학에서 잘 배우기를 바란다. 신입생들은 대학에 들어와 신나게 토론해 자신의 꿈을 키우고 싶어 한다. 그러나 한학기가 지나면 이 꿈을 포기한다.

○○대 총학생회는 내리 5년째 NL계 학생이 총학생회장을 맡았다. 그런데 2016년 가을 ○○대 총학생회장 선거에서 김○ 후보는 후보등록비 400만 원을 납부했다. 200만 원은 아르바이트한 돈이고 나머지는 빚이었다. 이 학생은 후보등록을 마치고 교정 길가에 앉아 자신은 알거지가 되었다고 말하고 이것을 동영상으로 찍어 SNS에 올려 유포했다. 이를 본 ○○대 총학생회 중앙선거관리위원회는 자신의 명예를 훼손시켰다고 김○ 학생의 후보 자격을 박탈했다. 이 NL계의 총학생회장 후보가 같은 정파 소속인 ○○대 민주동우회 선배로부터 1천만 원의 후원금을 받은 사실이 드러났다. 김○ 후보

는 이것을 문제 삼아 선거를 보이콧하자 했고 선거는 투표율 미달로 성사되지 못했다.

이런 일을 반복하면서 정파 학생회는 학생들의 지지를 잃었다. 학생회 선거에서 정파가 학생회장 후보를 내는 경우가 크게 줄었다.

비운동권 학생회는 그 배경이 여러 가지로 나뉜다. 학생의 의견을 있는 그대로 반영하는 경우, 학교당국·뉴 라이트·정파나 정당·기독교·조직폭력을 배경으로 하는 경우가 있다. 후자는 학생들의 희망과 요구를 있는 그대로 반영하지 못한다.

학생의 의견을 있는 그대로 반영하는 경우의 학생회는 노동자 파업지지, 국정교과서반대, 평화의 소녀상 지키기, 5.18 광주순례, 세월호, 백남기 농민의 죽음 등처럼 감당할 수준의 일에 참여했다. 어느 정파가 주되게 관심 갖는 과제냐는 문제되지 않는다.(■도표 54 참조)

■ 도표 54. 학생운동 구조의 변화

---

① 정파 학생회 관심은 한가지이나 심화되었다. NL, PD 등 중의 하나이다. 사고와 조직운영이 고정적이다.

   -------------→

② 착한 비권 학생회의 관심은 다양하나 초보적이다. 요구들이 통합된다. 사고와 조직운영이 탄력적이다.

   ----→
   ----→
   ----→

③ 심화된 착한 비운동권 학생회 또는 통합적 사고를 가진 정파 학생회이다. 학생들의 요구가 심화되고 통합되며, 조직운영이 탄력적이다. 이들이 전국 조직을 만들어 학생들의 본질적 요구를 정치권에게 정책에 포함해 실현하라고 한다.

   -------------→
   -------------→
   -------------→

고려대에서 2011년부터 전국대학강사노동조합이 학생 수업 상대평가의 절대평가 전환을 요구했다. 절대평가 전환은 주입식 교육을 그만두고 학생운동을 활발하게 하는데 절대 필요하다. 대학은 거절했다. '운동권' 학생은 모든 정파가 침묵했다. 그런데

■ 도표 55. 2014년 고려대총학생회가 내건
  절대평가 요구 펼침막

2014년 '비(운동)권'이라고 하는 고려대 총학생회가 절대평가 확충을 요구했다.(■도표 55) 외국어와 20명 이하의 강의에서 절대평가 했기 때문에 절대평가 확충을 요구했다. 2015년 대학은 상대평가를 강제하지 않는다는 표현으로 절대평가로 전환했다. '운동권' 학생들이 정파의 방침을 실행하는데 주력하면서 학생들이 겪는 문제를 인식하고 학생들의 요구를 받아들여 의제화하는 기능이 약화되었음을 보여준다. 고려대는 2019년 현재 비운동권이 8년 연거푸 총학생회장 당선되었다.

2) 학생 교육과 지도 그리고 학문 연구

토론수업

토론 방법에는 소크라테스 문답법(산파법, 회상법)과 변증법이 있다. 문답법은 소크라테스가 제자에게 끊임없이 질문하되 학생 스스로 진리를 찾게 방법이다. 변증법은 정명제(Thesis)와 반명제(Antithesis)를 사용해 둘 사이의 모순된 주장의 합명제(Synthesis)를 찾는 방법이다.

나는 강의실에서 스무고개식의 문답법을 시도해보았는데 실패했다. 학생들이 대답을 할 때는 선생의 의중을 살펴 대답했다. 연필을 들고 이것이 무엇이냐고 물으면 "연필 '같은' 데요"라고 답했다. 학점권력을 의식해 정면승부하지 않았다. 질문을 하라고 하면 하지 않았다. 질문을 하면 뒤의 학생이 "왜 깝치냐!"고 하기 때문이다.

교수나 강사 역시 학생이 제기하는 질문을 차단해서는 안 된다. 학생의 질문은 자신의 생활에서 나온다. 그러므로 이 질문을 바탕으로 하는 토론은 학생 상호간에 집단지성을 일으키는 동시에 교수 강사의 연구와 강의에 반영된다.

토론은 학생들이 현실 문제를 끄집어 내 비판적인 사고를 갖게 한다. 대학생에게 통합적 인식을 갖게 하는 바람직한 교육방법이다. 그러나 이것은 1977년 이래 정부가 견지한 우민정책에 어긋난다.

이런 방법을 사용하는 강사는 강의 자리를 잃었다. 억울하지만 교육부 산하 교원소청심사위원회에 이의를 제기할 수 없었다. 고등교육법에서 교원이 아니기 때문이었다. 근로기준법에 근거해 노동위원회에 해고무효를 진정하고 법원에 해고무효 소송을 하는데 역사상 한번도 승소해 강의실로 돌아간 사례가 없다. 잘릴 각오를 하지 않는 한 이 토론방법을 채용할 수 없었다.

비판적 연구 교육 사회봉사, 법정정원교수 100% 충원, 학생 수업 절대평가의 세 가지 조건들이 충족될 경우 대학 강의실에서는 주입식을 벗어나 토론수업이 가능해진다. 내 경우 학생들이 주도하는 토론식 수업을 진행했다.

1968년 프랑스의 대학생들과 일부 고교생들이 일체의 권위를 부정하고 대학교육체제의 근본적 개선을 주장하며 주입식 교육을 거부하고 청년 일자리를 요구했다.

일본 국립 쓰쿠바대학에서는 교수의 일방적인 수업이 아닌 교사와 학생이 함께 소통하는 형식으로 학생 중심의 활동이 이루어진다. 학생은 수업을 통해 배운 원리를 이해하고, 어떻게 적용해야 하는지 알게 된다. 교수는 학생의 수업 이해도와 자기표현을 살핀다. 이 과정을 통해 미래 인재를 키운다.

독일 대학 수업은 강의, 프로세미나, 세미나 형태로 진행된다. 대학 수업의 대부분은 프로세미나인데 학생의 발표와 토론으로 진행되고, 절대평가한다.

토머스 마켄스 연세대 경영전문대 학생은 미국 MBA는 주로 토의와 사례 연구로 수업을 진행하는데, 연세대 MBA는 70% 이상이 강의라고 했다. 그는 전에는 데이터 분석가 같은 기술직은 기술적 능력만 있으면 쉽게 취직했는데, 지금은 소프트 스킬(의사소통, 리더십 등)이 필요하다며 토론 의미를 말했다.

최근 국내 대학에서 온·오프라인 강의를 결합한 '플립 러닝(Flipped Learning·거꾸로 학습)', '블렌디드 러닝(Blended Learning)' 도입이 활발하다. 언뜻 보면 강의를 동영상으로 제공하는 학원가의 '인강'(인터넷 강의)과 유사하다. 이들은 지식만을 전달하는 인터넷강의와 달리 플립 러닝 등은 오프라인 토론을 강조한다. KAIST는 2012년부터 '에듀케이션 3.0'을 도입했다. 수업을 듣고, 암기해 문제를 푸는 실력은 타의 추종을 불허하지만, 남의 얘기를 들어주는 능력이 부족하고 양보와 협력이 약해 미래를 이끌 인재상과는 다소 거리가 있다는 평가에 대한 반성이다. 학생은 교수의 동영상 강의를 미리 보고 수업은 팀별 토론, 조별 발표로 진행된다. 4학년 이재원(산업및시스템공학과)씨는 "다른 수업은 교수가 주는 걸 그저 받는다는 느낌이지만 에듀케이션3.0 수업은 내가 원하는 걸 받는다는 생각이 든다"고 했다.

학문 연구 발전

비판 토론이 없고 이론과 현실이 만나지 않는 대학에서 연구는 신선하지 못하다. 학계에서 문제가 되는 논문의 표절 대필은 이러한 어려움을 반영한다. 한국의 연구자들이 대체로 50세를 고비로 연구가 퇴조하는 경향과도 관련이 있다. 비판과 토론이 있다면 연구자는 자신의 연구에 다른 연구자의 비판을 수용하고 학생들과 토론하는 과정에서 현실 사회에서 제기되는 문제를 반영해 연구수명이 연장될 수 있다.

또 강사법이 시행돼 강사가 교원이 되어 연구의 임무를 갖게 되면서 강사는 교수의 논문을 대필하지 못하게 되었다. 교수가 논문을 스스로 쓴다면 그의 연구 교육 능력이 향상되고 연구수명도 늘어나게 된다. 젊은 강사의 새로운 연구 경향과 사회 문제를 반영한 연구는 기성 교수의 연구를 자극할 것이다. 그 결과 대학의 연구는 학생에게도 도움이 되겠지만 사회발전에 적극적으로 기여할 것이다.

서울공대교수들은 "현재 한국의 산업 전체가 당면한 문제는 창의적이고 근본적으로 새로운 개념을 제시할 수 있는 역량, 즉 '개념설계' 역량의 부족이다. 이는 오랜 기간의 시행착오를 전제로 도전과 실패를 거듭하면서 축적하지 않고서는 얻을 수 없는 창조적 역량"이라고 지적했다.(이정동 외, 2015 참조)

김형준 서울대 교수(재료공학)는 "삼성전자가 연구·개발에 소극적으로 투자하고 외부에서 기술을 사오면 된다는 발상은 위험하다"며 "반도체 기술에 대한 연구개발 투자와 대기업의 수직계열화에서 탈피해야 한다"고 했다.

이광형 초대 미래학회 회장은 "정권마다 나름의 국가전략을 세우다 보니 새 정권이 들어서면 지난 정권의 전략은 다 없어진다"며 "학자들이 중심이 돼 정부나 대기업의 영향을 받지 않는 독자적이고 자율적인 연구를 해야 영속성을 가진다"고 했다. 그는

"정부가 전략을 세우면 소통을 통해서 전 국민이 공유하도록 해야 비로소 국가의 비전이 된다"고 했다.

대학은 군산복합체 연구의 중심이다. 일본학술회의는 2017년 대학과 연구기관이 군사적으로 응용이 가능한 분야 연구에 가담하는 것은 바람직하지 않다며 '전쟁을 목적으로 하는 과학연구는 하지 않는다'는 성명을 냈다. 2013년 영국 런던에서 국제적인 비영리조직 '킬러로봇 금지 캠페인'이 출범해, 인공지능 킬러로봇 개발 반대활동을 해오고 있다. 토비 월시, 제프리 힌턴, 요슈아 벤지오 등 세계 인공지능 연구 학자 57명이 한국과학기술원(카이스트)과의 공동연구를 거부했다. 카이스트가 방산업체인 한화시스템과 함께 국방인공지능융합연구센터를 설립했고, 인공지능 기반 지휘결심 지원체계, 무인잠수정 항법 알고리즘 등의 연구를 할 예정이었기 때문이다.

지역사회 필요와 연구·교육의 선순환

지역에는 재료와 사람 그리고 역사가 있다. 그 재료를 사람이 가공한다면 일자리가 생기고 이윤이든 임금이 생겨 지역경제가 돌아간다. 재료를 가공할 아이디어와 능력이 없으면, 재료는 사장되고, 사람은 수도권이나 해외로 빠져나간다. 시간이 지날수록 지역사회 규모가 작아지고 지방은 축소된다. 이 문제는 남부지방 특히 선발 산업화 지역인 대구 부산에서 심각하다.

이것을 막으려면 지역의 조건을 연구해 대안을 만들고, 그것을 학생들에게 교육하고 토론해 인재를 만들고, 그 인재가 지역사회에 퍼져야 한다. 이를 바탕으로 지역을 재구성해야 한다.

3) 대학원생 권리

대학원 교육에서 가장 필요한 것은 장학금 지급이다. 대학원생의 인권을 개선하고, 연구조교 일을 하는 근로대학원생을 노동자로 인정해 정당하게 처우해야 한다. 동국대 대학원생이 근로자성을 요구해 2017년 대법원이 이를 인정했다. 2018년 전국대학원생노동조합을 결성했다.

교수가 대학원생의 학위논문을 가로채는 일이 흔하다. 대학원생은 교수의 대필 요구를 거부해야 한다. 그러자면 이를 거부하고도 공부할 수 있는 장학금제도가 뒷받침돼야 한다. 아울러 대학원에 전임교수를 두고, 강사의 교원지위 회복과 법정정원교수 100% 충원에 따른 교수 임용 확률을 높이고, 석박사 공급을 수요에 맞춰야 한다.

교수를 지망하는 대학생들이 대거 외국 유학을 하는 상태에서 국내 대학원생이 교수가 될 확률은 상당히 낮다. 법정정원교수 100% 충원하면 대학원생이 박사학위를 취득한 뒤 교수로 임용될 확률이 높아진다. 국내 박사의 교수 임용 증가는 학문의 주체적 발전에 기여할 것이다.

현재 전임교원(교수 1인당 법정 학생수는 인문사회계 25명, 자연예체능계 20명, 치의한 의계 8명) 확보율은 '9시간 강의하면 교원 1명으로 인정하는 겸임교원등' 20%(전문대는 50%)을 빼면 41%에 불과하다. 이것을 100%로 올리면 교수를 현재의 2.4배를, OECD평균(15명)으로 3.3배를 임용해야 한다. 이렇게 하면 석·박사가 교수되는 문이 대폭 넓어진다.[49]

2015년 전국대학원총학생회 협의회의가 대학원생 1,024명에게 한 설문조사에서 90.3%가 강사 교원지위 회복이 필요하다고 답했다. 강사가 교원지위를 온전히 회복하면 대학에는 교수(강사)의 연구 강의 학생지도에 비판이 살아나며, 교수와 학생이 서로 가르치고 배울 수 있다. 이것은 바로 대학원에 전파돼 이론에 밝은 교수와 현실 문제를 해결하려는 대학원생이 상호 학습 연구하며 석·박사 학위를 받을 수 있다. 이런 석·박사는 유학한 박사보다 현실분석, 대안마련, 실천에서 앞서고 이는 교수임용에 반영된다. 교수 임용과정이 투명해지고, 박사과정 학생이 교수 임용 지원자의 시험강의에 평가자로 참여하는 독일방식을 도입해봄직하다.

49) 김영곤, 「절망을 넘어 싸우는 대학원생들에게 희망을 쏜다」, 『고대 대학원신문』, 2014.11.3.

4) 대학의 운영

대학의 개성과 다양성

문재인 대통령은 대학 서열화 해소 3단계를 구상했다. 1단계는 지역거점 국립대를 육성하고, 2단계는 서울대와 지방 국립대의 연합체계를 구축한 뒤, 3단계는 국립대 연합체계 진입을 원하는 사립대에 문호를 개방해 중장기적으로 연계하는 구조로 개편하는 것이다.

지방 거점 국립 9개교가 문재인 정부의 지방대 육성책에 맞춰 국립대학 간 네트워크를 구성해 대학별 특성화 유도, 학생 및 교수 교류, 도서관 등 학교시설 공동 이용으로 동반상승을 검토하고 있다. 이렇게 해서 지역 인재들이 유출되지 않고 지역에서 대학에 진학하게 하자는 취지이다. 9개교는 강원대, 경북대, 경상대, 부산대, 전남대, 전북대, 제주대, 충남대, 충북대이다. 파리 1·2·3대학이나 미국 캘리포니아 주립대(UC)의 대학연합은 대학 명칭까지 동일하게 사용한다.

국립대학 네트워크는 등록금 철폐를 통한 사립대의 공영화, 공영형 사립대 전환, 국공립대 늘리기와 결합돼 대학에서 연구와 교육의 공공성을 높인다.

초중등학교에서 진행되는 대안고, 혁신학교-혁신학급, 자유학기제 등의 도입은 대학의 변화를 밑으로부터 요구한다. 고등학교에서는 수준별 이동수업과 거꾸로 교실 수업 모형을 도입해 학생 위주의 토론 및 협동수업을 한다. 교사들은 일방적인 강의식 수업을 지양하고 학생들이 서로 가르치고 배울 수 있는 환경을 만들어주는 조력자 역할을 수행한다. 매 수업에 참여하기 전, 학생들은 사이버 카페에 교사들이 미리 올려둔 동영상을 시청하고 강의에 대한 소감과 의문점을 작성한다. 수업시간에는 개별과제와 모둠과제가 부과되기 때문에 조는 학생이 전혀 없으며, 공동의 프로젝트를 완성하기 위해 서로 돕고 협력한다. 공부가 아니더라도 학생들이 즐기며 할 수 있는 무엇인가를 찾아주고 그 방향으로 진로를 찾도록 도와주어, 궁극적으로 사회 일원으로서 사회 발전에 이바지하며 행복하게 살도록 도와주는 것이 학교의 역할이다.[50]

---

50) 김종태, 「학생들의 재능을 발견하고 적성을 찾아주는 포항동성고등학교」, 『교육신문』, 고려대 교육대학원, 2015.9.5.

배움의 공동체를 창안한 사토 마나부 교수는 "학교 개혁의 비전과 철학에 대해 합의하고, 그것을 실현하는 활동 시스템을 설정해야 한다. 이 차원에서 배움의 공동체는 교실에서의 협동적인 배움, 교무실에서 동료성을 기반으로 한 교사의 배움, 학부모와 시민의 참여 등 세 가지 활동시스템으로 구성돼 있다"고 말했다. 그는 "배움의 공동체의 첫째 요건은 교육과정은 계단을 하나하나 오르듯 목표-달성-평가의 단계를 밟는 '프로그램형'에서, 등산과 같이 다양한 배움의 경험 그 자체의 발전성을 추구하는 '프로젝트형'으로 바뀌는 것이다. 둘째 요건은 칠판을 앞두고 교탁을 중심으로 교사의 설명을 듣고 공책에 필기하는 '일제식 수업'에서 학생들이 짝에게 모르는 것을 서로 물어보고 스스로 돌보고 의지해 문제를 해결하는 '협동적 수업'으로 바뀌는 것이다. 마지막 요건은 지역공동체의 중심기관으로 학교 기능이 바뀌는 것"라고 했다.

한국외국어대, 홍익대 같은 곳은 참 안타깝다. 한국어국어대가 어학전문대학으로, 홍익대도 미술, 건축, 디자인 분야로만 갔으면 아시아에서 가장 좋은 대학이 되었을 것이다. 과거엔 미국에 있는 디자인대학보다 홍대 학생들이 훨씬 더 좋았는데, 지금은 one of them이 되었다. 경북대는 구미공단을 배경으로 전자공학을 특성화했다. 서울시립대학은 도시에 관련된 학과를 특성화해, 도시에 필요로 하는 유사한 과가 있으면 키우고, 없으면 만들었다. 300억 원을 한꺼번에 투입해서 입학 정원을 추가로 100명 할당해 뽑고, 학과 졸업생 중 한 명씩을 서울시에 5급이나 7급으로 특채했다. 당시 기숙사도 만들었고 학비도 싸니까, 우수 학생이 많이 오면서 발전했다. 서울시립대학이 이제 거의 톱10 안에 든다.(이해찬, 2015.9.29 참조)

과거에 전문대학이던 곳이 단과대학을 6개 이상 만들어 종합대학이 되고 학장도 총장으로 바뀌었다. 이런 대학의 상당수는 원래의 전문대학으로 환원할 수밖에 없다. 이럴 때 지역사회와 대학 구성원의 의견을 반영해야 한다.

스웨덴은 대학들 간에 눈에 띄는 서열은 존재하지 않고, 규모가 작은 대학을 졸업해도 원하는 직업을 원하는데 대학간 차별은 없다. 각 지역에는 그 지역을 대표하는 대학이 있어서, 학생들은 대부분 인근 대학을 지원한다. 어느 대학을 나와도 취업이 잘되기 때문에 대학 간 순위는 중요하지 않다.(라르스 다니엘손, 192쪽)

68혁명

1968.5.3 프랑스 파리 낭테르 대학이 학생들과의 대립으로 학교를 일시 폐쇄하자 이에 항의해 소르본 대학의 학생들이 5월 3일 광장으로 나온 것을 기점으로 시작된 파리에서의 학생, 노동자의 시위와 파업은 6월 들어 베를린과 로마로 퍼져나갔다. 학생들의 학교점거가 세계로 급속히 확산되었다. 영국도 미국도 마찬가지였다. 학생들의 거센 시위는 서구를 넘어 칠레, 우루과이, 아르헨티나 멕시코 등에서도 발생했으며, 진압도중 수많은 생명을 잃는 참사를 빚었다. 아시아에서는 일본에서 혁명의 물결이 넘쳤다. 도쿄 오사카 등 주요대학에서 점거 투쟁이 벌어졌고 미군기지도 습격을 당했다. 미국에서는 베트남전쟁 반대에 더해 인종차별에 저항하는 사회운동으로 확대되었다. 이 같은 일련의 저항은 자본주의 진영에서만 있었던 것이 아니고 사회주의 진영이던 동구의 여러 나라에서도 요동쳤다. 68혁명은 세계적 차원의 혁명이었던 것이다. 그래서 월러스틴은 "이제껏 세계적 혁명은 단 둘뿐이었다. 하나는 1848년에, 또 하나는 1968년에 일어났다. 둘 다 실패로 끝났지만 둘 다 세계를 뒤흔들어 놓았다"고 했다.

프랑스에서는 68혁명의 결과 대학평준화를 이루었다. 대학생들은 베트남 전쟁을 둘러싼 권위-제국주의, 전쟁의 피해와 평화, 기성세대의 기득권 장악과 청년세대의 갈등이 폭발했다. 이 부분에 노동조합과 좌파 정당이 노동자의 기득권에 안주해, 청년에게 희망을 제시하지 못한 점이 작용했다. 히피, 뉴레프트, 68혁명으로 나타났다. 한국에서는 민주화운동으로 나타났다. 파리대학생은 권위를 부정하고 주입식 교육을 거부하고 청년 일자리를 요구했다. 대학도 파리1대학, 2대학 식으로 이름도 평준화했다. 당시 지도자 다니엘 콩방디(Daniel Cohn-Bendit)는 독일에서 프랑스에 유학 온 학생이었다. 나중에 독일로 귀국해 독일녹색당을 이루고, 유럽녹색당의 유럽의회 의원이 되었다. 나는 대학생 때 그의 이름을 언론에서 보았다. 그로부터 반세기가 지나 그의 이름을 독일녹색당의 성공과 그가 EU의회 의원이 됐다는 기사에서 보았다.[51]

한국에서는 68혁명 당시 군사독재에 반대해 간접적으로 베트남전쟁에 반대했다. 현재 한국에서 대학생이 학습권을 주장하고 비정규직 여성 소수자 이주노동의 비주류가 권위 관료주의에 반대하는 점에서 68혁명의 위상과 비슷하다.

---

51) EBS지식채널, 「68혁명 1부-주동자가 없는 시위. 2부-실패한 혁명 동영상」, 2010.04.02.

대학의 민주적 운영

보울즈와 잔티스는 자본주의 학교교육의 모순과 한계가 교육과정이나 학급운영과 같은 학교 내부로부터 비롯되는 것이 아니라, 자유와 평등이라는 민주주의 이념에 반하는 경제체제와 생산과정의 통제구조에서 비롯된다고 주장한다. 이 때문에 노동과정의 조직적 위계와 학교의 위계 사이에는 구조적 상응성이 존재하게 된다. 따라서 여기서 중요한 것은 소유의 법적 형태가 아니라 노동과정의 실질적인 조직과정이다. 따라서 교육형태의 변혁은 노동자의 자기통치와 통제를 전제로 한다. 자본주의 사회에서 생산과정의 사회적 관계는 학교 내부의 사회적 관계에 반영된다. 노동과정의 수직적 위계와 마찬가지로 학교의 위계는 교장에서 교사를 거쳐 학생으로 이어지는 수직적 권위관계로 나타난다. 자본주의 노동과정에서 발생하는 노동자의 소외는 학생의 교육에 대한 통제 결여, 커리큘럼 내용으로부터의 소외, 성취도와 석차라는 외적 보상에 의한 학습동기의 형성 등으로 나타난다.

노동자 계급은 더 많은 교육을 받게 되지만 학교교육의 내용과 형태를 통제하지 못한다. 학교의 성과주의는 노동자계급 내부의 경쟁이 결합되어 이른바 '과잉교육' 현상이 일어난다. 즉, 고용이 불안해지면 노동자 내부의 경쟁도 심화되고 노동자는 상급교육기관에 더 많이 진학하게 된다.[52]

경희대가 대학 구성원 의견을 대학 운영에 반영하는 점을 주목한다. 경희대 구성원들은 인혁당 사건으로 사형당한 이수병 경희대 졸업생을 기리는 과정에서 경희대민주동문회, 민족문제연구소를 설립했다. 이후 경희대생 직원 경희대민주동문회 등이 경희대민주단체연석회의를 구성했다. 경희대가 경희대민주단체연석회의에서 모은 의견을 교무회의, 이사회에서 학교 정책으로 수렴하는 구조이다. 경희대는 학생들의 요구를 반영해 1990년대부터 학생들이 강사를 추천해 운영하는 자주강좌를 운영했다. 이것은 현재 후마니타스 칼리지에서 학생 추천 강의로 운영된다. 인천대에는 총학생회 추천 강의가 있었다.

중앙대의 구조조정에 염증을 느낀 학생들은 자기-교육운동을 지향한 자유인문캠프를 만들어 '내가 공부하고 싶은 학문, 내가 만나고 싶은 강사'를 섭외해 2010년부터 147차

---

52) 박상현, 「대중교육의 이론과 쟁점」, 윤종희·박상현 외 과천연구실 세미나 24, 『대중교육:역사·이론·쟁점』, 공감, 77쪽.

례의 기획강좌, 35차례 공개강연을 열었다. 여름·겨울에 열리는 연속강좌에는 타대생을 포함해 400~500명이 수강했다.

정파를 초월하는 교육도 과제다. 독일은 '68 학생운동' 이후 사회 양극화가 심했다. 일부 급진파, 적군파(RAF)는 테러를 해 인명을 살상했다. 독일 정치인과 지식인은 1976년 이데올로기보다 민주주의 가치가 우선이라는 점에 합의하고 '보이텔스바흐 3원칙'에 합의했다. 먼저 강압과 교화, 주입식 교육을 금지한다. 즉 타인을 가르치려 들지 말라, 모든 의견은 스스로 제시하고, 스스로 판단하고, 자신의 고유한 가치와 견해를 드러내는 것이 목표다. 둘째, 정치 논쟁은 학문적 논쟁으로 이어져야 한다. 교사는 학생에게 논쟁과 갈등을 빚고 있는 여러 의견과 입장을 모두 알려주어 학생이 대립점을 파악하게 한다. 특정 정치 이슈가 서로 대립할 때는 수업시간에도 논쟁 과정을 가르쳐야 한다. 셋째, 학생이 정치 관심사를 관찰하고 해결능력을 길러야 한다. 학생은 정치와 논쟁에서 자신의 입장을 밝히고, 옳다고 생각하는 바를 관철하는 태도를 배운다. 보이텔스바흐 협약의 핵심 가치는 "진리가 스스로 말하게 하라"는 서양 속담에 뿌리를 둔다.(김택환, 2017, 101쪽) 한국에서 장래의 시민인 학생이 연구 교육 토론에서 비판을 제도적으로 허용하고, 문제의 본질을 파악하고 대안을 찾고 실행하는 능력을 갖도록 해야 한다.

한국대학교육협의회(대교협)를 시민통제 하에 두어야 한다. 대교협은 한국대학교육협의회법에 따라 대학 자율화라는 명분으로 자율적으로 운영하도록 했다. 그러나 실제로는 사학의 권력을 충족하도록 운영하고 있어 대학 자율성이라는 취지를 상실했다. 초중등교육을 담당하는 시도교육감을 시도민이 직선하듯이 대교협 회장도 국민이 직선하거나 대교협을 해체해야 한다.

이해찬 전 교육부 장관은 "국가과학기술위원회처럼 국가교육위원회가 있어야 한다. 국가교육위원회에는 국회뿐 아니라 교사, 부모, 교수, 교육감, 그리고 학생들도 참여해서 국가 차원의 교육정책을 수립하고, 교육부는 실행을 하면 된다. 교육부 장관도 위원회에 멤버 중에 하나가 되는 것이다. 우리는 대학교와 중·고등학교 간에 협의가 안 되는 나라다. 입시요강을 만들 때 시도교육감하고 대교협 총장들이 협의를 안 하는 나라다. 국가교육위원회에서 그런 역할을 해야 한다. 영국 국가교육위원회는 대통령과 임기를 엇갈리게 해놓았다. 한번 교육위원장 맡으면 종신으로 한다. 안정되게 집행

을 할 수 있도록 임기를 한 10년으로 하면, 세 정권 동안 정권 차원에서의 왜곡된 교육
은 없어질 수 있다."고 했다.(이해찬, 2015.9.29 참조) 문재인 정부는 국가교육위원회를
헌법기관으로 두자하고, 그것을 준비하는 국가교육회의를 운영한다.

　문재인 정부는 "대학평준화가 필요하다"며 △공동입학 △공동학위제 △특목고 폐지
와 셋째 아이부터는 대학 졸업까지 국가 책임을 공약했다.[53]

대학교육 목적의 변화

　대학에는 대중교육과 전문가 양성·이데올로기 재생산의 두 가지 기능이 있다. 자
본과 대학경영자는 이것을 잘 알지만, 대중은 이것을 잘 알지 못한다. 시민운동 노동
운동도 잘 모르는 데는 차이가 없다. 대학이 경쟁에서 협동으로, 공동체를 위한 것으
로, 기업에서 시민을 위한 대학으로 바뀌어야 한다. 시민운동이 대학 기능을 이해하지
못하면 대학이 친미·일구조의 유지, 재벌 위주, 상업주의 구조에서 벗어나기 어렵다.

■ 도표 56. 대학은 모두의 것 행진(2010.9.11 경희대에서)

　우리 사회에서 학벌이 가지는 폐해가 큰데, 대학의 목적을 평등과 기회균등을 보장
하는 공동체 지향으로 바꿔야 한다. 대학은 모두의 것이 되어야 한다. 그러자면 대학

---

53) 문재인, 『대한민국이 묻는다』, 21세기북스, 2017.

등록금을 철폐해 원하는 학생은 대학교육을 받게 하고, 강사법 시행에 따라 학문 연구와 교육에서 비판의 자유를 활성화하고, 학생수업 절대평가 확산으로 협동하는 강의실을 만들고, 법정정원교수를 100% 충원하고, 국공립대 비율을 늘리고, 총장 직선제를 시행하고 학부모와 지역주민이 대학평의회 참여해 대학을 민주화해야 한다. 이런 의제를 설정하고 해결하는 과정에서 대학은 이해당사자의 기대, 지역-국가-지구 사회의 기대, 현재를 넘어 미래사회에 기여하게 된다.(■도표 56)

대학생은 자신이 할 일과 일자리를 스스로 창안하거나 기존의 일자리 가운데 자신이 지향하는 일과 일치하는 가운데 직업을 찾아야 한다. 대학은 이를 뒷받침해야 한다. 흙수저 은수저 논란과 학벌 폐해 비판이 필요하지만 그것이 대학의 전부가 아니다. 그것을 넘는 대학이 필요하고 또 가능하다.

■ 도표 57.
한경선 열사(이동수 그림)

한경선(1964~2008, 건국대 강사, 영어학 박사) 유서

한경선 선생은 건국대 충주캠퍼스 교양학부 강의교수로, 건국대를 상대로 초과수당 지급을 요구하며 노동부에 진정했다. 재계약이 되지 않으면서 2008.2.27 미국 텍사스주립대 오스틴캠퍼스에서 비정규교수 제도 개선 요구하는 유서를 쓰고 음독 자결했다.

〈한경선 강사 유서〉

이 글을 받으실 때, 저는 이곳 오스틴에서 그토록 바라던 평온한 휴식을 비로소 얻게 되었으리라 생각됩니다. 2004년 공부를 마치고 귀국 후 정신없이 일하며 보냈던 처음 1년을 제외하고는, 제정신을 갖고는 결코 살아갈 수 없을 것 같았던, 어떤 보이지 않는 장애물을 넘으려 발버둥 거리며 만 4년을 보낸 후 이곳 오스틴에서 비로소 갈망하던 안식을 찾을 수 있을 것입니다. 제가 삶을 마감하면서 이 글을 쓰는 것은, 더 이상은 이와 같은 비극이 일어나길 원하지 않기 때문이며, 또한 그럴듯한 구호나 정책만으로는 해결될 수 없는, 진정한 반성과 성찰 없이는 결코 극복할 수 없는 사항이라 생각하기 때문입니다.

귀국 초에는 일반적으로 생각할 수 있듯, 열심히 강의하고 논문 쓰면 학교에 자리를 잡을 수 있으리란 마음으로 하루를 쪼개어 고시원과 독서실을 전전하며 토요일이든 일요일이든 열심히 논문을 쓰며 보냈습니다. 하지만, 이곳에선 이러한 연구업적과 강의경력과는 다른 무언가가 이에 결정적 영향을 미치고 있음을 깨닫기 위해서 얼마간의 시간이 필요했습니다.

그것은 뜻 맞는(이해가 맞는) 몇몇 학교들끼리 연합해서 압력을 가하기 위해 한 특정인의 학교 임용을 가로막아, 그의 학문적 업적이나 발전을 저해함으로써 경쟁에서 도태되어 결국 엔 그의 삶을 파탄에 이르게 하는 것입니다. 이는 부양가족을 지닌 경제적 뒷받침이 없는 상 태에서 다년간 시간강사로 버티기는 불가능하고, 강의교수로 지내면서 임용에 필요한 정도의 논문을 쓰기는 사실상 거의 가능하지 않기 때문입니다.

시장의 규모가 비교적 적은 이곳에서 기업체의 불공정 단합처럼 몇몇 학교들의 이해단합 이 더욱 용이하게 이루어질 수 있었던 것이며, 이는 공정한 경쟁에 기초한 상생발전의 원리를 거스르는 것으로, 개인과 학교 그리고 나아가 국가와 학문의 발전을 저해할 수 있음이 분명할 것입니다. 구체적인 예로, 본인은 서울교육대학교에서 공시한 2005년 1학기 교원임용에 원서 를 냈는데 어떤 이유에서인지 2005년 3월말에 가서야 1차 심사에 대한 연락을 통보 받고 다시 해당학기 중반까지 임용과정이 지지부진하게 흐르다가, 5월 말경에 이의 결과를 학교 측으로 부터 통보 받는 기이한 경험을 했습니다. 또한 이와는 다르게, 2006년 2학기 중앙대학교와 인 하대학교에 응시한 교원임용과정에서는 1차 서류전형에서 떨어지는(연구나 강의 경력 면에서 납득되기 어려운) 결과를 경험했습니다. 그 후 이러한 일들이 몇몇 학교들이 (즉, 건국대, 한 양대, 성균관대) 주도한 협력 하에 이루어졌음을 알 수가 있었습니다. 이런 일련의 경험을 통 해 이곳에선 원하던 연구 활동을 하기 힘듦을 감지해 미국대학에도 원서를 내었으나 일은 잘 되지 않았습니다(저의 미국 비자사본을 보시면 어떻게 그러한 결정들이 이루어졌는지 충분히 짐작할 수 있으리라 생각됩니다.)

이와 같은 일들은 건국대학교 충주캠퍼스에서 강의전담교수로 있는 동안에는 그 신분상 약자인 점으로 인한 유형들로 나타나게 되었습니다. 즉, 비정규직이란 점을 악용한 고용자측 에 유리한 조건을 담은 2006년도와 2007년도 계약서(첨부 2)에서 이를 구체적으로 확인할 수 있을 것입니다. 특히, 2007년도 계약서에 굵은체로 쓰여져 있는 책임학점은 이전 계약서에서 변경된 것으로, (주당 12학점(시간)에서 주당 12학점으로 변경) 현재 모든 교양엉이괴목 2시간 1학점제로 운영되고 있는 상황에서 고용자 측에 일방적으로 유리하게 변경된 조항이라 할 수 있습니다. 책임시수를 책임학점제로 변경하면서 초과강사료를 주지 않으려 했던 부서장이 외 국인교수에게 출퇴근시 사고에 대한 보상을 직접 모색하던 모습에 더욱 참담한 생각이 들기 까지 했습니다.

둘째, 1년 단위로 3년까지 계약이 갱신될 수 있는 상황 하에서 주임교수의(원칙과 기준이 모호한) 재임용 추천조항은 그의 부당한 처우에 무방비로 놓이게 될 소지를 야기할 조항이라 할 수 있습니다. 구체적으로, 교재변경 등의 이유로 부서장의 방에 한사람씩 불러 부서장과 과목주관교수 합동의 심문식 면담이라든지, 외부출강금지건과 관련한 동료교수 파면, 그리고 2006년도 신입생들을 대상으로 실시된 영어수준 평가도구인 모의 토익시험지의 공개거부 등 이곳에서 지낸 만 2년이 마치 20년같이 느껴지던 일련의 사례들이었습니다.

현 체제에서 최고교육기관이라 할 수 있는 대학에서 행하는 모순과 불공정한 처사는 같이 일하던 동료교수의 파면을 통해 보다 분명하게 나타났습니다(첨부 3-탄원서). 그의 파면을 정 당화하기 위해 내세운 학교측의 주장들은 진실과는 거리가 멀어 보이고, 이의 행정적, 법적절차를 위해 그들이 제시한 서류들과 주장들을 보고 전해 들으면서, 이 기관이 도대체 무엇을 하는 곳인가 하는 의문이 들게 했습니다. 그 동안 겪은 이러한 부조리와 모순은 열심히 연구와 강의를 하리란 초기의 순수한 열정에서 이 사회에 대한 환멸과 더불어 애초의 희망과 비전을 접게 만들었습니다. 마지막으로, 더 이상 저와 같은 이가 있지 않았으면 하는 작은 기원을 위해 두서없이 이 글을 써서 전해 드립니다.

2008년 2월 25일
오스틴에서 한경선 드림 (자필 사인)

서정민(徐正民, 1965~2010) 조선대 강사의 약력, 유서

서정민은 조선대 인문과학대학 영어영문학과 비교원 강사로 1학년 교양필수영어를 1주일에 10시간씩 강의하고 시급 3만 3천 원, 월 강의료 100만 원 받았다. 조학○ 지도교수는 서정민에게 10년 동안 논문 54편을 대필시켰다. 자신이 정년퇴직하면 교수자리를 물려줄 가능성을 비쳤다. 그는 정년퇴직이 임박하자 이 가능성을 버리고 강의자리마저 잘라 내쳤다. 서정민은 돈을 주면 교수자리를 주겠다는 제안을 여러 차례 물리쳤다. 2010.5.25 그는 유서에서 조학○과 공동저자로 된 논문 나를 자신의 것으로 돌려달라고 했다.

서정민의 자결 이후 조학○이 조선대 연구윤리위원회에서 "단 한편의 초고도 쓰지 않았다"고 진술했는데 조선대는 공동연구가 관행이라고 무혐의 처리했다. 이를 근거로 광주경찰서, 검찰은 조학○과 연구윤리 감독을 맡은 조선대에게 무혐의 결정했다. 2013.5.25 조학○ 지도교수와 조선대에게 5억 원의 손해배상 청구 소송을 광주지법에 제기했다. 그러나 광주지법은 조선대의 결정을 인용해 기각했다. 2016.9 광주고법은 조학○이 대필임을 증언했으나 조학○에게 3천만 원, 조선대에게 7천만 원 모두 1억 원의 보상금 지급하라고 조정 명령했으나 원고 피고 모두 이의했다. 광주고법은 대필은 인정되나 서정민 서정민이 자발적으로 대필했다며 기각했고, 대법원은 불속행 기각했다.

〈서정민 강사 유서〉

○○이 엄마!

먼저, 미안하다는 말을 전합니다.
내가 처음이자 마지막으로 사랑한 여자였습니다.
사는 것이 고난의 연속이었기에 언젠가 교수가 되는 그날에 당신에게 모든 걸 용서받고, 빌면서
"이젠 당신과 함께 합시다"라고 말씀 드리고 싶었습니다.
그 뜻을 이루지 못했습니다.
미안해요.

사랑스런 나의 아들 ○○이 그리고 딸 △△, 깨질까 해서 내 깐엔 가슴에 안고 살았는데 내가
이런 결정을 하다니, 못난 남편입니다.
사랑합니다.

유서는 차의 조수석(수첩)에 있습니다.

그리고 하나 알립니다.
조 교수님에 대한 이야기입니다.
저는 스트레스성 자살입니다.
조 교수님을 처벌해 주세요.
산재보험에 적용될 만 합니다.

조교수님에게 당한 종의 흔적은 내 e-mail에 일부 있고 한국연구재단(탐색) 연구실, 유서에 밝
힌 내용.

비정규직노조(조선대)를 찾아서 투쟁방법을 확인하세요.
그리고 조 교수와 쓴 모든 논문(대략 54권)(조교수 제자 포함)은 제가 쓴 논문으로 이름만 들
어갔습니다.
힘드시겠지만 삭제해서 세상에 알리시고 법정투쟁 부탁드립니다.("김동애" 교수님)

김동애 교수님! 죄송합니다. 투쟁에 함께 하지도 못했습니다.
어느날 조선대 비정규직노조에서 금전 문제가 이슈가 되어
그래도 그래도 '돈'은 우리에 목적이 아니다라고 해서 경찰서에서 조사받았습니다.
저도 당신과 같은 생각입니다. 저의 애기엄마 좀 도와주세요.
'교수와 제자 = 종속관계 = 교수 = 개'의 관계를 세상에 알려 주십시오.
김동애 교수님 존경하고 죄송합니다.

2번 방안)으로 국가인권위원회에 탄원하세요.

3번 방안) 우리 아들은 어느 누구도 건드리지 마세요.
제가 살면서 "너 왜 그러니"라고 말할 정도로 해본 적이 없습니다.

4번 방안) 이명박 대통령님께
한국 사태는 썩었습니다. '교육(教育)이 백년지대계(百年之大計)'라 하지 않았습니까?
교수 한 마리(자리)가 1억 5,000만, 3억 원이라군요.
저는 두 번 제의 받았습니다.
대략 2년 전 강진의 성화대학 '6,000만 원', 두 달 전 한세대학교 =〉 '1억 원'이더군요. -〉 썩었습니다.
수사 의뢰합니다.
강사들 그대로 두시면 안됩니다.
21세기형 사회입니다.

동기 부여하십시오.
누구든 교수는 될 수 없습니다.
능력 ××(판독 불가) 해주세요.
복사해서 청와대로 보내주세요.
화요일 (본인 서명)

세상이 밉습니다. 한국의 대학 사회가 중오스럽습니다!

1) 부인 : 미안해, 그리고 사랑해. 그러나 산다는 핑계로 남편 역할을 하지 못했어. 사랑해, 더 이상 내 힘으로는 이 현실을 견뎌낼 수가 없었어.

2) 아들, 딸 : 정말로 사랑한다.
너희들에게 이런 모습을 보여주다니, 너무 착한 너희들이었기에 감사하면서 살았는데, 이런 비극이 오는구나. 그러나 힘내라.

3) 전국의 시간강사 선생님들에게 : 힘내십시오. 그날이 오지 않겠습니까.

4) 함께 한 세미나 팀원들에게 : 죄송합니다.
힘이 된다면 논문이라도 함께 일조하고 싶었는데 나의 자존심, 노예로서의 충성심도 사라진 지금에 정체성이 남아 있지 않습니다.
그간 고마웠습니다.

5) 교수님 : 왜 수시로 이용하려고 하십니까.
더이상 종의 가치가 없으니 버리려고 하십니까?
제가 조선시대 선비입니까?

왜 더 이상 숨 쉴 수 없을 정도로 틈만 나면 교통정리하려고 하십니까?
가만히 계시면 저도 물러나려고 준비하고 있었습니다.
제자로서 받들려고 했던 제 자신이 부끄럽고 창피해서 세상에 눈을 돌릴 수 없었습니다.

교수님과 함께 쓴 논문이(?) 대략 25편 함께 발표한 논문이 20편, 교수님 제자를 위해 쓴 논문이 박사 1편(나), 학진(학술진흥원) 논문 1편(나), 석사 4편(정, 안, 나, 김), 학진 발표 논문이 4편입니다.

한국의 대학이 존재한 이래로 전례 없는 천문학적인 수치입니다.
그럼에도 불구하고 무시하며, 내쫓으려고 하십니까?

당신도 가족이 있고 형제가 있지 않습니까?
제가 당신 종입니까?
10여 년 전에 학원 치우라고 하더니,
몇 년 전에는 어느 학교라도 가서 돈벌 수 있는 기회도 저지하시더니,
그러면서 노예로 삼아 오시더니 이젠 가라고 하십니까?
그럴 수는 없습니다. 탈을 쓰신 겁니다.
일 년이 넘게 고민해 왔습니다. 그리고 교수님의 속내를 다 봤습니다.

진정 제자들을 사랑하신다면, 왜 제자들을 이용하시려고 하는지요?
명예교수 하시면서 학자랍시고 제자들 논문으로 끝까지 연기하려고 하십니까?
× 선생님의 학회 발표 논문이 어디에?
어디 정도 문제가 있는지요?
6~7개월을 고민하고 연구해서 발표한 논문입니다.
그러지 마십시오.
나는 당신의 노예가 아닙니다.
부끄럽습니다.
당신은 스승이자 하나님을 믿는 사람입니다.

6) 저를 아시는 지인들에게 : 이름을 알리지 않겠습니다.
감사합니다. 죄송합니다. 사랑합니다.
학자로서의 인생을 살려고 했던 결과가 이 지경으로 추락된 결과를 가져왔습니다.

7) 학생들에게 : 얼굴을 들 수 없을 정도로 죄송합니다.
여러분 성적이라도 처리하고 생각하려고 했는데, 견딜 수가 없었습니다.
열심히 살아가시길 기원합니다. 다시 한번 사죄의 말씀을 올립니다.

8) 학생들 시험지 : 연구실에 있습니다.

9) 자동차 문제 : 학교에서 400만 원 나올 것입니다.
(통장까지 계산하면 충분할 것입니다. 차는 팔아서 교수님 드리세요)

10) 채무관계 : ××× 형에 1,000만 원(집담보) 드리세요.

11) 다시 한 번 미안하다는 말씀을 이 세상에 남깁니다.

12) 어머니, 형제들 : 정말 죄송합니다.

13) 다시 당신에게 : 미안해

2010. 5. 25 저녁 6시 50분 (본인 서명)

청년학생이 사회를 알고 자신을 알았다면, 자신을 필요로 하는 일 가운데 자신의 할 일을 선택한다. 그리고 그에 해당하는 직업을 찾거나 만든다. 그리고 직업에 이르는데 필요한 준비를 한다. 이 과정을 거쳐 학생은 사회생활하며 행복에 이른다.

1. 행복과 사회 변화

1) 행복과 걱정

노동자 걱정은 2016년 여름 현대자동차 정규직 노동자, 2018년 협동조합노동조합 조합원에게 들은 내용을 중심으로 하고 다른 노동자 사정을 더해 구성했다.

20대는 진로설정, 취업, 결혼이 걱정이다.

30대 걱정은 주택, 자녀교육이다. 노후가 불안할 것으로 예상해 사회 복지 향상 요구도 눈에 띠었다. 집값이 비싸다. 집을 많이 지어야 한다. 주택 구입에 따른 빚이 많다.

40대는 삶의 정체성이 흔들려 걱정이다. 사춘기를 지나는 자녀가 하는 생각을 파악하지 못하는 것도 걱정이다. 자녀가 좋은 대학에 가는 것을 바라지만 입시에 찌들려 사는 생활을 벗어나기 바란다. 기술이 진보하고 기업환경이 변화하면서 구조조정에 따른 실업과 그 이후 생활이 걱정이다. 노후에 무엇을 할 것인가 걱정하기 시작한다. 비정규직 노동자든 정규직 노동자든 비정규직 노동자의 정규직 전환을 원한다. 다만 자신에게 피해가 없기를 바란다. 이 두 가지 생각은 서로 충돌한다.

50대는 은퇴 뒤에 무엇을 할 것인가 생각한다. 젊은 노동기간 중에 사회 경험이 어느 정도 풍부하느냐에 따라 대응에 차이가 있다. 젊어서 하지 못한 취미생활이나 봉사활동을 하고 싶어 한다. 젊어서 경제생활 때문에 접은 꿈을 다시 펴서 사회발전에 기여하고 싶어했다. 청년실업 정년 연장이나 복지냐? 에서 임금피크제를 개인적으로 찬성했다.

60대는 노후 대책과 질병을 걱정했다. 정규직 30년간 받은 임금총액은 15억 원 정도다. 그러나 이것 대부분이 생활에 들어가 퇴직하면 저축 없다 시피하다. 1억이 있어도 1년밖에 못쓴다. 앞으로 40년 인생 먹고살기가 걱정이다.

어느 50대 대학직원노조 조합원 걱정은 1) 안짤리기, 2) 돈, 3) 사내 복지, 4) 전문성 향상 순이었다.

■ 도표 58. 세대별 관심 카테고리 언급량

세대별 관심 카테고리 언급량   단위: %, 자료: 문화체육관광부

	1위	2위	3위	4위	5위
2030	35.9 일자리·고용	16.7 교육·육아	13.5 생활경제	7.8 부동산	7.5 생활문화
3040	20.9 일자리·고용	15.3 생활경제	12.7 부동산	12.5 교육·육아	10.1 생활문화
5060	18.7 의료·보건	14.4 생활경제	13.6 생활문화	11.9 일자리·고용	11.0 안전·환경

문화관광체육부 빅데이터(■도표 58)에 따르면 2016.1~2018.9 평균수명의 연장으로 세대별 고민거리가 바뀌었다. 일자리는 2030뿐 아니라 3040세대의 최대 관심사였다. 노동시간이 줄어들고 칼퇴근하면서 3040세대는 겸업(투잡, two job)에 큰 관심을 보였다. 5060세대는 가장 큰 관심사가 의료·보건이었지만 일자리와 교육·육아에 높은 관심을 보였다.[1]

2) 사회와 나의 변화 지점 속 위치한 나의 변화

필요가 변화를 낳고, 변화는 새로운 변화를 요구한다. 변화에 대한 신심, 노력이 변화를 가져온다.

내가 속한 공동체, 지역사회, 한국, 세계를 조사해 필요한 일과, 해서는 안 되는 일을 찾는다.

---

1) 이영경, 「생애주기별 고민 공식 깨졌다」, 『경향신문』, 2018.12.21.

일은 다른 사람의 필요와 나의 공급 사이에서 정해진다. 다른 사람들 즉 사회에서 필요로 하는 것은 무엇인가? 사회에서 해서는 안 되거나 곤란한 일은 무엇인가? 여기서 일은 물건과 서비스를 말한다. 민주주의 평화 인권 지속가능성(생태환경)을 고려해야 한다.(■도표 59 참조)

■ 도표 59. 나와 사회의 결합과 변화

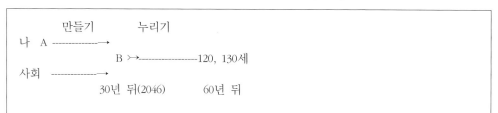

나를 만들고 사회 만들기가 서로 수렴한다. 나를 만드는 노력이 모여 사회를 변화시킨다. 일정 시점 이후에 사회변화의 이점을 내가 누린다.

■ 도표 60. 나와 사회 사이의 벡터 이동

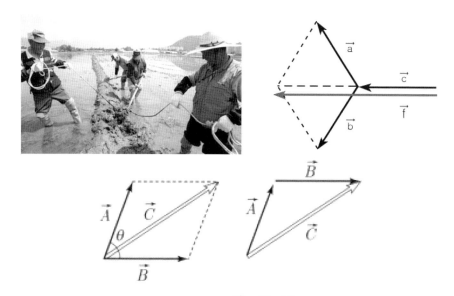

■도표 60에서 개인과 사회의 벡터(vector)처럼 사회 현실(a)과 개인 또는 집단의 노력(b)이 합쳐 현실의 방향과 직업(c)을 구성한다. 나와 현실 사회가 역사와 결합하면, V는 나와 사회의 노력에 영향을 받는다.

좀 더 복잡한 모습을 띤다. 그러나 결국은 어느 한 방향으로 결정한다. X축 노동조직의 넓이(현실)와 Y축 노동의 사회성 공공성 보편성(꿈)의 깊이가 결합돼 삶의 폭과 깊이를 정한다. X는 사회, Y는 꿈, V는 현실의 대안으로 설정한다.

나와 공동체의 노력이 더해지고, 이에 따라 변화한 사회에 내가 놓이게 된다. 야구에서 타자가 공을 외야로 날리면 외야수는 이를 잡으려 달려간다. 공은 타자가 친 방향과 힘, 바람의 영향을 받는다. 외야수는 처음에 낙하할 것으로 예상한 지점(A)을 향해 달려가는 동시에 바람의 영향을 받은 공의 진로 변화를 감지하면 낙하지점 예상을 바꾼다. 그리고 마침내 공이 낙하자는 지점(B)에 가서 공을 잡는다.

사회관계에서는 야구와 달리 한 가지 더 고려해야 할 요소가 있다. 개인과 그 개인이 속한 집단의 노력이 사회변화에 영향을 미친다. 개인은 그 시점에서 변화된 사회에 맞춰 인생의 계획을 조절하게 된다. 야구로 치면 타자의 손을 떠난 공이 바람과 동시에 외야수 행동의 영향을 동시에 받는 것이다. 미래에 내가 갖게 될 사회와 나의 관계에는 외적 요소와 아울러 현재부터 미래에 이르는 나라는 개인과 내가 속한 집단의 노력도 영향을 미친다. 야구와 다른 점이다. 물리학에서는 이를 3차원을 연장하는 4차원, 시간 개념으로 설명한다.

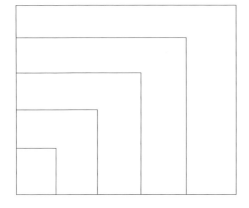

■ 도표 61.
관심의 넓이와 깊이의 확대

사회와 나의 관계 속에서 내가 위치한 지점의 변화 궤적이다. ■도표 61에서 X축의 개인에서 시작한 공동체는 가족에서 우주까지 넓어진다. Y축의 노동조직은 장기적으로 사회성, 공공성, 지속가능성, 민주성이 커지는 방향으로 전개된다. 이 두 축이 결합하며 미래 사회의 일을 정한다. 사회성 공공성의 수준에 따라 미래의 일자리는 좌우된다. 개인이 관계하는 공동체의 범위가 얼마나 넓은가와 노동조직의 공공성 사회성이 얼마나 큰지를 결합해 사회에서 필요한 일을 구상한다.

문제를 찾고 해결하는 능력이 있어야 한다. 현상을 보고 본질을 알고 그 대안을 찾고 실현하는 능력이다.

어느 미디어 전공 대학원생은 "빅 데이터를 분석 기술을 자연과학계 출신이 만들지만, 그것은 인문계 출신이 운영한다"고 했다. 미래로 갈수록 인문학을 바탕으로 하는 생각이 가치가 높아진다. 미래 사회는 주어진 조건 외에 미래 세대가 주어진 문제에 대응하는데 따라 그 모습이 달라진다. 미래 세대는 생각을 확장해야 한다.

기업에 있는 사람들은 흔히 한 사람의 창의적 인재가 수백만 명을 먹여 살릴 수 있다고 한다. 그러나 이것의 가치는 백짓장도 맞들면 가볍다는 속담처럼 수많은 사람이 창의성을 갖고 다양한 삶을 살아가는 집단지성의 힘과 비교할 수 없다.

2. 청년 일자리

1) 청년 일자리 구조

청년은 대기업과 공무원 취업을 원하는데

한국고용정보원의 보고서를 보면 2014년 대졸 청년층의 72.1%가 평균 4개월 만에 첫 직장에 취업했지만 이 중 300인 이상 대기업 정규직 입사는 10.4%에 그쳤다. 다음으로 중소기업 정규직 34.3%, 중소기업 비정규직 21.2%, 대기업 비정규직 6.1% 순이었다. 대졸 청년 10명 중 대기업 정규직 입사는 1명에 불과하고 6명은 중소기업이나 비정규직 입사, 3명은 실업자나 취업준비생 상태에 놓여 있는 셈이다. 첫 취업 후 2년 이내 퇴사 비율이 대기업 정규직은 12.3%에 그친 반면 중소기업 정규직은 27.9%, 대기업 비정규직은 29.3%, 중소기업 비정규직은 40.8%에 달한다.

청년들 대부분이 중소기업이나 비정규직으로 취업하고 있지만 보수나 고용 불안정 때문에 잦은 이직을 하거나 공무원 시험에 눈을 돌린다. 2013년 대졸 청년(20~29살) 중 51.2%가 공무원·임용고시에 매달리고 있었다.

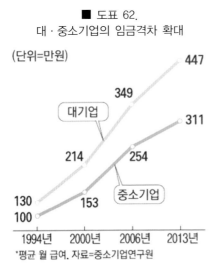

■ 도표 62.
대·중소기업의 임금격차 확대

(단위=만원)

447

349

311

대기업

214 254

130 153

100

중소기업

1994년　2000년　2006년　2013년

*평균 월 급여. 자료=중소기업연구원

청년들은 중소기업에는 눈길 주길 꺼린다. 여기에는 임금 격차가 작용한다. 중소기업연구원에 따르면 2013년 기준 종업원 5~9인 규모 소기업 월평균 임금은 222만 원으로 300인 이상 대기업(447만 원) 대비 50% 수준에 불과하다. 더 큰 문제는 대·중소기업 간 임금 격차가 시간이 흐를수록 커지고 있다는 점이다. 1994년 '종업원 5인 이상 299인 이하' 중소기업 임금은 '300인 이상 대기업' 임금 대비 76.7%였다. 하지만 이 비율은 점차 떨어져 2002년 70% 밑으로 내려갔고 2010년에는 59.9%까지 떨어졌다. 급여 차이는 이직에도 영향을 미친다. 중소기업 직원들이 이직하는 이유로 임금 수준 불만족(48%)이 가장 많았고 작업 환경 불만족(24.3%), 타 업종 근무 선호(24%), 유사 중소기업 스카우트(10.5%) 순이었다. 중소기업이 대기업만큼 직원들에게 임금을 줄 수 없는 것은 적정 수익을 낼 수 없기 때문이다. 특히 국내 중소기업 중 절반 가까이 차지하는 대기업 협력사들은 제대로 된 납품단가를 인정받지 못하고, 그러다 보니 부가가치 높은 신사업에 투자할 여력이 없다.(■도표 62 참조)

동일노동 동일임금 원칙이 정착된 대기업과 중소기업 간 임금격차가 거의 없는 독일·프랑스에서는 청년들이 대기업 중소기업을 가리지 않는다.

초국적 기업은 국내 재벌을 지배한다. 초국적 자본과 재벌은 함께 잘살기보다 독점과 헤게모니 장악을 추구한다. 수출위주의 경제, 초국적 자본과 재벌이 지배하는 경제에서 창의적 노동, 원천기술을 경시한다. 비전문, 비정규직, 저임 노동 위주이다. 노동자의 주체적 창의성을 요구하지 않는다. 가난한 사람이 갖고 있는 감성은 사회발전의 동력인데 이를 인정하지 않는다. 사회는 개천에서 용이 나는 것을 배제한다. 부자는 노블리스 오블리제를 경시하고 기업의 사회적 책임(CSR)은 마케팅 수단에 그친다. 사회에서 하는 일/노동이 대체로 행복하지 못한 이유다.

초국적 기업에 밀린 재벌기업은 하청기업과 국내 골목시장을 장악해 지배한다. 초국적 기업은 국내에서 세금을 잘 내지 않는다. 구글은 한국을 생태계 확장의 테스트

베드로 활용하지만 한국은 어떤 혜택도 보지 못한다. 국내 스타트업에 그다지 큰 도움을 주지 않고 투자는 전무하다. 구글은 2016년 국토지리원이 10여 년간 만든 수조 원가치를 가진 5,000분의 1지도를 반출해가려 했다. 2016년 구글은 4조 9천억 원 매출에 납부한 세금은 200억 원에 불과했다. 반면 네이버는 4조 8천억 원 매출에 4,321억 원의 법인세를 납부했다. 한국에서 발생한 구글앱마켓 수수료는 싱가포르의 구글아시아퍼시픽 매출로 잡히도록 해 조세를 회피했다.[2]

비정규직, 미조직, 여성노동자, 이주노동자

비정규직, 미조직, 여성노동자, 이주노동자의 위치가 가장 열악하다. 이 넷은 대체로 하나의 직군이 다른 이름으로 불리는 모습이다. 청년에게 비정규직은 남의 일이 아니다.

비정규직의 존재는 수출위주의 경제구조에서 비롯한다. 수출을 하려면 값이 싸야하고 그러자면 비정규직을 견디어야 한다는 국민 정서가 있다. IMF 사태 때 제조업체를 초국적 자본이 증권을 구입해 흡수하고 유연노동이라는 명목으로 비정규화를 요구관철했다. 복지 대책 없이 비정규화를 받아들여 비정규직, 미조직, 여성노동자, 이주노동자의 노동과 삶이 더욱 어려워졌다.

통계청 「2016년 3월 경제활동인구조사 근로형태별 부가조사」에 따르면, 비정규직 노동자는 615만 6,000명이었다. 비정규직의 비율이 높으며, 여성은 절반, 전체는 1/3 수준이다. 비정규직 노동조합 가입률은 2.8%이다.(■도표 63 참조)

■ 도표 63. 비정직 노동자 규모 및 비중

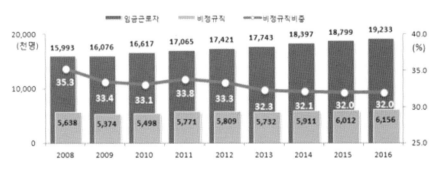

---

2) 최희원, 「구글의 배신」, 『경향신문』, 2017.12.7.

노동조합의 계급적 입장이 약하고, 산별노조 적용이 취약한 상태에서 최저임금의 인상이 중요하다. 미국, 중국, 동남아 국가들이 최저임금을 잇달아 인상했다. 이 부분은 국민연금, 기본소득 등과 맞물린다.

2016년 30세 미만이고 소득 1분위(하위 20%)에 해당하는 가구의 월평균 수입은 78만 1,000원이었다. 이 가구 대부분 20대이다. '88만 원 세대'는 옛말이고 '77만 원 세대'가 현실이 되었다.

임금인상, 최저임금 인상은 기업의 입장에서 자동화를 촉진시킨다. 미국에서 최저임금 인상 뒤 식당에서 음식제조 공정을 자동화하고 사람은 기계를 감시하고 음식을 손님에게 날라다 주는 일만 하는 식당도 등장했다. 영국 일본 싱가포르 호주 등은 환전, 현금자동입출안내, 계좌개설, 해외송금에 로봇을 도입했다.

생활임금제(living wage)는 1990년대 미국 내 시민단체들의 최저임금 인상운동이 기업의 반대로 무산되면서 대안으로 대두됐다. 1995년 미국 메릴랜드주 볼티모어시에서 처음 생활임금조례가 제정된 뒤 보스턴, 로스앤젤레스, 시애틀, 뉴욕시 등으로 번졌다. 2005년부터 영국 런던시는 시 산하기구를 통해 해마다 생활임금 기준을 발표하고 있다. 공공부문 중심의 미국 생활임금제와 달리 영국에선 '기업 인증제'를 통해 대학, 병원, 민간기업까지 적용 대상을 확대했다. 영국 보수당 정부는 2016년 4월부터 국가 생활임금제를 도입해 25살 이상 노동자에게 시간당 7.20파운드(한화 1만 3,000원)의 생활임금을 적용하기로 했다.

한국에서는 2013년 서울 성북구와 노원구 등 공공부문에서 처음 생활임금제를 시행했다. 이는 전국 지자체로 확산되었다. 2018년 36개 지자체 평균 생활임금은 시간당 8,860원이다. 최저임금 시급 6,470원보다 1,390원 많다. 서울·광주 등은 1만 원 이상이다.

하청노동자의 노동조건은 원청노동자에 비해 크게 열악하다. 2015년 원청업체의 월평균 정액급여는 322만 9천 원이지만, 하청업체는 71.9%인 232만 2천 원에 불과했다. 정액급여에 초과급여와 성과급을 더한 임금총액이 원청업체는 559만 7천 원인데 비해 하청업체 평균은 51.1%인 286만 1천 원에 지나지 않았다. 1차 하청업체는 291만 1천 원, 2차는 279만 1천 원, 3차는 236만 원이어서 2, 3차 하청업체로 내려갈수록 임금수준이 열악했다. 상여금과 퇴직금 적용률에서도 나타나 원청업체는 거의 모든 근로자가 상여금과 퇴직금을 받는 반면, 협력업체 근로자의 경우 상여금은 68.9%, 퇴직금은

86.9%만 적용됐다. 노동조합 가입률도 원청업체는 39.2%로 상대적으로 높은 수준이지만, 협력업체는 평균 7%를 밑돌았고 2차, 3차 하청업체로 갈수록 가입률이 낮았다.

안주엽(한국노동연구원)은 노동시장의 격차 완화를 위해 원청기업의 초과이윤 중 3분의 1을 하청업체 협력기금으로 활용하거나, 하청업체 근로조건 개선에 활용하고 최저임금을 올려 임금 격차를 줄이는 안을 제시했다. 2019년 건설교통부는 하청노동자 임금이 줄어들고 체불되는 것을 막기 위해 원청업체가 하청 노동자에게 임금을 직접 지불하도록 입법했다.

일터에서 일하다 각종 사고로 숨지는 이들 가운데 하청 노동자가 차지하는 비율이 2015년 상반기에 40.2%이었다. 하청 노동자가 일하다가 숨질 위험성은 원청 노동자의 2배에 이르리라 추정한다.

잡코리아와 알바몬이 2016년 졸업예정자 1391명을 대상으로 벌인 졸업 현황 및 휴학 경험 설문에서 정규직 취업이 16.9%이고, 비정규직이 22.5%, 취업하지 못한 응답자는 60.6%였다.

2014년 알바노동자 수는 33만 명이다. 알바노동자는 대부분 최저임금을 받고 있다. 아르바이트 전문포털 알바천국이 아르바이트 소득이 있는 전국 남녀 4,077명의 월평균 소득을 조사한 결과, 2015년 3분기 한 달 평균 아르바이트 소득은 67만 8,465원으로 지난해 같은 기간보다 2.4% 증가하는 데 그쳤다. 한국은행이 발표한 경제 성장률 전망치인 2.7%를 밑도는 수치다. 이는 대학을 졸업한 취업준비생이 아르바이트 시장에 뛰어든 비율이 증가한 영향이다. 지역적으로는 인천이 74만 7,826원, 부산이 73만 1,099원으로 소득 1, 2위를 차지했다. 최저임금을 받지 못하는 노동자가 10%대이다. 알바노조는 '최저임금 1만 원'이란 구체적 의제를 설정해 청년을 조직한다.

2015년 알바노조 울산지부 준비위원회의 설문조사에 따르면 청소년 알바 상당수가 근로기준법망에서 벗어나 있었다. 청소년 알바 열에 여덟이 4대 보험에 가입돼 있지 않았고 휴게시간도 제공받지 못했다. 심지어 주휴수당과 야간수당은 열에 하나만 지급받는다고 응답했다. 청소년 알바들은 낮은 임금(77명)과 장시간 근무(55명), 높은 노동강도(43명), 폭언(26명) 등에 스트레스를 호소했다. 근로계약서를 작성하지 않은 비율은 전체 응답자 중 65%에 달했다.

OECD 기준 한국의 65살 이상 노인 상대빈곤률은 49.6%(2013년 중위소득의 50% 미만 비율)이다. OECD 회원국 평균치 13.5%에 비하면 훨씬 높다.

금수저 흙수저

젊은 층을 중심으로 이른바 '금수저 흙수저 계급론'은 학생의 학업과 취업에서 계급 차이를 말한다. '금수저'는 돈 많고 능력 있는 부모를 둔 사람을, '흙수저'는 돈도 배경도 변변찮아 기댈 데가 없는 사람을 가리킨다.

산업화세대에서는 본인의 학력이 임금에 영향을 주는 거의 유일하고도 결정적인 변수일 뿐, 부모의 학력과 계층은 임금수준에 어떠한 유의미한 영향도 미치지 않았다. 민주화세대에서는 부모의 학력이 본인 학력과 더불어 임금수준에 큰 영향을 미치는 변수로 확인됐으며, 정보화세대로 오면, 부모의 학력과 함께 가족의 경제적 배경이 본인의 임금수준에 큰 영향을 미치는 것으로 나타났다. 즉, 정보화세대로 올수록 부모의 경제적 지위가 재산축적뿐만 아니라 간접적으로는 인적자본 축적(학업성취), 직접적으로는 노동시장 성취(임금과 직업)에 더 많은 영향을 줬다.

한국보건사회연구원 「사회통합 실태진단 및 대응방안 II」에 따르면, 1900년대 중반에 태어난 세대보다 후반에 태어난 세대가 부모의 학력과 직업, 사회적 계층을 대물림하는 경향이 더 큰 것으로 나타났다. '개천에서 용 난다'던 시절은 지나갔고 부모가 이른바 '흙수저'이면 자식도 '흙수저'였다.

아버지 학력과 자녀 학력을 교차 분석한 결과 대체로 아버지 학력이 높을수록 자녀의 학력도 높게 유지됐다. 아버지 학력이 중졸 이하인 경우 자녀 학력도 중졸 이하인 비율이 16.4%에 달했다. 반면 아버지 학력이 고졸 이상이면서 본인 학력이 중졸 이하인 비율은 0에 가까웠다. 직업의 경우 관리전문직 아버지를 둔 아들이 관리전문직인 비율은 민주화세대가 56.4%로 평균(23.3%)의 약 2배에 이르렀고, 정보화세대의 경우 37.1%로 역시 평균(18.2%)의 2배 정도였다. 정보화세대에선 단순노무직 아버지를 둔 자녀가 단순노무직인 비율이 9.4%로 평균(1.9%)의 약 5배에 달해 직업 세습이 강하게 일어나고 있음을 시사했다.

자녀가 15세 무렵 느낀 자신의 주관적 계층과 현재 주관적 계층 간의 교차분석 결과, 정보화세대에서 아버지가 중상층 이상일 때 자식도 중상층 이상일 확률은 아버지가 하층일 때 자식이 중상층 이상이 될 확률에 비해 거의 무한대로 더 높은 수준이었다. 민주화세대에서도 비슷한 경향을 보였지만, 계층 고착 정도는 정보화세대보다 낮았다. 반면 산업화세대는 중상층까지의 이동은 상대적으로 더 활발했다.

여유진 한국보건사회연구원 연구위원의 「생애주기별 소득·재산의 통합 분석 및 함의」 보고서에 따르면, 청년 세대 내에서 결혼한 가구와 혼자 사는 가구 간 소득과 재산 격차가 갈수록 벌어진다. 소득이 높고 안정적인 일자리를 가진 사람들끼리 결혼하고, 이후에도 맞벌이를 계속하기 때문이다. 소득과 재산의 동행화 현상이다.

백승호 교수는 "청년이 불안정 일자리와 실업을 들락날락하게 되면 자산 형성이 불가능하고 세수 기반도 취약해질 수밖에 없다. 이들이 미래에 노인층이 됐을 때 상당수가 복지 지원의 대상이 될 수 있어서 사회적 비용도 커지게 된다"고 했다. 특히 청년층이 결혼·출산을 미루거나 포기하면서 인구 재생산구조가 무너지고, 가정을 꾸리더라도 자녀에게 가난을 대물림할 수 있다. 금수저끼리는 결혼해 출산하는 것이 쉽지만, 흙수저는 배우자를 만나기도 결혼하기도 출산하기도 어렵다. 한국의 노년부양비(생산가능인구 100명당 고령인구)는 2015년 17.9명에서 2060년이 되면 80.6명으로 증가한다. 청년세대가 노동시장에 제대로 진입하지 못하면 이것은 미래에 사실이 될 것이다.

취업 차별·현대판 음서제

대학입시 그리고 그 다음 취업 단계를 인위적으로 조작해 공정하지 못한 사례가 많다.

의사 판사 검사 변호사 등의 전문직으로 진출하려면 장기간의 시간과 높은 학비가 필요하다. 로스쿨은 다양한 전공과 사회경력을 갖춘 개방적 법조인 양성이 목적이다. 출신학부 서열이 조금 낮더라도 사법시험 합격과 그 성적을 통해 새로운 성취 기회와 동기를 부여했다. 그러나 가난한 사람으로서는 접근하기 어려운 점이다. 로스쿨의 등록금은 최근 3년간 평균 1,919만 원이다. 이런 저런 비용을 더하면 3년에 1억 원 정도 들어간다. 로스쿨 제도는 출발 시 학교선정과 인원할당을 공정하게 심사하겠다고 했지만 실제로는 기존의 법과대학 서열에 따라 정해진 인원 2,000명을 정당히 배분한 것에 불과하다. 국정감사 자료에 따르면 서울대의 경우 2009~2013년 이른바 SKY와 경찰대 등 특수목적대 출신이 전체 입학자의 94%를 차지한다. 지방대 출신은 0.5%에 불과

했다. 수도권과 지방 로스쿨 출신의 변호사시험 합격률 격차가 심해 로스쿨도 서열화
했다. 자녀를 로스쿨에 보내려 청탁하거나 로스쿨 입시에서 자기소개서에 고위층인
아버지의 이름을 쓰고 면접에서 아버지의 이름을 말하는 학생이 있다. 이에 따라 맹목
의 합법주의를 완화하는 측면에서 사법시험을 존치하자는 주장이 있다.

의사는 대학 6년, 인턴 2년, 레지던트 3년, 전문의... 부모의 입장에서는 끝없이 돈이
들어간다. 교수가 되려면 미국유학을 가는 것이 절대적으로 유리하다. 해외로 유학 가
서 박사학위를 받는데 들어가는 한사람의 유학비가 일반 노동자 한사람이 일생동안
버는 정도의 돈이 들어간다.

외무고시를 폐지하고 국립외교원에서 외무 관료를 배출한다. 이것 역시 기득권층
자녀의 관계 진출 길이며 현대판 음서제이다. 대기업 노조에서 조합원 자녀를 특혜
입사시키는 사례가 적지 않다.

입학사정관제도 부유한 학생을 골라내는 역할을 한다. 연세대학은 오래전부터 기여
입학제 도입을 노린다. 고등학교도 졸업생을 통해 학벌을 키운다. 과거에는 일류고,
현재에는 특목고 등이 학벌을 키운다. 그런 사례로 하나은행이 운영하는 하나고는 입
학성적을 조작해 남학생을 많이 뽑았다. 전경원 하나고 교사가 이런 부정 입학생이
3년간 90명이라고 밝혀 세상에 알려졌다. 이것은 학벌을 만드는데 남학생이 유리하다
고 판단한데 근거한다.[3]

주입식 교육, 암기위주의 교육 등은 가난한 사람의 사회적 진출을 억제하는 요인이
다. 문용린 전 교육부 장관은 암기위주의 교육은 사람의 지적 능력의 30%밖에 사용하
지 않는다고 했다.

김연아 「비정규직의 직업이동 연구」에 따르면 비정규직 노동자의 자녀가 비정규직
으로 일을 시작하는 경우가 많다. 논문에 따르면 정규직 부모의 자녀가 정규직으로
처음 입사한 비율은 27.4%, 비정규직 입사 비율은 69.8%였다. 반면 부모가 비정규직이
면 자녀의 정규직 비율은 21.6%, 비정규직 비율은 77.8%로 나타났다. 비정규직 부모를
둔 자녀의 비정규직 비율이 정규직 부모를 둔 자녀보다 8%p 높은 것이다.

그러나 가난하게 자란 사람은 부유한 가정에서 자란 사람에 비해 상상력이 풍부하

---

3) 전경원, 「2015 호루라기 부는 날-제4회 호루라기 시상식」, 2015.12.3.

다. 그만큼 가난이 자신에게 큰 문제였기 때문이다. 가난한 집안의 자녀에게 장학금을 주어 공부시키는 것은 그가 속한 집단 공동체의 신진대사를 활발하게 하려는 필요에서 비롯한다. 젊어서 가난은 사서도 한다는 말은 원래 부유하더라고 가난을 사고력 대응력을 풍부하게 하는 데 활용하려는 의도에서 비롯했다.

대입에서 국가·독립유공자 후손을 배려하는데 이어 로스쿨에서도 이를 도입하기로 했다. 의과대학 입시에서도 지역사회나 의료생협에서 사회봉사를 할 학생을 가려 뽑을 필요가 있다.

고려시대에는 관직을 계승하는 음서제가 있었다. 조선시대 양반은 노동을 하지 않았고 관직에 나가려는 사람은 수십 년 동안 일을 하지 않고 글을 읽으며 과거를 준비했다. 조선 말기에는 매관매직이 심해 청년들이 과거를 거부했다. 현재 부유한 집의 자녀는 주입식 과외수업을 받을 수 있고, 대학이나 전문대학원 입시에서도 그들에게 유리한 제도를 만들었다.

이를 규제하는 장치가 있었다. 신라통일기에는 지방 촌주 등의 유력한 재지세력을 견제하기 위한 상수리제도나 이를 계승한 기인 제(其人制)가 있었다. 고려시대에는 적용대상의 관리가 극히 한정되고 대상 친족의 법위 사촌으로 기준으로 할 경우에 본족(본족)은 그 사촌자매부(四寸姉妹夫)가 제외되고, 외·처족은 삼촌숙모부(三寸叔母夫)까지 제외되어 있어 전체적으로 보면 상피제는 극히 한정적으로 적용했다. 조선시대에 상피제는 지연과 혈연의 관계를 기준으로 해 사촌 이내로 자신들의 향리(鄕吏)에 보임을 제한하는 것이 원칙이었다.[4]

그러나 지금도 부·지위·신분을 세습하는 현대판 음서제가 진행된다. 음(蔭)이란 공식적인 시험을 거치지 않고 추천으로 관직을 얻는 것이다. 전문직 고위직은 학벌을 위시해 정부 국회 법원의 권력 주변에서 진행된다. 외교관 자녀들이 외교관에 특채되어 사회문제가 되었다. 국회의원들이 스마트폰 문자로 자녀와 주변인들의 취업을 부탁해 사회문제가 되었다.(■도표 64, 경향신문 2015.8.19.)

---

4) 김석희,『조선후기 지방사회사 연구』, 혜안, 2004.

■ 도표 64. 일자리 세습 현장

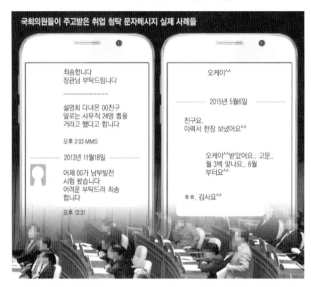

취업이 어려워지면서 기업에서도 경우도 현대판 음서제가 횡행한다. 국내 대기업들이 정치인과 고위공직자 등의 자녀들을 위해 취업과 해외연수, 고속승진 등 특별배려를 해주는 관행이 고착되고 있다. 고관대작 자녀들을 위한 '토탈 케어(Total Care)' 시스템을 가동한다. 대기업의 한 관계자는 "신입사원 중 정상 절차를 거쳐 입사하는 직원 비율이 70%라면 나머지 30%는 직간접적으로 부모 후광을 업고 들어온다"면서 "개인 능력뿐 아니라 지원자의 집안 배경을 이용한 사업 확장성과 위기관리를 선발의 요인으로 고려하기 때문"이라고 했다.

그러나 심하게 말해 기업이 사람을 뽑을 때 둘 가운데 하나는 사장이 사는 길인 배경이 있는 사람을 뽑고 나머지 하나는 회사가 살 수 있는 실력 사람을 뽑는다.

'신의 직장'이라는 공공기관에 채용 비리가 있다. 2013년 중소기업진흥공단이 최경환 부총리 겸 기획재정부 장관이 청탁해 그의 인턴 출신 황아무개씨를 채용했다. 한국광물자원공사, 한국산업기술진흥원에서도 채용비리가 드러났다. 2012~13년 강원랜드는 400명이 넘는 청탁자가 1,000명가량 채용을 부탁하고 돈을 주었다. 518명 합격자 전원이 청탁대상자였다. 정부는 부정합격자 226명을 면직처분하고 최종탈락자 전원을 구제했다.

세대 갈등

가난한 청년의 입장에서 보면 사회에는 계급갈등과 세대갈등이 동시에 존재한다. 고참 노동자들은 정년 연장을 원한다. 노후 복지가 없거나 약하기 때문이다. 임금피크제가 고용을 늘린다고 보아 찬성하는 노동자도 있다. 대학생이나 청년 실업자는 이것을 싫어한다.

'세대전쟁'은 실재한다. 고령화에 따른 부담은 고스란히 청년에게 미래 부담으로 떠맡겨져 있다. 유럽 전역에선 젊은이들이 '세대정의' 구현을 위한 조직을 만들고 있다. 고용 없는 성장, 신자유주의, 대학 서열의 종교화, 등록금 폭등처럼 오늘의 청년들에겐 다른 세대엔 없던 '특수한' 고통이 떠안겨져 있는 게 사실이므로 계급과 세대를 양자택일의 문제로 봐선 안 된다.[5]

주식시장에서 개미는 50대이고, 20~30대는 보이지 않는다.

청년실업의 원인은 세계화의 충격과 정보사회의 진전에 따른 고용 없는 성장과 같은 세계 보편의 조건 위에 한국사회의 과잉 고학력화, 구인·구직간의 잡 미스 매치(job miss-match) 등이다. 대안으로 일각에선 청년세대가 중소기업에 눈을 돌려야 한다고 한다. 그러나 상당수 중소기업은 미래 전망이 불투명하고 갑을관계의 횡포가 두드러진다.

청년실업의 대안으로 전공을 포함한 대학의 구조조정, 체계적인 직업훈련의 도입과 청년고용 의무할당 등이 있다. 정부 대기업 노동조합이 더 많은 일자리를 만들 사회적 대타협을 맺을 수 있다. 정의당은 상속증여세를 재원으로 모든 청년에게 1,000만 원을 상속하는 '청년 사회상속세'를 제안했다. 청년들은 청년들이 인간답게 살 권리를 보장하는 청년법을 제정해 노동·소득·안전망 수립을 요구했다.

지역 간에 격차가 있다. 일자리, 소득, 교육의 질이 수도권을 중심으로 높고 수도권에서 멀리 갈수록 낮다.[6] 청년 학생이 수도권으로 집중하는 이유이다.

---

5) 강준만, 『청년이여, 정당으로 쳐들어가라!』, 인물과사상사, 2015.
6) 전병유·신진욱, 『다중격차, 한국 사회 불평등 구조』, 페이퍼로드, 2016 참조.

청년 실업

한국은 청년 4명 중 1명이 정규교육·훈련을 받지 않으며 고용 상태도 아닌 무업청소년(니트족, NEET, Not in Education, Employment or Training)이다. 백수이다. 이것은 2014년 대학진학률이 70.9%인 상태에서 고학력 청년들이 실업상태를 받아들이기 보다는 취업 준비기간을 늘려 양질의 일자리를 찾으려는 경향 때문이다. 니트족을 실업니트와 비경제활동 니트로 구분하면, 한국은 비경제활동 니트가 81.6%를 차지한다.

일본에서는 '취업할 생각 없다. 학교에도 안 다닌다. 직업훈련도 안 받는다. 그냥 이대로 쉽고 싶다'는 청년을 프리터(fritter)라고 한다.

한국의 무업청소년 비율은 모든 연령대에서 OECD 35개 회원국 평균을 웃돌았다. 2013년 기준 15~19세 무업청소년 비율 OECD 평균은 7.1%였지만, 한국은 7.7%로 24위(1위가 가장 낮은 국가)를 기록했다. 20~24세는 OECD 평균이 18.2%였고, 한국은 22.2%로 30위였다. 25~29세는 OECD 평균이 20.5%였고, 한국은 24.5%로 28위를 기록했다.

한국의 무업청소년 비율이 늘어나는 것과 반대로 EU·영국·일본 등은 청소년들을 고용·교육·훈련으로 끌어들이려는 정책을 펴 줄고 있다.

지상훈은 "한국예술종합학교 졸업생 70%가 안정된 소득이 있는 일자리를 구하지 못하고 자신의 지향을 실현하지 못해 공황장애를 겪는다."고 했다.

2015년 통계청이 발표한 고용동향 통계치를 토대로 청년층의 체감실업률이 34.2%에 이른다. 청년 3명 가운데 1명은 실업자로 분류될 수 있다. 실업률 산정의 기준이 되는 청년층 '공식 실업자'는 34만 5,000명에 불과했지만, 취업 포기자와 불완전 고용 등을 포함한 체감실업자는 모두 179만 명에 이른다는 게 근거다.

서울과 지역, 해외 취업

일자리는 서울·경기에 집중돼 있다. 그러다보니 지방의 일자리 경쟁은 더 격화된다.

비수도권 대학 졸업생의 31%가 수도권에 취업한다. 이들의 임금 증가분은 비수도권 취업자의 절반이다. 취업이 수도권으로 지나치게 집중되어 경쟁이 심해지면서 상대적으로 근로조건이 열악한 일자리를 구하기 때문이다.

청년들이 지역에서도 희망과 꿈이 있어야 한다. 공공기관 지방 이전은 지역인재 채용을 활성화한다. 현재 수도권 공공기관의 지방 이전이 속속 마무리되고 있다. 국토교통부에 따르면 2015년 말까지 127개 공공기관, 45,600명이 이전한다. 이에 따라 지역학생들의 채용기회 역시 증가할 것이다.[7]

한국의 평균 근로자 임금은 3,000만 원이다. 일본의 약 80%, 독일이나 프랑스의 60%, 미국 캐나다의 60%이다. 그러나 한국이 1950~70년대와 같은 저임국가는 아니다. 그런데도 이민을 하려 한다. 사회귀족으로 분류되는 극소수 직군·직종(명문대의 전임교수, 의사, 고급 공무원이나 재벌 임원 등)을 제외하고서는 보다 나은 사회로 갈 전망이 없다. 그래서 해외로 나가려 한다. 그것은 민주화의 후퇴와 이명박 정부에 이어 박근혜 정부가 '저성과자 해고 지침'과 같은 정책으로 젊은 층을 쥐어짰기 때문이다.[8] 청년들은 먹고 살려면 연애, 결혼, 출산을 포기해야 하는 한국을 떠나려고 한다.

취업알선사이트 '사람인' 설문조사에 따르면 구직자 478명 중 78.5%가 해외취업을 희망한다고 응답했다. 실제로 해외취업자도 2년 사이에 2배 가까이 뛰었다. 고용노동부 자료에 따르면, 해외취업자는 2014년 3,266명, 2016년 6,542명이었고, 2017년 7,500명으로 예상한다. 주요 취업 국가는 미국, 호주, 캐나다, 싱가포르, 일본 등이며 사무직부터 전문직, 서비스 판매직까지 다양하다. 해외취업을 희망하는 이유는 한국 취업난(46.9%)과 견디기 힘든 업무환경(42.7%) 때문이다. 뒤이어 해외생활에 대한 동경이나 외국어 실력 증진과 같은 자아실현이 자리했다.

한국보다 인구절벽이 일찍 시작된 일본은 높은 연봉과 안정된 복지제도를 이점으로 한국 IT분야 인재를 적극적으로 모집했다. 일본에 취업한 한국 청년은 3만 명을 넘는다. 전세문화가 없는 일본에서는 월세가 월 70~80만 원 정도이고, 통근에 왕복 4시간이 걸린다. 한국인은 이주노동자로 임금이 낮다.

해외취업자 일부는 기본생계비보다 낮은 임금을 받으며 근무했다. 이런 이유로 2013년 취업자 57%, 2014년 취업자 48%가 귀국했다. 결국 간호사와 같이 전문자격증을 소유한 직업군 취업자만이 해외취업 이후 안정적인 일자리를 유지한다.

---

7) 『Campus Job & Joy』, 한국경제신문, 2015.09.14.~10.14.
8) 박노자, 「이민만이 '헬' 탈출구로 보이는 이유」 『한겨레』, 2016.1.20.

청년에게 좋은 일자리

청년들의 관심은 일자리다. 좋은 일자리에 취업하는 것이다. 좋은 일자리는 투입, 산출의 양 측면이 있다. 투입은 높은 수익, 안정성, 휴식시간을 원하며 재미, 의미, 동료와의 협력, 노동에 대한 자부심이 있어야 한다. 산출은 인간적, 착한, 지속가능성 있는 상품과 서비스를 생산을 말한다.[9]

일반적으로 좋은 일자리는 적정 임금, 고용 안정성, 근로시간의 적정성, 직무의 자율성과 만족도가 충족되는 일자리이다. 이 조건 가운데 일반시민은 적정 임금, 전문가는 고용 안정성을 우선한다.[10](■ 도표 (65)

2013년 갤럽(Gallup)이 실시한 세계적인 여론조사에 따르면, 겨우 13%의 사람만이 자신이 좋아 하는 일을 한다고 했다. 좋아 하는 일을 하는 게 쉽지 않다.(팀 런던, 2016, 231쪽)

■ 도표 65. 좋은 일자리의 조건

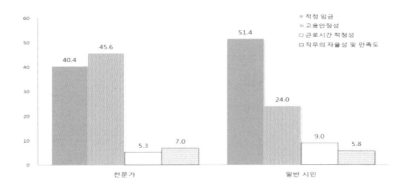

통계청의 「2017년 사회조사」 결과에서 10·20대 청년들은 공무원과 공기업 사원을 최고 직업으로 꼽았다. 직업 선택 기준은 10대가 적성·흥미, 수입, 안정성 순서였고, 20대는 수입, 안정성, 적성·흥미 순서였다. 고용불안에 시달리는 30~40대는 과거처럼 일을 가정보다 우선순위로 여기지 않았다. 60대 이상은 취미생활을 즐기는 삶을 꿈꾸

---

9) 토마스 바셰크, 이재명 옮김, 『노동에 대한 새로운 철학』, 열림원, 2014, 22쪽.
10) 김범식, 「서울시 괜찮은 일자리 실태분석과 정책 방향」, 서울연구원, 2014.
　　중소기업청·중소기업진흥공단, 『인재가 몰리는 중소기업의 비밀』, 2015.

지만 현실에선 생활비를 버느라 힘겹다. '우리 사회에서 일생 동안 노력한다면 본인 세대에서 개인의 사회경제적 지위가 높아질 가능성이 높다'고 생각하는 청년층(19~29살)은 24.1%에 불과했고, 자식 세대에서 계층 상승 가능성이 높다고 전망한 응답도 26.7%에 그쳤다. 60살 이상 가운데 30.6%가 자녀와 같이 사는데 자녀 독립생활이 불가능하기 때문이 31.0%였다. 60살 이상은 54.3%만이 노후를 준비한다고 답했다.

고용노동부가 2018년 '일·생활 균형'(워라밸)이 우수한 중소기업 10곳을 선정했는데, 기준은 고용유지율, 노사관계 위험 여부, 불필요한 야근을 없애고 눈치 보지 않고 휴가를 쓸 수 있는 곳들이다.

그러나 좀 더 이상적으로 말하면 좋은 일자리를 자신이 하고 싶은 일, 사회에서 필요한 일에 초점을 맞춘다. 기자 변호사는 다른 사람의 일을 기록하거나 대변하거나 판단한다. 이들에게도 이 업무의 특성과 관련해 자신의 일 삼아 하는 경우가 있지만 대부분 다른 사람 일을 대행한다. 이보다 본원적인 가치를 창출하는 일자리가 더 좋다. 지속가능한 일을 하려고 직업으로서 기자를 택하는 것과, 기자로서 지속가능한 분야를 취재하는 것에는 차이가 있다.

청년은 대기업의 정규직 일자리, 법조인 의사 교수 공무원 등을 선호한다. 이런 배경에는 이들 직업의 권한이 큰 점도 작용하지만 3D업종이 힘든데 비해 임금이 낮은 점이 작용한다. 동일노동 동일임금의 원칙을 적용해야 한다. 이럴 경우 청년들은 사회적 지위가 낮더라도 자신이 잘 할 수 있고 보람 있다고 생각하는 일에 종사할 것이다. 청년실업도 현저히 줄어들 것이다.

변호사와 의사, 공인회계사 등 고소득 전문직의 인기가 예전만 못하다. 국세청 자료에 따르면 회계사 10명 가운데 1명이 한 달에 200만 원도 못 번다. 회계사의 35% 정도는 회계 업무를 하지 않는 휴업 상태다. 전체 변호사 수는 어느새 2만 명을 넘었고, 서울에 있는 변호사가 한 달에 맡는 사건은 평균 2건이 안 된다. 수임 단가는 대개 사건 1건당 500만 원 정도 불렀는데 이제는 300만 원 정도까지 떨어졌다. 이에 한 달에 800만 원 정도를 안정적으로 받을 수 있는 국선전담변호인의 경쟁률은 9대 1을 넘었다.

많은 젊은이들은 직급이 낮더라도 정년과 연금의 보장된 공무원을 좋아한다. 하고 싶은 일과 안정된 직업 사이에 혼란이 있다. 이 둘 사이에 괴리를 줄이는데 는 '공정한 선발'과 '합리적인 조직 문화'가 필요하다.[11]

꿈을 직업으로 전환

직업은 생계유지를 위해서 하는 일을 말한다. 직업을 고용형태에 따라 분류하면, 크게 정규직, 비정규직, 프리랜서 등으로 구분된다.

사람이 의식주 따위를 해결하며 살아가기 위해 생산, 노동, 서비스 따위의 분야에서 일정 기간 동안 하는 일, 직업을 영위하는 가장 큰 이유는 경제적 목적이다.

정규직은 특별한 기간이나 시간의 제한이 없이 정식으로 채용되는 고용형태를 말한다.

비정규직은 근로기간이 정해져 있는 계약직, 일용직, 원청이 하청업체를 통해 간접고용하지만, 진짜 사용자가 원청인 간접고용(파견·사내하청·도급직), 상시근로를 하지 않는 시간제 근로자, 개인사업자로 간주되지만 실제로는 사용자에 종속되어 노동자성을 갖고 있는 특수고용, 근로기간이 정해져 있지 않으나 기간제와 근로조건이 같은 무기계약직 등을 총 망라한 개념이다.

프리랜서는 정규직과 비정규직과는 달리, 외주를 받아서 진행하는 고용형태를 말한다. 프리랜서로 일할 수 있는 직업으로는 작가, 디자이너 등이 있으며, 혼자서 일하는 직업이므로 전문성을 요한다.

꿈을 직업으로 전환할 때 고려해야 하는 사항이다.

첫째, 직업과 직업이 속한 업종은 대부분 변한다. 한국에서 산업은 1960년대 이전에는 농어업, 공무원, 가내 수공업, 약간의 생필품 공장밖에 없었으나, 경제를 개발하면서 경공업에서, 중화학공업으로, 그리고 1980년대 이후에는 반도체, 전자, IT 및 통신산업, 서비스업, 우주항공산업 등으로 변화했다. 국가 단위나 개인은 이러한 변화를 앞서서 주도하지 않고 수동적으로 변화를 받아들이거나 변화의 흐름에 저항한다면 변화에 둔감한 대가를 치르고 낙오된다. 청년이 안정적인 공무원과 사회를 유지하기 위한 공기업에만 몰리는데, 이것은 사회의 경쟁력을 크게 떨어뜨린다.

둘째, 어떤 직업과 업종도 창조적으로 바꿀 수 있다. 대부분의 사람들은 변하는 것을 수동적으로 따라간다. 자신의 직업과 업종에서 창조적으로 혁신을 주도하는 사람들이 바로 창조적 프로페셔널과 창조적 기업가들이다. 잘 나갔던 직장들도 대체로 10년 정도만 지나면 큰 위기를 맞게 되어 무대에서 사라지거나 명맥을 겨우 유지하는 경우가

11) 희망제작소 기획, 김민아·황세원 등, 『자비 없네 잡이 없어』, 서해문집, 2018.

많다. 극소수의 기업들만이 살아남는다. 직업과 업종, 기업의 변화에 선제적으로 변신하고 창조적으로 대응해야 한다.

셋째, 내가 하고자 하는 직업이나 업종이 나의 소질과 적성에 맞는 일이면 그 효과와 효율성은 엄청나게 높아질 수 있다. 나의 소질과 적성에 맞는 직업이 국내에 없거나 있다고 해도 아직 미성숙 단계라면 다른 나라에 가서 그 일을 배우고 프로페셔널로서 직업을 구할 수 있다.

넷째, 한국 사회는 개인주의와 부에 대한 집착이 강해, 공동체와 인류 보편적 가치에서는 별로 족적을 남기지 못했다. 개인의 행복도 중요하지만 인류와 공동체를 위한 보편적 가치와 진리를 추구하는 정신이 필요하다. 이런 가치를 지닌 사람들은 프로페셔널로서, 혹은 기업가로서 큰 성취를 나타낼 수 있다.

다섯째, 직업 선택에서 잠재적 시장을 보아야 한다. 그러나 그 잠재적 시장이 먼 미래에 실현된다면 나에게 별로 의미 없다. 의사라는 직업은 과잉공급이랄 수 있지만 의료산업은 미래성장 산업이다. 꼭 환자를 보는 의사 직업만을 고집하지 말고 의료산업이란 넓은 시야에서 틈새를 발견하는 지혜로움이 필요하다. 그러므로 어떤 일과 직업의 진로를 볼 때 이와 같이 큰 틀에서 흐름을 잘 살펴봐야 한다.[12] 엄기호는 일 찾기를 "사회를 폭로하고 사람을 옹호하는 연습[13]"이라고 했다.

2) 청년 일자리와 복지

일자리 만들기, 나누기

일자리는 기존의 일을 나누는 것과 새로운 일의 창출을 통해 늘어난다. 전자는 정부 기업 기성세대에 요구할 사항이다. 노동시간 나누기를 통한 일자리 창출은 1장 1:9 :90 사회의 필요에서 상론했다. 후자는 대학생 스스로 창안할 과제이다. 후자는 사회의 필요를 알고 미래에 대한 상상력에서 비롯한다.

청년들이 시대의 변화에 맞춰 변화하는 새로운 일자리 개념을 창출해야 한다. 이 부분은 기성세대에게 상상력이 덜 미치는 영역이다. 청년의 영역인데 유감스럽게 청

---

12) 이상용, 「고용과 진로, 그리고 직업의 방향-직업의 원리와 개인의 전략들(1)」, 『이코노미뉴스』, 2013.07.15.
13) 엄기호, 『우리가 잘못 산게 아니었어』, 웅진지식하우스, 2012, 203쪽.

년에게는 이런 상상이 거의 금기였다. 아래에서 미래 사회의 일들을 상상해보자.

1968년 프랑스 대학생들이 68혁명을 일으켜 반 권위 주입식 교육을 거부하고 청년 일자리를 요구했다.(EBS지식채널, 2010.04.02 참조)

대학생은 주입식 교육에서는 기존의 평판과 학벌에 따라 일과 직업의 선택도 주입된다. 경쟁과 서열 체계에서 교육받은 사람은 육체노동과 정신노동, 정규직과 비정규직, 지배적 관리자와 피지배적 노동자의 구분을 당연하게 여긴다. 이럴 경우 노동자 스스로 생각하고 문제를 해결하는 능력이 부족해 사회의 변화를 수용하지 못해 적응하지 못하는 사태가 일어난다.

학생들은 대부분 적성검사(흥미, 성격, 능력)를 하고 자신의 희망하는 직종 기업을 기존의 일자리에 맞추어 정한다. 이에 따라 스펙도 준비한다. 이렇게 할 때 기업은 당장 필요한 기능을 갖춘 사람을 선택한다. 문제를 찾고 해결하는 능력을 갖춘 청년이 기업에 와서 약간의 교육을 받은 뒤 문제의 진단과 해결능력을 키우는 방식이 아니다. 기존 방식대로 할 경우 대학에서 교육받은 기능이 사회적 필요 수명을 다할 경우 곧 일자리를 잃게 된다. '4, 5정'은 이런 현상의 반영이다.[14]

그렇지 않으려면, 인문사회계열 학생은 인문학과 일자리를 연결을 고민해야 한다. 이공계열 학생은 산업인력으로만 존재하지 않기 위해 인문교양을 체득해야 한다. 개인의 장기적인 전망, 사회발전의 전망을 세우는데 필요하다.(■도표 66)

■ 도표 66. 주입식/주체적 일자리 개념

```
주입식 일자리 개념:
    남이 좋다고 하는 일/직업 → 나의 일
    기업 정부의 필요          → 나의 일

주체적 일자리 개념:
            사회의 필요 → 나
                        ↙
                      나의 일
```

이런 개념을 형성한 뒤/또는 동시에 학점 스펙을 쌓는 것이 옳다. 그러나 현실에서는 이런 인식이 없이 학점 스펙에 매인다.[15] 자기계발을 잘 하면 좋은 직장을 얻을 수 있다는 논리이다.

최근에는 자기소개서를 잘 써야 한다고 강조한다. 그러나 일자리의 수는 한정돼있

---

14) 고대같이하다 주최, 「청년의 꿈과 사회와 일 0학점강의」 토론, 2015.8.11.
15) 오찬호, 『진격의 대학교』(기업의 노예가 된 한국 대학의 자화상), 문학동네, 2015.
    오찬호, 『우리는 차별에 찬성합니다』(괴물이 된 이십 대의 자화상), 개마고원, 2013.

다. 학점 스펙을 쌓는 것은 구직자 사이의 경쟁에서 이기는 것은 가능하다. 그러나 일자리 자체를 늘리는 것은 아니다.

아울러 한국사회에 전체가 주5일제를 주4일제로 바꾸어 청년 일자리를 늘려야 한다.

세계화 시대를 맞아 국제기구에 종사할 기회가 늘었다. 유엔과 유엔 산하 전문독립기구, 유엔산하기구, 정부간 기구에 일자리가 있다. 2008년 유엔 회원국 192개국 중 한국은 분담금 납부 순위 11위였다. 한국의 유엔 사무국 정원수는 37~50명이지만 32명이 진출했다. 전체 일자리는 107,740개인데 한국인은 300명이다.(이무근·이찬, 2012 참조)

창업

창업을 제품과 서비스를 생산, 유통, 판매하는 노동조직을 새로 만드는 일이다. 정부는 청년에게 지식정보화사회에 적합한 1인 창조 기업 창업을 강조한다. 우리 사회도 청년이 공무원이 아닌 창업을 선택하는 것이 바람직하다.

1인 창조 기업은 개인이 창의적인 지식과 기술을 활용해 이윤을 창출하는 기업이다. 여기에는 소프트웨어와 같은 IT서비스분야, 만화 드라마 영화 제작과 같은 문화콘텐츠 서비스 분야, 전통 소재 제조업 등 세 분야가 있다.

기업 유형은 고용을 창출하는 기업가형 창조 기업과 한 분야만 파고드는 전문가형 1인 창조기업이 있다.

창업은 불확실성으로 시작하며 예측도 불확실하다. 자원 투입을 전제로 하며, 창조적이고 모험적인 특징을 가진다. 창업하는데는 인적, 물적, 기술적 자원 투입이 필요하다. 인적 요소는 창업자를 포함해 생산, 마케팅, 인사, 조직, 재무, 회계, 경영 정보 등 기업 조직을 담당하는 인적 자원이다. 기술적 요소는 아이디어 실행력이다. 자본적 요소는 사업 아이디어를 구체화해 생산에 필요한 자재나 부품 기계 및 생산설비, 공장 등에 자본이다.

창업은 스스로 강점을 갖고 창업해야 성공 확률이 높다. 20대 후반~30대 초반에는 젊은 패기로 창업한다. 실패하더라도 타격이 적다. 그러나 가진 자본이 적고 인적 자원이 적다. 30대 중반~30대 후반은 직장 경험이 있고 세상 물정을 어느 정도 안다. 창업 성공 확률이 가장 높다. 실패하더라도 자녀가 어려 충격이 적고, 재기 의지를 쉽게 가진다. 40대 이후에는 사회경험이 풍부하고 저축에 따라 어느 정도 자금력도 확보했다. 실패할 경우 재기가 어려우므로 창업을 신중하게 한다. 50, 60대는 자녀 양육에 대한 부담이 적고 자신에게 필요한 자금도 적다. 그러므로 높은 이윤을 목적으로 하지 않고 창업을 한다.

창업할 때는 다음을 고려해 자신이 생각한 업종 창업을 판단하는 것이 바람직하다.

- 적성에 맞는 업종인가?
- 경험과 지식 강점을 살릴 수 있나?
- 가족 친지 후원과 조력을 얻을 수 있나?
- 수익 지속성이 예상되나?
- 고도 기술이나 전문 지식을 필요하는 업종인가? 만일 그렇다면 기술 확보 방안은 있나?
- 무경험자가 개업하기에 위험한 직종은 아닌가?
- 면허, 허가, 등록, 신고 등을 필요하는 업종은 아닌가? 법적 규제는 없는가? 만일 그렇다면 조건을 어떻게 충족하나?
- 개업에 어느 정도 자금이 필요한 업종인가?

사업 분야별로 고려할 사항이 있다. 제조업은 도·소매업에 비해 경험과 기술을 필요하다. 도·소매업은 비전문가도 도전하기 쉬운 분야다. 대개 중간 내지 최종 소비자와 직접 접하므로 차별화를 통한 경쟁력, 친밀성, 시장 감각이 필요하다. 서비스업은 창업자 자신이 가진 능력 자체가 사업 핵심 요소이다. 사업 분야 전체 흐름을 이해해야 한다. 프랜차이즈업은 본사가 관리해주므로 창업 시간과 노고가 적게 들어가고 창업 후 안정된 수입을 얻는다. 그러나 본사 지도성이 강한데서 오는 단점이 적지 않다.

창업정보는 창업보육센터나 창업컨설팅업체를 방문하거나 인터넷을 통해 창업 프로세스별로 정보 수집이 바람직하다.(이무근 외, 2012)

구글, 애플, 페이스북 등은 수십억 달러를 투자해 새로운 기술과 스타트업 기업을 사들인다.

조상현(31) 남성맞춤가발 제작업체 '위캔두잇' 대표는 "스스로 확신 가질 만큼 준비 끝냈을 때 창업하라"고 했다. 지방대 출신인 그는 원하던 대로 광고회사에 들어갔는데 꿈꿔왔던 삶과 현실 사이의 괴리가 컸다. 광고주 '갑'의 일정에 맞춰진 일상적인 야근과 회사일밖에 모르며 사는 동료와 선배들을 보면서 고민에 빠졌다. 일 자체는 정말 즐거웠지만, 삶의 주도권을 가지고 싶었다. 그때부터 차근차근 내 일을 해야겠다고 생각했고 자연스럽게 창업으로 이어졌다.

군대를 전역한 지 얼마 지나지 않아 탈모가 시작됐다. 약도 먹고 온갖 방법을 동원해 봤지만 오히려 탈모약 부작용으로 건강이 나빠졌다. 가발을 쓰기로 마음먹은 뒤 가발업체 수십 곳을 돌아다녔지만, 마음에 맞는 스타일을 제안해주는 곳은 한 군데도 없었다. 결국 스스로 가발 스타일링을 하기 시작했다. 꼼꼼한 솜씨 덕에 주변의 가까운 사람들조차 내가 가발을 착용했다는 것을 알지 못했다. 창업을 결심하고 내가 잘할 수 있는 것에 집중했다. 6년여 동안 가발을 직접 커트하고 다듬어 착용해왔기 때문에 자연스럽게 가발을 창업 아이템으로 떠올린 것이다. 미용사 자격증을 따고 미용과 가발 관련 교육을 들으며 차근차근 준비했다. 2013년 남성맞춤가발숍을 창업했다.

창업컨설턴트들이 가발 시장의 특성상 높은 연령대를 타깃으로 해야 한다. 하지만 나 같은 20~30대 '탈모인'들이 분명히 내 제품을 필요 한다. 이 사무실 골목에서만 한 달에 한 두 집이 간판을 내린다. 가만히 관찰하면 이유를 안다. 떡볶이 집이 생겨도 프랜차이즈 떡볶이를 따라하는 방식이다. 창업 상담하는 분들은 안정성 측면에서 대세를 따르라고 하지만 내 생각은 다르다. "어떻게든 달라야 한다"고 했다.(■도표 67 참조)

■ 도표 67. 2014년 KBS 예능프로그램에 출연해 가발을 벗었던 조상현 대표

유럽을 비롯한 세계 각국에서 청년 창업지원이 활발하다. 스웨덴에서 대학 졸업 1
년 뒤 원하는 직업을 묻는 설문에서 '회사를 창업하겠다'가 1위였다. 중국은 리커창 총
리가 '대중창업, 만중창신(大衆創業, 萬衆創新)'을 강조하고 창업을 전폭적으로 지원한
다. 중국정부의 정책·자금 지원을 바탕으로 청년들의 창업 열풍이 솟아올랐고, 모바
일 인터넷 관련 사업이 활발하다.

귀농

산업화 시대에 농촌 농업 농민은 사람은 빼내고 공산품은 집어넣는 대상이었다. 소
득이 높아지고 지속가능성의 가치가 높아지면서 귀농은 청년의 관심사다. 농업은 농
민 비율이 15%로 희소성이 있고 전문성도 있다. 한국농촌경제연구원「농업전망 2016」
보고서에 따르면, 전국 귀농·귀촌인 1000명 중 46.6%는 '여유자금 부족'을 귀농·귀촌
시 최고의 어려움으로 꼽았다. 이어 '영농 기술 습득' 27.5%, '농지 구입' 25.3% 순이었
다. 상대적으로 모아놓은 자산이 적은 30대 이하는 40.4%, 40대는 29.2%가 농지 구입
을 최대 난제였다. 지역 주민들과의 갈등은 중·노년층에서 두드러졌다. 50·60대 이
상은 모두 20% 이상이 지역 주민과 갈등을 겪는다고 답했다. 자신의 고향으로 낙향한
'U턴족'은 타향으로 귀농·귀촌한 'J턴족'보다 지역 주민과의 갈등이 잦았다. 반면 가족
내 갈등은 U턴족(11.2%)이 J턴족(5.3%)보다 심했다. 도시에서 태어난 뒤 귀농·귀촌한
'I턴족'은 농촌 출신보다는 '주거 문제'나 '외로움'을 더 많이 호소했다.

귀농해서 생활하고 이웃과 적응하고 소득을 얻는 것은 초보자에게 쉬운 일이 아니
다. 이상희,『시골생활 기술백서』[16]는 시골에 적응해 내손으로 만드는 먹을거리, 생활
을 풍요롭게 만드는 기술, 부업으로 농외소득 얻기 등을 소개한다. 조연환 한국산림아
카데미 이사장은 "농사는 그해 배추가 망하면 다음해 고추를 심으면 된다. 하지만 산
은 실패하면 복구에 10년이 걸린다"면서 귀산촌에 신중함을 강조했다.

농가소득은 도시근로자가구평균 소득의 60%에 그친다. 농업 소득만으로 지출을 충
당하기 어렵다. 농가의 84%가 농사와 다른 일을 함께 하는 이유이다. 농촌을 대상으로
하는 일자리 정책이 있어야 한다.

---

16) 이상희,『시골생활 기술백서』, 농민신문사, 2015.

청년 복지

기본소득을 청년에게 적용한다. 청년배당은 성남시에 3년 이상 거주한 만 24세 1만 1,300여 명에게 분기별로 절반인 12만 5,000원씩 연 50만 원을 우선 지급한다. 지원금은 성남에서만 사용할 수 있는 지역화폐(성남사랑상품권 또는 전자화폐)로 지급한다. 서울시는 청년수당(청년활동지원비)을 포함해 청년들에게 일자리, 주거, 문화, 사회참여 기반 등을 묶음으로 제공하는 '서울형 청년보장(유스개런티, Youth Guarantee)제'를 시행한다. 최장 6개월 동안 월 50만 원을 지급한다. '청년수당제'는 청년들이 사회활동에 참여할 수 있도록 일종의 '시간'을 보장해주기 위한 제도다.

이와 같은 제도를 프랑스 독일 호주 등에서 시행한다. 프랑스는 18~26살 청년에게 '알로카시옹'(현금수당)을 지급한다. 적게는 호주의 우리 돈 20만 원에서 많게는 독일의 100만 원까지 지급한다. 액수가 많은 독일 등에서 절반은 무상보조, 절반은 대출이다. 국민기초수당, 푸드 스탬프(Food Stamp)도 유사한 개념이다.

노인연금도 주요한 복지정책이다. 그러나 박근혜 정부는 노인에게는 노인연금을 지급하지만 청년수당은 반대했다. 문재인 정부는 노인연금을 증액시켰다. 이런 추세로 가면 지금 청년 세대는 노후를 사회가 보장하게 된다. 따라서 지금 청년 세대는 노동 생애를 좀 더 공동체를 위한 일을 해도 된다. 이점이 기성세대와 다르다.

3. 내 생애 설계

1) 생활 설계

생애주기 재배분

통계청 「2015년 국민이전계정 개발 결과」에 따르면, 1인당 생애주기별로 적자와 흑자, 적자가 차례로 발생했다. 태어나서 28세까지는 적자 상태를 유지하다 29세부터 57세까지는 흑자로 돌아섰다. 이후 58세부터는 연령이 늘어날수록 적자폭이 커졌다. 흑자폭이 가장 컸을 때는 43세이고, 적자폭이 가장 큰 시기는 16세였다. 0~14세와 65세 이상 노년층의 적자는 15~64세가 낸 세금과 상속, 용돈 등을 통해 메꿨다. 충당된 규모

를 보면, 세금 등의 공공부문보다 상속이나 증여 등 민간부문의 규모가 컸다.[17](■도표 (68)

■ 도표 68. 생애주기 연령재배분

2015년 1인당 생애주기 연령재배분 단위: 원, 자료: 통계청

43세, 1306만

16세, −2460만

여가를 늘린다

2006년 총임금(가계운영비) 중 사회임금 비율이 한국 7.9%, 스웨덴 48.5%, OECD평균 31.9%이다.

여기서 한발 더 나아가 창의성을 더한 '생애순소득'을 생각해보자. 소비는 돈이고 돈은 곧 노동시간이다. 여가와 창의성을 위주로 본다면 소비를 줄여 노동시간을 줄인다면 삶에 여유가 있고 창의성의 늘어난다. 시간복지가 향상된다.(■도표 (69) 노동시간 단축, 임금 상승, 일자리 나누기, 창의성 향상은 하나의 묶음이다. 예를 들어 넓은 평수의 아파트를 줄이면 집을 마련하고 유지하는데 들어가는 돈/시간이 준다. 그러면 다음에 할 일을 준비하고 분명해질 수 있다. 그 결과 생애 노동은 기존의 60세에서 80세 이상으로 늘어난다.

■ 도표 69. 2045년의 개인 생활

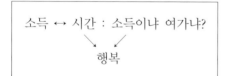

소득 ↔ 시간 : 소득이냐 여가냐?

행복

---

17) 박상영, 「인생 최대 적자는 16세 때 '2460만 원'」, 『경향신문』, 2019.01.22.

임금을 보완하는 사회적 임금

2016년 한국 국민부담률은 26.3%이다. OECD 평균(34.3%)에 비해서도 8%p 낮은 수준이다.

'완전고용' 시대가 저물고 '고용없는 성장' 시대에 들어와 기본소득 지급 정책을 여러 나라에서 시행, 검토 중이다. 인공지능의 발달, 자동화에 따라 세계적으로 일자리 감소는 돌이킬 수 없는 흐름이다. 때문에 임금노동(일자리)을 매개로 부를 분배하는 방식을 유지할 경우 모든 사회 구성원의 삶이 제대로 보장될 수 없다.

기본소득은 모든 사회 구성원에게 일정 수준의 생활을 보장하는 소득을 무조건적으로 지급하는 개념이다. 성남시의 청년배당은 액수가 크지 않고 특정 연령대만 받을 수 있어 '부분 기본소득'으로 불린다.

0학점 강의 수강자들은 "우리는 노후 대책이 없다. 노후대책 등을 위해 세금을 더 낼 용의가 있다"고 했다.

생애순소득 높이기

여기서 한발 더 나아가 창의성을 더한 '생애순소득'을 생각해보자. 경영학에서 말하는 재무설계~인생설계에 해당한다. 소비는 돈이고 돈은 곧 노동시간이다. 여가와 창의성을 위주로 본다면 소비를 줄여 노동시간을 줄인다면 삶에 여유가 있고 창의성의 늘어난다. 예를 들어 넓은 평수의 아파트를 줄이면 집을 마련하고 유지하는데 들어가는 돈/시간이 준다. 그러면 다음에 할 일을 준비하고 분명해질 수 있다. 그 결과 생애 노동은 기존의 60세에서 80세 이상으로 늘어난다.

생활에서 마이너스가 되는 요인을 줄인다. 10대 성장기는 아침식사를 거르지 말고, 20대는 사회생활의 윤활유로 여기지만 절주·금연하고, 30대는 B형·C형 예방접종을 받아 침묵하는 간 건강을 점검하고, 40대는 호르몬 변화가 심해져 남자는 전립선을 주의하고 여성은 질염을 주의하고, 50~60대는 꾸준히 운동해 관절·혈관을 건강하게 하고, 70~80대는 읽고 쓰기를 해 치매를 예방해야 한다.[18]

노동자 1인의 생애 소득 총액은 대체로 10억 원 정도인 것으로 추정한다. 지출은

18) 장인선, 「이것 하나만은! 백세시대 꼭 지켜야 할 연령대별 생활습관」, 『경향신문』, 2018.1.25.

■ 도표 70. 삶에서 효과적 지출

주택3	식2	의료1
교육2	의1	문화1
10		
↓		
8 + **여가2** = 10		

주택2	식2	의료1	
교육1	의1	문화1	**여가2**

10억 원(=가중치10)을 식·의·주 교육 의료 문화생활에 지출하는데 그 구성은 ■도표 70과 같다.[19]

이 지출에 큰 비중을 차지하는 주택의 규모를 예를 들어 40평에서 25평으로 줄여 가중치 3에서 1일 줄이고, 대학교육을 반값등록금 또는 무상교육으로 전환해 가중치 2에서 1일 줄여 가중치 2만큼의 여가시간을 만든다. 노동자는 기존의 삶에서 필요한 돈을 가중치 8로 물자와 서비스의 수요를 충족하고 나머지 2의 여가시간을 가져 삶의 질을 높인다. 이런 방식이 아니라 돈으로 2의 여가를 얻으려면 그 돈을 벌기 위해 2의 시간을 투여해야 한다. 그러므로 2는 비물질적인 소득의 증가이다. 기타 부모의 사회적 배경 학력 가풍과 같은 문화적 유산도 생애순소득을 높이는 요인이다. 그 결과 생애순소득은 커진다.

노동자는 이 여가시간에 상상력과 창의력을 높일 수 있다. 이것은 자신의 이후 노동생애의 노동을 풍부하게 한다. 사회의 민주주의 복지 지속가능성을 높이는데도 기여한다. 노후 역시 여유로울 수 있다. 이렇게 하면 노동자는 자신의 노동생애 전반에서 삶의 가치를 높일 수 있다. 보다 더 행복하게 살 수 있다. 생애순소득을 향상시키는 구상은 지속가능한 사회를 구상하는데 이용할 수 있다.

효과적인 지출

첫째, 지출 구성비의 변화

효과적인 소비도 생애순소득을 높이는 방안이다. 유통과정의 중간착취를 줄인다. 농산물의 경우 밭떼기로 서울 가락동시장으로 갔다가 다시 소비지로 간다. 산지와 소비자를 연결하면 중간 유통비용이 줄어든다.

---

19) 이 구성은 0학점 강의(2015.5.6)에서 교수와 학생이 토론하면서 나온 비율이다. 박종서, 「학업자녀가 있는 가구의 소비지출 구조와 교육비 부담」에 따르면 2014년 소득에 따라 가구를 5개 분위로 나눴을 때 가장 소득이 낮은 1분위 저소득 가구 연도별 총지출 대비 주거비가 14.5%, 교육비가 12.5%이다. 2008년 이전에는 교육비 비중이 더 컸다. 반면 소득이 많은 5분위 가구는 2000년 이후 지출순위가 교육비, 음식 및 숙박비, 식료품비, 주거비 순에서 바뀌지 않고 있다.(한국일보 2015.9.17)

친환경 농산물 소비는 의료비 지출을 줄인다. 유기농산물을 농약 화학비료를 사용한 농산물에 비해 영양소수가 많다. 유기농 현미밥을 먹을 경우 건강히 상당히 개선될 수 있다. GMO 농산물의 재배와 유통을 금지하거나 줄여야 한다. 친환경 농산물을 소비자와 연결하는 것이 과제이다. 일부 친환경 농산물을 생협을 통해 소비자와 연결된다. 대부분은 그렇지 못하다. 직거래를 늘려야 한다.

과잉 진료 과잉 진료를 피하는 의료생활협동조합을 이용한다.

둘째, 월간지출, 연간지출, 생애지출 목표의 조정

자신의 자산과 부채, 수입과 지출을 파악한 뒤 가족 생애주기에 따른 장기적 지출을 예측해 가계 경제를 진단한다. 그리고 월고정지출의 가지와 일상소비의 가치를 치고 노후자금, 교육자금, 결혼자금, 주택구입자금과 같은 큰 목표에 접근한다.(■도표 71 참조)

■ 도표 71. 가정 경제계획 세우기

월수시지출	월고정지출	연지출	생애지출
식비 교통비 외식비 자녀비용 여가비 의료비	주거생활비 공공보험료 통신비 회비기부 교육비 대출상환 보장성보험료 저축투자	자동차유지비 병원비 의류피복비 미용 가구가전제품 교육비 세금 경조사	자동차구입 노후자금 교육자금 결혼자금 주택구입자금

월고정지출은 전체 지출의 70%를 차지한다. 이전에 내린 어떤 결정이 지금의 지출에 영향을 미치는 것이다. 지금의 주거지를 선택했기 때문에 대출이자나 관리비가 나가고, 과도한 민영보험이나 연금, 다른 아이에게 뒤처지지 않기 위해 보내는 학원비 때문에 고정지출이 과다하다. 일상소비에서는 신용카드를 이용한 소비이다. 대개 3만 원 이하 결제이다. 현금, 체크카드 등 결제수단을 바꾸어 일상 소비를 줄일 수 있다. 현재 수입을 늘리고 지출을 줄여 장기적으로 추구하는 재무적 목표에는 전세금 인상,

자동차 구입, 자녀 교육자금 등이 있고, 비재무적 목표에는 종교 사회적 가치 추구, NGO 활동 등이 있다.[20]

2) 내 노동생애 설계

내 삶의 가치·목표는 무엇인가?

꿈이 있는 곳에 길이 있다. 꿈이 없으면 길도 없다. 꿈은 작더라도 구체적으로 정한다. 꿈을 구성하는데 노동·인권·민주주의·생태환경·가족·나눔·배려 등을 반영한다. 학생들이 사회에 관심이 적으면서 자신이 하고 싶은 일을 구체적으로 정하지 못하는 경우가 많다.

1991년 웬디 칵이 설립한 비영리단체 TFA는 명문대학 졸업생을 선발해 5주간 교육한 뒤 빈민 지역에서 2년간 일하도록 한다. 평균 연봉은 3만 5,000달러(약 3,900만 원)밖에 안 되지만, 매년 하버드·예일·프린스턴대 등 아이비리그 출신 다섯 명 중 한 명꼴(약 18%)로 교사를 지원한다. 미셸 리 전 워싱턴DC 교육감도 TFA 교사 출신이다. TFA 교사에게 배운 학생들은 그렇지 않은 학생들에 비해서 수학·과학 등의 점수가 월등하게 높다는 연구결과가 나왔다.

내 일을 정하는데 필요한 자료의 준비

경쟁 사회에서 동료 간의 차별은 견디지 못한다. 그러면서 다른 인간, 다른 사람의 노동을 존중하지 않는다. 그래서 되는가? 된다. 안 된다 어느 쪽인가?

그러나 나를 모른다. 자신의 취미를 모르는 청년이 3분의 1이다. 자신이 하고 싶은 일이 없는 청년이 절반이다. 2013년 일본의 경우 15~34세 중 청년 무업자의 비율이 2.3%이다.(구도 게이 외, 2015, 27쪽) 부모 사회 이웃에서 좋다고 하는 일과 직업을 내 것으로 삼아왔다.

나와 사회를 안다. 그 필요를 충족하는 과정에서 내 일을 찾는다. 그 중에서 직업을 찾는다.

---

20) 오광석, 「현명한 새해 가정경제 계획 세우기」, 『한살림소식』 542호, 2015.12.18~01.10.

■ 도표 72. 내 일자리 직업 조건

	구성	꿈	일	직업
나의 발견	취미, 장기, 특기, 잘하는 일, 5감 - 눈 귀 코 혀 촉각 + 감성			
가계의 노동직업DNA조사	장점, 단점, 역사성 - 족보를 보았나?			
전공의 특징				
사회의 필요, 불필요	일반, 나와 연관해서			
기타	스펙?			

■도표 72처럼 다음과 같은 판단 자료를 준비한다.

① 자기 진단- 취미 장기 특기 동아리, 오래하는 것, 웃는 것?

② 가계진단- 집안의 노동직업DNA?

③ 전공(예술중학교나 체육중학교)

④ 사회진단- 사회에서 필요한 것 해서는 안되는 것? 30년 내다보며

⑤ 기타

나의 발견 + 가계의 노동속성 + 전공의 특징 + 사회의 필요, 불필요 ⇒ 나의 일

이전에는 사회 그 중에서도 기업이나 정부의 평판을 따라 나의 일과 직업을 정했다. 그러나 지금은 나의 지향이 일이 된다. 지향이 직업으로 연결되고 소득으로 연결되는 경우가 많다. 이것이 연결되지 않는 예술이나 NGO활동은 시민, 정부, 기업의 지원으로 존재한다.

인문학의 속성을 존중하는 직업을 가질 것인가, 엘리트를 지향할 것인가? 인문은 인간을 존중하고 자연과 협력하면서 시를 쓰거나 어플리케이션을 개발하는 고차원의 사고를 담당한다.

일이라는 넓은 범주에서 구체적인 직업을 찾는다. 예들 들어 건강을 위하는 일을 하고 싶다면 그것을 실현하는 직업에는 의사·농업·상업·글쓰기 등 다양한 종류가 있다. 이런 것이 가능하다면 학점·스펙의 비중이 줄어든다.

취미 특기 장기 그리고 사는 즐거움은 무엇인가?

자신의 취미 특기 장기를 알지 못하는 청소년들이 의외로 많다. 잘 모르거나 분명치 않은 경우 가족이나 친구들과 토론해 찾아낸다. 구글 검색에서 구글은 검색자가 자주 찾는 검색을 바탕으로 검색 성향을 알려준다. 자신도 모르게 몰입하는 것은 무엇인가?를 생각해 찾아낸다.

그리고 이 부분에서 내가 무엇을 위해 사는가 하는 가치의 문제가 나온다. 흔히 돈을 벌기 위해, 효도를 위해, 나눔과 배려를 위해, 취미생활을 위해 산다고 한다. 이것을 실현하는 것이 일/직업으로 나타난다.

기능도 중요한 의미를 지닌다. 기능을 바탕으로 과학자로 바뀐 사례이다. 주상완 (주)엔엠로보틱스 대표는 구미공고를 나와 기능올림픽 금메달리스트로 금속가공의 기능을 갖춘 그는 대우중공업 대신 교직의 길을 택했다. 일본 대학에서 강의하다 귀국해 자신의 기능과 과학기술을 접목해 로봇분야에서 전문성을 성취했다.[21]

성, 국적에 따라 일의 조건이 다르다. 여성은 사회에서 진출 장벽이 높고 출산과 육아 때문에 경력에 공백이 생긴다.

우리 가계의 노동직업 DNA분석

나의 노동직업DNA를 분석한다.[22] 가계의 역사 분석을 통해 나와 사회의 연결고리를 찾는 작업이다. 주입식 교육을 받아온 학생들이 사회와 연결되는 고리가 취약하다. 내가 하고 싶은 일는 무엇인가? 나에게 잠재된 하고 싶은 일은 없는가? 부모의 요구에 따라 진로를 정한 경우 자신의 요구는 뒤로 밀린다. 이 부분을 가계의 노동사 분석을 통해 찾는 작업이다.(■도표 73)

---

21) 주상완, 「뜻이 없으면 '루저', 뜻이 있으면 '위너'」, 박원순 외, 『행복한 진로학교』, 시사IN북, 2011.
22) 김영곤, 『노동의 역사 노동의 미래』, 선인, 2006, 328쪽 참조.

■ 도표 73. 내 노동직업DNA 찾기

	유년기의 꿈	25~85세 노동생애 4기			
		1기(25~40)	2기(40~55)	3기(55~70)	은퇴기(70~85)
조부모 외조부모					
부모					
나 배우자					
아들 딸					
손자 손녀					

우리 가계의 직업을 조사해 노동직업DNA 발전모델을 만든다.

1. 빈칸을 채운다. 그 결과 가계의 노동직업DNA는 무엇인가?
2. 노동직업DNA를 실현할 수 있었던 이유는 무엇인가?
3. 노동직업DNA를 실현할 수 없었던 이유는 무엇인가?

각자가 청소년 때 가졌던 꿈과 생애의 직업들을 비교한다. 꿈을 이룬 경우에 그것이 가능했던 이유는 무엇인가? 꿈을 이루지 못했을 경우 그 원인은 무엇인가? 이런 변화를 당사자들은 어떻게 생각하는가? 집에서 당사자들의 의견을 들어 조사하고 분석한다. 그리고 이 분석이 학생 자신에게 어떤 의미를 주는가 생각한다.

자신이 가진 노동직업의 DNA가 선조들의 노동직업DNA와 소름끼칠 정도로 정확하게 반영한다고 말하는 학생들도 있었다.

내가 2005~2012년 대학생들에게 이 모델을 적용해 조사해본 바 대체로 학생들의 조부모-외조부모는 일제 강점기에 근면하게 살았고 재산을 모은 경우 보증을 서서 모은 재산을 날리고, 그 영향으로 부모 대에는 자신의 꿈을 접고 성실해 노동해 자녀를 양육했다. 학생 자신들은 노동생애는 정규직 노동을 하고 은퇴기에는 자신의 특기와 취미를 살리고 자신이 쌓은 지적 가치와 재산을 사회에 환원하려고 했다. 학생들은 아들딸이 봉사의 성격을 지닌 안정된 직장, 전문직이나 국제관계 업무를 보고, 손자 대에는 전문적이나 문예활동에 종사할 것을 원했다.

최근에는 가업을 승계하는 경우가 늘고 있다. 광주시 어느 악기점 주인은 공과대학을 나와 아버지가 운영하는 악기점에서 악기를 수리했다. 아버지가 작고한 뒤 악기점을 인수해 운영한다. 1953년 창업한 부산삼진어묵은 미국에서 회계학을 공무한 아들 박용준(33)이 돌아오면서 전환점을 맞았다. 직급에 관계없이 소통하고 손님이 직접 어묵을 고를 수 있도록 매장을 꾸몄다. 전체 직원은 430명이고 연봉은 2,400만 원이다. 2015년 신입사원 2명을 뽑는데 160 대 1의 경쟁률이었다.

'안의 임씨' 4대의 사진전 '대대로-빅 플로(Big Flow)'를 연 사진가 임정의(70)도 가업을 이은 경우다. 작은할아버지인 임석제(1918~1994)는 형식미가 주류를 이루던 1930, 40년대에 탄광, 제련소, 부두 노동자 등을 대상으로 사회주의 리얼리즘 사진을 찍었다. 아버지인 임인식(1920~1998)은 6.25전쟁 당시 국방부 정훈국 사진대 대장으로 활동하며 한국전의 소중한 기록을 남겼고 대한사진통신사를 만들었다. 임정의는 1970년대에 신문사 사진기자로 시작해 1975년부터 건축잡지 『공간』의 사진부장을 지냈으며 청암사진연구소 대표로 40년 넘게 건축사진을 찍었다. 아들 임준영(39)은 미국 '스쿨 오브 비주얼 아츠'(SVA)에서 석사학위를 받았으며 현재 건축사진가로 일한다.

경주 교동 최 부잣집은 병자호란 때 싸우다 전사한 최진립(1568~1636)으로부터 비롯되었다. 12대를 내려오는 동안 지켜진 여섯 가지 가훈으로 "과거를 보되 진사 이상은 하지 마라, 재산은 만 석 이상 지니지 마라, 사방 백 리 안에 굶어 죽는 사람이 없게 하라, 며느리들은 시집온 뒤 3년 동안 무명옷을 입어라, 흉년에는 땅을 늘리지 마라, 과객을 후하게 대접하라"가 있다. 최 부잣집 1년 쌀 생산량은 약 3,000석이었는데 1,000석은 집안에서 쓰고, 1,000석은 손님에게 베풀고, 나머지 1,000석은 주변 어려운 사람들에게 나누어 주었다. 그런 덕분에 최 부잣집은 동학혁명이 일어났을 때도 피해를 입지 않았다. 일제 강점기에 최준은 독립자금을 댄 탓에 일본 경찰에 체포되어 고문을 받았으며, 한때 3만 석의 빚을 지기도 했다. 1947년 12대 최준은 대부분의 재산을 대구대, 현재의 영남대에 기부했다.

농업도 전에는 "공부를 잘하지 못하면 농사를 짓게 된다, 할 일 없으면 농사나 짓지"

하며 기피하는 직업이었다. 그러나 지금은 자녀에게 농업을 권고하는 부모, 농사짓겠다는 자녀가 늘고 있다.

내 공부나 전공의 특성은?

흥미 있는 과목, 잘하는 과목, 동아리나 방과후 취미활동, 전공과목의 특성은 무엇인가?

대학에서 인기 있는 전공은 시대에 따라 변화했다. 공학의 경우 농학 섬유공학 화학공학 기계공학 전자공학 건축학 물리학 수학의 순으로 바뀌었다. 의학은 전통적으로 강세인데 현재는 수학과에 밀린다. 앞으로는 생태환경공학 빅데이터 사물인터넷(IoT, Internet of Things) 등으로 갈 가능성이 크다.

문과의 경우 법학에서 경영학으로 이동했다. 문학 역사학 철학과 같은 '문사철'의 중요성이 커질 것이다.

미래지향적인 전공이 있다. 소비자아동학과는 생산-소비의 노동조직에서 소비를 배우는 영역이다. 사회복지, 심리상담 전공은 미래에 수요가 크다.

대학생의 이중전공, 복수전공도 취업을 염두에 둔 것이다. 인문사회계 전공자 중 이공계로 이중 전공하는 학생들이 늘고 있다. 이런 학생이 2014년 서울대는 25명, 고려대는 116명, 성균관대는 57명으로 늘었다. 한국교육개발원이 7개 학과를 대상으로 2010년부터 5년간 조사한 「2014년 전공별 대학생 취업」에 따르면 인문사회계열 전공자의 취업률은 45.5%인데 반해 이공계열 졸업자의 취업률은 65.6%로 훨씬 높았다. 미래과학부 소프트웨어정책과 공진호 사무관은 "학생들은 자기의 원래 전공을 지니면서 이공계와의 융합을 통해 소프트웨어 활용 시장에 필요한 균형 있는 인력으로 성장해 나가야 할 것"이라고 했다.

언론사에 가고 싶은 사람은 꼭 기자나 PD만을 지원할 필요는 없다. 방송국에는 엔지니어도 있고 경영관리 부서도 있다. 나중에 승진해 이사가 된다면 거기에는 기자 엔지니어 경영관리 담당자의 업무가 명확하게 구분되는 것은 아니다. 이쯤 되면 언론사 경영을 진취적으로 할 것이냐 아니면 보수적으로 할 것이냐는 정책 판단에 기여하게 된다. 군대 병과가 대령까지는 구분되어있지만 장성에게는 구분이 없는 것과 마찬가지이다.

예술계열 학생은 지향과 직업의 일치, 불일치, 지향을 살리느냐, 직업을 살리느냐? 선택해야 할 위치에 놓인다.

출신 지역이나 학벌도 일의 선택에 영향을 미친다. 지역마다 사람들의 특징에 약간의 차이가 있다. 지역사회의 특징도 작용한다. 도시와 농촌, 한국과 외국, 농업지역 공업지역 산간지역 어촌지역, 예술이 발달한 곳 등이다. 각자는 자신이 자라고 생활해 온 지역에 대해 다른 지역 사람보다 잘 안다. 그 지역에서 일을 설정하는데 무엇이 필요한 것인지를 안다. 이런 점을 자신의 일과 직업을 선택하는데 반영한다. 기업이 위치한 지역의 학생을 뽑는 지역인재할당제는 이러한 점을 고려했다.

한국 사회에서 학벌은 청년의 사회진출에서 유력한 수단인 것이 분명하다. 그러나 학벌의 이점은 사회적으로 보아 정당성이 약하고 당사자가 객관적인 능력을 키우는데 장애가 될 수 있다.

예를 들어 이른바 일류대학을 다니는 학생이나 나온 사람들은 어떤 문제가 풀리지 않을 경우 자신의 노력이 부족해서가 아니라 원래 풀 수 없는 문제라고 단정하는 경우를 보아왔다. 이런 영향이 쌓여서 그런지 이들 가운데 민중의 입장에 서서 끊임없이 노력하는 정치인이 드물다. 소설가 등 예술가의 경우도 마찬가지이다.

사회에서 필요한 일과 불필요한 일

부모는 자녀가 똑똑하기를 바란다. 똑똑하려면 우선 일거리, 일자리, 직업을 가져야 한다. 다음으로 다른 사람을 배려하고 양보하고 내가 가진 지식이나 돈을 다른 사람에게 나누어 주는 마음을 가져야 한다. 이런 마음이 없으면 다른 사람에게 인정받지 못하고 결국 믿은 사람은 나밖에 없다며 나만 믿고 다른 사람을 불신하는 악순환이 반복된다. 셋째 나도 살고 다른 사람도 사는 생각, 공동체도 사는 삶이 필요하다. 나에게 필요한 일을 넘어, 이웃에게 필요한 일, 공동체에서 필요한 일은 사회에서 필요한 일이고, 그 반대는 사회에서 필요하지 않은 일이다. 개인이 꿈과 일 그리고 행복을 설계할 때 고려해야 할 기준이다.

내 일·직업은 무엇인가?

일과 직업을 구분한다. 내가 할 일은 무엇인가? 그것을 실현하는 직업은 무엇인가? 학생들의 경우 하고 싶은 직업은 있지만 사회에 나가 하고 싶은 일이 명확하지 않다.

■ 도표 74. 내 직업의 설계

	일	직업	결정 이유	준비 사항
1				
2				
3				
...				

문유석 판사는 "우리는 아이들에게 '나중에 커서 무엇이 될래?' 라고 묻지 '나중에 커서 어떤 일을 하고 싶어?'라고 잘 묻지 않는 것 같다. 뭐가 되고, 어느 대학에 들어가는 것은 다 어떤 일을 하기 위한 방편에 불과한 것이 아닙니까? 하버드라는 특정 대학에 들어가는 것 자체가 사회에서 어떠한 독자적 가치를 갖는가? 어느 대학에 들어가고, 뭐가 되는 것까지가 아니라 무엇이 된 이후 그 좋은 방편을 활용해서 무슨 일을 왜 할 것인지에 대해서도 충분한 고민이 있는가?"고 묻는다.(문유석, 2014 참조)

예를 들어 사람을 예쁘게 하겠다는 것이 일이라면 그와 관련된 여러 직업 가운데 하나가 화장품업이다.

위의 자료 (1) (2) (3) (4)를 더해 나의 일/직업을 정한다. 복수이어도 좋다.(■도표 74 참조)

최근에는 수평적 문화와 좋은 복지시설을 갖춘, 일과 삶이 균형된 '워라밸(work-life balance)' 중소기업을 선호하는 경향이 있다.

생애 노동을 정한다

이 때 위에서 준비한 4가지 자료를 갖고 생애 노동을 계획한다.

행복한 일자리는 내가 만드는 것이다. 자신이 가지고 있던 기존의 일/직업에 대한 생각을 잠시 접고 생애노동을 구상한다.

마라톤 선수는 달리는 코스 답사가 필수적이다. 코스를 답사하고 달리는 것과 그렇지 않은 채 달리는 것은 천지차이다. 인생에서 자신이 갈 길을 미리 답사할 수는 없다. 그러나 가상의 계획을 세워볼 필요가 있다. 계획을 세우면 살아가면서 조건이 변화할 경우 원래의 설계를 수정하겠지만 설계가 없는 경우보다 잘 대처할 수 있다.[23]

자신의 노동생애를 학습의 준비기, 노동시기의 3단계를 10년 또는 20년 단위로 나누어 실현하기, 생애의 정리기로 구분해 설계한다. 20년 단위의 경우, 노동 시기는 25세~ 일, 45세~ 일, 65세~ 일, 85세~ 은퇴기의 일로 구분한다. 여기서 일은 복수일 수 있다. 앞의 일은 다음 일의 준비이다. 마지막으로 개인의 조건을 고려해 전문성, 높은 임금, 안정성 가운데 어느 점에 방점을 둘지 우선순위를 정해야 한다. 모든 것을 동시에 얻는 것은 불가능하기 때문이다. 흔히 말하는 인생2모작은 대개 45세 전후에 새로 시작하는 일을 말한다. 서울시는 '50 이후의 삶(50 +)'로 설정했다.[24] 이전에 하던 일의 관성이나 권위를 털어내기가 어려운데 이 고비를 넘기면 자신의 조건을 살려 새로운 일을 할 수 있다.

한국은 평균 51살에 은퇴한다. 일찍 퇴직에 내몰린 40~50대의 고독사가 많다. 경제적 갈등과 가족과 단절되지만 주위에 도움 요청하기가 자존심 상한다는 이유다. 이것은 65살 이상이 다수인 일본의 중장년 고독사와 다른 모습이다.

어떤 직업에 이르는 경로는 여러 가지가 있다.

첫째, 사회에 진출하면서 바로 원하는 직장으로 가는 경우.

둘째, 목표를 에둘러 가는 방법. 흔히 젊어서는 돈을 벌고 중년이 되어 그 돈으로 하고 싶은 일을 하는 경우. 고아원, 양로원을 차린다. 여행을 다닌다. 취미생활을 한다. 공부를 더하거나 저술활동을 한다.

국문과 출신 소설가 지망생이 '교사를 하며 학교에 관한 소설을 쓴다'와 '농사를 지으며 농업, 농촌, 농민에 관한 소설을 쓴다' 가운데 내가 이런 경우라는 어떤 삶을 선택할까? 김민섭은 교원이 아니고 4대보험이 없는 대학 시간강사의 현실을 쓰고, 김동식은 주물노동자 생활을 쓰고, 김민식은 방송국 PD생활을 써서 소설가가 되었다.

---

23) 마크 그라노베터, 유홍준·정태인 옮김, 『일자리 구하기』, 아카넷, 2012 참조.
24) 서울특별시, 「50 이후의 삶, 무엇을 더하시겠습니까」, 2016.

■ 도표 75. 예술가의 이상과 현실

	기존	대안	대책
국문과 소설가 지망	교수 교사	자기가 좋아하는 일 =직업	취미 =소득 있는 직업 찾기
	사회 현실을 몰라 좋은 소설 쓰기 어렵다	소득이 적다	

미술가들의 상당수는 자신의 삶에서 미술을 끌어올리는 것이 아니라 누군가의 작품을 흉내 낸다. 화가 이중섭과 박수근은 자신들 삶의 체험, 주어진 현실을 그림의 소재로 삼았다.(■도표 75 참조)

현재의 청년들은 수명이 120~130세로 예상한다. 100세까지 노동 일 직업 계획 세운다.

노동 생애를 노동 준비 / 노동1기 / 노동2기 인생2모작 / 5, 60대 지역공동체를 위해 / 노후 건강관리 및 신변 유산 정리로 구분해 준비한다.(■도표 76 참조)

■ 도표 76. 생애 노동계획 세우기[25]

	25세~ 생애노동1기	40세~ 생애노동2기	55세~ 생애노동3기	70세~ 생애노동4기 은퇴기	
삶의 가치 일 직업 설계					
	가치:				
	직업:				
	2기준비:	가치:			
		직업:			
		3기준비:	가치:		
			직업:		
			4기준비:	가치:	
				4기일:	
				죽음의 준비	
					죽음 뒤
준비(spec)				-	

25) 김영곤, 『노동의 역사 노동의 미래』, 선인, 2006, 330쪽 참조.

보험회사는 비록 영업적인 것이지만 피보험자의 생애 보험 관리와 아울러 인생2모 작을 강조한다. 각 노동생애마다 필요한 스펙을 준비한다. 단기목표와 장기목표에 필 요한 스펙을 개별 또는 동시에 준비한다. 국제기구에서는 학력 아닌 문제 해결 능력 위주로 사람을 선발한다. 석사학위나 회계사 등 전문능력을 요구하는 경우도 있다.

■ 도표 77. 린다 그래턴 교수가 추천한 '100세 시대를 잘 사는 법'

- 100세까지 교육받고 일한다는 생각으로 첫 직장을 구하라.
- 젊었을 때는 자신을 실험하는 직장을 택하라.
- 생산적으로(productive) 살자.
- 방황하는 과정 속에서도 '네트워킹'에 신경써라.
- 나이 들수록 기술, 인간관계, 건강, 새로운 경험에 개방적인 티도 등 '무형자산' 축적에 신경써라.
- 여가 시간을 계획적으로 자기계발에 투입하라.

린다 그래턴 영국 런던비즈니스스쿨 교수는 "2007년생 아기 절반이 생존할 것으로 예측되는 최후 시점에 그들의 나이는 미국 104살, 독일 102살, 프랑스 104살, 영국 103살, 일본 107살이다. 한국도 별 차이가 없을 것이다"라 면서, ■도표 77처럼 취업 문턱을 넘지 못해 좌절한 한국 청년들에게 "앞으로 80년을 더 살아야 하니 자신을 실험하는 직장을 택하자. 긴 인생을 보내야 하니 정답을 서둘러 찾을 필요가 없다"고 조언했다. 그는 심각한 고령화 문제에 직면한 아베신조 일본 총리가 '100세 인생 시대'와 '4차 산 업혁명'을 이끌 인재를 양성하기 위해 영입한 전문가다.

그는 "실험적으로 사는 과정에서 '내가 어떤 사람인가'를 발견해야 하고 생산적으로 살아야 한다"고 했다. 추상적으로 느껴질 법한 이 조언에 대한 구체적 실행 방안은 '인 적 네트워크 넓히기'였다. 청년들도 다양한 분야의 사람을 꾸준히 만나고 배워야 자극 을 받고 자신의 진로를 깨달을 수 있다는 뜻이다. 그는 "지금은 기술, 디지털과 관련 된 일이라면 무엇이든 중요하다. 앞으로 10년간 숙련된 일자리가 AI와 로봇 공학 때문 에 더욱 증가할 것이라서 기계와 협력해 일할 수 있는 능력이 중대하다"고 내다봤다. 기술을 쓰는 일은 로봇이 대체해 버린다는 전망이 있지만 오히려 로봇의 일을 사람의 요구에 맞게 제대로 관리하는 역량이 중요해진다는 분석이다. 그는 간단한 의사결정 이 필요한 직업이나 데이터 분석 관련 일자리는 쉽게 사라질 것으로 봤다.

그는 "이제 100세 인생을 '교육-일-은퇴'라는 3단계가 아니라 각 단계가 반복되는 '다단계'로 인식해야 한다. '이중 커리어'를 가져야 한다. 노년층이든 청년층이든 다들 일을 해야 한다"[26]고 했다.

한국 청년실업에 대한 해법의 하나가 '창업'이다. 무엇보다 사회에 창업 기술을 중시하는 분위기가 형성돼야 한다. 창업하는 이들은 처음에 어쩔 수 없이 실패하게 되는데, 이때 사회가 지원해야 한다"고 했다. 아울러 은퇴세대에 대해 "미국에서는 창업가 중 50대가 젊은 연령대보다 많다"며 "지금 70세는 10년 전 60세 만큼이나 건강하다는 점을 깨달아야 한다"고 했다.

셋째, 능력이 부족하든가 여러 가지 불가피한 사정으로 젊어서 원하는 직업을 갖지 못해도 우회하는 방법으로 그 직업을 가질 수 있다. 정치인의 경우가 대개 그렇다. 젊어서는 경력을 쌓고 어느 정도 시간이 지난 뒤 그 경력을 바탕으로 정치에 입문한다.

선출직의 경우는 세월이 지나면서 선출하는 제도가 바뀐다. 어느 공무원은 도지사가 되는 것이 평생의 바람이었다. 부지사가 되어 도지사로 승진을 바라볼 시점에 도지사 선거제도가 도입되면서 희망이 무산되었다. 달리 보면 젊어서 공무원이 되기 어려웠던 사람은 나중에 선거를 거쳐 도지사라는 선출직 공무원이 되었다. 의사 판사 검사 변호사의 경우도 이럴 수 있다. 지금은 지방법원장이나 지방검찰청장을 대법원이나 정부가 임명한다. 앞으로 한 세대가 가기 전에 이들 공무원도 선출직으로 전환할 가능성이 매우 높다.

그렇다면 젊어서 갖기 어려운 직업도 일도 장기적으로 준비하거나 세월이 바뀌는 것을 기다리며 준비해 마침내 그 직업을 가질 수 있다.

이전에 학생들의 발표한 내용을 보면 노동생애1기에는 하고 싶은 일, 노동생애2기에는 공부를 더하거나 글쓰기, 노동생애3기에는 인생을 즐기거나 봉사활동, 노동생애4기에는 휴식하겠다는 경우가 많았다. 노동생애4기에는 자신의 재산 가운데 일부를 자녀에게 남기고 나머지는 자신의 관심 분야나 사회에 돌려주는 것도 의의가 크다.

---

26) 린다 그래튼·앤드루 스콧, 안세민 옮김, 『100세 인생 - 저주가 아닌 선물』, 클, 2017.

학생들의 노동생애 설계[27)]

2015년 대학생 3명이 30년 뒤의 사회를 예상해 일을 찾아 토론했다. 토론 과정에서 우주 항목을 추가했다. 학생들은 이러한 일을 하는데 준비해야 할 일로 외국어 능력, 세계 사회 차원의 이해력 높이기 예를 들어 이슬람 사회의 이해, 체력, 식성, 적응력을 꼽았다. 현재의 대학생은 정규직, 기업의 CEO, 공무원이나 공기업 사원을 선호한다. 지역 문화재 보호 업무, 자영업자, 정치인은 학생이 각기 지향하는 일이었다. 한 학생은 원래 한국 정치 지도자를 지향했으나 이 토론하며 자신의 지향을 세계정부의 정치 지도자로 바뀌었다.[28)]

다음은 2016년 고대 정경대 0학점 강의에서 토론한 내용이다.

대학생 A는 정치학과 한국사학이 전공이다. 사람 만나기를 좋아한다. 자연 생태 공동체를 위하는 일을 하고 싶다. 직업은 변호사를 하고 싶다. 앞의 자연 생태 공동체를 위하는 과제 가운데 자신이 할 일을 구체화해야 한다. 이 과정이 뒷받침되지 않을 경우 변호사의 바쁜 일에 매몰될 수 있다.

대학생 B는 사회과학 계열의 학생이다. 중학생 때부터 게임에 빠져 부모님께서 게임을 못 하게 하려고 무척 말렸다. 그래도 게임을 해 대회에서 입선도 했다. 대학생이 되어서도 게임을 열심히 한다. 이제는 부모님께서 게임을 하지 말라는 이야기는 하지 않는다. 지금은 조선 시대나 조선 말기나 독립운동을 배경으로 한 게임을 제작하고 싶다. 게임 기획자, 게임 프로듀서의 직업을 갖고 싶다. 마지막으로 우리나라 문화예술을 관장하는 책임자가 되고 싶다. 그것을 준비하기 위해 인문학적, 역사적 지식을 쌓고 다양한 게임의 세계관을 분석하려고 한다.

대학생 C는 대학신문 기자이다. 사회에 나가 경제적으로 불리한 사람을 돕는 일을 하고 싶다. 그 직업으로 변호사를 하고 싶다. 은퇴기에는 법에 관해 교육하는 사람이 되고 싶다. 그런데 경제적으로 약한 사람을 돕는 일이 무엇인지가 분명하지가 않다. 변호사가 된다고 해서 그렇게 사는 것은 쉽지 않다. 아직 1학년이니까 동기 부분을 구체화해야 한다.

대학생 D는 보수적인 가정에서 자랐다. 아버지는 가족 부양 능력을 강조하셨다. 거시적으로 사회 변화를 꿈꾸면서도 내 가족, 소중 사람, 내가 속한 단체들이 잘 되기 바란다. 취직해서 체제 내에서 사회를 소극적으로 변화시키고 싶다. 대학원을 거쳐 정책 연구자가 되어 정부나 정당 근무, 교수를 희망한다.

---

27) 2015년 여름 0학점 강의에서 나온 사례이다.
28) 「고대 세종캠퍼스 노동의 역사 노동의 미래 그리고 나의 일과 행복」 0학점 강의 3강 토론, 2015.5.20.

진로 로드맵 만들기

■ 도표 78. 진로 로드맵 만들기

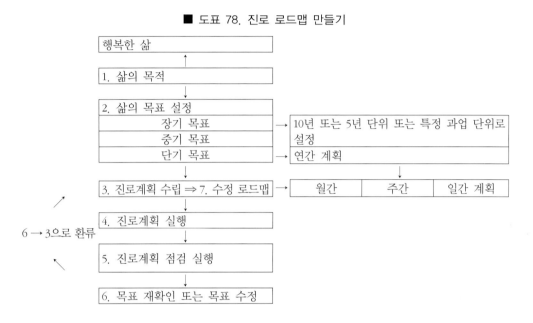

사회의 필요와 나 자신의 꿈과 능력을 안 다음 진로 로드맵을 세운다. ■도표 78처럼

1. 삶의 목적을 설정한다. 대부분 직업이다. 생각이나 이상일 수 있다.

2. 삶의 목표를 설정한다. 장기목표는 10년 단위로, 중기목표는 5년 단위로 하고, 단기 목표는 대학기간 중 달성해야 할 목표, 또는 1년 단위 성취 목표를 설정한다.

3. 진로 계획은 목표 단위별로 연간 계획, 월간 계획, 주간 계획, 일일 계획 순으로 수립한다.

4. 진로 계획을 실행한다. 실행 계획은 연간, 월간, 주간, 일을 한 축으로 하고, 다른 한 축은 목표 달성에 필요한 과제를 열거한다. 실행에 필요한 인적, 물적 요구사항을 사전에 준비한다.

5. 진로계획 점검 및 평가를 근거로 성취도를 확인하고 미비점을 찾아 수정·보완한다.

6. 목표 재확인 또는 목표 수정한다. 평가 대상 기간에 일어난 사회 변화를 반영한다.

7. 환류(피드백) 과정이다. 로드맵을 실행한 뒤 일정 기간이 지난 다음 나 자신이

변했지만 사회도 변했다. 이 둘을 반영해 로드맵을 수정한다. 수정 로드맵이다.
(이무근·이찬, 2012, 301쪽)

인생 2모작, 3모작

통계청 「경제활동인구조사(2015.5.기준)」에 따르면 노동자는 평균 49세에 퇴직한다. 남성은 52세, 여성은 47세이다. 취업자는 55~64세까지 근무한다. 이에 반대 한국의 고령층(55~79세)은 72세까지 일하기 원한다. 노후 준비가 안 된 채 은퇴해 다시 노동시장에 뛰어들었기 때문이다. 실제로 고령층 2명 중 1명이 일하며, 쉴 수 없는 형편이다. 2013년 기준 평균 수명은 82세이다. 남성 78.5세 여성 85.1세이다. 2013년 기준으로 은퇴 후 여생이 33년이다. 길게는 40년이다.

흔히 나이가 들면 사람이 바뀔 수 없다고 생각한다. 그러나 살아가는 상황이 바뀌고 자신이 소속한 공동체가 자신에게 새로운 요구를 할 때 이것을 받아들이며 바뀔 수 있다. 이런 모습은 선인들이 60, 70대가 되어도 상황의 요구에 대응해 자신을 변화시키면서 자신의 역할을 하는 데서 볼 수 있다.

45세 전후가 이전의 직업을 그만두거나 크게 변화시켜야 하는 상황이 온다. 흔히 45세 정년, 45정이라고 한다. 본인 의사와 상관없이 인생2모작을 준비하지 않을 수 없다. 젊은 퇴직자들을 위한 퇴직자 교실이 있다.

50대에 재취업하려면 40대 때부터 인맥관리를 폭넓게 해둬야 한다는 연구 결과가 나왔다. 미네소타대학 경영대학원 코니 웬버그 교수 등의 연구를 보면 50세가 넘은 구직자가 재취업하는 데 걸리는 기간은 30대 젊은이에 비해 5.8주나 길었다. 특히 20대 재취업자에 비해서는 구직에 이르기까지 무려 10.6주나 더 필요했다. 젊은 사람에 비해 나이든 사람이 재취업에 걸리는 기간이 길어지는 것은 '차별 때문'이라고 생각하고 간혹 그럴 수도 있지만 실제로는 다른 이유가 있다.

나이든 사람과 젊은 사람 사이에 두드러지게 차이가 나는 부문은 인맥관리(소셜네트워크)의 정도다. 나이든 사람은 젊은 층에 비해 관리하는 인맥의 규모나 범위가 작았다. 나이가 들수록 관리하는 인맥의 양보다는 질을 중요하게 생각하는 경향 때문이다. 그러나 취업 문제에 있어서만큼은 인맥관리의 질보다는 양이 더욱 중요하고, 신기술에 대한 적응력이 필요하다. 따라서 50대 때의 재취업을 염두에 두지 않더라도 일단

40대에 들어서면 새로운 기술이나 분야에 대한 습득을 게을리 하지 말아야 하며, 현 직장의 동료는 물론이고 옛 직장 동료, 친구들, 심지어 실제로 만날 기회가 적은 고객들과의 접촉면도 일부러 넓혀두는 것이 좋다. 이를 바탕으로 50대 때 재취업에 성공하면 그간 나이 들면서 쌓아둔 지식과 경험 등이 새 일터에서 제값을 발휘하게 된다.

내 나이 또래들은 젊어서 인생을 어떻게 살아야할까 계획을 세웠었다. 중년이 되어 45정을 겪으면서 젊어 직장 생활했을 때 가졌던 자신감을 버리고 실현가능한 일을 해본 경험이 있다. 60대가 되어 이들에게 80, 90세까지 "어떻게 살아야 할까 계획을 세워야 하지 않느냐?" 말하면 "무슨 계획을 세우냐 하루하루 살아가면 되지"라는 답이 돌아왔다. 하지만 "어차피 80, 90세까지 건강하게 살고 그러면 계획을 세워야 하지 않느냐"고 말하면 "그것은 그렇다"고 긍정한다. UN은 신장년의 범주를 66세에서 79세로 연장해 발표했다. 인생3모작이 필요한 지점이다.

야나가와 노리유키 도교대 교수는 4차 산업혁명 시대에 20세에 배운 기술로 50세에 일할 수 없다며, 20~40세, 40~60세, 60~75세로 직업인생을 나누고 20년마다 재설계하는 인생 3모작, 40세 정년제를 제안했다.

한국고용정보원 『인생 2막, 새로운 도전』(2016, www.keis.or.kr)은 베이비부머들의 퇴직 후 직업을 '틈새 도전형' '사회공헌·취미형' '미래 준비형' 등 세 가지 유형으로 나눴다. '틈새 도전형' '사회공헌·취미형' 직종들은 시간제나 프리랜서, 지자체 지원 사업들이 대부분인 경우가 많아 안정적인 수입에 어려움이 생길 수 있다. '미래 준비형'은 아직 법·제도가 정착되지는 않았다.(■도표 79 참조)

■ 도표 79. 인생2모작의 직업

베이비부머를 위한 도전 직업   자료: 한국고용정보원

유형	직업
틈새도전형	협동조합 운영자, 오픈마켓 판매자, 기술경영 컨설턴트, 투자심사역, 창업보육 매니저, 귀농귀촌 플래너, 스마트팜 운영자(스마트파머), 흙집 건축가, 도시민박 운영자, 공정무역 기업가, 1인 출판 기획자, 유품 정리인
사회공헌·취미형	청소년 유해환경 감시원, 청년창업 지원가, 인성교육 강사, 마을재생 활동가, 도시농업 활동가, 목공 기술자, 손글씨 작가, 숲 해설가, 문화재 해설사, 웃음치료사
미래준비형	생활코치(라이프코치), 노년플래너, 전직 지원 전문가, 이혼 상담사, 산림치유 지도사, 기업재난 관리자, 주택임대 관리사, 3D프린팅 운영 전문가

장기파업하거나 해고자가 복직을 원해 장기 투쟁할 경우 일부 노동자가 생계활동에 나선다. 이들은 기존 직장에서 갖춘 기술이나 관리 경험을 바탕으로 일자리를 마련한다. 퇴직자나 은퇴자가 다음 노동을 준비하는 경우와 비슷하다. 쌍용자동차 해고자 가운데 벼농사 짓는 농업(포천), 지자체의 시설을 관리하고 예초기로 벌초하는 사회적 기업 운영자(창원)가 있다. 이들은 여기서 얻은 수익으로 조합비를 내고, 농사짓는 사람은 추수 뒤에 쌀을 농성장에 보낸다.

은퇴와 후세대 행복

은퇴기에도 자신이 이룩한 부나 지혜를 자손들에게 어떻게 남길 지를 신중히 선택해야 한다. 죽음을 앞두고 유산의 일부를 사회에 환원한다. "부자는 조폭과 아들을 조심해야 한다."는 말이 있듯이 자녀에게 많은 유산은 남기는 것은 권장할만한 일이 아니다. 자손들이 노력하지 않고 살아가고 동기간 우애가 사라지는 경우를 주변에서 흔히 볼 수 있다. 그러므로 동시에 노인이 의존하는 생활비 비중이 저축에서 노후 복지로 이동해야 한다. 가능하다면 치매나 중병에 걸리기 전에 자서전을 써서 자신의 기억을 세상에 남긴다.

2, 3대를 내다보며 나 자신과 나와 관련된 사람의 행복이 무엇일까를 생각한다. 다른 나라의 NGO 활동가들에게 부모 모시기와 자녀 교육을 무슨 돈으로 하느냐 물으면 노인의 생활은 국가가 책임지고 자녀의 학비는 무상이라고 했다. 한국사회도 국가 차원에서는 시민의 생활을 책임지고 시민은 민주적이고 지속가능한 삶을 살 조건을 만들 필요가 있다.

노후에 부의 사회 환원을 중요하게 생각하는 부자들이 증가세이다. 가령, 예전에는 부양하는 가족에게 모두 재산을 물려주었지만, 요즘은 '자녀에게 10%만 물려주겠다'는 부자들도 있다.[29] 『한국의 사회동향 2018』을 보면, 재산을 자손에게 물려주지 않고 자신과 배우자를 위해 쓰겠다는 비중이 17.3%였다.

---

[29] 신동일 국민은행 PB팀장, 조선일보, 2016.10.5.

3) 내 교육 과정을 짠다

대학생 교육과정

• 자신이 지향하는 삶의 목표, 전공을 심화한다. 학점은 연구자가 아니라면 올A를 받지 않아도 된다. 기업에 따라서는 이런 사람이 사회성이 약하다고 기피하기도 한다.

전공이 원하는 것과 달라도 거기서 자신이 원하는 것과 연관된 부분을 찾아 특화시킨다.

관심 있는 분야에 관해 책을 읽고 토론한다. 관련 블로그 등을 운영한다. 블로그를 영어 등 외국어로 운영하면 다른 나라 청년들과 교류하게 된다. 실제 행동을 한다. 이런 과정을 거치면서 통합적 사고력을 키운다.

관련 동아리에 가입하거나 만들어 활동한다. 학생운동 내용을 채운다. 여기서 형성된 인간관계가 일생을 간다.

이 과정에서 제기되는 문제를 해결하도록 노력한다. 문제해결 능력은 다른 문제나 사회에서 만나는 문제를 해결하는데 선례가 된다.

• 내 입장에서 대학생이 학습권에 관심 갖기를 바란다. 대학에서 비판적인 연구, 강의, 토론이 있어야 한다. 학생 수업의 절대평가는 강의실에서 학생이 서로 경쟁하지 않고 협력하게 한다. 법정 정원교수 충원률 높이기는 강좌를 다양하게 하고 강의당 학생수를 줄여 수강신청할 때 광클릭을 하지 않게 한다.

• 한국어, 영어 등 외국어를 읽고 듣고 간단한 것을 쓰도록 한다. 영어 일기쓰기를 권한다.

• 자신의 일과 꿈을 고려해 대학 안팎에서 동아리 활동을 하고, SNS를 통해 네트워크를 구성한다.

• 국내외 여행을 권한다. 여행에서 자신이 관심을 가진 분야를 보고 관련된 사람을 만난다.

• 학벌에서 스스로 해방되어야 한다. 대학생활 첫 학기 생활이 대학 생활 전체에서 그대로 된다.

평생교육 과정

대학졸업자의 취업난이 심화되면서 4년제 대학을 졸업한 뒤 전문대나 직업학교, 사이버대학교 등으로 다시 입학하는 학생들이 크게 늘어나고 있다. 이들은 사회복지사, 언어치료사 등이 예이다. 최근에는 4년제 대학을 나온 직장인들이 제2의 인생을 준비하기 위해서 혹은 자기 전공분야에서 전문성을 인정받기 위해 사이버대학에 진학하는 경우를 흔히 본다.

학문을 목적으로 하지 않는 경우 대학원에 갈 필요는 거의 없다. 사회생활을 하다가 나중에 필요할 때 대학원에 진학할 수 있다. 전문적인 직업에 필요한 경우 의학, 법률 전문대학원 등에 진학한다.

지금 내가 준비해야 할 스펙은 무엇인가?

이상의 과정을 거쳐 자신이 할 일을 정했다면 그것을 직업으로 만드는 노력이 필요하다.

필요하다면 스펙을 이 단계에서 준비해야 한다.(■도표 76, 80 참조) 조○○ 학생은 캄보디아에서 학살자 가족의 심리를 치료하는 UN 직원이 되려면 심리학 석사 학위가

■ 도표 80. 대학생 스펙[30]

필요하다고 해 대학원 심리학과 입학을 준비했다. 세금을 면도날처럼 부과해 탈세를 막겠다는 일을 하겠다며 회계사 시험을 보는 학생이 있었다. 어느 분야에 관해 공부하고 싶다면 그 분야의 전문가를 찾아 배우고 거기서 일을 배울 수 있다. 그 분야의 다른 나라 사람과 접촉해 그 나라에 배낭여행이나 워킹 할리데이나 인턴으로 갈 수 있다. 이것은 일을 직업으로 전화하는데 필요한 내용을 축적하는 과정이다.

30) 아시아경제 온라인이슈팀, 「부모가 자녀에게 물려주기 싫은 스펙 1위는?…외모 제치고 '영어실력'」, 『아시아경제』, 2015.01.21.

■도표 81에서 보듯이 직장에서 도움이 되지 않는 스펙도 있다. 입사하는데 필요하지만 일단 입사한 뒤에는 회사 생활에 도움 되지 않는다는 의미이다.

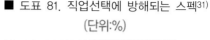

■ 도표 81. 직업선택에 방해되는 스펙[31]
(단위:%)

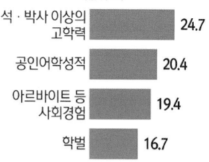

석·박사 이상의 고학력	24.7
공인어학성적	20.4
아르바이트 등 사회경험	19.4
학벌	16.7

전국경제인연합회는 2015년 주요 그룹들의 대졸 공채제도를 분석해본 결과, 20개 그룹이 지원 서류에서 학점·어학 성적·자격증·직무와 무관한 개인정보 등의 항목을 삭제하거나 간소화했다고 밝혔다. 20개 그룹은 삼성·현대차·에스케이(SK)·엘지(LG)·롯데·포스코·지에스(GS)·현대중·한진·한화·케이티(KT)·두산·씨제이(CJ)·엘에스(LS)·대림·현대·효성·대우건설·에쓰오일·동국제강 등이다. 또 면접에서 학교나 전공 등 신상정보를 가린 블라인드 면접을 도입한 곳은 롯데·포스코·지에스·현대중·한화·신세계·현대·효성·대우건설·에쓰오일 등 10개 그룹이었다. 삼성은 학점 제한(4.5 만점에 3.0 이상)을 없앴다. 현대차는 동아리·봉사·학회활동 등을 적지 않도록 했고, 1차 면접 복장을 자율화했다. 에스케이는 지원서에 사진·어학 성적·정보통신(IT) 활용 능력·수상 경력·주민등록번호·가족관계 등의 기입란을 삭제했고, 엘지는 어학 성적·자격증·수상 경력·인턴 경험 등 스펙 관련 사항이나 주민등록번호와 가족관계 등 개인정보를 쓰지 않도록 했다. 롯데는 스펙 관련 내용 기입란을 삭제했다. 이밖에 포스코가 전공 제한을 폐지했고 대한항공이 신장·학력 등 자격 제한을 없애는 등 상당수 기업들이 열린 채용으로 옮겨가고 있다.

60년 가까이 신발용 밑창, 합성 피혁용 폴리우레탄을 만들어온 중소기업인 동성화학은 5년 전부터 채용과정에서 필기시험을 아예 없앴다. 면접을 통해 지원자의 인성과 업무능력, 열정을 충분히 파악할 수 있다고 판단했기 때문이다. 동성화학 관계자는 "요즘 중소기업의 채용 추세는 필기를 없애는 것"이라며 "필기시험을 치른다고 좋은 인재가 들어오는 것은 아니더라"고 했다.

---

31) 「고학력은 도움 안되는 스펙?」, 배화여자대학교 평생교육원 홈페이지(baewhaedu.tistory.com), 2015.9.13

취업 준비생들이 영어 성적과 자격증, 봉사활동, 어학연수 등의 스펙을 갖추려고 시간과 돈을 들이고 있지만 그럴 필요가 적어졌다. 유학도 '간판형'이 지고, 진로 맞춤 '실속형'이 대세이다.

일본에서는 구인난 속에서 대학생 개인별로 전임 어드바이저(조언자)가 붙어 희망과 적성에 맞는 기업을 소개하는 취업 코디네이터가 있다. 에이전트 이용비는 기업이 내고 학생 부담은 없다.

한양대 에리카캠퍼스(안산)를 졸업한 오재용(30)씨는 유한양행 약품사업본부에 다닌다. 인문학도(영미언어문화학)인 그가 제약회사에 취업한 비결은 학교 수업이다. 그는 다양한 전공의 학생이 모인 '특허와 협상'이라는 융합전공 수업에서 공대생 2명, 디자인학과 학생 1명과 팀을 이뤘다. 이들이 만난 지 석 달 만에 성과가 나왔다. 지나간 TV 장면을 되돌려 원하는 화면을 찾고, 터치하면 제품 정보(광고)가 나오는 '타임머신 UI' 기술을 개발했다. '자동차 블랙박스처럼 장면을 되돌리자'는 오씨의 아이디어에 공대생의 기술력과 예비 디자이너의 감각이 더해졌다. 강사였던 변리사의 도움을 받아 특허도 냈다. 오씨는 "면접 때마다 인사담당자들이 '인문대생이 어떻게 특허를 냈느냐'며 관심을 보였고, 결국 원하는 회사에 취업했다"고 말했다.[32]

UN의 경우 인력 선발 기준은 학력 스펙이 아닌 문제해결 능력이다. 문제해결 능력은 문제를 찾거나 인식하고 대안을 찾고 그것을 실현하는데 필요한 여러 가지 조건을 갖춰 문제를 해결하는 과정을 말한다.

4. 사는 모습들

기자에서 항해사가 된 피스보트를 몰아보고 싶은 청년[33]

"대학에서 승차한 20대의 버스는 종점이 다가오고 이제 30대의 버스로 갈아타야 하는데, 마음에 드는 고속버스는 대체 어디 있는지 온통 마을버스뿐이다. 마침 저기 번뜩이는 고속버스에 오르는 일류대학 출신 친구가 보이는데, 내가 탄 버스는 변변찮아서

---

32) 천인성 외, 「인문대생 제약사 취업시킨 '별난 수업'」, 『중앙일보』, 2015.9.8.
33) 김연식 글·사진, 『스물아홉, 용기가 필요한 나이』, 예담, 2015.

고속버스가 있는 곳에 정차하지 않고…. 이대로 종점까지 가서 추위에 떨고 싶지는 않은데….”

■ 도표 82. 항해사 김연식

이 책은 스물아홉의 나이에 출항한 한 항해사의 5년 동안의 파란만장한 항해기다. 축구장보다 더 큰 화물선을 타고 해마다 지구를 네 바퀴쯤 돌아 마흔 개 남짓의 작은 항구도시에 정박하는 저자의 삶이 담겨있다. 항해기가 관통하는 건 자잘한 에피소드나 모험담을 뛰어넘은 ‘삶의 성찰’이다. 지구 반대편 항구도시의 사람 사는 이야기와 함께 소위 ‘이태백(20대 태반이 백수)’의 고통과 불안 속에서 시행착오 끝에 불빛을 발견하고 ‘자신이 진짜 원하는 삶’을 발견하기까지의 이야기가 녹아있다. 그래서 이 책은 부정기 화물선의 긴 항해기이자 인생의 항로를 찾아낸 한 청춘의 인생 항해기로 읽힌다.

저자는 대학을 낙제 끝에 턱걸이 학점으로 졸업하고 간신히 지방 신문기자가 되지만, 그게 자신과 맞지 않고 바라던 삶도 아니라는 생각에 3년 만에 사표를 내고 백수로 되돌아간다. 청년 백수. 밥은 모래를 씹는 것 같고 뭘 해도 즐겁지 않은, 외딴 바다에 홀로 버려진 것 같은 삶. 자동차 정비를 가르치는 직업학교와 공사판 일용직을 전전하기도 했지만, 이번에는 무의미한 일상의 고통이 기다리고 있었다.

우연히 선원모집 공고를 보고 그가 택한 것이 배와 바다였다. 결과적으로는 운명적인 선택이었겠지만, 당시엔 허풍 섞인 뱃사람과의 짧은 인연과 세계를 둘러볼 수 있다는 호기심 외에는 커다란 포부도 욕망도 없는 선택이었다. 해양대학을 졸업한 것도 아니고 배에 대해서도, 바다에 대해서도 아는 것이 없었다. 최하급직 무보수 견습생으로 첫 항해가 시작됐다. 망망대해를 며칠씩 떠 있는 배 위에서, 아마존 물길의 포구 선술집에서, 선박 검색에 뒷돈이 횡행하는 아프리카의 시끌벅적한 항구에서, 해적이 출몰하는 아덴만의 바다 위에서 그는 행복했다. 끝이 날 것 같지 않은 항해 속에서 그는 삶을 차분하게 반추했다. 항해도 행복했지만, 두고 온 일상의 것들이 얼마나 귀한 것인지 알게 된 것도 소중한 깨달음이었다.(■도표 82)

김연식 항해사는 2019년 2월 현재 환경 전문 비정부기구(NGO) 그린피스 항해사이고 휴가 때는 난민 구조 NGO 시워치(Sea-Watch) 선장으로 변신했다.

구글러에서 요리사로

고교 때부터 비싼 학비를 내며 미국으로 유학해 명문 코넬대학을 졸업하고 구글이라는 '신의 직장'을 다니던 딸이 돌연 그만두고 요리를 배우겠다는데…, 부모에 대한 설득은 의외로 싱겁게 끝났다. 직장 상사인 매니저에게 "저 그만두고 싶어요"라고 말을 꺼냈다. 중국계 미국인인 매니저는 잠시 침묵하더니 "왜?"라고 물었고, 요리를 배우고 싶다는 말에 "와우" 하며 진심으로 축하한다고 했다. 동료들도 하고 싶은 일을 찾은 게 부럽다며 축하 인사에 바빴다. 그렇게 안효순씨는 20대 중반에 요리사의 길로 들어섰다.

대학에서 산업디자인을 전공한 안씨가 힘들게 들어간 구글코리아는 복지와 사회적 대우가 엄청났다. '구글러'라는 타이틀만 있으면, 마치 슈퍼마리오 전자게임에서 슈퍼스타를 먹은 레인보 마리오가 된 느낌이었다. 심지어 미국 출장길에 마주친 출입국 관리도 구글에 근무한다는 말에 신나게 도장을 찍어주며 환대하기도 했다. 하지만 그런 직장생활이 행복하지 않았다. 무료함과 열등감에 시달렸다. 2년 6개월 만에 그만두게 만든 결정적인 계기는 우연히 만난 미국인 노숙자와의 대화였다. 한창 요리에 관심이 많았던 안씨는 샌프란시스코 실리콘밸리로 출장을 가서 토요일 호텔 근처의 무료

급식소에서 자원봉사를 했다. 양파 100개와 피망 200개를 다져야 하는 일이었다. 봉사를 마치고 노인과 합석해 식사를 하는데, 한 노인은 "예전에 고향에서 가족과 함께 주말마다 끓여 먹던 스튜 생각이 난다"며 울먹였고, 또 다른 노인은 "이젠 저세상에 있는 아내가 끓여주던 스튜가 최고"라고 자랑했다. "그때 깨달았어요. 내가 직접 만든 음식을 통해 사람들과 교감하고, 그렇게 이어지는 이야기들과 생각이 얼마나 큰 즐거움과 보람을 주는지를…."

안씨는 사표를 내고 요리학원을 다니기 시작했다. 그의 증조할머니는 한꺼번에 만두 몇백개를 빚고 내장탕과 순대를 맛나게 만들던 요리의 대가였고, 아버지는 미식가다. 집에서 조기구이를 해도 몸통에 먼저 젓가락을 댔다간 호통이 떨어졌다. 먼저 꼬리를 따고, 아가미가 있는 목덜미부터 파고들어, 뼈대를 따라 몸통을 해체한 다음 완벽하게 살코기와 가시를 분리한 뒤에야 먹을 수 있었다. 이런 집안 분위기에 젖어 막연히 관심을 갖고 있던 요리가 기대와 달리 맞지 않는 부분이 많았던 회사생활이 싫어지며 그를 강하게 끌어당긴 것이다.

제빵사 자격증과 한식요리사 자격증을 딴 안씨는 미국의 요리학교로 또다시 유학했다. 그는 서양 학생들이 '당연히' 버리는 연어 머리로 요리를 해 테스트를 만점으로 통과하기도 했다. 귀국해서 강남의 유명 레스토랑에 취직해 2년가량 근무한 그는 올해 들어 2월부터 이태원 경리단 골목의 조그만 막걸리집 주방을 책임지고 있다. 전국에서 생산되는 국산 막걸리와 청주에 어울리는 안주를 만든다. 메뉴판엔 술만 있고, 안주는 조그만 칠판에 그때그때 쓴다. 손두부, 계란장조림, 오리구이, 김치 등이 그날그날 그의 손끝에서 마음대로 준비된다.

"음식은 만든 이와 먹는 이의 마음이 통해야 해요. 화려하고 새로운 맛 대신 잊혀가는 우리의 맛을 살리고 싶어요." 초보 셰프인 그는 우선 두부의 맛을 알리고 싶어 한다. 직접 아침에 두부를 만들어 안주로 내놓는다. "원재료의 맛을 그대로 살리고 싶어요. 그래서 손님들에게 맛있는 집밥을 먹여주고 싶어요." 자신이 요리사로 들어선 과정을 풀어 『구글보다 요리였어』[34]를 펴냈다.

---

34) 안주원, 『구글보다 요리였어』, 브레인스토어, 2015.

인도 어린이의 필요를 내 일로

박혜린 이노마드 대표는 2006년 대학생 때 인도에서 트래킹하며 작은 산간마을에서 머물렀다. 아궁이에 불을 때 밥을 하고 등유로 불을 밝히는 모습이 신기해 디지털카메라로 촬영하니 아홉 살쯤으로 보이는 그 집 아이의 눈이 휘둥그레졌다. 방법을 알려주고 촬영해보라고 하니 동네 친구들을 다 불러 사진을 찍어주더군요. '커서 사진작가가 될 수도 있겠다'고 생각이 들 정도로 감각이 신선했다. '이 아이가 꿈을 키울 수 있도록 카메라를 선물해야겠다'고 결심했지만, 잠시 더 생각하니 전기가 들어오지 않아 디지털카메라를 충전할 수 없는 곳이었다. 우리에게는 너무나 당연한 일이 어느 곳에서는 불가능하다는 사실에 충격을 받았다. 지구촌 인구의 3분의 1이 넘는 20억 명이 이렇게 전기혜택을 누리지 못하며 산다. 이 문제를 꼭 해결하고 싶었다.

처음에는 에너지 원조를 연구했다. 하지만 정책적인 전력 공급은 시간이 너무 걸린다는 사실을 깨닫고 햇빛, 바람, 물 등 주변 자원을 활용해 전기를 만드는 방법을 생각하기 시작했다. 대학 졸업 뒤 캐나다에서 경영대학원에서 창업동아리를 하면서 목표만 있다면 배워서라도 의미 있는 사업을 시작할 수 있다는 용기가 생겼다. 2010년 말부터 부산의 조류발전 플랜트 회사에서 프로젝트 매니저로 경험을 쌓았다.

2013년 퇴사한 그는 같은 팀에서 일했던 노기환씨와 흐르는 물에서 전기를 생산하는 휴대용 수력발전기를 개발했다. 에너지 유목민(energy nomad) 이라는 의미에서 이노마드(Enomad)로 정했다. 청계천에 설치해 세계 언론의 주목을 받았다. 이때 그는 개인용 수력발전기를 만들겠다고 마음을 먹었다. 디자인학교 SADI를 졸업한 도보미씨가 합류했다. 파란색 날개를 접으면 텀블러 같은 발전기 E-stream을 만들었다. 유속이 잔잔한 곳에서 4시간 30분 넣어두면 스마트폰 2대를 충전할 수 있다. 발전량 상태에 따라 빨간색, 하늘색, 파란색, 초록색으로 바뀌는 띠도 집어넣었다. 배터리와 USB를 연결해 다양한 전자제품을 충전하고 랜턴으로도 활용된다. 2016년 미국의 크라우드 펀딩 사이트인 킥스타터에 올려 3억 원 정도(1500대)를 주문 받았다. 2017년 시판하면서 선주문 받은 5500대를 공급했다.

자신의 속성을 일하며 되찾은 경우

박수○(30대) 여대생 때 해외 어린이와 자매결연 해 월 1, 2만 원을 지원했다. 암벽등반이 희망이라 네팔 이주노동자들이 많이 있는 이주노동자센터에서 한글교수 자원봉사를 했다. 이곳에서 미등록 노동자가 임금을 받지 못할 경우 노동부에 대신 가서 임금을 받아주었다. 그 뒤 호주에 가서 주중에는 워킹 홀리데이, 주말에는 시민단체 인턴을 했다. 한국에서 해외로 진출한 초국적 기업의 노동자 투쟁을 돕는 일을 했다. 캄보디아에서 한국기업 NEPA에서 파업하자 캄보디아군대가 진압해 다수의 사망자가 났다. 이 사건에 조사단의 일원으로 참여했다.

마연정 도봉구 기적의 도서관 관장

도봉 기적의 도서관은 1 · 2층 실내 바닥 전체가 온돌로 돼 있다. 아이들은 서가와 열람실과 놀이터와 안마당 같은 정원이 하나로 융합된 이곳에서 맨발로 어디서든 앉거나 누워 뒹굴며 책을 읽거나 놀 수 있다. 일반 도서관들엔 기피 대상이기 십상인 1~3살 아기들도 환영이다. 아이들과 함께 온 어버이들이 쉬면서 담소를 나눌 공간도 따로 있다. 동아리활동방, 책 읽어주는 방, 청소년 · 어른 열람 공간이 따로 있다. 아이들 수면실 · 수유실도 있고 대학로 소극장 못지않은 어린이 · 청소년 전용 극장까지 있다.

마연정 관장(38)은 "이 도서관 짓는 걸 보고, 나도 나중에 저기서 일해야지 하는 생각을 했어요. 2000년에 도서관학과(당시 명칭은 문헌정보학과)에 들어가 13년 만에 대학원까지 졸업했는데 그 기간의 절반 이상을 인근 도봉1동의 조그마한 어린이도서관 관장, 한국국제협력단(KOICA)이 지원하는 해외 파견 근무 등 도서관 일을 하며 보냈다. 중남미 파나마대 자료실 근무 경험이 도서관 운영에 큰 도움 되었다."고 했다.

이○○, 어려서부터 계획을 세워

이정○(37세). 이 청년은 아기 때부터 길에 관심이 많았다. 초등학생 때 한국에서도, 외국에서도 집에 오는 손님에게 목적지로 가는 차편을 자기 나름대로 짜서 알려주었다. 고교 때는 길 동아리를 만들어 지하철공사에서 자원봉사를 했다. 대학은 처음에는 수도권 전자공학과를 갔으나 적응하지 못하고 중퇴했다. 다시 대구 어느 대학의 도시공학과에 가서 교통문제에 관심을 갖고 공부했다. 이때 동아리에서 자비로 일본 도시철도를 견학했고 대구에서는 지하철공사에서 컴퓨터 작업을 자원 봉사했다. 대학 졸업 뒤 GPS 회사에서 길찾기 업무를 보았으나 단순작업을 반복하는데 실증을 느끼고 퇴사했다. 지금은 교통연구소에서 연구원으로 일하며, 철도대학 대학원 석사과정에서 공부한다.

故 백남기 농민의 운명

백남기(1947~2016.9.25)는 전남 보성 농촌에서 태어나 1968년에 중앙대에 입학했다. 대학에서 민주화운동을 했다가 박정희 정부 시기에 두 번 제적당해 가톨릭 수도원에서 수도사로 생활했다. 1980년 서울의 봄 때 복학해 총학생회 부회장을 맡아 1980년 5월 초까지 계속 민주화운동을 벌였지만 5.17 쿠데타로 비상계엄이 확대되면서 계엄군에 체포되었다. 중앙대학교에서 퇴학당했고, 계엄 포고령 위반으로 징역형을 선고받았다. 가석방 후 고향으로 귀향해 농사짓고 1986년에 가톨릭농민회에 가입해, 1992~1993년 가톨릭농민회 전국 부회장을 역임했다. 한국 밀에 관심을 가지고 우리밀살리기운동본부 광주·전남본부의 창립을 주도하며, 1994년 공동의장으로 활동했다.

2015년 11월 14일 민중총궐기 시위에서 차벽을 뚫기 위해 다른 집회 참가자들과 함께 버스에 묶인 밧줄을 잡아당기던 중 경찰의 물대포에 맞아 사망했으며, 그 희생은 2016, 17년 촛불혁명 신호탄이 되었다.

사회운동 이론가 이재영

이재영(1968~2012)은 1986년 서울, 성남, 안산 등지에서 공장 노동자 조직 활동했다. 1989년 '사회주의자 그룹' 대외협력 활동하고, 1991년 한국사회주의노동당 창준위 포항 지부에서 교육선전을 담당하고, 1992~2012년까지 진보정당추진위-진보정치연합 정책국장, 국민승리21 정책국장, 민주노동당 정책실장, 레디앙 미디어 기획위원, 진보신당 정책위의장 등 20년 동안 진보정당 정책을 담당했다. 원외정당인 민주노동당이 만든 정책 일부는 박근혜, 이명박, 문재인 후보 대선 공약이 되었다. 그는 진보정당 역사와 전략·노선을 다뤄, 진보정당이 가난한 사람들의 정당이 되어야만 하는 당위와 그 당위를 달성하기 위한 경로를 항상 고민했다. 그는 전체 노동자계급의 이익이 아닌 개별 사업장 혹은 대기업 노동자의 이해만을 추구하는 노동조합 이기주의에 맞섰으며, 가난한 사람의 복리보다는 반미와 통일에만 천착하는 민족주의자들과도 맞섰다. 정당없는 혁명노선 또는 총파업노선도 비판했다.[35] 그는 2011년 대학강사 교원지위 회복은 민주와 진보를 위해 필요하다며 국회 앞 강사 농성을 지지한다고 해 나를 놀라게 했다.

인간을 선언한 노동자

방종운(1958~)

콜트노동조합 지회장은 20대 중반 당시 '잘 나가던' 대우자동차에 취직하면서 부평구에 정착하게 됐다. 생산라인에 근무하던 방종운은 회사의 인사정책에 반기를 들다 입사 4년 만에 해고됐다. 대우차 해고 5개월 만에 부평에서 일렉(전자)기타를 생산하는 Cort악기에 입사했다. 1987년 일이었다. 콜트노동조합 노조를 결성하고 지회장을 맡았다. 노조 존재 자체를 못마땅해 했던 콜트는 2007년 직원 21명을 해고했다. 노조 지회장을 맡고 있던 방 지회장은 해고되지 않았으나 회사가 부평공장을 아예 폐쇄하고 생산기지를 인도네시아와 중국으로 이전함으로써 사실상 해직 상태에 놓았다. 해고무효 소송에서 고등법원이 해고는 무효라는 판결을 내렸으나, 대법원은 장래에 올 경영상의 위기를 인정하고 해고무효 소송에서 승소하더라도 공장이 없어 구제 실익이 없다고 기각했다.[36] 그는 '콜트는 인도네시아와 중국 만주의 공장이 있고 국내에 상표권을 등록하고 영업해 폐업한 것이 아니다'라고 해고무효를 주장하며 13년째 농성 중이다. 2018년 기각 번복을 요구하며 대법원앞에서 텐트 농성했다. 그는 "사람은 내쫓고 오직 이윤만을 쫓는 기업가를 법이 도와주면 안 된다. 옳은 것이 존재한다는 것을 보여주고 싶다"면서 "인도네시아 콜트 공장의 노동조건 개선을 위해 도와야 한다"고 했다.

---

35) 김정진, 「이재영을 떠나 보내며」, 『레디앙』, 2012.12.13.
36) 김선수, 『노동을 변호하다』, 오월의 봄, 2017.

김성환(1958~)

삼성일반노동조합 위원장은 87년 노동자 대투쟁에 한독금속노조 사무국장으로 참여하고, 1993년 ㈜이천전기에 입사해, 삼성그룹이 이천전기를 인수할 때 구조조정을 막기 위해 노조 민주화 투쟁을 주도하고 징계 해고당했다. 한국금속노동조합은 영화 「파업전야」의 배경이다. 이후로도 줄곧 해고의 부당성과 삼성의 무노조 경영방침에 따른 부당노동행위를 알리려 노력했다. 삼성일반노동조합을 결성해 삼성의 노조 인정을 요구하고 있다. 2017년 삼성SDI노동조합을 설립하려 했으나 삼성이 방해해 이루지 못했다. 그는 "우리가 할 수 있는 일은 단순히 노동조합을 하나 만드는 차원이 아니라 돈이면 모든 것이 된다는 삼성의 물신에 맞선 인간성의 회복"[37]이라고 했다. 2018년 세계노총 남코리아지부를 결성했다. 저서 김성환, 『골리앗 삼성재벌에 맞선 다윗의 투쟁』 등이 있다.

최병승(1976~)

고용노동부는 2004년 현대차 사내하청 생산공정 모두를 불법파견이라고 판단했다. 현대차 사내하청 노동자 최병승은 2005년 2월 정규직 전환을 요구하다 하청업체에서 해고당해 노동위원회에 부당해고 구제신청을 했으나 각하당했다. 그러나 대법원은 2012년 2월 현대차 사내하청의 경우 불법파견에 해당하므로 최씨가 2004년부터 현대차 직원이 된 것으로 봐야 한다고 판결했다.

최씨는 천의봉과 함께 2012.10.17~이듬해 8.8까지 296일 동안 불법파견 중단 등을 촉구하며 송전탑 고공농성을 벌였다. 현대차는 2013년 정규직 인사 발령을 냈으나 그가 출근하지 않자 해고했다. 그는 "대법원은 나 혼자가 아니라 현대차 생산 공정을 불법파견이라고 봤으므로, 불법파견 문제 등을 한꺼번에 풀어야 한다"고 했다.

현대차는 불법파견을 인정하지 않은 채, 사내하청 노동자 7,700명 중 3,500명을 2016년까지 단계적으로 신규 채용했다. 또 2017.12.19 현대차는 2018년부터 2021년까지 총 4년간 사내직접생산하도급 인원(1차 사내하청)에 국한해서 3,500명을 특별채용 방식으로 정규직화 하겠다고 했다. 2018년 1월 금속노조 현대자동차비정규직지회는 "현

---

37) 이계삼, 「삼성, 이건희, 그리고 김성환」, 『굿바이 삼성』, 꾸리에 북스, 2011, 187쪽.

대 · 기아자동차는 법원의 판결대로 즉각 정규직전환 이행하라"고 촉구했다.

우다야 라이(Udaya Rai 1967~)

한국에서 일하는 이주노동자의 권익증진을 위해 민주노총에서 이주노동사업 부문을 담당하고 있는 네팔인 출신의 우다야 라이 이주노조 위원장. 2005년 관광비자로 한국에 온 그는 먼저 한국에 와 있던 친구 소개로 봉제공장에서 일하며 이주노동자의 삶을 걸었다. 그러던 중 2007년 만난 한국여성과 결혼했고, 2010년 10월부터 민주노총에서 상근한다. 2005년부터 10년의 싸움 끝에 지난 2015년 이주노조가 합법화 되었다. 그는 이주노동자의 고용허가제(employment permit system) 폐지와 노동허가제를 촉구했다. 아울러 비정규직 노동자 노동3권 보장 및 ILO 권고 이행을 촉구했다.

인간은 모두 인간이다

한종선(1975~)은 1984년 9살 때 누나와 함께 강제로 부산 부랑인 수용소 형제복지원(원장 박인근)에 끌려갔다. 1975년 내무부훈령 제410호와 1986년 아시안 게임과 1988년 하계 올림픽을 앞두고 대한민국 정부가 대대적인 부랑인 단속에 나선 것이 형제복지원 설립의 배경이었다. 1975년부터 1987년까지 수용자들의 중노동은 물론 수용자들에 대한 구타와 감금 그리고 성폭행까지 자행됐으며, 12년 동안 500명이 넘는 인원이 사망했다.

한종선은 1984년 입소해, 1987년 폐쇄 당시 전원 조치된 피해자이다. 그는 2012년 5월 국회 앞에서 1인시위를 통해 이를 세상에 알리고, 『살아남은 아이』[38]를 써서 형제복지원에서의 실상을 글과 그림으로 증언했다. 이후 형제복지원 진상규명을 위한 대책위원회, 형제복지원피해생존자모임을 결성했다. 2018년 검찰총장이 이 사건에 대해 비상상고 신청했다. 현재 진상규명을 위한 특별법 제정을 요구하며 같은 피해자 최승우(1969~) 활동가 등과 함께 국회 앞에서 농성 시위하고 있다.

---

38) 한종선, 『살아 남은 아이』, 이리, 2014.

자신을 찾은 세계 최고 지능지수 보유자

김혁(김웅용, 1962~)은 4살 때 IQ 210을 기록해 세계 최고 지능지수 보유자가 되었다. 5살 때 한국어, 영어, 프랑스어, 독일어, 일본어의 4개 국어를 구사하고, 구구단을 배운 지 7개월 만에 미적분을 풀었다. 만 2세에 일기를 쓰고, 만 3세에 한양중학교에 입학하고, 만 4세에 한양대학교 물리학과에 입학하고, 만 7세에 미국 콜로라도 주립대학교(Colorado State University)에 청강생으로 입학했다. 1974년에 열 물리학/핵 물리학에 관한 박사 공부를 했다. 그는 NASA에서 선임 연구원으로서 일을 계속한다. 후에 그는 NASA 생활이 지옥 같았다고 했다. 나사가 수치 분석에서 엄청난 재능을 보였던 그를 계산과 같은 단순 업무에 이용했다는 것이다.

미국 생활에 환멸을 느낀 그는 1978년 귀국해 충북대학교에 입학, 토목 공학 박사 학위를 취득했다. 2012년 미국 슈퍼 스칼러(Super Scholar)에 의해 세계에서 가장 똑똑한 10인에 선정됐다. 충북개발공사에서 근무했으며, 2014년 신한대학교 교양학부 부교수로 임용되었다.

연체 채권 추심이 싫어 직장을 그만 둔 은행원

2010~18년 내가 안암동에서 간간히 마주친 50대 남성은 연세대 경제학과를 졸업한 뒤 한국외환은행에서 근무했다. 담당 업무는 채권 추심이었다. 은행에서는 이 업무는 주요하지 않는 업무로 여긴다. 그는 "이 일을 하며 어느 날 자영업하는 가게에 채권 딱지를 붙이러 갔다. 그런데 상대가 경제적으로 어려워 자신이 도저히 딱지를 붙일 수 있는 상황이 아니었다. 거기서 충격을 받았다. 그러면서 사회생활의 흐름이 끊겼고 직장생활도 그만두었다"고 했다.

판사에게 존경받는 판사

한기택(1959~2005) 판사는 사법시험에 합격해 대법원 재판연구관, 수원지방법원 부장판사를 지냈고, 2005년 대전고등법원 부장판사가 되었으나 그 해 심장마비로 숨졌다. 1988년 '법원 독립과 사법부 민주화'를 요구하는 서명운동을 주도하고 우리법연구회를 창립했다. 2002년부터 서울행정법원 부장판사로 근무하면서 법무부가 한국인과 결혼한 중국인 배우자에 대해 중국에 두고 온 성인 자녀의 한국 초청을 막는 것이 헌법에 보장된 평등권에 어긋난다는 판결, 선임병의 가혹행위로 자살한 육군 모 포병부대 이등병 엄모 씨에 대해 국가유공자로 인정하는 판결, 고위공직자의 재산등록 때 해당 공직자의 직계 존·비속이 재산등록을 거부할 경우 거부 사유와 거부자의 이름을 공개하라는 판결 등을 내렸다. 후배들로부터 '목숨 걸고 재판하는 판사'로 추앙받았으며, "내가 그 무엇(고등법원 부장판사)이 되겠다는 생각을 버리는 순간 진정한 판사로서의 삶이 시작될 것으로 믿습니다"라는 말을 남겼다.

지혜로운 검사

임은정(1974~) 검사는 광주인화학교 청각장애아 성폭행 사건 공판 당시 경험과 심경을 검찰 내부게시판에 올린 것이 기사화 되며 '도가니 검사'로 알려졌다. 2012년 민청학련 사건으로 15년형을 선고받았던 박형규 목사의 재심 공판에서 무죄를 구형했다. 2012년 특수범죄처벌에 관한 특별법 위반죄로 1962년 유죄선고를 받은 故 윤길중 씨에 대한 재심 결심공판에서도 검찰 상부는 '법원이 적절히 선고해 달라'는 이른바 '백지 구형'을 하라고 지시했다. 검찰은 그가 이를 거부하자 사건을 다른 검사에게 넘겼다. 그러나 그는 이에 따르지 않고 재판 당일 다른 검사가 법정에 들어오지 못하게 출입문을 걸어 잠근 뒤 무죄 구형을 강행했고, 법원은 당일 무죄를 선고했다. 법무부는 그에게 정직 4개월의 징계를 했으나, 2014년 서울고등법원에서는 법무부의 항소를 기각했다. 그는 2018년 안태근 검사장의 서지현 검사에 대한 성추행 사건에 처벌을 요구해 검찰 MeToo 운동을 지지했다.

자기검열을 피한 박강성주 네덜란드 레이던대학 교수

박강성주 네덜란드 레이던대학(Leiden University) 교수는 KAL858사건을 소재로 통일부가 주관한 대학생 논문 공모전에서 입상했지만 '수정' 요구를 거절함으로써 수상이 취소됐다. 이후 그는 이 사건을 소재로 석사를 국내에서 마치고, 영국과 스웨덴에서 박사 논문을 쓴 전문 연구가의 길을 걸었다. 그는 '소설 쓰기 국제관계학과 여성주의 국제관계학'이라는 다소 낯선 접근법으로 이 사건을 직시했다. 특히 "대한항공 858기사건에서 젠더, 고통, 진실이 어떻게 작동하고 얽혀 있는지, 그리고 이것이 교차성의 측면에서 여성주의 국제관계학에 어떻게 공헌할 수 있는 지 알아보았다." 박사학위논문은 『슬픈 쌍둥이의 눈물 - 김현희 … KAL858기 사건과 국제 관계학』(한울, 2015)이 국내에 번역 출간됐다. 『슬픈 쌍둥이의 눈물』(한울, 2017) 저자이다. 그 연구 분야는 국내에서 발붙이기 어렵다. 그런 이유로 귀국을 포기하고 네덜란드에서 자리 잡았다. 그는 석사과정 때 강사 교원지위 회복을 요구하며 국회 앞에서 1인시위했다.

불편부당한 중립은 없다, 이론과 실천을 겸한 기자

홍세화(1947~)는 서울대학교 외교학과 졸업 후, 1979년 남민전 사건에 연루되어 프랑스로 망명했다가 2002년 한국으로 영구 귀국해 언론인, 작가, 교육인 등으로 활동했다. 프랑스 망명 생활 중에 쓴 책인『나는 빠리의 택시운전사』의 저자로 유명하다. 한겨레신문 기획위원, 아웃사이더 편집위원 등을 지냈으며 2013년 계간지『말과 활』을 창간했다. 2011년 진보신당 (노동당의 전신) 당대표를 역임했다.『르몽드 디쁠로마띠끄』한국판 편집인을 지내며 프랑스의 민주주의, 사회변화를 한국에 소개했다. 그는 사회 현안에 대해 기사를 쓰고 자신이 그 내용을 갖고 1인시위해 이론과 실천을 일치시켰다. 언론은 기자가 불편부당해야 한다는 주장하지만 실제는 어느 한편에 기울었다.

기업의 사회적 책임을 실천한 함태호 오뚜기 회장

라면, 케첩, 마요네즈 등을 생산하는 오뚜기 함태호 회장은 노블리스 오블리주를 실행하는 기업인이다. 오뚜기는 4,000명 넘는 선천성 심장병 어린이들에게 80억 원을 후원했다. 오뚜기는 정규직만 채용한다. 국내 10대 식품회사 가운데 비정규직이 단 한 명도 없는 유일한 회사이다. 함태호 회장이 사망하며 함영준 회장이 상속받았는데 1,500억 원의 상속세를 편법 없이 납부했다. 그가 상속받은 오뚜기 주식 주가는 3,000억 원이었다. 이는 한해 10조 원의 수익을 창출하는 삼성 이재용 부회장이 상속세 16억 원을 낸 편법 상속과 비교돼 화제였다. 함태호 회장은 장학사업과 학술 사업을 하는 오뚜기재단에 1,000억 원을 기부했다.

채현국, "재산은 세상 것이다"

채현국(1935~)은 서울대 철학과를 나와 KBS에 들어갔으나 군사정권의 부당한 지시에 불만을 품고 3개월 만에 첫 직장을 그만 두었다. 당시 아버지가 운영하는 흥국탄광에서 경영 수업을 한 그는 1970년 납세자 순위 전국 2위에 오를 정도로 엄청난 재산을 모았다. 그러나 흥국탄광으로 시작한 24개 계열 사업을 모두 정리하고 모은 돈을 박정희·전두환 시절 민주화운동가, 해직기자 그리고 직원들을 위해 썼다. 경남 양산 개운중학교와 효암고등학교 이사장인 그는 자신의 소유로 된 재산은 하나도 없다. 그는 "자기 개인 재산이란 게 어딨냐? 다 이 세상 거지. 공산당 얘기가 아니다. 재산은 세상 것이다. 그럼 세상에 나눠야 해. 그건 자식에게 물려줄 게 아니다. 애초부터 내 것이 아닌데..."라고 말했다.[39] 서울대 출신 97%가 아첨꾼이 되는 세상에서 그는 잘 살고 싶었다.[40]

지구사회가 신뢰한 故 이종욱 WHO 사무총장

故 이종욱(1945~2006)은 서울대학교 의과대학을 졸업했고, 하와이대학교 대학원에서 전염병학 석사학위를 취득했다. 이후 강원도립병원, 미국령 사모아 열대의료센터를 거쳐 1983년 세계보건기구(WHO) 남태평양 나병퇴치팀장으로 WHO와 인연을 맺었다. 그는 WHO 서태평양지역 사무처 질병관리국장을 역임했고, 1994년에는 WHO 본부 예방백신사업국장과 세계아동백신운동 사무국장을 지내면서 전 세계 소아마비 퇴치에 공헌했다. 이 시기에 소아마비에 걸릴 확률을 세계인구 1만 명당 1명으로 크게 낮춰 미국 잡지 〈Scientific American〉로부터 '백신의 황제'라는 별호를 얻기도 했다. 2000년에는 WHO 결핵국장을 지내면서 북한에 6만 명분의 결핵약을 공급하는 등 19개 저개발국의 결핵퇴치사업에도 힘을 쏟았다. 그는 2003년 WHO 사무총장에 선출되어, 전 세계 위생 및 보건대책, 구호사업 등 의료분야와 WHO 조직 개혁에 이바지했다. 2006년 WHO 총회 준비 중 지주막하출혈로 쓰러져 사망했다.

---

39) 채현국 구술, 정운현 기록, 『쓴맛이 사는 맛 : 시대의 어른 채현국, 삶이 깊어지는 이야기』, 비아북, 2015.
40) 김주완, 별난 세상 별난 인생, 그래서 아름다운 사람들, 피플파워, 2016.

▌참고문헌

「4.28 산재사망 추모! 한광호 열사 정신 계승! 세종충남본부 촛불추모투쟁 결의대회」, 2016.4.26.

「4차 산업혁명, 한국형 모델을 찾아서」, 『주간경향』 제1250호 2017.11.7.

6.15공동선언실천남측위원회광주전남본부, 「정부는 개성공단 중단 조치를 즉각 철회하라!」, 2015.2.11.

가재산, 『삼성이 강한 진짜 이유』, 한울, 2014.

강성만, 「공동작업 공간 '윌로비' 정재석 대표」, 『한겨레』, 2018.4.26.

강수돌, 『살림의 경제학』, 인물과사상사, 2009.

강수돌, 『노동자자주관리기업 우진교통 이야기』, 이상북스, 2018.

강수돌·홀거 하이데, 『자본을 넘어, 노동을 넘어』, 이후, 2009.

강신준, 「구조조정의 대안, 사회적 고용」, 『한겨레』, 2016.6.7.

강신준, 「샌더스와 데브스, 촛불과 4.19혁명」, 『한겨레』, 2017.1.16.

강재언 지음, 편집부 옮김, 『근대한국사상사연구』, 한울, 1993.

강준만, 『지방은 식민지다』, 개마고원, 2008.

강준만, 『청년이여, 정당으로 쳐들어가라!』, 인물과사상사, 2015.

강준만, 「헌법재판소를 강원도로 옮기자」, 『한겨레』, 2016.4.4.

강진구, 「2015 호루라기 부는 날-제4회 호루라기 시상식」, 2015.12.3.

강철구, 『한국을 어떻게 바로 세울 것인가』, 명경, 2002.

강철구, 「민족주의의 미래-민족주의의 연구동향과 전망」, 2018 국학 월례강좌, 2018.11.22.

강철구, 「우리나라가 저임금체제를 극복하려면?」, 『이코노미뉴스』, 2017.12.05.

강현정·전성은, 『거창고 아이들의 직업을 찾는 위대한 질문』, 메디치미디어, 2015.

「개성공단 근로자 호소문」, 개성공단 근로자 협의회, 2016.3.15.

계승범, 「한전과 한택」, 『서울신문』, 2018.09.27.

고대같이하다 주최, 「청년의 꿈과 사회와 일 0학점강의」 토론, 2015.8.11.

「고대 세종 학내 민주주의 회복을 위한 기자회견」, 청년학생캠페인 고대〈같이하자〉, 2015.10.21.

고려대학교 아세아문제연구소 HK사업단, 『초국가적 공간과 공동체로서의 동북아시아』, 고려대학교 출판부, 2018.

「고학력은 도움 안되는 스펙?」, 배화여자대학교 평생교육원 홈페이지(baewhaedu.tistory.com), 2015.9.13

곽상신, 「단체협약 적용률을 올려야 하는 이유」, 『매일노동뉴스』, 2016.02.29.

곽정수, 「상위 재벌의 '경제력 집중' 개선되지 않았다」, 『한겨레』, 2018.08.29.

권경우, 「지식협동조합과 대학의 종말」, 웹진 『문화 다』, 2013.06.20.

권용립, 『보수』, 소화, 2015.

길현종·박제성·김수영·박은정·이다혜, 『공유경제와 고용관계』, 한국노동연구원, 2016.

김경일, 『노동』, 소화, 2014.

김경일, 『이재유 평전』, 창비, 1993.

김경호 외, 「탈원전333 릴레이 의견광고 33인」, 『경향신문』, 2018.8.28.

김교빈, 「서설」, 『강좌 한국철학』, 예문서원, 2000.

김기승 외, 『인문학의 싹』, 인물과 사상사, 2011.

김대영, 「공영형 사립대의 조건은 '한계 사학법인' 청산」, 『한국대학신문』, 2017.12.27.

김도현, 「풀리지 않는 '카풀 매듭'…공유경제 vs 약탈경제」, 『쿠키뉴스』, 2018.12.21.

김동엽·정법모, 「필리핀 대학교육의 역사와 현황 그리고 개혁 방향」, 『동남아시아연구』 22권,
    2012.

김동애 외, 『지식사회 대학을 말한다』, 선인, 2010.

김동춘, 『대한민국은 왜? 1945-2015』, 2015, 사계절출판사.

김동춘, 『사회학자 시대에 응답하다』, 돌베개, 2017.

김두식, 『법률가』, 창비, 2018.

김명환, 「대학을 망가뜨리는 자들」, 경향신문, 2015.9.15.

김미란·박태준·채창균·김선웅·류재우, 『대학교수 노동시장 분석』, 한국직업능력개발원, 2010.

김민섭(309동1201호), 『나는 지방대 시간강사다』, 은행나무, 2015.

김민수, 『청춘이 사는법』, 리더스북, 2013.

김민호·노일경·박혜경·강연배, 『평생교육 제도와 노동교육』, 한국노동사회연구소, 2002.

김범식, 「서울시 괜찮은 일자리 실태분석과 정책 방향」, 서울연구원, 2014.

김범준, 「시민저항, 비폭력이 폭력보다 강하다」, 『한겨레』, 2017.12.29.

김봉준, 「예술이 대학예술교육에 묻는다」, 『지식사회, 대학을 말한다』, 선인, 2010.

김삼웅, 『녹두 전봉준 평전』, 시대의 창, 2007.

김삼웅, 「조소앙 선생의 역사적 위상」, 조소앙 선생 탄신 130주년, 대동단결 선언 100주년 기념
    강연, 2017.12.19.

김상배 외 편, 『4차 산업혁명론의 국제정치학』, 사회평론아카데미, 2018.

김상봉·김용철 외, 『굿바이 삼성』, 꾸리에 북스, 2011.

김석희, 『조선후기 지방사회사 연구』, 혜안, 2004.

김선식 외, 「1968 꽝남대학살 위령비로 가는 길」, 『한겨레21』, 2018.1.19.

김성돈, 「국가폭력과 형법」, 법조협회, 『법조』, 2018.10.

김성환, 『골리앗 삼성재벌에 맞선 다윗의 투쟁』, 삶이보이는창, 2007.

「김소희 우리미래 대표 인터뷰」, 『고대신문』, 2017.11.27.

김순천, 『인간의 꿈-두산중공업 노동자 배달호 평전』, 후마니타스, 2011.

김승국, 『마을 민주 공화국』, 한국학술정보, 2018.

김신양 외, 『한국 사회적경제의 역사』, 한울, 2016.

김연식 글·사진, 『스물아홉, 용기가 필요한 나이』, 예담, 2015.

김영곤, 『노동의 역사 노동의 미래』, 선인, 2006.

김영곤, 「대학 구조조정의 문제점과 교육의 공공성 그리고 올바른 교육이란 무엇인가」 강의, 2015.11.21.

김영곤, 「대학에서 비판을 어떻게 억제하나?」, 『내일을 여는 역사』 2015 가을 vol.60.

김영곤, 「동학농민혁명에서 3.1혁명까지 당진의 사상을 찾아」, 『동학농민혁명 정신의 계승과 3.1혁명』, (사)당진시동학농민혁명승전목기념사업회·당진역사문화연구소, 2018.11.16.

김영곤, 「승전목 전투와 전국성」, 『내포동학농민혁명과 승전목 전투 학술대회』, 당진 문화원·당진역사문화연구소, 2017.11.17.

김영곤, 「인천지역 협동조합 생존의 흐름과 현안」, 『인천학연구』 20, 인천대학교 인천학연구원, 2014.2.

김영곤, 「절대평가하면 경쟁 아닌 협동하는 강의실이 된다」 『고대문화』 2015년 여름 120호.

김영곤, 「절망을 넘어 싸우는 대학원생들에게 희망을 쏜다」, 『고대 대학원신문』, 2014.11.3.

김영곤, 『한국노동사와 미래』 제3권, 선인, 2005.

김영곤, 『한국의 공동체자기고용』, 선인, 2009.

김예슬, 『김예슬 선언』, 느린걸음, 2010.

김용기, 「일자리는 누가 주도하나」, 『한겨레』, 2017.2.17.

김용섭, 『역사의 오솔길을 가면서』, 지식산업사, 2011.

김용철, 『삼성을 생각한다』, 사회평론, 2010.

김용택, 「사교육도 경쟁도 등수도 없는 나라... 우리는...?」, 『김용택의 참교육 이야기』, chamstory.tistory.com/1608, 2015.10.4.

김우재, 「일본의 '위대한' 과학」, 『한겨레』, 2018.2.6.

김장호, 「문재인 '노동회의소' "관변단체화 우려"」, 『민플러스』, 2017.03.15.

김재인, 『인공지능의 시대, 인간을 다시 묻는다』, 동아시아, 2017.

김정인, 『대학과 권력』, 휴머니스트, 2018.

김정인, 『독립을 꿈꾸는 민주주의』, 책과함께, 2017.

김정진, 「보편적 누진증세가 답이다」, 『한겨레』, 2017.7.26.

김정진, 「이재영을 떠나 보내며」, 『레디앙』, 2012.12.13.

김종영, 『지배받는 지배자 -미국 유학과 한국 엘리트의 탄생』, 돌베개, 2015.

김종태, 「학생들의 재능을 발견하고 적성을 찾아주는 포항동성고등학교」, 『교육신문』, 고려대 교육대학원, 2015.9.5.

김주완, 『별난 세상 별난 인생, 그래서 아름다운 사람들』, 피플파워, 2016.

김주완, 「정권은 바뀌어도 토호는 영원하다: 마산지역 토호세력의 뿌리」, 『사람과 언론』 제3호
        2018 겨울호.

김준진, 「고용허가제는 만병통치약?」, 『미디어다음』, 2004.9.3.

김준혁, 『누구를 어떻게 살릴 것인가』, 문학동네, 2018.

김진향·강승환·이용구·김세라 지음, 『개성공단 사람들』, 내일을여는책, 2015.

김창우, 『전노협청산과 민주주의』, 후마니타스, 2007.

김창훈, 「중국-이슬람은 새로운 '악의 축'인가?」, 『프레시안』, 2018.07.28.

김택환, 『행복한 독일 교육 이야기』, 자미산, 2017.

김헌주, 「대학 와서도 '등수 타령'… 줄 세우기 상대평가 없앤다」, 『서울신문』, 2018.12.23.

김현경, 「이상적인 남자의 키」, 『한겨레』, 2018.1.25.

김현대, 「대안적 삶, 세계 협동조합」 『녹색평론』 제126호 2012년 9-10월호.

김혜원 외, 『제3섹터 부문의 고용창출 실증연구』, 한국노동연구원, 2008.

김혜진, 『비정규 사회』, 후마니타스, 2015.

김호기, 「불평등을 해소할 '대압착 정책'」, 『경향신문』, 2018.8.29.

김효순, 『조국이 버린 사람들』, 서해문집, 2015.

남준희·김민재, 『굿바이! 미세먼지』, 한티재, 2017.

내부제보실천운동 외 주최, 「내부제보실천운동 심포지엄 및 발대식」 자료집, 2017.1.16.

네이버 지식백과, 구체적 유용 노동 (마르크스 『자본론』 (해제), 2004, 서울대학교 철학사상연구소).

노대명, 「한국 사회적경제의 진단과 과제」, 김신양 외, 『한국 사회적경제의 역사』, 한울, 2016.

노동전문가 33인, 『왜 다시 산별노조인가』, 매일노동뉴스, 2013.

노주석, 「종로구 장예원터(상)」, 『한겨레』, 2018.12.21.

노회찬, 『노회찬과 삼성X파일』, 이매진, 2012.

「"대학강사법 시행 유예, 그 이후…"」, www.maroni.co/sbdl2/49351.

동아일보 특별취재팀, 『작지만 강한 대학-세계의 리틀 아이비리그』, 동아일보사, 2006.

디지털미래포럼(주현정) http://blog.naver.com/hyungrac1000.

류동민, 『일하기 전엔 몰랐던 것들』, 웅진지식하우스, 2013.

류진산, 『한국의 근대성 연구-실학과 동학의 사상적 연계성을 중심으로』, 국방대학교 안전보장대
        학원 국제관계전공 석사학위논문, 2004.12.

류인하, 「또다시 시행 불발, 표류하는 강사법」, 『주간경향』, 2018.2.7.

마강래, 『지위경쟁사회』, 개마고원, 2017.

「모두가 주인이자 손님이 되는 열린 세계를 위한 인문학적 모색」, 『알바트로스』 2016 겨울 V.84,
        서강대학교.

문유석, 『판사유감』, 21세기북스, 2014.

문정현, 「강정 10년, 평화의 바람은 멈추지 않는다」, 『한겨레』, 2017.5.16.

문재인, 『대한민국이 묻는다』, 21세기북스, 2017.

「문재인 대통령, 비정규직 대표 100인과 만납시다」 비정규직 대표 100인 기자회견」, 비정규직 그
　　만 쓰게! 1,100만 비정규직 공동투쟁, 2018.12.11.

문재인·김인회, 『검찰을 생각한다』, 오월의 봄, 2011.

민주노총, 「논평, 교원지위 보장과 처우 개선을 위한 강사법 시행이 대량해고의 핑계가 되어선 안
　　된다」, 2018.11.30.

박노자, 「박근혜 정권, 그리고 '실력자'들의 시대」, 『한겨레』, 2016.3.23.

박노자, 「의견서」, 2015.11.23.

박노자, 「이민만이 '헬' 탈출구로 보이는 이유」 『한겨레』, 2016.1.20.

박노자, 「'헬조선'에서 민란이 일어나지 않는 이유」, 『한겨레』, 2015.9.30.

박맹수, 『생명의 눈으로 보는 동학』, 모시는사람들, 2014.

박상영, 「인생 최대 적자는 16세 때 '2460만 원'」, 『경향신문』, 2019.1.22.

박상익, 『번역청을 설립하라』, 유유, 2018.

박상인, 『삼성전자가 몰락해도 한국이 사는 길』, 미래를 소유한 사람들, 2016.

박상현, 「대중교육의 이론과 쟁점」, 윤종희·박상현 외 과천연구실 세미나 24, 『대중교육: 역사·
　　이론·쟁점』, 공감.

박석운, 「독일 프리드리히 에버트 재단이 한국 '촛불 시민'에게 준 2017년 인권상 대리 수상 인사
　　말」, 2017.12.6.

박성민, 「한국의 주인이 바뀌고 있다」, 『경향신문』, 2018.01.01.

박승옥, 「한국 사회적 경제운동의 특성과 마을공동체 재생운동」, 김신양 외, 『한국 사회적경제의
　　역사』, 한울, 2016.

박영숙·제롬 글렌, 『유엔미래보고서 2045』, 교보문고, 2015.

박원순 외, 『행복한 진로학교』, 시사IN북, 2011.

박점규, 『노동여지도』, 알마, 2015.

박점규, 「사내하청노조 10년, '신분 상승 운동' 반성」, 『프레시안』, 2016.03.04.

박정호, 「독일 노동자 경영에 참여하는 '공동결정제' 한국 도입 가능할까」, 『경향비즈』, 2015.5.31.

박정호·양운덕·이봉재·조광제 엮음, 『현대 철학의 흐름』, 동녘, 2002.

박주민, 「시민정치 참여, 마드리드에서 배워라」 『한겨레』, 2016.1.20.

박주희, 「떠나는 청년」, 『한겨레』, 2017.12.20.

박진도, 『부탄, 행복의 비밀』, 한울아카데미, 2017.

박현채, 『민족경제론』, 한길사, 1978.

박형남, 재판으로 본 세계사, 휴머니스트, 2018.

백원담, 「77명의 제자들을 위해」, 『경향신문』, 2016.1.27.

백지운, 「동아시아 지역질서 구상과 '민간연대'의 활동」, 『동아시아의 지역질서』, 창비, 2005.

「뿌리 못 내린 한국 민주주의 문제와 해결책은 무엇인가」, 『경향신문』, 2017.3.28.

서울지방변호사회, 『인간의 존엄성 회복을 위한 특별보고서 : 쌍용자동차 사태 특별조사단 보고서』, 2012.

서보혁 · 이찬수, 『한국인의 평화사상 1 · 2』, 인간사랑, 2018.

서울특별시, 「50 이후의 삶, 무엇을 더하시겠습니까」, 2016.

선대인, 『일의 미래: 무엇이 바뀌고 무엇이 오는가』, 인플루엔셜, 2017.

성미혜, 「시간강사, 박정희가 만들고 대학은 이용했다」, 『시사코리아』, 2019.01.17.

「세계노총남코리아지부 결성선언문」, 2018.10.26., 서울.

「세계적 미래학자 레이 커즈와일 "2030년대, 뇌에 나노봇 넣어 컴퓨터에 연결하는 시대 온다"」, 『조선비즈』, 2016.7.24.

세계화 국제포럼, 이주명 옮김, 『더 나은 세계는 가능하다』, 2005.

섹알마문, 「무슬림은 어디로 가야 하나요」, 『한겨레』, 2018.3.22.

손아람, 「소비자를 위한 기업」, 『한겨레』, 2018.12.27.

손호철, 『촛불혁명과 2017년 체제-박정희, 87년, 97년 체제를 넘어서』, 서강대학교 출판부, 2017.

송의영, 「성장친화적 소득재분배가 답이다」. 『경향신문』, 2018.10.10.

송호근, 『가 보지 않은 길 : 한국의 성장동력과 현대차 스토리』, 나남, 2017.

신광영, 『한국 사회 불평등 연구』, 후마니타스, 2013.

신양웅, 「연암 박지원과 한민명전의」, 『내포문화』 제14호, 당진향토문화연구소, 2002.

신선희, 「의견서」, 2015.11. .

심재우, 『저항권』, 고려대학교출판부, 2000.

아시아경제 온라인이슈팀, 「부모가 자녀에게 물려주기 싫은 스펙 1위는?…외모 제치고 '영어실력'」, 『아시아경제』, 2015.01.21.

안분석, 『북한 현대사 산책』 1~5, 인물과 사상사, 2017.

안병무, 『민중신학을 말한다』, 한길사, 1993.

안병진, 「개혁적 보수주의 진영은 혁명가가 될 수 있을까」, 『경향신문』, 2015.10.9.

안재성, 『이현상 평전』, 실천문학사, 2013.

안재원, 「전쟁의 승패, 용기보다는 인내와 규율이 더 결정적이다」, 『경향신문』, 2017.3.25.

안정수 편집, 『사회화와 주체성』, 연세대학교 출판부, 2005.

안주원, 『구글보다 요리였어』, 브레인스토어, 2015.

양승훈, 「생산직 직무 재교육, 왜 필요한가」, 『경향신문』, 2018.5.3.

양준호, 「인천의 개혁정당, 낡은 '투자유치 만능론'을 걷어차라!」, 『인천뉴스』, 2018.2.5.

엄기호, 『우리가 잘못 산게 아니었어』, 웅진지식하우스, 2012.

오광석, 「현명한 새해 가정경제 계획 세우기」, 『한살림소식』 542호, 2015.12.18~1.10.

오건호, 『국민연금, 공공의적인가 사회연대임금인가』, 책세상, 2006.

오건호, 「민주노총, 사회연대노총으로」, 『경향신문』, 2018.1.30.

오도, 『씨앗받는 농사 매뉴얼-내가 직접 키운 작물, 내가 직접 받는 씨앗』, 들녘, 2013.

오지영, 『동학사』, 대광문화사, 1994.

오찬호, 『우리는 차별에 찬성합니다』(괴물이 된 이십 대의 자화상), 개마고원, 2013.

오찬호, 『진격의 대학교』(기업의 노예가 된 한국 대학의 자화상), 문학동네, 2015.

오항녕, 『그것이 정말 '보수'였을까?』, 한겨레, 2018.6.22.

원전 공산주의대계 편찬위원회, 『원전 공산주의대계』, 극동문제연구소, 1984.

원옥금, 「이주민 공동체의 위기」, 『한겨레』, 2018.12.13.

유은혜, 「4년제 사립대학 2016년 결산분석보고서」, 2017.10.

유철규, 「금융자유화에서 금융민주화로」, 『사회경제 민주주의의 경제학』, 돌베개, 2013.

윤구병, 『변산공동체학교 : 어제, 오늘 그리고 내일』, 보리, 2008.

윤정란, 『한국전쟁과 기독교』, 한울, 2016.

이강재, 「강사법 안착을 위한 후속 논의가 필요하다」, 『한겨레』, 2018.12.11.

이광일 · 김원 · 김영선 · 김상숙 · 유경순 · 이남희 · 이재성 · 임송자 지음, 『민주노조, 노학연대 그
        리고 변혁 1980년대 노동운동의 역사』, 한국학중앙연구원, 2017.

이기상, 『서양철학의 수용과 한국철학의 모색』, 지식산업사, 2002.

이남신, 「비정규 문제 해결 방향과 우선 개선 과제-다시 찾아온 절박한 기회」, workingvoice.net,
        2016.12.27.

이남주, 「동아시아 협력론에 대한 비판적 검토」, 『동아시아의 지역질서』, 창비, 2005.

이덕일, 『송시열과 그들의 나라』, 김영사, 2002.

이동연, 「예술인 복지, 구제가 아닌 권리로」, 『경향신문』, 2017.12.1.

이동연, 『예술@사회』, 학고재, 2018.

이명호, 『노동4.0』, 스리체어스, 2018.

이무근 · 이찬, 『대학생의 진로멘토링』, 교육과학사, 2012.

이민화, 『4차 산업혁명으로 가는 길』, KCERN, 2016.

이범연, 『위장취업자에서 늙은 노동자로 어언 30년』, 레디앙, 2017.

이범진, 「인터뷰. 트라우마와 제주4.3 그리고 생명의 길」, 『복음과 상황』 2018년 4월 329호.

이병천, 「삼성과 한국 민주주의」, 조돈문 · 이병천 · 송원근, 『한국사회, 삼성을 묻는다』, 후마니타
        스, 2008.

이병천, 「마을재산복원기본법 제정을 촉구한다」, 『한겨레』, 2017.2.27.

이삼성, 『한반도의 전쟁과 평화』, 한길사, 2018.

이상용, 「고용과 진로, 그리고 직업의 향방-직업의 원리와 개인의 전략들(1)」, 『이코노미뉴스』,
        2013.07.15.

이상희,『시골생활 기술백서』, 농민신문사, 2015.

이영,「고령화와 고등교육의 장기여건과 재정수요 추정」,『한국일보』, 2005.12.01.

이영경,「생애주기별 고민 공식 깨졌다」,『경향신문』, 2018.12.21.

이용인,「준비하고 있는가」,『한겨레』, 2015.8.14.

이유진,『원전 하나 줄이기』, 서울연구원, 2016.

이은열,「교육, 혁신으론 부족하다」,『당진시대』, 2016.1.9.

이이화,『민란의 시대』, 한겨레출판, 2017.

이재성,「미국 유학파, '트랜스내셔널 미들맨'의 이중성」,『한겨레』, 2015.5.14.

이재영,『이재영의 눈으로 본 한국 진보정당의 역사』, 해피스토리, 2013.

이재영 지음, 이재영추모사업회 엮음,『비판으로 세상을 사랑하다』, 해피스토리, 2013.

이정동·서울대학교 공과대학 지음,『축적의 시간』, 지식노마드, 2015.

이정우,「백성이 근본이다」,『경향신문』, 2016.11.12.

이준웅,「'4차 산업혁명' 구호는 버려야」,『경향신문』, 2017.05.07.

이정희,『진보를 복기한다』, 들녘, 2016,

이종구,「노동운동·노동연구 위기론과 학술운동의 과제」,『학술운동 30년과 비정규교수연구자:
　　　성찰과 과제』, 학술단체협의회·민주화운동기념사업회, 2018.10.19.

이종영,「노동의 개념」,『진보평론』제43호 2010년 봄, 메이데이, 2010.

이필렬,「에너지전환과 거대자본」,『경향신문』, 2018.4.6.

이해찬,「교육만이 대안이다 ① 대한민국 교육 현실과 교육정책 진단」, 더좋은민주주의연구소,
　　　ibd.or.kr/11766, 2015.9.29.

「'일자리 4.0' 정답은 플랫폼에 있다」, SK텔레콤, 2017.4.28.

장강명,『한국이 싫어서』, 민음사, 2015.

장덕진,「소득주도 성장과 한국 사회 거버넌스」,『경향신문』, 2018.8.28.

장은주,「'이면헌법'을 없애는 두 개의 길」,『경향신문』, 2018.2.19.

장인선,「이것 하나만은! 백세시대 꼭 지켜야 할 연령대별 생활습관」,『경향신문』, 2018.1.25.

장하준,『한국자본주의』, 헤이북스, 2014.

장하준,「삼성 잘못되면 나라가 휘청…원칙적으론 국유화해야」,『한국일보』, 2014.08.06.

전경원,「2015 호루라기 부는 날-제4회 호루라기 시상식」, 2015.12.3.

전국금속노동조합·김종훈 의원 외,「하이디스 사태로 본 외투자본 문제점과 입법방향」, 2017.7.25.

전국여성농민회총연맹,「여성농민 전담 부서 설치! 쌀값 폭락 해결! 쌀값 보장! 전국 여성농민 투
　　　쟁 결의문」, 2017.8.23.

전병유·신진욱,『다중격차, 한국 사회 불평등 구조』, 페이퍼로드, 2016.

전호근,『한국철학사』, 메멘토, 2015.

정성진,『한국의 대안세계화운동 이념』, 한울, 2012.

정은주, 「세금 먹튀 '의사 교수'의 완전한 승리?」, 『한겨레21』, 2012.11.29.

정은주, "재벌 자원배분 잘못, 한국경제 생산성 떨어뜨린다", 『한겨레』, 2018.4.20.

정의당, 노동자 대투쟁 30주년 기획토론회 「노동이 있는 민주주의, 무엇을 할 것인가」, 2017.09.19.

정이환, 「한국 임금불평등 구조의 특성: 국제비교를 중심으로」, 『한국사회학』 제49권 제4호, 2015년.

정이환, 『현대 노동시장의 정치사회학』, 후마니타스, 2006.

정지윤 사진·글, 『바꿀 수 없는-비전향 장기수』, h2, 2018.

정진상 외, 『대안세계화운동의 조직과 전략』, 한울, 2010.

정태인, 「김정은 위원장께」, 『경향신문』, 2018.04.30.

정태인, 『소득주도 성장, 올바른 토론의 시작』, 경향신문, 2018.7.23.

제임스 페트라스·핸라 베르마이어, 원영수 옮김, 『세계화의 가면을 벗겨라』, 메이데이, 2008.

조계완, 「대-중기 수직계열화 체제론, 세상에 없던 제품 못 만든다」, 『한겨레』, 2018.9.28.

조계완, "신제품 시도 들끓도록 통합적 국가혁신 시스테 만들어야", 『한겨레』, 2019.1.21.

조동일, 『학문론』, 지식산업사, 2012.

조소진, 「故 김한용 강사의 가르침을 기리며」, 『고대신문』, 2013.7.21.

조영래, 『전태일 평전』, 돌베개, 1996.

조유식, 『정도전을 위한 변명』, 푸른역사, 1997.

조일준, 「불평등 늪에 빨려드는 세계…해법은 있다」, 『한겨레』, 2018.8.31.

조정달, 『이단의 민중반란』, 역사비평사, 2008.

조현경, 「노동권 사각지대 톺아보기」, 『한겨레』, 2016.3.28.

조혜정, 「정치·권력 30년…민주화 세대는 무엇을 남겼나」, 『한겨레』, 2018.12.7.

조효제, 「밀레니엄 대학생이 온다」, 『한겨레』, 2018.10.31.

조효제, 「UN 인권 70년의 빛과 그늘」, 『한겨레』, 2015.10.14.

주상완, 「뜻이 없으면 '루저', 뜻이 있으면 '위너'」, 박원순 외, 『행복한 진로학교』, 시사IN북, 2011.

주성하, 『평양 자본주의 백서』, 북돋움, 2018.

주철희, 『동포의 학살을 거부한다-1948, 여순항쟁의 역사』, 흐름, 2017.

중소기업청·중소기업진흥공단, 『인재가 몰리는 중소기업의 비밀』, 2015.

지주형, 『한국 신자유주의 형성과 기원』, 책세상, 2011.

차병직·윤재왕·윤지영, 『지금 다시, 헌법』, 로고폴리스, 2017.

채현국 구술, 정운현 기록, 『쓴맛이 사는 맛 : 시대의 어른 채현국, 삶이 깊어지는 이야기』, 비아
　　　　북, 2015.

채효정, 『대학은 누구의 것인가』, 교육공동체벗, 2017.

천인성 외, 「인문대생 제약사 취업시킨 '별난 수업'」, 『중앙일보』, 2015.9.8.

천정환, 「여공의 배움… 계층상승 욕망 너머 인간다움을 꿈 꾸다」, 『한국일보』, 2016.1.4.

철학사전편찬위원회, 『철학사전』, 중원문화, 2012.

청소년참정권을 지지하는 청소년지원현장 활동가들, 「선거 연령 하향하라!」, 2018.4.25.

최제우 지음, 박맹수 옮김, 『동경대전』, 지식을만드는지식, 2012.

최종렬, 『복학왕의 사회학』, 오월의봄, 2018.

최애경, 「미래를 향한 기억: 윤이상 음악에서 한국 문화의 위치와 의미」, 『21세기 아시아에서 윤
　　　이상의 음악적 유산을 재조명하다』 심포지엄, 통영, 2017.4.2.

최창우, 「주거 세입자 홀대 언제까지?」, 『한겨레』, 2018.9.5.

최태섭, 『잉여사회』(남아도는 인생들을 위한 사회학), 웅진지식하우스, 2013.

최희원, 「구글의 배신」, 『경향신문』, 2017.12.7.

투명가방끈, 『우리는 대학을 거부한다』, 오월의 봄, 2015.

프로젝트 류, 「학교의 주인은 학생입니다」, 『안녕들 하십니까?』, 오월의 봄, 2014.

하남현·손해용, 「이번엔 기업 공익재단 타깃… 재계 "기업 나쁘다는 선입견"」, 『중앙일보』, 2017.11.3.

하장호, 「예술가가 죽었다. 일용직 노임이 적용됐다」, 『프레시안』, 2018.2.28.

한국인터넷진흥원(KISA), 『2045년 미래사회@인터넷』, 2016.

한반도통일역사문화연구소 기획, 『태안 민간인학살 백서』, 2018.

「한살림사람들」 2017년 11월호, 191호.

한종선, 『살아남은 아이』, 이리, 2014.

현무환, 『김병곤 약전』, 푸른나무, 2010.

「협동조합 정체성에 대한 선언」 1995년 ICA 총회 발표.

홍성욱 기획, 『4차 산업혁명이라는 유령』, 휴머니스트, 2017.

홍윤철, 『질병의 종식』, 사이, 2017.

황예랑, 「대담/리처드 윌킨슨·케이트 피킷 교수 부부-김용익 건보공단 이사장」, 『한겨레』,
　　　2018.11.5.

희망제작소 기획, 김민아·황세원 등, 『자비 없네 잡이 없어』, 서해문집, 2018.

『Campus Job & Joy』, 한국경제신문, 2015.09.14~10.14.

EBS 1TV 과학비욘드, 『3D 프린팅, 상상을 출력한다』, EBS, 2017.6.15.

EBS 제작팀 지음, 『왜 우리는 대학에 가는가』, 해냄, 2015.

EBS지식채널, 「68혁명 1부-주동자가 없는 시위. 2부-실패한 혁명 동영상」, 2010.04.02.

가라타니 고진, 『세계공화국으로』, 도서출판B, 2007.

구도 게이 외, 곽유나 외 옮김, 『무업사회』, 펜타그램, 2015.

데이비드 바인, 유강은 옮김, 『기지 국가』, 갈마바람, 2017.

데이비드 와일 지음, 송연수 옮김, 『균열 일터: 당신을 위한 회사는 없다』, 황소자리, 2015.

라르스 다니엘손, 박현정 지음, 『스웨덴은 어떻게 원하는 삶을 사는가?』, 한빛비즈, 2018.

려도 지음, 연광석·정성조·박다짐 옮김, 『중국 신노동자의 형성』, 나름북스, 2017.

레스터 C. 더로, 『제로섬 사회』, 한마음사, 1999.

레이 커즈와일, 윤영삼 옮김, 『마음의 탄생』, 크레센도, 2016.

르 바지크 지음, 김진한·한수정 옮김, 『누가 농민의 몫을 빼앗아 가는가』, 따비, 2017.

리처드 플로리다, 박기복·신지희 옮김, 『후즈유어시티』, 브렌즈, 2010.

리처드 하인버그, 노승영 역, 『제로 성장 시대가 온다』, 부키, 2013.

린다 그래튼·앤드루 스콧, 안세민 옮김, 『100세 인생 - 저주가 아닌 선물』, 클, 2017.

마르셀 스트루방, 박주원 옮김, 『노동사회학』, 동문선, 2003.

마르틴 호이즐러, 장혜경 옮김, 『해적당』, 로도스출판사, 2012.

마스다 히로야, 김정환 옮김, 『지방소멸』, 와이즈베리, 2015.

마이클 샌델, 안규남 역, 『민주주의의 불만: 무엇이 민주주의를 뒤흔들고 있는가』, 동녘, 2012.

마크 그라노베터, 유홍준·정태인 옮김, 『일자리 구하기』, 아카넷, 2012.

맥스 테그마크 지음, 백우진 옮김, 『맥스 테그마크의 라이프 3.0』, 동아시아, 2017.

H. 메도즈·데니스 L. 메도즈·요르겐 랜더스·메도즈 지음, 김병순 옮김, 『성장의 한계』, 갈라파
        고스, 2012.

무라카미 아쓰시, 최선주 옮김, 『프라이부르크의 마치즈쿠리』, 한울, 2009.

미겔 니콜렐리스, 김성훈 옮김, 『뇌의 미래』, 김영사, 2012.

미국 국가정보위원회(NIC), 『글로벌 트렌드 2035』, 한울, 2017.

벤저민 클라인 허니컷, 김승진 옮김, 『켈로그의 6시간 노동제』, 1930~1985, 이후, 2011.

사울 알린스키, 정인경 옮김, 『래디컬 : 급진주의자여 일어나라』, 생각의힘, 2016.

샘 피지캐티, 허윤정 옮김, 『최고임금』, 루아크, 2018.

샤흘 와호, 「노동계급의 투쟁만이 해방을 앞당긴다」, 『항쟁의 기관차11』, 2018.11.

스탠리 아로노위츠 지음, 『교육은 혁명의 미래다- 죽은 학교 살리고 삶의 교육 일구는 교육 혁명
        을 향해』, 이매진, 2014.

아룬 순다라라잔, 이은주 옮김, 『4차 산업혁명 시대의 공유경제』, 교보문고, 2018.

알렉스 제니 외, 전미연 옮김, 『22세기 세계-내일을 위한 유토피아』, 황소걸음, 2015.

압둘라 아잘란 지음, 정호영 옮김, 『압둘라 아잘란의 정치 사상』, 훗, 2018.

엘리사 레위스·로맹 슬리틴 지음, 임상훈 옮김, 『시민 쿠데타』, 아르테, 2017.

애니트라 넬슨·프란스티머만 엮음, 유나영 옮김, 『화폐없는 세계는 가능하다』, 서해문집, 2013.

요시다 타로, 안철환 옮김, 『생태도시 아바나의 탄생』, 들녘, 2009.

요시다 타로, 송제훈 옮김, 『몰락선진국 쿠바가 옳았다(반성장 복지국가는 어떻게 가능한가)』, 서
        해문집, 2011.

울리히 벡, 홍찬숙 옮김, 『세계화 시대의 권력과 대항권력』, 길, 2011.

유발 하라리 지음, 김명주 옮김, 『호모데우스』, 김영사, 2017.

유발 하라리, 조현욱 옮김, 『사피엔스』, 김영사, 2015.

이노우에 토모히로 지음, 김정환 옮김, 『2030 고용절벽 시대가 온다』, 다온북스, 2017.

이반 일리히, 이한 옮김, 『성장을 멈춰라』, 미토, 2004.

임마누엘 페스트라이쉬, 『한국인만 모르는 다른 대한민국』, 21세기북스, 2013.

월터 카우프만, 이은정 옮김, 『인문학의 미래』, 동녘, 2011.

장가브리엘 가나시아 지음, 이두영 옮김, 『특이점의 신화』, 글항아리, 2017.

제리 카플란 지음, 신동숙 옮김, 『인간은 필요없다』, 한스미디어, 2016.

조안 B. 시울라, 『일의 발견』, 다우, 2005.

켄 일구나스, 『봉고차 월든』, 문학동네, 2015.

케이시 윅스, 『우리는 왜 이렇게 오래, 열심히 일하는가?』, 동녘, 2016.

G.D.H.콜, 정광민 옮김, 『영국 협동조합의 한 세기』, 그물코, 2016.

크리스 한·키스 하트 지음, 홍기빈 옮김, 『경제인류학 특강』, 삼천리, 2016.

클라우스 슈밥 지음, 송경진 옮김, 『제4차 산업혁명』, 새로운 현재, 2016.

타일러 코웬, 신승미 옮김, 『4차 산업혁명 강력한 인간의 시대』, 이퍼블릭, 2017.

토마 피케티, 장경덕 옮김, 『21세기자본』, 글항아리, 2014.

토마스 바셰크, 이재명 옮김, 『노동에 대한 새로운 철학』, 열림원, 2014.

톰 니콜스, 정해윤 지음, 『전문가와 강적들 -나도 너만큼 알아』, 오르마, 2017.

팀 런던, 『노동 없는 미래』, 비즈니스맵, 2016.

파쿤도 알바레도·뤼카 샹셀·토마 피케티·이매뉴얼 사에즈·게이브리얼 주크먼 지음, 장경덕 옮김, 『세계불평등보고서 2018』, 글항아리, 2018.

피터 레이시·제이콥 뤼비스트 지음, 최경남 옮김, 『순환경제 시대가 온다』, 전략시티, 2017.

피터 센게, 안중호 역, 『제5경영 : 학습조직의 바이블』, 세종서적, 1996.

피터 싱어, 김성한 지음, 『동물해방』, 연암서가, 2016.

한나 아렌트, 이진우·태정호 옮김, 『인간의 조건』, 한길사, 2003.

허쉐펑 지음, 김도경 옮김, 『탈향과 귀향 사이에서』, 돌베개, 2017.

헨리 조지, 김윤상 옮김, 『진보와 빈곤』, 비봉출판사, 1997.

▎ 한글요약

  나는 고려대에서 「노동의 역사」, 「노동의 미래」를 강의했는데, 2013년 고려대가 나의 강의 배정을 취소해 해고했다. 전국대학강사노동조합을 만들어 학문 연구와 학생 교육 지도에서 비판의 자유를 보장하도록 강사 교원지위 회복과 강사 교원지위를 인정한 강사법 시행을 요구하고, '국방부 금서'인 『노동의 역사 노동의 미래』(선인, 2006)를 썼기 때문이다. 강사법은 2018.12.18 대통령이 공포하고, 2019.8.1 시행했다. 나는 나에게 강의를 바라는 학생들에게 '0학점 강의'를 했다. 그 강의와 고민을 이 책으로 정리했다.

  주입식 교육에 젖은 학생들은 사회를 잘 알지 못하고 자신을 알기 어렵다. 그들은 자신의 꿈이 무엇인지, 자신이 하고 싶은 일이 무엇인지를 잘 알지 못한다. 따라서 자신이 할 일과 행복을 찾기 어렵다. 사회는 청년에게 창의적으로 사고하고 거기서 일자리를 찾으라고 하지만, 대학은 대안과 일을 찾는 길을 안내하지 못한다. 이 책은 청년이 사회를 알고 나를 알고 그 바탕 위에 일과 직업을 찾고 그 결과 행복해지는 과정을 썼다. 이를 통해 청년은 개인의 역할과 행복을 누리고, 아울러 한국과 지구 사회에 기여하게 된다.

  각 장은 다음과 같은 내용이다. 1장, 세계와 한국 사회 그리고 지역사회에는 많은 필요가 있고 이것은 청년이 해결해야 할 일이다. 2장, 최근 논쟁 중인 4차 기술혁신은 독점 강화와 공유의 상반된 성격이 있다. 이 가운데 독점을 억제하고 공동체성을 강화해야 한다. 3장, 노동해방 과정에서 노동자와 시민은 생산 분배 소비를 조직하는 노동 조직 운영 능력을 높여야 한다. 노동조직에는 자영업, 기업, 협동조합, 공공부문, 정부·지방정부·세계기구·세계정부 등이 있다. 4장, 사회운동과 민주·진보정치는 사회문제를 해결하는 과정이다. 이 과정에서 노동자 시민의 요구와 지향, 조직, 투쟁은 결국 공유사회를 지향한다. 5장, 이론과 실천의 관계에서 사회는 사람들에게 통합적 사고, 대안 마련과 실천, 공동체적 사고, 지도력, 지식인의 사회적 책임을 요구한다. 6장, 한국 청년 70%가 대학에 다닌다. 대학은 학문을 비판적으로 연구해 사회에 대안을 제시해야 한다. 이 연구를 학생에게 교육·지도하고 토론해야 한다. 그래야 사회와 학문 연구 그리고 교육이 선순환 한다. 7장, 앞에서 살펴본 바와 같이 청년은 사회를 알고 나를 알고 그리고 자신의 일과 직업을 찾고, 이것을 설계한다.

The Work & Happiness of 1 : 9 : 90 Society in Korea

Youngkon Kim

I had lectured "The History of Labor" and "The Future of Labor" at the Korea University. However, Korea University fired me, canceling the assignment of my course in 2013. The reasons are as follows.

First, I organized the Korea Lecturer Union and requested the restoration of the faculty status and implementation of the Lecturers Act, according to Article 14 of the Higher Education Act, which recognized that. Second, I published wrote "Future of Labor History and Labor"(Sunin Publishing Co., 2006), but the Ministry of National Defense forbid distribution of the book to soldiers. The Lecturers Act had passed the Korea National Assembly at 29. November. 2018. I offered a 'zero-credit lecture', open to students whoever wanted to take. The book summarized the content of the lecture and my concerns.

Students who have been accustomed to rote learning have a difficulty understanding their identity and society. They do not know what their dreams are and what they want to do. Therefore, it is difficult to find their own vocation & happiness. Modern society requires them to think creatively and find a job, but higher education is not equipped to guide them to find jobs and the alternatives. This book was written for young people to understand the society and to understand themselves, and then to find work and job based on the understanding. The book states that they will be happy as a result. Through this, young people will enjoy an individual role and happiness, and contribute to Korean and global society.

The chapter includes the following contents. In Chapter 1, the world, Korean society, and the community have a lot of needs, and young people should solve these needs.

In Chapter 2, the controversial fourth technological innovation has conflicting character of monopoly consolidation and sharing. Among these, the monopoly should be suppressed and the community should be strengthened.

In Chapter 3, in the process of labor liberation, workers and citizens should increase their capacity to organize the production and distribution. The labor organizations are self-employment, corporations, cooperatives, the public sector, central and local government, and global NGOs and global government.

In Chapter 4, Social movements and democratic and progressive politics are on the process of solving social problems. In the process, the demands, orientation, organization, and struggle of workers & citizens are ultimately directed toward the society of sharing.

In Chapter 5, in the relationship between theory and practice, society requires people to have integrated thinking, alternative planning and practice, perceptions toward community, leadership, and social responsibility of intellectuals.

Chapter 6, 70% of Korean young people go to college. Universities should critically study society and offer alternatives to society. The students should be educated the studies. Then the society and academic research and education will have a virtuous cycle.

In Chapter 7, as we have seen in above, the young people come to know the society, know themselves, find their own vocation, or create it.

찾아보기

ㄱ

가계 488
가뭄 25
가상수 24
가상현실 150
가상화폐 151
가업 490
가정 경제계획 485
가족공동체 336
가족농 43
가족주의 321, 339
간호사 471
감정노동 258
갑을관계 59
강남좌파 312
강사 392
강사법 395, 397
강원도 127
강정마을 121
개념설계 438
개발독재 353
개발자 156
개성 441
개성공단 121
개인 이익 339
개인과 사회 336
개인주의 321
개체론 313
개헌안 188
개혁 268
갯벌 31
거창고 413

걱정 455
건국준비위원회 357
걸인청 343
검사 517
검찰 112, 232
게임산업 179
격차 157, 164
결사의 자유 274
경기도 126
경남 울산 132
경영권 339
경영참여 210, 248
경제민주화 352
경제사회노동위원회 276, 297
경제적 요구 248
경제체제 168
경찰 112
경향신문 225
계급갈등 469
계약직 474
고교학점제 412
고독사 494
고등교육법 394
고등학생 415
고려인 134
고령화 50
고법 부장판사 232
고용안정 82
고용없는 성장 86, 483
고용허가제 134, 263
고졸 408
공감 233
공공기관 471

공공노동 186
공공부문 95, 96, 202, 227
공공성 95
공기업 227
공동주택 87
공동체 322
공동체 이익 339
공동체운동 방식 287
공동체주의 352
공무원 취업 459
공무원연금 91
공산당선언 283, 340
공영방송 235
공영형 사립대 431
공영화 228
공유경제 165, 189, 225
공유노동 183, 189
공유지의 비극 341
공익법인 64
공정거래 58
공정거래법 53, 60
공정무역 138
공정여행 138
공학 386
관심 458
관용 332
광고 235
광역공동체 237
광역국가 163
광주 전남 129
광주민주항쟁 324
광주형 일자리 77
교류 117

교섭 296
교수 322, 390
교수 비정규화 374
교원 424
교원수 396
교육 160, 176
교육권 405
교육천국 421
교직 323
교통 162
교회 310
구글러 508
구조조정 실업 259
구체노동 192
구체적 노동 263
국가 163
국가교수제 391
국가교육위원회 446
국가박사 391
국가보안법 111, 176, 308
국경없는 의사회 237
국공립대 430
국립외교원 466
국민부담률 93
국민연금 90
국민총행복 198
국유화 65
국적 488
국적자 21
국제 교류 137
국제기구 477
국제노총 283
국제사면위원회 187
국제연대 283
국제협동조합연맹 214
국회 230
군대 116
군산복합체 439

권위 305
귀농 43, 480
귀산촌 480
귀촌 480
규모의 경제 43
균분론 321
그리스 184
그린피스 187
근대화 320
근로장려세제 148
금수저 464
기계론 314
기능 488
기능적 민주주의 62
기륭전자 297
기본소득 91, 156, 180, 481
기술계급사회 152
기술혁신 139, 170
기업 202, 207, 401
기업의 사회적 책임(CSR)
　　63, 211, 338
기일원론적 345
기초연금 90
기후변화 22
기후운동 51
김구 346, 356
김대중 171
김병곤 360
김병로 364
김성환 514
김앤장 114
김용용 516
김원봉 358
김종철 351
김태준 355
김혁 516
꿈 455, 474

ㄴ
난민 18
남미국가연합 240
내각제 230, 231
내수 337
네이버 172
네트워크적공동체 324
네트워크조직론 295
노동 34, 178, 183, 336
노동4.0 168
노동계획 495
노동과정 200
노동생애 486
노동생애 설계 498
노동시간 75, 180, 253
노동시간 나누기 475
노동유연성 82
노동이사 210
노동자 자주관리 225
노동자 재교육 259
노동자연대 347
노동전선 295
노동조직 180, 200, 332
노동조합 341
노동조합 조직 272
노동조합 조직률 280
노동직업 DNA 488
노동허가제 134, 263
노르웨이 198
노무현 120, 332
노블리스 오블리제 332
노사결정제도 275
노사정위원회 297
노사협의회법 275
노인 463
노인병 159
노인복지 89
노인연금 481

노조 조직률 272
노키아 61, 180
녹색평론 351
놀이 195
농민기본소득 43
농민수당 43
농성 299
농업 41
농업 직불금 42
농업협동조합 212
농지개혁 43, 316
누진적 자본세 65
뉴레프트 443
니트족 470

ㄷ

다양성 174, 317, 441
다음 172
다친다 329
다품종 소량생산 169
단결권 274
단체교섭권 274
단체협약 적용률 280
단체협약 확장제도 281
단카이(團塊)세대 170
대구 경북 131
대구대 490
대기업 459
대기오염 27
대안 306, 328, 333
대안대학 419
대안사회 265
대안체제 264
대전 세종 충남 128
대체복무 116
대통령 중심제 99
대통령제 229
대필 382

대학 진학률 400
대학교육 367, 446
대학교육의 목적 371
대학생 교육과정 503
대학생협 220
대학운영 376
대학원생 398, 439
대학의 민주적 운영 444
대학의 지배구조 380
대학평가 371
대학평의원회 407
대학협동조합 220
대한노총 277
덴마크 86
도서관 511
도시 162
도예종 360
도이모이 개혁정책 268
독일 83
독일혁명 283
동남아시아국가연합 240
동력 182
동북아 51, 241
동북아 평화 공동체 241
동아리 487, 503
동일노동 254
동일노동 동일임금 69, 254, 409
동일임금 254
동학 344
동학농민혁명 116, 190, 321, 345
동향계 341
드론 147
등록금 400, 423

ㄹ

러다이트 142
렌고 279
로봇 147, 496

로봇 윤리 158
로봇법 158
로봇세 158
로스쿨 465
로치데일협동조합 283
리좀 324

ㅁ

마르크스 185
마르크스주의 269, 321
마을 234, 341
마을자산 234
마이너스(-) 성장 69
마이크로 국가 163
마이크로 칼리지 161
모화사상 311
목민심서 335
무노조 경영 54
무상교육 69, 420, 421
무상의료 421
무업자 156
문답법 436
문용린 466
문익환 350
문재인 172
문정현 350
문제해결 능력 506
문화 195
물 23
미국 121
미군 120
미래대학 418
미세 플라스틱 28
미세먼지 27, 33
미조직 461
미투운동 288
민권론 346
민영화 96, 203

민족기업 337
민족자본 191
민족주의 346, 349
민족해방전선(NLF) 295
민주공화국 109
민주노총 275, 280
민주주의 98, 106, 346, 351
민주화 464
민주화를 위한 변호사 모임
  233
민중 351
밀양 326

ㅂ

바칼로레아 412
박강성주 517
박근혜 109, 171
박종홍 320
박지원 190, 344
박치우 348
박헌영 357
박현채 352
반값등록금 423
발렌베리 265
방종운 513
백남기 292, 512
백준희 383
백혈병 175, 256
번역 385
법고창신 315
법원 112, 232
법정정원교수 405, 427
베버리지 보고서 83
베이비부머 501
베트남 256, 268
벨벳혁명 110
변증법 436
변증법적 306

변호사 473
보수 309, 311
복지 83, 84, 157
복지국가 94
부분 313, 321
부산 132
부유세 250, 337
부의 사회 환원 502
부의 세습 60
부탄 198
북학 344
북한 135, 269
북한 인권 118
북한 핵무기 121
분리 지배 314
분배 336
분산형 에너지 30
분할 지배 323, 327
브렉시트 181
블록체인 150
비물질적인 소득 484
비정규 노동자 조직 276
비정규직 461, 474
비정규직 노동 수당 79
비정규직 노동자 260
비정부기구 236
비즈니스 식민지 157
비트코인 151
비판 373
비판적 사고 251
비판적으로 생각한다 304
비핵화 122
비혼 20
빅데이터 148, 335

ㅅ

사교육비 422
사드(THAAD) 121

사드(THAAD) 반대 289
사립대학 377
사막화 42
사물인터넷(IoT) 150
사영화 203
사이버 물리시스템 143
사피엔스 166
사학연금 91
사회 457
사회과학 385
사회귀족 471
사회상속세 469
사회운동 287
사회운동의 보수화 290
사회임금 85, 482
사회적 경제 영역 223
사회적 금융 224
사회적 노동 183
사회적 대타협 58
사회적 요구 250
사회적 임금 483
사회적 조항(social clause) 284
사회적 합의 171
사회적 협동조합 223
사회주의 205, 338, 346, 348
사회화 65
산리스카(三里塚)투쟁 289
산업별 교섭 278
산업별노동조합 276
산업안전 256
산업재해 256
산업화 464
살인로봇 158
삼성 54, 66, 175, 274
삼성병원 98
삼성전자 256
상대평가 428
상상력 484

상속 66
상속세 337
상피제 467
생각 306
생산 336
생산관계 34
생산성 47
생산자협동조합 216
생애 노동 493
생애 소득 483
생애순소득 482, 483
생애주기 481
생애지출 485
생태발자국 266
생태연못 32
생태환경 324
생활 설계 481
생활비 473
생활임금 462
서구화 320
서북청년단 309
서비스업 46
서양철학 319
서울 126
서울대 381
서정민 114, 332, 382, 449
석유 23
석탄발전소 28
선물경제 165
성균관대 338
성남시 481
성리학 342
성장신화 307, 338
세계 163
세계국가 163
세계기구 242
세계노련 283
세계노총 283

세계사회포럼 270
세계의 협동조합 214
세계정부 181, 242
세대 갈등 469
세습 464
세월호 222
소득주도성장 68
소득주도성장정책 275
소련 265
소비 336
소비자협동조합 216
소선거구제 231
소설가 494
소유 · 지배구조 59
소유경제 189
소품종 대량생산 169
속성 511
손해배상청구 300
수개표 230
수도권 470
수명 159, 495
수소자동차 180
수출 337
숙의민주주의 105
순환출자 59
스마트 시티 163
스마트 팩토리 169
스마트공장 149
스웨덴 62, 83, 85
스타트업 163, 168
스탈린주의 319
스펙 476, 504, 505
승자 독식 사회 164
시민노동 183, 186, 189
시민단체 236
시민소득 186
시위 299
식량자급률 42

신남철 348
신분해방 346
신용협동조합 212
신용화폐 152
신의 직장 468
신장년 501
신재생에너지 26
신테제 334
실사구시 306
실천 306, 328, 333
실학자 343
싱귤래리티(특이점, singularity)
    160
쌀 41
쌍용자동차 338

ㅇ

아나키즘 346
아렌트 188
아세안 240
아시아 교육 연대 397
아실로마원칙 167
안녕들하십니까 287, 335, 402
안티테제 334
안호상 320
알린스키 287
알바노조 463
알파고 144
암기식 교육 373
암호화폐 151
애덤 스미스 184
앨빈 토플러 177
앵테르미탕 196
야간 노동 257
양명학 321
양적 변화 333
언론 235
에너지 161

에너지민주주의   29
에스토니아   151
에어비앤비   165
엔지니어   491
여가   482
여가시간   484
여론정치   335
여성노동   80
여성노동자   461
여성운동   288
여운형   356
여정남   360
역민영화   228
역사에서 미래를 내다본다   315
연구   175
연금   89
연대   282
연동형 비례대표제   230
염도차발전   162
영국   83
영남대   490
영리병원   98
예속   317
예술   195
예술가   495
예체능   387
오뚜기   518
오렌지혁명   182
오큐파이   40, 102
온고이지신   315
온난화   24
온실가스   24
완전고용   86, 483
외국인투자기업   56
외무고시   466
요구   247
요리사   508
우다야 라이   515

우민정책   335
우버택시   165
우주   243
우진교통   225
워라밸   493
워마드   288
원전   26, 33
원진레이온   256
원천 기술   171
원하청   58
위험   331
유기농산물   485
유기농업   44
유네스코   237
유산   502
유성기업   257
유업자   156
유영모   353
유전자   159
유턴기업   179
유학   466
유학생   425
유형원   343
윤리적 소비   136
융합   325
은퇴   502
은행원   516
음서제   465, 467
의료민영화   98
의료생활협동조합   485
의무경찰   78
의심   306
의학   386
이데올로기 교육 문화의 요구   251
이론   328, 333
이상   495
이승만   349

이윤   34, 337
이익공유제   211
이자   337
이재영   62, 512
이재용   66
이재유   347
이정동   175
이종욱   519
이주   16
이주노동   262, 339
이주노동자   461
이주민   133
이지함   343
이타   341
이현상   358
인간   336, 515
인공지능   22, 144, 167
인공태양   162
인구   16, 19, 178
인내천 사상   346
인도네시아   397
인두스트리4.0   168
인류   22
인류의 절멸   187
인명   354
인문학   385, 476, 487
인민전선   295, 347
인생 2모작   500
인생2모작   494
인생3모작   501
인천   127
인클로져   142
인터넷   143
인혁당   112
인혁당 사건   444
일   183, 195, 197, 486
일·직업   493
일본   49, 169

일본군 위안부 241
일용직 474
일자리 72, 74, 178, 252
일자리 감소 152
일자리 늘리기 75
일자리 만들기 475
일자리 창출 155, 475
일제 강점기 191
일제 강제징용 113
임금 34, 85, 253
임금주도성장 68
임금주도성장정책 275
임금피크제 81
임노동 183
임대차보호법 88
입법 300
입양 20
입진보 333
입체 321
입체적 사고 323
입학사정관제 466

ㅈ

자경소농제 342
자기소개서 476
자동차 산업 259
자동화 462
자본 34, 337
자본·경영의 분리 60
자본론 185
자본주의 203, 205
자살 332
자연과학 386
자영업 202, 205
자원 161
자원봉사 511
자유학기제 411
자유학년제 411

자율주행차 147
자주 117
작전권 120
작전통제권 121
장기 487, 488
장기려 354
장기파업 502
장일순 353
재공영화 96
재국유화 203
재벌 48, 49, 52
재벌개혁 56
재생산구조 210
재외동포 134
재판 300
저성장 49, 67
저작권 382
저항 332
저항권 300
적성검사 476
전경련 297
전공 414, 487, 491
전국대학원생노동조합 399
전국교수노동조합(전국교수노조)
    290, 391
전국노동조합협의회 339, 354
전국농민회총연맹 212
전국대학강사노동조합 290
전국대학강사노동조합(구) 394
전국대학강사노동조합(신) 395
전문직 490
전북 129
전자개표 230
전쟁과 평화 105
전체 313, 321
전체론 313
전체주의 321
전태일 332, 353

전태일평전 286
절대평가 387, 405, 429
정규직 474
정년 81
정도전 316
정보화 464
정부 111, 163, 229
정약용 328, 335, 343
정전협정 122
정파 322
정파적 사고 넘기 326
제3섹터 236
제노사이드 355
제로성장 69
제조업 44
제주 130
제주4.3사건 355
제헌헌법 348
젠트리피케이션 79, 88
조국통일범민족연합 349
조력발전 162
조봉암 112, 348, 349, 356
조선노동조합전국평의회 277
조선대 449
조선대논문대필사건 114
조선업 209
조소앙 346
조직하기 325
조합주의 321
졸업정원제 428
종자 31
종전 123
종합소득세 337
좋은 일자리 472
죄수의 딜레마 341
주4일제 180, 252, 477
주5일제 477
주거 87

주관 317
주권화폐 152
주식회사 207
주입식 교육 334, 373, 466
주자학 321
주체 317
주체사상 319, 350
주체성 317
주체적 일자리 476
중국 170, 268
중국 농민공 285
중대선거제 232
중도 311
즐거움 488
증강현실 150
증세 93
지구적 사고 135
지대 337
지도력 354, 361
지방대학 407
지방분권 115
지방정부 234
지속가능성 22, 26, 324, 351
지식사회 323
지식인 364
지역 234
지역공동체 221
지역사회 124, 406, 492
지역운동 288
지역인재할당제 492
지역재투자법 181
지역재투자세 337
지역협동조합 217
지열 29
지주전호제 342
지출 484
지행합일 328
지향 247

직무급제 49
직업 197, 414, 474
직원협동조합 217
직접민주주의 101
진로 로드맵 499
진보 311, 333
진보당 112
진보정당 292, 327
진화 333
질적 변화 333
집강소 345, 346
집단지성 174
집회 299

ㅊ

차별금지법 315
착취 186
착한 자본주의 63
창업 477, 478, 497
창의 174, 195, 317
창의력 176, 484
창의성 317
창조기업 477
창조적 낭비 387
창조컨설팅 297
채현국 519
책임 364
척양척왜 346
천민자본주의 271, 313
청년 367
청년 복지 481
청년 실업 470
청년수당 481
청일전쟁 121
체 게바라 267
초국적 자본 52, 56, 181
초중등교육 411
촛불 299

촛불시위 300
촛불혁명 109, 332, 512
총임금 482
총장 직선 375
최 부잣집 490
최병승 514
최승우 515
최저임금 69, 180, 248, 463
최제우 344, 345
추가임금 260
추상노동 192
축적의 시간 175
출산율 20, 50
충북 127
취미 487, 488
취미생활 472
취업 403, 470
취업 차별 465
친일 390
친일반민족행위자 316

ㅋ

칸트 184
캄보디아 134
캐주얼 로딩 260
콘체른 208
쿠바 84, 196, 265, 340
클라우스 슈밥 139
키친아트 225

ㅌ

탈경계화 178
탈노동 140, 183, 188
탈북 135
탈취 186
택시노조 299
테제 333

토론수업 436
토마 피케티 37, 201
토지개혁 252, 316, 346
토지겸병 342
토지보유세 337
토지정의 252
통일 117, 123, 349
통합복지 84
통합적 사고 303, 325
통합적 사회운동 324
통합적으로 사고한다 321
퇴직연금 90
투표권 107
특기 487, 488
특성화고 257
특수고용 노동자 261
특이점 145

ㅍ

파업 298
판사 516
평등 336
평등교육 321
평등사상 349
평등사회 339
평등한 사고 314
평면 321
평생교육 177, 416, 418, 503
평화 117, 349
평화적 교류 123
평화협정 122, 123, 176
폐정개혁 345
포괄적 인권 324
포용적 성장 68
포퓰리즘 335
표절 382
프랜차이즈 478
프레카리아트 189

프리랜서 79, 474
프린터 470
플랫폼 150
플랫폼 노동 262
플랫폼세 158
플렉시테리언(flexiterian,
    Flexible Vegetarian) 30
플립 러닝 437
핀란드 180, 416
필리핀 389, 397

ㅎ

하청구조 209
학문 연구 381, 438
학벌 321, 503
학부모 406
학생 322
학생 교육·지도 388
학생과 노동자 연대 287
학생수업 절대평가 428
학생운동 433
학생회 435
학습권 404, 420, 424, 426, 503
한겨레신문 225
한경선 332, 447
한국 17, 271
한국 노동사 170
한국 사회운동 역사 301
한국 협동조합 역사 212
한국경영자총협회 297
한국노총 280
한국대학교육협의회 397, 445
한국대학사 368
한국비정규교수노동조합 290,
    395
한국사회의 인구 18
한국전문대학협의회 397
한국전쟁 176

한기택 516
한반도 117
한종선 515
함석헌 353
함태호 518
항해사 506
해안벨트 259
해외 취업 470
해적당 102
핵융합 162
핵융합 발전 162
행복 197, 313, 336, 455
행복도 199
행복지수 199
향약 341
헌법재판소 232, 301
헤게모니 205
헤겔 184
헨리 조지 200
혁명 251
혁명권 300
현대자동차 55
현실 495
협동조합 202, 212, 338, 341
협동조합 설립 215
협동조합기본법 213, 218
협동조합의 7대 원칙 214
호모 사피엔스 16
호세 마르티 363
호치민 335, 363
호혜 341
홍대용 346
홍성 풀무학교 340
홍세화 518
화석연료 70
환경 161
회귀 179
효 338

효과적 지출 484
효과적인 소비 484
후세대 502
흙수저 464
히피 443

기타

1:9:90 311
1:9:90 사회 15, 245, 333
1:9:90의 한국사회 38
1:99 사회 40
1:99의 지구사회 34
10:90의 사회 40
100세 시대 496
『1984년』 163
1차 산업혁명 142
1차원 321
2차 산업혁명 142
3.1혁명 356
3D 149
3백산업 191
3차 산업혁명 143
4.3항쟁 300
4D 149
4차 기술혁신 139, 141
4차 산업혁명 139
4차원 321
4차원의 사고 325
5.18항쟁 300
6.25전쟁 123
68혁명 295, 340, 443
8.8.8 301

AC 240
AFL-CIO 276
AI 144, 496
AMNESTY 237

AR 150
ATNC 237
casual loading 79
CNP 논쟁 326
EU 106, 237
FTA 42
GMO 31
Greenpeace 237
ILO 규약 274
ILO 조약 285
ILPS 237
MOOC 165, 417
NGO 236, 237
NL 324, 326
PD 324, 326
SIEU 276
smart화 180
UN 506
VR 150
WHO 242
WTO반대 시위 270
WWF 237